Susanne Rupp

SMART BOOKS

Macromedia Fireworks MX 2004

Workshop für engagierte Anwender

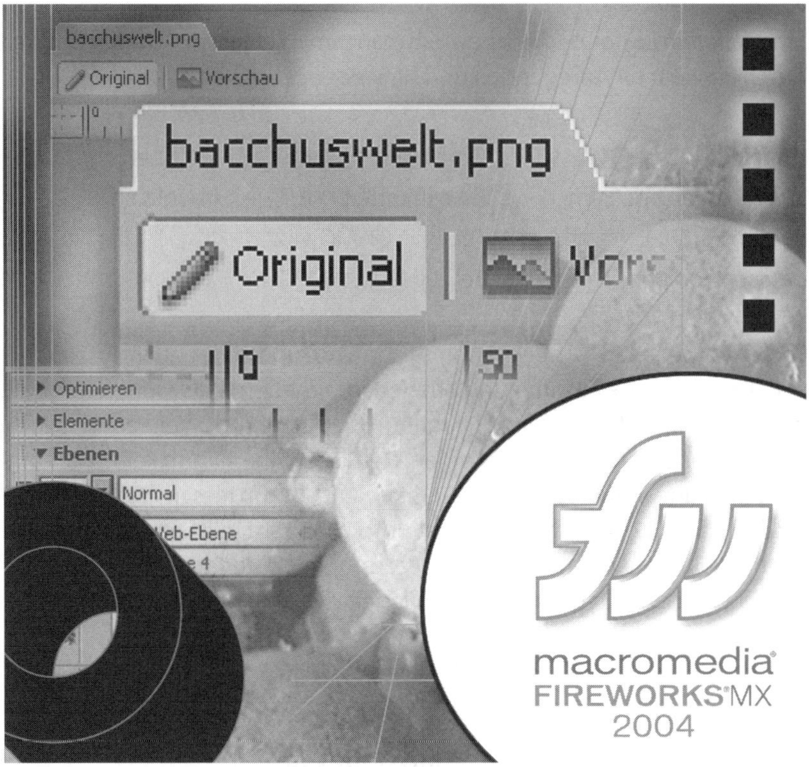

SMART BOOKS

Macromedia Fireworks MX 2004 – Workshop für engagierte Anwender

Bibliografische Information der Deutschen Bibliothek
Die Deutsche Bibliothek verzeichnet diese Publikation in der Deutschen Nationalbibliografie; detaillierte bibliografische Daten sind im Internet über http://dnb.ddb.de abrufbar.

ISBN 3-908492-89-0
1. Auflage 2004

Konzeption / Koordination:	SmartBooks Publishing AG
Lektorat / Korrektorat:	InterMedien, Frank Heppes, Grünstadt
Cover-Illustration:	InterMedien, Susanne Rupp, Grünstadt
Layout:	Daniel Mandl & Michael Schwarz Lektorat & Layout GbR, Husum Nordsee
Druck und Bindung:	J. P. Himmer GmbH & Co. KG, Augsburg

Trotz sorgfältigem Lektorat schleichen sich manchmal Fehler ein. Autoren und Verlag sind Ihnen dankbar für Anregungen und Hinweise!

SmartBooks Publishing AG	Dorfstrasse 147, CH-8802 Kilchberg,
http://www.smartbooks.ch	E-Mail: smartbooks@smartbooks.ch
Aus der Schweiz:	Tel. 01 716 14 24, Fax 01 716 14 25
Aus Deutschland und Österreich:	Tel. 0041 1 716 14 24, Fax 0041 1 716 14 25

Übersicht

Inhaltsverzeichnis

Vorwort

Vorwort

Herzlich Willkommen bei *Fireworks MX 2004*!

Mit diesem leistungsfähigen Powertool von Macromedia, können Sie Bilder bearbeiten, professionelle Webgrafiken erstellen und sogar ganze Webseiten in HTML entwickeln – ganz ohne HTML-Kenntnisse.

Dieses Buch gibt Ihnen einen tiefen Einblick in die Funktionalität und Arbeitweise von Fireworks.

Auf der beiliegenden CD-ROM finden Sie eine 30 Tage gültige Demoversion. Außerdem sind hier sämtliche Beispiele abgespeichert, so dass Sie dem Workshop sehr gut folgen können.

Sie sind Einsteiger oder arbeiten schon länger mit *Fireworks?* Sie haben schon mit anderen Grafikprogrammen gearbeitet? Kein Thema! Sie haben das richtige Buch gefunden :-). Programmeinsteiger, Fortgeschrittene und Profis bekommen hier wertvolle Informationen, Tipps und Tricks.

Sie werden sehen: Das Arbeiten mit *Fireworks* ist gar nicht so schwer. Sie kommen flott zum Ergebnis. Und was auch noch wichtig ist – das Ganze macht noch viel Spaß!

Fireworks MX 2004 arbeitet eng mit Macromedia *Dreamweaver MX 2004* zusammen. Dank dieser engen Schnittstelle ergänzen sich diese beiden Programme optimal. Auch hierzu gibt es ein Buch von mir. Schauen Sie doch mal rein…

Fireworks ist das Programm für Bildbearbeitung und Design, während *Dreamweaver* ein leistungsstarkes Entwicklungs- und Authoring-Tool darstellt, mit dem Sie sogar Datenbankanbindungen realisieren können. Die optimal aufeinander abgestimmten Funktionen unterstützen Sie bei der Arbeit und sorgen für einen schnellen Workflow. Beide Macromedia-Programme basieren auf den gleichen Grundkonzepten und bieten ähnliche Arbeitsoberflächen, was Ihre Arbeit sehr erleichtert.

So, genug geredet, lassen Sie uns anfangen.

Schritt für Schritt werden wir in den folgenden Kapiteln Bilder für unsere Website erstellen und bearbeiten. Die einzelnen Kapitel bilden jeweils einen Workshop und zeigen, wie Sie Bilder und Schaltflächen erstellen und optimieren, Animationen entwickeln, Webseiten entwerfen, Hyperlinks und Verhaltensweisen definieren bzw. zuweisen und vieles mehr. Gespickt ist das alles mit jeder Menge Tipps und interessanten Anregungen für Ihre eigenen Projekte. Gleichzeitig ist dieses Buch aber auch ein Nachschlagewerk!

Ich setze nicht voraus, dass Sie mit *Dreamweaver MX 2004* arbeiten, möchte aber trotzdem im Kapitel «*Dreamweaver MX 2004*» zeigen, wie Sie die Funktionalität und die Zusammenarbeit mit anderen Programmen effizienter gestalten können.

Unter `www.bacchuswelt.de` können Sie sich einen Teil der gezeigten Beispiele live und in Farbe ansehen. Hierbei handelt es um ein reales Weinportal, das zahlreiche Informationen zum Thema Wein, Tourismus, Kunst und Kultur enthält. Schauen Sie doch mal rein. Die Seiten werden regelmäßig aktualisiert und erweitert.

Besuchen Sie mich doch auch einmal im Internet unter `www.susanne-rupp.de` Meine Agentur InterMedien (`www.intermedien.net`) bietet Ihnen tatkräftige Unterstützung bei der Website-Erstellung. Außerdem führen wir individuelle Schulungen zu unterschiedlichen Themen durch.

Falls Sie Fragen, Anregungen, weitere Tipps, Tricks und interessante Kniffe kennen, schreiben Sie mir doch. Meine E-Mail-Adresse lautet:

`mail@susanne-rupp.de`

Ich freue mich auf Ihre Nachricht.

So, jetzt legen wir aber los.

Das Feuerwerk kann beginnen!!!

Ich wünsche Ihnen viel Spaß!!!

S. Rupp

Ihre Susanne Rupp

1 Allgemeine Einführung

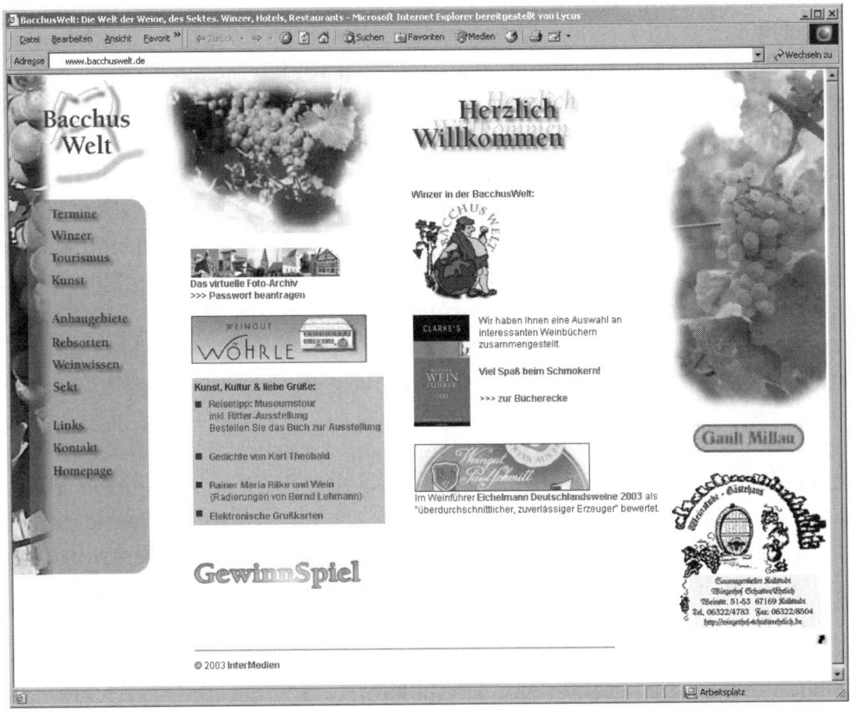

Allgemeine Einführung

In jeder Lektion bekommen Sie zunächst einen kleinen Überblick, um was es auf den nächsten Seiten überhaupt gehen wird. Was bringt Ihnen die Lektion? In der Übersicht *Das werden Sie lernen* erhalten Sie einen groben Eindruck, was Sie in dem folgenden Workshop erwartet. Hier finden Sie auch eine Übersicht der verwendeten Dateien (*Dateien für diese Lektion*). Alle Dokumente, die Sie benötigen werden, sind auf der CD-ROM in dem jeweiligen Verzeichnis unter *Tutorials* abgespeichert. Dabei habe ich Ihnen sowohl die ursprünglichen Originaldateien für den Start beigelegt als auch die bearbeiteten Ergebnisdateien. Schritt für Schritt werden wir die gestellten Aufgaben erledigen und uns anschließend über das Ergebnis freuen. Sie können Ihr Ergebnis an meinem messen und die Vorgehensweise überprüfen. Möchten Sie die CD selbst durchsuchen, öffnen Sie in Ihrem Webbrowser die Datei *index.htm*. Hier sind alle Kapitelinhalte bzw. Bilder als Hyperlink hinterlegt.

Nachdem wir in Kapitel 2 die Grundlagen von *Fireworks MX 2004* kennen gelernt haben, werden wir anschließend in Kapitel 3 ein neues *Projekt anlegen* und diese Basics gleich einsetzen. In den einzelnen Workshops lernen Sie Schritt für Schritt die in *Fireworks* zur Verfügung stehenden Werkzeuge kennen. Aus grauer Theorie wird praktische Erfahrung und irgendwann dann professionelle Routine. Und eins versichere ich Ihnen: Langweilig wird es nicht!

Vielleicht haben Sie ja schon eine Digitalkamera und ein umfangreiches Fotoarchiv – In Kapitel 4 werden wir bereits vorhandene Bilder bearbeiten. Anschließend erstellen wir eigene Vektorgrafiken und Textobjekte (Kapitel 5 und 6). Das sind auch sehr wichtige Themen, wenn wir später, in Kapitel 11 *Schaltflächen,* Navigationsleisten und Popup-Menüs erstellen und mit entsprechenden Hyperlinks (Kapitel 10) und Verhaltensweisen (Kapitel 12) versehen.

Und ohne Farbe (Kapitel 7) geht natürlich auch nichts. Tja, und dann gibt es noch so geniale *Effekte und Stile* (Kapitel 8)… Und was Sie mit den *Ebenen und Masken* (Kapitel 9) – anstellen können… Mehr will ich hier noch nicht verraten. Warten Sie's ab.

Zahlreiche nützliche Tools, wie beispielsweise *Bibliotheken* (Kapitel 10) kommen zum Einsatz. Tja, und was wäre eine Webseite ohne Bewegung!? Also her mit den *Animationen* (Kapitel 13).

In Kapitel 14 lernen Sie geschicktes *Optimieren*, bevor Sie Ihre fertigen Grafiken *Abspeichern und Exportieren* (Kapitel 15).

Sie werden sehen: Wenn man erst mal weiß, wie *Fireworks MX 2004* funktioniert, ist man relativ schnell beim gewünschten Ergebnis. Am Ende dieses Buches wird *Fireworks* für Sie kein Buch mehr mit sieben Siegeln sein.

In der Regel bauen die einzelnen Lektionen aufeinander auf.

Ich werde keine *Dreamweaver*-Kenntnisse voraussetzen, doch möchte ich Ihnen nicht verschweigen, wie toll *Fireworks* und *Dreamweaver MX 2004* zusammenarbeiten (Kapitel 16). Da macht die Webentwicklung richtig Spaß. Das hängt auch sehr mit den Automatisierungsfunktionen zusammen. In Kapitel 17 werden Sie sehen: Es kann manchmal auch etwas schneller gehen…

So, genug der Übersicht. Die Details finden Sie ohnehin im Inhaltsverzeichnis bzw. im Index.

Die CD-ROM zum Buch

SMART DISC

Sollten Sie *Fireworks MX 2004* noch nicht haben, ist das kein Beinbruch. Auf der CD-ROM finden Sie eine 30 Tage gültige Testversion. Alle benötigten Dateien sind im jeweiligen Kapitel auf der CD abgespeichert. Am besten kopieren Sie sich den Workshop, also das Verzeichnis *Tutorials*, auf Ihre Festplatte.

Für jedes Kapitel habe ich ein separates Verzeichnis angelegt, in dem die entsprechenden Dateien abgespeichert sind. Am besten öffnen Sie die *index.htm* im Hauptverzeichnis und klicken sich dann zu den einzelnen Dokumenten und Downloads durch. Hier finden Sie die Dateien für den Start. Damit können Sie gleich loslegen. Und damit Sie Ihr Ergebnis überprüfen können, habe ich Ihnen meine Ergebnisdatei auch noch beigelegt. Es hilft manchmal etwas, wenn man sich zuerst einmal das Ergebnis ansieht und dann versucht, dieses Step by Step nachzubauen und nachzuvollziehen…

MERKET AUF!

Es kann passieren, dass benötigte Daten in vorherigen Kapiteln schon verwendet wurden und dann auf der CD-ROM in dem entsprechenden vorhergehenden Verzeichnis abgespeichert sind. Achten Sie also bitte auf den angegebenen Verzeichnisnamen.

NICHT VERGESSEN

Bitte beachten Sie, dass unter Windows die von der CD kopierten Dateien mit einem Schreibschutz versehen sind. Sie können die Datei wie beschrieben bearbeiten, müssen jedoch beim Abspeichern einen anderen Namen verwenden oder Sie heben den Schreibschutz erst einmal auf, damit Sie die Datei überschreiben können.

Und damit Sie so richtig loslegen können, finden Sie als besonderes Highlight auf der CD auch noch *Dreamweaver MX 2004.* Viel Spaß beim Umsetzen Ihrer Ideen!

Systemanforderungen

Klar, als erstes brauchen wir das Programm auf unserem Rechner. Doch bevor wir loslegen können, sollten wir auf jeden Fall unser System einmal überprüfen. *Fireworks* ist mittlerweile ein so leistungsfähiges Tool, dass Sie auf jeden Fall mal schauen sollten, ob folgende Mindestvoraussetzungen gegeben sind:

Sollten Sie einen leistungsstärkeren Computer haben, geht die Arbeit noch mal so schnell von der Hand... Sie können dann auch mehrere Applikationen gleichzeitig laufen lassen, ohne dass das System in die Knie geht und der Rechner irgendwann gar nicht mehr reagiert.

Die aufgelisteten Systemanforderungen gelten nur für *Fireworks MX 2004.* Sollten Sie das komplette Software-Paket von *Studio-MX 2004* installieren wollen, benötigen Sie mindestens 256 MB RAM und 500 MB (Macintosh) bzw. 800 MB (Windows) freien Speicherplatz auf Ihrer Festplatte.

Microsoft® Windows®

- Intel® Pentium® III oder äquivalenter Prozessor, 600 MHz oder mehr;
- *Microsoft® Windows® 98 SE, Windows® 2000* oder *Windows® XP*;
- 128 MB RAM (256 MB empfohlen);
- 150 MB freier Speicherplatz auf der Festplatte;
- Benutzer von *Windows® 98 SE* benötigen den *Microsoft® Internet Explorer 5.1* oder höher zur Produktaktivierung über das Internet.

Apple® Macintosh®

- PowerPC® G3-Prozessor mit 500 MHz oder höher;
- *Apple® Mac OS® 10.2.6* oder höher;
- 128 MB RAM (256 MB empfohlen);
- 100 MB freier Speicherplatz auf der Festplatte.

Installation

Und jetzt benötigen wir noch das Programm auf unserem Rechner. Wenn Sie die Macromedia-CD einlegen, öffnet sich automatisch das Installationsprogramm. Entweder installieren Sie jetzt lediglich *Fireworks* oder das komplette *Studio MX 2004.* Bitte folgen Sie einfach den einzelnen Anweisungen und geben Sie in die jeweiligen Textfelder die entsprechenden Informationen ein.

Sollte das Installationsprogramm nicht automatisch starten, öffnen Sie im Explorer die Datei *Studio MX 2004 installieren.exe* bzw. *Fireworks MX 2004 Installieren.exe* im Verzeichnis *Accessibility.* Beim Macintosh klicken Sie zweimal auf das *Fireworks*-Installationssymbol.

Falls Sie die Testversion von der CD-Rom installieren möchten, entpacken Sie diese und doppelklicken Sie dann auf die entsprechende exe-Datei.

Starten Sie Ihren Computer neu, wenn Sie dazu aufgefordert werden.

Und jetzt kann es (fast) schon losgehen. Starten Sie *Fireworks MX 2004.* Kurz darauf werden Sie aufgefordert, die Seriennummer einzugeben und die Aktivierung durchzuführen. Seriennummer eingeben ist ja nichts Neues, doch die Aktivierung führt Macromedia mit den neuen MX 2004-Versionen ein. Die Aktivierung muss nur einmal durchgeführt werden, nämlich vor dem ersten Programmstart. Damit möchte Macromedia sicher stellen, dass eine Software-Lizenz entsprechend Ihres Lizenzvertrages verwendet wird. Nur wenn Sie *Fireworks* aktiviert haben, können Sie es auch nutzen. Ansonsten bleiben Ihnen die üblichen 30 Tage zum Testen. Haben Sie ein Produkt von *Studio MX 2004* aktiviert, werden gleichzeitig die anderen installierten Produkte aktiviert.

So führen Sie die Aktivierung durch:

Gehen Sie online und geben Sie die Seriennummer in das Dialogfenster ein. *Fireworks* stellt die Verbindung mit dem Macromedia-Server her und startet automatisch die Aktivierung. Nach wenigen Sekunden ist der Vorgang abgeschlossen und Sie können *Fireworks* benutzen.

Sie können die Aktivierung auch telefonisch durchführen. Wählen Sie die Nummer des Support-Centers und geben Sie den auf dem Monitor sichtbaren Aktivierungscode durch.

Was passiert bei der Aktivierung?

Während des Aktivierungsprozesses werden keine persönlichen Daten oder Inhalte Ihrer Festplatte übertragen. Gesendet werden Produktinformationen

(Seriennummer, Produktname, Version, Sprache) und allgemeine Informationen über Ihren Rechner (CPU, System, etc.), wobei eine anonyme Hardware-ID angelegt wird. Diese ID, mit der Sie bzw. Ihr Rechner identifiziert werden können, wird bei Macromedia verifiziert und gespeichert. Im Gegenzug wird Ihre Software aktiviert.

Und was ist mit der Lizenzierung?
Mit der Aktivierung haben Sie *Fireworks* nicht automatisch auch lizenziert. Diese Lizenzierung ist weiterhin nicht verpflichtend. Anders als bei der Aktivierung geben Sie bei der Lizenzierung persönliche Daten weiter, um beispielsweise weitere Produktinformationen und Angebote von Macromedia zu erhalten. Entscheiden Sie selbst, ob Sie *Fireworks MX 2004* lizenzieren möchten.

Was ist neu?

Dank der neuen Funktionen ist *Fireworks MX 2004* ein einfaches und dennoch produktives, leistungsfähiges Profi-Tool. Anfänger und Fortgeschrittene können damit Grafiken, HTML-Seiten und interaktive Webseiten erstellen. Auch wenn Sie sich nicht mit Codes und JavaScript auskennen, ist das kein Problem. Sie werden sehen…

Es gibt einige Verbesserungen und Erweiterungen, die Ihnen die Arbeit erleichtern. Wesentliche neue Funktionen in *Fireworks MX 2004* sind:

1. Verbesserte Performance / optimierte Leistung:

- Schnellere Bearbeitung großer Dateien, schnellere Ausführung prozessorintensiver Arbeiten und damit verbesserter Workflow. So macht auch die Bearbeitung großer Grafikdateien Spaß!

- Übersichtlichere Arbeitsoberfläche und Erweiterungsmöglichkeiten durch den Benutzer. So können Sie beispielsweise über die Startseite auf die zuletzt geöffneten Dateien zugreifen oder neue Dokumente erstellen. Falls notwendig können Sie hier auch weiterführende Informationen und Unterstützung finden. Über die neuen Dokument-Registerkarten wechseln Sie schnell von einem Dokument in das andere.

- Ein Klick auf den neuen Button *Leinwand einpassen* im Eigenschafteninspektor und die Leinwandgröße ist an die darauf platzierten Objekte angepasst.

- Importierte Dateien (z. B. GIF, JPG, TIF) können automatisch im Original-Dateiformat abgespeichert werden.

- Die Popup-Vorschau im Eigenschafteninspektor zeigt Ihnen schon einmal, wie Pinselstriche, Füllungen und Texturen sich auf das ausgewählte Objekt auswirken können.

- Dank des umfassenden Unicode-Supports können Sie Text-Inhalte in jeder beliebigen Sprache erstellen. Verwenden Sie Doppelbyteformatierung für Grafik- und Alternativtexte oder greifen Sie auf Doppelbytezeichen wie Kanji und Hiragana in den Textfeldern zurück.

- Präzise Skalierung von der Objektmitte oder dessen Ecken aus. Auch Textelemente können punktgenau vergrößert oder verkleinert werden.

2. Professionelle Kontrolle über Bitmap- und Vektor-Grafiken erleichtert die Entwicklung qualitativ hochwertiger Grafiken und Animationen.

- Bessere, realistischere Bildqualität dank neuer Fotobearbeitungs-Werkzeuge (z. B. *Rote Augen entfernen*, *Farbe ersetzen*, *Live-Effekte* und *Filter* zum *Scharfstellen* und *Weichzeichnen*) ermöglichen eine intensive Bildbearbeitung. Teilweise kennen Sie die Tools wohl schon aus *Flash* oder *Freehand*. *Fireworks* bietet zahlreiche kreative Möglichkeiten durch automatische Formen. Diese «intelligenten» Grundobjekte wissen ganz genau, wie Sie auf Ihre Transformation reagieren müssen. Neue Zeichenwerkzeuge (z. B. Konturfarbverläufe, gestrichelte Linien) sorgen für realistische Grafiken und vermitteln den Eindruck räumlicher Tiefe.

- Bessere Lesbarkeit des Textes durch neue Anti-Alias-Optionen. Z. B. können Anti-Alias-Systemfunktionen für Microsoft® Windows® und Quartz™ für Apple® Mac® genutzt werden. Darüber hinaus stehen Ihnen individuelle Glättungsfunktion von *Fireworks* zur Verfügung.

3. Steigende Produktivität durch programmübergreifenden Workflow (Macromedia und Third-Partie); *Fireworks* lässt sich noch besser in viele Anwendungen von Macromedia *Studio MX 2004* und anderen Anbietern integrieren.

- *Dreamweaver*-Code, verschachtelte Tabellen und serverseitiger Code werden durch Roundtrips erkannt, was Ihnen viel Zeit erspart. *Fireworks MX 2004* unterstützt die Server-Side-Dateiformate PHP, ASP und CFM.

- Integriertes Dateimanagement (inkl. konsistenter Versionskontrollfunktionen) mit der Funktion Ein- und Auschecken, die Sie bereits aus *Dreamweaver* kennen. Damit vermeiden Sie unbeabsichtigtes Überschreiben von Dateien und ermöglichen eine problemlose Arbeit im Team.

- Direkte Kommunikation mit Mitarbeitern Ihres Teams über die integrierte E-Mail-Funktion. Dokumente können Sie aus *Fireworks* heraus als E-Mail-Anlage versenden.

- *Flash*-Schnittstelle dank leistungsfähiger Plug-Ins. *Fireworks* läuft dann im Hintergrund weiter und erwartet nur Ihre ActionScript- oder C++-Befehle aus anderen Anwendungen (z. B: *Flash*, *Dreamweaver*). Entwickler können die Bildbearbeitungsfunktionen von *Fireworks* direkt in *Dreamweaver* nutzen.

Das soll an dieser Stelle genügen. Sehen Sie selbst, was *Fireworks* so alles kann und freuen Sie sich auf unseren gemeinsamen Workshop.

Das werden Sie lernen

Wenn Sie das Buch durcharbeiten, belegen Sie gleichzeitig einen Intensivkurs in der Grafikerstellung und -bearbeitung. Sie werden dann das Design Ihrer Webseite in *Fireworks MX 2004* entwickeln können – mit allem, was dazu gehört. Sie werden lernen, Werkzeuge und Funktionen von *Fireworks* für die Gestaltung Ihrer Websites effizient einzusetzen.

Schritt für Schritt werden wir einen Webauftritt erstellen. Als Beispiel habe ich unser Agenturprojekt `www.bacchuswelt.de` gewählt.

Am Ende dieser einzelnen Lektionen können Sie:

- Bitmaps bearbeiten
- Vektorgrafiken erstellen und bearbeiten
- Schaltflächen und Popup-Menüs erstellen
- Text erstellen und anordnen
- unterschiedliche Effekte anwenden
- GIF-Animationen erstellen
- Bilder für das Web optimieren
- HTML-Seiten exportieren
- und vieles mehr…

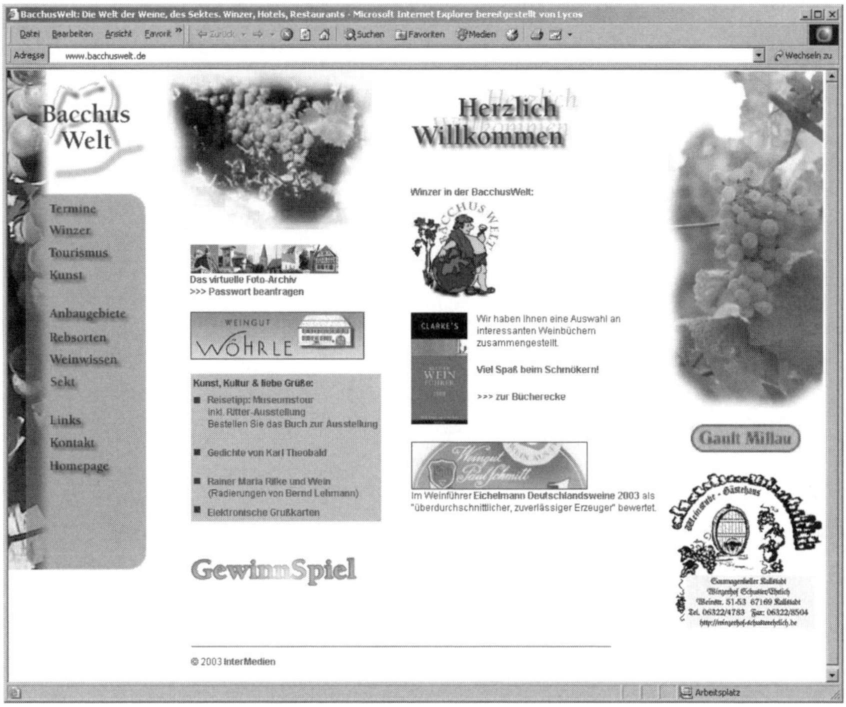

Im Laufe unseres Workshops lernen Sie, professionelle Websites mit «Fireworks» zu gestalten. Unter «www.bacchuswelt.de» sehen Sie einen Teil der Übungsergebnisse «im Einsatz».

Sie werden Grafiken exportieren und HTML-Seiten erstellen, die Sie dann in *Dreamweaver MX 2004* bearbeiten können. Auch hierzu habe ich ein Buch geschrieben. Dieses richtet sich primär an Fortgeschrittene und Experten, vermittelt aber auch geübten Anfängern weiterführende Kenntnisse. Schauen Sie doch mal rein…

Aber nun lassen Sie uns beginnen!!!

2 Grundlagen von «Fireworks MX 2004»

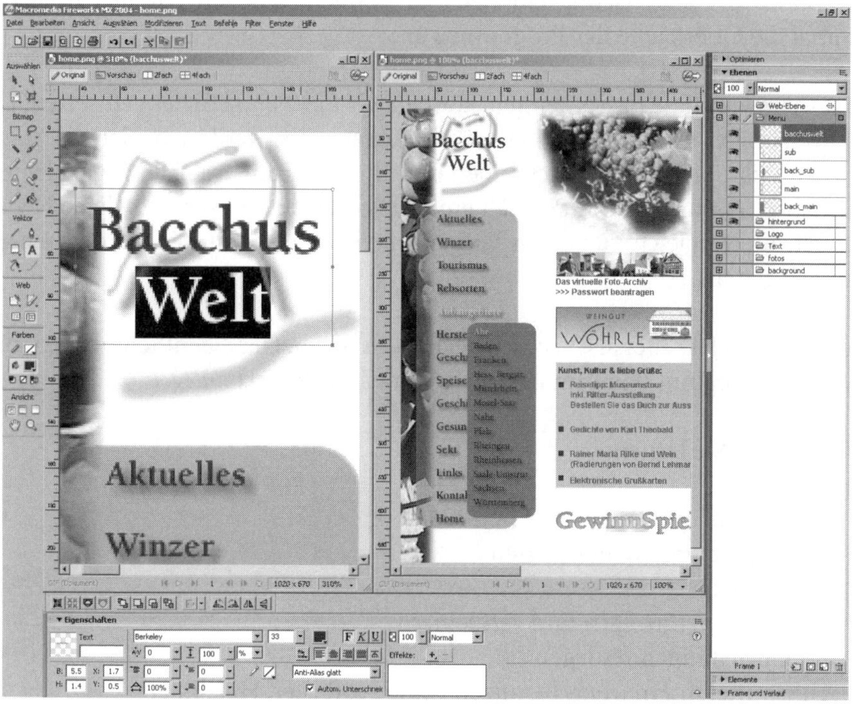

Grundlagen von «Fireworks MX 2004»

Wie arbeitet *Fireworks*? Welche Werkzeuge stehen zur Verfügung? Um *Fireworks MX 2004* richtig einsetzen zu können, schauen wir uns zunächst einmal die Oberfläche des Programms an.

Erst wenn wir diese Basics kennen, können wir *Fireworks* effizient einsetzen. Da es unheimlich viele Einstellungsmöglichkeiten gibt, werde ich hier die Standardeinstellungen näher beschreiben und Ihnen zeigen, welche Möglichkeiten Sie haben. *Fireworks MX 2004* hält einige trickreiche und sehr nützliche Neuerungen im Vergleich zu seinen Vorgängerversionen parat. Sie werden sehen: Einfach genial…

Dieses Kapitel ist eher als Nachschlageinfo zu sehen. Der eigentliche, praktische Workshop beginnt dann im nächsten Workshop *Projekt anlegen.*

Das werden Sie lernen:

- Oberfläche von *Fireworks MX 2004*
- Werkzeuge und Symbolleisten
- Bedienfelder
- Ansichten vergrößern und verkleinern
- Voreinstellungen festlegen
- Hilfsmittel in *Fireworks* benutzen (Lineale, Raster, Hilfslinien)

Dateien für diese Lektion:
Es werden keine Dateien benötigt.

SMART DISC

Das Startfenster

Die Aktivierung hat geklappt, *Fireworks MX 2004* zeigt endlich sein neues Gesicht. Mensch, da hat sich einiges geändert, werden Sie jetzt vielleicht sagen. Doch keine Angst, *Fireworks* hat keine 180°-Drehung unternommen, sondern lediglich ein Startfenster eingefügt. Falls Sie dieses in Zukunft nicht mehr sehen möchten, aktivieren Sie einfach das Kontrollkästchen *Nicht mehr anzeigen* am unteren Fensterrand.

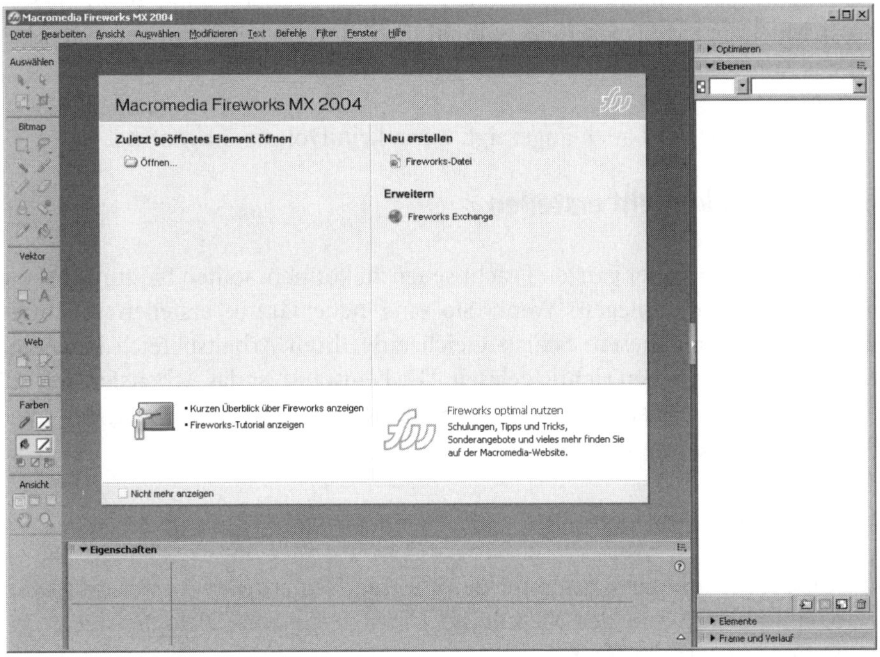

«Fireworks MX 2004» ist gestartet.

Standardmäßig würde *Fireworks* nach dem Programmstart gerne online gehen. Das Fenster *DFÜ-Verbindung herstellen* erscheint bei Modem-Usern. Klicken Sie einfach auf Abbrechen und die Sache ist gegessen. Falls Sie jedoch über das Startfenster gleich auf die *Fireworks*-Exchange-Webseite gehen möchten, gehen Sie online.

Über das Startfenster können Sie außerdem neue *Fireworks*-Dokumente erstellen und zuletzt geöffnete Grafiken auswählen. Diese Spalte ist im Moment jedoch noch leer. Falls Sie schon mit *Fireworks* gearbeitet haben, sind die Dokument hier dann aufgelistet.

HEISSER TIPP

Sie können auch später jederzeit vor kurzem geschlossene Dateien wieder öffnen, indem Sie diese in der Menüleiste unter *Datei | Zuletzt geöffnete Dateien* auswählen.

Hilfethemen, Tutorial und weitere Informationen über die optimale Arbeit in *Fireworks* ergänzen die Startanzeige. Klicken Sie sich einfach mal durch die einzelnen Kategorien. Ich werde an dieser Stelle nicht weiter auf diese Macromedia-Hinweise eingehen. Schließlich erfahren Sie alles ohnehin in diesem Buch. Möchten Sie das Startfenster nicht mehr angezeigt bekommen, aktivieren Sie das Kontrollkästchen am unteren Fenster-Rand.

Das Startfenster wird auch angezeigt, wenn kein Dokument geöffnet ist.

Ein neues Dokument erstellen

Um *Fireworks* in seiner ganzen Pracht sehen zu können, sollten Sie zunächst ein neues Dokument anlegen. Wenn Sie eine neue Grafik erstellen möchten, definieren Sie mit diesem Schritt gleichzeitig Ihren Arbeitsbereich bzw. eine Leinwand. Ja, Sie haben richtig gelesen: Die Leinwand ist das Arbeitsfenster, auf dem sich später alles abspielen wird. Und Sie selbst sind der Maler, der seine Bilder auf die Leinwand malt…

So definieren Sie die Leinwand:

1. Klicken Sie im Startfenster auf den Eintrag *Neu erstellen – Fireworks Datei* oder wählen Sie in der Menüleiste *Datei | Neu*. Das Dialogfenster *Neues Dokument* wird geöffnet.

2. Jetzt definieren Sie die Größe des neuen Dokuments, indem Sie je einen Pixel-Wert für die Breite und die Höhe eintragen. Ich habe eine Breite von 1.020 Pixel und eine Höhe von 668 Pixel gewählt. Wenn Sie möchten, können Sie als Maßeinheit auch Zoll oder Zentimeter aus dem Pull-Down-Menü hinter dem Textfeld wählen. Die Leinwandgröße können Sie jederzeit verändern. Mehr dazu erfahren Sie in Kapitel 3.

3. Da wir eine Internetseite erstellen werden, genügt uns eine Auflösung von 72 Pixel / Zoll (dpi), dies entspricht etwa 28,35 Pixel / cm (vgl. auch Kapitel 3).

4. Nun legen wir die Leinwandfarbe fest. Zur Auswahl stehen *Weiß*, *Transparent* und *Benutzerdefiniert*. Wählen Sie *Benutzerdefiniert*, können Sie eine beliebige Farbe selbst zusammenmischen. Wie das im einzelnen geht, lesen

Sie in den Kapiteln 3 und 7. Für unsere Beispielseite wählen wir einen weißen Hintergrund.

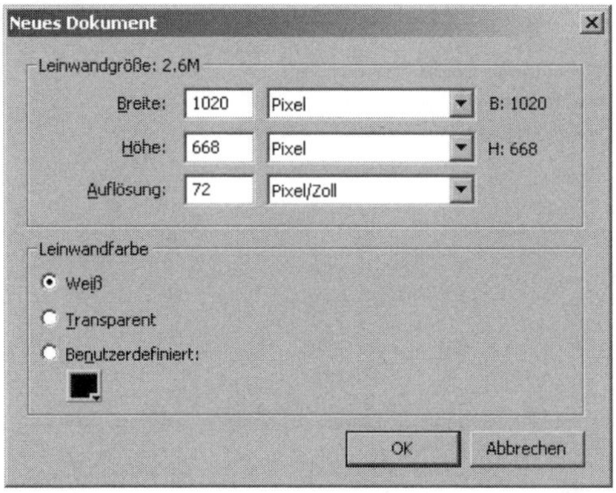

Legen Sie die Einstellungen der neuen Leinwand bzw. des neuen Dokumentes fest.

5. Bestätigen Sie Ihre Eingaben mit *OK*. Ein Dokumentfenster wird geöffnet. In der Titelleiste lesen Sie **Unbekannt-1.png** (Windows) oder **Unbekannt-1** (Macintosh).

MERKET AUF!

Falls das Dokumentfenster nicht die gesamte Bildschirmmitte ausfüllt, sollten Sie es maximieren. Klicken Sie hierfür auf die Schaltfläche *Maximieren* (Windows) oder die Schaltfläche *Zoom* (Macintosh), in der rechten oberen Ecke des Programms. Das Arbeiten wird dadurch oft leichter.

6. Damit nichts schief gehen kann, sollten Sie das Dokument gleich einmal speichern. Wählen Sie hierfür *Datei | Speichern unter* oder klicken Sie auf den Button in der Standard-Werkzeugleiste (hierzu gleich mehr).

7. Im Dialogfenster *Speichern unter* wählen Sie – wie Sie es bestimmt von anderen Programmen schon kennen – das Verzeichnis aus, in dem Sie die *Fireworks*-Datei (.png) abspeichern möchten. Vergeben Sie einen Dateinamen. Ich habe den Namen *home.png* gewählt.

NICHT VERGESSEN

Fireworks speichert die Originaldateien im PNG-Format ab. Hier sind sämtliche Informationen enthalten und weiter bearbeitbar. Beispielsweise können hier Vektoren auch später noch geändert oder gelöscht werden. Möchten Sie im GIF-, JPG- oder in einem anderen Grafikformat abspeichern, müssen Sie die Datei exportieren. Durch den Export werden alle Vektoren in Bitmaps umgewandelt. Weitere Informationen finden Sie im Kapitel 15 *Abspeichern und Exportieren.*

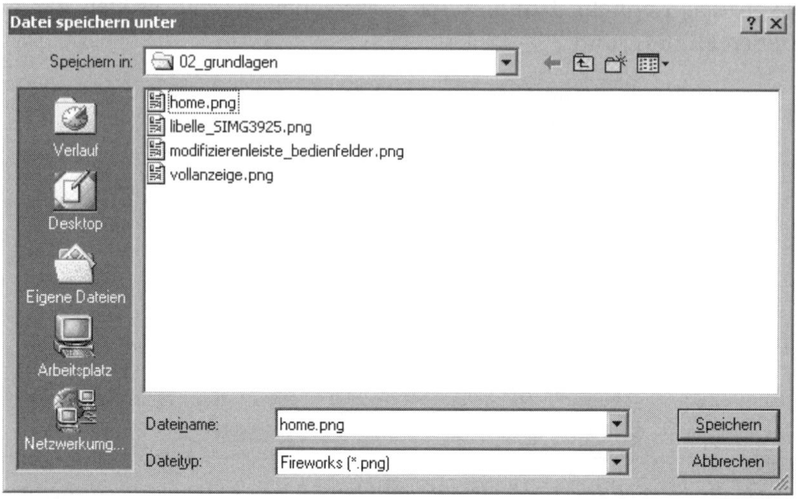

Speichern Sie das angelegte Original «Fireworks»-Dokument ab.

ZEIT GESPART

Wenn Sie mehrere Dokumente in der gleichen Größe anlegen müssen, geht das in *Fireworks* ganz schnell, denn Sie müssen die Maße nicht jedes Mal neu eintragen. *Fireworks* merkt sich die vorherige Einstellung. Diese «alten» Größenangaben sind bereits automatisch in die Felder eingetragen.

Sollten Sie später merken, dass die Leinwand nicht die richtige Größe haben sollte, können Sie diese Dokumenteigenschaften auch noch nachträglich ändern (z. B. über den Eigenschafteninspektor).

Und noch ein Tipp: Angenommen Sie möchten etwas ausprobieren und benötigen einen bestimmten Bildausschnitt prima vergrößert. Was tun? Erstellen Sie doch ein Double! Wie das geht, erfahren Sie im Kapitel *Ansicht-Modi*.

Die Oberfläche von «Fireworks MX 2004»

Die zuvor angelegte Leinwand befindet sich in der Mitte des Dokumentfensters. Hier werden alle Grafiken, die wir im Laufe der einzelnen Lektionen anlegen werden, erstellt und auch angezeigt.

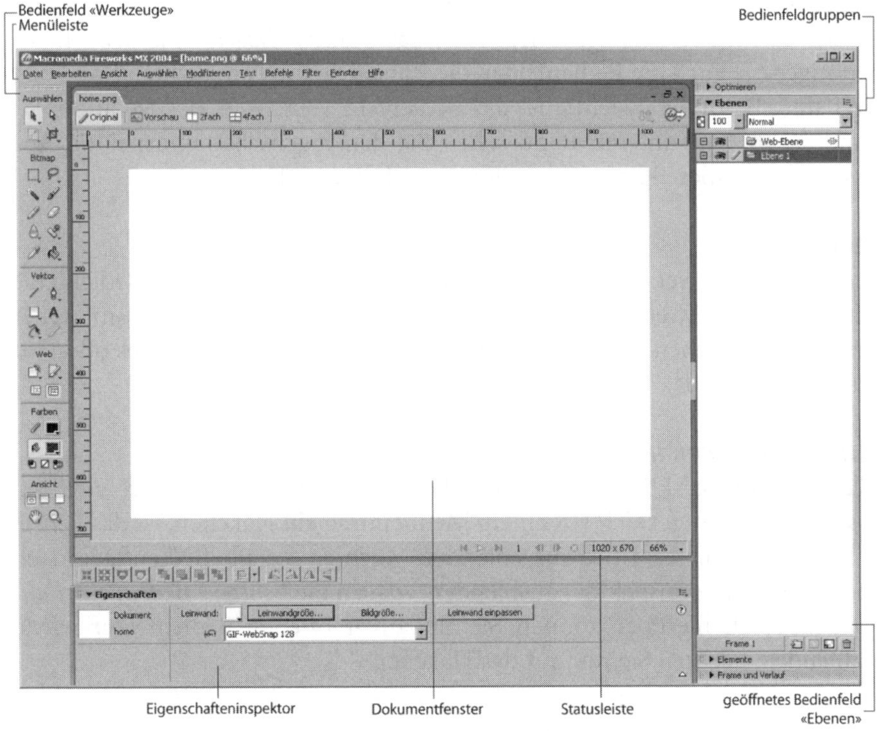

Der Arbeitsbereich in «Fireworks MX 2004».

Das Dokumentfenster

Wenn Sie mehrere Dokumente gleichzeitig in *Fireworks* geöffnet haben, erscheint am oberen Rand ein Register, über das Sie von einem Dokument ins andere wechseln können. Natürlich geht das auch über den Menüeintrag Fenster – doch ist das auch genauso schnell?

Ist ein Dokument noch nicht abgespeichert, steht hinter dem dort angezeigten Dateinamen ein Sternchen. Dieses erscheint auch bei maximierten Dokumenten am oberen *Fireworks*-Rand.

Über das Register wechseln Sie schnell von einem Dokument in das nächste.

Die meisten Befehle können über die Menüleiste am oberen Rand aufgerufen werden. Diese ähnelt in vielen Punkten den Menüleisten anderer Programme.

Beispielsweise finden wir auch hier unter *Datei* den Befehl *Speichern. Kopieren, Ausschneiden* und *Einfügen* liegen dagegen unter *Bearbeiten.* Sehr häufig benötigen Sie auch die Bedienfelder, die standardmäßig am rechten Rand platziert sind. Besonders wichtig ist das Bedienfeld *Werkzeuge*, das Sie am linken Rand sehen. Am unteren Rand sehen Sie den Eigenschafteninspektor. Aber lassen Sie uns diese Elemente der Reihe nach besprechen.

Bedienfelder

Beim Bearbeiten verschiedener Elemente und Eigenschaften sind Bedienfelder seit *Fireworks MX* ein unersetzliches Hilfsmittel. Es handelt sich um Steuerelemente, mit denen Sie beispielsweise sehr einfach Ebenen, Frames oder Stile bearbeiten können.

Ein- und Ausblenden

Alle Bedienfelder können Sie über die Menüleiste unter *Fenster* ein- und ausblenden. Befindet sich vor einem Menüeintrag ein Häkchen, ist das Fenster sichtbar; fehlt dieses, ist es ausgeblendet. Möchten Sie alle Bedienfelder (und den Eigenschafteninspektor) ausblenden, wählen Sie *Fenster | Bedienfelder ausblenden.* Auch hierüber können Sie alle zuvor offenen Bedienfelder wieder einblenden – achten Sie nur auf das Häkchen.

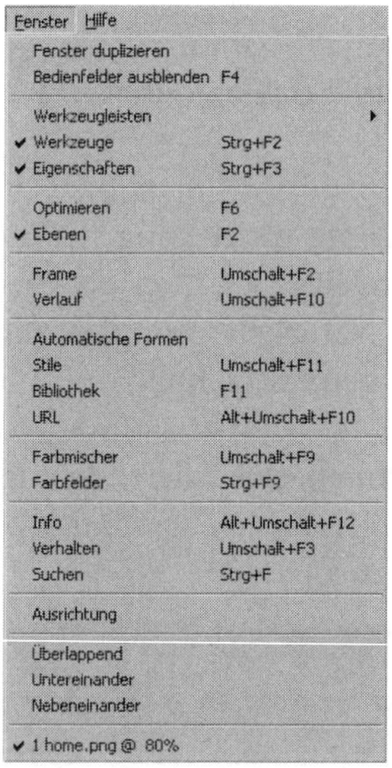

Eingeblendete Bedienfelder sind durch ein Häkchen gekennzeichnet.

Die Bedienfeldgruppe können Sie aber auch über das Optionsmenü in der rechten oberen Ecke schließen. Wählen Sie hier den Befehl *Bedienfeldgruppe schließen.*

Umbenennen und Gruppieren

Auf das Symbol Optionsmenü müssen Sie auch klicken, wenn Sie ein Bedienfeld umbenennen möchten. Mehrere Bedienfelder sind zu Bedienfeldgruppen zusammengefasst. Diese können Sie ebenfalls über das Optionsmenü neu gruppieren.

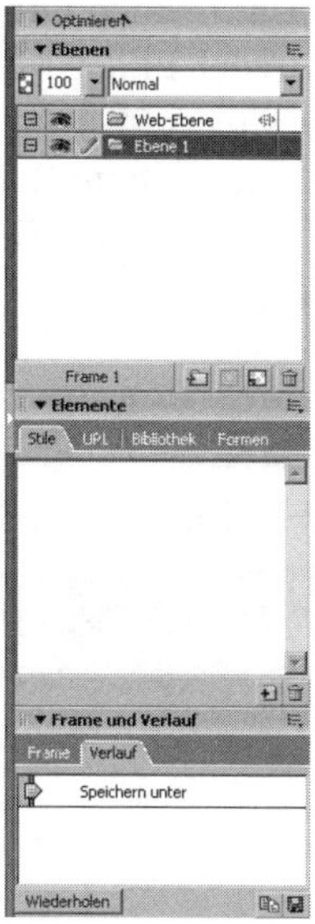

Mehrere Bedienfelder können zu Bedienfeldgruppen zusammengefasst sein (z. B. «Frame», «Verlauf», «Elemente»).

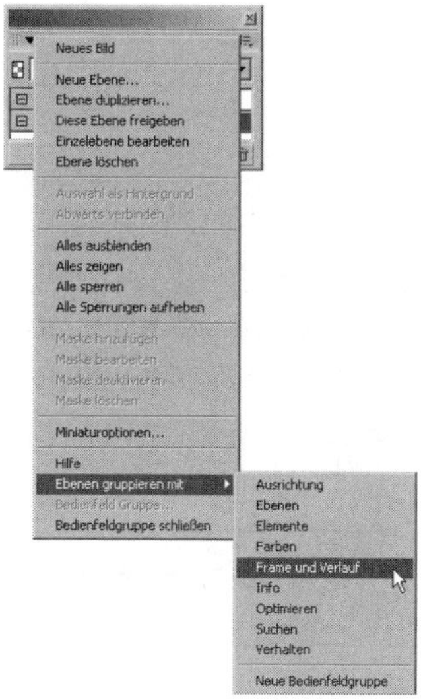

Über das Optionsmenü eines geöffneten Bedienfeldes können Sie neue Gruppen zusammenstellen.

Anordnen

Zwar ist standardmäßig jedem Bedienfeld ein bestimmter Platz zugewiesen, doch kann jedes Bedienfeld von seinem ursprünglichen Standort gezogen werden, wodurch Sie die Anordnung beliebig verändern können. Lösen Sie ein Bedienfeld aus seiner Verankerung, indem Sie mit der Maus über den Pfeil links gehen. Der Cursor verwandelt sich in einen Greifer. Ziehen Sie jetzt mit diesem Greifer, also mit gedrückt gehaltener linker Maustaste, das Bedienfeld an den neuen, gewünschten Platz. Verankern Sie ein Bedienfeld, indem Sie beim Ziehen des Greifers darauf achten, wo fette Rahmenlinien den neuen Ort andeuten. Sind Sie damit einverstanden, lassen Sie einfach los.

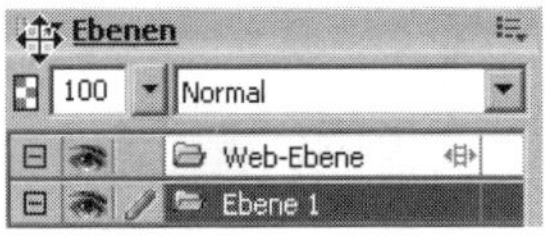

Verschieben Sie das Bedienfeld mit dem Cursor, der als Greifer erscheint.

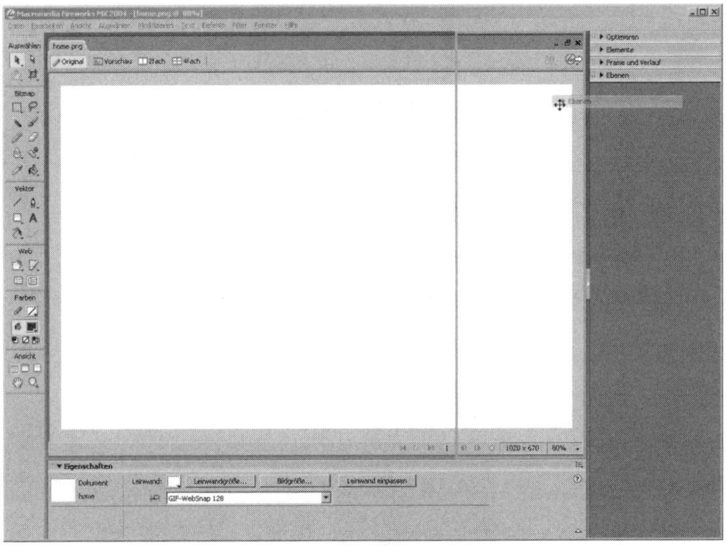

Das Bedienfeld «Ebenen» wird hier aus dem Verbund gelöst, nach links verschoben und dockt dort an.

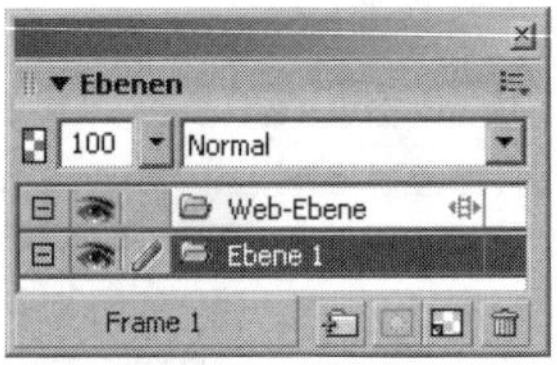

Bedienfelder müssen nicht unbedingt an der linken Seite kleben bleiben, sondern können auch als schwebende Fenster (über dem Arbeitsbereich) angeordnet werden.

Wenn Sie *Fireworks* schließen und später wieder öffnen, sind die Bedienfelder wieder genauso angeordnet. Möchten Sie die Standardposition für Ihre Bildschirmauflösung wiederherstellen, wählen Sie *Befehle | Bedienfelder-Layouts.* Hier können Sie ein gespeichertes Bedienfeld-Layout aus dem Untermenü auswählen.

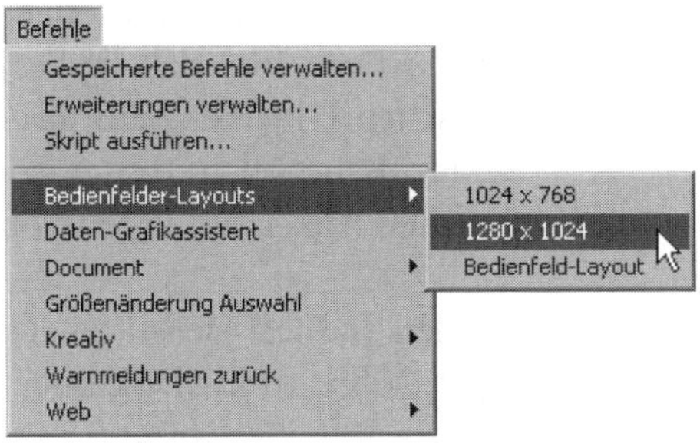

Stellen Sie die Standardposition für Ihre Bildschirmauslösung wieder her.

Bedienfeld-Layout speichern

Möchten Sie öfter auf eine bestimmte Anordnung und Anzeige Ihrer Bedienfelder zurückgreifen, dann sollten Sie dieses Layout speichern. Wählen Sie *Befehle | Bedienfelder-Layouts | Bedienfeld-Layout.* Im geöffneten Dialogfenster *[JavaScript]* geben Sie einen Namen ein, unter dem das Layout gespeichert werden soll und dann auch in der Menüleiste unter *Befehle | Bedienfelder-Layouts* eingetragen werden soll.

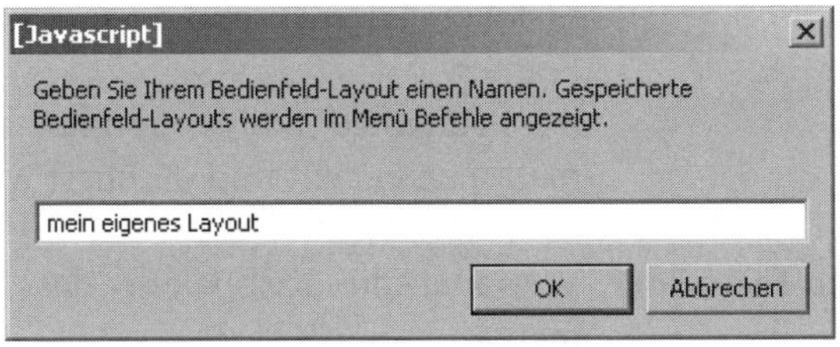

Die Anordnung der Bedienfelder und deren Erscheinung kann abgespeichert werden.

Im folgenden verwende ich die Begriffe Bedienfeld und Bedienfeldgruppe weitgehend synonym. Außerdem gehe ich davon aus, dass Sie an der Standardeinstellung nichts geändert haben. In meinen Schulungen habe ich schon oft die Erfahrung gemacht, dass viele Teilnehmer doch mal gerne ausprobieren und die einzelnen Bedienfelder neu zusammenfassen. Prinzipiell spricht ja auch gar nichts dagegen. Ordnen Sie doch Ihre Tools so an, wie Sie am besten damit zurecht kommen – doch bitte erst am Ende dieses Workshops! Ersparen Sie sich die Sucherei. Auch sollten Sie mit dem Umbenennen von Bedienfeldern bis dahin warten.

Ich möchte die Bedienfelder an dieser Stelle gar nicht weiter beschreiben. Details erfahren Sie im Laufe der Zeit ohnehin.

Eine kurze Übersicht soll hier genügen:

Ausrichtung	Dieses Bedienfeld ermöglicht das Ausrichten, Proportionieren, das Festlegen von Abständen zwischen Objekten und das Anpassen von Objektgrößen. Auch die Ausrichtung an ausgewählten Anker- und Steuerpunkten ist möglich.
Automatische Formen	Ziehen Sie fest definierte Formen, wie Würfel oder Röhre, in Ihr Dokument.
Bibliothek	Enthält grafische, Schaltflächen- und Animationssymbole. Möchten Sie eine Instanz dieser Symbole in Ihrem aktuellen Dokument verwenden, ziehen Sie es einfach mit der Maus an die gewünschte Stelle. Verändern Sie ein Symbol, wird dieses automatisch in allen Dokumente aktualisiert, die dieses Symbol verwenden.
Ebenen und Frames	Wichtige Organisations-Tools; Optionen zum Erstellen, Löschen und Ändern von Ebenen und Frames. Im Bedienfeld *Frames* können außerdem Animationen erstellt und definiert werden.
Farbmischer und Farbfelder	Verwaltet die Farbpalette des aktiven Dokuments.
Info	Informationen über die Abmessungen ausgewählter Objekte; liefert exakte Koordinaten des Cursors, während Sie ihn über die Leinwand bewegen.
Optimieren	Verwaltet (Farb-)Einstellungen, Größe und Dateityp eines Objekts.
Stile	Speichert Kombinationen von Objekteigenschaften (Farben, Effekte u. ä.), die wiederverwendet werden können.

URL — Bibliothek häufig verwendeter URLs.

Suchen und ersetzen — Verschiedene Elemente (Texte, URLs, Schriftarten, -farben, etc.) können in einem Dokument gesucht und ersetzt werden.

Verhalten — Hier bestimmen Sie, wie Hotspots oder Segmente auf Mausaktivitäten reagieren sollen.

Verlauf — Zuletzt verwendete Befehle können hier schnell rückgängig gemacht (und wiederhergestellt) werden. Sie können einzelne Aktionen auswählen und diese als Befehle speichern. Auf diese Befehle können Sie dann zugreifen und sie beliebig wiederverwenden.

HEISSER TIPP

Möchten Sie Bedienfelder an der Standardposition Ihrer Bildschirmauflösung wieder herstellen, wählen Sie unter *Befehle | Bedienfelder-Layouts* die entsprechende Auflösung. Sollte mal ein Bedienfeld verloren gegangen sein, können Sie es über *Fenster* in der Menüleiste wieder öffnen (und natürlich auch wieder schließen).

Wählen Sie in der Menüleiste *Befehle | Warnmeldungen zurück*, falls Sie alle Warndialogfenster «Nicht wieder zeigen» zurücksetzen möchten, so dass sie dann wieder eingeblendet werden.

Die Werkzeugleisten «Standard» und «Modifizieren»

Fireworks hat noch zwei weitere Werkzeugleisten zu bieten. Die Symbolleiste *Standard* ist standardmäßig oben, direkt unter der Menüleiste platziert. Sie können diese, wie bei den Bedienfeldern beschrieben, beliebig verschieben. Das gleiche gilt auch für die Werkzeugleiste *Modifizieren*, die unterhalb des Dokumentfensters zu finden ist.

Während Sie in der Standardleiste viele bekannte Buttons, wie *Öffnen*, *Speichern*, *Kopieren* oder *Einfügen*, wiedererkennen, sieht es bei der Werkzeugleiste *Modifizieren* etwas anders aus. Hierbei handelt es sich um Befehle, mit denen Sie einzelne Objekte bearbeiten und verändern können. So ist beispielsweise ein Drehen, Spiegeln, Anordnen, Verbinden oder Gruppieren von mehreren Objekten möglich. In den einzelnen Workshops werden Sie diese Funktionen näher kennen lernen.

So öffnen Sie die Symbolleisten:

- Wählen Sie *Fenster | Werkzeugleisten | Standard* bzw.
- *Fenster | Werkzeugleisten | Modifizieren.*

In den entsprechenden Kapiteln werde ich den Einsatz dieser Werkzeuge Schritt für Schritt erklären.

Die Standardwerkzeugleiste.

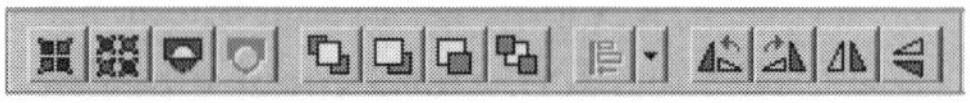

Die Werkzeugleiste «Modifizieren».

RAFFINIERT

Sollten Sie einmal eine Werkzeugleiste aus ihrer Verankerung gerissen haben, bekommen Sie diese wieder an den ursprünglichen Platz zurück, indem Sie auf die blaue Leiste dieses Fenster doppelklicken. Oder Sie verfahren wie bei den Bedienfeldern beschrieben.

Die Befehle der beiden Werkzeugleisten können Sie auch über die Menüleiste aufrufen. In den einzelnen Workshops werde ich Ihnen diese näher beschreiben.

Die Werkzeuge

Die *Werkzeuge* sind standardmäßig am linken Rand angeordnet. Sollten sie bei Ihnen nicht sichtbar sein, wählen Sie *Fenster | Werkzeuge.* Das Bedienfeld ist in sechs Bereiche eingeteilt: *Auswählen, Bitmap, Vektor, Web, Farben* und *Ansicht.* Das Gute an *Fireworks*: Sie müssen nicht zwischen Bitmap und Vektor unterscheiden. *Fireworks* wechselt automatisch in den entsprechenden Modus. Worin jedoch der Unterschied liegt sollten Sie schon wissen. Ich verrate es Ihnen im Kapitel *Vektor- und Bitmap-Grafiken.*

Teilweise verbirgt sich hinter einem Werkzeug eine ganze Gruppe von weiteren Tools. Dies erkennen Sie an dem kleinen Pfeil unter dem jeweiligen Werkzeugbutton. Klicken Sie mit der linken Maustaste darauf und lassen Sie die Taste gedrückt. Das Menü mit den verwandten, weiteren Werkzeugen erscheint, inklusive Namen und Tastenbelegung. Welches Werkzeug gerade ausgewählt ist, erkennen Sie an dem kleinen Häkchen links daneben. Möchten Sie dieses ändern, ziehen Sie den Mauszeiger auf das entsprechende Tool. Jetzt wird das ausgewählte Werkzeug direkt in der Werkzeugleiste angezeigt.

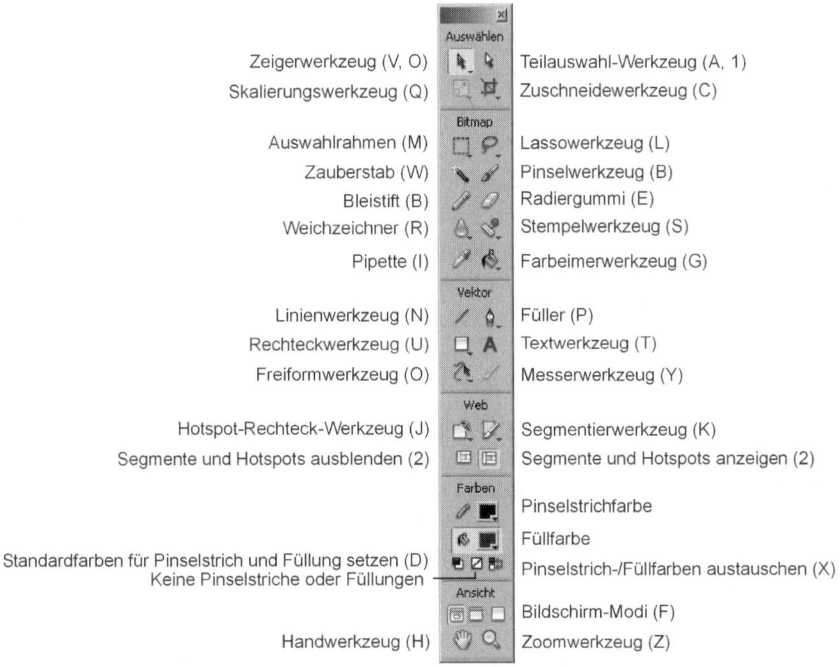

Die Werkzeuge. Die in Klammern stehenden Buchstaben und Ziffern stehen für die Tasten, mit denen Sie das Werkzeug auch auswählen können.

Eine Gruppe von mehreren Werkzeugen.

Halten Sie den Cursor einen Moment über ein Element, wird die QuickInfo eingeblendet. Das ist ein kleines Infokästchen, das Werkzeuge, Schaltflächen und andere Oberflächenelemente bezeichnet. Diese Information wird wieder ausgeblendet, sobald Sie die Maus bewegen.

Haben Sie ein Werkzeug ausgewählt, erscheinen im Eigenschafteninspektor dessen Optionen, die Sie hier auch verändern können (vgl. Kapitel *Der Eigenschafteninspektor*).

Wie die einzelnen Werkzeuge eingesetzt werden und was es hierbei zu beachten gibt, erfahren Sie im nächsten Kapitel.

Der Eigenschafteninspektor

Das Herzstück von *Fireworks* ist wohl der Eigenschafteninspektor. Mit ihm können Sie Eigenschaften definieren, verändern, neu zuweisen. Haben Sie ein Werkzeug ausgewählt, zeigt dieses Bedienfeld exakt die entsprechenden Werkzeugoptionen an. Wurde einem markierten Objekt bereits eine Eigenschaft zugewiesen, wird diese ebenfalls hier angezeigt und Sie können diese nun direkt hier verändern. Der Eigenschafteninspektor ist also ein kontextsensitives Bedienfeld, das standardmäßig am unteren Rand des Arbeitsbereichs angeordnet ist. Sollte der Inspektor nicht sichtbar sein, wählen Sie *Fenster | Eigenschaften.*

MERKET AUF!

Für einen Teil der Werkzeuge zeigt der Inspektor die Eigenschaften der ausgewählten Objekte an. Zu diesen Werkzeugen gehören: Grundform, Füller, Linien. Um eine Objektauswahl aufzuheben, klicken Sie entweder in den leeren Arbeitsbereich oder wählen in der Menüleiste *Auswählen | Auswahl aufheben.* Ist weder ein Objekt noch ein Werkzeug ausgewählt, zeigt der Inspektor die Eigenschaften der Leinwand an.

Den Eigenschafteninspektor werden wir sehr oft einsetzen. Weitere Informationen, Tipps und Tricks erhalten Sie im Laufe der nächsten Workshops.

HEISSER TIPP

Klicken Sie mit der rechten Maustaste (Windows) bzw. bei gedrückter Strg-Taste (Macintosh) auf ein Objekt in Ihrem Arbeitsbereich, öffnet sich das entsprechende Kontextmenü. Hier finden Sie sämtliche Befehle, die in diesem Zusammenhang von Interesse sein könnten. Probieren Sie es aus – das Arbeiten geht hiermit oft viel schneller. Im Laufe der einzelnen Workshops komme ich immer wieder darauf zurück.

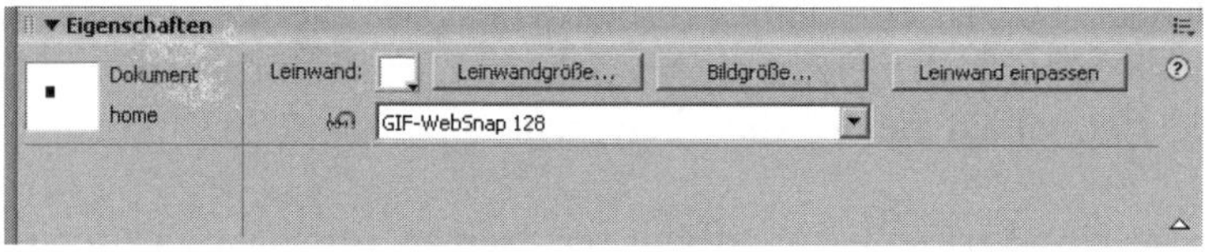

Die Eigenschaften der angelegten Leinwand. Hier können Sie die zuvor getätigten Einstellungen wieder verändern.

Wie bei den Bedienfeldern üblich, können Sie den Eigenschafteninspektor verschieben, ein- oder ausblenden. Sie können aber auch die Größe des Inspektors selbst verändern, indem Sie auf den kleinen Erweiterungspfeil rechts unten im Bedienfeld klicken.

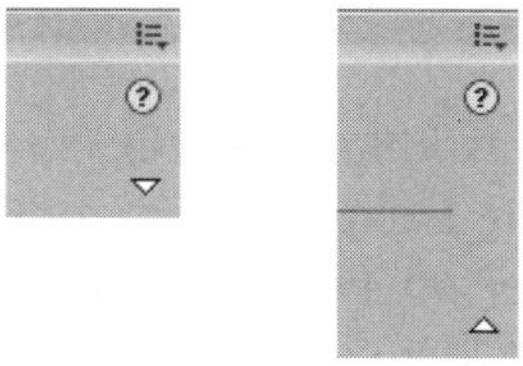

Klicken Sie auf den Pfeil, um den Eigenschafteninspektor zu erweitern (linkes Bild) oder zu verkleinern (rechtes Bild).

Ich gehe im Folgenden davon aus, dass Sie den Inspektor in seiner vollen Größe angezeigt bekommen.

Und wenn wir schon einmal bei der Größe sind... In *Fireworks* gibt es unterschiedliche Möglichkeiten bei der Darstellung Ihres Dokuments.

Schnellexport-Symbol

In der oberen Dokumentleiste finden Sie das Schnellexport-Symbol. Wenn Sie hierauf klicken, öffnet sich ein Menü, über das Sie Ihre *Fireworks*-Datei in zahlreiche Macromedia-Anwendungen, wie *Dreamweaver*, *Flash*, *Freehand* oder *Director*, exportieren können. Außerdem ist ein Export in *Photoshop*, *FrontPage*, *GoLive* und *Illustrator* möglich. Zusätzlich können Sie die Browser-Vorschau nutzen oder mit HTML-Code arbeiten. Weitere Informationen finden Sie in Kapitel 3 und 16.

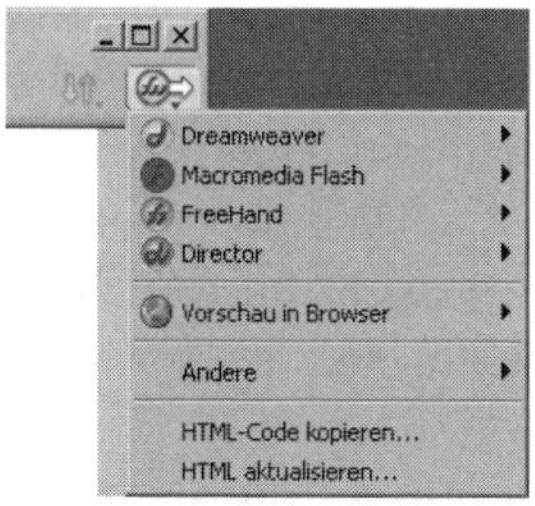

Der Schnellexport Ihres Dokuments in andere Anwendungen.

MERKET AUF!

Am unteren Rand sehen Sie allgemeine Informationen über das aktuelle Dokument. So erkennen Sie hier beispielsweise, wie lange es bei einem 56 kbps-Modem dauern würde, bis das Bild vollständig übertragen wird. Außerdem können Sie sich hier noch mal vergewissern, um welchen Dateityp es sich handelt.

Allgemeine Informationen über die aktuelle Datei stehen am unteren Rand des Dokuments.

Zoom, Ansichten und Co.

Die Ansicht Ihres Dokuments können Sie in *Fireworks* einstellen. So können Sie selbst bestimmen, ob Ihr Dokument gezoomt dargestellt wird, wie viele Ansichten es geben soll oder ob *Fireworks* eine Vorschau des fertigen Bildes anzeigen soll. Sie können die Menüleiste ausblenden und eine Panoramasteuerung, also einen Vollbildmodus, aktivieren. Letzterer ist besonders hilfreich, um die gesamte Leinwand sehen zu können.

Vergrößern / Verkleinern, Schwenken

Die richtige Ansicht ist die Grundvoraussetzung einer guten Grafikentwicklung. Häufig können Sie Bereiche erst richtig bearbeiten, wenn Sie diese vergrößern. Dabei gibt es in *Fireworks* zwei Möglichkeiten, wie Sie Ihr Dokument vergrößern oder verkleinern können:

- Wie Sie es von anderen Grafikprogrammen vielleicht schon kennen, gibt es auch in *Fireworks* die Lupe, mit der Sie den gleichen Zoom-Effekt bekommen. Dieses Zoom-Werkzeug finden Sie rechts unten in der Werkzeugleiste. Der Mauszeiger verändert sich in eine Lupe mit dem Plus-Zeichen. Klicken Sie im Dokumentfenster so oft um den Mittelpunkt der neuen Ansicht, bis Sie die gewünschte Vergrößerung erreicht haben. Dabei wird jeweils auf den nächsten eingestellten Vergrößerungsfaktor eingestellt. Falls Sie den Bereich konkret eingrenzen wollen, ziehen Sie die Lupe bei gedrückter linker Maustaste über die entsprechende Stelle.

  Möchten Sie das Dokument verkleinern, arbeiten Sie wie eben beschrieben und halten Sie dabei die Alt- (Windows) bzw. Wahl-Taste (Macintosh) gedrückt. Die Lupe zeigt nun ein Minus-Zeichen und Sie können die Ansicht des Dokuments verkleinern.

- Öffnen Sie das Zoom-Popup-Menü am unteren Dokumentenrand und wählen Sie die gewünschte Vergrößerung bzw. Verkleinerung aus.

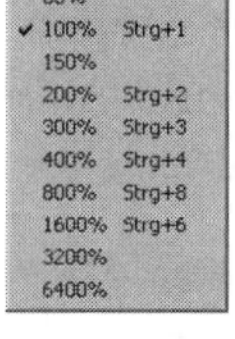

Klicken Sie auf das Popup-Menü und verkleinern oder vergrößern Sie die Ansicht des Dokuments.

- Wählen Sie in der Menüleiste *Ansicht* | *Größer zoomen* bzw. *Ansicht* | *Kleiner zoomen.*

- Die entsprechenden Tastaturkürzel lauten (Strg) + (+) und (Strg) + (-).

Sie verändern lediglich die Ansicht. Das bedeutet nicht, dass Sie an den Maßen des Dokumentes bzw. der Leinwand etwas verändern. Breite und Höhe bleiben weiterhin gleich.

ZEIT GESPART

Möchten Sie Ihr Dokument ganz schnell wieder in der richtigen Größe sehen, also auf 100 % einstellen, doppelklicken Sie auf die Lupe in der Werkzeugleiste.

Mit dem Handwerkzeug können Sie den Bildbereich schwenken. Ziehen Sie den Dokumentbereich bei gedrückter linker Maustaste an die gewünschte Stelle. Elemente Ihres Dokuments werden dabei nicht verschoben.

Doppelklicken Sie auf das Handwerkzeug, wenn Sie die Dokumentgröße dem aktuellen Arbeitsbereich anpassen möchten. Sollte der Arbeitsbereich zu klein sein, wird das Dokument automatisch verkleinert.

Ansicht-Modi

Zur Verwaltung des Arbeitsbereichs gibt es in *Fireworks* drei unterschiedliche Modi. Benutzen Sie die gezeigten Buttons in der Werkzeugleiste, um zwischen diesen einzelnen Ansichten zu wechseln:

- Standardbildschirmmodus : Das ist die standardmäßig eingestellte Ansicht.

- Vollbildmodus mit Menüs : Die Ansicht des Dokumentfensters wird maximiert (vor einem grauen Hintergrund), wobei Menüs, Symbolleisten, Bildlaufleisten und Bedienfelder sichtbar sind.

- Vollbildmodus : Die Ansicht des Dokumentfensters wird maximiert (vor einem grauen Hintergrund), wobei Menüleiste, die Dokumentinformation am unteren Rand und Bildlaufleisten **nicht** sichtbar sind.

Ein Dokument mit mehreren Ansichten:

Angenommen, Sie haben ein Dokument erstellt und möchten nun ein Detail weiter bearbeiten, gleichzeitig aber sehen, wie sich Ihre Änderungen auf das gesamte Layout auswirken.

1. Wählen Sie *Fenster | Fenster duplizieren*. Eine weitere Ansicht des selben Dokuments wird geöffnet. Dass es sich dabei tatsächlich um die gleiche Datei handelt sehen Sie, wenn Sie ein Element auf der Leinwand platzieren. Dieses erscheinen nämlich automatisch in beiden Dokumenten.

2. Wählen Sie unterschiedliche Zoomeinstellungen für die Fenster aus (vgl. vorheriges Kapitel).

3. Wenn Sie möchten, können Sie die geöffneten Fenster anordnen, so dass Sie die Auswirkung Ihrer Änderungen auf das gesamte Dokument verfolgen können: Überlappend, Unter-, oder Nebeneinander.

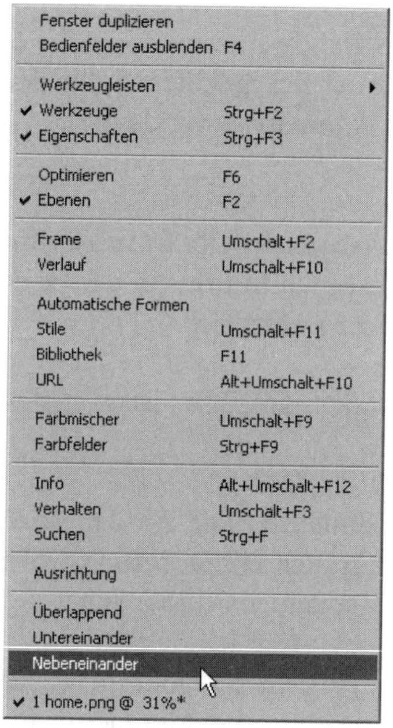

Bestimmen Sie in der Menüleiste unter Fenster, wie «Fireworks» diese anordnen soll.

Links arbeiten Sie an dem Logo. Rechts ist das duplizierte Fenster platziert. Führen Sie links Änderungen z. B. am Logo durch, sehen Sie im rechten Fenster gleichzeitig, ob diese Modifizierungen in das gesamte Layout passen.

Sie können ein und dasselbe Dokument in den unterschiedlichen Ansichten abspeichern. Schließen Sie eine Dokumentansicht über den Button [X] oder benutzen Sie die Menüleiste *Datei | Schließen.*

Vollanzeige und Entwurf

Wechseln Sie zwischen den einzelnen Modi, verändern Sie nichts an den Objekten Ihres Dokuments. Auch die Ausgabequalität wird hierdurch nicht beeinflusst.

Wählen Sie unter *Ansicht | Vollanzeige*, um die Dokumentnachzeichnung zu steuern. Darunter versteht man, ob die Objekte in allen Einzelheiten dargestellt werden oder ob Pfade ohne Füllung, einen Pixel breit und Bitmaps mit einem X angezeigt werden. Mehr über Pfade und Bitmaps erfahren Sie in Kapitel 3 *Vektor- und Bitmap-Grafiken.*

Links wird der Vollbildmodus angezeigt, rechts ist dieser deaktiviert.
Schön zu erkennen: Zwei der drei Bitmaps überlagern sich.

In *Fireworks* können Sie auch testen, wie das Bild auf anderen Plattformen angezeigt werden würde. Lassen Sie sich unter Windows doch einmal anzeigen, wie ein Macianer die Grafik sieht, und umgekehrt.

Wählen Sie hierfür *Ansicht | Macintosh Gamma.*

Voreinstellungen festlegen

Nach diesem Workshop sollten Sie *Fireworks* entsprechend Ihren Bedürfnissen einrichten. Da dürfen auch die Voreinstellungen nicht fehlen. Hiermit können Sie das Aussehen der Benutzeroberfläche festlegen und Optionen für gewisse Merkmale (z. B. Startseite, Werkzeuge, Ordner, Dateikonvertierung) bestimmen. Mehr dazu erfahren Sie im Laufe dieses Kapitels. Allerdings sollten Sie Ihre Voreinstellungen erst ändern, wenn wir den Workshop beendet haben. Im Folgenden beziehe ich mich auf die Standardeinstellungen von *Fireworks MX 2004* und – wie schon bei den Bedienfeldern betont – würde es mehr verwirren als nützen, wenn Sie die Voreinstellungen jetzt schon ändern würden.

Also betrachten Sie dieses Grundlagen-Kapitel eher als Vervollständigung und Information zum späteren Nachschlagen. Im weiteren Workshop arbeite ich mit den Einstellungen, die Sie in den einzelnen Screenshots auf den folgenden Seiten sehen.

So legen Sie die Voreinstellungen fest:

1. Wählen Sie *Bearbeiten | Voreinstellungen* (Windows) bzw. *Fireworks | Voreinstellungen* (Macintosh).

2. Auf den Registertafeln *Allgemein*, *Bearbeitung*, *Starten und bearbeiten*, *Ordner* und *Importieren* können Sie die gewünschten Einstellungen verändern.

3. Bestätigen Sie anschließend Ihre Änderungen mit dem *OK*-Button.

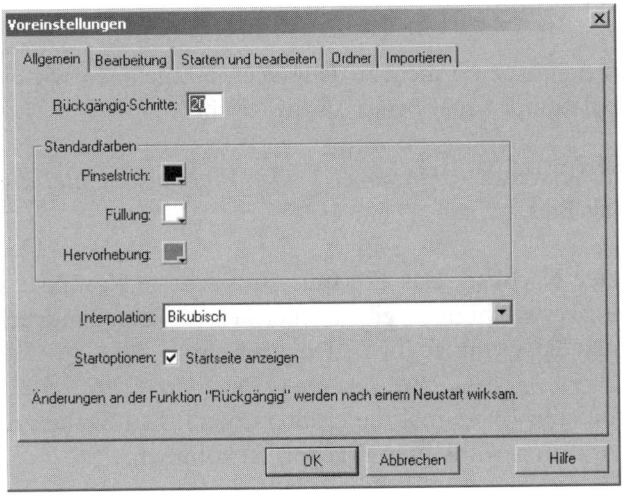

Die Voreinstellungen können individuell geändert werden.

Übersicht der einzelnen Voreinstellungen

Das Register «Allgemein»

1. **Rückgängig-Schritte:** Geben Sie hier einen Wert zwischen 0 und 999 ein. Damit legen Sie die Anzahl der Schritte fest, die Sie rückgängig machen, aber auch wiederholen können. Diese Einstellung wirkt sich also auf den Befehl *Bearbeiten | Rückgängig* und das Bedienfeld *Verlauf* aus (vgl. Kapitel 3). Der eingetragene Wert sollte nicht allzu hoch sein, da Sie hierfür einen größeren Arbeitsspeicher benötigen. Ihr Computer kann dadurch sehr langsam werden. Ältere Arbeitsschritte werden gelöscht, sobald die zulässige Höchstzahl überschritten wird. Damit diese Einstellungen wirksam werden, müssen Sie *Fireworks* neu starten.

2. **Standardfarben:** Wie sollen Pinselstriche, Füllungen und Pfad-Hervorhebungen standardmäßig eingefärbt sein? Ändern Sie Pinselstrich- und Füllfarbe, werden nicht automatisch die Farbfelder in der Werkzeugleiste geändert. Vielmehr wirkt sich diese Einstellung auf die Farbeinstellung des Buttons  in der Werkzeugleiste aus.

3. **Interpolation:** Legen Sie eine der vier Methoden fest. Hiermit bestimmen Sie, wie *Fireworks* die Skalierung von Pixeln umsetzen soll. Mehr über das

Vergrößern und Verkleinern von Bitmaps erfahren Sie in Kapitel 4 *Mit Bitmaps arbeiten.*

- **Bikubisch:** Führt in der Regel zum schärfsten und qualitativ hochwertigsten Ergebnis.
- **Bilinear:** Führt zwar nicht zu den scharfen Ergebnisse wie die bikubische Interpolation, ist aber besser als die weiche.
- **Weich:** Verwendete *Fireworks 1.* Das Ergebnis ist hier ein leicht verwischtes Bild.
- **Nächster Nachbar:** Das Ergebnis sind scharfe Kontraste mit eckigen Kanten. Verwischungen gibt es hier keine. Einen Eindruck davon bekommen Sie, wenn Sie Ihr Bild vergrößern.

Profis probieren öfters mal diese unterschiedlichen Skalierungsmethoden aus, um zu dem gewünschten Ergebnis zu kommen.

4. **Startoptionen:** Aktivieren Sie das Kontrollkästchen, wenn die Startseite angezeigt werden soll. Die Anzeige können Sie dann wieder über die Startseite selbst deaktivieren.

5. **Dateien speichern (nur Macintosh):** Aktivieren Sie die Option *Vorschausymbole hinzufügen*, um Piktogramme von *Fireworks*-PNG-Dateien auf der Festplatte ein- und auszublenden. Ist diese Option deaktiviert, wird das *Fireworks*-Symbol für PNG-Dateien angezeigt. Sie müssen die Datei speichern, damit diese Einstellung wirksam wird.

Das Register «Bearbeitung»

Hier legen Sie die Form des Cursors und grundlegende Bitmap-Eigenschaften fest (Abbildung siehe bitte nächste Seite, oben).

1. **Präzise Cursor:** Ist dieses Kontrollkästchen aktiviert, werden die Werkzeug-Cursorsymbole durch den Kreuzfaden-Cursor ersetzt. Probieren Sie diese Einstellung mal aus. Das Arbeiten mit dem Kreuzfaden-Cursor ist Geschmackssache.

2. **Objekte beim Zuschneiden löschen:** Wenn Sie ein Dokument zurechtscheiden, werden Pixel und Objekte, die sicher außerhalb dieses Begrenzungsrahmens (Bear*beiten* | *Dokument zuschneiden* bzw. *Modifizieren* | *Leinwand* | *Leinwandgröße*) befinden, gelöscht.

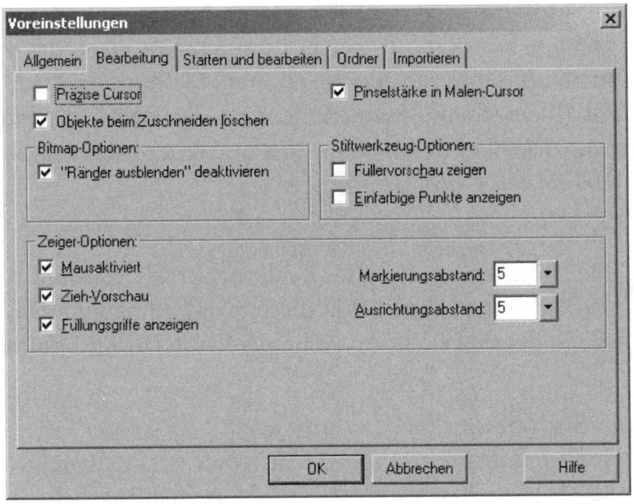

Mauszeiger- und Bitmap-Eigenschaften festlegen.

3. **Pinselstärke in Malen-Cursor:** Aktivieren Sie dieses Kontrollkästchen, um Größe und Form folgender Werkzeuge so einzustellen, dass Sie auf den ersten Blick erkennen können, was Sie gerade erstellen bzw. bearbeiten. Pinsel-, Radiergummi-, Weichzeichner-, Schärfen-, Dodge-, Burn- und Verwisch-Werkzeuge sind davon betroffen. Der Cursor wird bei bestimmten Pinseln als Fadenkreuz angezeigt. Ist diese Option und gleichzeitig die Option *Präzise Cursor* deaktiviert, wird der Werkzeugsymbol-Mauszeiger angezeigt.

4. **«Ränder ausblenden» deaktivieren:** Spricht eigentlich für sich selbst... Besser ist, Sie sehen die Bitmap-Ränder, wenn sich die Auswahl ändert. Also müssen Sie diese Option aktivieren, um Ränder nicht zu deaktivieren ;-)

5. **Füllervorschau zeigen:** Beim Aktivieren dieses Kontrollkästchens wird eine Vorschau des nächsten Pfadsegments angezeigt.

6. **Einfarbige Punkte anzeigen:** Ausgewählte Punkte werden ohne Füllung, nicht ausgewählte werden einfarbig angezeigt.

7. **Zeiger-Optionen:** *Mausaktiviert, Zieh-Vorschau, Füllungsgriffe anzeigen*: Sprechen alle für sich...

8. **Markierungsabstand:** Hiermit legen Sie fest, wie nah der Cursor am Objekt sein muss, damit Sie dieses auswählen können. Sie können Pixel-Werte zwischen 1 und 10 eingeben.

9. **Ausrichtungsabstand:** Möchten Sie ein Objekt am Raster oder an den Hilfslinien ausrichten, können Sie hier bestimmen, wie nahe das verschobene Objekt sein muss, um einrasten zu können. Sie können Pixel-Werte zwischen 1 und 10 eingeben. Beachten Sie, dass *Am Raster ausrichten* bzw. *An Hilfslinien ausrichten* aktiviert sein müssen. Weitere Informationen finden Sie in Kapitel *Raster, Lineal, Hilfslinien.*

HEISSER TIPP

Sie können auch die Tastaturkürzel verändern (*Bearbeiten | Tastaturkürzel*). Wie diese standardmäßig aussehen, finden Sie in der Übersicht im Anhang (Kapitel *Tastaturkurzbefehle*).

Das Register «Starten und bearbeiten»

Mit diesen Voreinstellungen bestimmen Sie, wie externe Anwendungen (z. B. Macromedia *Flash* oder *Director*) starten und Grafiken bearbeiten.

Zur Grafikbearbeitung kann *Fireworks* von anderen Programmen aus gestartet werden. Die Option *Beim Bearbeiten mit externer Anwendung* legt fest, ob dabei die original PNG-Datei geöffnet wird oder nicht. In der Regel sucht *Fireworks* dann nach der PNG-Quelldatei. Kann *Fireworks* diese PNG-Datei nicht finden, arbeitet das Programm nach der hier festgelegten Voreinstellung.

Zur Auswahl stehen folgende Optionen:

- *Immer PNG-Datei verwenden*
- *PNG-Quelldatei nie verwenden*
- *Beim Start fragen*

Ich habe die Einstellung *Beim Start fragen* aktiviert. Dadurch kann ich je nach Grafik direkt bestimmen, ob ich die PNG-Quelldatei öffnen möchte oder eben nicht. Der Vorteil dieser Vorgehensweise ist, dass in der PNG-Ursprungsdatei alle Pfade und Ebenen offen vorliegen, d.h. Sie können diese beliebig bearbeiten.

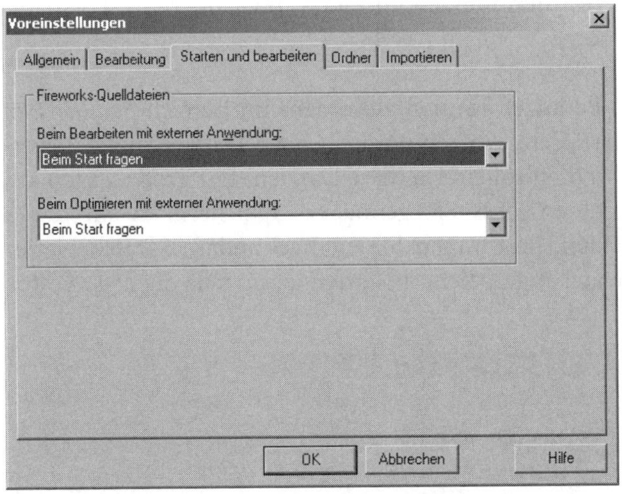

Start- und Bearbeitungseinstellungen.

VORSICHT FALLE

Eine Ausnahme bildet Macromedia *Flash*. Wird eine Grafik von *Flash* aus für die Bearbeitung in *Fireworks* gestartet, verwendet *Fireworks* stets seine eigenen Voreinstellungen.

Mit der Option *Beim Optimieren mit externer Anwendung* legen Sie fest, ob die PNG-Quelldatei geöffnet werden, soll, wenn Sie eine Grafik optimieren.

Eine weitere Ausnahme bildet Macromedia *Director*. Unabhängig von diesen *Fireworks*-Einstellungen öffnet *Director* Grafiken in *Fireworks* automatisch, ohne nach der PNG-Datei zu fragen.

Macromedia *Dreamweaver* öffnet unabhängig von den *Fireworks*-Voreinstellungen immer die PNG-Datei. Ist der Pfad zu dieser Datei in *Dreamweaver* falsch hinterlegt, werden Sie aufgefordert, diese Quelldatei anzugeben. Weitere Informationen finden Sie im SmartBook zu *Dreamweaver MX 2004*.

Das Register «Ordner»

Hier können Sie den Ordner für zusätzliche Materialien, wie *Photoshop Plug-Ins*, *Texturen* und *Muster* auswählen. *Fireworks* greift auf diese Materialien zu, wenn Sie die entsprechende externe Quelle angegeben haben. Gleichzeitig aktiviert *Fireworks* automatisch das passende Kontrollkästchen. Die Ordner mit den zusätzlichen Materialien können auf Ihrer Festplatte, einer CD-ROM oder auf anderen externen (Netz-)Laufwerken liegen.

Muster und Texturen müssen im PNG-, JPG- oder GIF-Format abgespeichert sein.

Mac OS 9.x-Benutzer können außerdem im Bereich *Scratch-Platten (Primär, Sekundär)* festlegen, wo temporäre Cache-Dateien für *Fireworks* zwischengespeichert werden sollen. Da diese Dateien sehr groß werden können, sollten Sie darauf achten, dass Sie genügend Speicherplatz auf der ausgewählten Festplatte haben. Bestimmen Sie eine sekundäre Scratch-Platte, auf der die temporäre Datei abgespeichert werden kann, falls die erste Festplatte voll sein sollte.

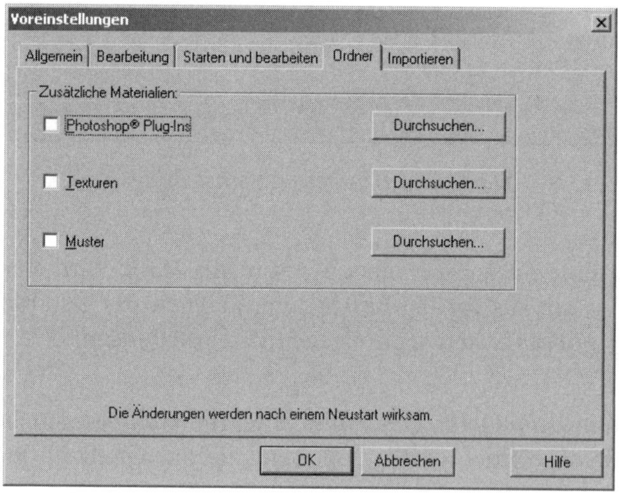

Weitere Materialien in «Fireworks» integrieren.

GRUNDWISSEN

Photoshop Plug-Ins werden in *Fireworks* in der Menüleiste unter *Filter* angezeigt. Im Eigenschafteninspektor finden Sie diese im Menü *Effekte*. Muster und Texturen können Sie dann im Eigenschafteninspektor über die *Füllkategorie* auswählen. Weitere Informationen hierzu finden Sie in Kapitel 7 *Farben, Pinselstriche, Füllungen.*

Das Register «Importieren»

Öffnen Sie ein *Photoshop*-Dokument, arbeitet *Fireworks* nach der hier angegebenen Routine. Diese *Photoshop*-Dateikonvertierungen können folgendermaßen aussehen:

- *Ebenen: In ein Fireworks-Objekt konvertieren*: Jede Ebene der Photoshop-Datei wird als Bitmap-Objekt auf einer einzigen Ebene in *Fireworks* importiert.

- *Ebenen zwischen Frames freigeben*: Aktivieren Sie dieses Kontrollkästchen, wenn die importierten Ebenen in allen Frames der *Fireworks*-Datei sichtbar sein sollen.

- *In Frames konvertieren*: Jede Photoshop-Ebene wird als ein Objekt in einem neuen Frame in *Fireworks* importiert. Das ist ein großer Vorteil, wenn Sie Animationen erstellen möchten.

Außerdem legen Sie in den Import-Voreinstellungen die Eigenschaften des importierten Textes fest.

- *Text: Bearbeitbar*: Importierter *Photoshop*-Text kann weiterhin mit dem Textwerkzeug und über den Eigenschafteninspektor bearbeitet werden. Allerdings kann der importierte Photoshop-Text in *Fireworks* etwas anders aussehen.

- *Erscheinungsbild beibehalten*: Der Text wird als Bitmap-Objekt in *Fireworks* importiert und kann nicht weiter mit dem Textwerkzeug bearbeitet werden.

- *Flaches zusammengesetztes Bild verwenden*: Bei aktiviertem Kontrollkästchen wird die Photoshop-Datei als flaches Bitmap-Objekte ohne Ebenen importiert.

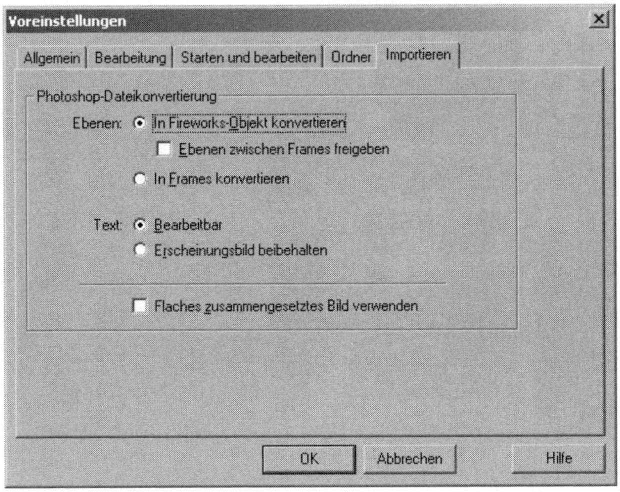

Voreinstellungen für den Photoshop-Import.

Importieren Sie eine PSD-Datei werden einerseits Ebenen und Texte entsprechend den Voreinstellungen übernommen, andererseits werden Ebenen- zu Live-Effekten und Ebenenmasken zu Objektmasken. Der Alpha-Kanal der

Kanal-Palette wird in *Fireworks* als transparenter Bereich importiert. Der Ebenen-Mischmodus in *Photoshop* wird in *Fireworks* für das entsprechende Objekt konvertiert, sofern diese Anwendung den Modus unterstützt.

POWER USER

Jetzt haben wir sehr viel in den Voreinstellungen geändert. Für den weiteren Workshop sollten Sie jedoch die Standardeinstellungen verwenden. Was? Sie haben auf *OK* geklickt und damit Ihre geänderten Voreinstellungen aktiviert? Kein Problem! Um die ursprünglichen Voreinstellungen wiederherzustellen, schließen Sie zunächst *Fireworks.* Suchen Sie jetzt auf Ihrer Festplatte die *Preferences*-Datei und löschen diese. Der genaue Pfad hängt von Ihrem System ab. Wenn Sie *Fireworks* erneut starten, legt das Programm automatisch eine neue *Preferences*-Datei mit den Standard-Voreinstellungen an.

Lineale, Raster, Hilfslinien

Mit visuellen Hilfsmitteln können Sie Objekte sehr exakt platzieren. An Raster und Hilfslinien können Sie Objekte direkt ausrichten. Lineale helfen Ihnen bei der Positionierung. Die Arbeit wird Ihnen damit wesentlich erleichtert.

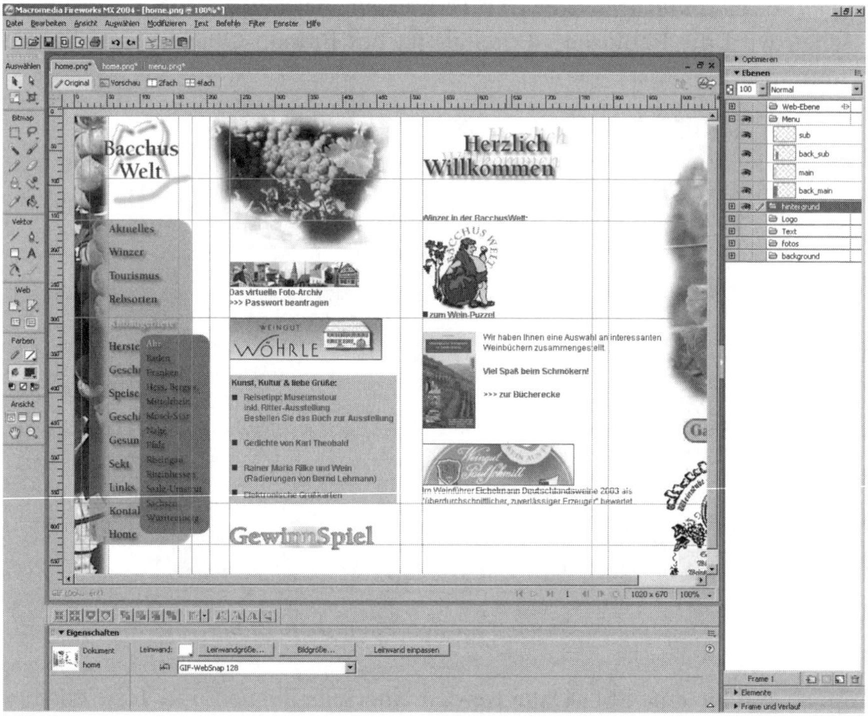

Diese Seite wird hier mit Hilfe von Linealen und Hilfslinien bearbeitet.

Lineale

Mit dem Lineal können Sie das Layout Ihrer Arbeit besser festlegen und planen. Unabhängig davon, welche Maßeinheit Sie beim Anlegen Ihres Dokumentes angegeben haben, verwendet *Fireworks* Pixelwerte als Maßeinheit. Das macht durchaus Sinn: Schließlich entwickeln Sie in *Fireworks* Grafiken für das Web, in dem Pixeleinheiten Standard sind.

Lineale sind wichtige Orientierungshilfen.

Um die Lineale ein- und auszublenden, wählen Sie in der Menüleiste *Ansicht | Lineale. Fireworks* zeigt nun vertikale und horizontale Lineale am Rand des Dokumentfensters an. Waren diese bereits eingeblendet, werden sie jetzt nicht mehr angezeigt. Achten Sie auf das Häkchen. In *Fireworks* gilt die goldene Regel: «Wenn Haken, dann sichtbar.»

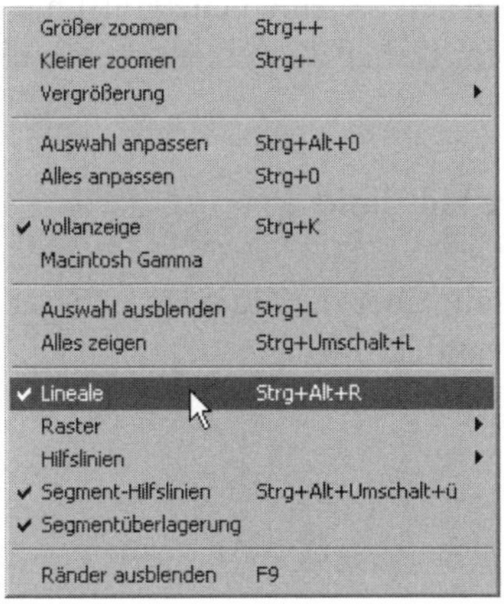

Sind die Lineale eingeblendet, erscheint ein Häkchen vor dem Menüeintrag unter «Ansicht».

POWER USER

Bestimmen Sie in den Voreinstellungen im Register *Bearbeiten* den *Ausrichtungsabstand* (vgl. Kapitel *Übersicht der einzelnen Voreinstellungen*).

Hilfslinien

Mit Hilfslinien können Sie Objekte besser auf Ihrer Leinwand anordnen. Hiermit können Sie Markierungen setzen, die beispielsweise den Mittelpunkt, Ränder oder wichtige Teile Ihrer Grafiken hervorheben. In *Fireworks* werden Hilfslinien standardmäßig in Grün angezeigt.

So erstellen Sie eine horizontale Hilfslinie:

1. Klicken Sie mit der Maus in das obere Lineal hinein. Ziehen Sie jetzt mit gedrückter linker Maustaste den Cursor aus dem Lineal-Bereich heraus. Sie nehmen automatisch eine Hilfslinie mit.

2. Platzieren Sie die so mitgenommene Hilfslinie an der gewünschten Stelle in Ihrem Dokument.

Eine vertikale Hilfslinie ziehen Sie nach dem gleichen Schema aus dem linken Lineal.

ERSTE HILFE

Über *Ansicht | Hilfslinien | Hilfslinien zeigen* blenden Sie Hilfslinien ein und aus. Bei sichtbaren Hilfslinien ist hier ein Häkchen zu sehen. Ziehen Sie eine neue Hilfslinie aus dem Lineal, werden alle weiteren, bisher ausgeblendeten Linien automatisch wieder angezeigt.

So positionieren Sie Ihre Hilfslinie:

1. Gehen Sie mit der Maus über die Linie bis sich der Cursor in einen Balken mit zwei Pfeilen verwandelt.

2. Jetzt können Sie die grüne Hilfslinie verschieben – in diesem Beispiel nach rechts und links. Diesen Vorgang können Sie beliebig oft wiederholen. Allerdings dürfen die Hilfslinien nicht gesperrt sein!

3. Doppelklicken Sie auf die Hilfslinie, um diese exakt zu positionieren. Im Dialogfenster *Hilfslinie verschieben* wird die aktuelle Position angezeigt. Geben Sie nun den neuen Wert ein.

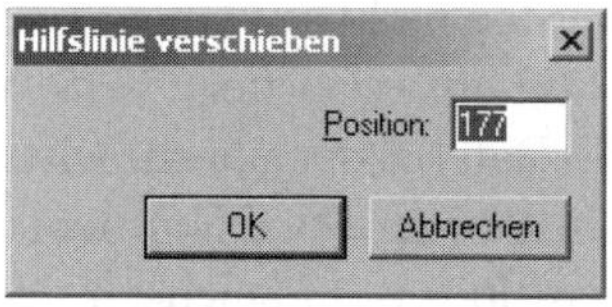

Sie können die exakte Position der Hilfslinie bestimmen.

RAFFINIERT

Um zu verhindern, dass Sie aus Versehen Hilfslinien verschieben, können Sie diese sperren. Wählen Sie hierfür in der Menüleiste *Ansicht | Hilfslinien | Hilfslinien sperren.*

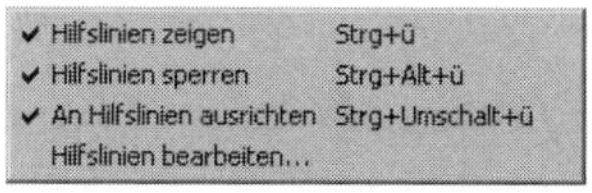

Einstellmöglichkeiten für Hilfslinien in der Menüleiste.

So löschen Sie eine Hilfslinie:

- Ziehen Sie die Hilfslinie aus Ihrer Leinwand hinaus. Sie schieben sie also auf den grauen Arbeitsplatz.

So richten Sie ein Objekt an den Hilfslinien aus:

1. Öffnen Sie das Dialogfenster *Hilfslinien* über *Ansicht | Hilfslinien | Hilfslinien bearbeiten.*

2. Aktivieren Sie das Kontrollkästchen *An Hilfslinien ausrichten.*

Im Dialogfenster «Hilfslinien» finden Sie weitere Optionen für die Hilfslinien.

MERKET AUF!

Hilfslinien werden nicht auf einer Ebene platziert und auch nicht mit dem Dokument exportiert. Nur wenn Sie Ihr Dokument als original PNG-Datei abspeichern, wird dieses Entwurfswerkzeug beim nächsten Öffnen des Dokuments wieder angezeigt (weitere Informationen über das Speichern und Exportieren von Dokumenten bekommen Sie in Kapitel 15 *Abspeichern und Exportieren*).

Objekte können in *Fireworks* an Hilfslinien einrasten, was das exakte Positionieren unheimlich erleichtern kann. Wählen Sie hierfür *Ansicht | Hilfslinien | An Hilfslinien ausrichten.*

So können Sie das Aussehen der Hilfslinien verändern:

1. Wählen Sie *Ansicht | Hilfslinien | Hilfslinien bearbeiten.*

2. Über das Farb-Popup-Menü können Sie nun eine neue Hilfslinienfarbe auswählen. Wie Sie mit solchen Popup-Menüs arbeiten, erfahren Sie in Kapitel 7.

3. Bestätigen Sie Ihre Änderungen mit *OK.*

NICHT VERGESSEN

Die hier besprochenen Hilfslinien sind von den *Segment-Hilfslinien* zu unterscheiden. Diese Hilfslinien benötigen Sie für das Erstellen von kleineren Teil-Grafiken, die auf der Webseite dann wieder über HTML zusammengesetzt werden. Wie Sie solche Segmente erstellen erfahren Sie in Kapitel 15 *Abspeichern und Exportieren.*

Raster

Blenden Sie das Raster über die Menüleiste *Ansicht | Raster | Raster zeigen* ein. Wie bei den Linealen markiert auch hier ein Häkchen, dass das Raster sichtbar ist.

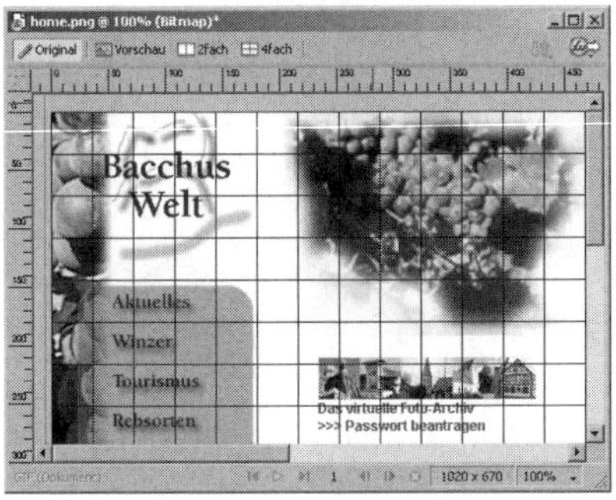

Die BacchusWelt hinter Gittern – so gelingt der Entwurf!

Sie sehen jetzt zahlreiche horizontale und vertikale Linien auf der Leinwand. Mit dem Raster können Sie Objekte auf Ihrer Leinwand einfacher platzieren. Auch das Entwurfswerkzeug Raster ist ein visuelles Hilfsmittel, das nicht exportiert wird. Die Eigenschaften des Rasters können Sie selbst festlegen.

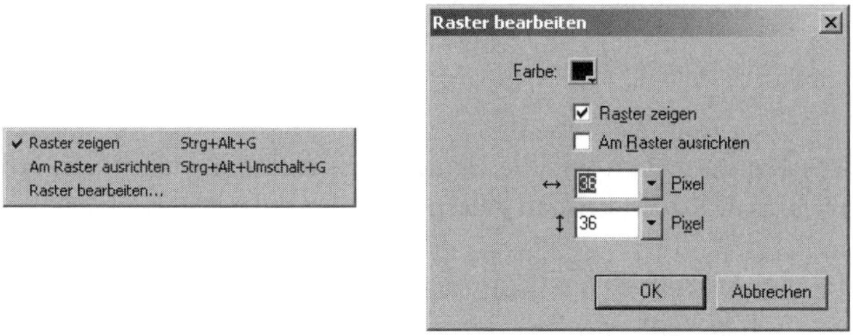

Unter «Ansicht | Raster | Raster bearbeiten» können Sie die Eigenschaften des Rasters einstellen.

So verändern Sie Farbe und Größe des Rasters:

1. Wählen Sie *Ansicht | Raster | Raster bearbeiten.*

2. Im Dialogfenster *Raster bearbeiten* können Sie alle Raster-Eigenschaften festlegen. Bestimmen Sie im Farb-Popup-Fenster die neue Farbe. In Kapitel 7 erfahren Sie mehr zur Farbauswahl.

3. Geben Sie die neuen Abmessungen für den horizontalen und vertikalen Abstand der einzelnen Rasterlinien zueinander in Pixel an. Entweder tragen Sie den Wert direkt in die dafür vorgesehenen Textfelder ein oder Sie benutzen den Schieberegler, der erscheint, wenn Sie auf die Pfeiltasten rechts vom Textfeld klicken.

4. Bestätigen Sie mit *OK.*

So richten Sie Objekte am Raster aus:

1. Wählen Sie *Ansicht | Raster | Am Raster ausrichten.*

2. Ist diese Option aktiv, sehen Sie neben dem Menübefehl ein Häkchen. Diese Option ist dann auch im Dialogfenster *Raster bearbeiten* hinterlegt.

MERKET AUF!

Wie im Kapitel *Bedienfelder* bereits kurz angeschnitten, können zuletzt verwendete Befehle wieder rückgängig gemacht werden. Auch der umgekehrte Weg, nämlich das Wiederherstellen und Wiederholen der letzten Befehle, ist in *Fireworks* kein Problem. Wie das geht, sehen Sie in Kapitel 3 *Das Bedienfeld Verlauf*.

In diesem Kapitel haben wir die Grundlagen und die wichtigsten Hilfsmittel von *Fireworks MX 2004* kennen gelernt und den Arbeitsbereich erkundet.

Nun ist es an der Zeit, dass wir uns den ersten Projekten zuwenden. Auf geht's zum praktischen Teil! Weg mit der grauen Theorie, her mit der praktischen Planung und Umsetzung.

3 Neue Grafik erstellen

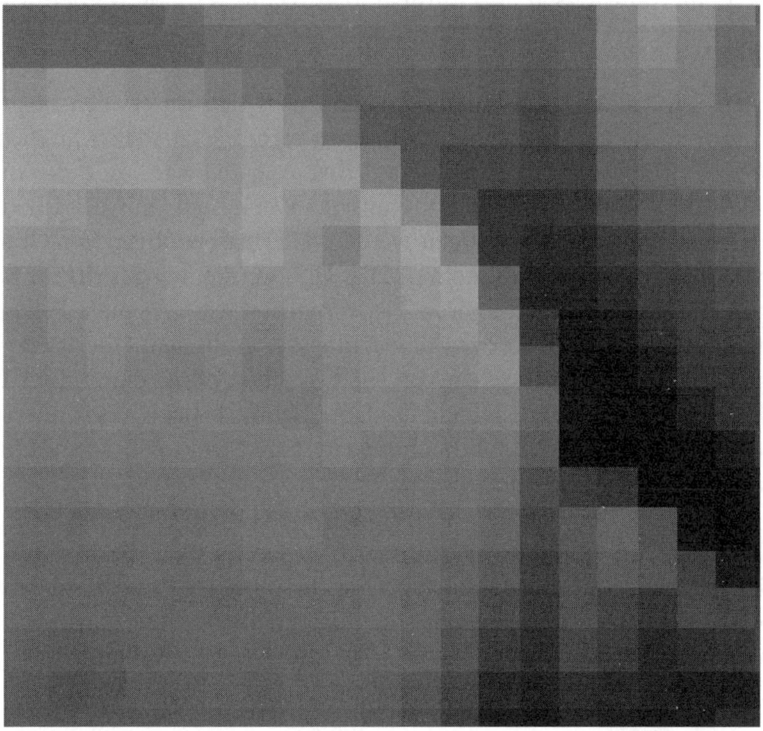

Neue Grafik erstellen

Nachdem wir nun wissen, wie *Fireworks MX 2004* arbeitet, welche grundlegenden Funktionsweisen und Einstellmöglichkeiten es gibt, werden wir jetzt dieses theoretische Wissen mit Leben füllen.

Im ersten Kapitel habe ich bereits erwähnt, dass sich unser Agenturprojekt `www.bacchuswelt.de` sehr gut als Beispiel eignet. Jetzt stellen Sie sich vor, die Website gäbe es noch gar nicht und Ihre Aufgabe wäre es, diese zu entwickeln. Das ist die Aufgabenstellung unseres Workshops, mit der wir uns in den nächsten Kapiteln beschäftigen werden. Hierfür benötigen wir Grafiken, Text, Schaltflächen und vieles mehr… Dies alles werden wir Schritt für Schritt in den nächsten Kapiteln realisieren. Dabei machen wir aber nicht Fehler und beginnen einfach mal so mit der Entwicklung der grafischen Oberfläche – das geht meistens schief. Ein bisschen Vorarbeit ist schon nötig, damit die Website einerseits zu dem Corporate Design des Unternehmens passt, und andererseits auch eine logische, später auch noch erweiterbare Struktur bekommt, in der sich die User leicht zurechtfinden.

Gerade am Anfang sollten Sie sich also auch Gedanken über die Struktur Ihrer Website machen. Schließlich möchten Sie diese beliebig erweitern können, ohne dabei das Layout immer wieder über den Haufen werfen zu müssen. Eine sorgfältige Planung ist der Grundstein eines erfolgreichen Webauftrittes.

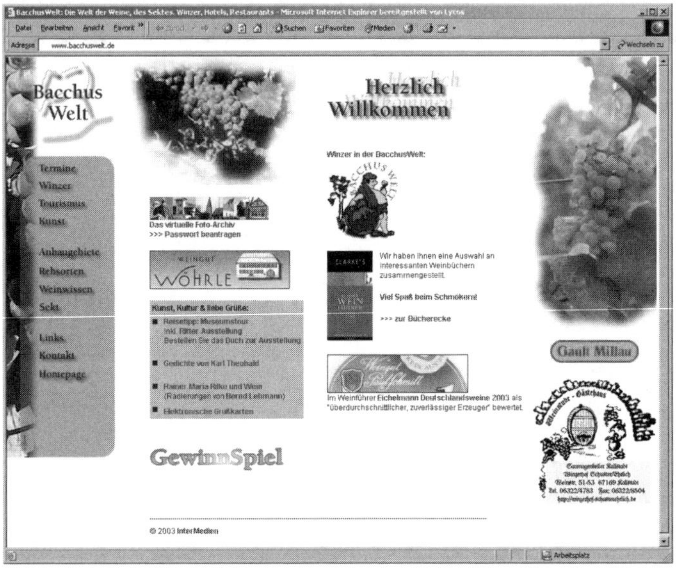

Ein gelungener Web-Auftritt: www.bacchuswelt.de!

In diesem Kapitel legen wir den Grundstein für das Projekt *BacchusWelt*. Wir werden vorhandene Bilder einfügen bzw. importieren, Fotos einscannen und lernen, wie wir unser Dokument übersichtlich strukturieren. Ich zeige Ihnen, was Sie bei der Konzeption berücksichtigen sollten. Dabei unterstützt *Fireworks* Ihr Site- bzw. Dateimanagement, das Sie in *Dreamweaver* bereits angelegt haben (vgl. Kapitel 16). In diesem Workshop erhalten Sie wertvolle Tipps, Tricks und Anregungen für Ihr eigenes Siteprojekt.

Fireworks ist ein Grafikprogramm, mit dem Sie einerseits vorhandene Bilder bearbeiten und optimieren können und andererseits neue Grafiken erstellen bzw. zeichnen können. *Fireworks* arbeitet mit Bitmaps und Vektoren. Was sich genau dahinter verbirgt, erfahren Sie im Laufe dieses Workshops.

Auf geht's…

Das werden Sie lernen:

- Grundüberlegungen für die Websiteerstellung
- Ein neues Dokument bzw. ein neues Projekt anlegen
- Bilder einfügen bzw. importieren
- Unterschiede zwischen Bitmap- und Vektorgrafiken
- Objekte auswählen
- Scannen in *Fireworks*
- Leinwand- und Bildgröße verändern
- Arbeitsschritte rückgängig machen und wiederholen

Dateien für diese Lektion:

SMART DISC

- *03_neue-grafik/strukturdiagramm_bacchuswelt.pdf*
- *02_grundlagen/home.png*
- *03_neue-grafik/fotoleiste.jpg*
- *03_neue-grafik/fotoleiste_links.jpg*
- *03_neue-grafik/gewinnspiel.gif*
- *03_neue-grafik/headline.gif*
- *03_neue-grafik/oekolog-wein.jpg*
- *03_neue-grafik/trauben_blau.jpg*
- *03_neue-grafik/trauben_weiss.jpg*
- *03_neue-grafik/home.png* (fertige Workshop-Datei)
- *03_neue-grafik/glas.gif*

Vorüberlegungen für das Website-Layout

Bevor Sie das Layout für eine Homepage bzw. ein Webprojekt erstellen, sollten Sie wissen, was Sie präsentieren möchten und wie umfangreich das alles werden soll. Das hört sich jetzt vielleicht sehr banal an, ist es aber nicht. Informieren Sie sich eingehend über die Thematik. Ein Webauftritt für eine Gießerei muss anders aussehen als für eine Plattenfirma. Das beste Ergebnis erzielen Sie, wenn Sie zunächst Ihre gesamte Website planen und erst danach mit der Erstellung der einzelnen Seiten beginnen. Schließlich ist eine Website mehr als nur eine Homepage. Meistens sind diese Unterseiten thematisch strukturiert und sprechen eine bestimmte Zielgruppe an.

Überlegen Sie sich, welche Ziele Sie mit Ihrem Webauftritt erreichen möchten? Einfach nur so eine Seite entwickeln, bringt es schon lange nicht mehr. Das Motto lautet nicht «drin sein ist alles», sondern «Ziele verfolgen». Nur wenn Sie sich über Ihre Ziele im Klaren sind, können Sie Ihre Website an den sich daraus ergebenden Erfordernissen ausrichten. Im nächsten Schritt werden Sie dann konkreter: Wie möchten Sie welche Inhalte einem bestimmten Benutzerkreis präsentieren? Wie setzt sich dieser Benutzerkreis zusammen?

Inhalte definieren

Machen Sie sich eine Skizze: Wie ist die Reihenfolge der einzelnen Themen? Was sind die Hauptkategorien? Welche Unterseiten sind wo anklickbar? Schauen Sie sich unser Beispiel mal etwas genauer an. Unter der Internetadresse `www.bacchuswelt.de` rufen Sie zunächst die Homepage auf. Hier gibt es sämtliche aktuellen Informationen im Kurzüberblick. Von dort aus gelangen Sie zu weiteren Informationen. Beispielsweise könnte hier ein Weinfest angekündigt werden. Klickt der Besucher (der Webseite :-)) auf den Hyperlink, werden ihm weitere Informationen (Ort, Uhrzeit, besondere Events, etc.) angezeigt. Der User gelangt auch auf den Folgeseiten jeweils von einer groben Übersicht zu weiteren Details – falls ihn diese interessieren.

Erstellen Sie ein Diagramm, in dem Sie alle Details schematisch festhalten. Auch müssen nicht immer von Anfang an alle Informationen zu sehen sein. Sehr häufig müssen noch passende Texte geschrieben werden; teilweise fehlt Bildmaterial. Das geht in der Regel nicht alles von heute auf morgen. Also, überstürzen Sie nichts, sondern machen Sie sich einen Plan, nach dem Sie dann arbeiten können. Beachten Sie aber, dass, wenn Sie so verfahren, der Auftritt erweiterungsfähig sein sollte. Überlegen Sie sich, wann Sie was realisieren möchten und erstellen Sie parallel zum Inhalts- und Strukturdiagramm einen Zeitplan. Halten Sie auch fest, wer welche Aufgaben übernehmen soll. Gerade wenn an großen umfangreichen Projekte mehrere Designer gleichzeitig arbeiten, weiß so jeder, was sein Part ist und Sie werden sich nicht so schnell ins Gehege kommen.

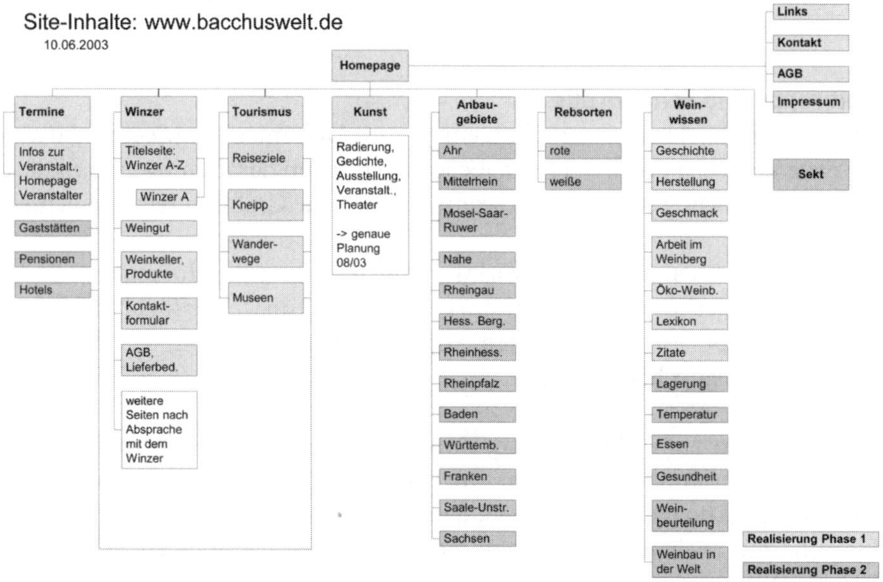

Dieses Diagramm zeigt Inhalt und Struktur des Webauftrittes www.bacchuswelt.de. Sie sehen, welche Seiten direkt auf der Homepage anklickbar sind. Also müssen hier entsprechende Links platziert werden. Auch sollten Sie sich überlegen, wie es auf den thematisch strukturierten Unterseiten «weitergehen» soll.

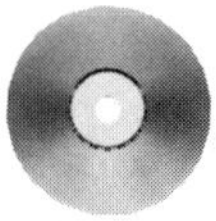

Das Diagramm finden Sie als PDF auf der CD-ROM (*03_neuegrafik/strukturdiagramm_bacchuswelt.pdf*).

SMART DISC

Eventuell gibt es schon irgendwelche Broschüren, Flyer, Plakate, etc. Wenn Sie den Webauftritt für ein Unternehmen entwerfen sollen, klären Sie dies auf jeden Fall ab. Schließlich sollte der Auftritt ja auch in das allgemeine Corporate Design passen. Nur so kann Ihr Kunde eine Marketingstrategie «aus einem Guss» realisieren.

Legen Sie auf Ihrer Festplatte oder in Ihrem Netzwerk ein Projektverzeichnis an, in das Sie alle Dokumente abspeichern. Sammeln Sie alle Originaldateien in einem separaten Verzeichnis, das Sie gegebenenfalls entsprechend Ihrer Sitestruktur weiter untergliedern.

Nur wenn das alles klar ist, können Sie ein attraktives Layout auf den Tisch legen bzw. auf den Monitor zaubern. Machen Sie sich ein umfassendes Bild bevor Sie selbst Bilder erstellen und bearbeiten. Sie sparen dadurch sehr viel Zeit und jede Menge Nerven.

Zielgruppe und Seitengröße

Im letzten Kapitel haben wir schon ein (leeres) Dokument angelegt und damit die erste Vorarbeit erledigt. Hier habe ich auch schon darauf hingewiesen, dass es furchtbar wichtig ist, zu wissen, wofür wir die neue Grafik einsetzen möchten.

In diesem und den folgenden Workshops erstellen wir die Homepage für das Weinportal BacchusWelt. Darum müssen wir uns zunächst einmal überlegen, wer überhaupt auf unsere Seiten kommen wird und wen wir damit als Zielgruppe ansprechen wollen.

Informationen zum Thema Wein, Kunst und Kultur interessieren sehr viele Leute. Darum müssen wir den durchschnittlichen Surfer als Zielperson annehmen. Aktuelle Daten belegen, dass die meisten wohl mit einem 17 Zoll-Monitor die Weiten des Webs durchforsten und damit auch auf unsere BacchusWelt gelangen könnten.

BEDENKEN SIE!

Überlegen Sie sich rechtzeitig, mit welchen Monitoren Ihre Zielgruppe ausgestattet sein könnte. Ich werde die BacchusWelt-Seiten für 17 Zoll Monitore (Auflösung 1.024 x 768 Pixel) optimieren. Beachten Sie, dass Sie hiervon noch die Rahmen des Browsers abziehen müssen. Daraus ergeben sich die Dokumentabmessungen: 1.020 Pixel breit und 668 Pixel hoch.

Da der Besucher die wesentlichen Informationen auf einen Blick bekommen sollte, ohne nach unten scrollen zu müssen, werden wir uns im Folgenden weitgehend an diese maximale Höhe halten. Damit haben wir den Arbeitsbereich definiert, in dem wir unser Seitenlayout für die Webseite erstellen werden. Auf die Dokumentenmaße werde ich gleich wieder zurück kommen.

Platzierung der Seitenelemente

Gibt der potenzielle Besucher eine www-Adresse in die Adressleiste des Browsers ein, gelangt er in der Regel auf die Homepage. Da wir bei Null anfangen, werden wir zunächst diese Homepage entwickeln. Dennoch ist es wichtig, zu wissen, wo welche Seitenelemente platziert werden sollen. Jetzt werden Sie sagen: Stopp, das ist Layout und damit Sache meiner gestalterischen Freiheit. Recht haben Sie. Wichtig ist jedoch, dass Sie vor dem Layouten grundsätzlich festlegen, wo die wichtigsten Elemente stehen sollen.

Am wichtigsten ist wohl die Navigationsleiste. Ohne die geht gar nichts. Nur mit den darin enthaltenen Buttons gelangt der Surfer von der Homepage zu den anderen Seiten. Berücksichtigen Sie auf jeden Fall das entwickelte Konzept, denn daraus ergibt sich in der Regel die Anzahl der notwendigen Buttons. Häufig lassen sich hier bereits Elemente festlegen, die unbedingt auf die Seite gehören.

HEISSER TIPP

Stöbern Sie mal in der zahlreich vorhandenen Literatur zur Usability. Darunter versteht man die Benutzbarkeit von Webseiten, was schlicht und einfach bedeutet, dass der User schnell zur gewünschten Information kommt, ohne dass er auf ernste Probleme stößt. Solche Probleme werden häufig durch ein unübersichtliches und überladenes Screendesign hervorgerufen, das dann auch noch eine hohe Ladezeit verursacht.

Nur wenn der User sich auf einer Seite zurechtfindet und die gewünschten Informationen schnell bekommt, kann diese als benutzerfreundlich bezeichnet werden. So ist es nahezu schon selbstverständlich, dass die Navigationsleiste immer an der selben Stelle zu finden ist. Auch sollten Sie Ihre Homepage nicht mit Grafiken zupflastern, was ja auch zu Lasten einer höheren Ladezeit gehen würde. Rund 5 bis 15 % der Homepagefläche gelten als optimal. Nur wenn sich Ihr Besucher schnell und leicht auf Ihrer Site zurechtfindet, bleibt er länger und kommt vielleicht auch wieder.

Greifen Sie zu Papier und Bleistift! Skizzieren Sie Ihre Webseite. Überlegen Sie sich, wie die Homepage gestaltet sein soll und was auf den Unterseiten zu sehen sein wird. Wenn Sie sich schon mit *Fireworks* auskennen, können Sie das natürlich auch gleich in diesem Grafikprogramm machen.

So, genug der grauen Theorie! Wir haben uns jetzt jede Menge Gedanken über Zielgruppe, Inhalt und notwendige Gestaltungselemente gemacht und wollen nun zur Tat schreiten.

SMART DISC

Definieren Sie eine neue Leinwand (*Datei* | *Neu*) oder öffnen Sie das im vorherigen Workshop abgespeicherte Dokument *home.png* (vgl. Kapitel *Dateien öffnen und importieren*). Da wir unsere Seiten auf 17-Zoll-Monitore optimieren werden, sollte das Dokument 1.020 Pixel breit und 668 Pixel hoch sein. Diese Maße ergeben sich, wenn Sie den Browserrahmen nicht berücksichtigen.

Bitmap- und Vektor-Grafiken

Je nachdem, ob Sie an einer Vektor- oder an einer Bitmapgrafik arbeiten, benutzen Sie unterschiedliche Werkzeuge und damit unterschiedliche Zeichenmethoden. Das haben wir in Kapitel 2 bereits angesprochen. Je nach ausgewähltem Werkzeug arbeiten Sie entweder im Bitmap- oder im Vektor-Modus. *Fireworks* ist ein leistungsstarkes, vielseitiges Werkzeug, das Sie sowohl für die Erstellung und Bearbeitung von Bitmaps als auch von Vektoren einsetzen können. Dieses Grafikprogramm wechselt automatisch in den korrekten Modus und wendet damit das richtigen Werkzeug an.

Wählen Sie bei der Arbeit an einem Bitmap-Bild ein Vektor-Werkzeug, wechselt *Fireworks* automatisch in den Vektormodus; wählen Sie dagegen ein Bitmap-Werkzeug, während Sie an einer Vektorgrafik arbeiten, springt *Fireworks* automatisch in den Bitmapmodus.

NICHT VERGESSEN

Kann ein Werkzeug nur für die Bearbeitung von Objekten verwendet werden, funktioniert das ganze jedoch nur, wenn dann auch ein Bitmap- oder Vektorobjekt auf der Leinwand vorhanden ist. Ansonsten verwandelt sich der Mauszeiger in das Verbotssymbol ⊘ und bleibt inaktiv.

Auch bei der Bilderstellung erkennt *Fireworks* automatisch den richtigen Modus: Haben Sie beispielsweise das Pinselwerkzeug ausgewählt, erstellen Sie ein Bitmap. Ist dagegen das Linienwerkzeug aktiv, besteht das Ergebnis aus Vektoren.

Was ist nun der Unterschied zwischen Bitmap- und Vektor-Grafiken?

Bitmap-Objekte

Schauen Sie sich einmal das vergrößerte Foto in folgender Abbildung an:

Links das Foto in der Originalgröße; rechts die Vergrößerung.

Sehr auffallend sind die vielen kleinen farbigen Pixel, aus denen sich das Foto zusammensetzt. Solche Bitmaps werden häufig für Bilder mit komplizierten Farbvariationen eingesetzt.

Das Vergrößern einer Bitmap-Grafik, ist immer mit einem Qualitätsverlust verbunden. Nur das Verkleinern eines solchen Bildes führt noch zu akzeptablen Ergebnissen.

Bitmaps sind in der Regel auch wesentlich schwerer zu bearbeiten als Vektorgrafiken, denn aufgrund der unregelmäßig angeordneten Farbpixel bedarf es schon einiger Übung und jeder Menge Fingerspitzengefühl, um Bereiche «unsichtbar» zu retuschieren und zu übermalen.

Vektorpfade

Vektorobjekte sind mathematisch berechnete Linien, die eine geometrische Form beschreiben. Die einzelnen Pfade sind durch Punkte festgelegt. Möchten Sie eine solche Vektorgrafik bearbeiten, ist dies in *Fireworks* ohne großen Aufwand möglich. Schnell ist mal die Farbe einer Linie durch eine andere ersetzt oder ein Farbverlauf für eine Fläche definiert. Vektoren sind wesentlich flexibler als Bitmaps. Beim Vergrößern oder Verkleinern der Grafik gibt es keine Qualitätsverluste. Es liegt an Ihnen, was Sie daraus machen – Sie haben die volle Kontrolle. Verändern und bearbeiten Sie die Pfade wie es Ihnen beliebt.

In der folgenden Abbildung sehen Sie, dass auch vergrößerte Vektorgrafiken immer noch in 1A-Qualität erscheinen.

Links der Pfeil in der Originalgröße; rechts der gleiche Pfeil vergrößert.

MERKET AUF!

Im nächsten Workshop (Kapitel 4) werden wir zunächst mit Bitmaps arbeiten. Vektoren lernen wir dann genauer in Kapitel 5 *Mit Vektoren arbeiten* kennen.

Dateien öffnen und importieren

In *Fireworks* können Sie zahlreiche Dateiformate (z. B. JPEG, GIF, PNG, PSD) öffnen, importieren und anschließend bearbeiten. Dabei können diese Vektor- oder Bitmap-Grafiken auch in Anwendungen erstellt worden sein, die nicht zum Hause Macromedia gehören (z. B. *Photoshop*, *CorelDraw*). *Fireworks*-Original-Dateien sind immer im PNG-Format abgespeichert.

So öffnen Sie eine Datei:

- Wählen Sie die Datei *home.png* im Dialogfenster *Öffnen* aus (*Datei* | *Öffnen* oder klicken Sie auf). Aktivieren Sie das Kontrollkästchen *Öffnen als Unbekannt*, wenn Sie sichergehen möchten, dass Sie die letzten Version der Datei nicht aus Versehen überschreiben können.
- Benutzen Sie das *Startfenster* (vgl. Kapitel 2).
- Wählen Sie das Dokument in der Menüleiste unter *Datei* | *Zuletzt geöffnete Dateien* aus. Hier sind die zehn zuletzt geöffneten Dokument aufgelistet.

Um Elemente in unserer leeren Leinwand zu platzieren, können wir die bereits vorhandenen Grafiken (in *Fireworks* oder einer anderen Anwendung) öffnen, in die Zwischenablage kopieren (*Bearbeiten* | *Kopieren*) und in *home.png*, also die angelegte Leinwand, einfügen (*Bearbeiten* | *Einfügen*).

Falls Sie nicht über das Dokumentregister arbeiten möchten, können Sie diese Elemente auch durch Ziehen direkt von einem schwebenden Fenster in das andere kopieren. Außerdem können Sie diese Grafik auch direkt in der entsprechenden Anwendung öffnen und das Objekt mit gedrückter linker Maustaste in *Fireworks* ziehen. Achtung, das funktioniert leider noch nicht mit allen Anwendungen.

Häufig ist es jedoch einfacher, abgespeicherte Grafiken zu importieren. Das hat den Vorteil, dass Sie nicht zig Fenster auf einmal geöffnet haben müssen und so besser den Überblick behalten.

So importieren Sie eine Datei:

1. Wählen Sie in der Menüleiste *Datei* | *Importieren* oder klicken Sie in der Symbolleiste *Standard* auf den Button .

2. Markieren Sie die Datei *trauben_blau.jpg* und klicken Sie auf die Schaltfläche *Öffnen*.

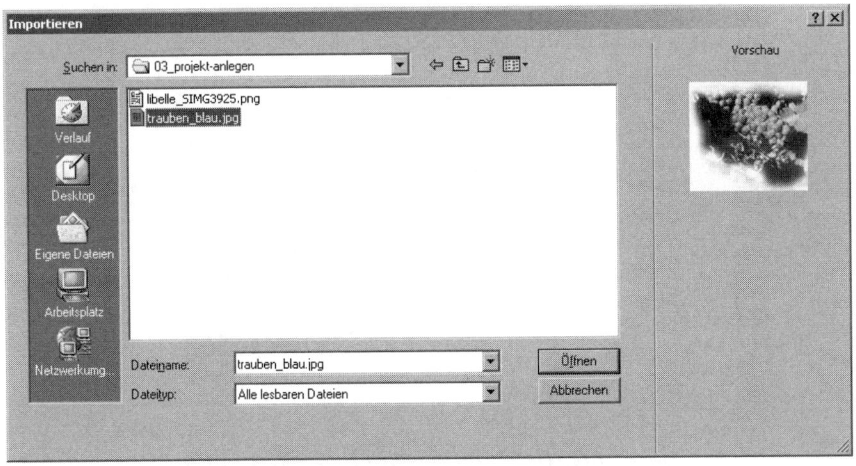

Das Dialogfenster «Importieren».

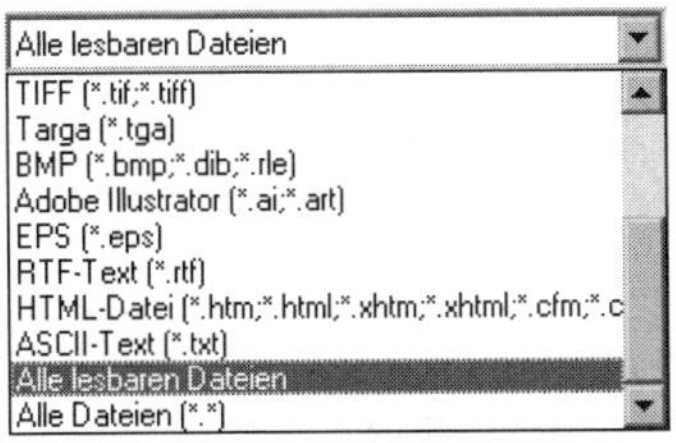

Bestimmen Sie den gewünschten «Dateityp» oder belassen Sie es bei der Option «alle lesbaren Dateien».

3. Das Dialogfenster wird geschlossen und der Mauszeiger verwandelt sich in einen rechten Winkel, der die linke obere Ecke des zu importierenden Objektes symbolisiert. Damit können Sie schon grob die Position des Objekts festlegen. Setzen Sie diesen Einfügezeiger an die gewünschte Stelle und klicken Sie. Die Grafik wird auf die Leinwand gesetzt.

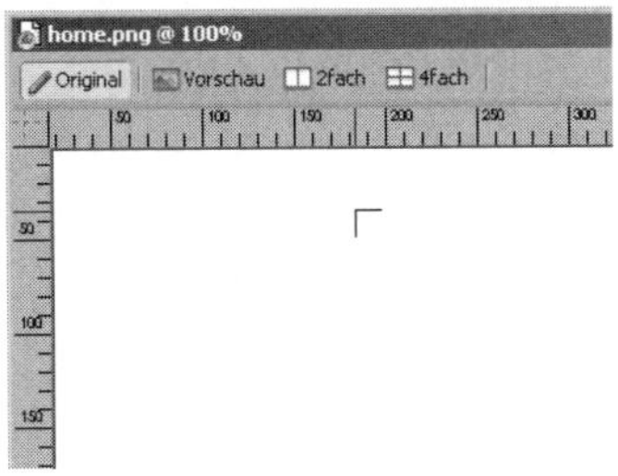

Eingeblendete Lineale erleichtern Ihnen das grobe Positionieren beim Importieren.

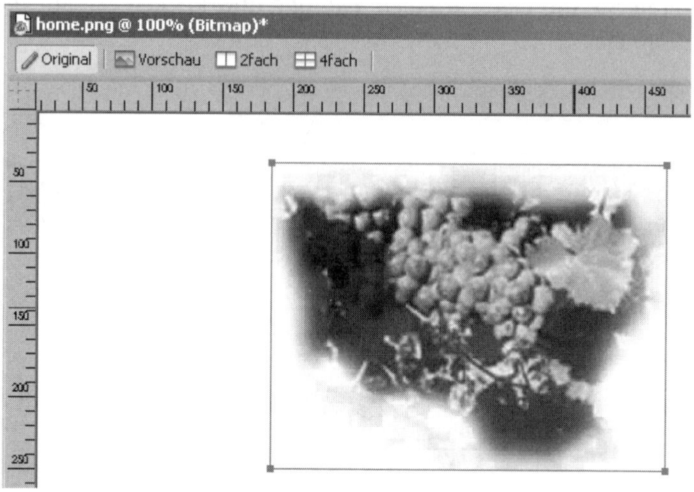

Das importierte, markierte Objekt kann nun präzise platziert und weiter bearbeitet werden.

MERKET AUF!

Weitere Informationen über den Import von Text finden Sie in Kapitel 6 (*Text importieren*).

Grafiken aus anderen Anwendungen

Wie wir in Kapitel 2 gesehen haben, legen Sie die Importoptionen für *Photoshop*-Dateien in den *Voreinstellungen* unter *Importieren* fest. Sehr häufig werden Sie wohl auch *FreeHand*-Dateien importieren wollen. Wie das geht, erfahren Sie im nächsten Kapitel.

Auch für mobile Geräte optimierte WBMP-Dateien, die hauptsächlich auf WAP-Seiten eingesetzt werden, können Sie in *Fireworks* öffnen und bearbeiten.

«FreeHand»-Datei importieren

Wenn Sie in *FreeHand* erstellte Vektorgrafik in *Fireworks* importieren wollen, können Sie weitere Optionen einstellen. Wählen Sie ebenfalls *Datei | Importieren.* Anschließend öffnet sich das Dialogfenster *Vektordatei-Optionen*, in dem Sie folgende Einstellungen vornehmen können:

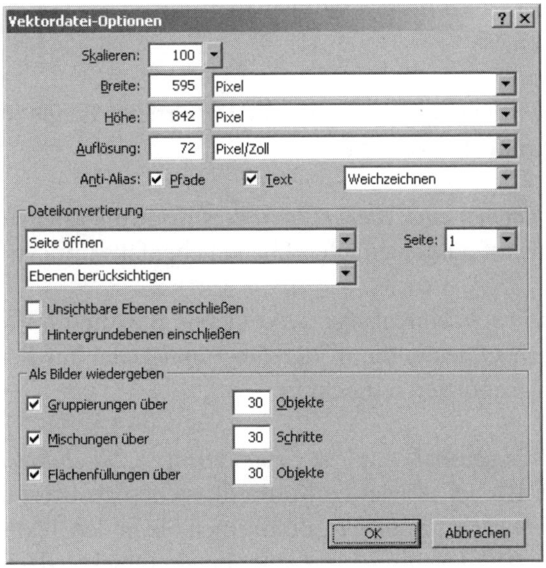

Optionen für den Import einer Freehand-Datei.

- *Skalieren*: Geben Sie den Prozentsatz an, nach dem die importiere Datei skaliert werden soll.

- *Breite, Höhe*: Geben Sie die Maße entweder in Pixel, Zoll oder Zentimeter an.
- *Auflösung*: In welcher Qualität sollen die Daten importiert werden?
- *Anti-Alias*: Aktivieren Sie das Kontrollkästchen für *Pfade* und / oder für *Text*. Gezackte Ränder werden durch Glättung des importierten Objektes vermieden. Legen Sie im Pull-Down-Menü dahinter weitere Anti-Alias-Einstellungen fest (vgl. Kapitel 7).
- *Dateikonvertierung*: Bestimmen Sie, wie mehrseitige Dokumente importiert werden sollen.
  - *Seite öffnen*: Nur die eine, festgelegte Seite wird importiert.
  - *Seiten als Frames öffnen*: Alle Seiten werden importiert und jeweils in einem eigenen Frame geöffnet.
  - *Ebenen ignorieren*: Alle Objekte werden auf eine Ebene importiert.

- *Ebenen berücksichtigen*: Die Ebenenstruktur der *FreeHand*-Datei wird beibehalten.

- *Ebenen in Frames konvertieren*: Jede importierte Ebene wird in einen separaten Frame konvertiert.

- *Unsichtbare Ebenen einschließen*: Ist dieses Kontrollkästchen aktiviert, werden Elemente auf ausgeblendeten Ebenen ebenfalls importiert.

- *Hintergrundebenen einschließen*: Aktivieren Sie dieses Kontrollkästchen, wenn Sie auch Objekte, die in der *FreeHand*-Datei auf der Hintergrund-Ebene liegen, importieren möchten.

- *Als Bilder wiedergeben*: Komplexe *Gruppierungen*, *Mischungen* oder *Flächenfüllungen* werden bei aktivierten Kontrollkästchen gerastert und als separate Objekte in *Fireworks* importiert. Bestimmen Sie in den Textfeldern dahinter jeweils die Anzahl der mindestens enthaltenen Objekte, damit beim Importieren gerastert wird.

Wenn Sie auf *OK* klicken, erscheint ebenfalls wieder der Einfügen-Mauszeiger und Sie können die *FreeHand*-Grafik auf Ihrer Leinwand positionieren.

EPS-Datei importieren

Die meisten EPS-Dateien öffnet *Fireworks* als Bitmap-Bilder, bei denen alle Elemente auf einer einzelnen Ebene liegen. Ausnahmen bestätigen die Regel, denn beispielsweise bleiben bei einigen in *Illustrator* exportierten EPS-Dateien die Vektorinformationen erhalten.

Wenn Sie eine EPS-Datei importieren möchten, erscheint in der Regel das Dialogfenster *EPS-Dateioptionen*. Bestimmen Sie hier die Abmessungen und die Auflösung mit denen das Bild importiert werden soll. Aktivieren Sie das Kontrollkästchen Proportionen beschränken, wenn das importierte Bild das gleiche Größenverhältnis wie das Original haben soll. Aktivieren Sie Anti-Alias, wenn das EPS geglättet eingefügt werden soll.

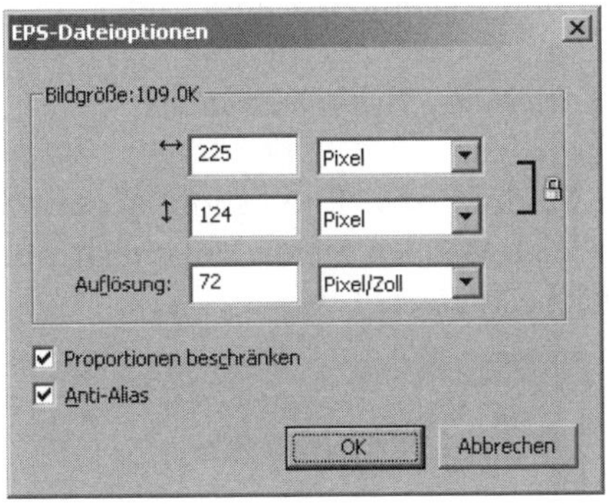

Bestimmen Sie die Optionen für den EPS-Import.

MERKET AUF!

Besteht das EPS aus Vektoren, erscheint beim Öffnen oder Importieren das Dialogfenster *Vektordatei-Optionen*. Welche Angaben Sie hier machen können, lesen Sie im vorherigen Kapitel *FreeHand-Datei importieren.*

Das Pull-Down-Menü *Dateityp* in der Dateiauswahl zeigt zahlreiche Dateiformate, die Sie öffnen und importieren können. Die gängige Vorgehensweise haben Sie hier kennen gelernt. Außerdem haben Sie gesehen, dass es bei FreeHand und EPS ein paar Besonderheiten gibt. Das soll an dieser Stelle genügen.

Den Import von Text und HTML-Dateien in *Fireworks* behandeln wir in den Kapiteln 6 und 11.

Scanner und digitale Kamera verwenden

Möchten Sie Scanner und Digitalkameras direkt in *Fireworks* einsetzen, müssen diese Twain-kompatibel (Windows) sein bzw. Photoshop Acquire-Plug-Ins (Macintosh) unterstützen. Hierzu müssen die notwendigen Treiber, Plug-Ins und sonstigen Module bereits auf Ihrem System installiert sein. Das Einlesen der Bilder verläuft dann nach Schema F.

ERSTE HILFE

Speichern Sie die Photoshop Acquire-Plug-Ins (Macintosh) in dem von *Fireworks* angelegten Plug-In-Verzeichnis ab. Möchten Sie die Plug-Ins woanders abspeichern, müssen Sie dies in den Voreinstellungen hinterlegen (vgl. Kapitel 2).

Der Scanner bzw. die Kamera ist angeschlossen, installiert und zum Einsatz bereit? Dann lassen Sie uns loslegen!

So importieren Sie ein Bild von einem Scanner oder einer Digitalkamera:

1. Wählen Sie *Datei | Scannen | Twain auswählen.*

2. Verfügbare Twain-Module bzw. Photoshop Acquire-Plug-Ins werden im Dialogfenster angezeigt. Wählen Sie die entsprechende Quelle und klicken Sie auf die Schaltfläche *Wählen.*

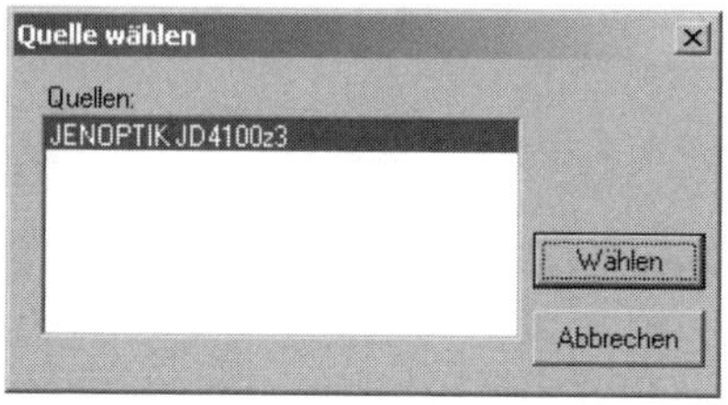

Bestimmen Sie das Twain-Modul bzw. Photoshop Acquire-Plug-Ins.

3. Wählen Sie nun *Datei | Scannen | Twain erwerben.* Das Modul wird geöffnet und Sie können wie gewohnt die Bilder von der Kamera herunterladen oder den Scan-Vorgang starten. Geben Sie die entsprechenden Einstellungen vor.

Ein auf diese Weise importiertes Bild wird als neues Dokument in *Fireworks* angezeigt.

Übung

Kehren wir zu unserem Beispiel BacchusWelt zurück. Der Anfang ist getan und das erste Bild ist zu sehen. Etwas mager, werden Sie vielleicht sagen. Also gut, dann importieren Sie jetzt bitte die restlichen Bilder aus diesem Workshop-Verzeichnis auf der CD-Rom in Ihre Leinwand.

Die fertige *home.png* habe ich Ihnen auch in das Verzeichnis zu diesem Workshop kopiert.

Das Ergebnis entspricht noch nicht unseren Vorstellungen, aber die ersten Elemente sind schon einmal auf der Leinwand zu sehen. Im nächsten Kapitel zeige ich Ihnen, wie Sie diese auswählen und anordnen können. Welche Rolle Ebenen dabei spielen, verrate ich Ihnen auch – aber alles der Reihe nach.

Der aktuelle Stand unserer Homepage.

Ein Objekt auswählen

Damit Sie ein Objekt verschieben und bearbeiten können, müssen Sie es auswählen. Das klingt sehr einfach und logisch, doch es gibt mehrere Möglichkeiten, nach denen Sie Elemente auf der Leinwand auswählen können. Dabei ist es unerheblich, ob Sie mit Bitmaps, Vektoren, Texten oder anderen Elementen arbeiten.

Die Zeigerwerkzeuge in der Werkzeugleiste

Ein ausgewähltes Objekt ist standardmäßig blau umrahmt. Fahren Sie mit der Maus über ein Objekt, wird ein roter Rahmen sichtbar. Klicken Sie nun einmal mit der Maus, ist das Objekt ausgewählt. Dabei können Sie in der Werkzeugleiste zwischen mehreren Auswahltools wählen:

 *Zeigerwerkzeug*: Klicken Sie auf das Objekt. Falls Sie mehrere Elemente gleichzeitig auswählen möchten, halten Sie dabei die *Shift*-Taste gedrückt. Sie können auch einen Auswahlrahmen um das oder die Elemente aufspannen, indem Sie gleichzeitig die linke Maustaste gedrückt halten.

Diese Fotoleiste wird durch Aufspannen eines Markierungsrahmens ausgewählt.

In der Titelleiste wird der Name des ausgewählten Elements hinter dem Dateinamen angezeigt.

HEISSER TIPP Sie hätten gerne eine Vorschau von dem, was Sie auf der Leinwand bei der entsprechenden Cursorplatzierung auswählen würden? Kein Problem. Aktivieren Sie in den *Voreinstellungen* die Zeiger-Option *Mausaktiviert.*

Kommen Sie mit der Maus über ein Objekt, erscheint der rote Auswahlrahmen (links); ist das Objekt markiert, ist der Rahmen blau (rechts).

Teilauswahlwerkzeug: Aktivieren Sie dieses Werkzeug, wenn Sie ein einzelnes Objekt aus einer Gruppe oder einen bestimmten Punkt innerhalb eines Vektors auswählen möchten.

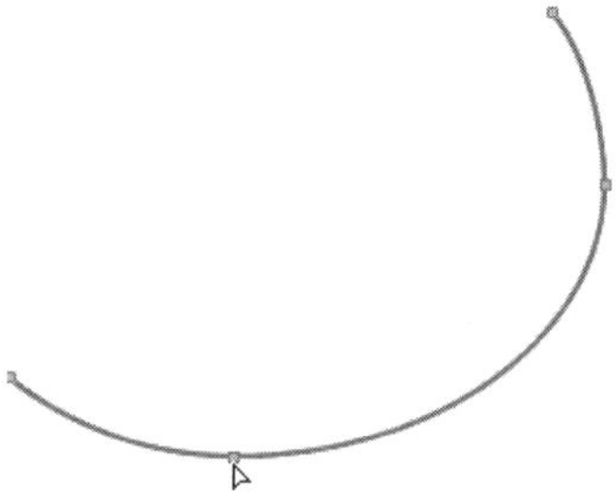

Haben Sie ein Vektor-Objekt ausgewählt, werden Auswahlgriffe angezeigt.

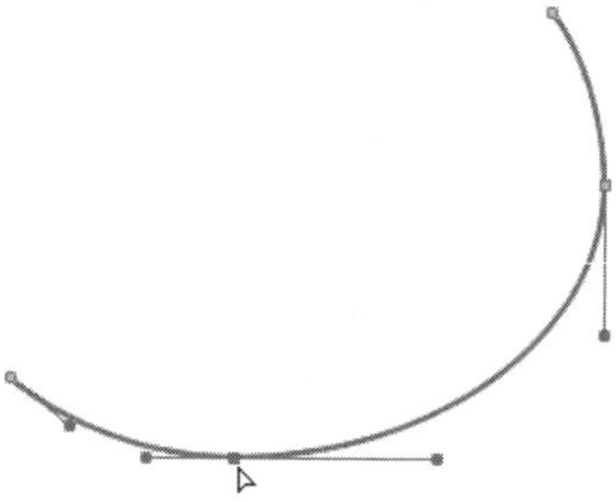

Markieren Sie einen Auswahlgriff, wenn Sie diesen bearbeiten möchten.

Weitere Informationen über Vektoren stehen in Kapitel 5.

 *Hintere auswählen*: Mit diesem Werkzeug wählen Sie ein Element aus, das hinter einem anderen liegt. Klicken Sie so oft auf die gestapelten Objekte, bis das gewünschte Objekt durch einen blauen Auswahlrahmen hervorgehoben wird.

ERSTE HILFE

Achtung, ist ein Objekt gesperrt, kann es nicht ausgewählt und bearbeitet werden (vgl. Kapitel 9)!

Das ausgewählte Objekt können Sie nun beliebig verschieben, skalieren und bearbeiten. Mehr dazu – gleich…

Lassen Sie uns zunächst noch die Ebenen besprechen, denn über das gleichnamige Bedienfeld können Sie ebenfalls einzelne Objekte auswählen.

Das Bedienfeld «Ebenen»

Mit den verschiedenen Zeigerwerkzeugen ist es manchmal etwas mühsam, ein bestimmtes Objekt auszuwählen. In einem solchen Fall sollten Sie daher das Bedienfeld *Ebenen* verwenden. Im Bedienfeld *Ebenen* sind alle Bitmap-, Vektor- und Textobjekte aufgelistet. Möchten Sie nun ein Element auswählen, klicken Sie einfach auf den entsprechenden Eintrag im Bedienfeld. Falls Sie die Objekte nicht sehen, klicken Sie auf das Pluszeichen vor dem Ebenennamen. Bei einem neu angelegten Dokument ist standardmäßig immer die *Ebene 1* geöffnet, in der alle eingefügten Objekte angeordnet sind.

Im folgenden Beispiel wurde so das Objekt *headline* ausgewählt.

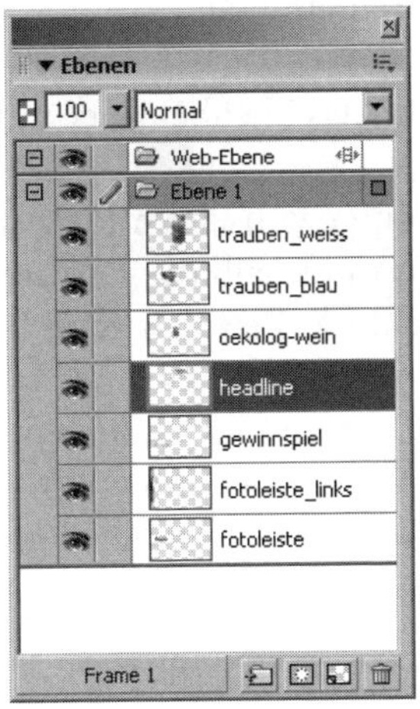

Im Bedienfeld Ebenen sind alle Objekte eingetragen.

Detaillierte Informationen über die Arbeit mit Ebenen erhalten Sie in Kapitel 9.

MERKET AUF!

Stapelreihenfolge

Standardmäßig sind alle eingefügten Objekte auf der *Ebene 1* angeordnet – und zwar in einer bestimmten Reihenfolge. Das Objekt, das an erster Stelle steht, liegt auch im Dokumentfenster über allen anderen. In der vorherigen Abbildung liegt beispielsweise das Objekt *trauben_blau* über dem Objekt *fotoleiste* und verdeckt damit dieses. Die Reihenfolge der aufgelisteten Objekte legt also fest, welches Element einem anderen übergeordnet ist.

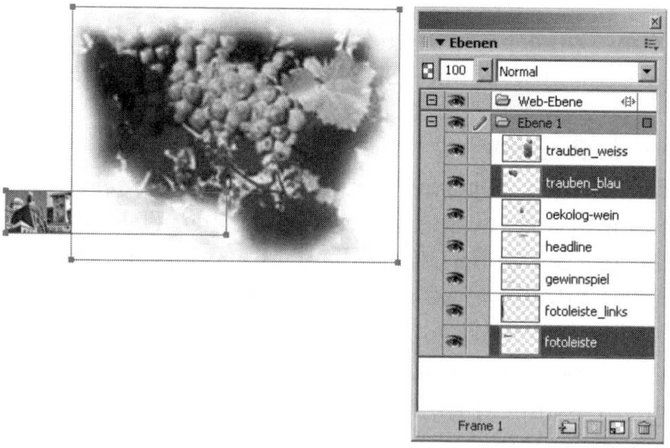

Die Objekte sind in einer bestimmten Reihenfolge angeordnet.

So verändern Sie die Stapelreihenfolge:

1. Markieren Sie das Objekt, das Sie über oder unter andere legen möchten.

2. Verschieben Sie es an den gewünschten Platz im Bedienfeld *Ebenen*. Oder Sie benutzen die Buttons unterhalb des Dokumentfensters. Orientieren Sie sich an dem gelben Rechteck. Beispielsweise bringen Sie mit dem Button ganz links ein Objekt in den Vordergrund. Damit sind alle anderen Elemente hinter diesem. Natürlich gibt es den entsprechenden Befehl auch in der Menüleiste: *Modifizieren | Anordnen | In den Vordergrund* oder *Nach vorne bringen* bzw. *Modifizieren | Anordnen | In den Hintergrund* oder *Nach hinten stellen.*

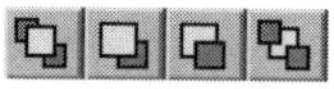

Das gelbe Rechteck symbolisiert die neue Position des Objektes.

Sie können Objekte auch auf unterschiedliche Ebenen ablegen. Wie das geht, erfahren Sie in Kapitel 9.

Objektnamen

Vielleicht haben Sie sich schon gewundert, woher *Fireworks* weiß, wie das ausgewählte Element heißt. Und woher hat dieses Element überhaupt seinen Namen bekommen? Links vom Objektnamen sehen Sie zwar eine Mini-Vorschau, doch häufig ist diese nur sehr schwer zu erkennen. Da ist es schon besser, wenn das Objekt in der Liste einen eindeutigen Namen trägt. Die standardmäßig erscheinenden Namen, wie beispielsweise *Bitmap*, *Pfad* oder *Text*, sind nicht gerade aussagekräftig. Das werden wir jetzt ändern!

So benennen Sie ein Objekt um:

1. Doppelklicken Sie auf den Objekt-Eintrag rechts neben der Miniaturansicht im Bedienfeld *Ebenen*.

2. Geben Sie in das Textfeld den Namen des Objektes ein und bestätigen Sie dies mit der Enter- / Eingabe-Taste.

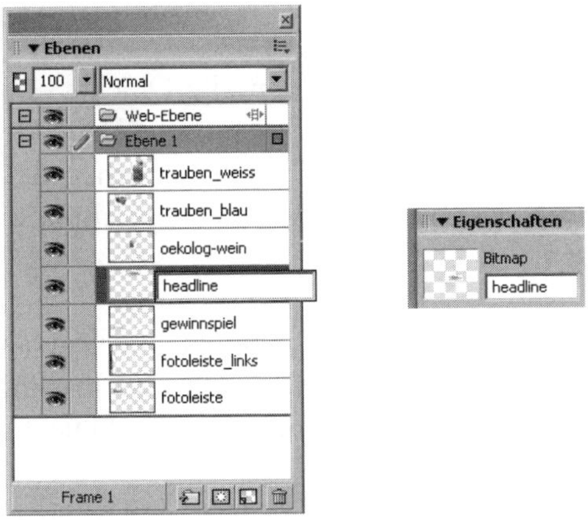

Geben Sie im Eigenschafteninspektor (rechts) oder im Bedienfeld «Ebenen» (links) einen Namen für ein Objekt an. Objektnamen erleichtern die Orientierung im Bedienfeld «Ebenen».

Objekt ein- und ausblenden

Haben Sie viele Objekte auf Ihrer Leinwand platziert, kann es schon mal sehr unübersichtlich werden. Wenn Sie dann bestimmte Objekte, die Sie im Moment nicht bearbeiten möchten und auch sonst nicht benötigen, einfach ausblenden, wird es häufig schon etwas besser. Dazu benutzen wir das Auge im Bedienfeld *Ebenen*. Erscheint das Auge, ist das Objekt sichtbar, fehlt dieses, ist das Objekt verborgen. Klicken Sie einfach auf das Auge bzw. den dafür vorgesehenen Platz, um die Sichtbarkeit einzustellen.

Dabei spielt es keine Rolle, ob Sie das Objekt zuvor ausgewählt haben. Möchten Sie alle Objekte eingeblendet haben, müssen Sie nicht jedes einzelne Auge aktivieren, sondern es geht schneller über die Menüleiste: *Ansicht | Alles zeigen.*

Auswahl löschen

Möchten Sie ein Objekt von der Leinwand entfernen, markieren Sie es im Dokumentfenster und drücken Sie dann die *Entf-* oder die *Rück*-Taste. In der Menüleiste finden Sie den entsprechenden Befehl unter *Bearbeiten | Löschen* oder *Bearbeiten | Ausschneiden.* Sie arbeiten lieber im Bedienfeld *Ebenen*? Klicken Sie auf den Button und das markierte Objekt wird gelöscht. Das ganze funktioniert natürlich auch mit mehreren ausgewählten Objekten.

MERKET AUF!

Wie Sie Ihr Projekt durch mehrere Ebenen organisieren, erfahren Sie in Kapitel 9.

Alles auswählen

Soll es ganz schnell gehen und Sie möchten alle Objekte auf der Leinwand auswählen, gehen Sie auf *Auswählen | Alles auswählen* oder drücken Sie *Strg + A.* Dabei spielt es keine Rolle, auf welchen Ebenen die Objekte angeordnet sind. Beachten Sie, dass bei dieser Methode unsichtbare Elemente auch nicht ausgewählt werden.

ERSTE HILFE

Haben Sie bereits mehrere Ebenen angelegt (vgl. Kapitel 9), müssen Sie im Optionsmenü die Voreinstellung *Einzelebene bearbeiten* deaktivieren, da sonst nur alle Objekt auf der aktiven Ebene ausgewählt werden.

Auswahl ausblenden

Sie können auch festlegen, dass bei ausgewählten Objekten der blaue Auswahl-Rahmen nicht sichtbar ist. Wählen Sie hierzu *Ansicht | Auswahl ausblenden.* Welches Element dann ausgewählt ist, erkennen Sie im Eigenschafteninspektor oder im Bedienfeld *Ebenen.*

Ausgeblendete Objekte werden nicht exportiert. Eine Ausnahme bilden Elemente auf der Web-Ebene (vgl. Kapitel 9).

Auswahl aufheben

Wenn Sie die Auswahl wieder aufheben möchten, wählen Sie *Auswählen | Auswahl aufheben.* Haben Sie mehrere Objekte markiert und möchten lediglich die Auswahl eines einzelnen Objektes aufheben, klicken Sie bei gedrückter *Shift*-Taste abermals auf dieses Element. Die Auswahl ist damit aufgehoben.

Objekt modifizieren

Die Eigenschaften des ausgewählten Objektes erscheinen im Eigenschafteninspektor. Links neben der kleinen Vorschau steht der Objektname, der auch in der Titelleiste des Dokuments erscheint. Bei mehreren markierten Objekten steht deren Anzahl an dieser Stelle. Darunter ist die Breite (B) und die Höhe (H) des Objektes angegeben. In den Textfeldern rechts davon lesen Sie die Position des Objektes ab. Die Koordinaten X und Y beziehen sich dabei auf die linke obere Ecke des markierten Objektes. In den folgenden Abschnitten werden wir die grundlegenden Objekt-Eigenschaften betrachten.

Haben Sie ein Objekt ausgewählt, wird dessen Name neben der Miniaturansicht im Eigenschafteninspektor angezeigt.

Sind mehrere Objekte markiert, erscheint deren Anzahl stattdessen.

Haben Sie einen Vektor ausgewählt, werden weitere Pfadeigenschaften sichtbar. Hierzu gehören beispielsweise Informationen über die Linienstärke und -farbe:

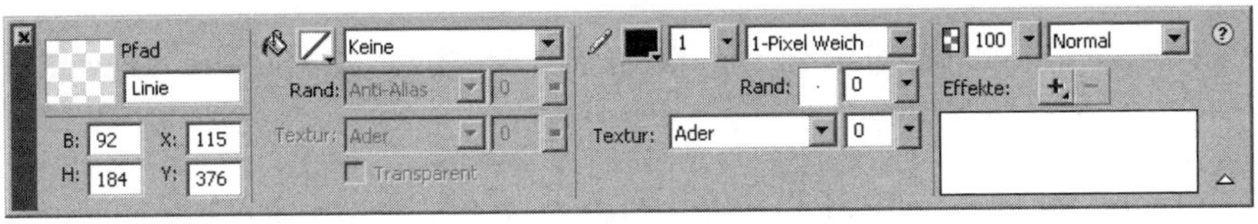

Die Eigenschaften eines Pfades.

Im rechten Teil des Eigenschafteninspektors sehen Sie die Einstellmöglichkeiten für Effekte und den Mischmodus. Diese werden wir im Laufe der nächsten Workshops noch genauer kennen lernen.

Position eines Objektes verändern

Haben Sie ein Objekt ausgewählt, können Sie es an die gewünschte Stelle im Entwurfsfenster verschieben. Achten Sie darauf, dass Sie keinen Rahmenpunkt oder Auswahlgriff erwischen, da Sie – je nach Markierung – Größe und Form eines Objektes verändern würden. Um ein Objekt zu bewegen bzw. zu verschieben, haben Sie mehrere Möglichkeiten:

- Die erste Möglichkeit habe ich zuvor bereits angedeutet: Sie geben die neuen X- und Y-Koordinaten der oberen linken Ecke der Auswahl in die entsprechenden Felder im Eigenschafteninspektor ein.

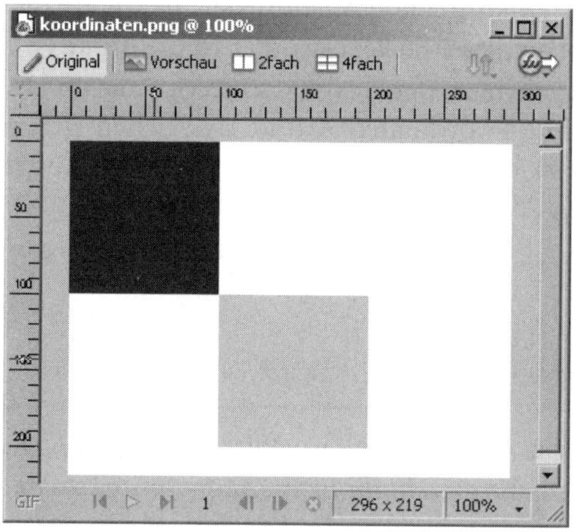

Das dunkle Quadrat hat die Koordinaten X=0 und Y=0; das helle X = 100 und Y = 100. Beide Quadrate sind 100 Pixel breit.

- Ziehen Sie das komplette Objekt mit dem Cursor an eine beliebige Stelle im Entwurfsfenster.

- Wenn Sie die Pfeiltasten benutzen, wird die Auswahl um einen Pixel verschoben.

- Drücken Sie dabei gleichzeitig die Shift-Taste, bewegen Sie die Auswahl in Zehn-Pixel-Schritten.

- Öffnen Sie das Bedienfeld *Info* (*Fenster | Info*). Neben den Abmessungen bekommen Sie hier auch Informationen über die aktuellen X- und Y-Koordinaten des Cursors und die darunterliegende Farbe im Hexadezimalcode angezeigt. Was dieser Code im Web bedeutet, erfahren Sie in Kapitel 7 und im SmartBook zu *Dreamweaver MX 2004.*

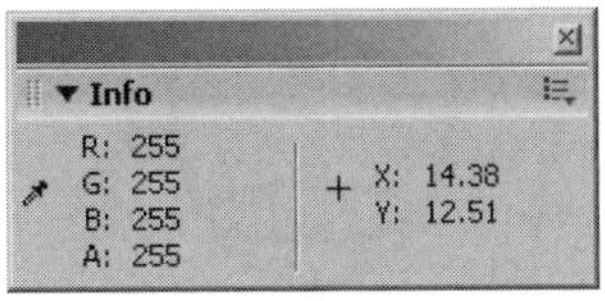

Im Bedienfeld Info können Sie u. a. die Koordinaten eines Objektes ablesen.

HEISSER TIPP

Benutzen Sie das Bedienfeld *Ausrichtung*, können Sie Objekte untereinander oder in Bezug zur Leinwand ausrichten (vgl. Kapitel *Objekte ausrichten*).

Skalieren, Neigen und Verzerren

Haben Sie ein oder mehrere Objekte ausgewählt, können Sie diese transformieren und verzerren. Die dazu notwendigen Werkzeuge finden Sie in der Werkzeugleiste unter *Auswählen*. Auch in der Menüleiste gibt es unter *Modifizieren | Transformieren* die entsprechenden Befehle und weitere Möglichkeiten.

POWER USER

Die Voreinstellungen bestimmen, wie das Ergebnis bei der Bitmap-Vergrößerung aussehen wird. Soll die Pixel-Skalierung zu einem hochwertigen scharfen Ergebnis führen, müssen Sie in den Voreinstellungen *Bikubisch* auswählen. Probieren Sie die unterschiedlichen Methoden aus. Mehr über diese Einstellungen können Sie in Kapitel 2 *Grundlagen von Fireworks nachschlagen.*

So skalieren Sie ein ausgewähltes Objekt:

1. Klicken Sie auf das Skalierungswerkzeug in der Werkzeugleiste oder wählen Sie *Modifizieren | Transformieren | Skalieren.*

2. Ziehen Sie an den acht Transformationsgriffen, bis das Objekt die richtige Größe hat. Möchten Sie Breite und Höhe proportional zueinander skalieren, benutzen Sie einen der vier Eck-Transformationsgriffe und halten Sie beim Ziehen die Shift-Taste gedrückt.

3. Bestätigen Sie die neue Größe mit der Enter-Taste oder doppelklicken Sie in das Entwurfsfenster.

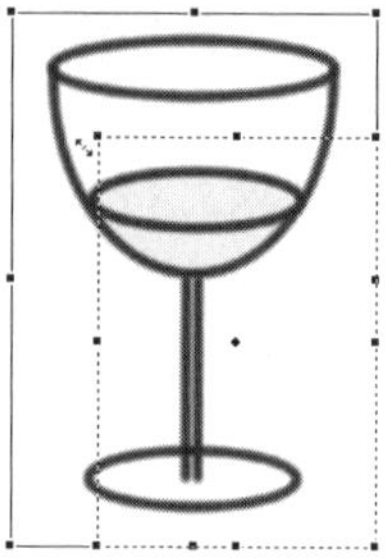

Das Glas wird verkleinert. Hat das Objekt die richtige Größe, bestätigen Sie diese mit der Enter-Taste.

Viele Wege führen zu neuen Maßen – so auch in *Fireworks*. Sie können nämlich auch noch die neuen Werte in den Eigenschafteninspektor eintragen oder direkt an den Objektbegrenzungspunkte ziehen. Für letztere Methode müssen Sie ein Zeigerwerkzeug eingestellte haben.

Achten Sie im Eigenschafteninspektor unbedingt auf die eingestellte Maßeinheit. Möchten Sie beispielsweise die Werte für die Größe (und die X-/Y-Koordinaten) anstatt in Zentimetern in Pixeln angezeigt bekommen, müssen Sie dies im Optionsmenü des Bedienfelds *Info* einstellen.

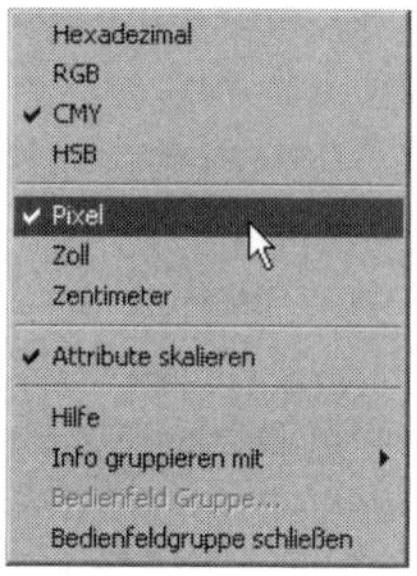

Im Bedienfeld Info bestimmen Sie, welche Maßeinheit im Eigenschafteninspektor verwendet wird.

Sie können auch direkt an Objektbegrenzungspunkten ziehen.

HEISSER TIPP

Möchten Sie eine Modifizierung nicht anwenden, drücken Sie die Esc-Taste. Die jeweilige Markierung des Skalierungs-, Neigungs-, Verzerren- und Zuschneide-Werkzeuges wird dadurch aufgehoben. Die gleiche Wirkung hat der Befehl *Transformationen entfernen* in der Menüleiste unter *Modifizieren | Transformieren.*

Für einige Arbeiten ist das ziemlich ungenau. In diesen Fällen greifen Sie am besten auf die Befehle in der Menüleiste zurück:

1. Wählen Sie *Modifizieren | Transformieren | Numerisch tranformieren.*

2. Im Dialogfenster können Sie nun die exakten neuen Werte eingeben. Dabei stehen Ihnen mehrere Möglichkeiten zur Verfügung. Entweder skalieren Sie prozentual oder Sie geben direkt die neuen Pixelwerte in die entsprechenden Felder ein.

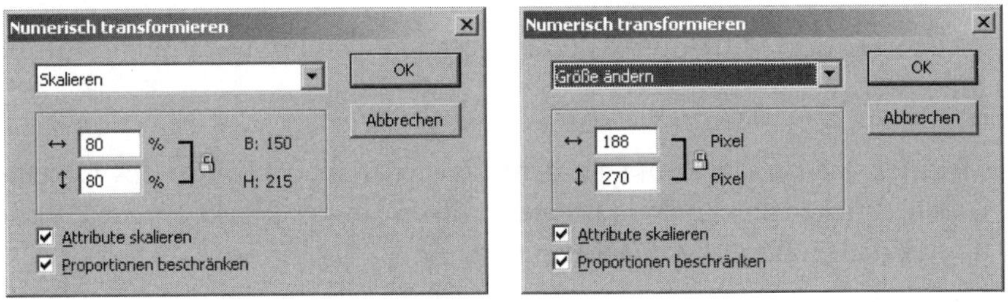

Beim Vergrößern / Verkleinern können Sie neue Prozent- oder Pixelwerte festlegen.

HEISSER TIPP

Über das Bedienfeld *Ausrichtung* können Sie Objekte der Leinwandgröße oder dem größten markierten Objekt anpassen. Weitere Informationen hierzu finden Sie in Kapitel *Objekte ausrichten.*

So drehen Sie ein ausgewähltes Objekt:

1. Wählen Sie das Skalierungswerkzeug .

2. Bewegen Sie den Cursor etwas außerhalb des Objektes, bis er sich in den Drehzeiger verwandelt.

3. Ziehen Sie den Drehzeiger bei gedrückter linker Maustaste zur Seite bis sich das Objekt in der gewünschten Position befindet. Das Objekt wird dabei standardmäßig um seinen Mittelpunkt gedreht (wie Sie das ändern, erfahren Sie gleich).

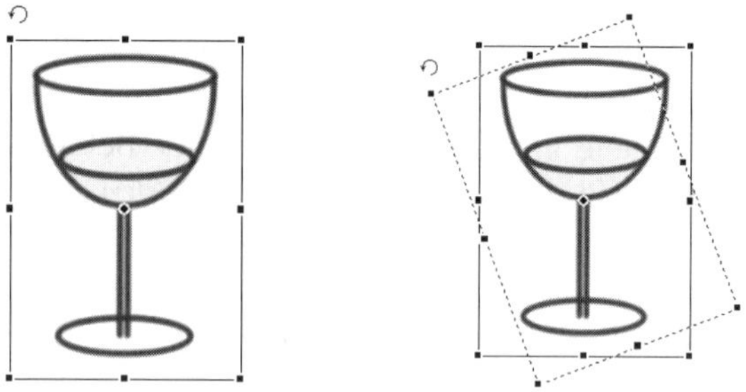

Das Glas wird gedreht.

4. Doppelklicken Sie in das Entwurfsfenster oder bestätigen Sie mit der Enter-Taste.

Die Drehungsachse können Sie verändern:

- Ziehen Sie den Mittelpunkt des angezeigten Skalierungsrahmens von der Mitte weg.
- Möchten Sie diesen Punkt tatsächlich wieder in der Mitte des Objektes haben, drücken Sie die Esc-Taste und wählen Sie das Objekt erneut aus oder doppelklicken Sie auf den Mittelpunkt.

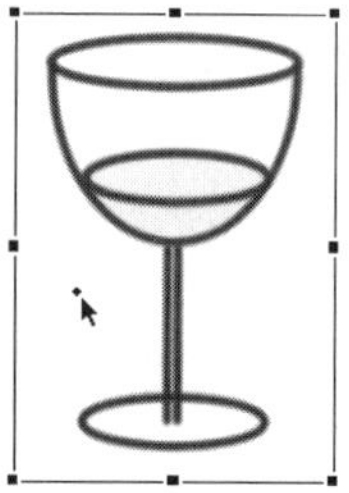

Die Drehachse muss nicht immer im Mittelpunkt liegen.

RAFFINIERT

Möchten Sie die Drehung jeweils in 15°-Schritten (in Relation zum gedachten Horizont) vollziehen, halten Sie beim Ziehen die Shift-Taste gedrückt.

Auch hier geht es noch genauer:

1. Wählen Sie *Modifizieren | Transformieren | Numerisch tranformieren.*
2. Im Pull-Down-Menü gehen Sie dann auf die Einstellung *Drehen.*

3. Geben Sie entweder direkt in das Feld den Winkel ein oder wählen Sie diesen über die Wählscheibe aus.

4. Bestätigen Sie mit *OK*. Fertig!

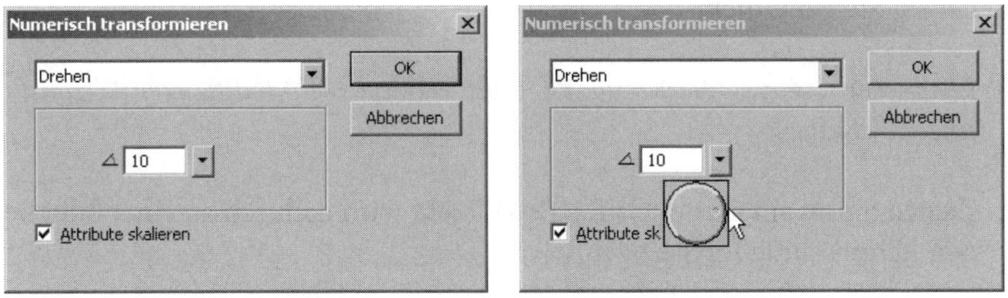

Sie können den Winkel auch genau festlegen.

Und noch ein Tipp: Möchten Sie ein Objekt um 90° nach rechts oder links drehen bzw. um 180° drehen, sollten Sie den Befehl in der Menüleiste verwenden (*Modifizieren | Numerisch transformieren*). Hier können Sie auch das horizontale und vertikale Kippen einstellen, wobei sich die relative Position eines Objektes zur Leinwand nicht verändert.

In der Menüleiste sind wichtige Transformationsbefehle hinterlegt.

Und wenn Ihnen das immer noch nicht schnell genug geht, sollten Sie die Buttons unterhalb des Dokumentfensters verwenden. Während Sie mit den ersten beiden linken Buttons das Objekt um 90° nach links oder rechts drehen, spiegeln Sie dieses mit den beiden rechten Schaltflächen entweder an der horizontalen oder an der vertikalen Achse.

Das gefüllte Dreieck zeigt die neue Position des markierten Objektes.

Zwar ist *Fireworks* kein 3D-Programm, doch mit etwas Geschick können Sie auch hier durch die Neigung eines Objekts den Eindruck von Perspektive erzeugen.

So neigen Sie ein Objekt:

1. Aktivieren Sie das Werkzeug oder wählen Sie *Modifizieren | Transformieren | Neigen.*

2. Ziehen Sie an einem der Griffe. Das Objekt wird dadurch an einer oder beiden Achse schräg fortgezogen.

3. Bestätigen Sie die neue Größe mit der Enter-Taste oder doppelklicken Sie in das Entwurfsfenster.

Angedeutete Perspektive durch das Neigen-Werkzeug.

MERKET AUF!

Orientieren Sie sich während der Transformation an den angezeigten Werten im Bedienfeld *Info.*

Neigen ist ja schön und gut, doch die Perspektive sieht noch etwas holprig aus. Holen Sie einmal ein Glas aus dem Küchenschrank und stellen Sie es auf den Tisch. Schauen Sie es sich genau an. Mal von oben, von der Seite und von unten. Achten Sie besonders auf den Rand. Ist dieser tatsächlich immer als Ellipse sichtbar? Wohl kaum. Damit unsere Glas-Gallerie noch etwas realistischer wirkt, sollten wir das Ganze noch etwas verzerren.

So verzerren Sie ein Objekt:

1. Wählen Sie *Modifizieren | Transformieren | Verzerren* oder benutzen Sie das Werkzeug .

2. Ziehen Sie an einem der Griffe. Damit verändern Sie Größe und Position des markierten Objektes. Anders als beim Neigen arbeiten alle Griffe unabhängig voneinander.

3. Bestätigen Sie die neue Größe mit der Enter-Taste oder doppelklicken Sie in das Entwurfsfenster.

HEISSER TIPP

Kombinieren Sie die einzelnen Werkzeuge. Damit lassen sich noch bessere Effekte erzielen.

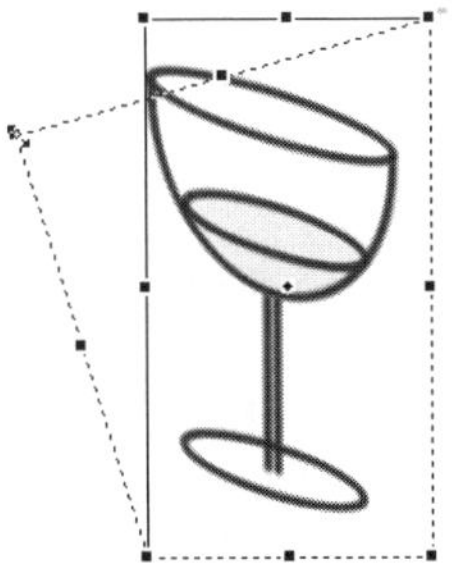

Verzerren ist unabhängig von den Achsen.

SMART DISC

Öffnen Sie auf der CD die Datei *glas.gif*. Diese finden Sie im Verzeichnis *tutorials/03_neue-grafik*. Probieren Sie das eben gezeigte selbst einmal aus.

Jetzt haben wir fast alle Tools unter dem Punkt *Auswählen* in der Werkzeugleiste besprochen. Alle, außer zwei: Das Exportbereichwerkzeug werde ich Ihnen in Kapitel 15 vorstellen. Das Zuschneidewerkzeug werden wir im Kapitel *Leinwand zuschneiden* gleich kennen lernen.

Objekte vervielfältigen

Bevor Sie ein Objekt verändern, ist häufig eine Kopie dessen sinnvoll. So haben Sie immer noch das Original vorrätig, falls beim Modifizieren irgendetwas schief gelaufen ist. Ausgewählte Objekte können Sie beliebig oft klonen und duplizieren.

So duplizieren Sie ein Objekt:

- Wählen Sie *Bearbeiten | Duplizieren.*
- Diesen Befehl finden Sie auch im Kontextmenü.

RAFFINIERT

Meistens soll es ja schnell gehen – so auch beim Duplizieren: Drücken Sie die Alt-(Windows) bzw. Wahl-Taste (Macintosh) und ziehen Sie den Cursor von dem markierten Objekt weg an die gewünschte Position. Achten Sie darauf, dass Sie zuvor das Zeigerwerkzeug aktiviert haben. Lassen Sie die linke Maustaste los – fertig! Das Duplikat erscheint gleich an der gewünschten Stelle im Entwurfsfenster.

Das Duplikat wird jeweils zehn Pixel unter und rechts vom vorherigen Objekt angeordnet. Wenn Sie also mehrere Objekte hintereinander duplizieren, erhalten Sie eine diagonal nach unten verlaufende Anordnung der Duplikate.

So klonen Sie ein Objekt:

- Wählen Sie *Bearbeiten | Klonen.*
- Diesen Befehl finden Sie auch im Kontextmenü.

Das geklonte Objekt wird präzise über das Original gelegt und ist jetzt an dessen Stelle ausgewählt. Diesen Klon können Sie nun wie jedes beliebige Objekt an die gewünschte Stelle verschieben und weiter modifizieren.

HEISSER TIPP

Speichern Sie Ihre Arbeit öfter einmal. Ganz schnell geht es mit dem Tastaturkürzel *Strg + S.*

Das Bedienfeld «Verlauf»

Jetzt kann es natürlich mal passieren, dass Sie Objekte einfügt haben, die Sie dann doch nicht brauchen; oder Sie haben Eigenschaften verändert und merken, dass Sie dies lieber rückgängig machen wollen. Klicken Sie hierfür auf die Schaltfläche in der Werkzeugleiste *Standard* (*Fenster | Werkzeugleisten | Standard*). Klicken Sie so oft auf den Button, bis die entsprechenden Arbeitsschritte rückgängig gemacht sind. In den *Voreinstellungen* haben Sie hierfür im Register *Allgemein* die maximale Anzahl der Rückgängig-Schritte festgelegt (vgl. Kapitel 2).

Übersichtlicher und einfacher geht das jedoch mit dem Bedienfeld *Verlauf*:

- Öffnen Sie das unter *Fenster | Verlauf.*

Um die letzten Arbeitsschritte rückgängig zu machen, verschieben Sie den Schieberegler an die Stelle, an der Sie weiterarbeiten möchten. Die grau hinterlegten Arbeitsschritte werden bei Ihrer weiteren Arbeit eliminiert und verschwinden dann auch aus dem Bedienfeld «Verlauf».

Im Bedienfeld sehen Sie eine Liste Ihrer letzten Arbeitsschritte, die Sie in Ihrem aktuellen Dokument erledigt haben. Diese werden von *Fireworks* automatisch hier gespeichert – und zwar genau in der durchgeführten Reihenfolge. Der Schieberegler zeigt auf den zuletzt ausgeführten Arbeitsgang.

Diese abgelegten Arbeitsschritte können Sie jederzeit rückgängig machen, aber auch wiederholen und neue Befehle daraus erstellen! Es geht also auch anders rum, doch der Reihe nach…

So machen Sie einen oder mehrere Arbeitsschritte auf einmal rückgängig:

- Setzen Sie den Schieberegler eine Stelle nach oben, um den letzten Arbeitsschritt rückgängig zu machen. Falls Sie mehrere Schritte eliminieren möchten, setzten Sie den Regler an den Arbeitsschritt, den Sie als letzten noch durchgeführt (also sichtbar) haben möchten. Hier genügt schon ein einfacher Klick in die Reglerleiste neben diesem Eintrag und der Regler springt automatisch an diese Stelle.

ERSTE HILFE

Wenn Sie auf den Namen des Arbeitsschritte klicken, markieren Sie diesen. Durch das Auswählen dieses Schrittes gehen Sie keinen Schritt zurück. Sie müssen den Schieberegler benutzen!

- Oder Sie wählen *Bearbeiten | Rückgängig*. Hier zeigt *Fireworks* gleich den Namen des letzten Arbeitsschrittes an. Um mehrere Arbeitsschritte rückgängig zu machen, wählen Sie diesen Menüeintrag entsprechend öfters.

- Oder Sie benutzen die Schaltfläche in der Standard-Symbolleiste. Auch hierauf können Sie bei Bedarf mehrmals klicken.

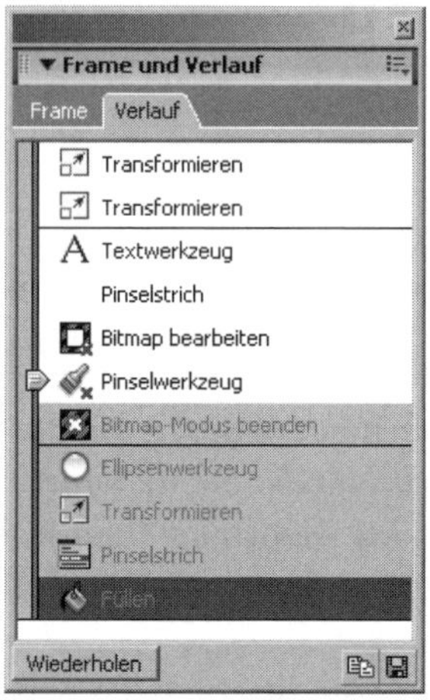

Schieben Sie den Regler bis an den letzten durchgeführten Arbeitsschritt.

NICHT VERGESSEN

Wenn Sie nach dem Rückgängigmachen weiter an Ihrem Dokument arbeiten, können Sie keinen der rückgängig gemachten Schritte wieder herstellen. Diese sind aus dem Verlauf gelöscht.

So löschen Sie die Verlaufsliste:

1. Klicken Sie auf den Button .
2. Wählen Sie in dem offenen Optionsmenü den Befehl *Verlauf löschen*.

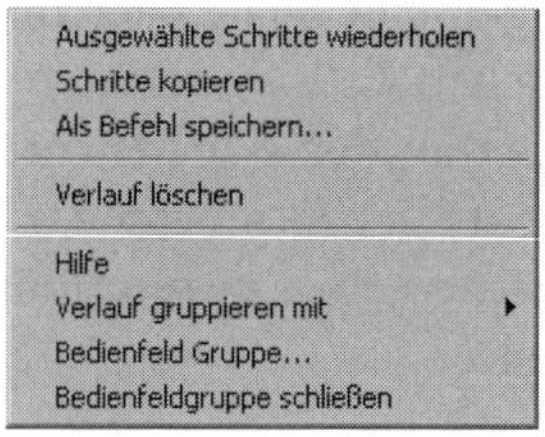

Das Optionsmenü im Bedienfeld «Verlauf».

Der Verlauf wird für das aktuelle Dokument gelöscht, wobei Sie jedoch keine Arbeitsschritte rückgängig machen. Die abgespeicherten Arbeitsschritte werden lediglich aus dem Speicher von *Fireworks* entfernt.

So wiederholen Sie einen oder mehrere Arbeitsschritte:

1. Wählen Sie das Objekt aus, auf das Sie die Arbeitsschritte anwenden möchten. Es muss sich also nicht um das gleiche Objekt handeln. Die im Fenster *Verlauf* abgespeicherten Arbeitsschritte können Sie auf jedes Objekt in Ihrem Dokumentfenster anwenden.

2. Wählen Sie den Arbeitsschritt aus, den Sie wiederholen möchten. Hierfür klicken Sie auf den Namen des Schrittes. Beachten Sie, dass der Schieberegler hierbei keine Rolle spielt und durchaus auch woanders stehen kann.

   - Handelt es sich um mehrere hintereinanderliegende Schritte, halten Sie während des Markierens die (*Shift*)-Taste gedrückt.

   - Wurden die zu wiederholenden Arbeitsschritte nicht hintereinander ausgeführt, können Sie diese im Verlaufsfenster markieren, indem Sie dabei die (*Strg*)- bzw. die *Befehls*-Taste drücken.

   - Oder Sie wählen in der Menüleiste *Bearbeiten | Wiederholen.*

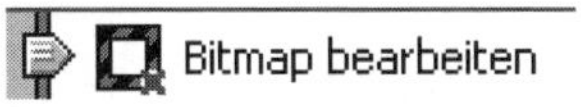

Beachten Sie: Sind Schritte mit einem roten X markiert, können diese nicht wiedergegeben und gespeichert werden (vgl. folgendes Kapitel) und werden übersprungen.

3. Klicken Sie jetzt auf die Schaltfläche *Wiedergabe* (*Schritte auf ausgewählte Objekte anwenden*) im *Verlauf.* Der Befehl wird wiederholt und erscheint als Arbeitsschritt mit dem Namen «Schrittweise Wiedergabe»im Verlaufsfenster.

Markieren Sie die Arbeitsschritte, die Sie wiederholen möchten. Beachten Sie, dass der Schieberegler nur beim Eliminieren von Schritten benötigt wird.

Mit neuen Befehlen «Fireworks» automatisieren

Automatisieren Sie doch sich wiederholende Aufgaben. Damit sparen Sie sich jede Menge Arbeit. Sie können einzelne Aktionen auswählen und diese als Befehle speichern. Auf gespeicherte Befehle können Sie dann über die Menüleiste unter *Befehle* zugreifen und diese beliebig wiederverwenden.

1. Wählen Sie die Arbeitsschritte aus, die Sie speichern möchten. Auch hier können Arbeitsschritte, die mit einem roten X markiert sind, nicht gespeichert werden und werden übersprungen.

2. Klicken Sie auf die Schaltfläche im Bedienfeld *Verhalten*. Oder wählen Sie *Als Befehl speichern* im Optionsmenü.

3. Geben Sie in das nun offene Dialogfenster *Befehl speichern* einen Namen für die abzuspeichernden Arbeitsschritte ein und klicken Sie dann auf *OK*.

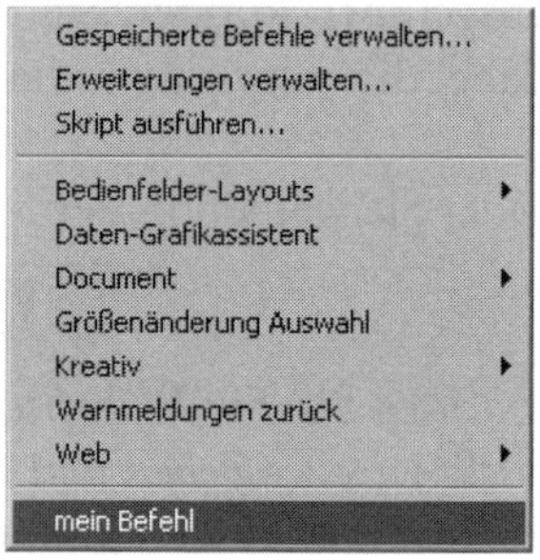

Ein gespeicherter Befehl erscheint in der Menüleiste.

Sie finden nun diesen Befehl in der Menüleiste und können ihn beliebig oft einsetzen – und das ganz unabhängig von einem bestimmten Dokument. Markieren Sie hierzu das Objekt, auf das Sie den Befehl anwenden möchten.

So entfernen Sie eigene Befehle oder benennen sie um:

- Wählen Sie *Befehle | Gespeicherte Befehle verwalten.*

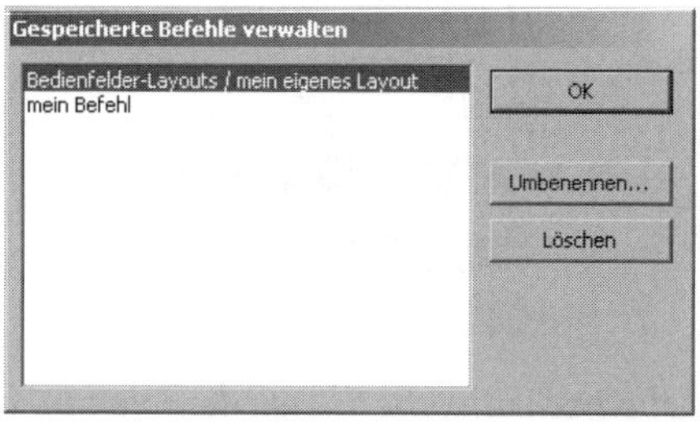

Benutzerdefinierte Befehle können jederzeit umbenannt und gelöscht werden.

POWER USER

Ihre Befehle werden im Verzeichnis *Fireworks MX 2004 / Configuration / Commands* als JSF Datei abgespeichert. Weitere Automatisierungs-Möglichkeiten lernen Sie in Kapitel 17 kennen!

Im Bedienfeld *Verlauf* können Sie ausgeführte Schritte auch in die Zwischenablage kopieren und diese Schritte dann in einem anderen Dokument wiederholen. Klicken Sie auf die Schaltfläche . Die dabei markierten Befehle werden in die Zwischenablage kopiert. Markieren Sie in einem anderen Dokument das Element, auf das Sie diese Schritte anwenden möchten und wählen Sie in der Menüleiste *Bearbeiten | Einfügen.*

Leinwand verändern

Sollten Leinwand-Abmessung und andere Eigenschaften nicht stimmen, können Sie diese jederzeit neu definieren. Benutzen Sie hierfür den Eigenschafteninspektor oder das Menü unter *Modifizieren.* Sie können unerwünschte Teile auch einfach wegschneiden. Wie das geht, erfahren Sie gleich.

Leinwandgröße

Im Handumdrehen haben Sie die Größe der Leinwand verändert. Dabei gibt es unterschiedliche Methoden.

So definieren Sie eine neue Leinwandgröße:

1. Wählen Sie *Modifizieren | Leinwand | Leinwandgröße.*

NICHT VERGESSEN

Oder Sie arbeiten über den Eigenschafteninspektor: Da dieser immer die Attribute der mit dem Zeigerwerkzeug ausgewählten Elemente anzeigt, müssen Sie eine Auswahl zunächst aufheben. Klicken Sie dann im Eigenschafteninspektor auf die Schaltfläche *Leinwandgröße.*

Der Inspektor zeigt die Eigenschaften der Leinwand an.

2. Im Dialogfenster *Leinwandgröße* tragen Sie nun die neuen Maße ein. In das erste Feld geben Sie den Wert für die Breite und in das zweite den für die Höhe ein. In dem dahinterstehenden Pull-Down-Menü können Sie außer-

dem die Maßeinheit verändern. Zur Auswahl stehen Pixel, Zoll und Zentimeter. Da wir eine Grafik für das Web erstellen, spielen Pixelwerte eine entscheidende Rolle. Diese werden hinter dem Menü und im unteren Bereich des Dialogfensters angezeigt – auch wenn Sie sich für eine andere Maßeinheit entschieden haben.

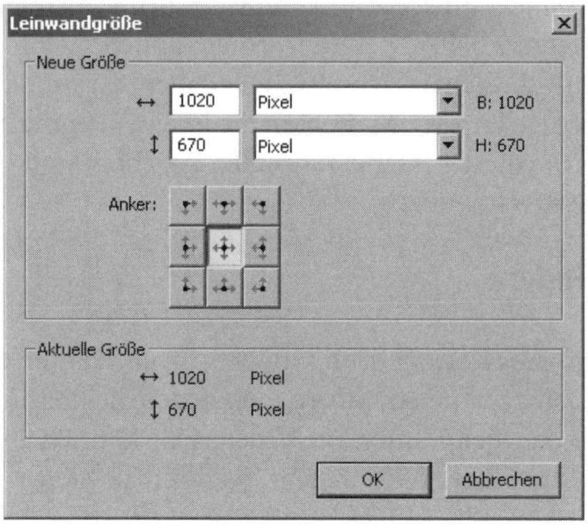

Verändern Sie die Leinwandgröße.

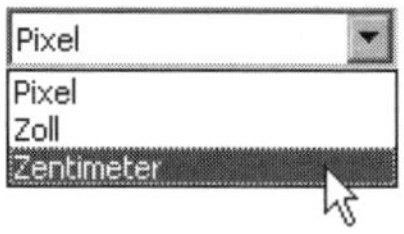

Geben Sie neue Werte ein und bestimmen Sie die Maßeinheit.

3. Ändern sich die Abmessungen der Leinwand, müssen Sie festlegen, an welcher Seite Fläche hinzugefügt oder entfernt werden soll. Benutzen Sie hierfür die Anker-Schaltflächen. Standardmäßig wird neuer Platz an allen vier Seiten angefügt, weshalb die mittlere Verankerung aktiviert ist.

4. Bestätigen Sie Ihre Angabe mit *OK*.

MERKET AUF!

Sie verändern nur die Größe der Leinwand, nicht die der einzelnen Elemente. Diese bleiben weiterhin in der ursprünglichen Größe erhalten. Je nachdem, welche Voreinstellungen Sie haben, kann es jedoch sein, dass diese Elemente beschnitten bzw. gelöscht werden. Um das zu verhindern, müssen Sie das Kontrollkästchen *Objekte beim Zuschneiden löschen* im Register *Bearbeitung* des Dialogfensters *Voreinstellungen* (vgl. Kapitel 2) deaktivieren. Pixel bzw. Objekte, die sich außerhalb des Zuschneidebereichs befinden, werden dann nicht gelöscht.

Sie können zusammen mit der Leinwandgröße auch die Bildgröße modifizieren. Wie das geht, erfahren Sie gleich, im Abschnitt *Bildgröße und Auflösung.*

Leinwand zuschneiden und anpassen

Sie können die Leinwandgröße auch den platzierten Objekten anpassen. Damit entfernen Sie unnötigen Leeraum um die Grafik.

- Wählen Sie *Modifizieren* | *Leinwand* | *Leinwand zuschneiden* oder *Bearbeiten* | *Dokument zuschneiden.*
- Oder klicken Sie im Eigenschafteninspektor auf die Schaltfläche *Leinwand einpassen.* Achtung! Der Button wird erst sichtbar, wenn kein Objekt ausgewählt ist.

  Der Bereich außerhalb der platzierten Objekte wird weggeschnitten.

POWER USER

Enthält das Dokument mehrere Frames (vgl. Kapitel 13), lässt sich die Leinwand so zuschneiden, dass alle Objekte in allen Frames berücksichtigt werden.

Sie können die Leinwand auch manuell zuschneiden:

1. Wählen Sie das Zuschneidewerkzeug in der Werkzeugleiste.
2. Ziehen Sie bei gedrückt gehaltener linker Maustaste einen Zuschneiderahmen um die Objekte. Sie können den Rahmen weiter bearbeiten, indem Sie an den Angriffspunkten ziehen.
3. Doppelklicken Sie in den Zuschneiderahmen oder drücken Sie die Enter-Taste. Die Leinwand wird entsprechend verkleinert. Objekte außerhalb des Rahmens werden standardmäßig gelöscht (s. vorheriger Abschnitt).

Die Leinwand wird entsprechend dem aufgespannten Rahmen zugeschnitten.

Angenommen, Ihre Leinwand ist zu klein und nicht alle Objekte passen darauf. Auch das ist kein Problem:

- Wählen Sie *Modifizieren | Leinwand | Leinwand anpassen*. Die Leinwand wird entsprechend vergrößert.

Bildgröße und Auflösung:

Während wir zuvor lediglich die Leinwandgröße verändert haben, werden wir in diesem Abschnitt sehen, dass ein Dokument gemeinsam mit seinem Inhalt skaliert werden kann.

1. Wählen Sie *Modifizieren | Leinwand | Bildgröße* oder klicken Sie im Eigenschafteninspektor auf die Schaltfläche *Bildgröße.*

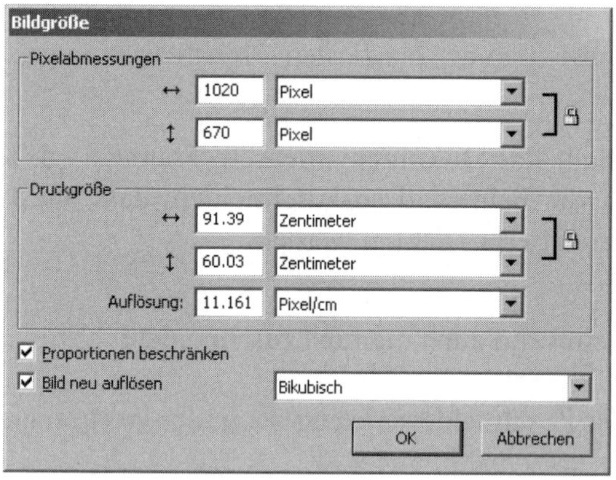

Die Pixelabmessungen werden hier proportional zueinander verändert.

2. Im Dialogfenster *Bildgröße* geben Sie nun die neuen Werte ein:

   - Geben Sie die neuen horizontalen und vertikalen *Pixelabmessungen* an. Wenn Sie möchten, können Sie diese auch in Prozent angeben. Stellen Sie das Pull-Down-Menü dementsprechend ein. Beachten Sie, dass hierbei das Kontrollkästchen *Bild neu auflösen* deaktiviert sein muss.

   - Legen Sie die Abmessungen fest, die Sie für das Drucken verwenden möchten.

   - Bestimmen Sie die *Auflösung* in *Pixel / cm* oder *Pixel / Zoll* (DPI). Beachten Sie, dass eine neue Auflösung auch die Pixelabmessungen beeinflusst.

Sie arbeiten lieber in Zentimetern statt in Pixel? Kein Problem. 1 Zoll = 2,54 cm. Der Umrechnungsfaktor beträgt also 2,54. Möchten Sie wissen, wie viel Pixel bei Ihrer Auflösung von 72 DPI 10 cm sind, rechnen Sie:

x Pixel = (10 cm / 2,54) • 72 DPI = 283 Pixel

Natürlich ist auch der umgekehrte Weg möglich. Angenommen, Sie möchten wissen, wie viele Zentimeter 100 Pixel sind:

x cm = (100 Pixel / 72 DPI) • 2,54 = 3,53 cm

Die zu berücksichtigende Auflösung beträgt in beiden Beispielen 72 DPI. In Grafikprogrammen erfolgt diese Umrechnung automatisch. Sie geben eine konkrete Größe bei einer bestimmten Auflösung an und können dann immer noch die Einstellung verändern und die neuen Maße ablesen.

- Wenn Sie das Kontrollkästchen *Bild neu auflösen* aktivieren, ändert sich mit der Auflösung auch automatisch die Pixelabmessung. Ändern Sie die Bildgröße, werden bei aktivierter Option automatisch Pixel hinzugefügt bzw. gelöscht, so dass sich am Erscheinungsbild der Grafik beim Skalieren wenig ändert. Das gilt jedoch nur für ein Bitmap-Objekt. Verändern Sie die Auflösung, ändern Sie auch die Größe der Pixel, so dass Sie entsprechend mehr oder weniger Pixel auf einer bestimmten Fläche haben. Die beim Vergrößern des Bildes hinzugefügten Pixel müssen nicht mit dem Original übereinstimmen und können zu einem «verpixelten», unscharfen Ergebnis führen. Auch das Verkleinern eines Bildes führt zu einem Qualitätsverlust, da Pixel gelöscht werden. Generell führt das Verkleinern jedoch zu besseren Ergebnissen als das Vergrößern. Für die Neuauflösung stehen Ihnen im Pull-Down-Menü weitere Einstellungen zur Verfügung. Das beste Ergebnis erzielen Sie in der Regel mit der Option *Bikubisch.*

Passen Sie die Auflösung an, ohne das Bild neu aufzulösen, entsteht dagegen kein Daten- bzw. Qualitätsverlust.

Handelt es sich dagegen um eine Vektorgrafik, werden die Pfade mathematisch neu berechnet, was kaum zu einem Qualitätsverlust führt.

Deaktivieren Sie das Kontrollkästchen *Bild neu auflösen,* wenn Sie lediglich *Auflösung* und *Druckgröße* verändern möchten, die *Pixelabmessungen* jedoch beibehalten wollen.

- Aktivieren Sie das Kontrollkästchen *Proportionen beschränken*, wenn Breite und Höhe relativ zueinander geändert werden sollen. Hinter den Maßen erscheint im Dialogfenster dann ein Schloss. Möchten Sie Breite und Höhe dagegen unabhängig voneinander verändern, deaktivieren Sie diese Option. Hier kommt es in der Regel dann zu Verzerrungen.

3. Bestätigen Sie Ihre Angaben mit *OK*. Die Leinwandgröße wird nun gemeinsam mit dem Inhalt skaliert.

POWER USER

Markieren Sie das Objekt, dessen Größe Sie verändern möchten. Öffnen Sie das Fenster *Größenänderung Auswahl* (*Befehle | Größenänderung Auswahl*). Das Rechteck in der Mitte symbolisiert das ausgewählte Objekt. Klicken Sie auf die Pfeile, um dieses zu verkleinern oder zu vergrößern.

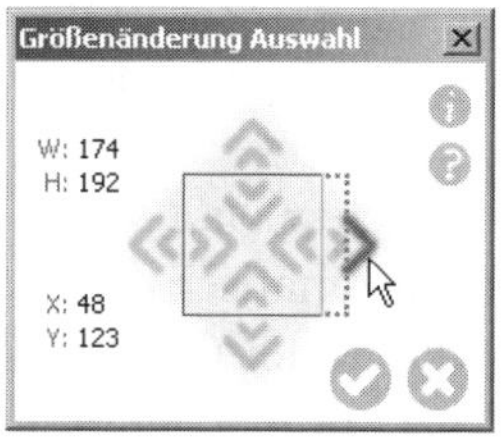

Jeder Pfeil symbolisiert eine andere Vergrößerungseinstellung. Aktuelle Größe und Position des Objektes können Sie links daneben ablesen.

Hintergrundfarbe

Die Objekte sollen nicht immer auf einem transparenten Hintergrund stehen. Sie können die Standardeinstellungen Weiß oder Transparent verwenden oder Sie mischen sich Ihre eigene Hintergrundfarbe.

So legen Sie eine neue Leinwandfarbe fest:

1. Wählen Sie *Modifizieren | Leinwand | Leinwandfarbe* oder klicken Sie im Eigenschafteninspektor auf den Farbwähler. Achten Sie darauf, dass hierbei zwar das Zeigerwerkzeug aktiviert sein muss, aber kein Element markiert sein darf. Arbeiten Sie, wie unter Punkt 3 beschrieben.

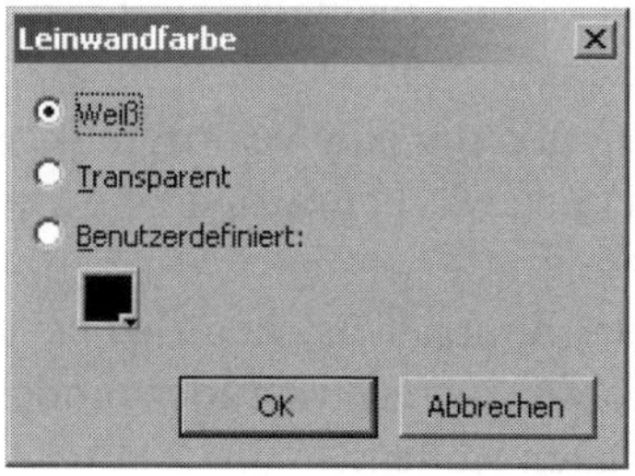

2. Im Dialogfenster *Leinwandfarbe* können Sie außer *Weiß* und *Transparent* auch eine benutzerdefinierte Farbe festlegen. Aktivieren Sie das entsprechende Kontrollkästchen.

3. Möchten Sie eine benutzerdefinierte Farbe einstellen, klicken Sie auf das Farbfeld darunter. Nun können Sie mit dem Farbwähler eine Farbe aus dem Popup-Fenster auswählen. Klicken Sie auf den gewünschten Farbton mit der Pipette. Dabei können Sie entweder den Farbkasten verwenden oder Sie klicken auf die gewünschte Farbe in Ihrem Arbeitsbereich. Die Funktionalität der Pipette ist also nicht auf dieses Dialogfenster beschränkt. Falls Sie sich doch noch für eine transparente Leinwand entscheiden sollten, klicken Sie auf das Symbol ☐ im Popup-Fenster. Diese Farbe wird automatisch in das Farbfeld des Dialogfensters übernommen. Weitere Informationen über Farben bekommen Sie in Kapitel 7. Im Rahmen dieses Workshops behalten wir die weiße Leinwandfarbe bei.

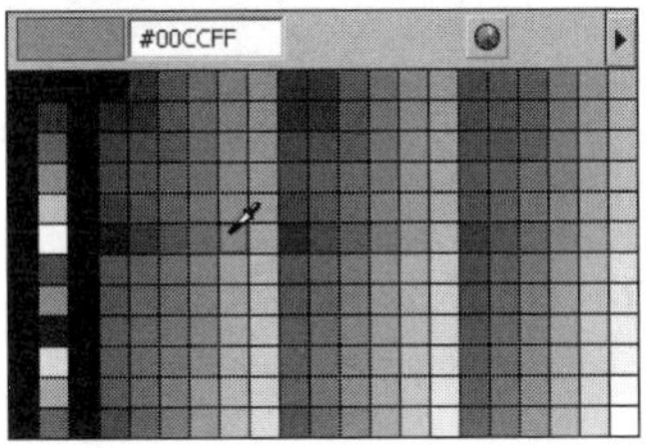

Die Hintergrundfarbe können Sie individuell festlegen.

4. Bestätigen Sie die neue Leinwandwandfarbe mit *OK*. Die Leinwand entspricht nun Ihren Angaben.

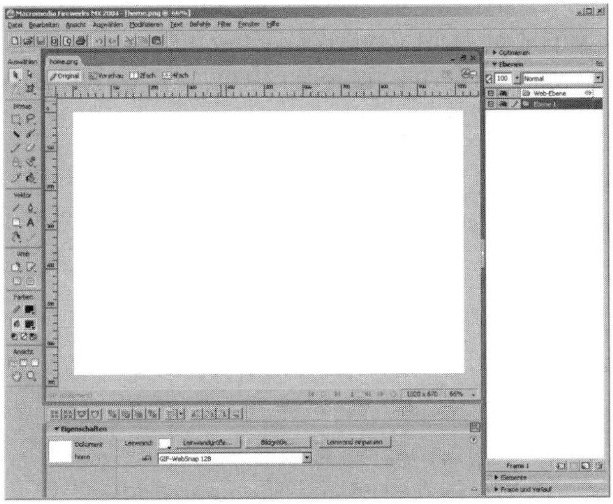

Die Leinwand ist eingerichtet – jetzt können die Elemente platziert werden.

Leinwand drehen

Steht eine Grafik beispielsweise auf dem Kopf, können Sie diese ganz schnell wieder zurechtrücken, indem Sie die komplette Leinwand drehen. Das werden Sie wohl besonders häufig bei Fotos benötigen, die hochkant aufgenommen worden sind. Bei Drehen werden alle auf der Leinwand platzierten Objekte mitgedreht.

Wählen Sie unter *Modifizieren | Leinwand* die Option, nach der die Leinwand gedreht werden soll. Zur Auswahl stehen: *180°-Drehung*, *90°-Rechtsdrehung* und *90°-Linksdrehung*.

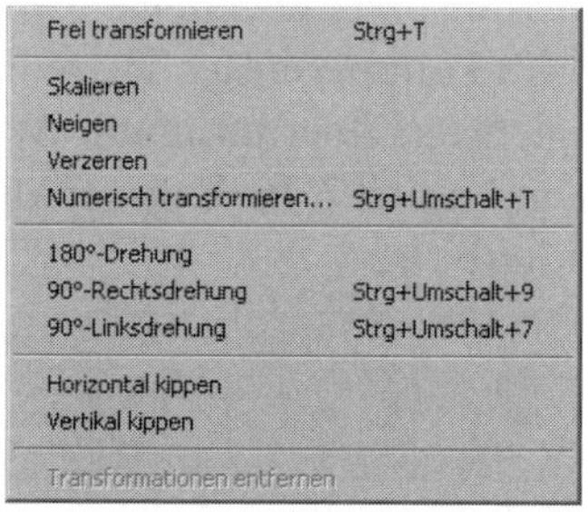

Über die Menüleiste können Sie die Leinwand drehen.

Objekte ausrichten

Die ersten Objekte sind auf der Leinwand platziert. Jetzt beginnt der Feinschliff. In Kapitel 2 haben Sie gesehen, dass Sie Objekte an Hilfslinien und am Raster ausrichten können. In *Fireworks MX 2004* gibt es außerdem noch das Bedienfeld *Ausrichtung*, mit dem Sie wunderbar mit einem Mausklick Objekte beispielsweise direkt an dem Rand der Leinwand präzise platzieren können, ohne den Arbeitsbereich dazu vergrößern zu müssen. Sie können aber auch ein Objekt an einem anderen anordnen.

Das Bedienfeld Ausrichtung erleichtert
Ihnen das exakte Positionieren von Objekten.

So richten Sie ein Objekt am Rand der Leinwand aus:

1. Markieren Sie die Objekte, die Sie ausrichten möchten.

2. Aktivieren Sie im Bedienfeld *Ausrichtung* den Button . Dieser erscheint dann orange (vgl. vorherigen Screenshot).

3. Die Buttons unter dem Punkt *Ausrichten* symbolisieren, wo das Objekt ausgerichtet werden kann.

   Mit diesen Buttons richten Sie das Objekt am linken, mittleren oder rechten Leinwandrand aus.

   Verwenden Sie diese Schaltflächen, wenn das Objekt am oberen, mittleren oder unteren Leinwandrand ausgerichtet werden soll.

   Möchten Sie Breite und / oder Höhe der markierten Objekte an die Leinwandgröße anpassen, verwenden Sie diese Buttons.

   Sollen Objekte gleichmäßig über die Leinwandfläche verteilt werden, benutzen Sie diese Werkzeuge.

Konkrete Beispiele zu den einzelnen Möglichkeiten zeige ich Ihnen im nächsten Abschnitt.

POWER USER

Sie können auch ausgewählte Anker und Steuerpunkte von Vektoren ausrichten. Wie das geht, erfahren Sie in Kapitel 5 *Anker und Steuerpunkte ausrichten.*

So richten Sie Objekte untereinander aus:

1. Deaktivieren Sie den Button .

2. Führen Sie die zuvor beschriebenen Schritte durch. Diese Ausrichtung erfolgt nach folgenden Regeln:

Die Grafik vor dem Ausrichten.

- **Horizontales Ausrichten**  **:**

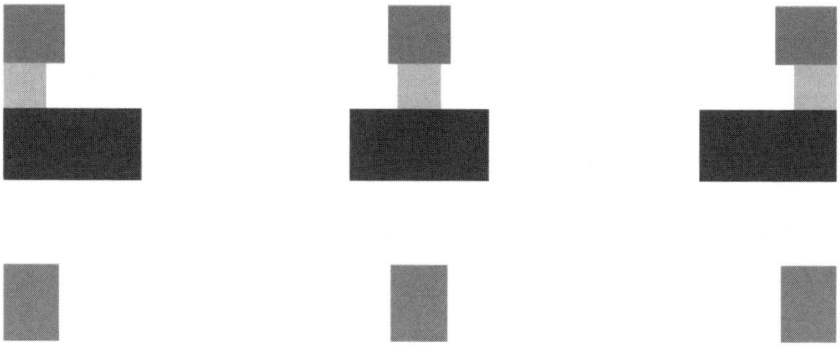

Am linken Rand, horizontal zentriert und am rechten Rand ausrichten. Das äußerste Objekt gibt jeweils die Rand-Position an.

- **Vertikales Ausrichten** 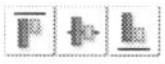 **:**

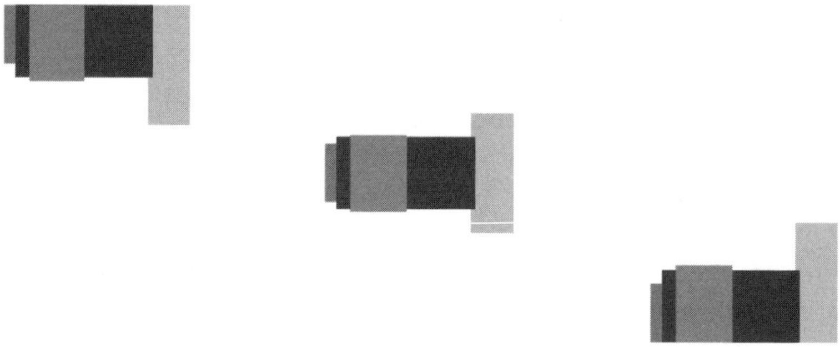

Am oberen Rand ausrichten, vertikal zentrieren und am unteren Rand ausrichten. Das oberste und unterste Objekt bestimmen jeweils die obere und untere Position.

- **Größe anpassen** :

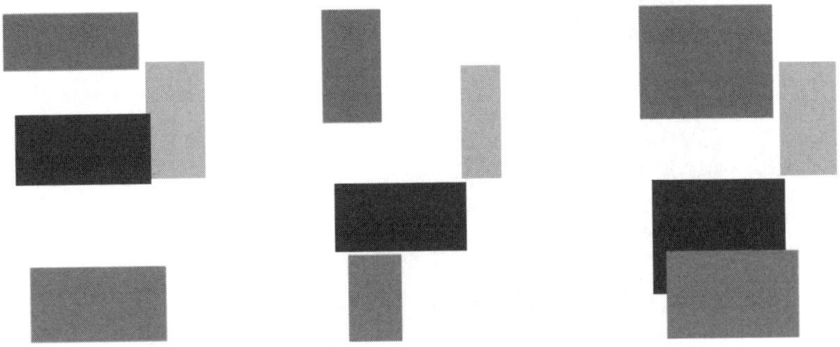

Alle Objekte haben die gleiche Breite bzw. Höhe, auch wenn ein Objekt über den Rand der Leinwand hinausragt.

- **Abstand anpassen** : Soll zwischen zwei oder mehreren Objekten immer der gleiche Abstand sein, verwenden Sie den Button *Vertikal gleichmäßig anordnen* (links) oder *Horizontal gleichmäßig anordnen.*

Alle Objekte sind gleichmäßig untereinander verteilt («Vertikal gleichmäßig anordnen»). Das horizontale Ausrichten macht hier erst Sinn, wenn die Leinwand entsprechend groß ist bzw. wenn zwischen den Objekten ein ausreichend großer Abstand ist.

Weitere Einsatzmöglichkeiten dieses Bedienfeldes werden wir im Laufe der nächsten Workshops noch kennen lernen.

- **Höhen proportionieren** : Sollen drei oder mehr ausgewählte Objekte gleichmäßig über die Höhe verteilt werden, klicken Sie auf den entsprechenden Button.

- **Breiten proportionieren** : Sollen drei oder mehr ausgewählte Objekte gleichmäßig über die Breite verteilt werden, klicken Sie auf den entsprechenden Button.

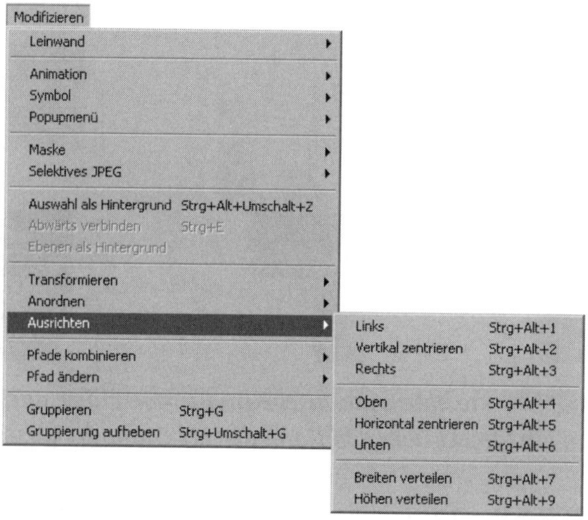

Sämtliche Befehle finden Sie auch in der Menüleiste unter «Modifizieren | Ausrichten».

In diesem Kapitel haben wir bereits die ersten vorhandenen Objekte auf der Leinwand platziert. Dabei haben wir gesehen, dass *Fireworks* ein sehr flexibles Tool ist, in dem Sie auch nachträglich noch Änderungen an den einzelnen Objekten oder sogar an der gesamten Leinwand vornehmen können.

Haben Sie Vektoren bzw. Textobjekte oder Bitmaps gezeichnet oder auf Ihrer Leinwand eingefügt, stehen Ihnen zahlreiche Werkzeuge zur Verfügung, mit denen Sie diese Elemente weiter bearbeiten und optimieren können. Wie wäre es auch mit den richtigen Effekten? Sie werden schon sehen: Nichts ist unmöglich, man muss nur wissen, wie es geht – und genau das zeige ich Ihnen in den nächsten Kapiteln.

4 Mit Bitmaps arbeiten

Mit Bitmaps arbeiten

Eine Bitmap-Grafik besteht aus vielen kleinen farbigen Quadraten bzw. Pixel. Wie bei einem Mosaik setzen sich diese Minibausteine zu einem Bild zusammen. Fotografien, gescannte Bilder oder in Malprogrammen erstellte Grafiken sind typische Beispiele dieser Rasterbilder. Im vorherigen Kapitel haben wir also bereits die ersten Bitmaps importiert. Auch haben wir die Bildgröße verändert, Bilder zurechtgeschnitten oder verzerrt. Da dies sowohl bei Bitmap- als auch bei Vektorgrafiken möglich ist, werde ich in diesem Kapitel nicht wieder darauf eingehen. Vielmehr werde ich Ihnen die Besonderheiten bei der Arbeit mit Pixel Rastergrafiken verdeutlichen und Ihnen interessante Tipps und Anregungen für Ihre eigene Arbeit vermitteln.

Ein Bitmap-Objekt besteht aus vielen kleinen Quadraten. Links sehen Sie die Originalgröße (100 %), rechts die 12-fache Vergrößerung.

In *Fireworks* können Sie Bitmaps bearbeiten oder selbst zeichnen bzw. malen. Hierfür stehen Ihnen zahlreiche Werkzeuge zur Verfügung. In diesem Kapitel bekommen Sie die Basics vermittelt. Ich werde Ihnen zeigen, wie Sie einfache Bitmaps selbst erstellen können und vorhandene bearbeiten.

Sie werden sich wundern, was man aus weniger guten Fotos noch alles raus holen kann! Ein Beispiel: Sie haben ein tolles Bild, doch leider hat die darauf gezeigte Person knallrote Augen. Was tun? Mit dem neuen *Fireworks* ist das kein Problem! Benutzen Sie einfach das Werkzeug *Rote Augen entfernen* und die Augenfarbe ist wieder realistisch. Sehr schnell sind aber auch künstlerische Verfremdungen gemacht. Und wenn Sie meinen, Ihr Foto habe keine optische Tiefe, dann pfuschen Sie doch Ihrem Fotografen ins Handwerk. Setzen Sie den Fokus neu.

Welche Möglichkeiten Sie in *Fireworks* haben und welche weiteren Werkzeuge Ihnen hierfür zur Verfügung stehen, erfahren Sie in diesem Workshop.

Der Kreativität sind keine Grenzen gesetzt – auf geht's…

Das werden Sie lernen:

- Werkzeuge für Bitmap-Grafiken
- Bitmap-Objekte zeichnen und malen
- Bildbereiche auswählen
- Bildbearbeitung in *Fireworks* / Bilder retuschieren

Dateien für diese Lektion:

SMART DISC

- *04_bitmaps/trauben.png*
- *04_bitmaps/dom.png*
- *04_bitmaps/fass.png*
- *04_bitmaps/trauben_weiss-klein.png*
- *04_bitmaps/hibiskus.png*
- *04_bitmaps/brunnen.png*
- *04_bitmaps/blueten.png*
- *04_bitmaps/trauben_weiss-gross.png*
- 03_neue-grafik/*home.png*

Einführung

In der Werkzeugleiste finden Sie alle Tools, die Sie zum Auswählen, Bearbeiten, Zeichnen und Malen von Bitmap-Grafiken benötigen. Diese sind im Bereich *Bitmap* aufgelistet.

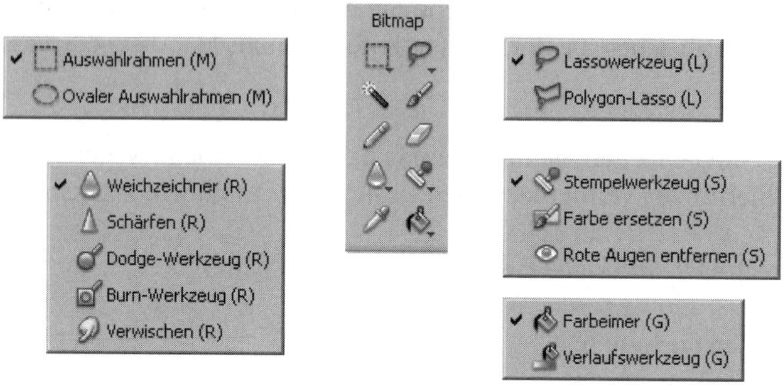

Die Werkzeuge für den Bitmap-Modus.

Wenn Sie im Bitmap-Modus malen, zeichnen oder Pixel bearbeiten, verschwindet der Begrenzungsrahmen des Objektes und *Fireworks* wechselt automatisch in den Bitmap-Modus. Dann ist auch der Button aktiv. Sobald Sie den Bitmap-Modus also beenden möchten, klicken Sie einfach auf diese Schaltfläche.

Es gibt mehrere Arten, wie Sie ein Bitmap-Objekt erstellen können. Eine Variante haben wir bereits kennen gelernt, indem wir ein Foto auf unsere Leinwand importiert haben. Wir hätten hier auch über die Zwischenablage arbeiten können (vgl. in Kapitel 3 den Abschnitt *Dateien öffnen und importieren*), die wir ebenso benötigen, wenn wir eine Pixelauswahl aus der Zwischenablage als neues Objekt einfügen möchten. Diesen Punkt möchte ich jedoch noch ein wenig zurückstellen.

Stattdessen werden wir in diesem Kapitel zunächst die grundlegenden Mal- und Zeichenwerkzeuge für den Bitmap-Modus kennen lernen. Diese kommen ebenfalls bei der Bildbearbeitung zum Einsatz. Beachten Sie, dass beim Zeichnen und Malen in der Regel mit Vektoren gearbeitet wird, mit denen wir uns in Kapitel 5 beschäftigen werden.

Dennoch möchte ich Ihnen nicht vorenthalten, wie Sie eine leere Bitmap-Grafik anlegen, damit Sie dann Ihrer Kreativität freien Lauf lassen können.

Bitmap-Grafiken zeichnen und malen

Die Werkzeugleiste enthält die Zeichen- und Malwerkzeuge Pinsel- und Beistiftwerkzeug .

So erstellen Sie ein neues Bitmap-Objekt:

1. Legen Sie eine neue *Fireworks*-Grafik an oder klicken Sie im Bedienfeld *Ebenen* auf den Button oder wählen Sie *Bearbeiten | Einfügen | Leere Bitmap* in der Menüleiste oder Sie erstellen einen Auswahlrahmen in einem leeren Leinwand-Bereich.

2. Wählen Sie das Pinsel- oder Beistiftwerkzeug aus dem Bitmap-Bereich der Werkzeugleiste aus. Welche Einstellmöglichkeiten Sie hier jeweils haben, erfahren Sie in den folgenden Abschnitten.

3. Malen Sie Ihr Objekt auf die Leinwand. Markieren Sie stattdessen ein anderes Objekt auf der Leinwand, wird ein leeres Bitmap automatisch wieder aus dem Dokument und damit auch aus dem Bedienfeld *Ebenen* entfernt.

Wenn Sie möchten, können Sie ein Bitmap-Objekt auch einfach nur einfärben. Benutzen Sie hierzu den Farbeimer . Für die Farbauswahl ist die Pipette sehr hilfreich. In Kapitel 7 werde ich das Thema Farben ausführlich behandeln. Haben Sie also bitte noch etwas Geduld.

Das Pinselwerkzeug

Wenn Sie mit dem Pinselwerkzeug arbeiten, stehen Ihnen zahlreiche Einstellmöglichkeiten zur Verfügung, die denen des Linienwerkzeuges (vgl. Kapitel über Vektoren) gleichen. Bestimmen Sie Farbe und Dicke des Pinselstrichs. Malen Sie, indem Sie die Maus ziehen.

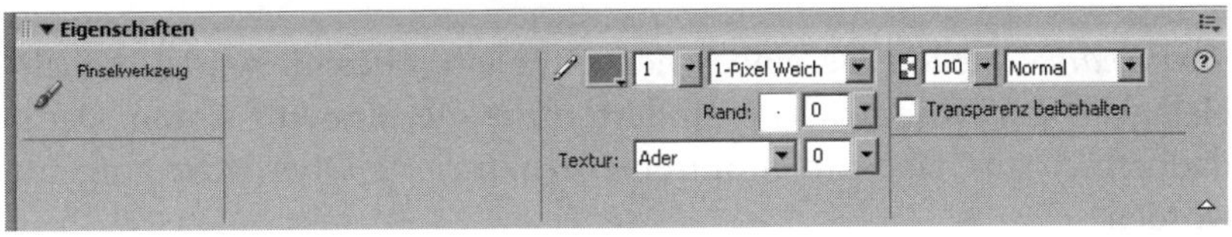

Die Einstellungen des Pinsels können Sie im Eigenschafteninspektor definieren.

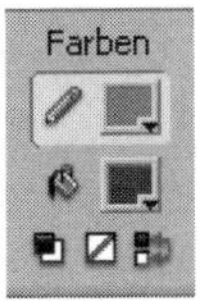

Die Pinselstrichfarbe wird auch in der Werkzeugleiste angezeigt.

Folgende Einstellungen sind über den Eigenschafteninspektor möglich:

- *Farbe* (weitere Informationen zur Farbauswahl finden Sie in Kapitel 7).

Die Standardfarbe für den Pinsel ist in den *Voreinstellungen* im Register *Allgemein* festgelegt (vgl. Kapitel 2).

MERKET AUF!

- *Pinselstärke*: Geben Sie einen Wert zwischen 1 und 100 ein oder benutzen Sie den Schieberegler.

- *Pinselstrichkategorien*: Von Airbrush bis zur Kreide können sämtliche Malstile und Werkzeuge simuliert werden.

Wie soll der Pinselstrich aussehen?

- *Randzeichnung*: Je kleiner der eingestellte Wert, desto schärfer erscheint der Rand. Umgekehrt bedeutet ein hoher Wert (bis 100), dass der Rand sehr verschwommen und unscharf erscheint.

- *Texturname*: Stellen Sie eine Strichtextur ein. Hiermit wird lediglich die Helligkeit des Pinselstrichs verändert, nicht aber dessen Farbton. Der sieht dadurch so aus, als wäre er auf eine strukturierte Oberfläche aufgetragen worden.

- *Mischmodus*: vgl. Kapitel 7.

- *Texturmenge*: Je höher der Wert, desto kräftiger erscheint die Textur.

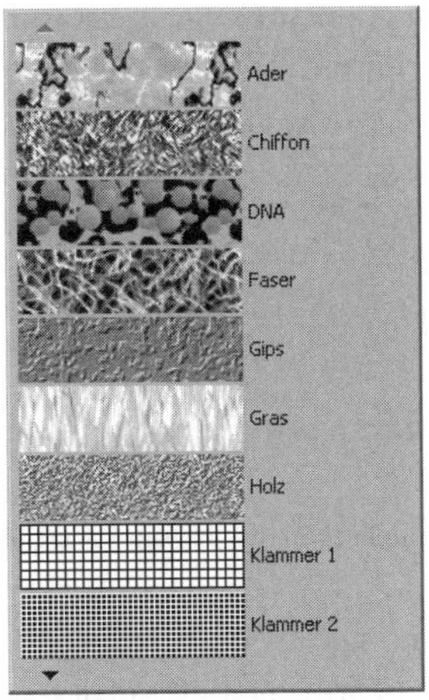

- *Opazität*: Undurchsichtigkeit; Je kleiner der Wert, desto stärker scheint der Hintergrund durch.

- *Transparenz beibehalten*: Der Pinselstrich wird nur dort sichtbar, wo Sie bereits Pixel auf die Leinwand gesetzt haben.

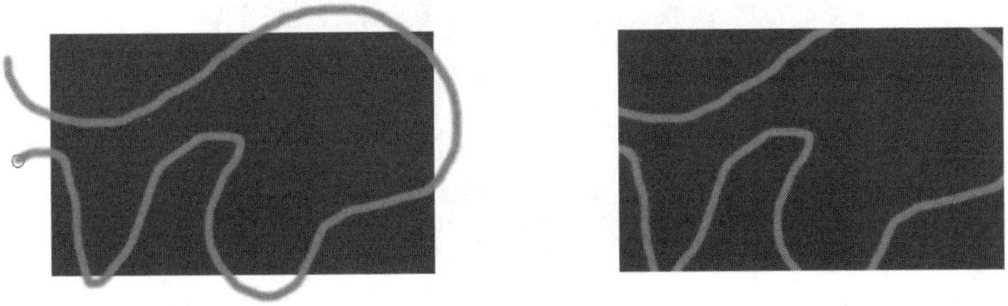

Obwohl Linien auch auf der weißen Leinwand gezeichnet sind, wird hier die Transparenz beibehalten. Die Pinselstriche erscheinen nur über der Bitmap-Fläche.

Eine detaillierte Beschreibung der Einstellmöglichkeiten finden Sie in Kapitel 5.

MERKET AUF!

Haben Sie ein oder mehrere Vektorobjekte markiert, können Sie diese in Bitmap-Grafiken konvertieren: Wählen Sie *Modifizieren | Auswahl als Hintergrund*. Diesen Befehl finden Sie auch im Optionsmenü des Bedienfeldes *Ebenen*. Der umgekehrte Schritt ist nicht möglich: Bitmaps können nicht in Vektoren konvertiert werden.

Der Bleistift

Wie mit einem echten Bleistift können Sie auch mit diesem Werkzeug Linien in jeder beliebigen Form und Länge skizzieren. Diese sind jeweils ein Pixel breit. Dabei können Sie folgende Optionen einstellen:

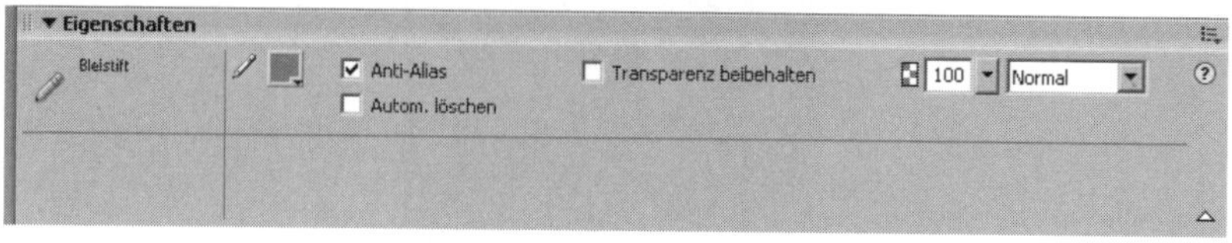

Im Eigenschafteninspektor legen Sie die Einstellungen des Bleistifts fest.

- *Farbe* (weitere Informationen zur Farbauswahl finden Sie in Kapitel 7)
- *Anti-Alias*: Aktivieren Sie dieses Kontrollkästchen, wenn die Linie einen weichen Rand bekommen soll. Dabei werden außer der eigentlichen Bleistiftfarbe weitere Farbpixel eingefügt, deren Farbwert zwischen der eingestellten Bleistiftfarbe und der Hintergrundfarbe liegt. Bei geraden Linien wirkt sich diese Option nicht aus.

Während die linke Linie mit Anti-Alias gezogen wurde, sieht man bei der rechten sehr deutlich die treppenartigen Stufen ohne Zwischenpixel.

- *Automatisch löschen*: Tragen Sie eine Füllfarbe auf, wird diese über den Linienstrich gelegt und ersetzt damit die Strichfarbe.
- *Transparenz beibehalten*: Der Bleistiftstrich wird nur dort sichtbar, wo Sie bereits Pixel auf die Leinwand gesetzt haben (vgl. vorherigen Abschnitt *Das Pinselwerkzeug*).
- *Mischmodus* (weitere Informationen zur Farbauswahl finden Sie in Kapitel 7).

NICHT VERGESSEN

Möchten Sie eine gerade Linie ziehen, halten Sie beim Zeichnen die Shift-Taste gedrückt. Neben horizontalen und vertikalen Strichen sind so auch diagonale Linien realisierbar. Wenn Sie so arbeiten, genügt es, wenn Sie jeweils die Eckpunkte setzen. Das komplette Ziehen der Linien ist hier nicht erforderlich.

Sie können zwei oder mehrere Bitmaps gruppieren oder direkt miteinander verbinden. Wie Sie das machen, erfahren Sie in Kapitel 9 (*Objekte verbinden*). Hierbei können auch andere Objekte (z. B. Vektoren) Bestandteil dieses neuen Bitmaps werden.

Bitmap-Grafiken bearbeiten

Mit den Mal- und Zeichenwerkzeugen können Sie auch einzelne Punkte eines Bitmaps bearbeiten. In diesem Kapitel werde ich Ihnen darüber hinaus weitere Bearbeitungstools vorstellen. Sie werden sehen, dass dabei die Auswahlrahmen zum Maskieren bestimmter Bitmap-Bereiche eine große Hilfe sind.

MERKET AUF!

Auf die Objekt-Skalierung werde ich an dieser Stelle nicht nochmals eingehen. Wenn Sie die Größe eines Bildes verändern möchten, arbeiten Sie bitte wie in Kapitel 3 beschrieben. Hier haben wir gesehen, dass man einerseits die Größe der gesamten Leinwand verändern kann und andererseits einzelne Objekte (Bitmaps oder Vektoren) transformieren kann. Auch mit dem Zuschneidewerkzeug können Sie prima bestimmte Bereiche aus Fotos und anderen Bitmaps zuschneiden.

Pixelbereich auswählen

Sie können einzelne Pixel bzw. Bitmap-Bereiche auswählen, in die Zwischenablage kopieren und als neues Bitmap-Objekt in die gleiche Grafik oder in eine andere Datei wieder einfügen. Hierfür benutzen Sie die unterschiedlichen Auswahl-Werkzeuge, die Ihnen in der Werkzeugleiste im Bereich *Bitmap* angeboten werden:

Auswahlrahmen: Hiermit wählen Sie einen rechteckigen Bitmap-Bereich aus. Halten Sie beim Auswählen gleichzeitig die *Shift*-Taste gedrückt, markieren Sie einen quadratischen Pixelbereich.

Ovaler Auswahlrahmen: Benutzen Sie dieses Werkzeug, wenn Sie eine runde Auswahl treffen möchten. Halten Sie beim Auswählen gleichzeitig die *Shift*-Taste gedrückt, markieren Sie einen kreisförmigen Pixelbereich.

Lassowerkzeug: Mit diesem Tool markieren Sie einen unregelmäßigen Pixelbereich, der jeden beliebigen Umriss annehmen kann.

Polygon-Lasso: Auch hier können Sie einen freien Pixel-Bereich ohne festen Umriss auswählen. Anders als beim Lassowerkzeug hat dieser Bereich gerade Kanten.

Zauberstab: Pixel mit den gleichen oder sehr ähnlichen Farbwerten werden ausgewählt.

Auswahl-Werkzeuge erleichtern Ihnen die Arbeit an Bitmap-Grafiken, denn damit sind nur die markierten Pixel für die Bearbeitung freigegeben. Der restliche Bildbereich ist geschützt und kann nicht verändert werden.

So wählen Sie bestimmte Pixel aus:

1. Aktivieren Sie das passende Auswahlwerkzeug und ändern Sie gegebenenfalls dessen Standard-Optionen (vgl. Kapitel *Auswahloptionen*).

2. Ziehen Sie mit gedrückter linker Maustaste den Auswahlrahmen um den gewünschten Pixelbereich.

   Benutzen Sie den *Zauberstab*, klicken Sie auf einen Pixel bzw. auf den Farbbereich, den Sie auswählen möchten.

   Arbeiten Sie mit dem *Polygon-Lasso*, klicken Sie mit der linken Maustaste an die Stelle im Dokument, wo Sie einen Eckpunkt der Markierung setzen möchten. Der gerade Rand wird automatisch zwischen diesen Eckpunkten aufgespannt. Um das Polygon zu schließen, doppelklicken Sie entweder in den Arbeitsbereich oder klicken Sie auf den Startpunkt. Falls Sie Pixel in einem 45°oder 90°-Winkel auswählen möchten, halten Sie die Shift-Taste gedrückt.

MERKET AUF!

Um den Auswahlrahmen wieder zu entfernen drücken Sie die Esc-Taste oder wählen Sie *Auswählen | Auswahl aufheben*. Eine Auswahl verschwindet automatisch, sobald Sie eine neue anfangen und dabei weder die Shift- noch die Alt-Taste drücken (vgl. Kapitel *Auswahl erweitern, verkleinern und verschieben*).

Solch unregelmäßige Objekte sollten Sie für das Maskieren vergrößern. Häufig wird hier das Lasso eingesetzt.

Haben Sie irrtümlich das falsche Bitmap markiert? Keine Angst, Sie können die Maske so stehen lassen. Sie müssen lediglich im Bedienfeld *Ebenen* das andere Bitmap auswählen – fertig! Der Auswahlrahmen wird automatisch auf dieses Objekt übertragen.

Auswahloptionen

Für die einzelnen Auswahlwerkzeuge stehen Ihnen drei unterschiedliche Einstellungen zur Verfügung. Diese geben Sie im Eigenschafteninspektor an:

Hart: Der Rand des Auswahlrahmens ist fest abgrenzt.

Anti-Alias: Innerhalb des Auswahlrahmens werden leicht gezackte Ränder ausgeglichen.

Feder: Diese Option führt zu einem weichen Auswahlrahmen, dessen Stärke Sie in dem Pull-Down-Menü dahinter einstellen können.

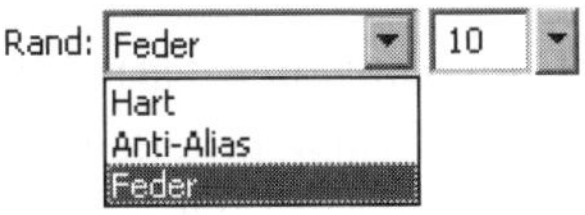

Legen Sie die Eigenschaften des Auswahlrahmens im Eigenschafteninspektor fest.

HEISSER TIPP

Um nachträglich eine Auswahl abzurunden, wählen Sie *Auswahl | Feder* und geben Sie dann in das Dialogfenster den gewünschten Wert für den Radius ein.

Links sehen Sie einen harten, eckigen Auswahlrahmen; rechts eine Federauswahl, die durch abgerundete Ecken gekennzeichnet ist.

Im Eigenschafteninspektor können Sie weiterhin die Größe des Auswahlrahmens bestimmen:

- *Normal*: Die Größe des Auswahlrahmens bestimmen Sie selbst durch das Ziehen des Mauszeigers bzw. Anklicken des entsprechenden Pixels mit dem Zauberstab.
- *Festes Verhältnis*: Geben Sie die Proportionen in die darunter stehenden Textfelder ein.
- *Feste Größe*: Bestimmen Sie die Größe des Auswahlbereichs in Pixel.

Breite und Höhe des Auswahlrahmens können in einem festen Verhältnis zueinander stehen oder eine fest definierte Größe haben.

Möchten Sie mehrere Pixel mit ähnlichen Farbwerten markieren, können Sie beim **Zauberstab** eine *Toleranz* einstellen. Dieser Wert legt einen Farbbereich fest, der mit dem Zauberstab ausgewählt wird. Haben Sie keine Toleranz (= 0) definiert, werden nur Pixel maskiert, die tatsächlich den gleichen Farbwert aufweisen. Dagegen bewirkt ein Toleranzwert von 45 einen Bereich ähnlicher Farbtöne, durch den also mehrere Pixel markiert werden.

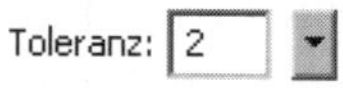

Steuern Sie die Pixelauswahl des Zauberstabs, indem Sie einen Toleranzwert bestimmen.

HEISSER TIPP

Möchten Sie ein Objekt komplett auswählen, klicken Sie auf dessen Miniatur-Vorschau im Bedienfeld *Ebenen*. Halten Sie dabei die Shift-Taste gedrückt, können Sie weitere Objekte in die Auswahl aufnehmen. Drücken Sie dagegen gleichzeitig die Strg- und Alt- (Windows) bzw. Befehls (Macintosh)-Taste, entfernen Sie eine vorhandene Auswahl.

Und jetzt kommt's: Wenn Sie gleichzeitig Strg-, Shift und Alt- bzw. Befehls-Taste drücken und dann nacheinander auf mehrere Objekte klicken, markieren Sie deren Überschneidungsbereich.

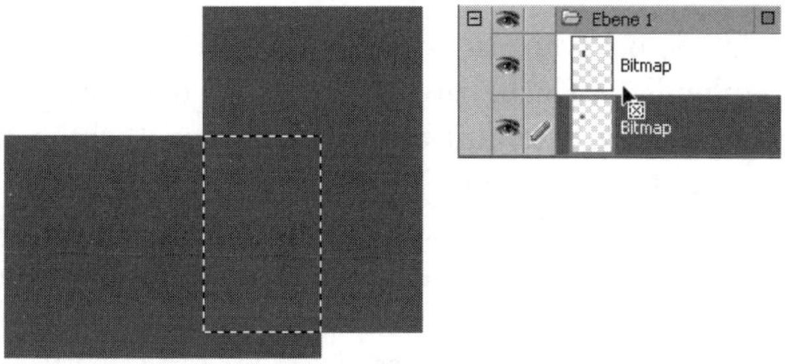

Auch im Bedienfeld Ebenen können Sie Objekte markieren – und sogar deren Überschneidungsbereich.

Auswahl erweitern, verkleinern, verschieben und umkehren

Haben Sie einen Pixelbereich ausgewählt, können Sie diesen nachträglich noch erweitern oder verkleinern. Dabei können Sie auch andere Auswahlwerkzeuge verwenden.

So erweitern Sie einen ausgewählten Pixelbereich:

1. Halten Sie die Shift-Taste gedrückt. An dem Auswahlwerkzeug erscheint ein Pluszeichen.

2. Markieren Sie den noch nicht ausgewählten Bereich.

3. Wiederholen Sie die Schritte 1 und 2 beliebig oft.

So reduzieren Sie einen ausgewählten Pixelbereich:

1. Halten Sie die Alt- (Windows) bzw. Wahl-Taste (Macintosh) gedrückt. An dem Auswahlwerkzeug erscheint ein Minuszeichen.

2. Markieren Sie jetzt den Bereich, den Sie aus der Auswahl entfernen möchten.

Ein Auswahlrahmen kann aber auch um einen festgelegten Pixelwert erweitert oder reduziert werden. Wählen Sie dazu in der Menüliste entweder *Auswahlrahmen erweitern* oder *Auswahlrahmen verkleinern* und tragen Sie den gewünschten Wert in das Dialogfenster ein.

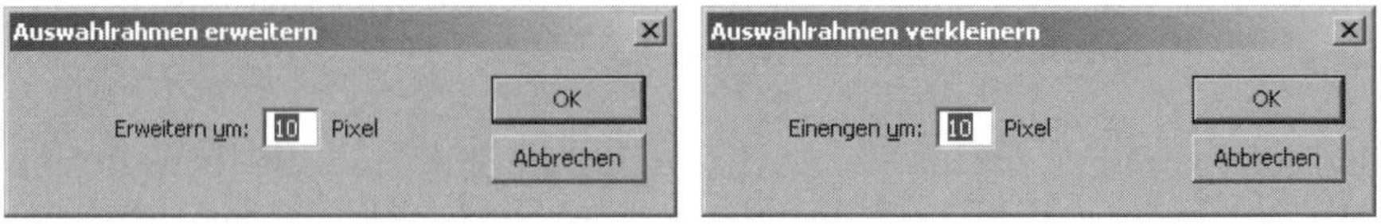

Soll der Auswahlrahmen größer oder kleiner werden?

HEISSER TIPP

Gerade bei Fotos ist es häufig nicht sehr einfach, eine scheinbar einheitliche Fläche zu markieren, da diese sich dann doch aus zahlreichen Pixel mit unterschiedlichen Farbtönen zusammensetzt. In diesem Fall könnten Sie natürlich die Toleranz des Zauberstabs erhöhen, doch Sie können auch den Glätten-Befehl verwenden – und das ist bei anderen Maskierungs-Tools besonders wichtig: *Auswählen | Auswahlrahmen glätten.* Geben Sie in das Dialogfenster den gewünschten Glättungswert ein und bestätigen Sie mit *OK*.

Die Auswahl vor (links) und nach dem Glätten (rechts).

Um einen vorhandenen Auswahlrahmen können Sie eine weitere Auswahl legen. Damit lassen sich tolle grafische Effekte erzielen.

So definieren Sie um eine bestehende Auswahl einen weiteren Auswahlrahmen:

1. Erstellen Sie wie gewohnt eine Auswahl.

2. Wählen Sie *Auswählen | Auswahlrahmen begrenzen.*

3. Geben Sie in das Dialogfenster einen Wert für die Breite der zweiten Maske, die um den vorhandenen Auswahlrahmen gelegt werden soll.

4. Bearbeiten Sie die Pixelauswahl.

Ein begrenzter Auswahlrahmen mit vielen gestalterischen Möglichkeiten...

Nun kann es passieren, dass ein Auswahlrahmen zwar genau die richtige Größe hat, jedoch den falschen Pixelbereich umschließt. In *Fireworks* können Sie diesen Auswahlrahmen verschieben, ohne dass dies Auswirkungen auf die darin eingeschlossenen Pixel hat (wie Sie diesen gemeinsam mit den markierten Pixeln verschieben, erfahren Sie im Abschnitt *Auswahl kopieren, einfügen, löschen und speichern*).

So verschieben Sie einen Auswahlrahmen:

- Ziehen Sie die Maske mit einem Auswahlwerkzeug an die gewünschte Stelle.
- Benutzen Sie die Pfeiltasten, um den Rahmen jeweils um einen Pixel zu verschieben. Halten Sie dabei die Shift-Taste gedrückt, können Sie den Rahmen jeweils um 10 Pixel verschieben.
- Sollten Sie während des Ziehens eines Auswahlrahmens merken, dass dieser an eine andere Stelle gehört, müssen Sie die Auswahl nicht nochmals neu beginnen. Halten Sie die linke Maustaste gedrückt und drücken Sie die Leertaste. Der (halbfertige) Auswahlrahmen kann nun verschoben werden. Anschließend lassen Sie die Leertaste wieder los und fahren wie gewohnt mit Ihrer Arbeit fort.

Drücken Sie während des Auswählens die Leertaste, können Sie den Auswahlrahmen verschieben und Ihre Arbeit dann fortsetzen.

NICHT VERGESSEN

Es kann vorkommen, dass Sie alle Pixel auswählen möchten, die im Moment nicht ausgewählt sind. In diesem Fall wählen Sie einfach *Auswählen | Auswahl umkehren.*

Übung

Öffnen Sie die Datei *dom.png*. Markieren und entfernen Sie den Hintergrund. Benutzen Sie unterschiedliche Auswahlwerkzeuge und probieren Sie unterschiedliche Einstellungsoptionen für den Zauberstab aus.

In dem folgenden Beispiel wurde der Hintergrund mit dem Zauberstab markiert. Allerdings ist die eingestellte Toleranz mit dem Wert 11 etwas zu großzügig gewählt. Achten Sie einmal auf die Spitzen der Türme – hier wurde zuviel ausgewählt.

Der Hintergrund (und etwas mehr...) ist markiert.

Auswahl kopieren, einfügen, löschen und speichern

Sehr häufig werden Sie ganze Bitmap-Objekte kopieren und als neue Bitmaps in das gleiche oder ein anderes Dokument einfügen wollen. Dabei können Sie entweder das komplette Bitmap vervielfältigen oder Sie legen eine Auswahl um bestimmte Bereiche, die dann kopiert und eingefügt werden. Wie dem auch sei – in beiden Fällen gibt es mehrere Vorgehensweisen, um zum Ziel zu kommen:

- Wählen Sie *Bearbeiten | Ausschneiden*
- oder *Bearbeiten | Kopieren* und anschließend *Bearbeiten | Einfügen.*
- Ganz schnell geht's, wenn Sie *Bearbeiten | Einfügen | Bitmap durch Kopieren* auswählen. Die aktuelle Auswahl wird dann direkt als neues Bitmap-Objekt auf der gleichen Ebene eingefügt.
- Möchten Sie dabei gleichzeitig die Auswahl löschen, wählen Sie *Bearbeiten | Einfügen | Bitmap durch Ausschneiden.*

Sie können ausgewählte Pixel auch im gleichen Bitmap kopieren und einfügen.

1. Markieren Sie den Bereich, den Sie duplizieren möchten.
2. Ziehen Sie die Pixelauswahl mit einem Zeigerwerkzeug an die gewünschte Stelle und halten Sie dabei die Alt- (Windows) bzw. Wahl-Taste (Macintosh) gedrückt.

Im Bedienfeld *Ebenen* wird also kein zusätzliches Objekt angezeigt.

In diesem Beispiel erstellen wir eine Fotoleiste, die mehrere Detailansichten eines großen Fotos zeigt.

Die runde Auswahl wurde innerhalb des Bitmap-Objektes vervielfältigt.

Im Abschnitt *Auswahl erweitern, verkleinern, verschieben und umkehren* haben Sie gesehen, dass Masken unabhängig von den markierten Pixel verschoben werden können. Möchten Sie diese ebenfalls an eine andere Position ziehen, müssen Sie mit einer schwebenden Auswahl arbeiten. Das bedeutet nichts anderes, als dass Sie die Strg- (Windows) bzw. Befehlstaste (Macintosh) drücken und die Auswahl mit einem Bitmap- oder einem Zeigerwerkzeug verschieben. Heben Sie nun die schwebende Auswahl auf, verschmelzen die Pixel mit dem darunter liegenden Bereich des Bitmap-Objektes.

Pixel einer Auswahl löschen Sie, indem Sie die Entf-Taste drücken. Eigentlich nichts Spektakuläres. Doch je nachdem, welchen Maskentyp Sie verwendet haben, lassen sich hiermit tolle Effekte erzielen. Einen stelle ich Ihnen jetzt vor:

BEISPIEL

Erstellen Sie um das Bild *trauben.png* einen rechteckigen Auswahlrahmen. Verwenden Sie hierfür den Rand *Feder.* Für dieses Beispiel habe ich den Wert auf 20 gesetzt. Nun kehren Sie die Auswahl um und entfernen die ausgewählten Pixel.

Während normale Auswahlrahmen für harte Objektkanten sorgen, lassen sich mit der Federeinstellung weiche Verläufe in den Hintergrund zaubern.

Sie können einen Auswahlrahmen speichern und diesen später wieder aufrufen. Benutzen Sie hierfür in der Menüleiste den Befehl *Auswählen | Bitmap-Auswahl speichern* bzw. *Auswählen | Bitmap-Auswahl wiederherstellen.* Beachten Sie, dass hierbei keine ausgewählten Pixel gespeichert werden, sondern lediglich Form, Größe und Position der Maske.

Bearbeitungswerkzeuge

Bei der Arbeit wird es immer wieder vorkommen, dass Sie Bitmaps retuschieren möchten. In *Fireworks* stehen Ihnen für die Bildbearbeitung zahlreiche Werkzeuge zur Verfügung, mit denen Sie beispielsweise rote Augen retuschieren oder die Schärfe von bestimmten Bereichen erhöhen können. Welche Möglichkeiten Sie haben, erfahren Sie in diesem und im Kapitel 8.

HEISSER TIPP Aktivieren Sie in den *Voreinstellungen* die Option *Pinselstärke in Malen-Cursor* (im Register *Bearbeiten*). So können Sie exakt erkennen, was Sie gerade bearbeiten, da Größe und Form der Werkzeuge eingestellt sind.

Stempel

Mit dem Stempelwerkzeug können Sie einen Bereich der Bitmap-Grafik kopieren. Damit lassen sich auch prima Kratzer auf Fotos retuschieren!

1. Aktivieren Sie das Stempelwerkzeug und stellen Sie die Optionen im Eigenschafteninspektor ein:

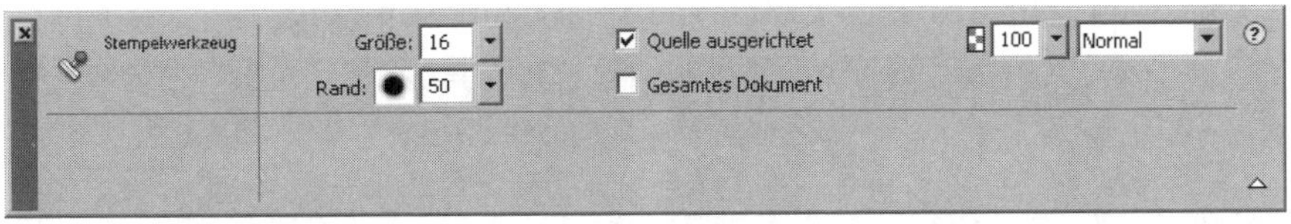

- *Größe*: Je größer das Stempelwerkzeug, um so größer wird der geklonte Bereich.

- *Rand*: Bestimmen Sie, wie hart die Kante werden soll. 100 steht für einen harten, 0 für einen weichen Rand.

- *Quelle ausgerichtet*: Haben Sie dieses Kontrollkästchen aktiviert, bewegt sich der erste Mauszeiger parallel zum zweiten (s. u.) – und zwar immer im gleichen Abstand. Bei deaktivierter Option, bewegt sich der zweite Zeiger unabhängig vom ersten.

- *Gesamtes Dokument*: Besteht Ihr Dokument aus mehreren Ebenen, werden diese komplett beim Klonen berücksichtigt – vorausgesetzt, Sie haben dieses Kontrollkästchen aktiviert. Ansonsten wird lediglich innerhalb des aktiven Bitmap-Objekts gestempelt.

- *Opazität*: Soll der Hintergrund bei der gestempelten Stelle durchscheinen? Je niederiger der Wert, umso stärker ist dieser sichtbar. Stellen Sie den Wert 100 ein, wenn keine Transparenz verwendet werden soll.

- *Mischmodus*: Legen Sie die Option fest, nach der sich die gestempelten Pixel auf den Hintergrund auswirken sollen. Weitere Informationen hierzu und zur Opazität lesen Sie in Kapitel 7.

2. Klicken Sie auf den Bereich Ihres Bitmaps, den Sie klonen möchten. Der Mauszeiger verwandelt sich in ein Fadenkreuz, der die Klonquelle anzeigt.

3. Gehen Sie nun mit der Maus in den Bereich, in dem Sie die Kopie malen wollen. Dabei erscheint ein zweiter Cursor in Form eines blauen Kreises (kann über die Voreinstellungen eingestellt werden). Ziehen Sie diesen Cursor mit gedrückter linker Maustaste über Ihr Bitmap, werden an diese Stelle die durch das Fadenkreuz markierten Pixel kopiert.

4. Möchten Sie einen anderen Bereich klonen, halten Sie die Alt- (Windows) bzw. Wahltaste (Macintosh) gedrückt, während Sie bei aktiviertem Stempelwerkzeug auf einen anderen Pixelbereich klicken. Wiederholen Sie die einzelnen Schritte beliebig oft – viel Spaß beim Sampling!

Das Kreuz zeigt den Bereich, der mit dem Kreis abgestempelt wird – und dann war es eine mehr…

SMART DISC

Öffnen Sie das gezeigte *trauben_weiss-klein.png* im Verzeichnis zu diesem Workshop auf der CD-Rom.

Farbe ersetzen

Tolle künstlerische Effekte hängen oft von der Art ab, wie Farbe eingesetzt wird. In *Fireworks* können Sie eine Farbe durch eine andere ersetzen und damit interessante Hingucker produzieren.

1. Aktivieren Sie das Werkzeug *Farbe ersetzen* und stellen Sie dessen Optionen im Eigenschafteninspektor ein:

- *Größe*: Je größer der eingetragene Wert, desto größer ist der Bereich, in dem die Farbe ersetzen wird.
- *Form*: Der Cursor verwandelt sich in einen Kreis oder in ein Rechteck und trägt die neue Farbe in dieser Form auf.
- Bestimmen Sie die Original-Farbe unter *Ändern* und legen Sie den neuen Farbwert im rechten Farbmischer fest. Klicken Sie dazu auf den Farbkasten. Der Mauszeiger verwandelt sich in eine Pipette, mit der Sie den Farbwert aus der geöffneten Grafik, den angezeigten Farbkasten oder einer sonstigen Stelle Ihres Arbeitsbereiches auswählen können.
- *Toleranz*: Je größer die Toleranz, um so mehr Pixel mit ähnlichen Farbwerten werden ersetzt.
- *Stärke*: Je größer der eingestellte Wert ist, desto intensiver wird die neue Farbe eingesetzt bzw. desto geringer scheint die Ursprungsfarbe durch.
- *Kolorieren*: Bei kolorierten Bildern sind häufig die Farben intensiver, Kontraste können verloren gehen

Die ausgewählte Farbe wird durch eine andere ersetzt, wenn Sie mit der Maus darüber fahren.

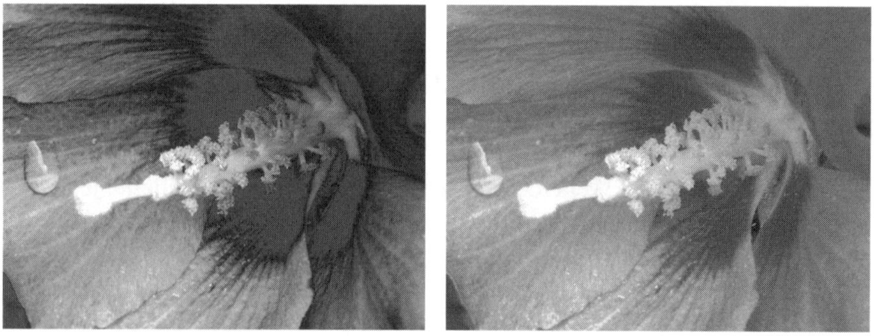

Das Foto links ist koloriert.

Rote Augen entfernen

Ihnen gefällt der Albino-Blick auf einigen Fotos nicht? Dann entfernen Sie diesen doch. Im neuen *Fireworks* gibt es hierzu ein sehr nützliches Tool!

1. Aktivieren Sie das Werkzeug *Rote Augen entfernen* .

2. Stellen Sie dessen Optionen im Eigenschafteninspektor ein. Dabei können Sie ähnliche Einstellungen vornehmen, wie wir sie bereits beim Werkzeug *Farbe ersetzen* kennen gelernt haben.

Bestimmen Sie Größe, Stärke und Toleranz im Eigenschafteninspektor.

3. Fahren Sie mit der Maus über die roten Augen. Erhöhen oder verringern Sie unter Umständen die Werte für *Stärke* und *Toleranz* im Eigenschafteninspektor, bis Sie zu einem zufrieden stellenden Ergebnis gekommen sind.

Maskieren Sie die Pupillen mit einem Auswahlwerkzeug, bevor Sie das Rote-Augen-Werkzeug einsetzen.

HEISSER TIPP

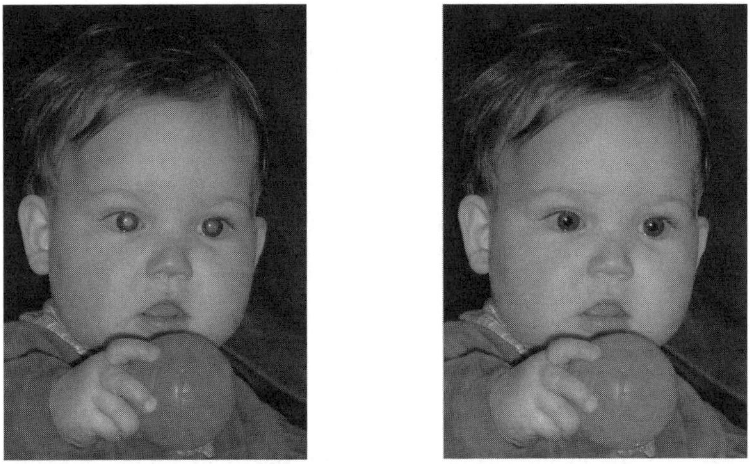

Rote Augen (links) bekommen schnell wieder realistische Farbe (rechts).

Weichzeichner- und Schärfen-Werkzeug

Benutzen Sie den Weichzeichner, um ausgewählte Bereiche zu verwischen und dadurch deren Fokus zu verringern und die Tiefe des Fotos zu steuern. Am besten maskieren Sie den Bereich, in dem Sie die Pixel verwischen möchten.

Bereiche Ihres Bildes erscheinen etwas unscharf? Nicht mehr lange, wenn Sie das Tool benutzen. Auch dieses Werkzeug wirkt sich also auf den Fokus der Pixel aus, wobei auch Probleme beim Scannen behoben werden können.

1. Aktivieren Sie den *Weichzeichner* oder das *Schärfen-Werkzeug* und stellen Sie die Optionen im Eigenschafteninspektor ein.

   - Die Optionen *Größe* und *Form* haben Sie bereits bei den Werkzeugen *Farbe ersetzen* und *Stempel* kennen gelernt.
   - Der Wert für den *Rand* bezieht sich auf die Weichheit der Pinselspitze.
   - Mit der *Intensität* bestimmen Sie den Grad der Weichzeichnung bzw. Scharfstellung.

ZEIT GESPART

Ganz schnell können Sie zwischen diesen beiden Werkzeugen hin- und herwechseln, indem Sie die Alt- (Windows) bzw. Wahl-Taste drücken. Dabei wird automatisch in den anderen, nicht-aktiven Modus gewechselt.

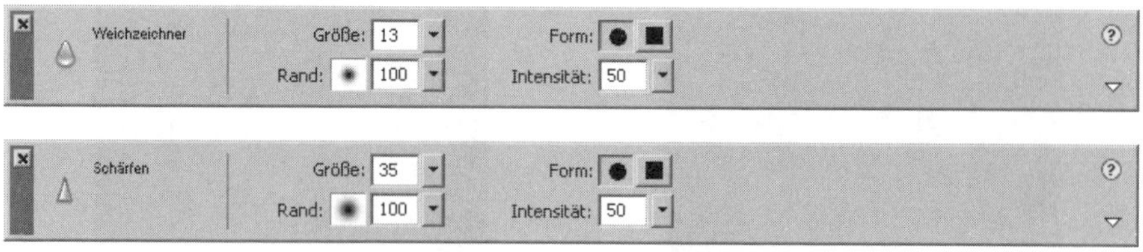

Die Eigenschaften des Weichzeichners (oben) und des Schärfen-Werkzeuges (unten).

2. Fahren Sie mit gedrückter linker Maustaste über den Bereich Ihres Bitmaps, den Sie bearbeiten möchten.

SMART DISC

Wenn Sie das Brunnenbild selbst bearbeiten möchten, öffnen Sie auf der CD-Rom die Datei *brunnen.png* im Verzeichnis zu diesem Kapitel.

Das Bild vor (links) und nach dem Weichzeichnen (rechts).

In *Fireworks* finden Sie weitere Filter zum Weichzeichnen und Schärfen. Diese können auch als Live-Effekt angewendet werden. Damit beschäftigen wir uns in Kapitel 8.

Dodge- und Burn-Werkzeug

Mit dem Button aus der Werkzeugleiste hellen Sie ausgewählte Bereiche Ihres Bitmaps auf. Das Burn-Werkzeug ist das genaue Gegenstück zum Dodge-Werkzeug. Mit dem Button dunkeln Sie Bildbereiche ab.

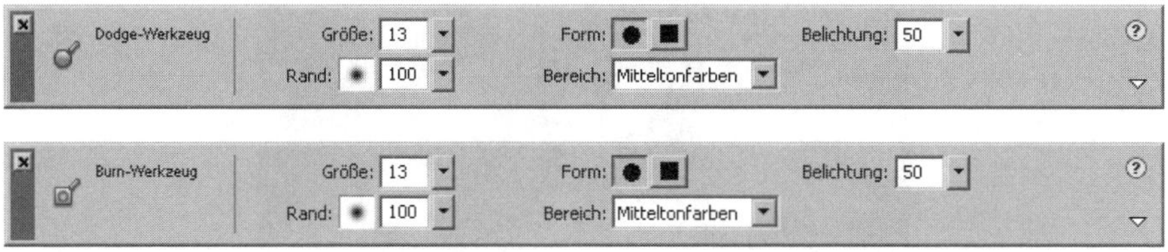

Der Eigenschafteninspektor des Dodge- (oben) und des Burn-Werkzeuges (unten).

So dunkeln Sie Bereiche eines Bildes ab:

1. Aktivieren Sie das Burn-Werkzeug in der Werkzeugleiste.

2. Stellen Sie die Eigenschaften des Werkzeuges im Eigenschafteninspektor ein:

   - *Größe*, *Form* und *Rand* kennen Sie bereits von anderen Werkzeug-Beschreibungen (vgl. z. B. *Stempel* oder *Farbe ersetzen*). Auch hier beziehen sich diese Werte auf die Pinsel- bzw. Werkzeugspitze.

   - *Bereich*: Standardmäßig sind die *Mitteltonfarben* eingestellt. Hiermit verändern Sie den mittleren Kanalbereich eines Bitmaps. Mit der Option *Schatten* verändern Sie primär dunkle Bildbereiche; mit der Einstellung *Lichter* dagegen die helleren Pixel.

   - *Belichtung*: Je niedriger der Wert, desto leichter erfolgt die Abdunklung. Die Werte müssen zwischen 0 und 100 liegen.

3. Fahren Sie mit gedrückter linker Maustaste über Ihr Bitmap-Objekt.

ZEIT GESPART

Halten Sie die Alt- (Windows) bzw. Wahl-Taste gedrückt, wenn Sie zwischendurch mal schnell das andere Werkzeug benutzen möchten. Beachten Sie, dass hierbei nicht automatisch die Werkzeug-Einstellungen übernommen werden.

Möchten Sie Bildbereiche aufhellen, arbeiten Sie analog, wobei das Dodge-Werkzeug aktiviert sein muss.

Das Bild vor dem Abdunkeln…

…und danach. Achten Sie auf die Blüten!

Das Beispiel finden Sie auf der CD im Verzeichnis zu diesem Kapitel. Öffnen Sie die Datei *blueten.png*.

SMART DISC

Für das Aufhellen und Abdunkeln von Grafiken stehen Ihnen in *Fireworks* einige Filter und Live-Effekte zur Verfügung. Diese werden wir in Kapitel 8 besprechen.

Verwisch-Werkzeug

Mit dem Werkzeug verwischen Sie eine Farbe, indem Sie die entsprechenden Pixel anpacken und mit dem Cursor in eine Richtung «schmieren». Farben werden leicht überblendet, so dass der Eindruck einer Reflexion entstehen kann.

Folgende Werkzeug-Eigenschaften können Sie einstellen:

- Die Optionen *Größe*, *Form* und *Rand* haben Sie bereits bei den Werkzeugen *Farbe ersetzen*, *Stempel*, *Weichzeichner-* und *Schärfen-Werkzeug* kennen gelernt.
- *Farbe verschmieren*: Aktivieren Sie dieses Kontrollkästchen, wenn Sie beim Verwischen mit einer bestimmten Farbe beginnen möchten. Ansonsten werden Farbwerte unterhalb des Cursors verwendet.

- *Gesamtes Dokument*: Aktivieren Sie diese Option, wenn alle Objekte (auf allen Ebenen) beim Verwischen berücksichtigt werden sollen.

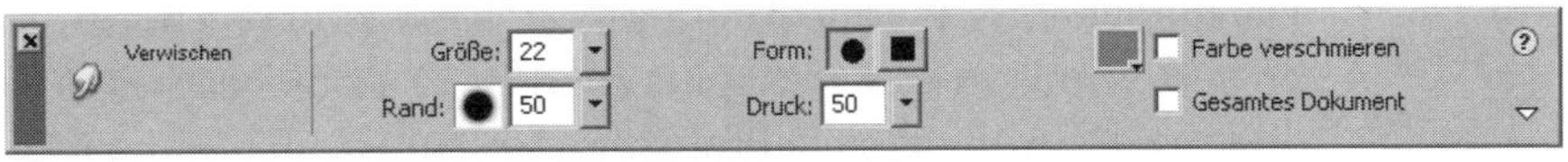

Die Eigenschaften des Verwisch-Werkzeuges.

Arbeiten Sie wie in den voran gegangenen Kapiteln beschrieben.

Radiergummi

Verwenden Sie den Radiergummi , wenn Sie Bildpunkte löschen möchten. Damit tatsächlich nur bestimmte Pixel bearbeitet werden, empfehle ich Ihnen, zunächst einen Auswahlrahmen aufzuspannen.

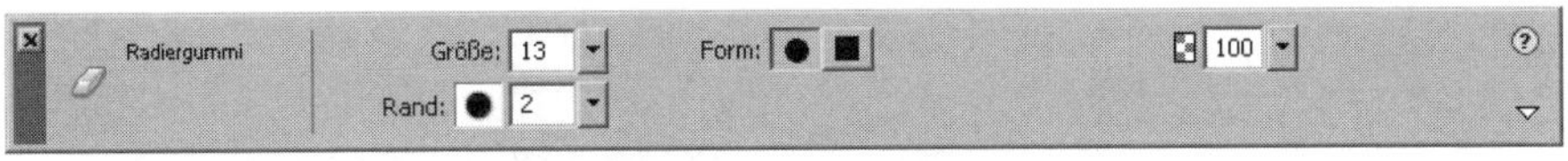

Einstellungen des Radiergummis.

Bestimmen Sie die Eigenschaften dieses Werkzeuges:

- Bestimmen Sie *Größe* und *Rand* des Radiergummis (vgl. Kapitel *Stempel*).

- Soll die Werkzeugspitze eine runde oder eine eckige *Form* haben (vgl. Kapitel *Farbe ersetzen*)?

- Legen Sie den Grad der Radiergummi-Opazität fest. Je kleiner der Wert, desto transparenter werden die Pixel. Haben Sie den Wert 100 eingestellt, werden die Pixel gelöscht.

  Noch ein Hinweis: Zu einem vergleichbaren Ergebnis kommen Sie, wenn Sie statt des Radiergummis den Auswahlrahmen *Feder* einsetzen und die so maskierten Pixel löschen (vgl. Kapitel *Auswahloptionen*).

Bewegen Sie den Radiergummi über das Bitmap-Objekt und halten Sie dabei die linke Maustaste gedrückt. Die Pixel werden entsprechend den eingestellten Optionen gelöscht.

Übung

SMART DISC

Die hier gezeigte Beispieldatei *trauben_weiss-gross.png* finden Sie im Verzeichnis zu diesem Kapitel auf der CD-Rom. Bearbeiten Sie diese wie zuvor gezeigt. Probieren Sie ruhig auch einmal die anderen Werkzeuge aus. Öffnen Sie *home.png* aus Kapitel 3. Falls Sie den Workshop nicht mitgearbeitet haben, öffnen Sie diese von der CD (im Verzeichnis *03_neue-grafik*). Importieren oder kopieren Sie den Rebstock mit den weißen Trauben auf diese Webseite. Sie sehen, unsere Homepage wächst…

Erleichtern Sie sich Arbeit, indem Sie das Fenster duplizieren (*Fenster | Fenster duplizieren*) und Teile des Bildes vergrößern.

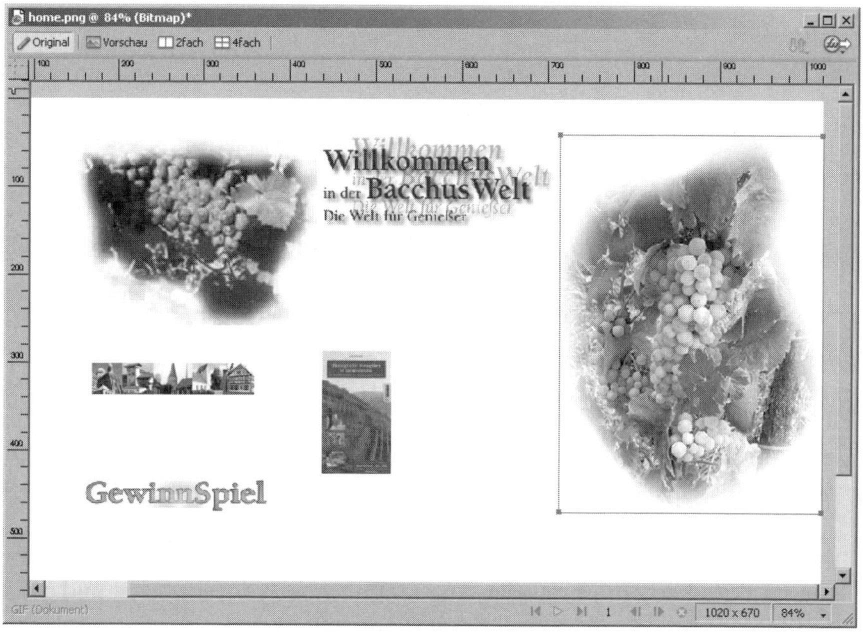

Die Homepage nimmt Gestalt an.

Drucken

Jetzt haben Sie zahlreiche Bilder bearbeitet und optimiert. Möchten Sie die bearbeiteten Fotos beispielweise für Ihr Album ausdrucken, ist das auch in *Fireworks* kein Problem. Es muss ja nicht immer fürs Web sein…

Hierzu sollten Sie zunächst das Dokument einrichten:

1. Wählen Sie *Datei | Seite einrichten.*

2. Geben Sie die *Größe* des Druckmedium an. Sollte Ihr Druckermodell unterschiedliche Papierquellen unterstützen, geben Sie die konkrete *Quelle* an (z. B. welcher Schacht verwendet werden soll). Nehmen Sie die gewünschte Einstellung unter Ausrichtung und Ränder vor.

3. Klicken Sie auf OK, um das Dialogfenster zu schließen. Falls Sie die Eigenschaften des Druckers einrichten möchten, klicken Sie auf die Schaltfläche *Drucker.*

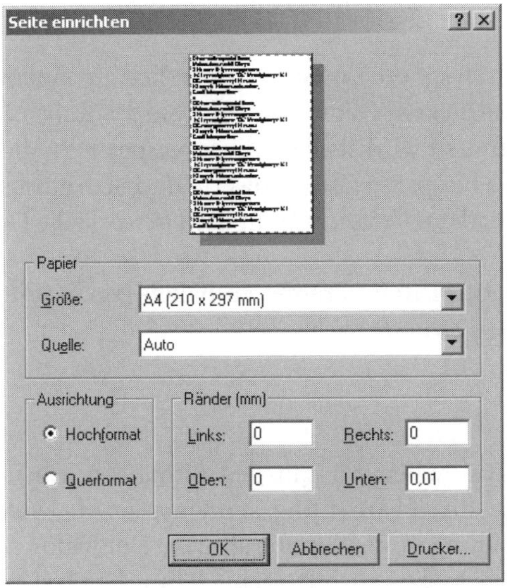

Richten Sie Ihre Seite für den Druck ein.

Und jetzt ab an den Drucker:

1. Wählen Sie *Datei | Drucken* oder drücken Sie auf den Button in der Standard-Symbolleiste.

2. Im Dialogfenster *Drucken* geben Sie die gewünschten Einstellungen an, wie Sie diese bereits von anderen Anwendungen her kennen.

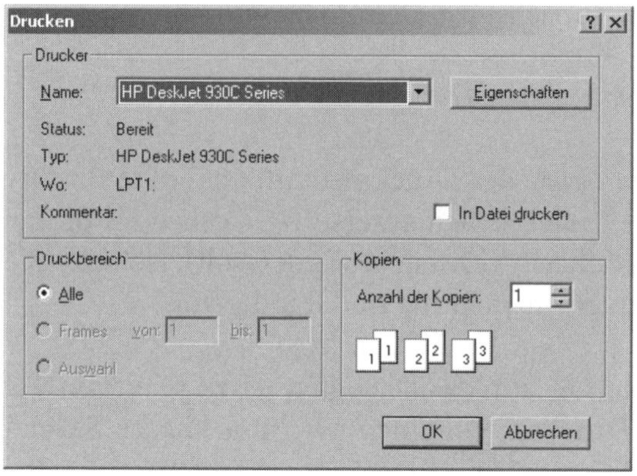

Das übliche «Drucken»-Fenster.

Sie sind häufig unterwegs oder möchten eigentlich auf einem anderen Drucker das Dokument ausdrucken? Dann aktivieren Sie das Kontrollkästchen *In Datei drucken*. Das Dokument wird als PRN-Datei gespeichert, die alle notwendigen Informationen, wie beispielsweise Farbwerte und Schriftarten enthält. Bestimmen Sie anschließend das Verzeichnis, in das *Fireworks* die Datei speichern soll.

Sollte Ihr Dokument mehrere Frames enthalten (vgl. Kapitel 15), bestimmen Sie den gewünschten *Druckbereich*.

In diesem Workshop haben wir mit den Bitmaps gearbeitet und zahlreiche Werkzeuge für die Pixelbearbeitung kennen gelernt. Unerlässlich ist dabei häufig die Verwendung von Auswahlrahmen. Denn nur so können Sie auf Nummer Sicher gehen, dass auch tatsächlich nur die Pixel bearbeitet, also verfremdet werden, die dafür vorgesehen sind. Auch das Zeichnen und Malen eigener Bitmap-Objekte ist nicht zu kurz gekommen. Ihrer Kreativität sind in *Fireworks* keine Grenzen gesetzt.

Die Möglichkeiten sind damit aber bei Weitem noch nicht erschöpft. Besonders in den Kapiteln 7 und 8 werden wir weitere Tools besprechen. Hier werden wir Live-Effekte und Filter einsetzen. Was das genau ist und welche Rolle Farben dabei spielen... Bitte haben Sie noch etwas Geduld.

Da diese Tools ebenfalls auf Vektoren angewendet werden können, möchte ich Ihnen zunächst einmal die zweite Grafik-Gattung vorstellen. Also, auf zum nächsten Kapitel.

5 Mit Vektoren arbeiten

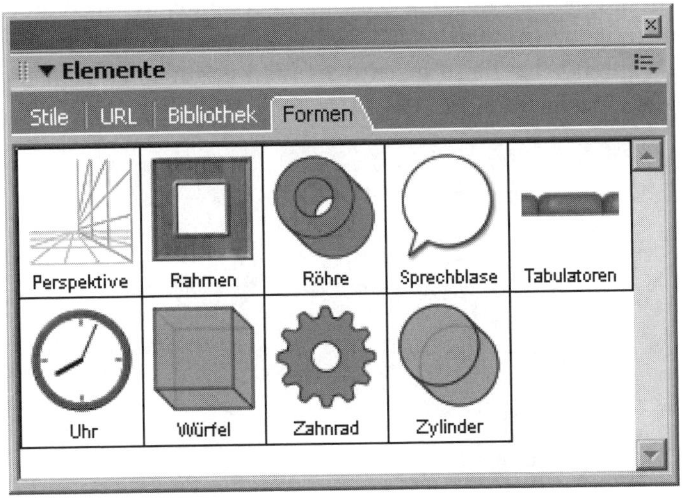

Mit Vektoren arbeiten

Vektoren sind mathematisch berechnete Pfade, die eine geometrische Form beschreiben. Auf diesen Pfaden liegen einzelne Punkte, welche damit die Form der Vektorgrafik bestimmen. Auch bei Vektorgrafiken können Sie Farben einsetzen. Während der Pinselstrich dem Pfadverlauf folgt, liegt die Füllung innerhalb der einzelnen Pfade.

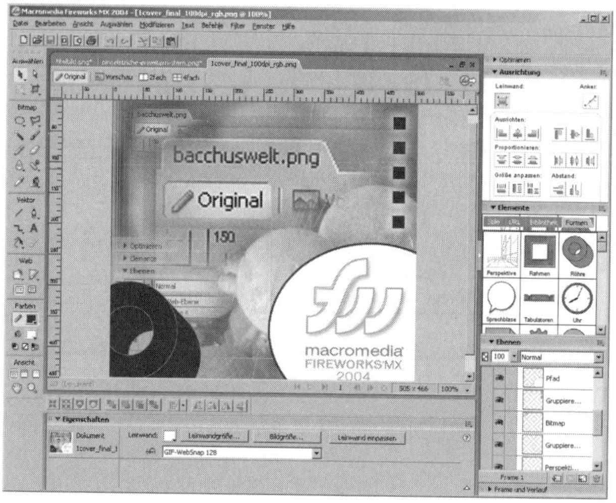

Das Cover dieses Buches enthält Vektor- und Bitmap-Objekte.

Die exportierten Vektorgrafiken unterscheiden sich nicht von den exportierten Bitmaps, denn beim Exportieren werden die Vektoren in Pixel umgerechnet und als Rasterbild dann exportiert bzw. abgespeichert. Wenn Sie die Original-PNG-Datei abspeichern, können Sie auch jederzeit wieder dieses Dokument in *Fireworks* öffnen und die Pfade bearbeiten.

Auf Ihrer Webseite sind die umfangreichen Pfadinformationen nicht notwendig, weshalb Sie Vektorgrafiken immer im GIF- oder JPG-Format abspeichern sollten, wenn Sie diese anschließend online präsentieren möchten. Sie ersparen Ihrem Besucher dadurch unnötige Ladezeit. Auch unterstützen nicht alle Browser das PNG-Format (vgl. Kapitel 15). Während die einzelnen Pfade also nur in *Fireworks* wahrnehmbar und bearbeitbar sind, werden die dadurch definierten Farben im Browser oder im Ausdruck sichtbar.

Die einzelnen Vektoren haben einen riesigen Vorteil gegenüber Bitmap-Grafiken: Sie sind wesentlich flexibler. Benötigen Sie einen Vektor plötzlich doppelt so groß, sieht das Ergebnis immer noch gut aus. Beim Vergrößern oder

Verkleinern der Grafik gibt es keine Qualitätsverluste. Auch wenn Sie die Auflösung einer Vektorgrafik erhöhen, zeigt das Ergebnis die gleiche gute Qualität. Bei einem Bitmap hätten Sie in diesem Fall keine Chance, da die hierzu notwendigen Bildinformationen nicht vorhanden sind (vgl. Kapitel 4).

In *Fireworks* gibt es zahlreiche Werkzeuge, mit denen Sie Vektoren erstellen können und die Sie in diesem Workshop kennen lernen werden. Das Repertoire von *Fireworks* enthält bereits zahlreiche Formwerkzeuge, mit denen Sie so häufig benötigte Pfade wie beispielsweise Rechtecke und Ellipsen oder sogar Pfeile in Windeseile auf die Leinwand gezaubert haben. Selbstverständlich sind hier Ihrer Kreativität keine Grenzen gesetzt. Dafür sorgen schon die Freiformwerkzeuge – wie beispielsweise der Füller – mit denen sich auch komplexe Vektorgrafiken realisieren lassen.

Ebenfalls vorhanden sind Werkzeuge zum nachträglichen Bearbeiten von Vektoren. Damit können Sie ganz einfach Pfad-Punkte hinzufügen, verschieben und löschen. Bearbeiten Sie dagegen Punktgriffe, verändern Sie die Form der angrenzenden Pfadsegmente. Ebenso können Sie Pfade vereinigen, überschneiden, und vieles mehr. Schnell ist auch einmal ein Farbverlauf für eine Füllung oder eine Strichfarbe durch eine andere ersetzt.

Sie sehen schon: Ein super wichtiges Kapitel – nicht zuletzt, weil die meisten Zeichnungen nicht im Bitmap-Modus, sondern mit Vektoren erstellt werden.

Es liegt an Ihnen, was Sie daraus machen – Sie haben die volle Kontrolle. Verändern und bearbeiten Sie die Pfade wie es Ihnen beliebt.

Das werden Sie lernen:

- Vektoren zeichnen
- Werkzeuge für Vektoren
- Pfade bearbeiten
- Kurven ausrichten
- Pfade kombinieren
- Objekte gruppieren

Dateien für diese Lektion:

SMART DISC

- *05_vektoren/stern.png*
- *05_vektoren/home.png*

Vektoren erstellen

In diesem Kapitel werden Sie die zahlreichen Werkzeuge kennen lernen, mit denen Sie in *Fireworks* Vektoren zeichnen können. Diese sind in zwei Kategorien einteilbar: Entweder benutzen Sie Werkzeuge für bestimmte, bereits vordefinierte Formen, wie Kreis oder Rechteck, zu erstellen oder Sie erstellen Ihre eigenen, individuellen Formen mit den Freiform-Werkzeugen.

Alle Werkzeuge finden Sie in der Werkzeugleiste unter *Vektoren*:

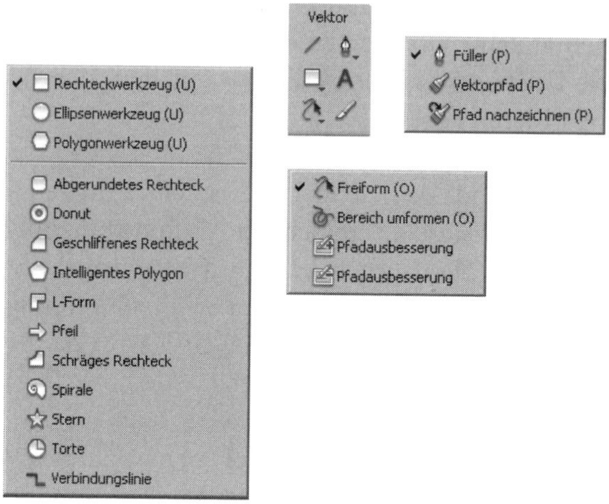

Werkzeuge für das Erstellen und Bearbeiten von Vektoren.

Einfache Formen

Die einfachste Form ist die Linie. Aus der Geometrie kennen wir weitere einfache Grundformen, aus denen sich durch Kombination und weiterer Bearbeitung auch komplexe Formen erstellen lassen. Die Rede ist von Rechteck, Ellipse und Polygon. Diese Werkzeuge sind in der Werkzeugleiste direkt unter dem Linienwerkzeug zusammengefasst.

So zeichnen Sie einen einfachen Vektor:

1. Wählen Sie das gewünschte Werkzeug in der Werkzeugleiste aus. In dem unten gezeigten Beispiel habe ich das Rechteckwerkzeug gewählt.

2. Bestimmen Sie Pinselstrich und Füllfarbe. Was Sie dabei beachten sollten und welche Möglichkeiten es hier gibt, erfahren Sie in Kapitel 7.

3. Nun ziehen Sie mit dem Cursor das Vektorobjekt auf die Leinwand. Halten Sie dabei die linke Maustaste gedrückt.

Möchten Sie eine gerade waagerechte oder senkrechte Linie ziehen, drücken Sie beim Zeichnen die Shift-Taste. So können Sie auch prima 45°-Diagonalen erstellen. Diese Umschalttaste sollten Sie sich merken! Möchten Sie einen Kreis oder ein Quadrat zeichnen, benutzen Sie Rechteck- und Ellipsenwerkzeug und halten ebenfalls diese Taste gedrückt.

Soll die Vektorform von einem bestimmten Mittelpunkt aus gezogen werden, drücken Sie gleichzeitig die Alt- (Windows) bzw. Wahl-Taste (Macintosh). Beim Polygon (und anderen automatischen Formen; s. u.) ist das nicht notwendig, da dieses immer von einem Mittelpunkt aus gezeichnet wird.

Beim Zeichnen können Sie natürlich auch beide Tasten gleichzeitig drücken und dadurch symmetrische Formen um einen Mittelpunkt erstellen.

4. Die Eigenschaften des Vektors können Sie jederzeit verändern. Wie das geht, erfahren Sie im Kapitel *Pfade bearbeiten.*

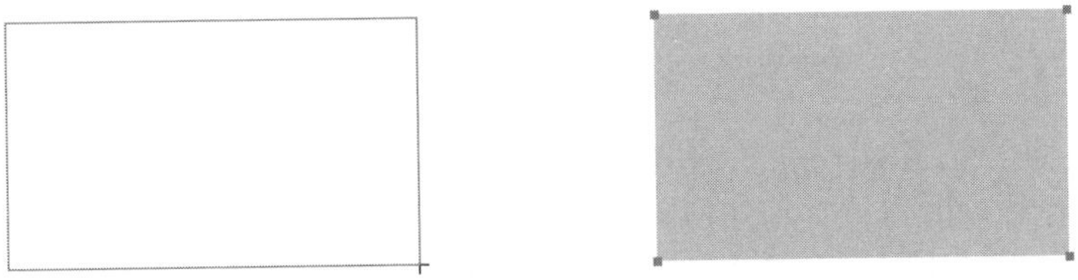

Ein Rechteck-Vektor wird gezeichnet.

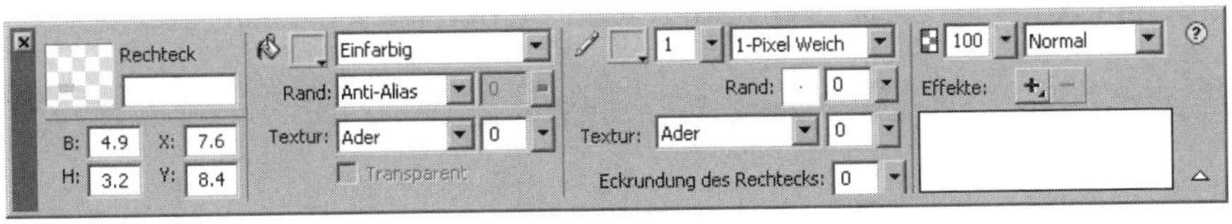

Die Eigenschaften des Zeichenwerkzeuges.

HEISSER TIPP

Möchten Sie während des Zeichnens mal schnell die Form verschieben und anschließend gleich weiterzeichnen? Normalerweise müssten Sie dann wieder von vorne anfangen; nicht, wenn Sie dafür die Leertaste verwenden! Damit können Sie die Position der Form während des Zeichnens verändern. Lassen Sie die Leertaste los, um mit dem Zeichnen fortzufahren. Beachten Sie, dass Sie dabei jedoch nicht die linke Maustaste loslassen dürfen – sonst dürfen Sie wieder von vorne anfangen. Beim Linienwerkzeug funktioniert dieser Trick allerdings nicht – schade…

Automatische Formen

Neben den Grundformen gibt es in der Werkzeugleiste weitere, komplexere Formen. Diese können Sie zwar selbst mit den Basistools erstellen, doch warum wollen Sie sich die Arbeit unnötig schwer machen?! Mit den Werkzeugen für automatische Formen geht das wesentlich einfacher und vor allen Dingen auch schneller.

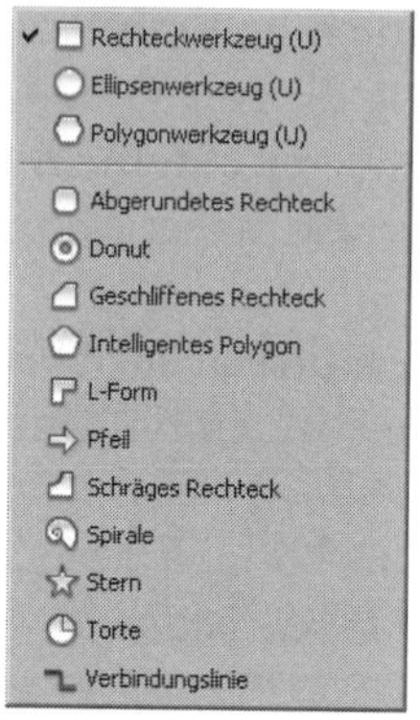

Einfache und komplexere Vektorformen.

Kehren wir zu unserem Praxisbeispiel BacchusWelt zurück. Die Homepage sieht noch sehr leer aus und das Wichtigste fehlt auch noch, nämlich die Navigationsleiste. Wenn Sie die fertige Website unter `www.bacchuswelt.de` aufrufen, werden Sie sehen, dass die einzelnen Buttons in einem Kasten mit abgerundeten Ecken platziert sind. Diesen werden wir jetzt erstellen:

1. Aktivieren Sie das Werkzeug *Abgerundetes Rechteck*.

2. Spannen Sie wie im vorherigen Abschnitt beschrieben die Vektorform auf Ihrer Leinwand auf. Je größer Sie die Form zeichnen, umso abgerundeter werden die Ecken. Wie Sie diese bearbeiten, erfahren Sie gleich. Sie können auch einfach nur auf die Leinwand klicken. Das Objekt wird dann in einer Standardgröße eingefügt.

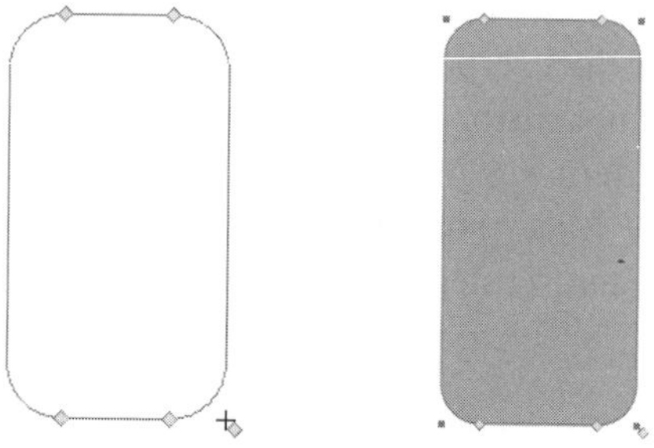

Ein abgerundetes Rechteck wird gezeichnet.

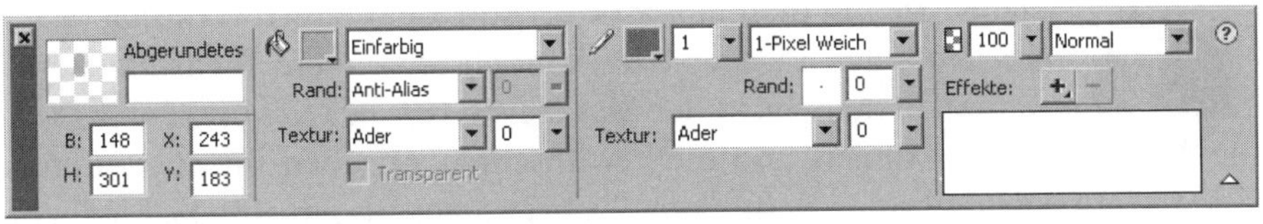

Der Eigenschafteninspektor zeigt bei den automatischen Formen die gleichen Optionen wie bei den Basisvektoren an.

Auch bei den anderen automatischen Formen, wie Stern, Pfeil oder Verbinder, ist die Vorgehensweise immer die gleiche.

MERKET AUF!

Sie benötigen weitere automatischen Formen? Bitte sehr:

1. Öffnen Sie das Bedienfeld *Formen* unter *Fenster | Automatische Formen.*

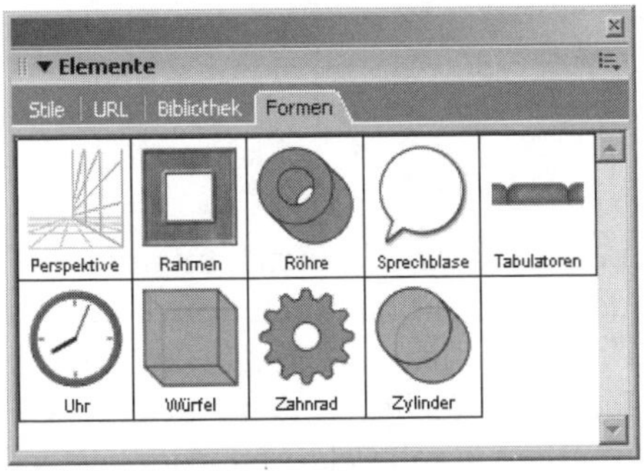

2. Wählen Sie eine Form aus und ziehen Sie diese auf die Leinwand.

Die Uhr wird auf die Leinwand gezogen und kann wie alle Formen weiter bearbeitet werden.

Weitere automatische Formen können Sie sich auch von der Macromedia-Exchange-Website herunterladen. Wählen Sie im Optionsmenü den Befehl *Zusätzliche automatische Formen.*

POWER USER

Haben Sie mit dem Füller (s. u.) oder dem Linienwerkzeug (s. o.) einen offenen Pfad erstellt, können Sie diesem Pfeilspitzen zuweisen, in dem Sie in der Menüleiste *Befehle | Kreativ | Neue Pfeilspitzen* wählen und die gewünschten Angaben im nun offenen Dialogfenster definieren. Dabei stehen Ihnen unterschiedliche Größen und Formen zur Verfügung. Deaktivieren Sie das Schloss zwischen vorderer und hinterer Pfeilspitze, wenn diese unterschiedlich aussehen sollen.

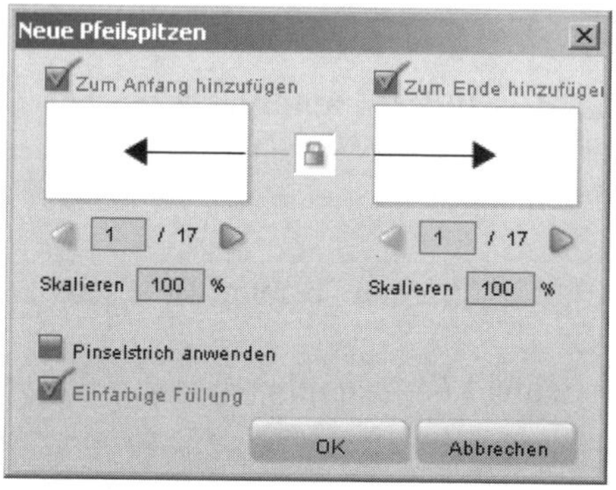

Pfeilspitzen können Sie allen offenen Pfaden zuweisen.

Freiformpfade

Natürlich sind Sie bei Ihrer Arbeit nicht an irgendwelche vordefinierten Vektorformen gebunden. In *Fireworks* können Sie Punkt für Punkt Ihre eigenen Formen definieren. Und wenn ich sage Punkt für Punkt, meine ich das auch. Verwechseln Sie das jetzt bitte nicht mit den Pixel, die wir bei Bitmaps haben! Denken Sie daran: Wir arbeiten mit Vektoren. Hier liegt jeder Punkt auf einem Vektorpfad und bestimmt dessen Eigenschaften, wie Form und Farbe.

Für das Zeichnen von Vektorpfaden stehen Ihnen verschiedene Werkzeuge zur Verfügung. In diesem Kapitel werden wir den Füller und das Vektorpfad-Werkzeug kennen lernen. Das Tool *Pfad nachzeichnen* benötigen wir zur Vektor-Bearbeitung. Hierzu finden Sie im Kapitel *Pfade bearbeiten* weitere Informationen.

Erinnern Sie sich noch an das Pinsel- und Bleistift-Werkzeug, die wir bei den Bitmap-Objekten benutzt haben? Das genaue Äquivalent bilden bei den Vektorgrafiken die Werkzeuge *Füller* und *Vektorpfad*. Während Sie den Cursor bei gleichzeitig gedrückter linker Maustaster über die Leinwand fahren, zeichnen Sie mit dem Werkzeug *Vektorpfad* eine geschwungene Linie. Mit dem Füller setzen Sie dagegen einzelne Punkte, die durch eine Gerade automatisch miteinander verbunden werden. Wie Sie Pfade nachzeichnen, erfahren Sie im Kapitel *Pfade bearbeiten*. Wenn Sie möchten, können Sie im Vorfeld bereits die

Eigenschaften des neuen Pfades festlegen. In diesem Workshop machen wir das nachträglich – welche zahlreichen Möglichkeiten es hier gibt, lesen Sie in Kapitel *Pfade bearbeiten.*

Der Füller

Mit dem Werkzeug *Füller* setzen Sie einzelne Vektor-Punkte, die automatisch zusammengesetzt werden und damit den Pfad ergeben.

So arbeiten Sie mit dem Füller:

1. Aktivieren Sie das *Füller*-Werkzeug. Der Cursor sieht dann folgendermaßen aus: .

2. Setzen Sie nacheinander mehrere aufeinander folgende Punkte, indem Sie auf die gewünschte Stelle der Leinwand klicken. Die einzelnen Punkte werden durch einen geraden Pfad miteinander verbunden.

3. Wenn Sie auf den letzten Punkt doppelklicken, wird der Pfad geschlossen (Der Cursor sieht dabei folgendermaßen aus:). Dies passiert auch, wenn Sie ein anderes Werkzeug wählen. Möchten Sie an einem Pfad weiterzeichnen, klicken Sie mit dem Füllerwerkzeug auf den zuletzt gesetzten Punkt. Achten Sie darauf, dass der Mauszeiger folgendes Aussehen hat: .

   Schließen Sie dagegen den Pfad, wenn Sie eine geschlossene Form erhalten möchten. Dazu müssen Sie auf den Punkt klicken, den Sie als erstes gesetzt haben. Anfangs- und Endpunkt sind also identisch.

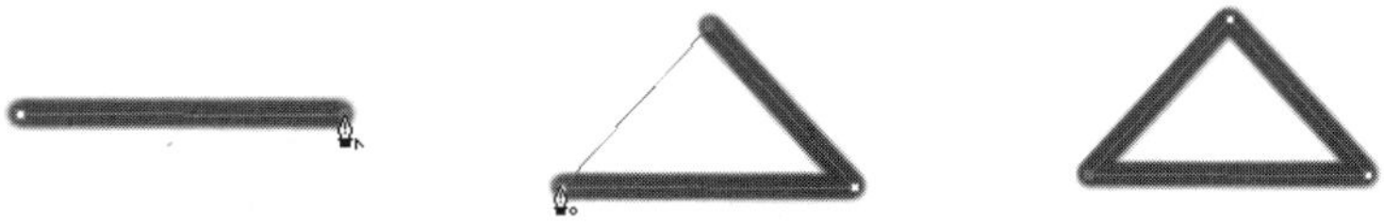

Ein geschlossener Vektor-Pfad wird erstellt. Achten Sie auf den Mauszeiger.

HEISSER TIPP

Haben Sie in den *Voreinstellungen* die Option *Füllervorschau zeigen* aktiviert, sehen Sie bereits, wo die Linie liegen würde, wenn Sie den Punkt hier setzen würden. Wenn Sie möchten, aktivieren Sie auch die Option *Einfarbige Punkte anzeigen* (vgl. Kapitel 2 *Das Register Bearbeitung*).

Wenn Sie jetzt an ein Zahlenrätsel denken, bei dem einzelne Punke miteinander verbunden werden und aus dem später ein Motiv entsteht, dann haben Sie diese Funktionsweise verstanden.

Mit dem Füller können Sie aber auch Bézier-Kurven, also geschwungene kurvenförmige Pfade, erstellen.

So erstellen Sie eine Bézier-Kurve:

1. Arbeiten Sie wie zuvor beschrieben: Setzen Sie also einen Punkt. Stopp – lassen Sie die Maustaste nicht los!

2. Denn jetzt müssen Sie den Mauszeiger vom Punkt wegziehen, so dass die Punktgriffe sichtbar werden. Na gut, sollten Sie aus Versehen die Maus losgelassen haben ist das kein Beinbruch. Sie können auch nachträglich noch einen Punkt anklicken und die Punktgriffe sichtbar machen. :-)

3. Ziehen und drehen Sie die Punktgriffe bis die Pfadvorschau die gewünschte Form anzeigt. Die Punktgriffe legen also den Krümmungsgrad eines Pfades zwischen den einzelnen Punkten fest.

4. Setzen Sie den nächsten Punkt. Falls Sie die Kurve fortsetzen möchten, arbeiten Sie wie unter Punkt 3 beschrieben weiter.

HEISSER TIPP

Möchten Sie während des Zeichnens einen Punkt an eine andere Position setzen, aktivieren Sie das Teilauswahl-Werkzeug. Gehören Sie zu den ganz Eiligen? Dann lassen Sie das Füller-Werkzeug aktiviert und verschieben Sie mit gedrückter Strg- (Windows) bzw. Befehlstaste (Macintosh) den entsprechenden Punkt. Anschließend können Sie wie gewohnt Ihre Kurve bzw. Ihren Pfad weiterzeichnen.

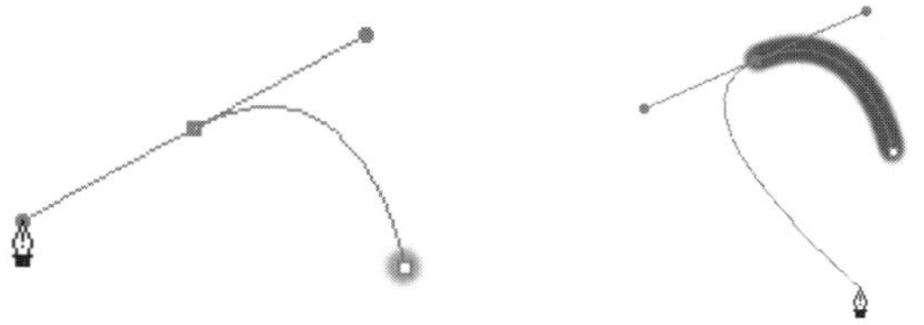

Eine geschwungene Kurve wird gezeichnet, indem Sie die Punktgriffe auseinanderziehen und drehen.

HEISSER TIPP

Eine Beschreibung der einzelnen Kurvenelemente finden Sie im Kapitel *Kurve anpassen.*

Vektorpfad-Werkzeug

Geschwungene Kurven können Sie auch mit dem Vektorpfad-Werkzeug erstellen. Das Ergebnis ist in der Regel ein sehr unregelmäßiger Pfad, der sich aus vielen Punkten zusammensetzt.

So zeichnen Sie Freiformpfade mit dem Vektorpfad-Werkzeug:

1. Aktivieren Sie das Werkzeug .

2. Bestimmen Sie Strich- und Textureinstellung im Eigenschafteninspektor. Weitere Informationen hierzu finden Sie in Kapitel 7.

3. Zeichnen Sie den Vektorpfad, indem Sie mit gedrückter linker Maustaste den Cursor über der Leinwand bewegen.

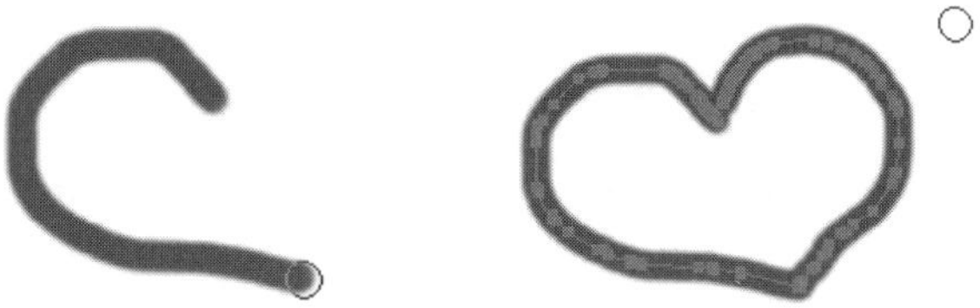

Jede gezeichnete Vektorgrafik besteht aus mehreren miteinander verbundenen Punkten.

   Um horizontale und vertikale Pfade zu erstellen, halten Sie beim Ziehen die Shift-Taste gedrückt. Wenn Sie anschließend weiter zeichnen, legt *Fireworks* keinen neuen Pfad an, sondern zeichnet an dem eben gezogenen offenen Pfad die Linie weiter.

4. Haben Sie den Pfad fertig gezeichnet, lassen Sie die Maustaste los. Nun können Sie weitere Vektorpfade zeichnen.

Pfade bearbeiten

Pfade können auf sehr unterschiedliche Art und Weise bearbeitet werden. Einige Möglichkeiten, die auch für Bitmap-Objekte gelten, haben wir bereits in Kapitel 3 *Objekt modifizieren* kennen gelernt.

NICHT VERGESSEN

Sie möchten die Größe eines Vektorobjektes verändern? Dann geben Sie in die Felder *B* und *H* des Eigenschafteninspektors die neuen Werte ein. Da es dabei passieren kann, dass die Pinselstrichstärke geändert wird, sollten Sie diese ebenfalls im Eigenschafteninspektor überprüfen. Rechts daneben können Sie die aktuellen Koordinaten des Objektes ablesen. Möchten Sie dieses an eine konkrete Position verschieben, benutzen Sie entweder das Zeigerwerkzeug und die Pfeiltaste oder Sie tragen in die Felder *X* und *Y* des Eigenschafteninspektors die neuen Koordinaten ein.

Pfadpunkt verschieben

Benutzen Sie das Zeigerwerkzeug, wenn Sie ein komplettes Vektor-Objekt verschieben möchten. Wollen Sie dagegen nur Punkte eines Pfades an eine andere Position setzen, benutzen Sie das Teilauswahlwerkzeug. Die ausgewählten Punkte sind dann blau ausgefüllt. Diese können Sie nun mit der Maus oder mit den Pfeiltasten an die gewünschte Position verschieben.

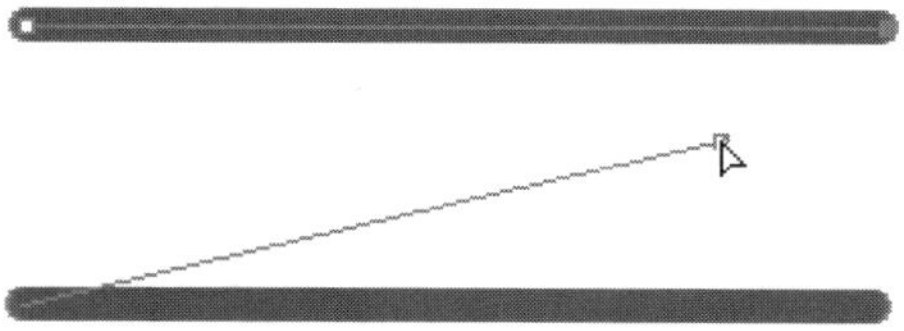

Der rechte Pfadpunkt ist markiert und kann mit dem Teilauswahlwerkzeug verschoben werden.

Möchten Sie einen Vektor hinter einem anderen auswählen, benutzen Sie das Werkzeug *Hintere auswählen*.

HEISSER TIPP

Punkte in Pfad einfügen und löschen

Sie können in ein Pfadsegment weitere Punkte einfügen. Markieren Sie das Vektorobjekt und klicken Sie mit dem Füller auf die entsprechende Pfadstelle. Am Mauszeiger muss dabei das Pluszeichen sichtbar sein. Wiederholen Sie diesen Arbeitsschritt, um weitere Punkte einzufügen.

Umgekehrt können Sie auf diese Weise auch Punkte entfernen. Achten Sie darauf, dass an der Werkzeugspitze bzw. am Mauscursor dabei ein Minuszeichen zu sehen ist. Sie können auch mit dem Teilauswahlwerkzeug Punkte markieren und dann über die Entf-Taste löschen.

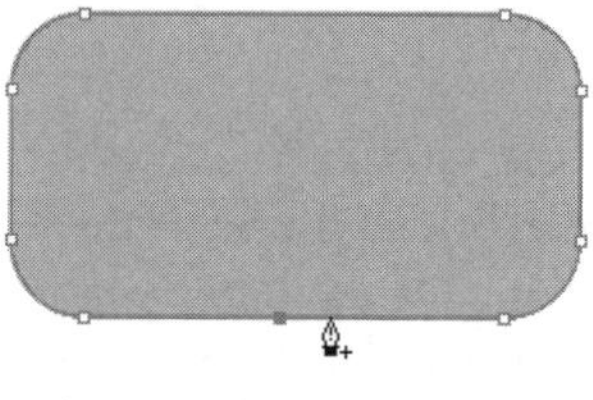

Einzelne Vektorpunkte können hinzugefügt…

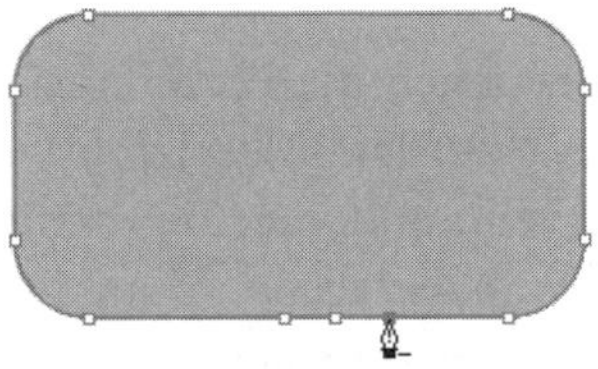

... und entfernt werden.

Klicken Sie mit dem Füller auf den Endpunkt eines bereits vorhandenen offenen Pfades, können Sie diesen weiterzeichnen.

MERKET AUF!

Um zwei offene Pfade zu verbinden, klicken Sie mit dem Füller zunächst auf den Endpunkt des ersten Pfades und anschließend auf den des zweiten. Die Pfade werden verbunden und folglich entsteht ein einziger durchgängiger Pfad, der die Attribute des obersten Pfades in der Stapelreihenfolge (vgl. Kapitel 3) übernimmt. Weitere Informationen hierzu finden Sie weiter hinten, im Kapitel *Pfade kombinieren.*

Sind sich zwei Pfade sehr ähnlich, können Sie auch den Endpunkt des einen Pfades auf den des anderen mit dem Teilauswahlwerkzeug ziehen. Dabei rastet der eine Punkt auf dem Pfad ein, wodurch beide Vektoren automatisch miteinander verbunden werden.

Punkte können ebenfalls entfernt werden, wenn Sie den Pfad vereinfachen. Beispielsweise sind für eine Gerade immer zwei Punkte notwendig – mehr sind nicht erforderlich. Auch kann es passieren, dass mehrere Punkte übereinander liegen. Also, entledigen wir uns dieser Last und sagen: *Modifizieren | Pfad ändern | Vereinfachen.* Geben Sie dann in das Dialogfenster *Vereinfachen* die gewünschte *Menge* an. Je kleiner Sie diese Vereinfachungsmenge angeben, desto weniger wird *Fireworks* den Pfad verändern. In diesem Fall werden also weniger Punkte entfernt. Je größer die Vereinfachungsmenge, desto weniger Punkte bleiben anschließend übrig.

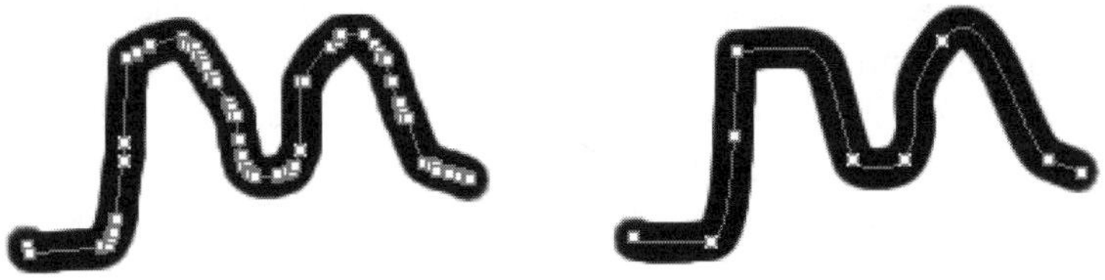

Links der ursprüngliche und rechts der vereinfachte Pfad (Vereinfachungsmenge = 25).

Kurve anpassen

Wie wir gesehen haben, kann auch die Form eines kurvenförmigen Pfadsegments nachträglich angepasst werden. Aktivieren Sie hierzu erneut den Füller und klicken Sie auf den Kurvenpunkt, den Sie verändern möchten. Sie können auch direkt mit dem Teilauswahlwerkzeug an den Punktgriffen ziehen bzw. drehen. Das Pfadsegment wird entsprechend gekrümmt. Sollte in der Nähe ein weiterer Kurvenpunkt sein, wird dieser ebenfalls angezeigt, aber nicht ausgewählt.

Auch nachträglich können Pfadsegmente «verbogen» werden.

Möchten Sie die Punktgriffe im 45°-Winkel bewegen, drücken Sie beim Ziehen die Shift-Taste. Entspricht die Pfadvorschau Ihren Vorstellungen, lassen Sie die Maustaste los und der Pfad wird neu gezeichnet.

Wenn Sie an dem linken Punktgriff in eine Richtung ziehen, bewegt sich der rechte automatisch in die entgegengesetzte Richtung. Möchten Sie nun einen Griff unabhängig vom anderen bewegen, verschieben Sie diesen bei gleichzeitig gedrückter Alt-Taste.

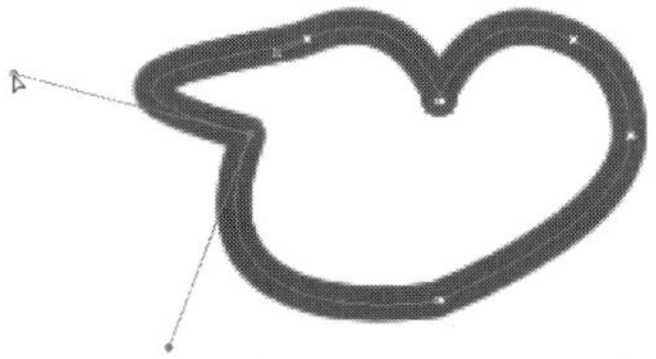

Drücken Sie die Alt-Taste, um Punktgriffe unabhängig voneinander zu verschieben.

HEISSER TIPP

Eckige Pfadsegmente können in kurvenförmige konvertiert werden, indem Sie mit dem Füller Punktgriffe aus den Eckpunkten ziehen und damit das Pfadsegment in die gewünschte Richtung biegen. Das ganze geht auch umgekehrt: Aus einer Kurve wird wieder eine Gerade, wenn Sie die Punktgriffe an den Kurvenpunkt zurückziehen. Dieser Kurvenpunkt wird dadurch zum Eckpunkt.

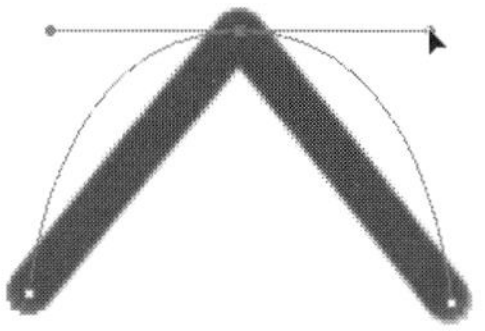

Eine Gerade wird zur Kurve.

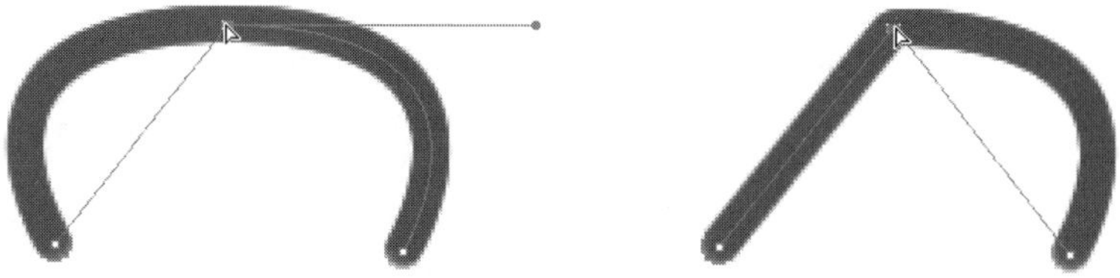

Ein Kurvenpunkt wird zu einem Eckpunkt.

Pfadsegmente umformen

Um eine Form zu bearbeiten, müssen Sie nicht jeden einzelnen Punkt bearbeiten. Für das Biegen und Verformen von Vektorobjekten stehen Ihnen in *Fireworks* spezielle Werkzeuge zur Verfügung.

Freiformwerkzeug

Mit diesen Freiformwerkzeugen können Sie Pfadsegmente an die gewünschte Stelle schieben oder ziehen. Dabei kann der Ausgangspfad eine Gerade, eine Kurve oder eine aufgehobene Gruppierung einer automatischen Form sein.

1. Markieren Sie den Pfad, den Sie umformen möchten.

2. Aktivieren Sie das Werkzeug .

3. Bewegen Sie den Cursor über das zu bearbeitende Pfadsegment. Welche Funktion der Mauszeiger nun hat, hängt von seiner Position zu diesem Pfadsegment ab:

   - Mit diesem Freiformwerkzeug können Sie Pfadsegmente verschieben. Klicken in die Nähe des Pfades, wird der Schiebezeiger aktiv und Sie können die Linien an die gewünschte Stelle schieben. Während des Schiebevorgangs erscheint der Cursor als Kreis, dessen Größe im Eigenschafteninspektor eingestellt werden kann. Der Wert, der die Werkzeugbreite in Pixel angibt, muss zwischen 1 und 500 liegen.

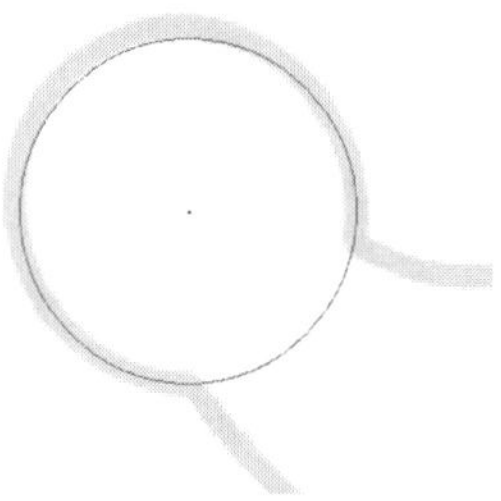

Der Pfad wird in die richtige Position gebogen.

Bestimmen Sie die Eigenschaften des Freiform-Werkzeuges.

NICHT VERGESSEN Merken Sie während des Verschiebens, dass das Werkzeug besser etwas kleiner wäre, müssen Sie nicht erst in den Eigenschafteninspektor wechseln, um hier eine neue Größe einzutragen. Halten Sie weiterhin die linke Maustaste gedrückt und drücken Sie dann die Taste mit dem *Pfeil nach links* oder die Nummerntaste *1*. Hat das Werkzeug die gewünschte Größe, lassen Sie die *Pfeil- / 1*-Taste los und arbeiten wie gewohnt weiter.

Soll das Freiform-Werkzeug dagegen breiter werden, benutzen Sie entweder die Taste mit dem *Pfeil nach rechts* oder die Zahl *2*.

- Mit diesem Freiformwerkzeug können Sie Pfadsegmente ziehen. Dabei muss sich der Zeiger direkt über dem Pfad befinden.

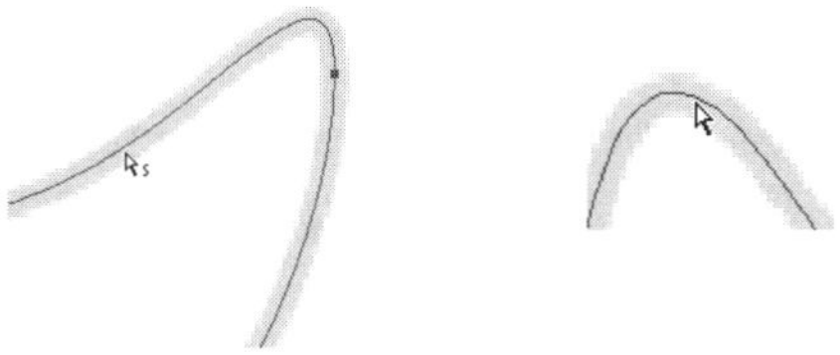

Der Pfad wird in die gewünschte Position gezogen.

Bereich umformen

Mit dem Werkzeug können Sie einen markierten Vektor verformen. Ist das Werkzeug aktiv, verwandelt sich der Mauszeiger in zwei ineinanderliegende Kreise. Der Bereich zwischen diesen beiden Kreisen formt die Pfadsegmente um. Dabei können Sie die Stärke des äußeren Kreises, von dem die Anziehungskraft ausgeht, bestimmen. Der innere Kreis symbolisiert dagegen die Grenze der Werkzeugauswirkungen. Der Bereich zwischen den beiden Kreisen stellt also die verminderte Stärke des Werkzeuges dar. Je kleiner der angegebene Wert für die Stärke, desto mehr liegen diese beiden Kreise auseinander.

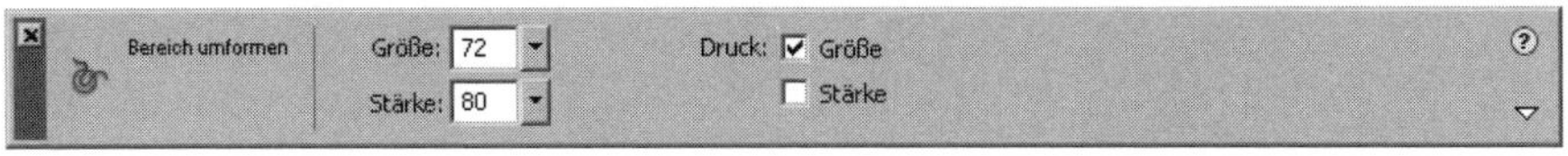

Bestimmen Sie die Größe und Stärke des Werkzeuges.

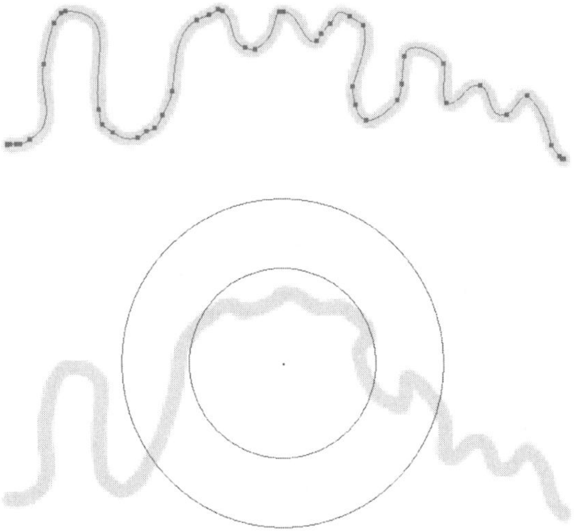

Beim Umformen werden Vektoren eingeebnet.

HEISSER TIPP Das Werkzeug wird schmäler, wenn Sie die während Ihrer Arbeit die Taste *Pfeil nach links* oder die *1* drücken. Es wird breiter, wenn Sie gleichzeitig die Taste *Pfeil nach rechts* oder die *2* drücken (vgl. Abschnitt *Freiformwerkzeug*).

Pfade nachzeichnen

Sie können Bereiche von bestehenden Pfaden erweitern, indem Sie das Werkzeug *Pfad nachzeichnen* benutzen:

1. Markieren Sie den Pfad, den Sie nachzeichnen bzw. erweitern möchten.
2. Wählen Sie das Werkzeug .
3. Zeichnen Sie den noch fehlenden Pfad. Dort, wo die Erweiterung den alten Pfad kreuzt, wird dieser entfernt und durch die Erweiterung ersetzt. Das neu gezeichnete Segment wird rot hervorgehoben.

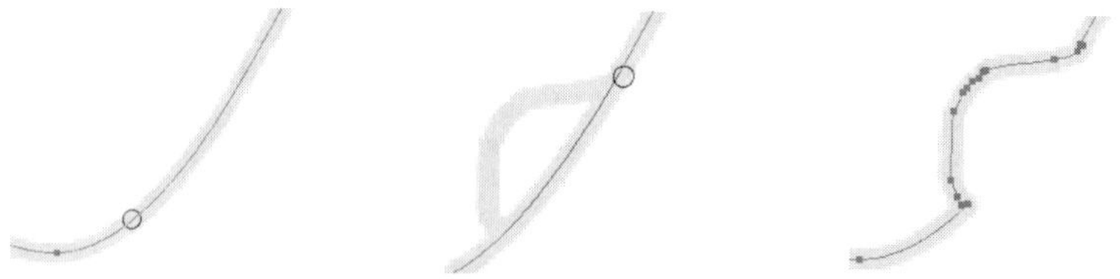

Beispiel für eine Pfaderweiterung. Der vorhandene Pfad wird zwischen den Schnittpunkten entfernt.

4. Lassen Sie die Maus los, wenn Sie fertig sind. Die Eigenschaften des ursprünglichen Pfades werden automatisch übernommen.

Pfad einlassen

Haben Sie einen Pfad ausgewählt, können Sie diesen um eine bestimmte Anzahl von Pixel einengen oder erweitern. Obwohl das ursprüngliche Pfadobjekt durch ein größeres oder kleineres ersetzt wird, ändert sich an den Attributen des Pfadobjektes nichts.

1. Markieren Sie das Vektorobjekt.

2. Wählen Sie in der Menüleiste *Modifizieren | Pfad ändern | Pfad einlassen.*

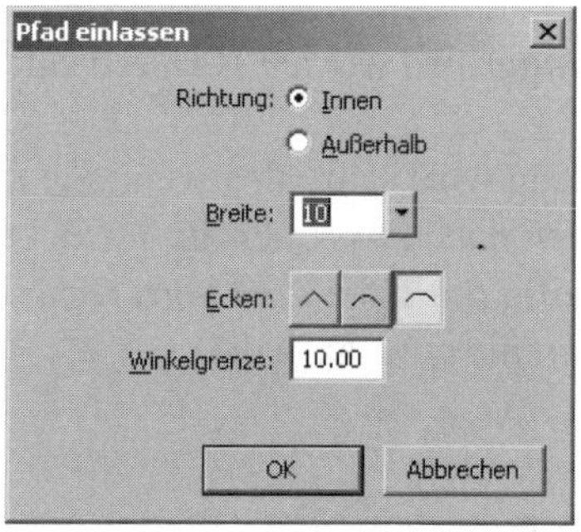

3. Das Dialogfenster *Pfad einlassen* wird geöffnet.

   - Geben Sie die *Richtung* an, in die der Pfad eingeengt (*Innen*) oder erweitert (*Außerhalb*).

   - Tragen Sie in das Feld darunter die *Breite* (den Abstand) in Pixel ein, die zwischen dem ursprünglichen und dem eingeengten oder erweiterten Pfad liegen soll. Hierzu können Sie natürlich auch den Schieberegler benutzen.

   - Bestimmen Sie die Form der *Ecken*: winklig, rund oder abgeschrägt.

- Geben Sie die *Winkelgrenze* an. Länge der Winkelecke und Strichlänge stehen hier in Relation zueinander, weshalb ab einem bestimmten Punkt eine winklige Ecke abgeschrägt wird.

4. Bestätigen Sie mit *OK*.

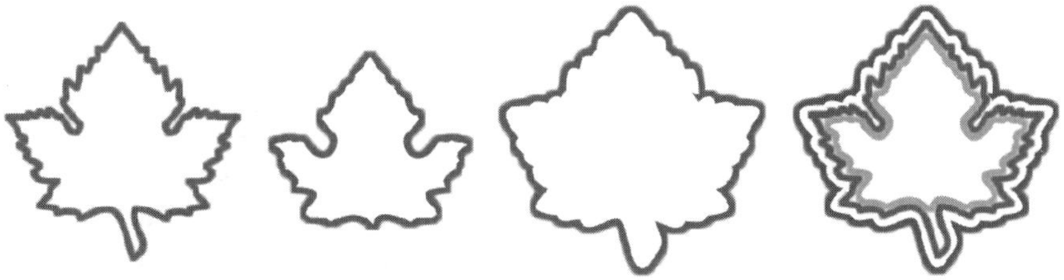

Beispiele eingelassener Pfade. Original, eingeengt, erweitert und alle drei Pfadobjekte ineinandergelegt (von links nach rechts). Sie sehen sehr deutlich, dass sich nur die Größe verändert. Zu besseren Kennzeichnung habe ich bei der vierten Abbildung die eingelassenen Pfade eingefärbt.

Pinselstriche erweitern

Wenn Sie einen Vektor-Pinselstrich erweitern, erhalten Sie einen geschlossenen Pfad, der in einem bestimmten Abstand um den alten, nicht mehr sichtbaren Originalpfad liegt. Durch diese Erweiterung erzielen Sie – gerade bei sich überschneidenden Pfaden – interessante Effekte.

1. Wählen Sie in der Menüleiste *Modifizieren | Pfad ändern | Strich erweitern.*

2. Im Dialogfenster *Strich erweitern* legen Sie die Eigenschaften des erweiterten geschlossenen Pfades fest:

   - Mit der *Breite* bestimmen Sie den Abstand zwischen äußerer und innerer Pfadbegrenzung.

   - Bestimmen Sie die Form der *Ecken* – winklig, rund oder abgeschrägt.

   - Mit der *Winkelgrenze* geben Sie an, ab welchem Punkt eine winklige Ecke abgeschrägt wird. Auch hier stehen Länge der Winkelecke und Strichlänge in Relation zueinander (vgl. *Pfad einlassen*).

   - Als *Endkappen* wählen Sie stumpf, quadratisch oder rund.

3. Bestätigen Sie mit *OK*.

Dieser Pfad soll erweitert werden…

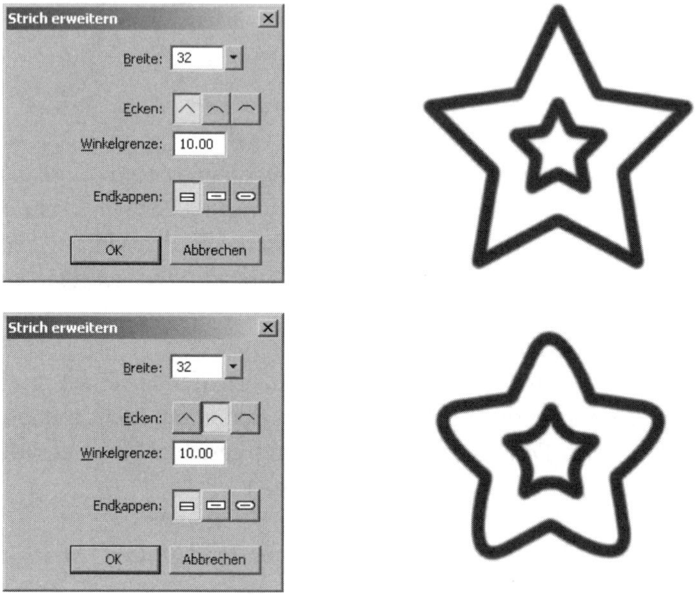

Das Dialogfenster «Strich erweitern» und das Ergebnis dieser Einstellungen.

Weitere Informationen zu den Pinselstrichen und deren Attribute bekommen Sie in Kapitel 7.

Das Messerwerkzeug

Einen Pfad können Sie mit dem Messerwerkzeug auseinanderschneiden. Ziehen Sie den Cursor über den Pfad oder klicken Sie darauf. Statt einem Pfad haben Sie dann zwei Vektorobjekte auf Ihrer Leinwand. Heben Sie die Pfadauswahl auf, können Sie anschließend einen der geteilten Pfade wieder markieren und diesen Vorgang beliebig oft wiederholen.

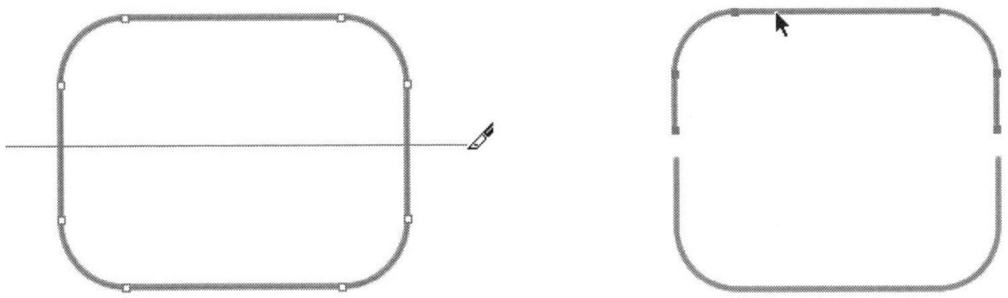

Das abgerundete Rechteck wird geteilt.

Pfadausbesserung

Möchten Sie die Strichstärke eines vorhandenen Pfades verändern, benutzen Sie die Pfadausbesserungswerkzeuge. Durch unterschiedliches Drücken und mal schnelles oder langsames Ziehen des Werkzeuges über den Pfad verändern Sie ebenfalls Tintenmenge, Helligkeit, Sättigung, Farbton und den Winkel.

Mit verstärken Sie die Pfadeigenschaften; mit verringern Sie diese.

Automatische Formen bearbeiten

Kommen wir jetzt noch mal auf unsere automatischen Formen zurück, die wir einerseits aus der Werkzeugleiste und andererseits im Bedienfeld *Formen* finden. Auch diese können verändert werden.

Im Kapitel *Automatische Formen* haben wir die Basis für die BacchusWelt-Menüleiste erstellt, nämlich ein Rechteck mit abgerundeten Ecken. Wahrscheinlich geht es Ihnen wie mir und Ihnen gefällt der Eckradius noch nicht. Also machen wir ein bisschen Feinschliff:

Wenn wir uns dieses Rechteck mal etwas genauer anschauen, sehen wir neben den blauen Eckpunkten noch zusätzliche gelbe Rauten. Diese Rauten sind Steuerpunkte. Wenn Sie kurze Zeit mit dem Mauszeiger darauf ruhen, erscheint ein Tooltipp und Sie sehen, mit welcher Funktion dieser Steuerpunkt belegt ist. Im folgenden Beispiel können Sie durch Klicken auf den Punkt die Eckform ändern. Klicken Sie einmal, ein zweites Mal, ein drittes Mal… – sehen Sie, was passiert?

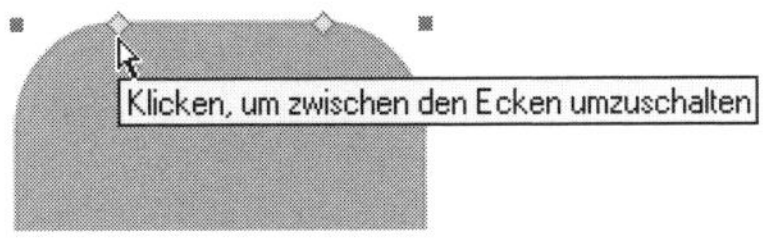

Verweilen Sie etwas mit der Maus über einem Steuerpunkt, wird dessen Funktion sichtbar.

HEISSER TIPP

Wenn Sie beim abgerundeten Rechteck auf einen Steuerpunkt klicken, verändern Sie alle vier Ecken, klicken Sie dagegen auf einen solchen Punkt und halten dabei die Alt- (Windows) bzw. die Wahltaste (Macintosh) gedrückt, verändern Sie lediglich die Ecke, die diesem Steuerpunkt am nächsten ist.

Welche Ecke darf es denn sein?

Gefällt Ihnen der eingestellte Eckradius nicht, ziehen Sie eine gelbe Raute an die gewünschte Stelle. Zeigt die Vorschau an, dass der Pfad richtig liegt, lassen Sie die linke Maustaste wieder los. Alle vier Ecken werden automatisch dem neuen Radius angepasst. Möchten Sie dagegen den Radius nur einer einzigen Ecke verändern, halten Sie beim Ziehen die Alt- (Windows) bzw. Wahl-Taste (Macintosh) gedrückt.

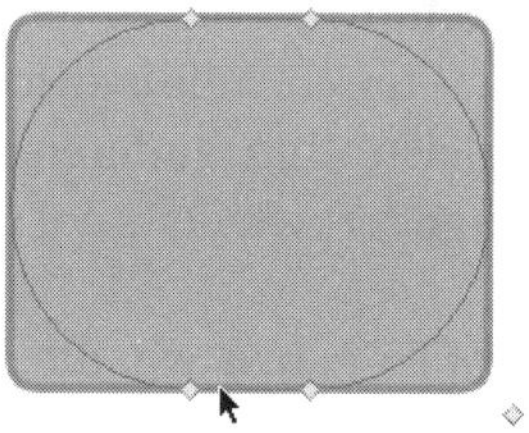

Sie können den Radius aller vier Ecken auf einmal einstellen…

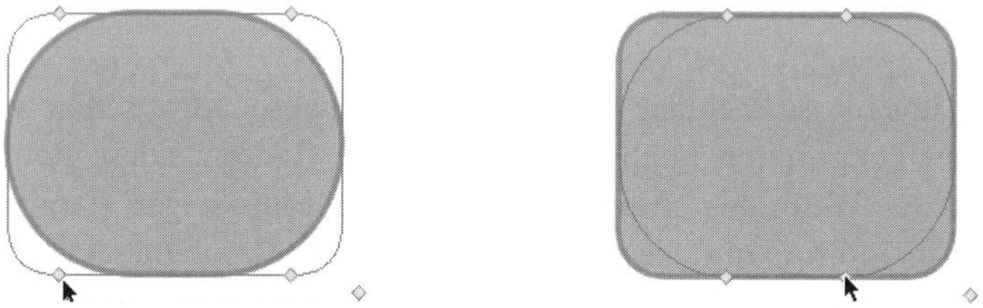

… entweder enger – oder weiter…

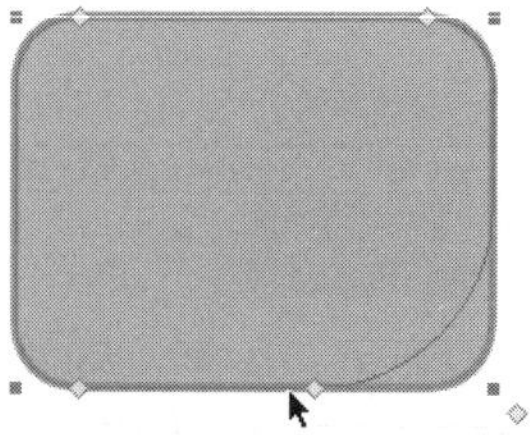

…oder für jede Ecke einzeln bestimmen.

Je nachdem, welche automatische Form Sie bearbeiten möchten, stehen Ihnen unterschiedliche Einstellmöglichkeiten zur Verfügung. Beispielsweise können Sie beim Stern bestimmen, wie viele Spitzen er haben soll, bei der Uhr stellen Sie die Zeit ein und beim Zylinder können Sie die Perspektive verändern. Apropos Perspektive: Im Bedienfeld *Formen* finden Sie bereits ein vorgefertigtes Gitternetz, das alles hat, was man so braucht – inklusive Nullpunkt.

POWER USER

Rahmen Sie doch die erstellten Objekte mal ein und wählen Sie in der Menüleiste *Befehle | Kreativ | Neuer Bilderrahmen.* Wählen Sie im unten abgebildeten Dialogfenster den gewünschten Rahmentyp aus und klicken Sie auf *OK.* Entlang dem Rand Ihrer Leinwand wird nun ein zusammengesetzter Pfad auf einer gesperrten Ebene eingefügt. Diesen müssen Sie in der Regel noch richtig positionieren. Am schnellsten geht das, wenn Sie im Eigenschafteninspektor die X-/Y-Koordinaten auf 0 setzen. Im Eigenschafteninspektor können Sie auch dessen Textur ändern.

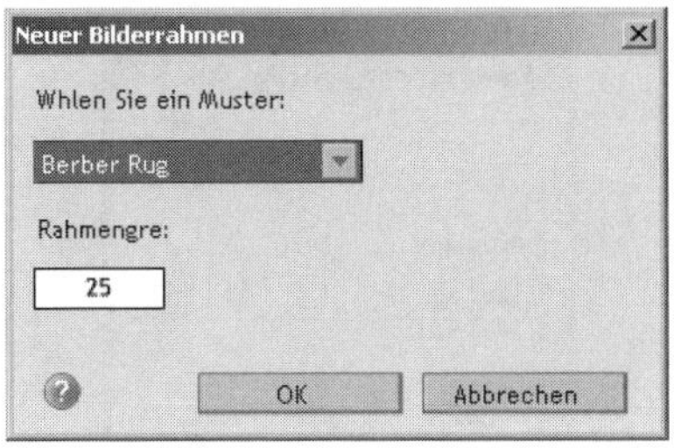

Ein Bilderrahmen für die Seite.

Übung

Den Hintergrund für die Navigationsleiste haben Sie erstellt? Falls nicht, sollten Sie das nachholen, denn diesen benötigen wir noch. Den aktuellen Stand der Homepage finden Sie im Verzeichnis zu diesem Kapitel auf der CD-Rom als *home.png.*

In dieser Übung wollen wir aber auch noch das Gelernte anwenden. Also, erstellen Sie Ihre eigene Form – bauen Sie den in der folgenden Abbildung gezeigten Stern nach.

Den bekommen Sie auch hin!

HEISSER TIPP

Schauen Sie sich auch einmal die anderen automatischen Formen an. Sie werden sehen, dass diese alle nach dem gleichen Prinzip arbeiten. Es ist immer wichtig und hilfreich, wenn man weiß, welche Werkzeuge für die Arbeit zur Verfügung stehen.

Anker und Steuerpunkte ausrichten

In Kapitel 3 *Objekte ausrichten* haben wir bereits das Bedienfeld *Ausrichtung* kennen gelernt. Vielleicht haben Sie sich damals gefragt, wozu der Button gebraucht wird. Das werde ich Ihnen an dieser Stelle gerne verraten, denn das Tolle an diesem Bedienfeld ist, dass Sie nicht nur komplette Objekte ausrichten können, sondern auch ausgewählte Anker und Steuerpunkte. Das alles ist zunächst sehr verwirrend, denn auch hier gibt es mehrere Einstellmöglichkeiten – doch der Reihe nach…

Das Bedienfeld «Ausrichtung».

1. Klicken Sie auf den Button . Diese Option ist nun aktiviert und orange hinterlegt.

2. Markieren Sie die Pfadpunkte Ihres Bézier-Bogens, deren Punktgriffe (Steuerpunkte) Sie aneinander ausrichten möchten. Beachten Sie, dass jeder Punkt mit zwei Punktgriffen verbunden ist.

3. Wählen Sie im Bedienfeld *Ausrichtung* die gewünschte Einstellung, nach der diese Punktgriffe ausgerichtet werden sollen. Dabei gibt es zunächst drei Grundeinstellungen:

   Auf vorige Steuerpunkte der ausgewählten Anker anwenden.

   Auf ausgewählte Anker und Steuerpunkte anwenden.

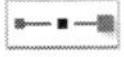 Auf nachfolgende Steuerpunkte der ausgewählten Anker anwenden.

Am Beispiel der Grundeinstellung 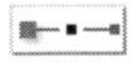 werde ich die Funktionen der weiteren Buttons dieses Bedienfeldes verdeutlichen. Als Ausgangsvektor verwende ich folgende Kurve:

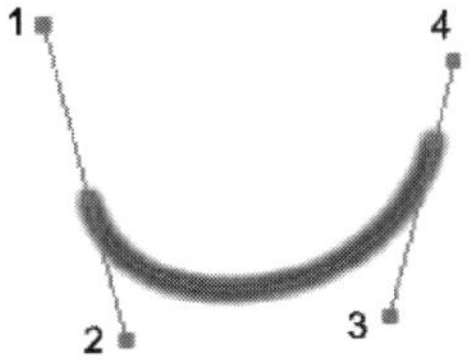

Zur besseren Orientierung sind die Punktgriffe in dieser Ausgangsgrafik durchnummeriert.

Dieses Original wird nun mit den jeweiligen Buttons im Bedienfeld *Ausrichtung* verändert. Achten Sie bitte besonders auf die Punkte 2 und 4.

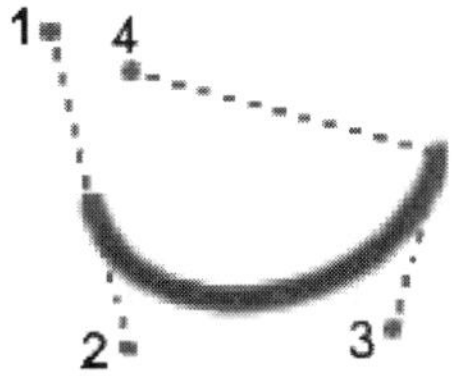

 *Am linken Rand ausrichten.*

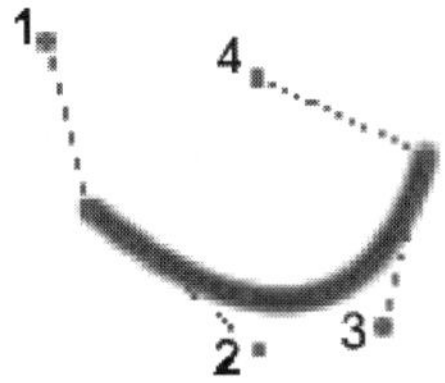

 *Horizontal zentrieren.*

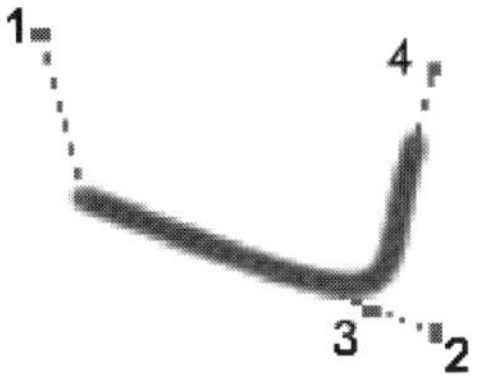

 *Am rechten Rand ausrichten.*

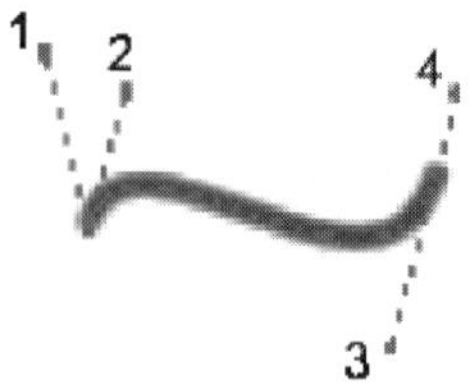

Am oberen Rand ausrichten.

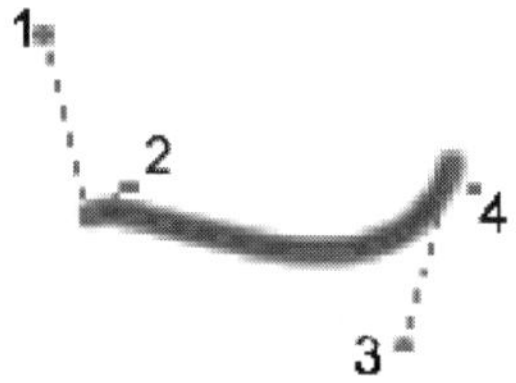

Vertikal zentrieren.

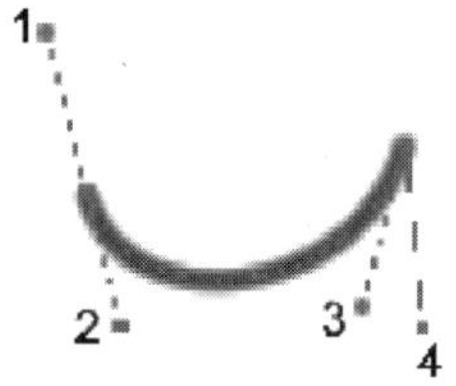

Am unteren Rand ausrichten.

Sie sehen, wenn die Option aktiv ist, betrifft das die beiden schräg gegenüber liegenden Punktgriffe 2 und 4.

Das ganze funktioniert natürlich auch andersherum, mit den Punktgriffen 1 und 3. Aktivieren Sie hierzu den Ausrichtungsmodus . Folgende Abbildung soll dies verdeutlichen.

Links sehen Sie nochmals den ursprünglichen Pfad: Punkt 3 wird auf Punkt 1 links ausgerichtet. Die anderen Ausrichtungsoptionen funktionieren analog.

Jetzt bleibt nur noch der Ausrichtungsmodus übrig. Dieser hat gar nichts mit den Punktgriffen zu tun, sondern betrifft die Punkte selbst, die aneinander ausgerichtet werden, sobald Sie auf einen der Buttons klicken.

Ein Beispiel:

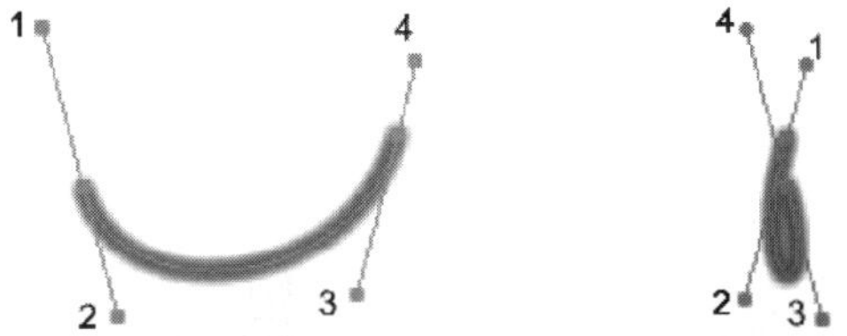

Links sehen Sie nochmals den ursprünglichen Pfad: Die Pfadpunkte werden hier am linken Punkt ausgerichtet.

Pfade kombinieren

Sie haben mehrere Vektoren erstellt – wunderbar! Dann zeige ich Ihnen jetzt, wie Sie diese verbinden können. Durch dieses Kombinieren von zwei oder mehreren Vektorobjekten können ganz neue Formen entstehen. *Fireworks* nennt dies Pfadoperation. Also, dann lassen Sie uns mal operieren. Alle Kombinationsmöglichkeiten finden Sie in der Menüleiste unter *Modifizieren | Pfade kombinieren.* Da ein kombinierter Pfad nicht die Eigenschaften der einzelnen Pfade verbinden kann, ist die Stapelreihenfolge der einzelnen Vektorobjekte wichtig. In den einzelnen Abschnitten erfahren Sie mehr darüber.

Pfade verbinden

Haben Sie zwei offene Pfade, können Sie deren Endpunkte miteinander verbinden und dadurch einen durchgehenden, geschlossenen Pfad erstellen.

So verbinden Sie Pfadobjekte:

1. Markieren Sie die Endpunkte von mindestens zwei offenen Pfaden, die verbunden werden sollen. Wählen Sie stattdessen jeweils den kompletten Vektor aus, wenn Sie einen Pfad aus mehreren offenen oder geschlossenen Vektoren zusammensetzen möchten. Achten Sie auf die Stapelreihenfolge der einzelnen Objekte, denn die Eigenschaften des untersten Vektorobjektes werden übernommen

2. Wählen Sie *Modifizieren | Pfade kombinieren | Verbinden.*

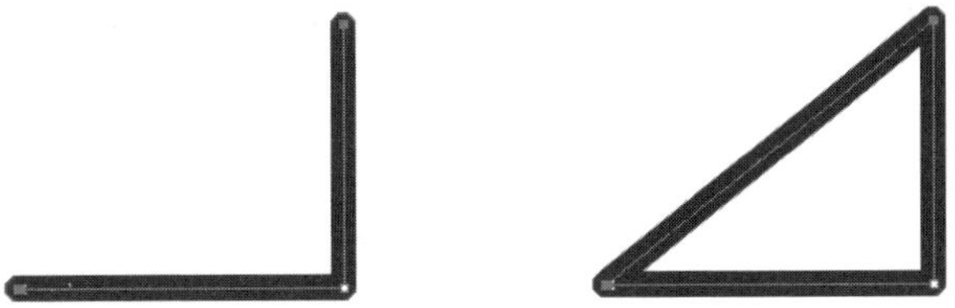

Ausgewählte Pfadpunkte können miteinander verbunden werden.

Zusammengesetze Pfade können wieder getrennt werden, indem Sie diesen auswählen und dann auf *Modifizieren | Pfade kombinieren | Teilen* gehen.

Beachten Sie, dass hierbei die ursprünglichen Eigenschaften der einzelnen Pfade nicht wieder hergestellt werden (bis auf die des untersten Vektors).

Die dunkle Fläche liegt über der helleren, deren Eigenschaften beim Verbinden übernommen werden.

In der vorherigen Abbildung sehen Sie ein weiteres Beispiel für eine Pfad-Verbindung. Dabei ist ein «Loch» entstanden, das wir nicht immer haben wollen. In diesem Fall werden die Pfade nicht verbunden, sondern vereinigt: *Modifizieren | Pfade kombinieren | Vereinigen.*

Der vereinigte Bereich umfasst die gesamte Fläche der einzelnen geschlossenen Pfade.

Pfade überschneiden

Wenn sich mindestens zwei Objekte überschneiden, können Sie die Schnittfläche als neuen Vektor abbilden. Dieses neue Objekt resultiert also aus der Fläche, die allen vorherigen Objekten gemeinsam war.

- Wählen Sie *Modifizieren | Pfade kombinieren | Überschneiden.* Auch hier werden die Eigenschaften des untersten Objektes übernommen.

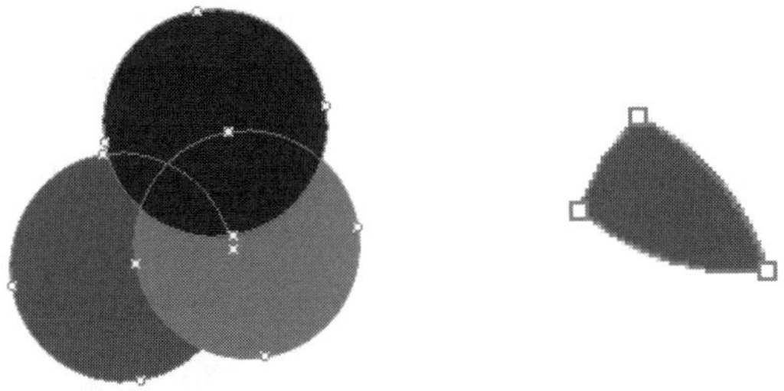

Die Pfade werden überschnitten.

Pfade öffnen

Teile eines oder mehrerer Pfadobjekte werden durch das Darüberlegen eines anderen Objektes entfernt. Klingt vielleicht furchtbar kompliziert, ist es aber nicht. Überzeugen Sie sich selbst:

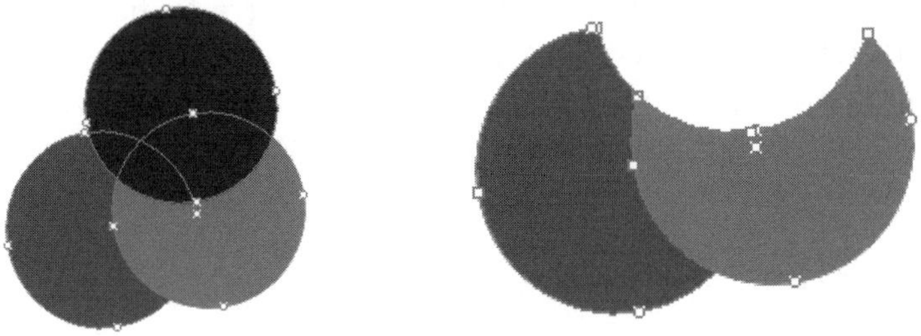

Die Pfade werden geöffnet.

- Wählen Sie *Modifizieren | Pfade kombinieren | Öffnen.* Die überlagerten Pfadsegmente werden entfernt. An den Eigenschaften, wie Füll-, Pinselstrichfarbe oder eingestellter Live-Effekte ändert sich dabei nichts.

Pfade zuschneiden

Nachdem beim Öffnen der Pfade genau der Bereich entfernt wurde, der durch das oberste Objekt in der Stapelreihenfolge definiert wurde, geht das natürlich auch umgekehrt:

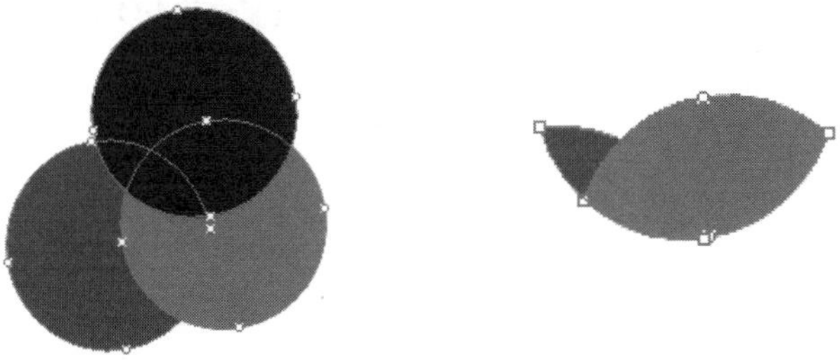

Die Pfade werden zugeschnitten.

- Wählen Sie *Modifizieren | Pfade kombinieren | Zuschneiden.* Auch hier behalten die übrig gebliebenen Vektoren ihre ursprünglichen Eigenschaften.

Der Pfad, der über den anderen liegt, bestimmt, welche Pfadsegmente nach dem Zuschneiden noch übrig bleiben.

MERKET AUF! Im Kapitel *Farben, Pinselstriche, Füllungen* lernen Sie weitere Möglichkeiten der Strichbearbeitung kennen.

Gruppierte Objekte

Bei Rechtecken und zahlreichen automatischen Formen handelt es sich um gruppierte Objekte. Das erstellte abgerundete Rechteck beispielsweise, setzt sich aus mehreren Pfadpunkten zusammen, die einzeln bearbeitet werden können, wenn Sie die Gruppierung aufheben (und Sie nicht das Teilauswahlwerkzeug benutzen möchten).

So heben Sie eine Gruppierung auf:

1. Markieren Sie die gruppierten Objekte.

2. Wählen Sie *Modifizieren | Gruppierung aufheben* oder klicken Sie mit der rechten Maustaste auf die gruppierten Objekte und wählen Sie im Kontextmenü den Befehl *Gruppierung aufheben.*

MERKET AUF! Mit dem Teilauswahlwerkzeug können Sie auch bei gruppierten Vektor-Objekten einzelne Punkte verschieben bzw. einzelne Pfade bearbeiten. So können Sie beispielsweise mit dem *Füller* weitere Punkte in den Pfad einfügen oder aus einer Geraden eine Kurve zaubern. Arbeiten Sie wie im Kapitel *Der Füller* beschrieben.

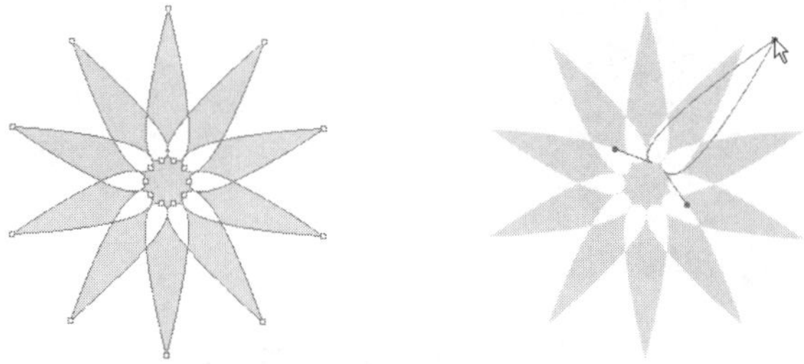

Trotz Gruppierung können einzelne Punkte verschoben und bearbeitet werden.

So erstellen Sie eine Gruppierung:

1. Markieren Sie die Objekte, die Sie gruppieren möchten. Benutzen Sie hierfür das Zeigerwerkzeug und halten Sie die Shift-Taste gedrückt.

2. Wählen Sie *Modifizieren | Gruppieren* oder klicken Sie mit der rechten Maustaste auf die Objekte und wählen Sie im Kontextmenü den Befehl *Gruppieren.*

Sie können auch Bitmap-Objekte oder Bitmap- **und** Vektorobjekte miteinander gruppieren. Automatische Formen, deren Gruppierung Sie zunächst aufgehoben haben, können Sie zwar erneut gruppieren, doch werden dadurch die Bearbeitungspunkte nicht wiederhergestellt.

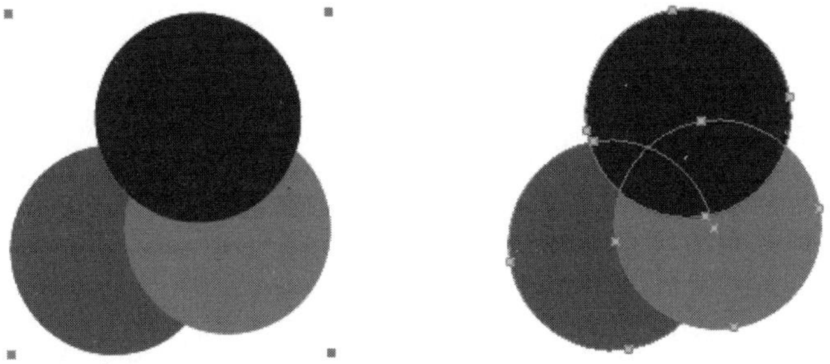

Gruppierte Objekte sind immer durch blaue Quadrate an den Ecken markiert (links); rechts die gleichen, nicht gruppierten Objekte.

In diesem Kapitel haben wir gesehen, wie einfach in *Fireworks* Vektoren erstellt und bearbeitet werden können. Bestimmt macht Ihnen die Arbeit damit genauso viel Freude wie mir! Damit haben wir das grundlegende Verständnis von Vektoren, Ihrer Erstellung und Bearbeitung in *Fireworks*, und können an anderer Stelle des Buches auf dieses Wissen zurückgreifen. Gerade hinsichtlich Farben haben wir noch einiges nachzuholen, doch zunächst lassen Sie uns noch die Texterstellung und -bearbeitung besprechen, denn was ich Ihnen dann in Kapitel 7 *Farben, Pinselstriche, Füllungen* erzähle, gilt auch für Textobjekte.

Schauen wir uns unsere Arbeit an der BacchusWelt-Homepage an, stellen wir fest, dass wir dort schon jede Menge Bilder und Grafiken platziert haben, aber irgendwie dann doch nicht so richtig wissen, wo diese genau stehen müssen. Schließlich haben wir kaum eine Vorstellung davon, wie umfangreich der Text sein muss. Deshalb können wir auch noch gar nicht abschätzen, ob die Grafiken in der richtigen Größe importiert worden sind und ob der Kasten für die Navigation die richtigen Maße hat. Was ist, wenn die Beschriftung eines Navigationsbuttons länger ist – also, lassen Sie uns nicht länger um den heißen Brei reden, sondern in Windeseile Text (und wenn es nur Blindtext ist) auf unsere Homepage bringen…

6 Mit Text arbeiten

Mit Text arbeiten

Genauso wie Bilder, Grafiken und Fotos, ist auch Text ein wesentliches Gestaltungselement einer Website.

Grundsätzlich ist zwischen zwei unterschiedlichen Textarten zu unterscheiden: Text, den wir in Schaltflächen, Überschriften, etc. verwenden und Fließtext, der auch mal sehr umfangreich sein kann und jede Menge Informationen bietet.

Was ist jetzt der Unterschied? Während beispielsweise das Logo oder die beschrifteten Schaltflächen zur Navigation in der Regel als Grafikdatei abgespeichert und in die Webseite eingebunden werden, wird der Fließtext in HTML gesetzt.

Dabei sollte der Fließtext stets in Arial, Helvetica oder Verdana gesetzt werden, denn diese Schriftarten sind auf den meisten Systemen installiert. Und hier liegt auch schon der Knackpunkt, denn eine Tahoma beispielsweise hat nun mal nicht jeder. Es kann also passieren, dass bei diesen Usern eine Ersatzschrift angezeigt wird. Um das zu verhindern, sollten Sie wichtige Elemente, die auf jeden Fall in einer bestimmten Schrift erscheinen sollen, grundsätzlich als Bild abspeichern. Hier sieht der Text dann immer gleich aus, unabhängig vom jeweiligen Rechner. Nur so können Sie auch die Corporate Identity eines Unternehmens realisieren.

Jetzt fragen Sie vielleicht, warum denn nicht auch Texte auf einer Website als Grafikelemente hinterlegt werden sollen – nun, das würde wenig Sinn machen, denn je mehr Bilder auf einer Webseite eingebunden werden, desto höher wird die Ladezeit und desto länger muss der Benutzer warten, bis er etwas sieht – wenn er nicht schon vorher weiter geklickt hat. In diesem Kapitel interessieren uns also primär die Texte, die als GIF- oder JPG-Datei exportiert werden.

Text bzw. Schrift sind wichtige Informationsträger und Gestaltungsinstrumente.

Damit eine Website realistisch layoutet und designed werden kann, kommen wir aber auch nicht drum herum, den Fließtext zu setzen bzw. den entsprechenden Platz dafür vorzusehen.

Schauen wir unsere Arbeit an der BacchusWelt-Homepage an, ist nicht zu übersehen, dass da noch jede Menge fehlt. Am Ende des Kapitels werden Sie sagen: «O.K. – schon recht passabel.» Sie werden erkennen, dass die Textgestaltung ein wesentliches Element eines guten (aber auch eines schlechten Webdesigns) ist.

Auch die Proportionen der einzelnen Seitenelemente zueinander und deren jeweilige Größe können am besten bestimmt und angepasst werden, wenn Sie eine nahezu konkrete Vorstellung davon haben, wie die Seite später im Web aussehen soll.

Wenn Sie den Workshop fleißig mitgearbeitet haben, dann haben Sie auch schon die erste Textgrafik importiert. Doch versuchen Sie einmal, diesen Text zu bearbeiten, werden Sie sehr schnell feststellen, dass dies nicht möglich ist. Der Grund ist ganz einfach: Sie haben nämlich eine GIF-Datei importiert und wenn Sie sich an das erinnern, was ich Ihnen in den ersten Kapiteln über das PNG-Format gesagt habe, werden Sie sagen: «Klar, das kann nicht gehen. Schließlich ist ein GIF keine Originaldatei mit sämtlichen Informationen, sondern eine reduzierte Bitmap-Grafik.» Genau so ist es! Nur im PNG werden sämtliche Textinformationen abgespeichert und Sie können auch später noch den Text verändern und seine Eigenschaften bearbeiten.

Während Ihrer Planungsphase (vgl. Kapitel 3) sollten Sie also konkret festlegen, welche Informationen (Bild **und** Text) auf die jeweilige Webseite gehören und wie viel Platz die jeweiligen Elemente benötigen werden.

Das werden Sie lernen:

- Text erstellen und importieren
- Text bearbeiten und formatieren
- Anti-Alias-Einstellungen
- Rechtschreibung überprüfen
- Text an Pfaden ausrichten
- Text in Pfaden konvertieren

SMART DISC

Dateien für diese Lektion:

- *06_text/rekorde.txt*
- *06_text/abstand-absaetze.png*
- *05_vektoren/home.png*
- *06_text/content.txt*
- *06_text/menu.txt*

Textobjekte erstellen

In *Fireworks* können Sie auf unterschiedliche Art und Weise Text in Ihr Dokument bringen. Egal für welche Vorgehensweise Sie sich entscheiden, Sie werden auf jeden Fall das Textwerkzeug aus der Werkzeugleiste brauchen.

So fügen Sie Text ein:

1. Aktivieren Sie das Textwerkzeug A.

2. Wenn Sie möchten, können Sie jetzt schon im Eigenschafteninspektor die Attribute des Textes, wie Schriftart, Größe oder Farbe angeben (vgl. Kapitel *Textformatierung*). Sie können Ihren Text aber auch nachträglich formatieren.

3. Jetzt haben Sie zwei Möglichkeiten:

   - Erstellen Sie einen **festen** Textblock, indem Sie diesen mit gedrückter linker Maustaste in Ihrem Dokument aufziehen. Der hier eingegebene Text wird automatisch umbrochen, sobald die Breite erreicht ist. Sollte die Box zu klein sein, führt *Fireworks* den Zeilenumbruch nicht wort-, sondern zeichenweise aus!

POWER USER

Während Sie einen Textblock mit einer festen Größe aufziehen, können Sie ihn verschieben, indem Sie die Leertaste drücken. Halten Sie die linke Maustaste dabei weiterhin gedrückt.

   - Oder klicken Sie an die Stelle Ihrer Leinwand, an der der Text beginnen soll. Auch hier wird ein Textblock angezeigt – jedoch hat dieser eine automatische Größenanpassung, passt sich also an den Umfang des eingegebenen Textes an. Der Zeilenumbruch erfolgt erst, wenn Sie die Enter-Taste drücken.

Dieser Textblock hat eine feste Breite…

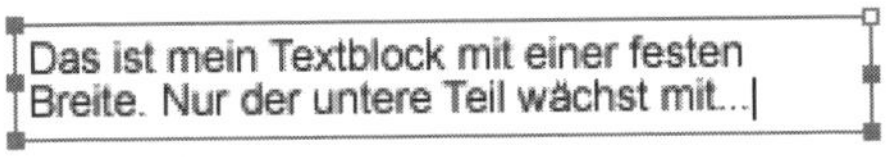

…und eine variable Höhe.

Der flexible Textblock…

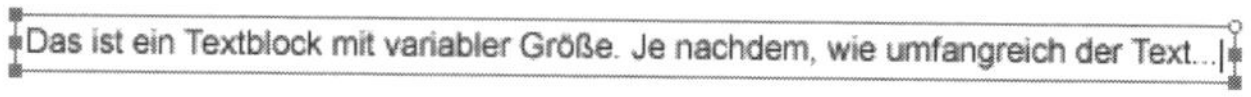

…passt sich automatisch dem Textumfang an.

RAFFINIERT

An der rechten oberen Ecke Ihres aktiven Textblockes erkennen Sie, ob die Breite festgelegt ist (Quadrat!) oder ob die Größe automatisch angepasst wird (Kreis!). Doppelklicken Sie auf diese Ecke, um in den jeweils anderen Textblocktyp zu wechseln.

***Kreis:** Die Größe des Textblocks wird automatisch angepasst.*

***Quadrat:** Textblock mit fester Größe.*

4. Tippen Sie Ihren Text ein. Benutzen Sie die Enter-Taste, um einen Absatz im Text zu erzeugen.

5. Verlassen Sie den Texteingabe-Modus, indem Sie die Esc-Taste drücken, ein anderes Werkzeug auswählen oder an irgendeine Stelle Ihres Dokuments klicken. Haben Sie keinen Text eingeben, legt *Fireworks* auch kein Textobjekt an. Überzeugen Sie sich im Bedienfeld *Ebenen*.

Ein markiertes Textelement.

Während Sie Ihren Text eingeben, können Sie die Größe des Textblockes ändern.

So verkleinern oder vergrößern Sie einen Textblock:

1. Sobald Sie mit der Maus auf einen Angriffspunkt des Textblocks kommen, verwandelt sich der Cursor des Textwerkzeuge in einen Zeiger. Natürlich können Sie auch direkt ein Zeigerwerkzeug auswählen.

2. Ziehen Sie den Griff, bis der Textblock die gewünschte feste Größe hat. Verändern Sie eine Textbox mit automatischer Größe, wird diese zur festen Größe.

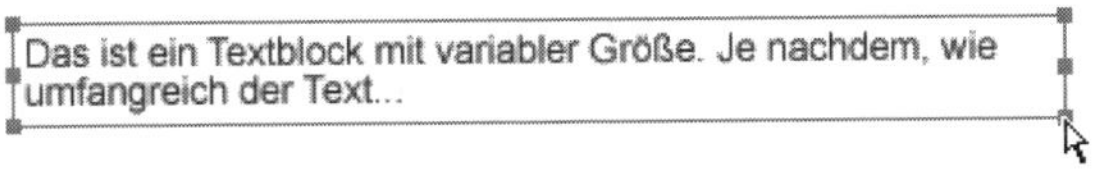

Packen Sie einen Angriffspunkt...

...ziehen Sie ihn in die richtige Größe...

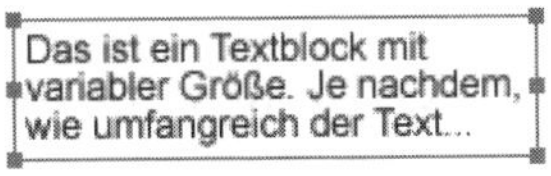

...fertig!

Textblöcke können wie alle anderen Objekte jederzeit auf der Leinwand verschoben werden. Benutzen Sie hierfür ein Zeigerwerkzeug.

Auch können Sie direkt im Eigenschafteninspektor die neuen X-/Y-Koordinaten eingeben. Im folgenden Abschnitt wollen wir die Texteigenschaften unter die Lupe nehmen...

HEISSER TIPP

Haben Sie Ihre Ansicht verkleinert oder vergrößert, sieht in der Regel der Text etwas verpixelt aus. Um den Text richtig bearbeiten zu können, sollten Sie diese Einstellung auf 100 % setzen.

Text importieren

Importieren Sie RTF- (Rich Text Format) Text oder Text aus einer Photoshop-Datei (im PSD-Format) bleiben die Formatierungsattribute erhalten, wenn Sie die Datei in *Fireworks* öffnen oder importieren. Das Gleiche gilt auch für Free-Hand-Dateien und einige andere Formate (vgl. Kapitel 3). So kann auch ASCII-Text problemlos importiert werden, der in *Fireworks* die eingestellte Standardschriftart mit einem Schriftgrad von 12 Pixel und die aktuelle Füllfarbe erhält. Ein solcher Text kann anschließend in *Fireworks* bearbeitet, geändert oder ergänzt werden.

ERSTE HILFE

Wenn Sie mit *Microsoft Word* Text im ASCII-Format abspeichern möchten, wählen Sie als Dateityp *Nur Text*.

In Kapitel 3 (*Dateien öffnen und importieren*) haben wir bereits gesehen, dass es mehrere Möglichkeiten gibt, wie Sie (auch) vorhandenen Text auf Ihre Leinwand bekommen:

- Wählen Sie *Datei | Importieren.*
- Wählen Sie *Datei | Öffnen.*
- Benutzen Sie die Zwischenablage (Copy & Paste).
- Ziehen Sie den in der anderen Anwendung markierten Text auf die *Fireworks*-Leinwand.

Sollte *Fireworks* beim Importieren feststellen, dass eine Schriftart auf dem System nicht vorhanden ist, werden Sie aufgefordert, eine Ersatzschrift zu bestimmen. Möchten Sie dagegen das Erscheinungsbild des Textes beibehalten, wählen Sie diese andere Option. Der Text wird dann als Grafik importiert. Sobald Sie hier den Text bearbeiten wollen, wird der Grafik-Text wieder durch eine auf Ihrem System installierte Schriftart ersetzt.

Haben Sie eine fehlende Schriftart durch eine andere ersetzt, die auf Ihrem Computer installiert ist, ändert sich zwar bei Ihnen das Erscheinungsbild, doch wenn Sie die Datei später auf einem System öffnen, in dem die fehlende Schrift installiert ist, können Sie diese wieder verwenden.

Bestimmen Sie im Dialogfenster *Fehlende Schriften* in welche Ersatzschriftart die ausgewählte fehlende Schrift geändert werden soll. Der fehlende Text kann auch in der Standard-Systemschriftart angezeigt werden. Soll die fehlende Schriftart nicht verändert werden, klicken Sie auf *Keine Änderung.* Fehlen anschließend in einem anderen Dokument genau die gleichen Schriftarten, listet *Fireworks* automatisch die eben ausgewählten Schriftarten im Dialogfenster *Fehlende Schriften* auf.

ERSTE HILFE

Wenn Sie Text aus *Fireworks* exportieren, wird dieser als Bild abgespeichert. Beachten Sie, dass dadurch die Ladezeit Ihrer Seite unnötig hoch werden kann. Fließtext sollte daher stets in HTML gesetzt und nicht als Bild hinterlegt werden.

Textformatierung

In *Fireworks* können Sie entweder den gesamten Textblock bearbeiten oder einzelne markierte Zeichen innerhalb eines Blocks – ganz so, wie Sie es beispielsweise schon von *Microsoft Word* kennen. Attribute wie Größe, Schriftart, Textstil (fett, kursiv, unterstrichen) legen Sie im Eigenschafteninspektor fest. Genauso gut können Sie Absätze ausrichten, Abstände definieren und Pinselstriche, Füllungen und Effekte neu definieren. Auf die letzten drei Punkte wird an dieser Stelle nicht weiter eingegangen, dafür erhalten Sie die entsprechenden Informationen in geballter Ladung in den Kapiteln 7 und 8. Sie dürfen gespannt sein…

Klar, den Inspektor als zentrales Instrument, das schnelles und effizientes Arbeiten ermöglicht, kennen Sie bereits zur Genüge. Kennen Sie auch schon diese Einstellungsmöglichkeiten?

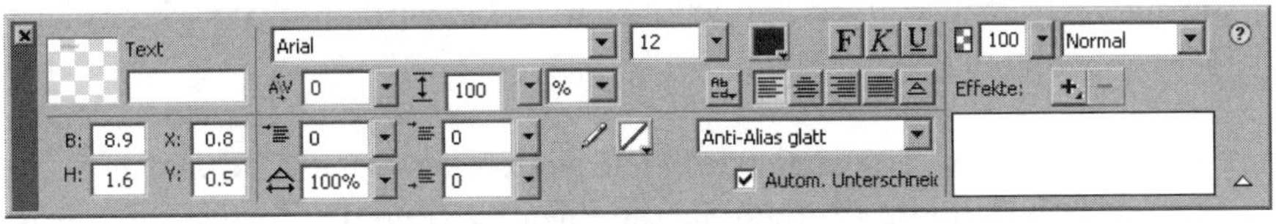

Der Eigenschafteninspektor zeigt die Attribute des markierten Textes bzw. Textfeldes.

Sie sollten den Eigenschafteninspektor maximieren, damit alle Textattribute angezeigt werden. Klicken Sie hierzu auf den Erweiterungspfeil rechts unten. Im unteren Teil stehen Ihnen dann weitere Einstellungsmöglichkeiten zur Verfügung. So, dann kann es ja jetzt losgehen: Entweder verändern und bestimmen Sie wie gewohnt die Attribute im Eigenschafteninspektor oder Sie benutzen die Menüleiste (*Text*).

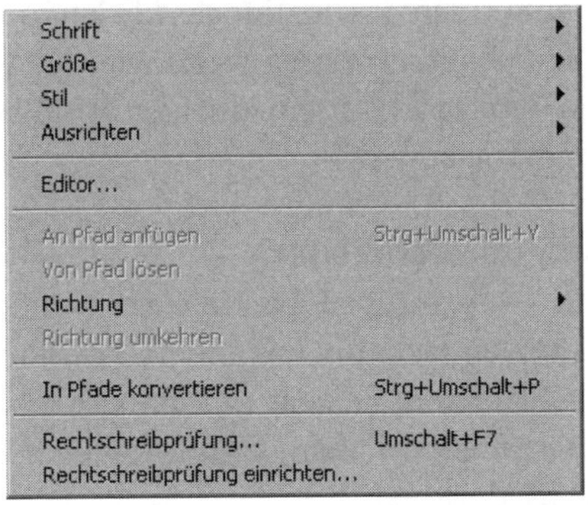

Auch in der Menüleiste finden Sie Befehle zur Textbearbeitung.

Daneben gibt es noch einen Texteditor, mit dem Sie bereits vorhandenen Text bearbeiten können. Da wir zunächst mal Text erstellen wollen, werde ich diesen Editor im Anschluss kurz vorstellen. Haben Sie also bitte noch etwas Geduld.

Trotz dieser Möglichkeiten bevorzuge ich den Eigenschafteninspektor – einmal weil es wesentlich schneller geht, und dann weil es hier einfach mehr Möglichkeiten gibt.

So bereiten Sie Text für die Bearbeitung vor:

1. Markieren Sie mit einem Zeigerwerkzeug das komplette Textobjekt. Um mehrere Textblöcke auszuwählen, halten Sie dabei die Shift-Taste gedrückt.

   Oder markieren Sie mit dem Textwerkzeug Wörter bzw. einzelne Symbole innerhalb Ihres Textblocks. Wenn ein Zeigerwerkzeug aktiv ist, können Sie auch in den Textblock doppelklicken. Dabei wird automatisch das Textwerkzeug aktiviert.

   Falls Sie den Text erst mal schreiben wollen, aktivieren Sie zunächst das Textwerkzeug und bestimmen Sie die Eigenschaften des Textes, den Sie anschließend schreiben. Falls Sie in einem bestehenden Textblock neuen Text in einer anderen Formatierung schreiben möchten, klicken Sie an die gewünschte Stelle und schreiben drauf los. Auch diesen Text können Sie jederzeit anders formatieren.

2. Bestimmen Sie die Textattribute. Welche Möglichkeiten Sie hier haben, erfahren Sie in den kommenden Abschnitten.

3. Ihre Änderungen werden übernommen, wenn Sie ein anderes Werkzeug wählen, irgendwo außerhalb des Textblocks klicken oder die Esc-Taste drücken. Egal wie viele Formatierungseinstellungen Sie vorgenommen haben – das ganze war für *Fireworks* nur ein einziger Arbeitsschritt, der so im Bedienfeld *Verlauf* eingetragen wird.

Skalieren, verschieben, transformieren

Textblöcke können Sie – wie andere Objekte auch – mit dem Zeigerwerkzeug anpacken und dann ganz einfach an eine andere Position auf Ihrer Leinwand verschieben. Auch das Skalieren, neigen, und andere Objekt-Modifikationen, die wir in Kapitel 3 besprochen haben, sind möglich. Nein, keine Angst, ich werde mich hier nicht wiederholen…

Nur so viel: Der Text kann auch nachträglich noch verändert werden. Zwar wird der Text während der Transformation neu aufgebaut, doch häufig ist das Ergebnis schwerer lesbar, da die Punktgröße erhalten bleibt. Darum zeigt der Eigenschafteninspektor danach immer noch die gleiche Schriftgröße (siehe folgendes Kapitel) an. Verändern Sie hier jetzt die Schriftgröße, ändert sich die Textgröße relativ zur Transformation.

ERSTE HILFE

Ihnen gefällt eine Änderung nicht? Kein Problem: Alle Änderungen können Sie rückgängig machen. Wählen Sie hierfür zum Beispiel in der Menüleiste *Bearbeiten* | *Rückgängig* (vgl. Kapitel 3 *Das Bedienfeld Verlauf). Fireworks* interpretiert alle durchgeführten Text- und Absatzformatierungen als einen Arbeitsschritt und setzt diesen komplett zurück. Erst wenn Sie die Änderungen übernommen haben, ist der Arbeitsschritt beendet.

Schriftart, -größe, -farbe und -stil

Die wichtigsten Textoptionen stehen gleich links oben im Eigenschafteninspektor.

Wählen Sie im Pull-Down-Menü die gewünschte **Schriftart** aus. Beachten Sie, dass der Fließtext später in HTML als Verdana, Arial bzw. Helvetica definiert wird. Lediglich bei Überschriften, Logos und anderen Textelementen, die Sie anschließend als Bilddatei exportieren werden, können Sie Ihrem typografischen Empfinden freien Lauf lassen und wahre Eyecatcher kreieren. Sie sollten stets daran denken, dass Sie für das Web entwerfen und damit den ganzen Restriktionen dieses Mediums unterliegen. Sorry, aber es ist leider so. Sie wissen nie, welchen Computer, Monitor und sonstige Peripheriegeräte der User einsetzt – und genauso wenig wissen Sie, welche Schriftarten er installiert hat. Die Typografie ist ein sehr spannendes Thema und wenn es Sie wirklich interessiert, dann schauen Sie doch mal in die einschlägige Literatur. Wir machen hier mit *Fireworks* weiter…

Toll, rechts daneben erscheint schon mal eine Vorschau mit dem markierten Text.

Rechts daneben können Sie die **Schriftgröße** direkt angeben oder stellen diese mit dem Schieberegler ein. Die Größe ist hier in Punkten angegeben.

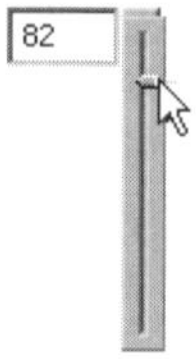

Stellen Sie eine Schriftgröße ein.

Wichtig: Die **Schriftfarbe**. Achten Sie auf gute Kontraste und eine gute Lesbarkeit. Auch hier finden Sie weitere Informationen in den zahlreichen Büchern zur Typografie. Klicken Sie mit dem Cursor auf den Farbwähler und wählen Sie in der Palette die gewünschte Farbe aus. Der Cursor erscheint dabei als Pipette, mit der Sie auch Farben außerhalb dieses Farbkastens auswählen können – beispielsweise aus dem aktuellen Dokument.

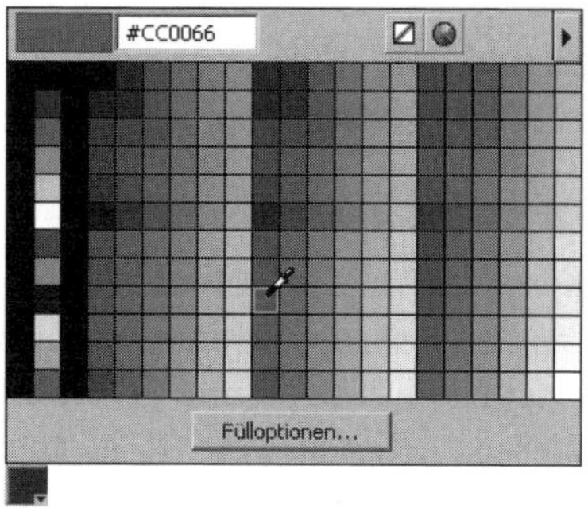

Wählen Sie eine Textfarbe im Füllfarbenfeld bzw. Füllfarben-Popup-Menü.

Dieser Farbwähler ist identisch mit der Füllfarbe in der Werkzeugleiste. Wenn Sie möchten, können Sie hier auch einen Pinselstrich festlegen. In der unteren Hälfte des Eigenschafteninspektors finden Sie hierzu das Stift-Icon mit dem dazu gehörenden Farbwähler:

Sie können eine Strichfarbe für den Text definieren.

Haben Sie einen Textblock markiert und erstellen anschließend einen neuen, so bleiben die Einstellungen des zunächst ausgewählten erhalten. Auch wenn Sie ein anderes Werkzeug aufrufen und andere Optionen einstellen, zeigt

Fireworks, wenn Sie anschließend wieder das Textwerkzeug benutzen, die gleichen Farbeinstellungen wie bei der letzten Verwendung. Lediglich der Pinselstrich wird jedes Mal auf *keiner* zurückgesetzt. Das alles gilt auch, wenn Sie mehrere Dokumente parallel bearbeiten oder öffnen und schließen.

MERKET AUF!

Die Pinselstrichfarbe kann nur dem kompletten Textblock zugewiesen werden, aber nicht einzelnen Zeichen innerhalb dieses Blocks.

Wie Sie weitere Fülloptionen definieren, erfahren Sie im Kapitel 7.

Wählen Sie einen **Schriftstil**. Im Eigenschafteninspektor stehen folgende Stile zur Auswahl:

F **Fett**,

K *Kursiv*,

U Unterstrichen.

...so weit nichts Neues.

POWER USER

Wussten Sie, dass Sie Schriften und Stile suchen und ersetzen können – gerade in der Layoutphase ist das ein sehr nützliches Tool:

1. Wählen Sie *Fenster | Suchen.*

2. Bestimmen Sie im ersten Pull-Down-Menü, was *Fireworks* durchsuchen soll: Eine Auswahl, einen Frame, das aktuelle Dokument (diese Standardeinstellung wird wohl am häufigstem verwendet) oder bestimmte Dateien.

3. Setzen Sie das zweite Pull-Down-Menü auf die Option *Schrift suchen.*

4. Darunter definieren Sie die Schrift und geben eventuell auch noch einen Stil an.

5. Anschließend legen Sie unter *Ändern in:* fest, welche Schriftart und -stil Sie stattdessen verwenden möchten.

6. Klicken Sie auf die Schaltfläche *Suchen*, wird der gefundene Text markiert. Klicken Sie auf *Ersetzen* oder *Alles ersetzen*, wenn *Fireworks* automatisch die Schrift austauschen soll.

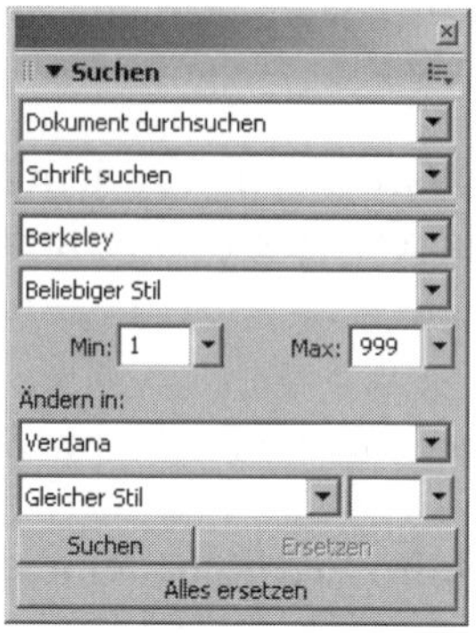

Schnell ist mal eine Schrift (inkl. Stil) ausgetauscht.

Genauso können Sie Schriftfarben ersetzen. Wie das im Einzelnen geht, erfahren Sie in Kapitel 7 und 17.

Unterschneidung und Bereichsunterschneidung

Den Zwischenraum zwischen einzelnen Zeichen bezeichnet man als Unterschneidung. Die Unterschneidung bestimmt die Lesbarkeit bzw. das Erscheinungsbild eines Textes. Sind die einzelnen Zeichen nicht mehr auszumachen, weil der Abstand zu gering ist, ist der Text genauso schwer lesbar wie wenn der Abstand zu groß ist, so dass einzelne Wörter kaum auf einen Blick von anderen abgrenzbar sind. Der Abstand zwischen den einzelnen Buchstaben muss also «stimmen». Die Bereichsunterschneidung wird nur auf einen markierten Textabschnitt innerhalb eines größeren Textblockes angewendet.

Wenn Sie jetzt hoffen, hier einen bestimmten Wert zu bekommen, den Sie immer verwenden sollten, muss ich Sie enttäuschen, denn die optimale Unterschneidung hängt von zahlreichen Faktoren ab – wie beispielsweise Schriftart, -größe und Stil, aber auch dem Grundlayout und dem (thematischen) Zusammenhang, in dem der jeweilige Text steht. Mit einem negativen Wert verringern Sie den Abstand zwischen den Zeichen, mit einem positiven vergrößern Sie diesen.

Lediglich folgende Faustregel kann ich Ihnen mit auf den Weg geben: Erhöhen Sie bei kleinem Text den Zeichenabstand, wird dieser in der Regel besser lesbar. Liegt der *Zeilenabstand* (vgl. nächsten Abschnitt) unter 100, sollten Sie auch den Zeichenabstand verringern; liegt der Zeilenabstand darüber, sollte auch der Zeichenabstand größer werden.

Die Unterschneidung können Sie im Feld unterhalb der Schriftart eintragen oder mit dem Schieberegler bestimmen. Dabei handelt es sich um einen Prozentwert.

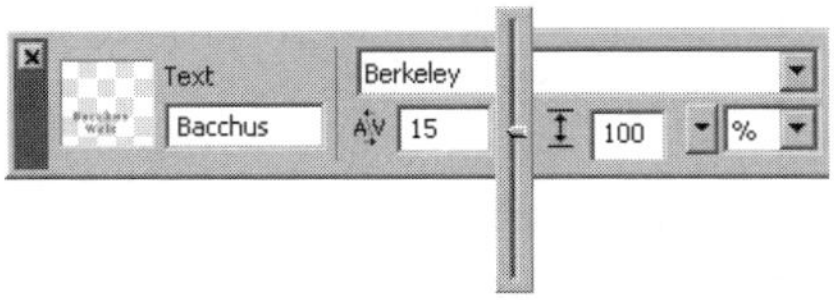

Bestimmen Sie im Eigenschafteninspektor den Abstand zwischen den einzelnen Zeichen.

So stellen Sie die Unterschneidung ein:

1. Markieren Sie entweder einen kompletten Textblock (oder mehrere) oder die Textstelle, für die Sie eine Bereichsunterschneidung definieren möchten.

2. Tragen Sie den (Prozent-)Wert (ohne %-Zeichen!) in das Feld im Eigenschafteninspektor ein oder benutzen Sie hierfür den Schieberegler. Negative Werte verringern den Abstand zwischen den Zeichen; positive Werte erhöhen ihn dagegen. Der Wert 0 bezeichnet die normale Unterschneidung. Wenn es mal schnell gehen muss: Shift + Strg (Windows) bzw. Befehlstaste (Macintosh) und dann die Pfeil-nach-links- bzw. Pfeil-nach-rechts-Taste. Damit stellen Sie die Unterschneidung in Zehner-Schritten ein.

POWER USER

In der Regel enthält eine Schriftart Informationen über den Zwischenraum einzelner Buchstaben. So gibt es Buchstaben, die weniger Platz benötigen und solche, die etwas breiter sind. In *Fireworks* wird dann der Zwischenraum automatisch verringert, so dass es in der Regel ein harmonisches Erscheinungsbild gibt. Ist der Text nun kleiner oder ohne Anti-Alias (s. u.), kann es wünschenswert sein, dass diese Option nicht aktiviert ist. Deaktivieren Sie darum die *automatische Unterschneidung*, indem Sie das entsprechende Kontrollkästchen im Eigenschafteninspektor deaktivieren. Falls der Eigenschafteninspektor minimiert ist, müssen Sie hierfür auf den Erweiterungspfeil klicken.

Original mit Unterschneidung = 0 (links); Unterschneidung = 15 (mitte); Unterschneidung = -10 (rechts).

Zeichenbreite

Während Sie im vorherigen Kapitel den Abstand zwischen einzelnen Zeichen definiert haben, sehen Sie hier, wie Sie die Zeichenbreite selbst verändern können. Standardmäßig steht diese auf 100 %.

Die horizontale Skalierung kann zwischen 50 und 300 % liegen. Bei einem Wert kleiner als 100 % wird der Text dünner, ist dieser größer, wird der Text dagegen dicker. Die Höhe wird dabei nicht beeinflusst.

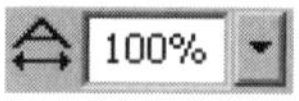

Geben Sie einen Prozentwert für die Zeichenbreite an.

150 %, 100 % und 50 % (von unten nach oben).

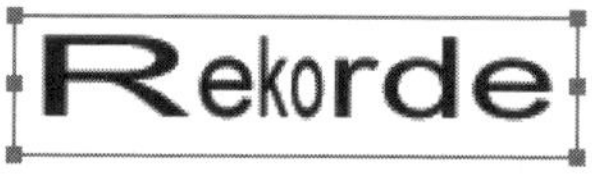

Innerhalb eines Textblockes können unterschiedliche Zeichenbreiten definiert werden.

Nur beim Transformieren können Sie auch die Zeichenhöhe ändern.

HEISSER TIPP

Sie können das gesamte Textobjekt auch über das Dialogfenster *Numerisch transformieren* skalieren. Während Sie im Eigenschafteninspektor nur die horizontale Zeichenbreite angeben können, haben Sie hier die Möglichkeit, auch eine vertikale Skalierung einzustellen. Wenn Sie das Kontrollkästchen *Proportionen beschränken* deaktivieren, können Sie außerdem interessante Textverzerrungen entwickeln.

Anti-Alias

Mit der Anti-Alias-Funktion glätten Sie Textränder. Das bedeutet, dass die Ränder leicht in den Hintergrund übergehen – wie leicht, dass bestimmen Sie durch die jeweils gewählte Anti-Alias-Option, die Sie wunderbar im Eigenschafteninspektor einstellen können.

Allerdings sieht das nicht bei jedem Text sauber aus. Besonders bei sehr kleinem Text verschwimmen die Buchstaben eher, als dass die Lesbarkeit erhöht wird. Daher sollten Sie eine Anti-Alias-Einstellung nur bei größeren Zeichen einsetzen. Durch die weichen Ränder erscheint der Text sanfter und wird leichter lesbar.

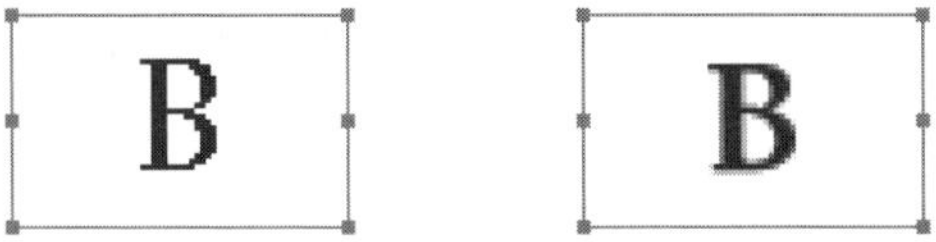

Keine Glättung der Zeichenränder (links); Starkes Anti-Alias (rechts).

So glätten Sie die Textränder:

1. Wählen Sie den Textblock (oder mehrere Textobjekte) aus, dessen Zeichen mit dem Anti-Alias-Verfahren geglättet werden sollen. Beachten Sie, dass Sie das Anti-Alias stets nur dem kompletten Block zuweisen können, aber nicht den einzelnen Zeichen innerhalb des Textblockes.

2. Bestimmen Sie im Eigenschafteninspektor eine Anti-Alias-Option. Dabei stellen Sie mit den einzelnen Optionen unterschiedliche Stufen bzw. Intensitäten der Glättung ein:

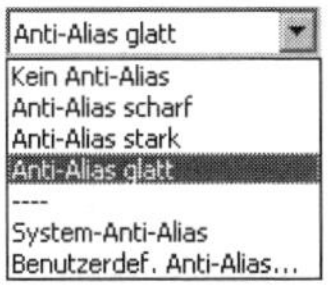

Die Anti-Alias-Optionen im Eigenschafteninspektor.

Die folgenden Beispiele zeigen die 200 %-ige Vergrößerung.

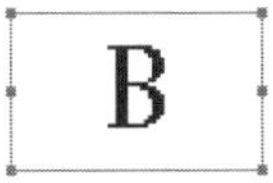 *Kein Anti-Alias*;  *Anti-Alias scharf*;

 *Anti-Alias stark*;  *Anti-Alias glatt*;

 *System-Anti-Alias* (Windows).

Mit den *Benutzerdef. Anti-Alias*-Optionen können Sie zu den gleichen Ergebnissen wie mit den anderen Optionen kommen – oder weitere Feineinstellungen definieren.

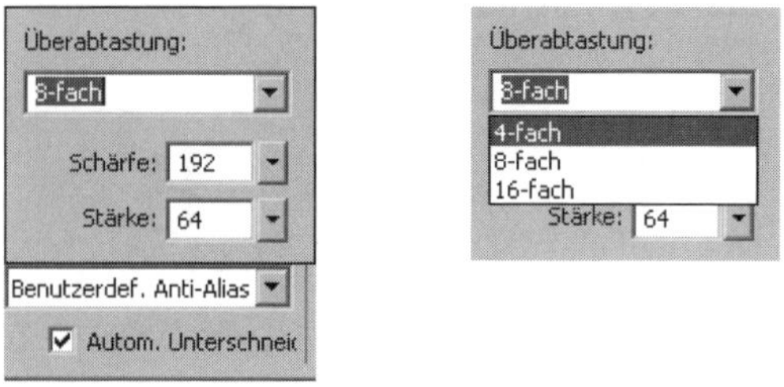

Geben Sie die Einstellungen für Ihr «Benutzerdef. Anti-Alias» an – mit einer 4-, 8- oder 16-fachen «Überabtastung» (also Überblendung des Hintergrundes). Stellen Sie «Schärfe» und «Stärke» der Kantenglättung ein.

Der mit Anti-Alias geglättete Text ist gut lesbar, wenn die Buchstaben nicht ineinander laufen.

Die oben gezeigten Einstellungen angewendet auf ein Textzeichen – was meinen Sie, welcher Schriftzug ist am besten lesbar? Der Text ist 10 Punkt groß.

HEISSER TIPP

Öffnen Sie in anderen Anwendungen erstellte Vektorgrafiken, werden automatisch die Textränder geglättet. Dieses Anti-Alias können Sie noch nachträglich im Eigenschafteninspektor bearbeiten.

Grundlinienverschiebung

Normalerweise steht der Text direkt auf der imaginären Grundlinie. Häufig kommt es vor, dass Sie bestimmte Buchstaben in einem Text hoch oder tief stellen möchten (z. B. m^2 oder H_2O).

1. Markieren Sie das Zeichen, das hoch- oder tiefgestellt erscheinen soll.

2. Geben Sie einen negativen Wert (min. -99) an, wenn das Zeichen tiefgestellt werden soll und einen positiven Wert (max. 100), wenn der Textteil über der Grundlinie liegen soll.

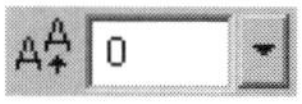

Standardmäßig steht der Text direkt auf der Grundlinie (= 0).

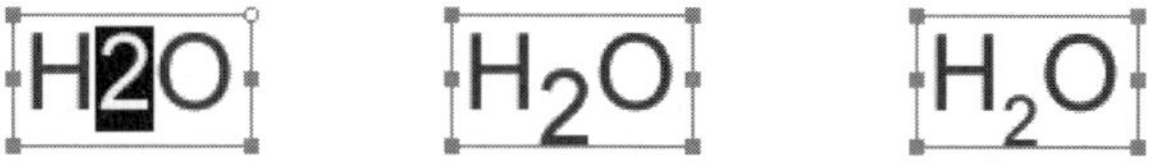

Zeichen markieren – Grundlinie verschieben – Schriftgröße ändern.

POWER USER

Am besten wirken hoch- und tiefgestellte Zeichen, wenn diese etwas kleiner sind als der Text, der direkt auf der Grundlinie steht.

Zeilenabstand

Stehen zwei oder mehrere Zeilen direkt untereinander, können Sie deren Abstand zueinander festlegen. Dieser Zeilenabstand wird von Grundlinie einer Zeile zur Grundlinie der anderen gemessen und standardmäßig in Prozent angegeben. Wenn Sie möchten, können Sie Pixel (*px*) als Einheit im Pull-Down-Menü rechts daneben einstellen. Arbeiten Sie ansonsten wie im vorherigen Abschnitt beschrieben.

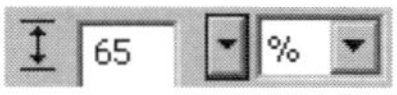

Legen Sie im Eigenschafteninspektor den Zeilenabstand in Pixelangabe oder als Prozentwert fest.

Zeilenabstand = 0 % (links); Zeilenabstand = 50 % (rechts).

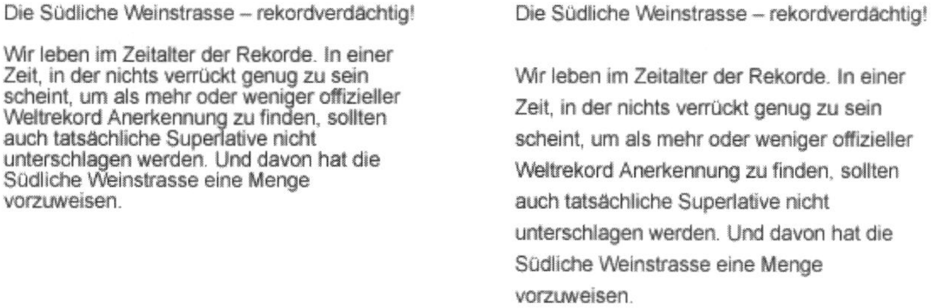

Zeilenabstand = 100 % (links); Zeilenabstand = 150 % (rechts).

Textorientierung, Absatzausrichtung und Abstände

Westliche Kulturen lesen von links nach rechts und von oben nach unten, viele östliche dagegen von rechts nach links. Nein, ich werde jetzt nicht mit irgendwelchen Schriften kommen… Auch wenn Sie keinen arabischen oder hebräischen Text setzen möchte, kann beispielsweise die Einstellung *Horizontal von rechts nach links* sehr hilfreich sein. Auch Japanisch kann mit dem Textfluss *Vertikal von rechts nach links* prima umgesetzt werden.

Im Webdesign findet man häufig Textspielereien, die durch eine bestimmte Textorientierung zustande kommen. Der Standard ist zwar die horizontale Ausrichtung, doch in *Fireworks* kann daraus sehr schnell eine vertikale werden:

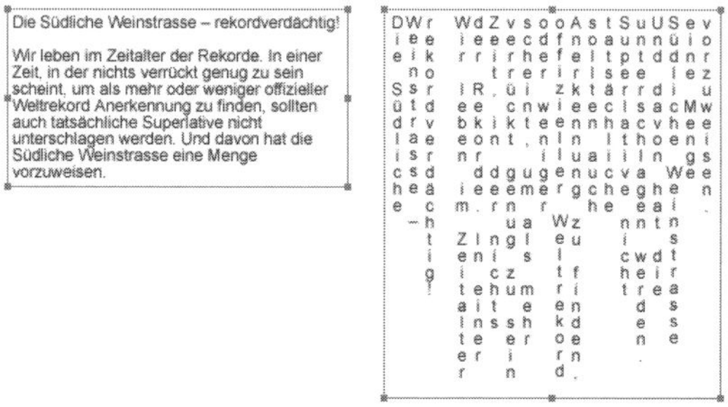

Links die gewohnte horizontale Textorientierung; rechts die vertikale.

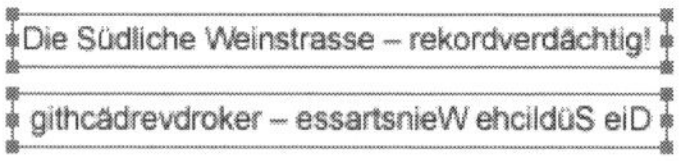

Oder wir wär's mit lesen – nur rückwärts?

So funktioniert die Textorientierung:

1. Klicken Sie im Eigenschafteninspektor auf den Button .

2. Bestimmen Sie im nun offenen Menü, die gewünschte Art der Textorientierung.

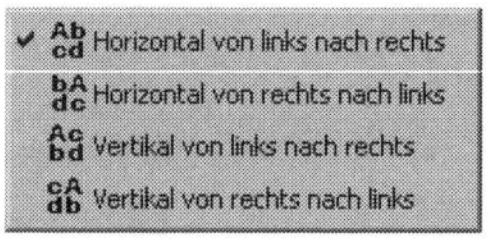

Das Menü für die Textorientierung.

NICHT VERGESSEN

Beachten Sie, dass sich die ausgewählte Orientierung immer auf den kompletten Textblock auswirkt. Bei der vertikalen Text-Orientierung wird nicht die Reihenfolge der Textzeichen geändert, sondern lediglich die der Textspalten.

So weit, so gut – bleiben wir bei dem für uns normalen Textfluss horizontal, von links nach rechts. Nun wollen wir unseren Absatz noch ausrichten. Dies geschieht stets im Verhältnis zu den Rändern der Textbox.

So richten Sie einen Absatz aus:

1. Markieren Sie den kompletten Textblock oder markieren Sie Absätze in einem Block. Logischerweise kann diese Absatzformatierung nicht auf einzelne Buchstaben bzw. Wörter angewendet werden.

2. Im Eigenschafteninspektor stehen Ihnen für die Absatzausrichtung folgende Optionen und Buttons zur Verfügung – aber genug der vielen Worte – schauen Sie sich selbst an, welche Auswirkungen die jeweilige Ausrichtung auf den Text hat:

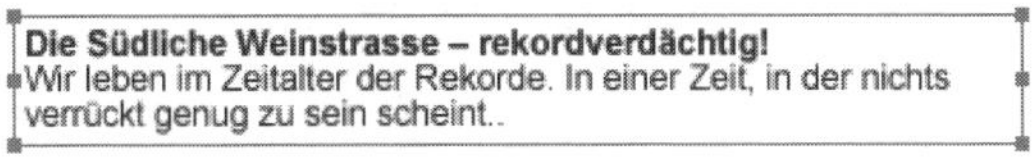

Linksbündig. (Das ist die Standardeinstellung.)

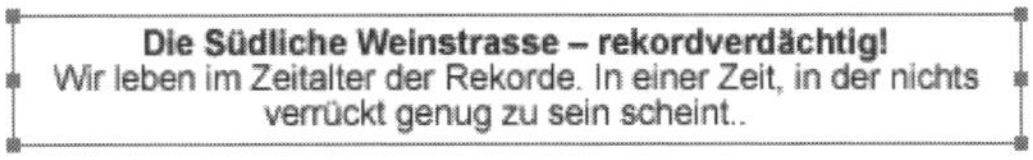

Zentriert.

Rechtsbündig.

Blocksatz.

Gestreckte Ausrichtung. Hier wird der Text auf die festgelegte Breite der Textbox verteilt und dazu in jeder Zeile so weit gestreckt, bis diese komplett gefüllt ist. Der Text reicht dann jeweils an den Rand des Begrenzungsrahmens heran.

Wenn Sie mit vertikalem Text arbeiten, gelten die oben beschriebenen Ausrichtungsmöglichkeiten analog – aber eben für die Vertikale. So können Sie den Text beispielsweise am oberen oder am unteren Textblockrand ausrichten. Benutzen Sie hierzu die in der folgenden Abbildung gezeigten Schaltflächen im Eigenschafteninspektor.

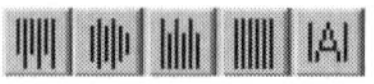

Buttons für das Ausrichten vertikalen Textes.

Bleiben wir noch einen Moment bei der Absatzformatierung. Sehr häufig sieht man, dass der Text der ersten Zeile nicht linksbündig, sondern etwas eingerückt ist. Auch diesen Texteinzug haben Sie in *Fireworks* schnell definiert.

So rücken Sie den Text ein:

1. Markieren Sie den Textblock oder den Absatz, den Sie einrücken möchten.

2. Legen Sie im Eigenschafteninspektor den Texteinzug fest. Sie können hierzu den Schieberegler verwenden; oder Sie tragen den Wert (in Pixel) direkt in das in der folgenden Abbildung gezeigte Feld ein.

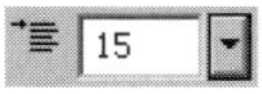

Legen Sie den Wert für den Einzug im Eigenschafteninspektor fest.

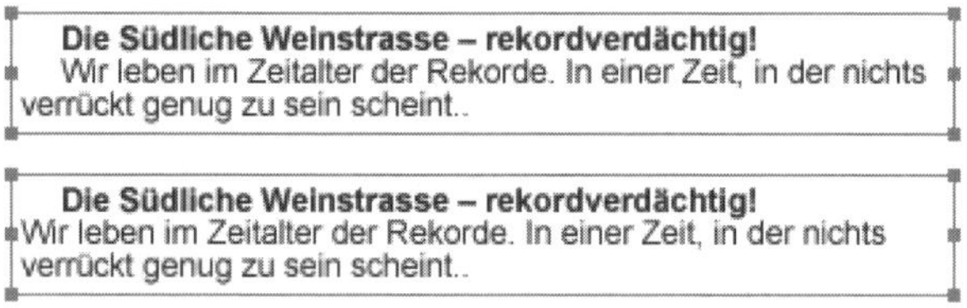

Für den oberen Texteinzug wurde das komplette Textobjekt ausgewählt. Darunter sehen Sie, was passiert, wenn nur ein Absatz (hier der erste) ausgewählt wird.

Natürlich können Sie auch zwischen zwei Absätzen den Abstand definieren, ohne dass Sie hierzu gleich zwei separate Textobjekte anlegen müssen. Dabei können Sie den Abstand **vor** oder **nach** dem ausgewählten Absatz definieren.

So stellen Sie den Abstand zwischen Absätzen ein:

1. Markieren Sie den Absatz.

2. Geben Sie den oberen oder unteren Abstand zu den Nachbar-Absätzen an.

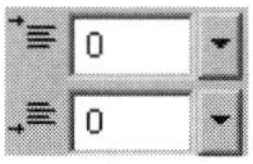

Im oberen Feld können Sie den Wert für den Abstand des aktuellen Absatzes zu dem vorherigen angeben; im unteren Feld den Abstand zum nachfolgenden.

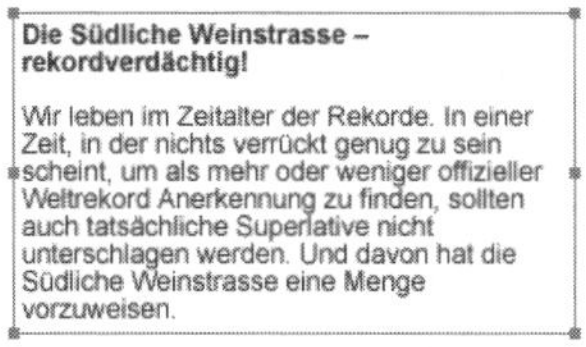

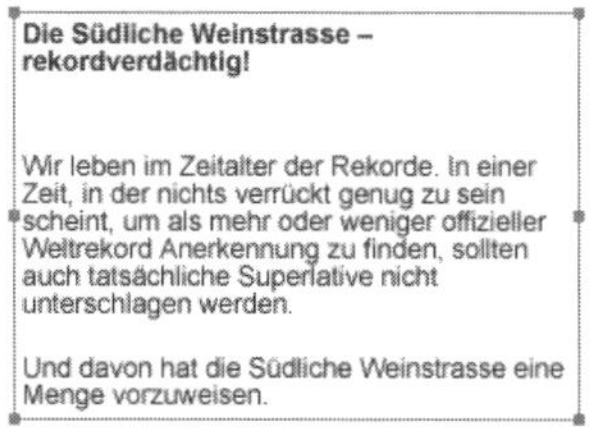

Links stehen alle Absätze auf 0; Rechts wurde für den zweiten Absatz (das ist der direkt unter der Überschrift) ein Abstand zum oberen Absatz von 22 definiert (unterer Abstand = 0). Der dritte Absatz hat einen Abstand von 16 zum vorherigen Abschnitt. Das Beispiel ist auf der CD-Rom (06_text/abstand-absaetze.png).

Der Texteditor

Sie kennen *Fireworks* von Kindesbeinen an? Dann kennen Sie bestimmt auch den Texteditor, ein kleines Fenster, in das Sie Ihren Text eingeben und bearbeiten können. Im Laufe der Folgeversionen sind diese Tools dann in den Eigenschafteninspektor gewandert. Auch sind einige neue Textfunktionen nicht mehr in den Editor integriert worden.

Dennoch kann es sinnvoll sein, Arbeiten im Texteditor zu erledigen – beispielsweise wenn es schwierig ist, einen bestimmten Text zu bearbeiten, weil dieser zu umfangreich, schwer lesbar oder an Pfade angefügt ist (vgl. Kapitel *Text an Pfad anfügen*). Sie sehen, der Editor ist immer noch ein sehr nützliches Tool.

So erleichtern Sie das Editieren von Text:

1. Markieren Sie den vorhandenen Text.

2. Wählen Sie in der Menüleiste *Text* | *Editor* oder gehen Sie im Kontextmenü (rechter Mausklick!) auf *Bearbeiten* | *Editor*. Der Texteditor wird geöffnet.

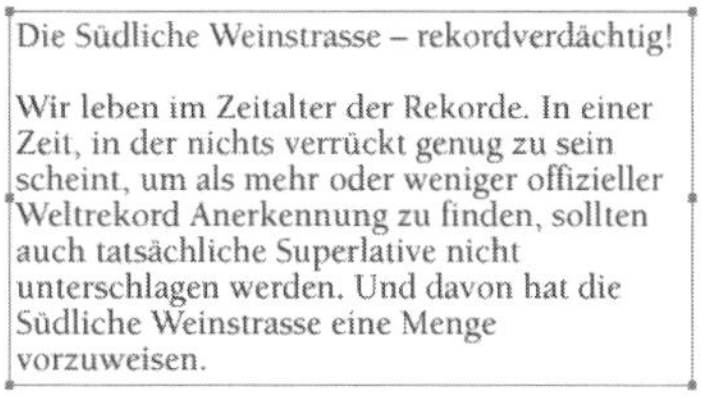

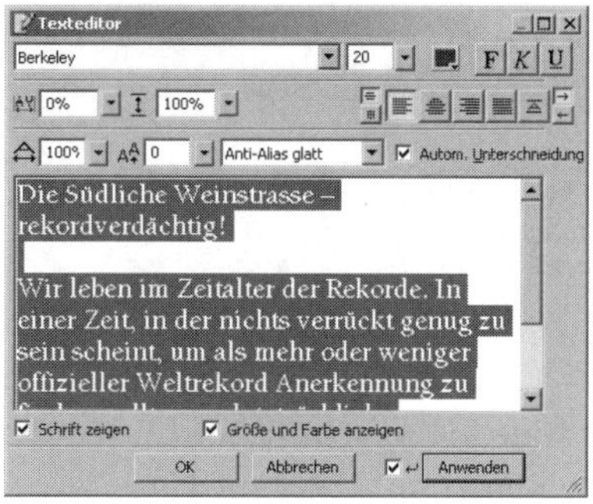

Der Editor (rechts) kann den Text genauso anzeigen, wie er im Dokumentfenster (links) erscheint.

Der Texteditor enthält automatisch den Text des markierten Textblocks.

3. Editieren Sie den Text wie Sie es bereits vom Eigenschafteninspektor her kennen. Die dafür vorhandenen Optionen sind identisch. Fügen Sie einen neuen Absatz ein, indem Sie die Enter-Taste drücken. Der Cursor springt dabei in nächste Zeile. Benutzen Sie die Optionen am unteren Rand des Texteditors:

   - *Schrift zeigen*: Ist das Kontrollkästchen deaktiviert, wird der Text im Editor in der Systemschriftart angezeigt. Aktivieren Sie dagegen diese Option, wenn der Editor die eingestellte Schriftformatierung zeigen soll.

   - *Größe und Farbe anzeigen*: Arbeiten Sie mit Text in einer sehr großen Schrift? Dann sollten Sie diese Option deaktivieren. Dann zeigt der Editor nämlich den Text im Standardschriftgrad an. Aktivieren Sie dieses Kontrollkästchen, wenn der Text entsprechend der eingestellten Formatierung erscheinen soll.

   - *Änderungen autom. anwenden*: Aktivieren Sie das Kontrollkästchen, wenn die Textformatierung gleich im Dokumentfenster sichtbar sein soll. Der Text im Dokumentfenster wird automatisch aktualisiert. Sie werden sehen: Ein riesiger Vorteil, denn der Texteditor muss nicht geschlossen werden, um mal schnell zu gucken, wie sich der Text auf der Seite macht. Ist diese Option dagegen deaktiviert, müssen Sie hierzu auf die Schaltfläche *Anwenden* klicken, damit Ihre Änderungen sichtbar werden.

4. Wenn Sie mit Ihrer Arbeit im Texteditor fertig sind, klicken Sie auf die Schaltfläche *OK*.

Sie können auf «Größe und Farbe anzeigen» klicken und damit Formatierungen der Schrift im Editor anzeigen lassen. Auch kann die Standardfarbe verwendet werden (rechts).

Text an Pfad anfügen

Wie wir im letzten Workshop gesehen haben, bieten Vektoren zahlreiche Vorteile – doch einen wesentlichen haben wir noch nicht kennen gelernt. Wenn Ihnen die gerade lineare Anordnung des Textes zu langweilig ist, dann sollten Sie diesen anders orientieren – nämlich an einem Pfad. Der Textfluss orientiert sich dann an der Form dieses Pfades. Dabei können Sie Textorientierung und Textrichtung ändern.

Anders wie bei der Bitmap-Konvertierung bleibt dieser Text weiterhin bearbeitbar und formatierbar.

Und so geht's:

1. Zeichnen Sie einen Pfad. Wenn Sie ein paar Anregungen suchen, schauen Sie noch einmal in Kapitel 5 nach. Beachten Sie, dass die Reihenfolge, in der Sie den Pfad zeichnen, die Richtung des später angefügten Textes bestimmt.

2. Markieren Sie Textblock und Pfad (Shift-Taste drücken!).

3. Wählen Sie in der Menüleiste *Text | An Pfad anfügen.*

Der Text ist an den Pfad angefügt und folgt dessen Form.

Der Pfad verliert dabei seine Attribute – wie Pinselstrich, Füllung oder Effekte. Die Attribute, die Sie nun definieren, werden auf den Text und nicht auf den Pfad angewendet. Erst wenn Sie den Text vom Pfad lösen, erhält der Pfad seine Attribute zurück.

Besteht Ihr Text aus mehreren Zeilen und Absätzen, haben Sie nur eine geringe Kontrolle über das Ergebnis. Da heißt es dann schlicht und einfach ausprobieren. Sollte der Pfad zu kurz sein, um den gesamten Text anzufügen, wird dieser umbrochen, wobei diese neue Zeile die Form des Pfades ebenfalls «nachzeichnet».

Auch die Pfadform kann weiter bearbeitet werden. Voraussetzung hierfür ist allerdings, dass Sie den Text wieder vom Pfad lösen.

So lösen Sie den Text wieder vom Pfad:

1. Markieren Sie den an den Pfad angefügten Text.

2. Wählen Sie *Text | Text von Pfad lösen.* Diesen Befehl finden Sie auch im Kontextmenü.

ERSTE HILFE

Ihr Text erscheint nun auf dem Kopf? Dann haben Sie den Pfad von rechts nach links gezeichnet – und genau daran wird dann auch der angefügte Text ausgerichtet. Jetzt gibt es zwei Möglichkeiten: Entweder Sie zeichnen den Pfad noch einmal – dies Mal von links nach rechts – oder Sie ändern die Textrichtung.

So ändern Sie die Textrichtung und -orientierung:

- Wählen Sie *Text | Richtung umkehren,* wenn Sie die Textrichtung des ausgewählten Pfades ändern möchten.

- Wählen Sie *Text | Richtung* und bestimmen Sie im Untermenü eine Orientierung. Zur Auswahl stehen:

Um Pfad drehen.

Vertikal.

Vertikal neigen.

Horizontal neigen.

HEISSER TIPP

Verschieben Sie den Anfangspunkt des Textes, damit dieser etwas weiter «hinten» am Pfade beginnt. Geben Sie diesen Wert in das Textfeld *Pfad-Offset* im Eigenschafteninspektor ein und bestätigen Sie dann mit der Enter-Taste.

Den Text können Sie präzise am Pfad anlegen.

Text in Pfade konvertieren

Wenn Sie Text in Pfade konvertieren, können Sie die Form der einzelnen Buchstaben verändern, wofür Sie alle Vektorwerkzeuge benutzen können. Allerdings können Sie hier nicht mehr den Text bearbeiten, da dieser nicht mehr als solcher vorliegt.

1. Wählen Sie *Text | In Pfade konvertieren.*

2. Heben Sie die Gruppierung auf oder benutzen Sie das Teilauswahlwerkzeug .

3. Bearbeiten Sie die Pfade wie in Kapitel 5 beschrieben.

Aus dem Textobjekt wurden mehrere geschlossene Pfade, die mit den Vektorwerkzeugen bearbeitet werden können.

Rechtschreibprüfung

Eine grafisch erstklassig gestaltete Website wirkt schnell unprofessionell, wenn diese Rechtschreibfehler enthält. Darum sollten Sie unbedingt auf die in *Fireworks* integrierte Rechtschreibprüfung zurückgreifen. Diese funktioniert ähnlich wie in *Microsoft Word* und anderen Programmen.

So arbeiten Sie mit der Rechtschreibkontrolle:

1. Markieren Sie die Textblöcke, die überprüft werden sollen. Falls Sie keinen Textblock markieren, überprüft *Fireworks* automatisch das gesamte Dokument. Beachten Sie, dass bereits in Grafik umgewandelter Text nicht mehr geprüft werden kann!

2. Wählen Sie *Text | Rechtschreibprüfung.*

3. Sie werden nun darauf hingewiesen, dass Sie zunächst ein Wörterbuch bestimmen sollen – und genau das machen wir jetzt…

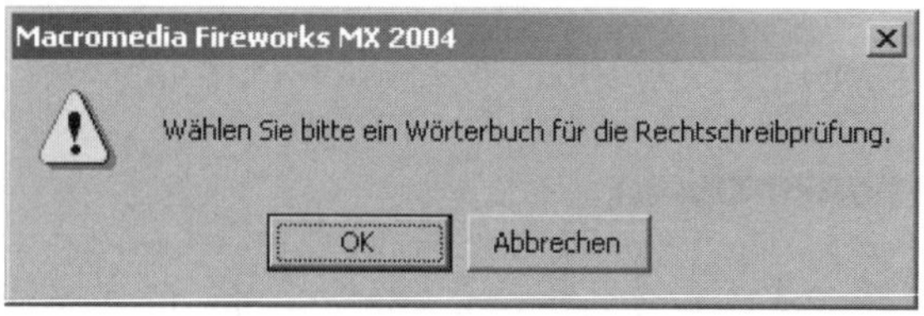

Klicken Sie auf «OK». Das Dialogfenster erscheint nur, wenn Sie die Rechtschreibprüfung das erste Mal starten.

4. Richten Sie die Rechtschreibprüfung ein:

   Standardmäßig ist zunächst das Wörterbuch *Macromedia.tlx* ausgewählt. Hierbei handelt es sich um Ihr persönliches Wörterbuch. Wenn Sie möchten, können Sie auch andere benutzerdefinierte Wörterbücher angeben.

Tragen Sie den *Pfad zum persönlichen Wörterbuch* in das entsprechende Feld darunter ein.

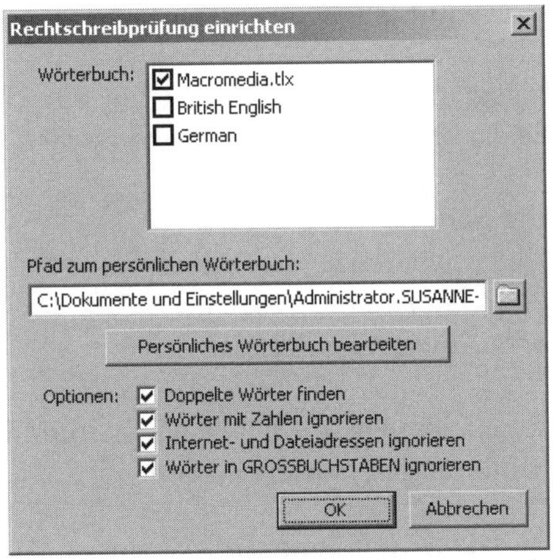

Geben Sie das Wörterbuch an, das die Basis der Rechtschreibprüfung bilden soll.

HEISSER TIPP

Arbeiten Sie auch mit anderen Macomedia-Anwendungen? Dann verwenden Sie doch das gleiche Wörterbuch. Das hat den Vorteil, dass Sie dieses stetig erweitern und gleichzeitig dessen Funktionsfähigkeit erhöhen.

Klicken Sie auf den Button *Persönliches Wörterbuch bearbeiten*, erscheint folgendes Fenster:

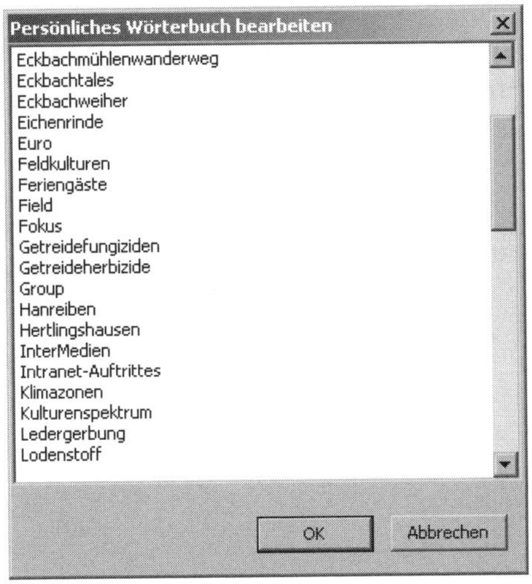

Ihr persönliches Wörterbuch kann direkt in «Fireworks» ergänzt und bearbeitet werden.

Geben Sie Begriffe ein, die von der Rechtschreibprüfung erfasst werden sollen, z. B. Produkt- oder Firmennamen. Drücken Sie nach jedem Eintrag die Enter-Taste. So wächst Ihr persönliches Wörterbuch.

Geben Sie im Dialogfenster *Rechtschreibprüfung einrichten* weitere Optionen an, indem Sie das entsprechende Kontrollkästchen aktivieren:

- *Doppelte Wörter finden.*
- *Wörter mit Zahlen ignorieren.*
- *Internet- und Dateiadressen ignorieren.*
- *Wörter in Großbuchstaben ignorieren.*

Über diese Optionen können folglich auch bestimmte Wörter von der Rechtschreibkontrolle ausgeschlossen werden.

Wenn Sie fertig sind, klicken Sie auf *OK.*

5. Die Rechtschreibkontrolle wird nun gestartet. Findet *Fireworks* einen Begriff nicht im Wörterbuch, bekommen Sie eine Liste mit Vorschlägen:

- Wählen Sie einen Vorschlag aus und klicken Sie auf die Schaltfläche *Ändern* oder *Alles ändern.*

- Klicken Sie auf den Button *In Wörterbuch aufnehmen*, um das Wörterbuch zu ergänzen.

- Oder Sie ignorieren diesen Vorschlag an dieser Stelle – oder in der weiteren Überprüfung, ohne dass dazu das Wort in das Wörterbuch aufgenommen wird.

- Oder Sie geben direkt in das Textfeld *Ändern In* die gewünschte richtige Schreibweise ein.

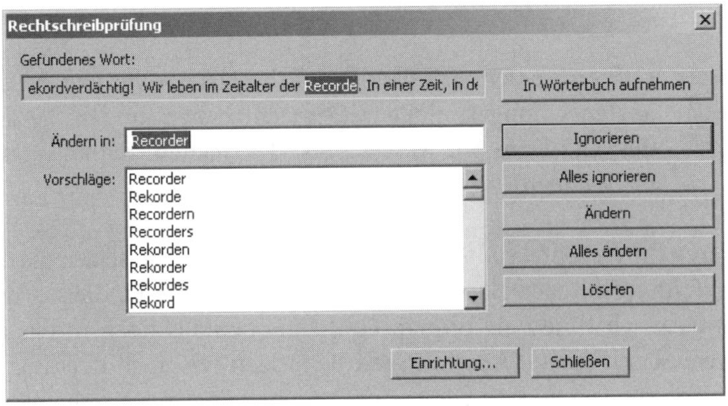

Die Rechtschreibprüfung läuft!

6. Ist die Kontrolle abgeschlossen, will *Fireworks* wissen, ob auch die anderen Textelemente überprüft werden sollen.

Soll Fireworks die Rechtschreibprüfung fortsetzen?

Haben Sie die Rechtschreibkontrolle einmal benutzt, werden Sie nicht mehr darauf hingewiesen, dass Sie noch ein Wörterbuch auswählen müssen. Die zuvor beschriebenen Schritte 3 und 4 entfallen. Um erneut die Rechtschreibkontrolle einrichten zu können, klicken Sie im Dialogfenster *Rechtschreibprüfung* auf die Schaltfläche *Einrichtung* oder Sie wählen in der Menüleiste *Text | Rechtschreibprüfung einrichten.* Anschließend starten Sie die Überprüfung mit *Text | Rechtschreibung.*

Sie möchten eine bestimmte Textstelle in Ihrem kompletten Dokument durch eine andere ersetzen? Kein Problem: Öffnen Sie das Bedienfeld *Suchen* (*Fenster | Suchen*) und nehmen Sie dort die entsprechenden Einstellungen vor. Was Sie dabei berücksichtigen sollten und welche Möglichkeiten Ihnen dieses Bedienfeld noch bietet, erfahren Sie in Kapitel 17.

Übung

SMART DISC

Öffnen Sie den aktuellen Stand der Datei *home.png*. Falls Sie die letzten Übungen nicht mitgemacht haben, finden Sie diese auf der CD-Rom im Verzeichnis des letzten Kapitels (*tutorials/05_vektoren*).

Importieren Sie die Datei *content.txt* (*tutorials/06_text*) und setzen Sie den Text in den rechten Teil der BacchusWelt-Homepage. Die Fotoleiste und den Bacchus habe ich Ihnen als Bitmap-Grafiken ebenfalls noch in das aktuelle Arbeitsverzeichnis gelegt. Anschließend benötigen wir noch den Text für die Navigationsleiste (*menu.txt*). Diesen werden wir später noch brauchen und in Schaltflächen umwandeln (Kapitel 11).

Die fertige Homepage sollte nun wie in der folgenden Abbildung aussehen.

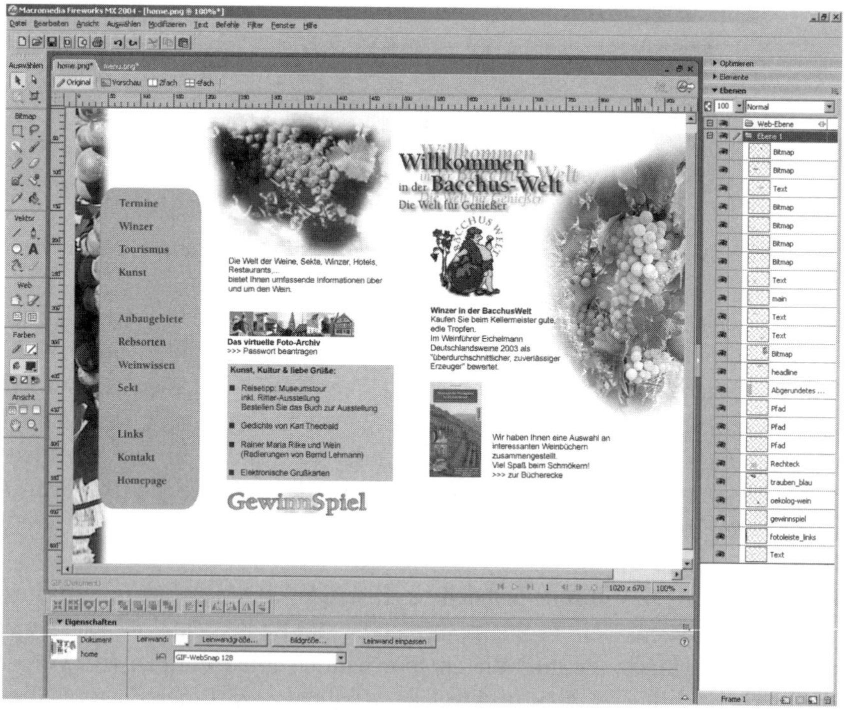

Der aktuelle Stand unserer Homepage BacchusWelt.

Wahrscheinlich haben Sie die Navigationsleiste der Online-Site `www.bacchus-welt.de` etwas anders in Erinnerung. Richtig – da fehlt noch ein Effekt. Diesen werden wir in Kapitel 8 hinzufügen. Bitte noch etwas Geduld…

In diesem Kapitel haben wir die Besonderheiten der Texterstellung und -bearbeitung kennen gelernt. Sie haben gesehen, wie raffiniert *Fireworks* auch diese Arbeitsschritte meistert. Dazu stehen Ihnen nahezu genauso professionelle Tools bzw. Einstellmöglichkeiten zur Verfügung, wie Sie es vielleicht schon von komplexen DTP-Programmen kennen.

Text ist ein wesentliches Gestaltungselement. In *Fireworks* stehen Ihnen zahlreiche Bearbeitungsmöglichkeiten zur Verfügung. Bei der Gestaltung des Textes spielen Pinselstriche und Füllungen eine große Rolle. Auch mit Effekten und Stilen können Sie wahre Kunstwerke vollbringen und Text lebendig und interessant gestalten. Auch wenn Sie Text beispielsweise mit einem Schlagschatten versehen, bleibt dieser weiterhin bearbeitbar – vorausgesetzt, Sie speichern die Datei im PNG-Format ab.

Sie dürfen also auf die nächsten beiden Kapitel gespannt sein.

7 Farben, Pinselstriche, Füllungen

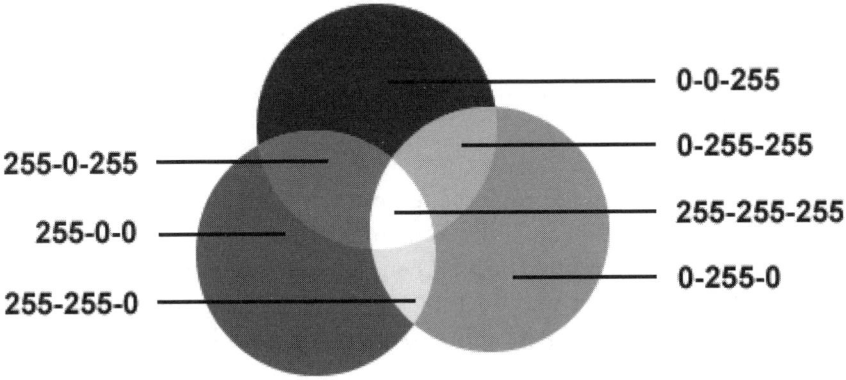

Farben, Pinselstriche, Füllungen

Ohne Farbe keine Webseite und kein Layout; ohne Striche und Flächen kein Design. Dabei wird Farbe auf sehr unterschiedliche Art und Weise eingesetzt. Wenn wir feststellen, dass Pinselstriche, Füllungen und Textelemente dadurch ein markantes Aussehen bekommen, dann ist das eigentlich zu wenig, denn in *Fireworks* können Sie außerdem weitere Attribute definieren – beispielsweise Verläufe und Texturen.

In diesem Kapitel lernen Sie das Arbeiten mit Farbe kennen. *Fireworks* besitzt hierzu eine große Auswahl an Tools, Bedienfeldern und Optionen zum Erstellen, Verwalten und Anwenden von Farben, Pinselstrichen und Füllungen auf Vektoren, Bitmapgrafiken und Textobjekte. So finden Sie im Arbeitsbereich mehrere Farbfelder, die wir in den einzelnen Kapiteln bereits grob kennen gelernt haben.

In diesem Workshop werden Sie sehen, dass Farbe mehr ist als einfach nur eine Wertzuweisung. Sie werden Farbmodelle kennen lernen, Farben mischen und Verläufe erstellen.

Das werden Sie lernen:

- Mit Farben arbeiten
- Farben definieren
- Verläufe und Texturen erstellen

Dateien für diese Lektion:

SMART DISC

- *07_farbe/textur.png*
- *07_farbe/textur_dna.png*
- *07_farbe/muster.png*
- *04_bitmaps/dom.png* und *07_farbe/dom-muster.png* (bearbeitete Grafik)
- *07_farbe/verlaufsfarbe.png*

Farben definieren, anwenden und speichern

Wie in der Einführung angedeutet haben wir bereits mehrfach an unterschiedlichen Stellen des Arbeitsbereiches mit Farben zu tun gehabt. Besonders im Eigenschafteninspektor tauchen immer wieder Felder für Strich- und Füllfarbe auf. Da dies jedoch von dem ausgewählten Werkzeug bzw. Objekt abhängt, schauen wir uns die Farbauswahl-Felder in der Werkzeugleiste an, die nach dem gleichen Prinzip funktionieren.

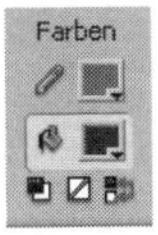

Werkzeuge für die Farbdefinition.

Farbfelder

An mehreren Stellen des *Fireworks*-Arbeitsbereichs sind uns bereits Farbfelder begegnet. Die Arbeit damit unterscheidet sich nicht wesentlich von der Arbeit mit Farbfeldern in anderen Programmen.

Haben Sie einem Objekt bereits Farben zugewiesen, werden diese in der Werkzeugleiste im Abschnitt *Farben* (und im Eigenschafteninspektor) angezeigt. Diese können Sie hier verändern. Falls Sie ein Objekt erst erstellen wollen bzw. bestimmte Werkzeuge – wie beispielsweise den Füller, den Bleistift oder das Textwerkzeug – benutzen möchten, können Sie hier (oder im Eigenschafteninspektor) die zu verwendenden Farben einstellen.

So definieren Sie eine Farbe:

1. Markieren Sie das Objekt, dessen Farbeigenschaften Sie ändern möchten, oder wählen Sie ein Werkzeug aus, dessen Farbeigenschaften Sie zunächst festlegen möchten.

2. Klicken Sie auf das Feld für die Füllfarbe oder auf den Farbkasten für den Pinselstrich. Das Farbfenster wird geöffnet.

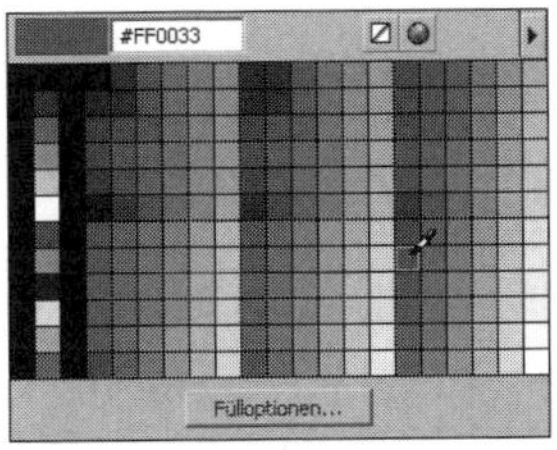

Treffen Sie eine Farbauswahl.

3. Wählen Sie eine Farbe aus. Der Cursor verwandelt sich dabei automatisch in eine Pipette. Klicken Sie auf das entsprechende Farbfeld, wird die Farbauswahl wieder geschlossen und der Farbton erscheint in der Werkzeugleiste.

Möchten Sie weitere Farben definieren, die im Farbfeld nicht aufgeführt sind, klicken Sie auf den Button . Das Dialogfenster *Farbe* wird geöffnet.

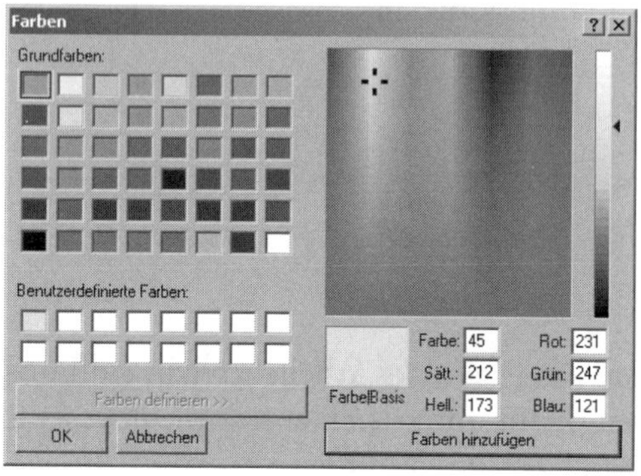

Das Dialogfenster «Farbe».

Auf der linken Seite stehen Ihnen einige Grundfarben zur Verfügung, die Sie im rechten Teil mit dem Schieberegler neu definieren können. In der Mitte sehen Sie alle Spektralfarben, aus denen Sie ebenfalls Ihre Farbe wählen können. Die RGB-Werte (vgl. Kapitel *Farbmodelle*) werden darunter angezeigt. In den Feldern daneben können Sie auch noch *Farbe*, *Sättigung* und *Helligkeit* verändern (vgl. Kapitel 8). Links daneben sehen Sie die Vorschau der selbst erstellten Farbe.

Klicken Sie auf die Schaltfläche *Farben hinzufügen*, wird dieser Farbton der Palette mit den *Benutzerdefinierten Farben* hinzugefügt. Klicken Sie auf *OK*, um eine ausgewählte Farbe zu übernehmen.

Im Kapitel *Farbmischer* werden wir eine verwandte Methode kennen lernen, die aber auch andere Farbmodelle berücksichtigen kann.

Eine Farbe entfernen

Möchten Sie keine Farbe auswählen, klicken Sie auf die Schaltfläche *Transparent* im Farbfeld-Fenster oder auf den identischen Button *Keine Pinselstriche oder Füllungen* in der Werkzeugleiste, der sich auf das gerade aktivierte Werkzeug bezieht. Wenn Sie zweimal auf diesen Button in der Werkzeugleiste klicken, wird auch das gerade inaktive Farbwerkzeug auf den transparenten Wert gesetzt.

Die Pipette

Auch wenn Sie mit der Pipette eine Farbe aus Ihrem Arbeitsbereich auswählen – sei es nun innerhalb oder außerhalb – von *Fireworks*, sollten Sie stets darauf achten, welches Werkzeug gerade aktiviert ist – Pinselstrich oder Füllwerkzeug.

- Aktivieren Sie die Pipette und «picken» Sie die gewünschte Farbe aus Ihrem Arbeitsbereich heraus, indem Sie einfach darauf klicken. Die Farbe wird dann für die Pinselstrich- oder Füllfarbe eingestellt.

In diesem Beispiel ist dem Pinselstrich noch keine Farbe zugewiesen. Das Werkzeug «Strichfarbe» ist jedoch aktiviert und kann verändert werden.

- Im Eigenschafteninspektor können Sie im Pull-Down-Menü *Beispiel* einstellen, aus welchem Pixelbereich die Farbprobe entnommen werden soll. Dabei geben Sie den Durchschnitt (1x1-, 3x3- oder 5x5-Pixel) an.

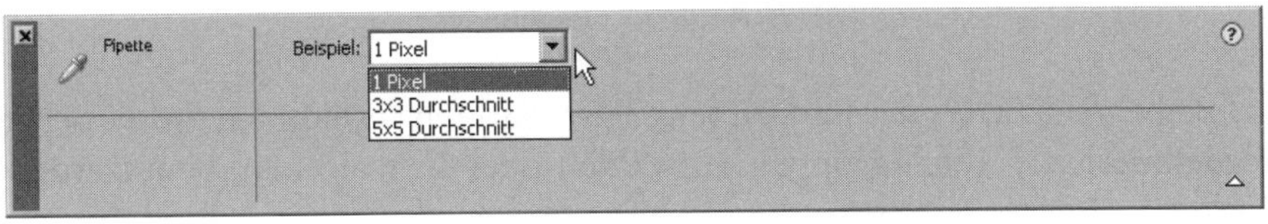

Bestimmen Sie im Eigenschafteninspektor, wie groß der «abgegriffene» Farbbereich sein soll.

HEISSER TIPP

Wenn Sie eine Farbe aus einer anderen Anwendung mit der Pipette auswählen möchten, halten Sie dabei die linke Maustaste gedrückt, damit Sie nicht plötzlich in dem anderen Programm landen.

Sollten Sie den Modus *Websicher machen* aktiviert haben (vgl. Kapitel *Websichere Farben*), wird eine ausgewählte Farbe, die nicht diesem Kriterium entspricht, automatisch in die nächste websichere Farbe umgewandelt.

Weitere Werkzeuge für die Farbeinstellung

MERKET AUF!

Ebenfalls sehr nützlich ist der Button *Pinselstrich-/Füllfarben austauschen* in der Werkzeugleiste. So ist das Vertauschen der beiden Farbeigenschaften in Windeseile passiert…

Und wenn wir schon einmal in der Werkzeugleiste sind, sollten Sie auch den Button *Standardfarben für Pinselstrich und Füllung setzen* kennen. Wenn Sie hierauf klicken, werden die Farben auf die Standardwerte zurückgesetzt. Diese sind unter *Bearbeiten | Voreinstellungen* im Register *Allgemein* festgelegt.

Farbfeldgruppen

Den Farbwähler gibt es sogar als eigenständiges Bedienfeld: *Fenster | Farbfelder.* Die Arbeitsweise entspricht der eben beschriebenen.

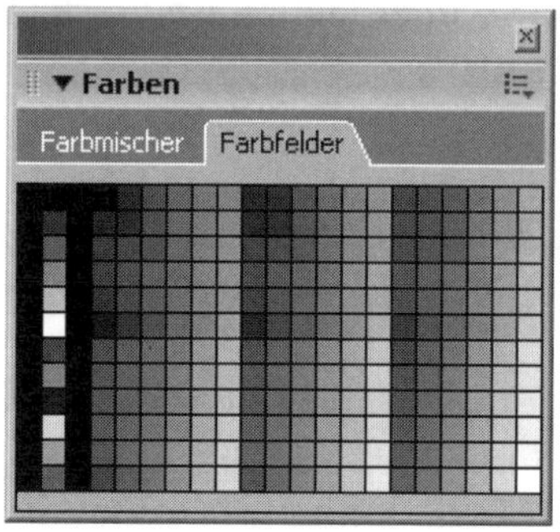

Das Bedienfeld «Farbfelder».

Im Bedienfeld *Farbfelder* und im jeweiligen Farbfenster können Sie zwischen vordefinierten Farbfeldgruppen auswählen oder Ihre eigenen, benutzerdefinierten Farbfelder erstellen.

So ändern Sie die Farbfeldgruppe:

1. Öffnen Sie das Optionsmenü des Bedienfeldes *Farbfelder.* Oder klicken Sie im Farbfenster auf den Pfeil in der rechten oberen Ecke.

2. Wählen Sie im Menü die gewünschte Farbpalette aus: *Farbwürfel, Kontinuierlicher Farbton, Windows-System* bzw. *Windows-Betriebssystem, Macintosh-System* bzw. *Mac OS, Graustufen.* Beachten Sie, dass nur die *Farbwürfel*-Palette websichere Farben (vgl. Kapitel *Websichere Farben*) enthält. Die Standardfarbfeldgruppe ist der *Farbwürfel.*

Möchten Sie eine **benutzerdefinierte Farbfeldgruppe** auswählen, wählen Sie im Optionsmenü des Bedienfeldes *Farbfelder* den Befehl *Farbfelder ersetzen.* Bestimmen Sie im anschließend geöffneten Dialogfenster die Farbfelddatei.

Im Optionsmenü finden Sie außerdem noch den Befehl *Farbfelder hinzufügen.* Hiermit können Sie eine externe Farbpalette an die aktuellen Farbfelder anfügen. Wenn Sie eine GIF-Datei wählen, zieht *Fireworks* automatisch die hierin verwendeten Farben heraus und fügt diese – wie auch bei einer ACT-Datei an das Ende der im Bedienfeld Farbfelder gezeigten Farbepalette.

RAFFINIERT

Um nicht den Überblick zu verlieren, sollten Sie Ihre aktuellen Farbfelder nach Farbwerten sortieren. Wählen Sie hierzu im Optionsmenü des Bedienfeldes *Farbfelder* den Befehl *Nach Farbe sortieren.*

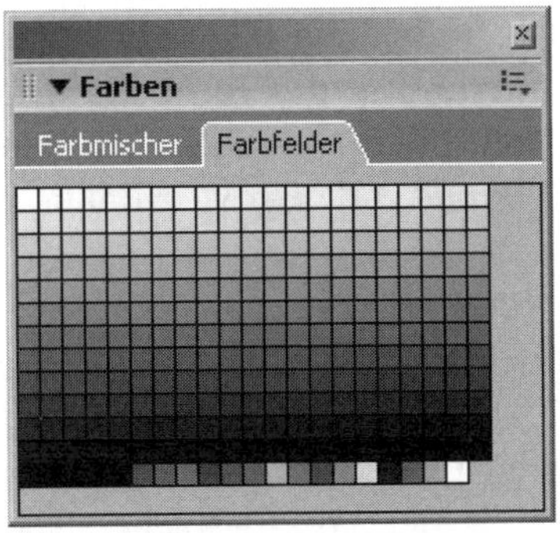

Hier wurden an Graustufenfelder die 16 Grundfarben angehängt.

Möchten Sie die mit der Pipette ausgewählte Farbe den Farbfeldern hinzufügen, gehen Sie mit dem Cursor über einen leeren Bereich. Hat sich der Cursor dabei in einen Farbeimer verwandelt, genügt ein kurzer Mausklick und die Farbe erscheint in der eingestellten Palette.

Soll die herausgepickte Farbe einen bereits bestehenden Farbton in der Palette ersetzen, arbeiten Sie wie eben beschrieben. Anstatt aber auf einen leeren Bereich im Bedienfeld *Farbfelder* zu klicken, klicken Sie auf die Farbe, die Sie ersetzen möchten. Auch hier erscheint wieder der Farbeimer. Ein Klick und die Sache ist erledigt!

Nun kann es passieren, dass Sie ein Farbfeld wieder **entfernen** möchten:

- Klicken Sie bei gedrückter Strg- (Windows) bzw. Befehlstaste (Macintosh) auf das entsprechende Farbfeld. Achten Sie darauf, dass der Cursor als Schere erscheint.

- Möchten Sie alle Farbfelder im Bedienfeld entfernen, wählen Sie den Befehl *Farbfelder löschen* im Optionsmenü.

So speichern Sie Ihre benutzerdefinierten Farben:

- Wählen Sie im Optionsmenü des Bedienfeldes *Farbfelder* den Befehl *Farbfelder speichern*. Geben Sie das Verzeichnis und den Namen der neuen ACT-Datei im nun offenen Dialogfenster an.

HEISSER TIPP

Wussten Sie, dass Grafiken auf dem Macintosh 20 % heller dargestellt werden als auf dem PC? Tatsache! Aber keine Angst, Sie müssen nicht unbedingt alle Grafiken auf dem Mac austesten. *Fireworks* übernimmt das gerne für Sie und Sie können weiter Ihrem PC treu bleiben. Wählen Sie in der Menüleiste *Ansicht | Macintosh Gamma*. Auf dem Mac funktioniert das natürlich analog!

Benutzerdefinierte Farbpalette

Benutzerspezifische Farbfelder können als Farbpalettendatei importiert werden. Diese sollte im ACT- oder GIF-Format vorliegen. Insbesondere wenn Sie im Team oder an größeren Projekten arbeiten, bei denen bestimmte Farben verwendet werden sollen, ist der Import solcher Paletten sehr hilfreich. Dadurch können Sie in unterschiedlichen Anwendungen (z. B. *FreeHand*, *Flash*, *Photoshop*) auf die gleiche Palette zugreifen.

Aber auch der umgekehrte Weg ist möglich; In *Fireworks* können Sie Ihre eigene Palette zusammenstellen und als Datei abspeichern.

So speichern Sie eine benutzerdefinierte Farbpalette:

1. Öffnen Sie das Bedienfeld *Optimieren* (*Fenster | Optimieren*).

2. Wählen Sie im Optionsmenü den Befehl *Palette speichern*.

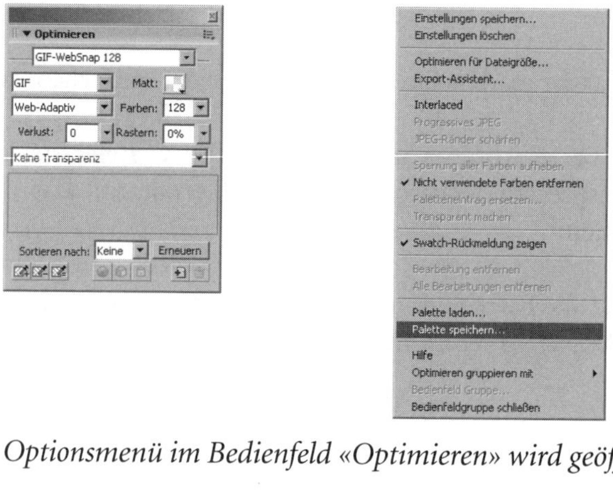

Das Optionsmenü im Bedienfeld «Optimieren» wird geöffnet.

3. Geben Sie Verzeichnis und Dateiname an, worunter Sie Ihre Farbpalette speichern möchten.

4. Klicken Sie auf *Speichern.*

So importieren Sie eine Palette:

1. Wählen Sie im Bedienfeld *Optimieren* den Befehl *Palette laden.*

2. Bestimmen Sie die ACT- oder GIF-Datei und klicken Sie auf Öffnen.

Farbmischer

Ebenfalls in der Bedienfeldgruppe *Farben* finden Sie den *Farbmischer* (*Fenster* | *Farbmischer*), der Ihnen ebenfalls die gerade aktive, eingestellte Farbe einer Füllung oder eines Pinselstrichs anzeigt. Während Sie zuvor einzelne Felder angeklickt haben, um eine Farbe auszuwählen, können Sie im Farbmischer die Farbe im wahrsten Sinne des Wortes mischen.

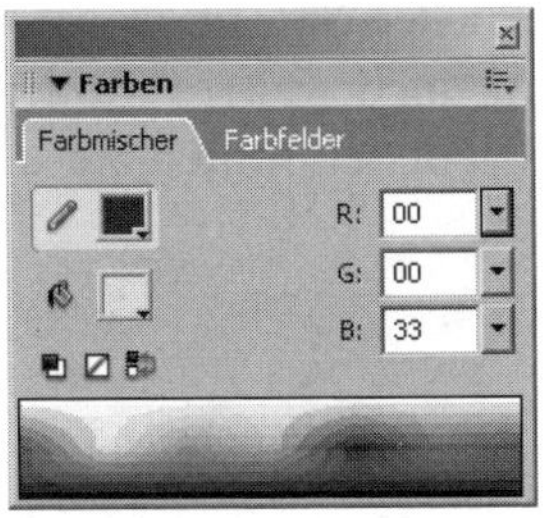

Das Bedienfeld «Farbmischer».

So benutzen Sie den Farbmischer:

1. Markieren Sie das Vektor- oder Textobjekt, dem Sie eine neue Farbe zuweisen möchten. Falls Sie nur die Eigenschaften eines Werkzeuges für das weitere Arbeiten einstellen möchten, achten Sie darauf, dass **nichts** ausgewählt ist.

2. Sie können hier zwischen unterschiedlichen Farbmodellen, wie RGB, Hexadezimal, CMY, HSB oder Graustufen, wählen. Wie sich die einzelnen Farbmodelle unterscheiden, erfahren Sie im folgenden Kapitel. Am besten halten Sie sich an das RGB-Modell – schließlich entwickeln wir Grafiken für das Web!

3. Aktivieren Sie das Füll- oder Pinselstrichwerkzeug.

4. Jetzt mischen Sie die Farbe zusammen. Dabei gibt es drei Möglichkeiten:

- Klicken Sie mit der Maus in die Farbleiste. Der Cursor wird zur Pipette und «zieht» die darunter liegende Farbe heraus.

- Benutzen Sie den Farbwertschieberegler rechts neben dem jeweiligen Farbwert-Feld.

- Oder tragen Sie die Farbwerte direkt in die dafür vorgesehenen Felder ein.

Ihre Angaben wirken sich entweder auf die Strichfarbe oder auf die Füllfarbe aus – je nachdem, welches Feld gerade aktiv ist.

Farbmodelle

Standardmäßig werden im Web – und damit auch mit HTML – Farben im Hexadezimalcode hinterlegt, die sich auf RGB-Werte beziehen. Darum stehen diese beiden Varianten, bei denen es sich aber um das gleiche Farbmodell handelt, im Optionsmenü (klicken Sie auf) ganz oben. Über das Optionsmenü können Sie außerdem noch weitere Modelle einstellen, die ich Ihnen hier kurz vorstellen werde – dennoch sollten Sie stets beachten, dass das RGB-Modell maßgeblich ist.

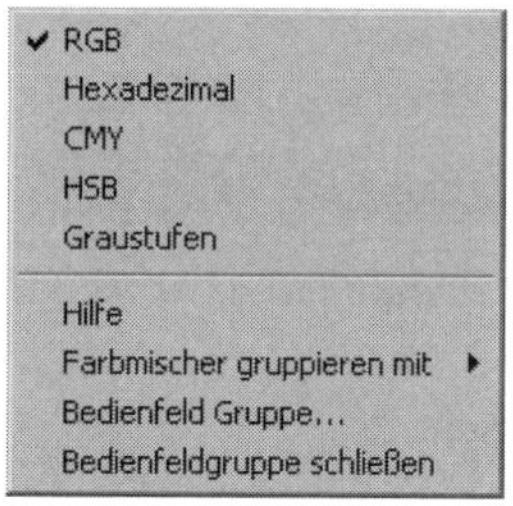

Wählen Sie ein Farbmodell aus.

RGB

Für die Grundfarben Rot (**R**), Grün (**G**) und Blau (**B**) geben Sie hier jeweils einen Wert zwischen 0 und 255 in die vorgesehenen Felder ein. Je größer der Farbwert, desto größer ist der Farbanteil. Der Wert 0 bedeutet also keinen Anteil, der Wert 255 steht dagegen für maximalen Farbanteil an der betreffenden Grundfarbe. Mit diesem Schema können Sie bis zu 16,7 Millionen Farben definieren.

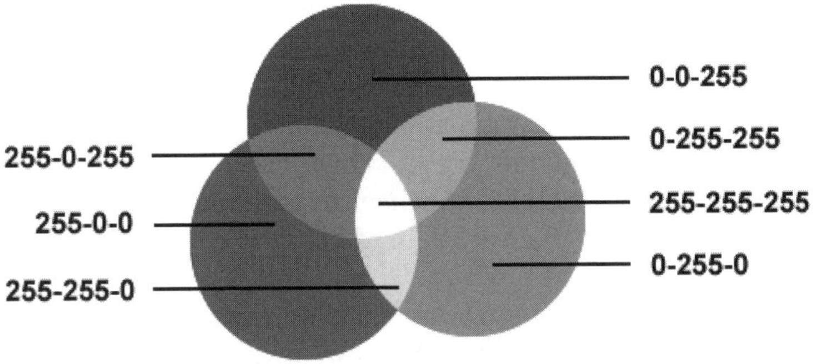

Das RGB-Farbmodell.

Hexadezimal

Mit den Hexadezimalwerten haben Sie ebenfalls die Wahl zwischen 16,7 Millionen Farben und arbeiten dennoch browserunabhängig. Weil jede hexadezimale Farbdefinition ebenfalls Angaben zu den RGB-Werten macht, ist diese ebenfalls 6-stellig.

BEISPIEL

Die RGB-Werte 0-0-0 stehen für Schwarz und 255-255-255 für Weiß. Dabei entspricht Schwarz dem Hexadezimalwert #000000 und Weiß #FFFFFF.

Im Fenster «Info» können Sie die aktuellen Farbwerte ablesen. Achten Sie auf die Position des Cursors. Im Optionsmenü des Bedienfeldes können Sie das Farbmodell einstellen.

CMY

Das ist das (subtraktive) Farbmodell für den Printbereich! Hierbei werden drei verschiedene Farbwerte gemischt – Cyan, Magenta und Gelb (Yellow). Jede Farbkomponente kann Werte zwischen 0 und 255 annehmen. 0-0-0 ergibt Weiß; 255-255-255 definiert Schwarz.

HEISSER TIPP

Mit *Fireworks* erstellen Sie am besten Webgrafiken – möchten Sie dagegen Bilder für den Druck entwickeln, können Sie zwar das CMY-Farbmodell verwenden, dennoch sollten Sie die Grafik in FreeHand importieren und dort für den Print optimieren.

HSB

Dieses Farbmodell beruht ebenfalls auf drei Zahlenwerten:

H (Hue) «Farbton»: Werte zwischen 0° und 360°. Damit werden nur bunte Farben definiert, denn unbunte haben keinen Farbton. In diesem Farbkreis sind die Primärfarben jeweils 60° voneinander entfernt: Rot = 0°, Gelb = 60°, Grün = 120°, Cyan = 180°, Blau = 240° und Magenta = 300

S (Saturation) «Sättigung»: Werte zwischen 0 % und 100 %. Damit geben Sie die Reinheit der Farbe an. Je höher der Prozentwert, desto «strahlender» erscheint die Farbe.

B (Brightness) «Helligkeit»: Werte zwischen 0 % und 100 %. Je größer der Wert, desto heller wird die Farbe (0 % = Schwarz; 100 % = Weiß)

Mit diesen Werten können bis zu 23,6 Millionen Farben definiert werden. Die meisten Computerprogramme benutzen dieses HSB-Modell für die Farbbestimmung. Dieses Modell basiert auf der Idee, die Farben so darzustellen, wie Menschen sie wahrnehmen.

Graustufen

Spricht eigentlich für sich... Graustufen basieren prozentual auf Schwarz. Das bedeutet, dass reines Schwarz einen Wert von 100 % hat. 0 % ergibt Weiß. Alles, was zwischen diesen beiden Extremwerten liegt, definiert unterschiedliche Grautöne.

Haben Sie sich für ein Modell entschieden, können Sie jederzeit in ein anderes wechseln. *Fireworks* passt die Werte an das neue Modell an.

RAFFINIERT

Klicken Sie bei gedrückter *Shift*-Taste auf den Farbbalken im Farbmischer, können Sie schnell zwischen den einzelnen Farbmodellen hin und her wechseln. Beachten Sie, dass die einzelnen Modelle sich nur teilweise überlappen!

Möchten Sie Farben ausgewählter Objekte in Graustufen umwandeln, wählen Sie in der Menüleiste *Befehle* | *Kreativ* | *Graustufenkonvertierung*.

Websichere Farben

Eine websichere Farbe sieht in *Netscape Navigator* und im *Microsoft Internet Explorer* im 256-Farben-Modus identisch aus. Dabei spielt es keine Rolle, ob Sie mit einem Windows- oder einem Macintosh-System arbeiten. Es gibt 16 Grundfarben, die von jedem VGA-kompatiblen Bildschirm angezeigt werden können.

Es gibt ferner 216 systemübergreifende Farben. Diese Farbpalette hat sich im WWW zu einer Art Quasi-Standard entwickelt.

Im Menü eines Farbfensters können Sie die aktuelle Farbpalette *Websicher machen*. Klicken Sie auf ▸, um das Menü zu öffnen. Wählen Sie hier den entsprechenden Befehl.

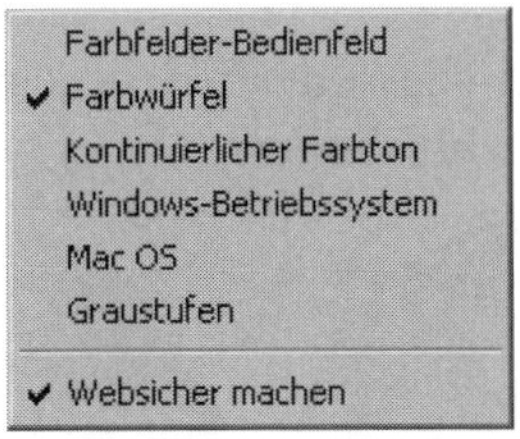

Wie wäre es mit websicheren Farben?
Oder wählen Sie die gewünschte Farbpalette.

MERKET AUF!

Beim Exportieren bzw. bei der Grafikoptimierung haben Sie weitere Einstellmöglichkeiten. Weitere Informationen hierzu erhalten Sie in den Kapiteln 14 und 15.

Tatsächlich gibt es nur 212 wirklich websichere Farben: Der *Internet Explorer* kann nämlich unter Windows die Farben #0033FF (0,51,255), #3300FF (51,0,255), #00FF33 (0,255,51) und #33FF00 (51,255,0) nicht korrekt darstellen.

Der *Netscape Navigator* verwendet unter Unix eine andere Farbpalette. Websichere Farben für SunOS erhalten Sie eher mit den Hexadezimalzahlen aus den Kombinationen von 00, 40, 80, BF und FF.

Für unseren Text im BacchusWelt-Beispiel haben wir im vorherigen Workshop (Kapitel 6) Schwarz als Standardfarbe und Weiß für den Hintergrund gewählt, da dieser Kontrast wesentlich die Lesbarkeit eines Textes erhöht.

Haben Sie *Websicher machen* aktiviert, ersetzt *Fireworks* eine ausgewählte Farbe durch eine ähnliche websichere Farbe. Sie bekommen dann unter Umständen eine Farbe angezeigt, die Sie so nicht ausgewählt haben.

Web-Rasterfüllung

Zwei websichere Farben bilden eine Web-Rasterfüllung. Das bedeutet, dass eine nicht websichere Farbe durch diese Farbtöne ersetzt wird, wodurch allerdings der ursprüngliche Farbton annähernd angepasst wird. Beim Exportieren einer websicheren Palette werden diese Farbwerte dann nicht unkontrolliert verändert. Logischerweise hat bei einer websicheren Farbpalette eine Rasterfüllung keine Auswirkungen auf das Erscheinungsbild des ausgewählten Objektes.

Das Rastern kann die Dateigröße erhöhen.

VORSICHT FALLE

Sollte der Objekt-Rand anti-alias oder fedrig sein, werden diese «Zwischenpixel» nicht in websichere Farben konvertiert.

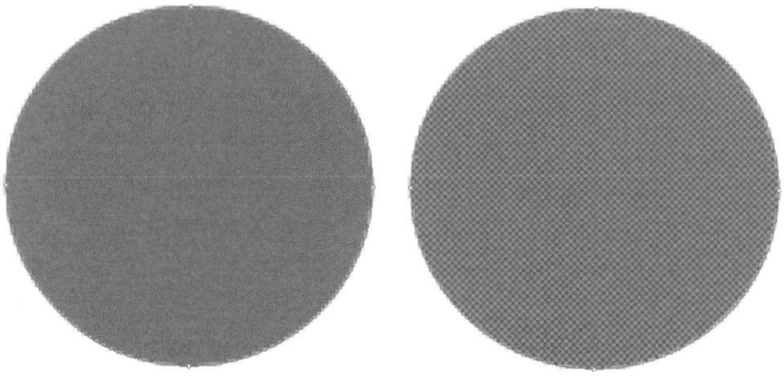

Das Original (links) und mit gerasterter Füllfarbe (rechts) – bei 400 %iger Vergrößerung.

So rastern Sie die Füllfarbe eines Objektes:

1. Wählen Sie das gewünschte Objekt (z. B. Vektorgrafik) aus.

2. Im Eigenschafteninspektor wählen Sie nun aus dem Pull-Down-Menü *Füllkategorien* die Option *Web-Rastern*. *Fireworks* ersetzt nun automatisch die ursprüngliche Füllfarbe durch zwei websichere Farben und zeigt diese im Objekt (vgl. vorherige Abbildung).

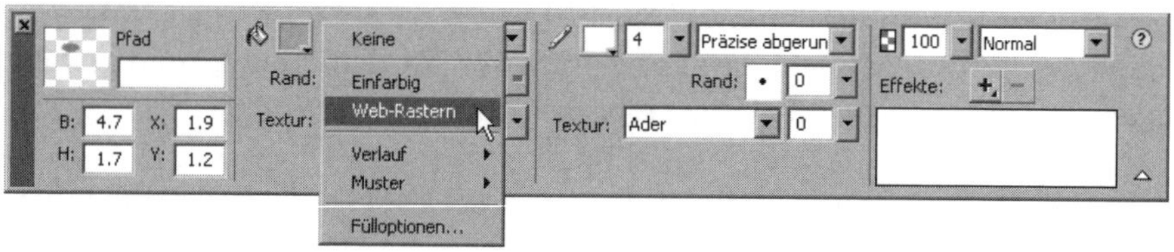

Wenn Sie nun im Eigenschafteninspektor auf das Farbfeld der Füllfarbe klicken, erkennen Sie, welche zwei websicheren Farben *Fireworks* anstelle der einfarbigen Füllung eingesetzt hat.

Aktivieren Sie hier das Kontrollkästchen *Transparent*, wenn der Hintergrund durch das markierte Objekt scheinen soll. Beim Abspeichern müssen Sie dann allerdings auf das Dateiformat achten (vgl. Kapitel 15).

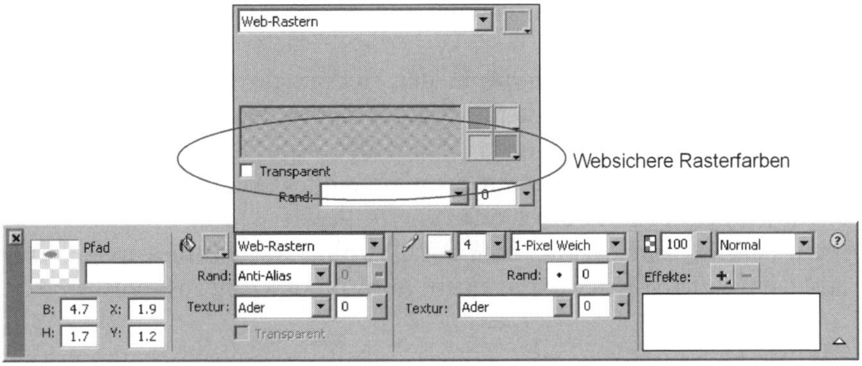

Die Ausgangsfarbe wird durch zwei websichere Farben ersetzt.

Sie können jederzeit wieder nicht websichere Ausgangsfarbe einstellen, indem Sie im Pull-Down-Menü *Füllkategorien* die Option *Einfarbig* auswählen.

Füllungen

In dem vorherigen Kapitel haben wir bereits Fülloptionen definiert und gesehen, dass dies in *Fireworks* an mehreren Stellen möglich ist. So stehen dafür beispielsweise der Eigenschafteninspektor, die Werkzeugleiste oder die Bedienfeldgruppe *Farben* zur Verfügung. Auch können Sie einzelnen Vektorwerkzeugen direkt bestimmte Farbwerte zuweisen. Im vorherigen Kapitel haben wir gesehen, dass eine Füllung nicht immer einfarbig sein muss, sondern auch websicher gerastert oder auch transparent sein kann.

In diesem Kapitel werden Sie lernen, welche Möglichkeiten *Fireworks* darüber hinaus bietet. So sind beispielsweise Farbeimer, Verlaufswerkzeuge und Texturen einsatzbereit.

Der Farbeimer – einfarbige Füllungen

Für einfache Füllungen ist der Farbeimer in der Werkzeugleiste sehr wichtig. Dieses Werkzeug wendet stets die aktuell in der Werkzeugleiste eingestellte Füllfarbe an.

Dass diese eingestellte Farbe tatsächlich eine durchgängige Farbe ist, legen Sie im Eigenschafteninspektor fest. Hier können Sie auch jederzeit eine neue Füllfarbe definieren oder eine einfarbige in eine gerasterte Füllung verwandeln.

Der Farbeimer kann Bitmaps, Vektoren und Text einfärben:

1. Stellen Sie die neue Füllfarbe in der Werkzeugleiste, im Eigenschafteninspektor oder in der Bedienfeldgruppe *Farben* ein. Wenn Sie möchten, können Sie hierzu – wie oben beschrieben – die Pipette verwenden. Da diese Einstellung sich sofort auf ein ausgewähltes Objekt (Vektor, Text) auswirkt, sollten Sie unter Umständen überprüfen, dass keine Objekte markiert sind (*Auswählen | Auswahl aufheben*). Möchten Sie ein Bitmap einfärben, sollten Sie diesen Bereich, mit einem Auswahlwerkzeug auswählen.

2. Aktivieren Sie das Werkzeug . Der Cursor verwandelt sich nun in einen Farbeimer.

3. «Kippen» Sie die eingestellte Farbe auf die gewünschten Objekte in Ihrem Dokument.

Wenn Sie den Farbeimer benutzen, müssen die einzufärbenden Objekte nicht ausgewählt sein.

Markieren Sie ein Textobjekt, wird die Füllfarbe automatisch auf die zuletzt eingestellte Textfarbe geändert.

MERKET AUF!

Im Eigenschafteninspektor können Sie weiterhin den Rand der Füllung definieren und ihr eine Textur zuweisen. Möchten Sie eine versehentlich zugewiesene Textur wieder entfernen, setzen Sie den Prozentwert auf 0.

Rand

Legen Sie im Eigenschafteninspektor fest, wie der *Rand* der Füllung erscheinen soll. Hierzu müssen die Fülloptionen sichtbar sein, indem Sie den Farbeimer oder ein Vektorwerkzeug (z. B. Rechteck-, Ellipsen-, Polygonwerkzeug) aktivieren.

Dabei stehen Ihnen grundsätzlich drei Optionen zur Verfügung:

- *Harte Linie*

- *Anti-Alias* – das ist die Standardeinstellung; Mit dieser Einstellung werden gezackte Ränder geglättet, was in der Regel bei Ellipsen und Kreisen angewendet wird.

- *Feder*-Funktion – beschreibt einen weichen Übergang in den Hintergrund bzw. das darunter liegende Objekt. Bestimmen Sie hinter dem Pull-Down-Menü *Rand* im Eigenschafteninspektor noch, wie stark dieser Übergang sein soll. Standardmäßig steht hier der Pixel-Wert 10. Erhöhen Sie diesen Wert, erhöhen Sie die Federung, verringern Sie diesen, wird der Übergang zum Hintergrund ebenfalls kleiner.

Bei den beiden letzten Optionen werden die Ränder der Füllung geglättet.

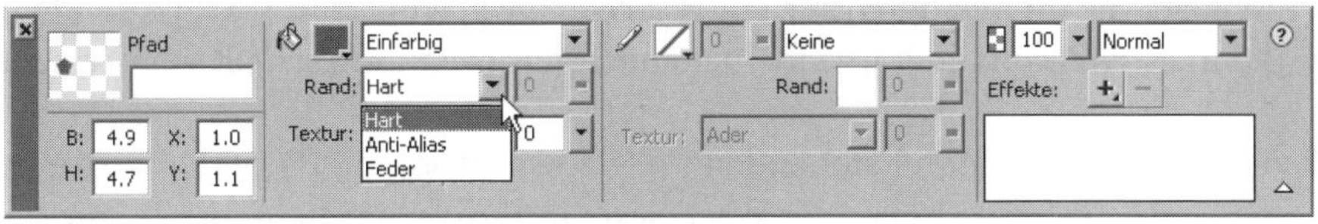

Mögliche Einstellungen für den Rand der Füllung.

Randoptionen: Hart (links), Anti-Alias (mitte), Feder 10 (rechts).

Den Rand können Sie bei einfarbigen und bei Verlaufsfüllungen definieren.

Texturen

Auf alle Füllungen (einfarbige oder Verlaufsfüllungen) und Pinselstriche (vgl. Kapitel *Pinselstrich*) können Sie Texturen anwenden. Diese erhalten dadurch in der Regel eine gewisse Dreidimensionalität und wirken deshalb lebhafter. Es entsteht dann häufig der Eindruck, dass die Farbe auf einer strukturierten Oberfläche aufgetragen sei.

Diese Füll-Muster verändern nicht den Farbton des Objektes, sondern dessen Helligkeit. Je nachdem, welche Textur Sie einsetzen, wirkt das Objekt häufig lebendiger. Dabei können Sie auch eigene Texturen in *Fireworks* oder in anderen Anwendungen entwickeln und auf Ihr Objekt anwenden. Wichtig ist nur, dass dieses Bitmap in einem bestimmten Dateiformat abgespeichert ist: PNG, GIF, JPG, JPE, JPEG, BMP, DIB, RLE, TIF, TIFF. Auf dem Macintosh können Sie außerdem mit PICT-Dateien arbeiten.

So verwenden Sie eine Textur:

1. Markieren Sie ein Objekt oder aktivieren Sie ein Werkzeug (vgl. vorheriges Kapitel), so dass im Eigenschafteninspektor die Fülltexturen erscheinen.

2. Wählen Sie im Pull-Down-Menü *Textur* das gewünschte «Muster» aus.

   Möchten Sie Ihre eigene, **benutzerdefinierte Textur** verwenden, klicken Sie auf den Eintrag *Andere* ganz unten. Am schnellsten kommen Sie an dieses Ende, wenn Sie auf den Pfeil unter der zuletzt angezeigten Textur klicken und die linke Maustaste so lange gedrückt halten, bis das Ende erreicht ist.

   Wählen Sie im Dialogfenster *Datei suchen* die gewünschte Textur aus. Diese kann in *Fireworks* oder irgendeiner anderen Anwendung erstellt worden sein.

3. Geben Sie im dahinter stehenden Pull-Down-Menü die Tiefe der Textur an (0 % bis 100 %). Je höher der Wert, desto intensiver erscheint die Textur. Bei 0 % ist diese gar nicht sichtbar.

4. Aktivieren Sie das darunter stehende Kontrollkästchen, wenn Sie eine *Transparenz* definieren möchten.

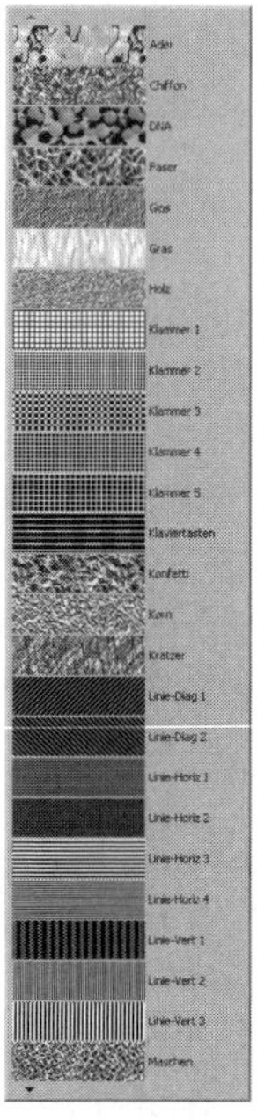

Eine «kleine» Auswahl möglicher Texturen. Klicken Sie auf den Pfeil ganz oben oder unten, um weitere Texturen zu sehen.

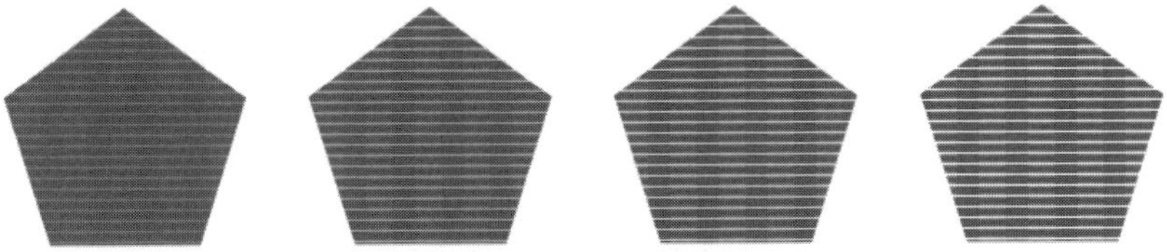

In diesem Beispiel wurde die Textur «Klaviertasten» auf das Objekt angewendet – jedoch mit unterschiedlicher Intensität (25 % – 50 % – 75 % – 100 % – von links nach rechts).

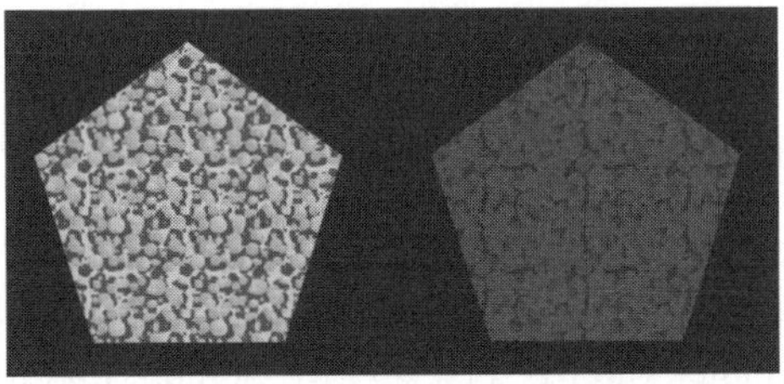

Die Textur («DNA») des rechten Objektes ist transparent definiert: Hier scheint der Hintergrund durch.

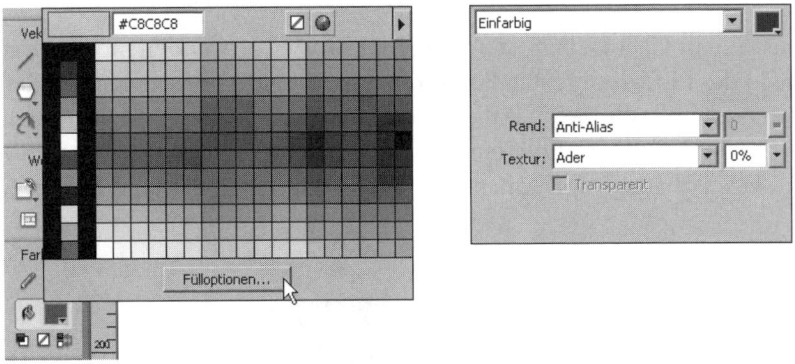

Die Fülloptionen können auch über den Farbkasten in der Werkzeugleiste aufrufen.

Die gezeigten Beispiele finden Sie auf der CD-Rom unter *tutorials/07_farbe/textur.png* und *tutorials/07_farbe/textur_dna.png.*

SMART DISC

Damit Sie verstehen, wie die *Klaviertasten*-Textur funktioniert, müssen Sie das Objekt verschieben, denn dann erkennen Sie, dass die Balken innerhalb dieses Musters unterschiedliche Positionen annehmen können.

Füllmuster

Vektorobjekte können mit Mustern gefüllt werden. *Fireworks* liefert standardmäßig zahlreiche Füllmuster, wie *Flammen*, *Jeans* oder *Laub*. Sie können aber auch Ihre eigenen Muster-Bitmap verwenden. Diese müssen in den gleichen Dateiformaten abgespeichert sein, wie die Texturen (vgl. Kapitel *Texturen*). Handelt es sich dabei um eine 32-Bit-Grafik, wirkt sich deren Transparenz auch auf die Füllung aus.

So weisen Sie ein Füllmuster zu:

1. Wählen Sie im Eigenschafteninspektor die Fülloption *Muster* aus oder öffnen Sie diese Fülloptionen im Füllfarbenfeld der Werkzeugleiste.

2. Bestimmen Sie das gewünschte Muster. Falls Sie bereits ein Objekt erstellt und ausgewählt haben, wird dieses Füllmuster automatisch angewendet, wodurch die aktuelle Füllfarbe ersetzt wird. Auch können Sie jetzt mit einem entsprechenden Werkzeug (z. B. *Ellipsenwerkzeug*) weiterarbeiten, wobei dann das eben eingestellte Füllmuster verwendet wird.

   Falls Sie Ihr eigenes, benutzerdefiniertes Muster verwenden möchten, gehen Sie in der Liste der Muster-Fülloption an das Ende. Dort finden Sie die Option *Andere*. Bestimmen Sie die gewünschte Bitmap-Datei (vgl. *Texturen*). Der Name des benutzerdefinierten Musters erscheint dann im Pull-Down-Menü des Eigenschafteninspektors und in den Fülloptionen der Werkzeugleiste.

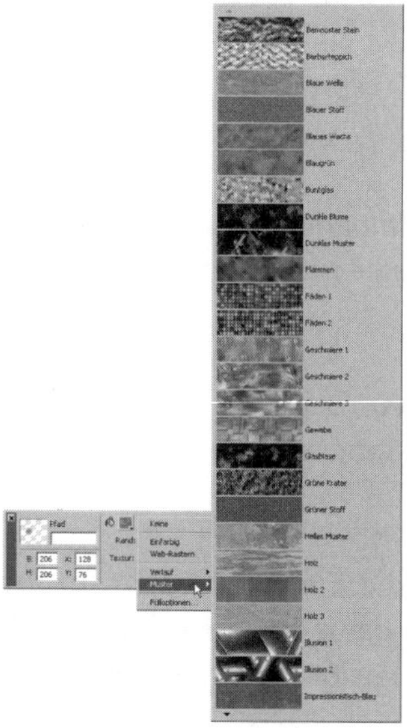

«Fireworks» liefert bereits zahlreiche Muster – oder Sie erstellen Ihre eigenen.

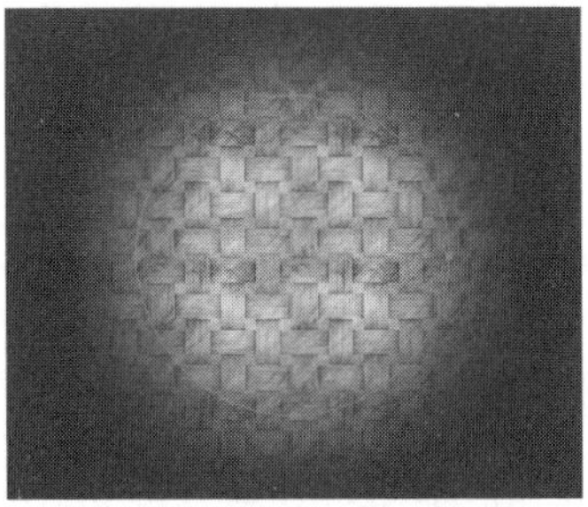

Ein auf einen Pfad angewendetes Muster (Gewebe). Dieses Beispiel finden Sie auf der CD (tutorials/07_farbe/muster.png).

Füllmuster (und Verlaufsfüllungen; vgl. Kapitel *Verlaufsfüllungen*) können skaliert, geneigt, gedreht und verschoben werden.

So transformieren und verzerren Sie eine (Muster-)Füllung:

1. Wählen Sie mit dem Zeigerwerkzeug oder dem Farbeimer das Objekt aus.

2. Größe und Position der Füllung werden durch drei Griffe angezeigt – wie die Zeiger einer Uhr.

3. Ziehen und verschieben Sie an den eckigen Griffen, wenn Sie Größe und Neigung der Füllung verändern oder diese drehen möchten.

   Ziehen Sie den runden Griff im Scheitelpunkt, um die Position der Füllung zu verschieben. Oder klicken Sie mit dem Füllwerkzeug (Farbeimer oder Verlaufswerkzeug) auf eine bestimmte Position innerhalb des Objektes. Dabei wird der Scheitelpunkt an genau diese Stelle gesetzt.

   Das eigentliche Objekt wird bei dieser Prozedur nicht verändert.

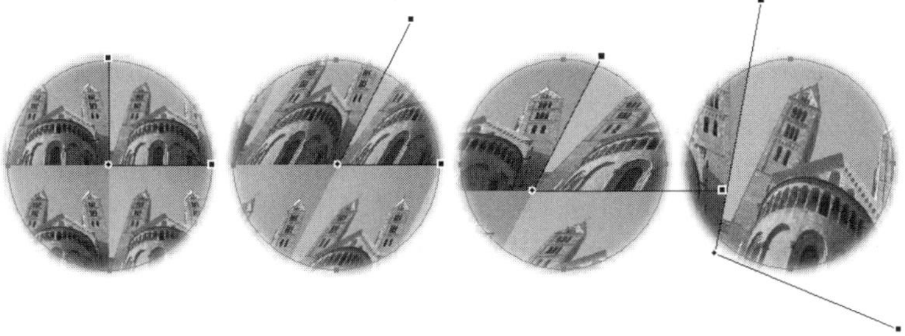

Füllungen können transformiert, geneigt, verzerrt und gedreht werden.

Auch auf Musterfüllungen können Sie Texturen anwenden, Ränder definieren und deren Transparenz einstellen.

Übung

Bauen Sie die in der vorherigen Abbildung gezeigte Foto-Kugel nach. Das Bild mit dem Dom finden Sie auf der CD-Rom unter *tutorials/04_bitmaps/dom.png*. Arbeiten Sie wie in den vorherigen Abschnitten beschrieben.

Das hier gezeigte Ergebnis finden Sie unter *tutorials/07_farbe/dom-muster.png*.

Verlaufsfüllungen

Soll eine Füllung einen Verlauf, also einen Übergang von einem Farbton in einen anderen, definieren, benutzen Sie das Werkzeug aus der Werkzeugleiste. (Dieses Werkzeug finden Sie unter dem Farbeimer.)

Dabei stehen Ihnen im Eigenschafteninspektor unterschiedliche Einstellungen für den Verlauf zur Verfügung – linear, wellenförmig, faltenartig, etc. In *Fireworks* können Sie hier zwischen zahlreichen vordefinierten Verlaufsfüllungen wählen oder Ihre eigenen Füllungen erstellen.

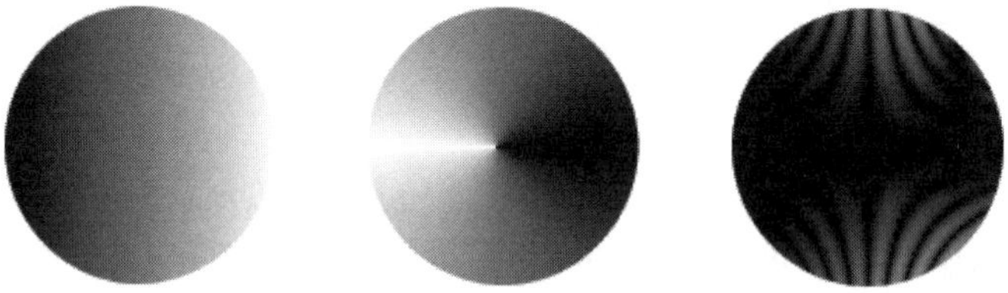

Dank der Mischung verschiedener Farben entstehen unterschiedliche Verlauf-Effekte (links «Linear»; mitte «Kegel»; rechts «Falten»).

So erstellen Sie eine Verlaufsfüllung:

1. Aktivieren Sie das Verlaufswerkzeug und klicken Sie auf das Objekt, dem Sie eine Verlaufsfüllung zuweisen möchten. Sie können das Objekt auch zuerst auswählen.

2. Anschließend öffnen Sie im Eigenschafteninspektor die *Füllkategorie Verlauf* und bestimmen die gewünschte Fülloption, die dann automatisch auf das ausgewählte Objekt angewendet wird. Arbeiten Sie mit dem Verlaufswerkzeug, klicken Sie auf das Objekt, dem Sie die Verlaufsfüllung zuweisen möchten.

3. Wenn Sie möchten, können Sie die Verlaufsfüllung noch transformieren, verschieben oder verzerren (vgl. Kapitel *Füllmuster*). Wie Sie den Farbverlauf an sich bearbeiten, erfahren Sie gleich…

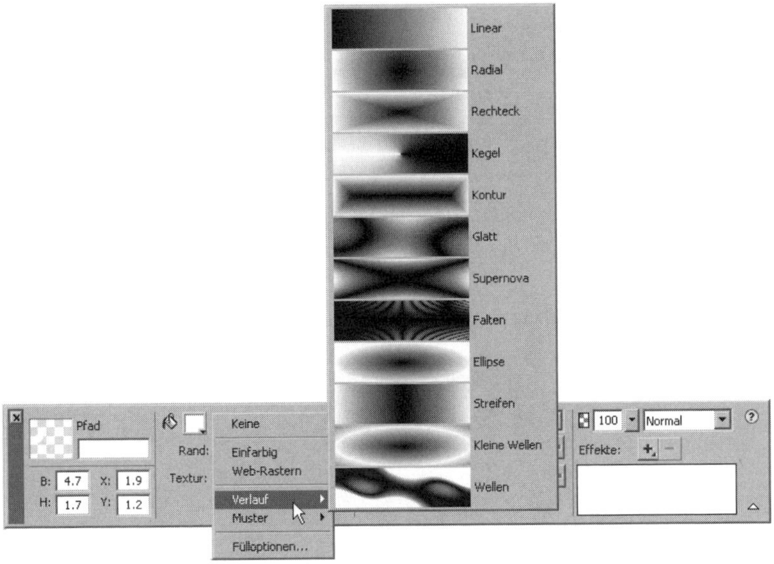

Im Eigenschafteninspektor finden Sie unter «Verlauf» zahlreiche Verlaufsformen, die auch nachträglich noch verändert werden können.

Auch für eine Verlaufsfüllung können Sie Rand und Textur definieren (vgl. vorherige Kapitel).

MERKET AUF!

Verlaufsfüllung verändern

Im Eigenschafteninspektor können Sie jederzeit eine andere Verlaufsform einstellen und diese – wie bereits im vorherigen Kapitel *Füllmuster* beschrieben – transformieren, neigen und verzerren. Wenden wir uns nun der Farbe an sich zu: Da der Farbverlauf nicht immer genau unseren Vorstellungen entspricht, müssen wir wissen, wie wir diesen in *Fireworks* bearbeiten können.

So verändern Sie die Farben einer Verlaufsfüllung:

1. Markieren Sie das Objekt, dessen Verlaufsfüllung Sie verändern möchten.

2. Öffnen Sie im Eigenschafteninspektor oder im Füllfarbenfeld das Popup-Fenster *Verlauf bearbeiten.*

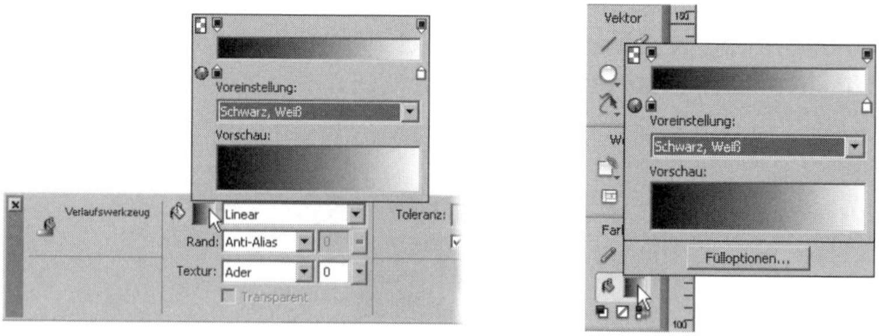

Den Verlauf können Sie über den Eigenschafteninspektor oder das Füllfarbenfeld in der Werkzeugleiste bearbeiten.

3. Wählen Sie im Pull-Down-Menü *Voreinstellungen* ein Farbklima aus.

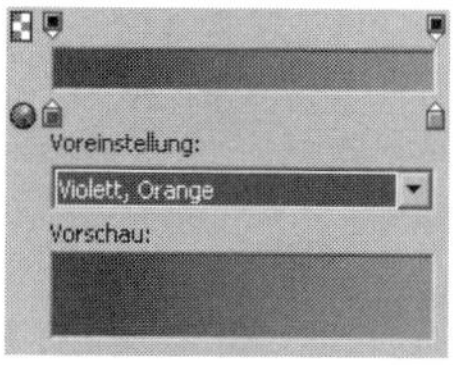

4. Die voreingestellten Farben können Sie erweitern und verändern, indem Sie auf den Bereich unterhalb des Verlaufsbalkens klicken. Der Mauszeiger erscheint dabei mit einem Plus-Zeichen.

5. Im nun offenen Farbfeld können Sie die Farbe definieren (vgl. Kapitel *Farbfelder*), die dann automatisch in den Farbverlauf eingebunden werden.

   Verschieben Sie die Farbkästchen nach rechts oder links, bis Ihnen der Farbverlauf gefällt.

   Möchten Sie eine bereits festgelegte Farbe dieses Verlaufs verändern, klicken Sie auf das entsprechende Farbkästchen mit dem Pfeil. Auch hier öffnen sich wieder die Farbfelder.

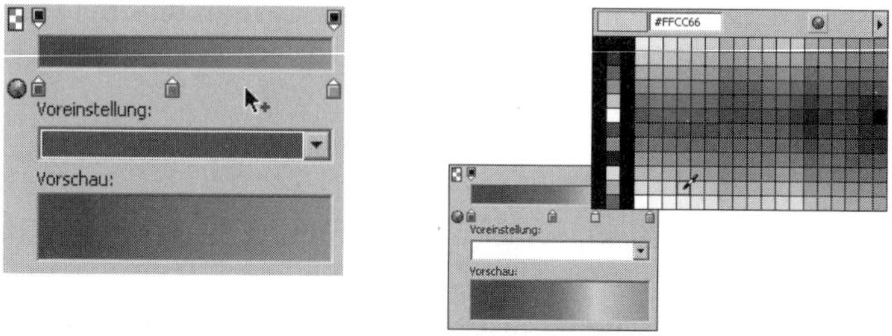

Dem Farbverlauf können weitere Farben hinzugefügt werden (links), die Sie selbst definieren und auch jederzeit umändern können (rechts).

6. Innerhalb des Farbverlaufs können Sie transparente Bereiche definieren, indem Sie oberhalb des Verlaufsbalkens im Fenster *Verlauf bearbeiten* klicken. Auch hier wird eine waagerecht verschiebbare Markierung gesetzt, für die Sie die Stärke des Opazitätsfarbfeldes nach einfachem Anklicken mit der Maus definieren müssen. Es öffnet sich ein Fenster, in dem Sie den Grad der Durchsichtigkeit bestimmen können. Ziehen Sie den Schieberegler an die gewünschte Stelle oder geben Sie den gewünschten Wert in das dafür vorgesehene Feld ein (0 = vollkommene Transparenz; 100 = völlige Undurchsichtigkeit).

   Verschieben Sie das Opazitätskästchen nach rechts oder links, bis Ihnen der Farbverlauf gefällt.

   Um den transparenten Bereich zu verkleinern, müssen weitere Opazitätspunkte gesetzt werden, deren Wert jedoch größer oder sogar 100 % beträgt. Je weiter die Punkte auseinander stehen, desto breiter ist der transparente Bereich.

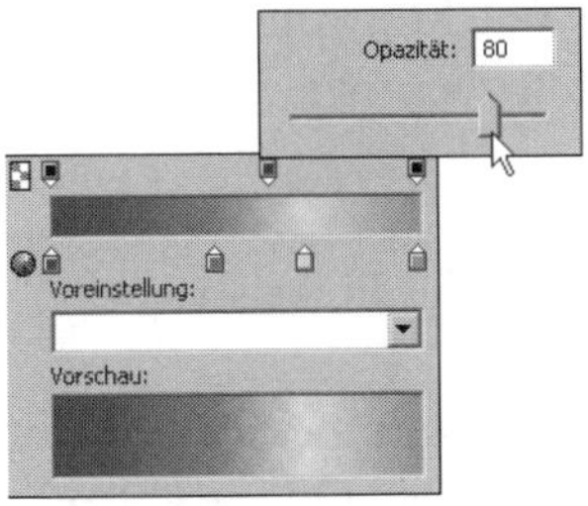

Bestimmen Sie den transparenten Bereich des Farbverlaufs.

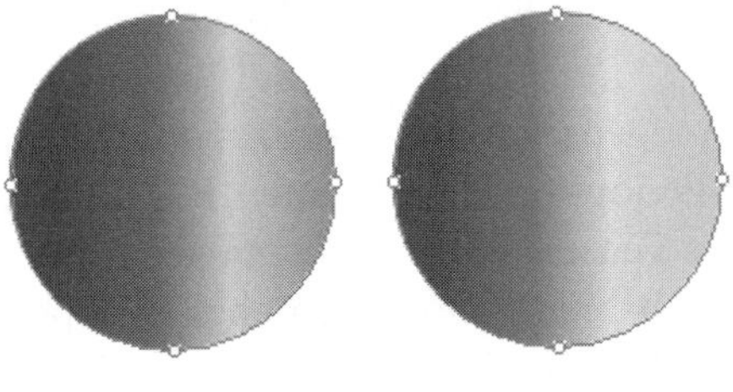

Links sehen Sie den Original-Farbverlauf;
Rechts wurden transparente Bereiche definiert.

7. Möchten Sie die Einstellung des Verlaufs beenden, klicken Sie außerhalb des Fensters *Verlauf bearbeiten* oder drücken Sie die Enter-Taste. Die Verlaufsfüllung wird auf das markierte Objekt bzw. das aktive Werkzeug angewendet.

8. Wenn Sie möchten, können Sie jetzt noch die Verlaufsform einstellen und diese transformieren, neigen und verzerren (vgl. Kapitel *Füllmuster*).

So entfernen Sie eine Farbe oder ein transparentes Farbfeld aus einer Verlaufsfüllung:

- Ziehen Sie das Feld aus dem Fenster *Verlauf bearbeiten* heraus.
- Möchten Sie die komplette Füllung entfernen, klicken Sie auf den Button *Transparent* im Farbfeld-Fenster oder auf den identischen Button *Keine Pinselstriche oder Füllungen* in der Werkzeugleiste.

SMART DISC

Das Beispiel finden Sie auf der CD-Rom im Tutorial-Verzeichnis dieses Kapitels unter *verlaufsfarbe.png*.

Pinselstrich

Die Arbeit mit Pinselstrichen unterscheidet sich nicht wesentlich von der mit Füllungen. Um jedoch die volle Kontrolle über dessen Aussehen zu haben, sind zusätzliche Einstellmöglichkeiten – wie beispielsweise Tintenmenge, Farbfluss oder Druck – notwendig.

So definieren Sie die Attribute des Pinselstrichs:

1. Markieren Sie das entsprechende, bereits gezeichnete Objekt, für das Sie den Pinselstrich definieren möchten. Oder wählen Sie ein Werkzeug aus, wobei Sie darauf achten sollten, dass keine Objekte ausgewählt sind, denn die Optionen sollen auf das nächste Objekt, das Sie zeichnen angewendet werden.

2. Bestimmen Sie im Eigenschafteninspektor *Farbe*, *Rand* und *Textur*, wie Sie es bereits von den Fülloptionen her kennen. Für diese Einstellungen können Sie auch das Popup-Fenster *Pinselstrichoptionen* benutzen, das Sie entweder über das Pull-Down-Menü des Eigenschafteninspektors oder über das Strichfarbenfeld in der Werkzeugleiste öffnen. Hier können Sie noch weitere Attribute definieren (vgl. *Erweiterte Pinselstrichoptionen*). Die Farbe können Sie außerdem im Bedienfeld *Farben* definieren.

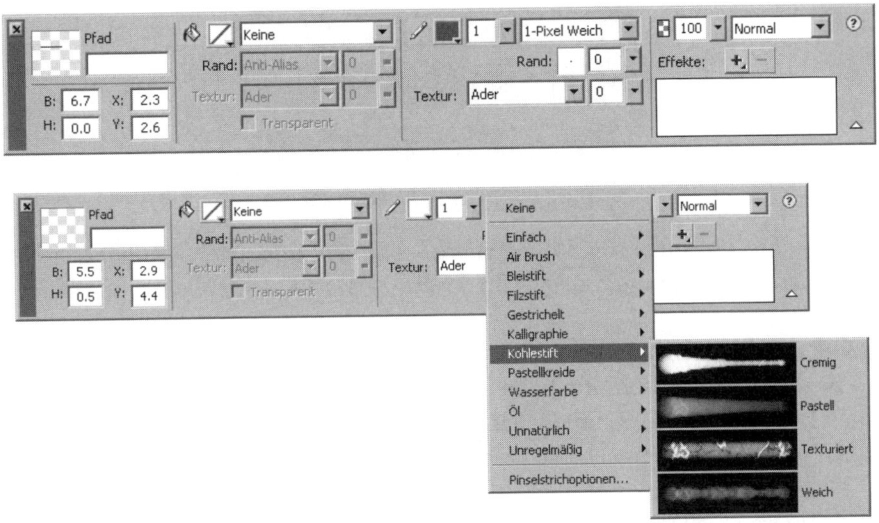

Die Eigenschaften eines Pinselstrichs können im Eigenschafteninspektor…

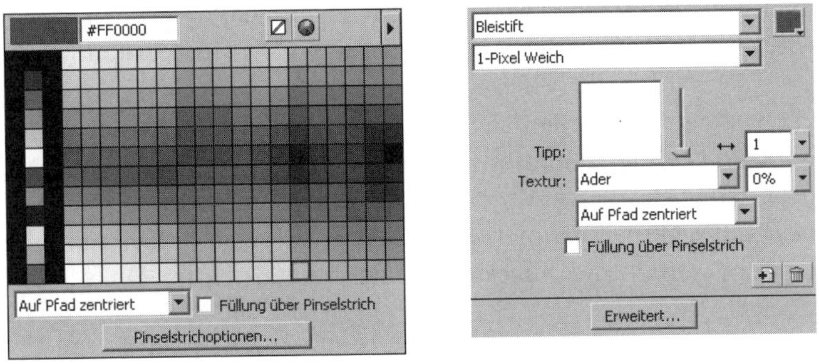

…oder im Strichfarbenfeld der Werkzeugleiste bzw. dem Popup-Fenster «Pinselstrichoptionen» eingestellt werden.

Bestimmen Sie die Pinselform. Von *Air Brush* bis zu *Unregelmäßig* stehen Ihnen zahlreiche Formen (*Pinselstrichnamen*) zur Verfügung, deren Eigenschaften Sie weiter spezifizieren können (vgl. vorherige Abbildungen). Beispielsweise kann ein Kohlestift *Cremig* oder *Weich* aufgetragen werden. Sehr hilfreich ist die Vorschau rechts daneben, durch die Sie einen ersten Eindruck bekommen, wie sich dieses Werkzeug auf Ihren Pinselstrich auswirken wird.

Zunächst ist für jede Form eine Standardeinstellung definiert, die Sie in den erweiterten Strichoptionen des Dialogfensters *Strich bearbeiten* (vgl. folgendes Kapitel) verändern können.

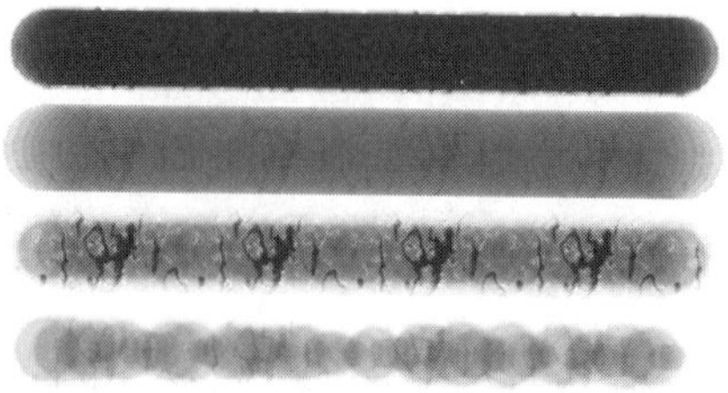

Die Eigenschaften sind immer gleich – nur die Pinselstrichform hat sich geändert («Cremig», «Pastell», «Texturiert», «Weich» – von oben nach unten).

Erweiterte Pinselstrichoptionen

Zu Beginn dieses Abschnitts habe ich betont, dass Sie die volle Kontrolle über einen Pinselstrich haben. Einen Teil der Einstellmöglichkeiten – quasi die Basis – haben wir eben kennen gelernt. Doch es gibt noch viel mehr Möglichkeiten.

So definieren Sie weitere Pinselstrichoptionen:

1. Öffnen Sie die *Pinselstrichoptionen* im Eigenschafteninspektor oder über das Strichfarbenfeld in der Werkzeugleiste (vgl. vorheriges Kapitel).

2. Klicken Sie auf die Schaltfläche *Erweitert*. Das Dialogfenster *Strich bearbeiten* wird geöffnet. Hier finden Sie die drei Registerkarten *Optionen*, *Form* und *Empfindlichkeit*. Am unteren Rand jeder Registerkarte finden Sie eine Vorschau des aktuell definierten Pinselstrichs (vgl. folgende Abbildungen). Außerdem werden die eingestellten Attribute gleich im Dokumentfenster angezeigt.

3. Definieren Sie den Pinselstrich:

   - *Tintenmenge*: Je größer die Menge (bis 100 %), desto massiver erscheint der Strich. Bei einer geringeren Tintenmenge wirkt dieser leichter und transparenter.

   - *Abstand*: Je kleiner der Abstand, desto flüssiger erscheint der Strich. Wenn Sie den Abstand vergrößern, werden die «Einzelelemente» eines Strichs stärker betont. Dieser besteht dann beispielsweise aus Ellipsen und einzelnen Strichen, die sich mehr oder weniger überlagern.

   - *Farbfluss*: Mit zunehmender Länge des Pinselstrichs ändert sich der Fluss der Farbe – z. B. bei Airbrush.

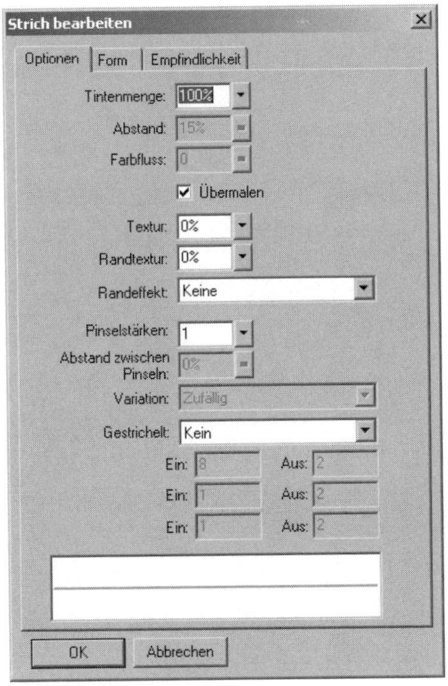

Das Register «Optionen».

- *Übermalen*: Aktivieren Sie dieses Kontrollkästchen, um dichte, sich überlagernde Pinselstriche zu erhalten.

- *Textur*: Erhöhen Sie den Wert, wenn die Textur kräftiger werden soll (vgl. auch Kapitel *Texturen*).

- *Randtextur* und *Randeffekt*: Bestimmen Sie im Pull-Down-Menü einen Randeffekt und stellen Sie dessen Intensität ein.

- *Pinselstärken*: Bitte nicht mit der Pinselstrichbreite verwechseln. Die Pinselstrichstärke bestimmt die Kraft bzw. den Druck, mit der ein Strich aufgetragen wird.

- *Abstand zwischen Pinseln* und *Variation*: Geben Sie einen Wert an, wenn Sie mehrere Pinselspitzen einsetzen möchten. Bestimmen Sie im Pull-Down-Menü *Variation* in welcher Relation diese zueinander stehen sollen.

- *Gestrichelt*: Legen Sie hier fest, wenn Ihre Linie ein-, zwei- oder dreifach gestrichelt sein soll. Die Werte für *Ein* und *Aus* müssen zwischen 0 und 1000 liegen.

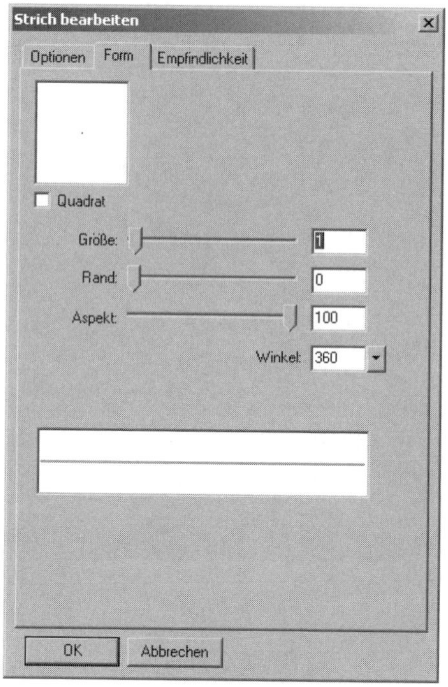

Das Register «Form».

- *Quadrat*: Aktivieren Sie das Kontrollkästchen, wenn Sie einen kantigen Pinselstrich zeichnen möchten – ansonsten wird dieser rund. Diese Form wird im Feld über diesem Kontrollkästchen angezeigt.

- *Größe, Rand*: Diese Einstellungen kennen Sie bereits aus dem Eigenschafteninspektor (vgl. vorheriges Kapitel).

- *Aspekt*: Damit definieren Sie die Breite der über das Kontrollkästchen eingestellten Pinselstrichform.

- *Winkel*: Geben Sie einen Wert für den Pinselansatzwinkel an. Was ist das? Angenommen, Sie zeichnen mit einem Bleistift eine Linie auf ein Blatt Papier. Dabei können Sie den Bleistift vertikal oder abgeflacht bzw. fast waagerecht halten – und genau das versteht man hier unter Winkel. Je flacher die den Bleistift ansetzen, desto dicker wird der Strich. So können Sie mit ein und dem selben Bleistift unterschiedliche dicke Striche ziehen.

Das Register «Empfindlichkeit» für das «Feintuning» eines Pinselstrich-Attributs. Diese Einstellung ist besonders hilfreich, wenn Sie mit einem Wacom-Tablett / -stift arbeiten.

- *Pinselstricheigenschaft*: Bestimmen Sie in diesem Pull-Down-Menü das Attribut des Pinselstriches, das Sie hier näher definieren möchten.

- Stellen Sie unter *Betroffen von* die jeweiligen Empfindlichkeitswerte für das jeweilige Attribut ein.

Wiederholen Sie die beiden letzten Schritte, um die Empfindlichkeit weiterer Attribute zu definieren.

4. Klicken Sie auf *OK* (egal in welchem Register), um das Dialogfenster *Strich bearbeiten* zu schließen. Ihre Einstellungen werden nun auf das Objekt im Dokumentfenster angewendet.

Auf Pinselstriche können ebenfalls Texturen angewendet werden (vgl. Kapitel *Texturen*). Besonders bei breiteren Pinselstrichen kommen Texturen zur Geltung. Arbeiten analog zu den in Kapitel *Texturen* beschriebenen Arbeitsschritten. Geben Sie die Intensität der Textur in Prozent an.

POWER USER

Möchten Sie eine bestimmte Füllung, einen definierten Pinselstrich, eine Textur und andere Attribute eines Objektes öfters anwenden, sollten Sie diese Kombination als Stil abspeichern. Wie das geht, erfahren Sie im nächsten Workshop (Kapitel 8 *Filter, Effekte und Stile*).

Striche und Pfade

Standardmäßig wird ein Pinselstrich auf einem Pfad zentriert, doch es gibt weitere Möglichkeiten, wie Sie Striche auf Pfade platzieren können. So kann der Pinselstrich genauso gut innerhalb oder außerhalb des Pfades ausgemacht werden, weshalb das eigentliche Objekt dann etwas kleiner oder größer aussieht.

So platzieren Sie einen Pinselstrich auf einem Pfad:

1. Öffnen Sie die *Pinselstrichoptionen.*
2. Wählen Sie im Pull-Down-Menü die gewünschte Option: *Innerhalb des Pfads, Auf Pfad zentriert* oder *Außerhalb des Pfads.*

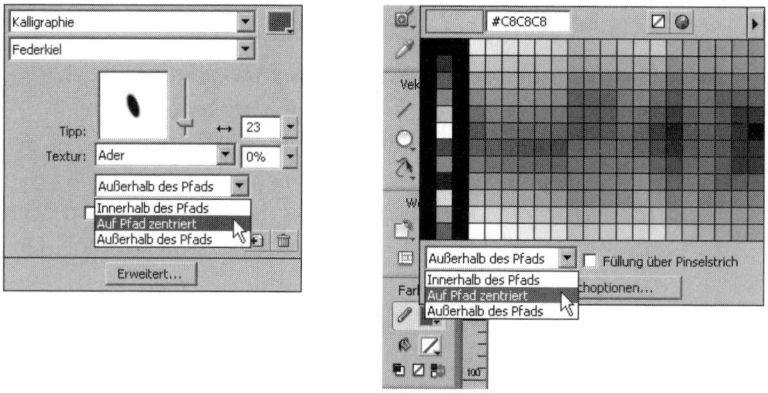

Bestimmen Sie im Eigenschafteninspektor oder im Strichfarbenfeld (der Werkzeugleiste oder des Eigenschafteninspektors), wo der Pinselstrich auf dem Pfad liegen soll…

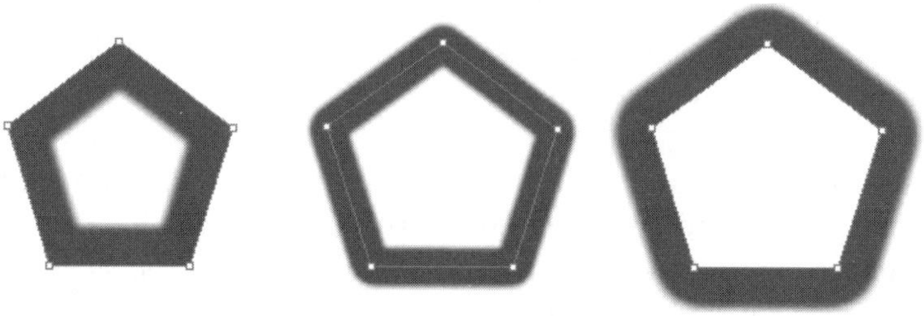

…«Innerhalb des Pfads», «Auf Pfad zentriert» oder «Außerhalb des Pfads».

3. Wenn Sie möchten, können Sie das Kontrollkästchen *Füllung über Pinselstrich* aktivieren. Die Füllung wird dann über den Pinselstrich gelegt. Damit lassen sich interessante Effekte erzielen – besonders wenn die Füllung teilweise transparent ist.

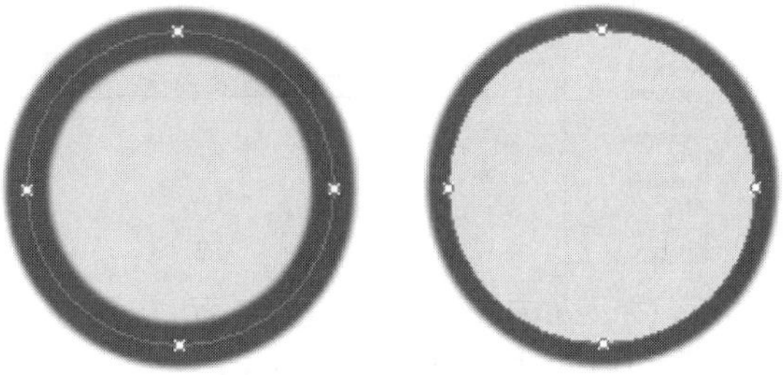

Die Füllung kann über dem Pinselstrich liegen. Bei beiden Pfaden wurde der Pinselstrich auf den Pfad zentriert – beim rechten Objekt wurde das Kontrollkästchen «Füllung über Pinselstrich» aktiviert.

HEISSER TIPP

In Kapitel 5 haben wir bereits verschiedene Möglichkeiten kennen gelernt, wie man Pinselstriche erweitern und einengen bzw. einlassen kann. Auch damit können Sie interessante Effekte erzielen.

Opazität und Mischmodus

In *Fireworks* gibt es unterschiedliche Mischmodi, mit denen Sie das Aussehen von sich überlagernden Objekten steuern können.

Generell muss zwischen Mischfarbe, Opazität, Grundfarbe (= Farbe der Pixel unterhalb der Mischfarbe) und Ergebnisfarbe unterschieden werden. All diese Faktoren spielen bei der Mischung eine entscheidende Rolle, wobei die Ergebnisfarbe die Auswirkung des Mischmodus auf die Grundfarbe widerspiegelt.

1. Wählen Sie das Objekt (oder die Objekte) aus, für die Sie einen Mischmodus definieren möchten. Sie können auch vor dem Zeichnen diese Eigenschaften eines Werkzeuges einstellen.

2. Stellen Sie den gewünschten Mischmodus im Eigenschafteninspektor oder im Bedienfeld *Ebenen* ein.

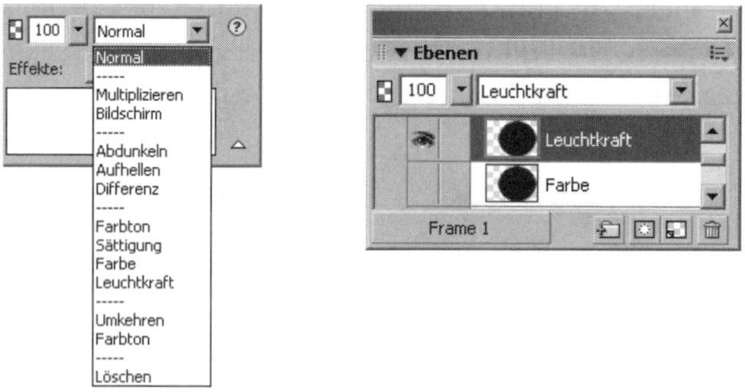

Mischmodi (und Opazität) werden im Eigenschafteninspektor (links) und im Bedienfeld «Ebenen» (rechts) festgelegt.

Die folgende Übersicht soll Ihnen den jeweiligen Mischmodus verdeutlichen.

Das ist das Originalbild, über das wir im Folgenden eine Mischfarbe (Kreis) legen werden.

Normal: Es wird kein Mischmodus verwendet.

Multiplizieren: Grund- und Mischfarbe werden multipliziert, was zu einer dunkleren Ergebnisfarbe führt.

Bildschirm: Die Grundfarbe wird mit der Umkehrfarbe der Mischfarbe multipliziert, weshalb die Ergebnisfarbe heller wird.

Abdunkeln: Nur die dunklere Misch- oder Grundfarbe wird zur Ergebnisfarbe. Lediglich Pixel, die heller als die Mischfarbe sind, werden ersetzt.

Aufhellen: Nur die hellere Misch- oder Grundfarbe wird zur Ergebnisfarbe. Lediglich Pixel, die dunkler als die Mischfarbe sind, werden ersetzt.

Differenz: Die dunklere Farbe wird von der helleren subtrahiert – ganz gleich ob es sich dabei um die Grund- oder Mischfarbe handelt.

Farbton: Leuchtkraft und der Sättigung der Grundfarbe werden mit dem Farbtonwert der Mischfarbe verbunden.

Sättigung: Leuchtkraft und Farbton der Grundfarbe werden mit dem Sättigungswert der Mischfarbe verbunden.

Farbe: Die Leuchtkraft der Grundfarbe wird mit Farbton und Sättigung der Mischfarbe verbunden. Beachten Sie, dass Graustufen erhalten bleiben.

Leuchtkraft: Sättigung und Farbton der Grundfarbe werden mit der Leuchtkraft der Mischfarbe verbunden.

Umkehren: Die Grundfarbe wird umgekehrt.

Farbton: Grau wird zur Grundfarbe hinzugemischt. Es handelt sich um eine Tönung.

Löschen: Alle Pixel werden mit der Hintergrundfarbe eingefärbt.

NICHT VERGESSEN

Gruppieren Sie Objekte mit unterschiedlichen Mischmodi, wird jeder einzelne Mischmodus außer Kraft gesetzt, da der Mischmodus der Gruppierung verwendet wird. Dieser ist standardmäßig auf *Normal* eingestellt. Wenn Sie die Gruppierung aufheben, wird für die einzelnen Objekte der vorher eingestellte Mischmodus wieder hergestellt.

3. Legen Sie die Opazität des markierten Objektes im Eigenschafteninspektor fest. Benutzen Sie hierfür entweder den Schieberegler oder tragen Sie den gewünschten Wert direkt in das dafür vorgesehene Feld ein.

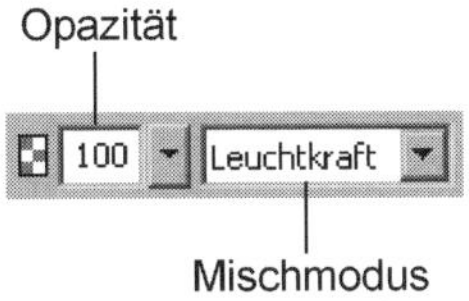

Stellen Sie den Grad der Transparenz ein. 0 % bedeutet vollständige Durchsichtigkeit, 100 % dagegen vollkommene Undurchsichtigkeit (Opazität).

In diesem Kapitel haben wir uns ausgiebig mit Farben beschäftigt. Wir haben Farbpaletten definiert, angewendet und gespeichert und hierfür die wichtigsten Werkzeuge und Bedienfelder kennen gelernt. Wir haben einfache und raffinierte Verlauf-Füllungen erstellt und gesehen, dass Pinselstrich mehr ist als eine farbige Linie. Ich bin mir sicher, die zahlreichen Anwendungsbeispiele haben Ihnen einige Anregungen für Ihre eigenen Projekte geliefert.

Beim Retuschieren von Fotos bildet Farbe einen wichtigen Punkt. Häufig kommt es vor, dass Bilder zu dunkel sind, einen Rotstich haben oder das man das Gefühl hat, die Farbe verändern und optimieren zu müssen. In Kapitel 4 haben wir bereits einige Werkzeuge für die Bitmap-Bearbeitung kennen gelernt. Jetzt werden Sie sich vielleicht fragen, warum wir in diesem Kapitel über Farben nicht weiter auf die Bearbeitung von Farben und Ton eines Bitmaps eingehen werden – schließlich haben wir diese Themen auch nicht in Kapitel 4 behandelt. Wo bleiben Kontrast und Helligkeit, Farbton und Sättigung? Hierfür bietet *Fireworks* unterschiedliche Filter, die Ihnen auch als Live-Effekte zur Verfügung stehen. Filter und Live-Effekte arbeiten nach dem gleichen Prinzip. Im nächsten Workshop erfahren Sie, wie Sie damit arbeiten…

8 Filter, Effekte und Stile

Filter, Effekte und Stile

Die Werkzeuge für die Bildbearbeitung und Farbveränderung haben wir bereits in den Kapiteln 4 und 7 kennen gelernt. In *Fireworks* stehen Ihnen aber noch weitere Tools zur Verfügung, mit denen Sie die Qualität von Bildern verbessern können. So können Sie schnell und einfach den Farbton von Fotografien verändern, deren Helligkeitswerte und Kontraste einstellen oder die Farbsättigung optimieren. Wie das geht, wie Sie also mit Filtern und Live-Effekten arbeiten, erfahren Sie in diesem Workshop.

Dabei müssen wir zwischen zwei unterschiedlichen Verfahren unterscheiden:

Die Filter in der Menüleiste können sowohl auf eine Pixelauswahl als auch auf ein markiertes Bitmap-Objekt (oder auch auf mehrere) angewendet werden. Möchten Sie einen Filter auf ein Vektorobjekt anwenden, teilt Ihnen ein Dialogfenster mit, dass dieses hierfür in ein Bitmap umgewandelt werden muss. Wenn Sie das bestätigen, erledigt das *Fireworks* sofort und wendet dann auch den Filter an. Das gleiche gilt für den Text.

Die Funktionen dieser Filter finden Sie auch im Eigenschafteninspektor unter den Live-Effekten. Diese Effekte wirken sich stets auf das ausgewählte, komplette Objekt aus.

Während die Filter in der Menüleiste direkt auf das Bitmap angewendet werden und nur über das Verlaufsfenster rückgängig gemacht werden können, haben Sie bei den Live-Effekten jederzeit und unabhängig von den anderen Arbeitsschritten die Möglichkeit, diese zu eliminieren oder weiter zu bearbeiten. Anders als bei angewendeten Filtern werden bei den Live-Effekten Pixel (und Vektoren) nicht permanent verändert. Darum sollten Sie, wenn möglich, Filter stets als Live-Effekt anwenden. Einen Nachteil hat diese Arbeitsweise jedoch, denn wenn Sie es «übertreiben», wird die Leistungsfähigkeit von *Fireworks* stark herabgesetzt und eingeschränkt.

Neben den bereits tollen Live-Effekten aus der Vorgänger-Version gibt es im neuen *Fireworks* weitere schöne Effekte. Auch mit den neuen Einstellungen des Weichzeichners bzw. der Bewegungsunschärfe lassen sich noch realistischere Bildqualitäten erreichen. Auch *Photoshop*-Plug-Ins können problemlos in *Fireworks* verwendet werden, wodurch ein programm- und auch ein projektübergreifendes Arbeiten möglich wird.

Möchten Sie eine bestimmte Füllung, einen definierten Pinselstrich, eine Textur und andere Attribute eines Objektes öfter anwenden, sollten Sie diese Kombination als Stil abspeichern. Sie ersparen sich dadurch unnötige Arbeit.

Das werden Sie lernen:

- Bilder bearbeiten
- Mit Filtern und Live-Effekten arbeiten
- Objekteigenschaften auf andere Objekte übernehmen
- Stile abspeichern und anwenden

Dateien für diese Lektion:

SMART DISC

- *08_effekte_stile/mandelbluete.png* bzw. mandelbluete-*fertig.png* (fertige Grafik)
- *06_text/home.png*
- *08_effekte_stile/home.png*
- *08_effekte_stile/button.png*

Bitmaps und Vektoren bearbeiten

Wie bereits in der Einführung beschrieben, können einzelne Pixel, ganze Bitmaps oder Vektoren mit Filtern und Live-Effekten bearbeitet und optimiert werden. Im Folgenden werde ich auf diese Unterscheidung nicht weiter eingehen, doch sollten Sie sich stets bewusst sein, dass Sie mit Filtern nicht so flexibel arbeiten können wie mit Live-Effekten. Daher werde ich die beiden Begriffe auch weitgehend synonym verwenden.

Möchten Sie einem Vektor-Bereich oder einer bestimmten Textstelle innerhalb eines Textblocks einen Live-Effekt zuweisen, müssen Sie etwas tricksen:

1. Kopieren Sie das Vektor-Objekt und konvertieren Sie es dann in ein Bitmap, indem Sie in der Menüleiste *Modifizieren | Auswahl als Hintergrund* wählen.

2. Anschließend maskieren Sie den gewünschten Bitmap-Bereich und schneiden ihn aus oder kopieren ihn.

3. Zuletzt fügen Sie den Inhalt der Zwischenablage wieder in Ihr Dokument ein. Dadurch erhalten Sie ein separates Bitmap-Objekt genau an der gleichen Position. Auf dieses (komplette!) Objekt können Sie nun den gewünschten Live-Effekt anwenden.

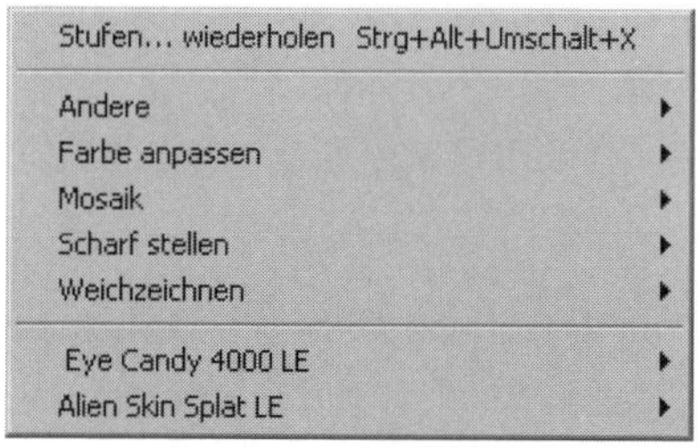

Alle Filter finden Sie in der Menüleiste unter dem gleichnamigen Eintrag.

Die Live-Effekte sind im Eigenschafteninspektor eingetragen. Klicken Sie hier auf das Zeichen *Effekte hinzufügen oder Voreinstellung auswählen*, wird das Menü geöffnet und Sie können den gewünschten Effekt auswählen. Welche Ihnen hier zu Verfügung stehen, erfahren Sie in diesem Workshop. Achtung, sollte der Eigenschafteninspektor nur zur Hälfte sichtbar sein, müssen Sie auf die Schaltfläche *Effekt bearbeiten* klicken. Erweitern Sie den Eigenschafteninspektor, damit Sie auch die Liste der angewendeten Live-Effekte sehen.

Der eingestellte Live-Effekt erscheint in der Liste der Effekte.

Doppelklicken Sie auf einen bestehenden aufgelisteten Live-Effekt, öffnet sich das entsprechende Dialogfenster und Sie können den Effekt bearbeiten. Das gleiche passiert, wenn Sie auf den Button eines Effektes klicken.

Möchten Sie den Effekt ausblenden, drücken Sie auf ✔. Ist der Haken sichtbar, wird der Effekt angewendet. Sehen Sie dagegen den Button ✖, ist er ausgeblendet und kann durch Drücken dieses Buttons wieder aktiviert werden.

Soll der Effekt aus der Liste entfernt werden, markieren Sie den Eintrag und drücken Sie dann auf den Button *Aktuell ausgewählten Effekt löschen* .

Farbabstufung bearbeiten

Mit der Stufen- und Kurvenfunktion können Sie die Farbabstufungen eines Bitmap-Objektes verändern und so die Konzentration von Pixeln in einem hellen, mittleren oder dunklen Farbbereich korrigieren. Mit der Stufenfunktion können Sie diese Farbkonzentration in bestimmten Bereichen korrigieren. Das Farbabstufungsspektrum sollte sich danach gleichmäßig über alle Bereiche verteilen. Entweder legen Sie hier selbst Hand an, oder überlassen die Arbeit der Auto-Stufen-Funktion. Wenn Sie präziser arbeiten möchten, sollten Sie hierfür die Kurven-Funktion verwenden, da hier tatsächlich nur die Farben verändert werden, die Sie auch bearbeiten möchten.

Stufen und Autostufen

Der Filter *Stufen* bewirkt, dass extrem dunkle und helle Pixel als schwarz und weiß definiert werden. Die dazwischen liegenden mittleren Farbtöne werden auf den Bereich dazwischen neu aufgeteilt. So kommen Details in der Regel besser zur Geltung.

1. Markieren Sie das Objekt.

2. Wählen Sie in der Menüleiste *Filter* | *Farbe anpassen* | *Stufen* oder klicken Sie im Eigenschafteninspektor auf das Plus-Zeichen unter *Effekte* und wählen Sie *Farbe anpassen* | *Stufen*.

3. Im Dialogfenster *Stufen* können Sie nun das Histogramm bearbeiten, das die Farbverteilung der Pixel in einem Bitmap abbildet. Insbesondere wenn eine hohe Farbkonzentration in einem bestimmten Bereich auszumachen ist, kann man von guten Bearbeitungsmöglichkeiten ausgehen und die Qualität des Bildes oft noch erheblich verbessern.

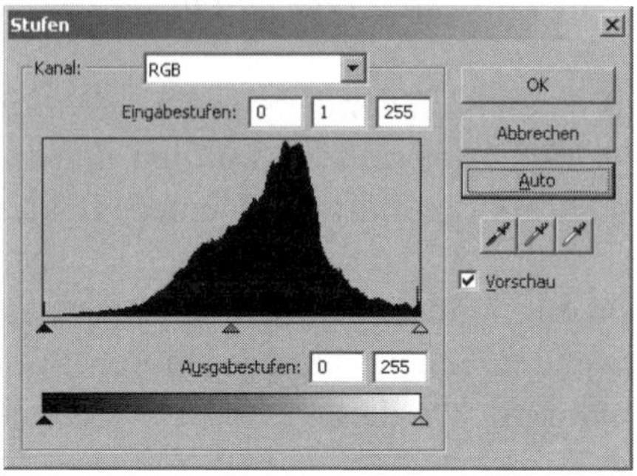

Das Dialogfenster «Stufen».

Auf der horizontale Achse werden die dunklen und hellen Farbwerte eingestellt, wobei 0 einen dunklen Farbton definiert und der Wert 255 für einen hellen steht. Die dunklen Werte stehen im Histogramm links, die hellen rechts. Das Zentrum bildet den Mitteltonbereich ab. Auf der vertikalen Achse können Sie die Anzahl der Pixel auf der jeweiligen Helligkeitsstufe ablesen.

- Bestimmen Sie im Pull-Down-Menü *Kanal*, ob alle Farbkanäle (*RGB*) oder nur ein bestimmter Kanal (*Rot*, *Grün* oder *Blau*) bearbeitet werden soll.

- Passen Sie die Helligkeits- / Schattenbereiche mit dem Schieberegler direkt unter dem Histogramm an.

HEISSER TIPP

Korrigieren Sie zuerst Licht- und Schattenbereiche und erst anschließend den Mitteltonbereich. Aktivieren Sie dabei die *Vorschau*, um schon einmal zu sehen, wie sich die Korrekturen auf das Bild auswirken werden.

Wenn Sie den linken Pfeil verschieben, regeln Sie die dunklen Farbbereiche.

Der mittlere Regelpfeil passt die mittleren Farbwerte an (10 bis 0,19).

Mit dem rechten Regler passen Sie die Helligkeit an. Hier variieren die Werte zwischen 255 und 0.

Wenn Sie die Regler verschieben, werden die entsprechenden Werte in die Felder der *Eingabestufen* übernommen. Die gewünschten Werte für Schatten, den mittleren Farbbereich und die Helligkeit können Sie hier auch direkt eintragen. Beachten Sie die Reihenfolge! Die Reihenfolge der einzelnen Werte kann nicht geändert werden.

- Mit der ersten, linken Pipette wählen Sie die Schattenfarbe aus, mit der mittleren die Mittelton- und mit der rechten die Hervorhebungsfarbe. Hierbei können Sie entweder auf den entsprechenden Bereich des Histogramms klicken oder Sie wählen die entsprechende Farbe direkt im Bild auf Ihrer Leinwand. Der ausgewählte Farbereich wird um den jeweiligen Wert zurückgesetzt.
- Unter dem Histogramm finden Sie den *Ausgabestufen*-Schieberegler, mit dem Sie den Kontrast bestimmen können: Mit dem linken Regler passen Sie die dunklen Pixelwerte von 0 bis 255 an; mit dem rechten regulieren Sie die Helligkeitswerte von 255 bis 0. Auch hierbei werden die eingestellten Werte automatisch in die dafür vorgesehenen Felder übernommen, in die Sie die Bereiche auch selbst eintragen können.

4. Bestätigen Sie mit *OK*, wenn Sie mit dem Ergebnis zufrieden sind.

Der Live-Effekt kann auch wieder eliminiert oder bearbeitet werden.

Vor (links) und nach (rechts) der Korrektur der Farbabstufung.

HEISSER TIPP

Wenn Sie im Dialogfenster *Stufen* oder *Kurven* auf die Schaltfläche *Auto* klicken, führt *Fireworks* die Farbkorrektur automatisch durch. Am besten aktivieren Sie hierbei das Kontrollkästchen *Vorschau* und bestätigen erst mit *OK*, wenn Sie mit dem Ergebnis zufrieden sind.

Zu diesem Ziel kommen Sie auch, wenn Sie den Befehl *Auto-Stufe* im gleichen Menü auswählen. Allerdings fehlt Ihnen hier eine konkrete Kontrollmöglichkeit, da diese Funktion tatsächlich automatisch abläuft und keine Vorschau generiert wird.

Bei allen Effekten, die nach der Anwendung nicht weiter bearbeitet werden können, erscheint in der Auflistung im Eigenschafteninspektor ein abgeblendetes Info-Symbol. Sie können diesen lediglich wieder entfernen – mehr nicht.

Kurven-Funktion

Profis schätzen die *Kurven*-Funktion, da Sie deren Auswirkungen weitgehend kontrollieren können. Hier werden Licht- und Schattenbereiche sowie Mitteltöne korrigiert, wobei Ihnen mehr als nur drei Variablen zur Verfügung stehen. Sie können jede beliebige Farbe anpassen, ohne dass dabei die anderen Farben beeinflusst werden. So können beispielsweise ungewollte Beleuchtungseffekte sehr gut bearbeitet werden.

1. Markieren Sie das Objekt und wählen Sie den Filter unter *Farbe anpassen | Kurven* oder den entsprechenden Live-Effekt im Eigenschafteninspektor unter .

2. Während die Horizontalachse des Rasters die Helligkeitswerte des Felds *Eingabe* anzeigt, gibt die vertikale Achse die des Felds *Ausgabe* wieder.

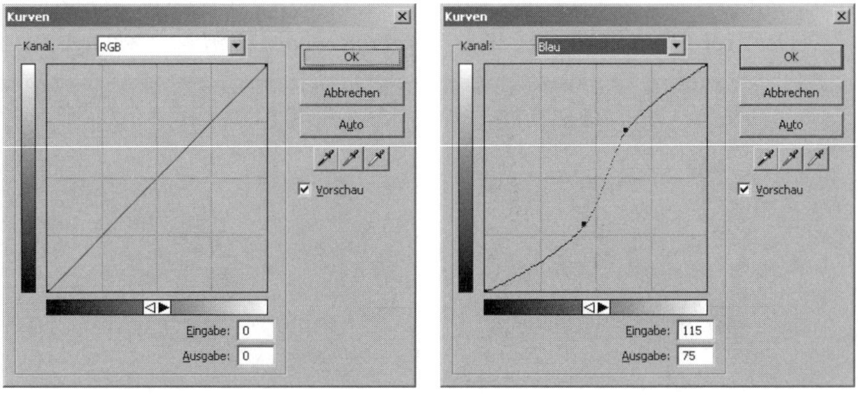

Das Dialogfenster «Kurven» vor (links) und nach der Arbeit (rechts).

- Bestimmen Sie entweder einen *Kanal* oder legen Sie fest, dass die vorgenommenen Änderungen sich auf alle Farbkanäle auswirken soll (Einstellung *RGB*).

- Klicken Sie auf einen Punkt der dargestellten Geraden und ziehen Sie ihn an die gewünschte Position. Dabei werden Ein- und Ausgabewerte automatisch verändert. Diese Kurve zeigt Werte zwischen 0 (Schatten) und 255 (Helligkeit) an.

- Möchten Sie einen Punkt, der zwischen den Endpunkten auf der Kurve liegt, löschen, ziehen Sie diesen aus dem Rasterbereich heraus.

3. Bestätigen Sie Ihre Einstellungen mit *OK*.

Mit Kurven können einzelne Farbbereiche sehr genau verändert werden.

Helligkeit und Kontrast

Häufig kommt es vor, dass Bilder zu dunkel oder zu hell sind. Mit dem Filter bzw. Live-Effekt *Helligkeit/Kontrast* können Sie das komplette Farbspektrum – Licht-, Schattenbereiche und Mitteltöne – bearbeiten.

Arbeiten Sie wie gewohnt. Das Dialogfenster öffnen Sie, indem Sie unter Filter bzw. im Eigenschafteninspektor *Farbe anpassen* | *Helligkeit/Kontrast* wählen.

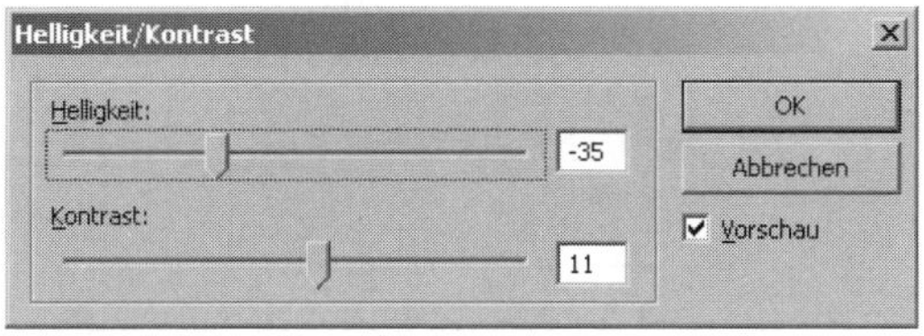

Das Dialogfenster «Helligkeit/Kontrast».

Setzen Sie die Schieberegler für *Helligkeit* und *Kontrast* an die gewünschte Position. Oder Sie tragen die Werte (von -100 bis 100) direkt in das dahinter stehende Feld ein. Am besten aktivieren Sie das Kontrollkästchen *Vorschau*, damit Sie sehen, wie sich die jeweilige Einstellung auf das Bild auswirkt. Sind Sie mit den Änderungen zufrieden, klicken Sie auf *OK*.

Die Weinbergschnecke vor (links) und nach (rechts) der Bearbeitung.

Farbfüllung

Die Option *Farbfüllung* können Sie nur als Live-Effekt auf Objekte anwenden. Dabei arbeitet dieser Effekt mit den Mischmodus-Einstellungen (vgl. Kapitel 7 *Opazität und Mischmodus*) und erzielt ähnliche Ergebnisse wie der Filter bzw. Live-Effekt *Farbton/Sättigung*.

Eine vorhandene Farbe im Objekt wird entweder ersetzt oder hineingemischt.

1. Wählen Sie im Eigenschafteninspektor den Live-Effekt *Farbe anpassen* | *Farbfüllung*.

2. Bestimmen Sie den Mischmodus und wählen Sie eine Füllfarbe. Stellen Sie die Opazität ein.

3. Bestätigen Sie mit der Enter-Taste oder klicken Sie an irgendeine Stelle in Ihrem Arbeitsbereich.

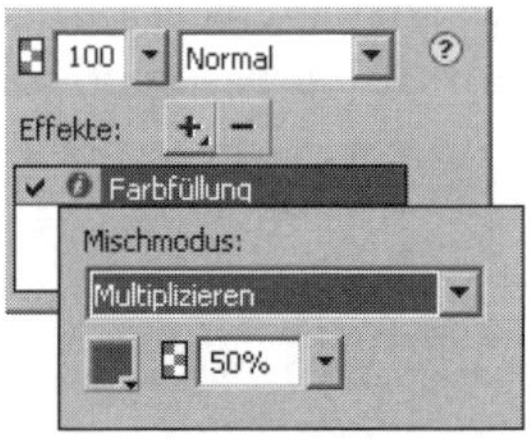

Die Füllfarbe wird im Eigenschafteninspektor gemischt.

Farbton und Sättigung

Wirkt die Farbe eines Bildes etwas trist, kommen Farben nicht richtig zur Geltung, fehlt es an Leuchtkraft, Farbintensität? Dann sollten Sie diese mit dem Filter *Farbton/Sättigung* optimieren und Farbton, Kontrast und Helligkeit des Objektes anpassen.

1. Wählen Sie *Farbe anpassen | Farbton/Sättigung* als Effekt im Eigenschafteninspektor oder als Filter in der Menüleiste.

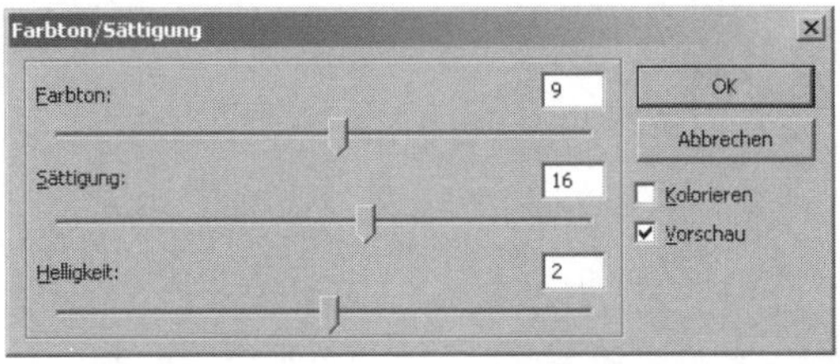

Bestimmen Sie in diesem Dialogfenster die Werte für «Farbton», «Sättigung» und «Helligkeit» oder aktivieren Sie «Kolorieren».

2. Stellen Sie den Schieberegler für Farbton, Sättigung und Helligkeit bis Ihnen die *Vorschau* gefällt (Kontrollkästchen aktivieren!). Oder tragen Sie die Werte, die jeweils zwischen -100 und 100 liegen, in das jeweilige Feld ein.

   Aktivieren Sie das Kontrollkästchen *Kolorieren*, wenn Sie ein Bild in zwei Farbtöne einfärben oder in ein Graustufenbild umwandeln möchten. Dabei ändert sich der Wertebereich von Farbton (0–360) und Sättigung (0–100).

Links das Originalbild, rechts wurde mit «Farbton/Sättigung» gearbeitet.

3. Sind Sie mit der Vorschau zufrieden, klicken Sie auf *OK*.

Farbwerte umkehren

Auf dem Farbrad ist jeder Farbe ein umgekehrter Farbwert zugeordnet. Wählen Sie in *Fireworks* die Funktion *Umkehren*, wird beispielsweise Gelb zu Blau oder Schwarz zu Weiß. Diese Funktion finden Sie in der Menüleiste Filter oder im Eigenschafteninspektor als Effekt unter *Farbe anpassen | Umkehren.*

Original; nach dem Umkehren der Farbwerte.

Weichzeichnen und scharf stellen

In Kapitel 4 haben wir die Werkzeuge für das Weichzeichnen und Scharfstellen bereits kennen gelernt. Hierfür bietet *Fireworks* ebenfalls Filter und Live-Effekte an, die sich auf das gesamte Objekt auswirken und bei denen weitere Einstellungen möglich sind.

Weichzeichner

Durch den Weichzeichner werden Konturen neu berechnet bzw. verwischt und der Kontrast des Bildes verringert, wodurch unerwünschte Details entfernt werden können und harte Kanten verschwinden. Die Übergänge erscheinen glatter bzw. flüssiger.

Die verschiedenen Weichzeichner-Optionen finden Sie als Filter in der Menüleiste oder als Effekt im Eigenschafteninspektor jeweils unter *Weichzeichnen.*

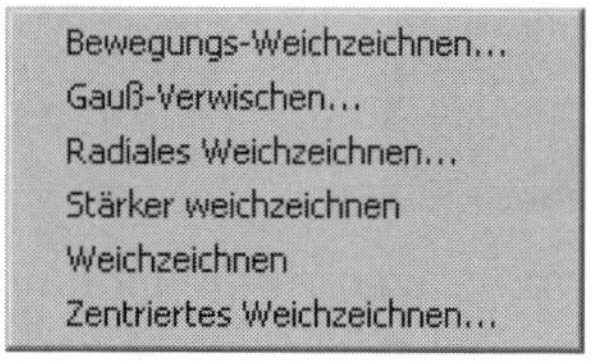

Weichzeichner-Optionen für Filter und Live-Effekt.

Am Beispiel dieses Originalfotos werde ich die möglichen Optionen verdeutlichen.

- *Bewegungs-Weichzeichnen*: Der Fokus wird so verlagert, dass der Eindruck einer Bewegung entsteht – so als ob Sie im Auto sitzen und vorbeifahren. Tragen Sie den *Winkel* in das Feld ein oder benutzen Sie den Kreis, indem Sie dessen Punkt drehen. Je höher Sie den *Abstand* einstellen, desto verzerrter erscheint das Bild.

- *Gauß-Verwischen*: Um einen Dunsteffekt zu erhalten, wird jeder Pixel um einen gewichteten Durchschnittswert verwischt. Bestimmen Sie mit dem Schieberegler den Verwischungsradius. Dieser kann zwischen 0,1 und 250 liegen, wobei ein größerer Wert einen stärkeren Wischeffekt zur Folge hat.

«Bewegungs-Weichzeichnen» (links) und «Gauß-Verwischen» (rechts).

«Weichzeichnen» (links) und «Stärker Weichzeichnen» (rechts). Die Option «Stärker Weichzeichnen» ist dreimal stärker wie der Effekt «Weichzeichnen». Diese Einstellungen können Sie nicht modifizieren.

«Radiales Weichzeichnen» (links) und «Zentriertes Weichzeichnen» (rechts). Geben Sie «Anzahl» bzw. «Menge» und «Qualität» dieses Effekts an.

- *Radiales Weichzeichnen*: Je größer die eingestellte *Menge*, desto stärker scheint sich das Motiv zu drehen. Je geringer dabei die *Qualität* eingestellt ist, desto deutlicher ist das Objekt dabei noch zu erkennen.

- *Zentriertes Weichzeichnen*: Je höher Sie die Anzahl definieren, desto kleiner erscheint das Zentrum. Während bei einem niedrigen Qualitätswert die Pixel stärker hervorgehoben werden, sind diese bei einem hohen Wert stärker weichgezeichnet.

Scharf stellen

Diese Funktion ist das Gegenstück zum Weichzeichner. Wenn Sie ein Bild scharf stellen, bekommt das dargestellte Motiv Ecken und Kanten. Kontraste werden verstärkt.

Folgende Optionen stehen Ihnen als Filter in der Menüleiste oder im Eigenschafteninspektor als Effekt zur Verfügung:

- *Scharf stellen | Scharf stellen* und *Scharf stellen | Schärfer stellen*: Hier haben Sie keine weiteren Einstellmöglichkeiten. Die Option *Schärfer stellen* ist etwa dreimal stärker als der Effekt-Filter *Scharf stellen.*

- *Scharf stellen | Maske weichzeichnen*: Kontrastwerte werden angepasst und die Ränder des Bildes dadurch scharf gestellt. Bei dieser Option haben Sie die meisten Einstellungsmöglichkeiten.

  Bestimmen Sie den Prozentwert (zwischen 1 und 500 %) für das Scharfstellen.

  Der *Pixelradius* liegt zwischen 0,1 und 250, wobei ein höherer Wert einen stärkeren Kontrast um die Pixelkanten definiert.

  Am häufigsten wird ein *Schwellenwert* zwischen 2 und 25 verwendet. Je höher der Schwellenwert, desto höher muss der Kontrast der Pixel sein, die scharf gestellt werden. Ist der Schwellenwert niedrig, stellt *Fireworks* lediglich die Pixel mit einem schwachen Kontrast scharf. Die Wertebereich erstreckt sich zwischen 0 und 255. Beim eingestellten Wert = 0 werden alle Pixel scharf gestellt.

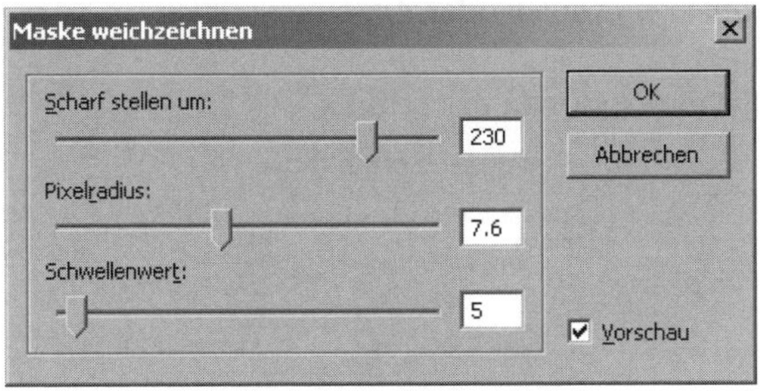

Mit dem Filter bzw. dem Live-Effekt «Maske Weichzeichnen» können Sie das Scharfstellen konkret einstellen.

Selbst verschwommener Text wird scharf gestellt und lesbar.

Weitere Live-Effekte anwenden

In diesem Kapitel werden wir weitere Live-Effekte kennen lernen, die weniger mit der Bildbearbeitung zu tun haben, als vielmehr tatsächlich Effekte darstellen – wie beispielsweise Schlagschatten, Prägung oder Glühen. Diese Erweiterungen können auf Vektor-, Bitmap- oder Textobjekte angewendet werden.

Die von *Fireworks* standardmäßig mitgelieferten Effekte können erweitert werden, wobei auch Komponenten von Drittanbietern genutzt werden können.

Geschliffene Kanten

Weisen Sie einem Objekt einen Innen- oder Außenschliff zu, bekommt dieses einen dreidimensionalen Charakter, der besonders gerne für Schaltflächen eingesetzt wird.

1. Markieren Sie das Objekt in Ihrem Dokumentfenster.

2. Wählen Sie im Eigenschafteninspektor unter *Geschliffen und Prägen* den Live-Effekt *Innen geschliffen* oder *Außen geschliffen.*

3. Definieren Sie die Optionen des Schliffs.

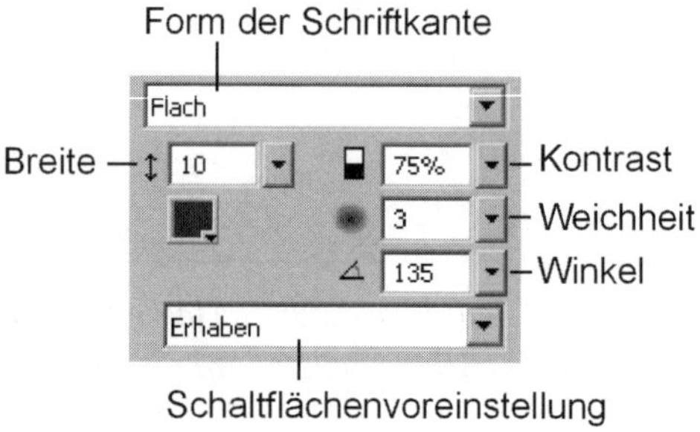

In diesem Popup-Fenster definieren Sie das Aussehen des Außenschliffs. Das Fenster für den Innenschliff sieht genauso aus – nur der Farbwähler fehlt.

4. Drücken Sie die Enter-Taste, wenn Sie fertig sind. Alternativ können Sie auch an eine Stelle außerhalb des Popup-Fensters klicken.

Einfaches Rechteck; «Außen geschliffen» (mitte) und «Innen geschliffen» (rechts). Eine Farbe für die Schliffkante können Sie nur für den Außenschliff definieren.

Die folgende Übersicht gibt Ihnen einen Eindruck über die unterschiedlichen Formen der Schliffkante, die beim Innenschliff und Außenschliff angewendet werden können. Diese stellen Sie im ersten Pull-Down-Menü des Popup-Fensters ein:

Flach

Weichzeichnen

Abfallend

Frame 1

Frame 2

Ring

Kräuseln

Außerdem gibt es vier weitere unterschiedliche Schaltflächeneinstellungen, die exemplarisch an einer flachen, Innenschliffkante verdeutlicht werden:

Erhaben

Hervorgehoben

Eingelassen

Umgekehrt

NICHT VERGESSEN

In Kapitel 11 werden wir Schaltflächen mit unterschiedlichen Effekten erstellen.

Prägung

Während eine Reliefprägung vor dem Hintergrund hervorgehoben erscheint, sieht es bei der Senkprägung so aus, als wäre das Objekt in den Hintergrund eingelassen. Darum wirken diese beiden Effekte auch am besten, wenn die Füllfarbe des Objektes mit der Hintergrundfarbe identisch ist.

1. Markieren Sie das Objekt in Ihrem Dokumentfenster.

2. Wählen Sie im Eigenschafteninspektor unter *Geschliffen und Prägen* den Effekt *Relief-* oder *Senkprägung.*

3. Stellen Sie im Popup-Fenster die Einstellungen des jeweiligen Effektes ein. Das Popup-Fenster ähnelt dem der geschliffenen Kanten.

MERKET AUF!

Aktivieren Sie in den Einstellungen des Prägeeffekts *Objekt anzeigen*, wenn das Objekt weiterhin sichtbar sein soll.

Relief- und Senkprägung (rechts).

Mosaik

Mit dem Mosaik-Effekt oder -Filter können interessante Ergebnisse erzielt werden. Den Befehl finden Sie unter *Mosaik* | *Mosaik hinzufügen* unter Filter in der Menüleiste und im Eigenschafteninspektor (*Effekte*).

Je größer Sie den Wert für die *Anzahl* wählen, desto extremer wird der Mosaikeffekt, wobei gleichzeitig mit zunehmendem Wert das ursprüngliche Objekt immer undeutlicher wird und bei der höchsten Einstellung (400) gar nicht mehr erkennbar ist. Der Effekt entsteht durch Hinzumischen von grauen bzw. schwarzen Pixel. Aktivieren Sie dagegen das Kontrollkästchen *Farbe*, werden weitere Farbtöne hinzugefügt.

Wenden Sie den Mosaik-Effekt über Filter *Mosaik | Mosaik hinzufügen* an, wird eine Vektorgrafik in ein Bitmap umgewandelt. Bei der Anwendung über den Eigenschafteninspektor [+] mit *Mosaik | Mosaik hinzufügen* bleiben Vektoren erhalten!

«Mosaik» wurde auf dieses Bild angewendet.
Die Vergrößerung zeigt, was mit den einzelnen Pixel passiert.

Schatten und Glühen

Der Winkel, in dem der Schatten fallen soll, ist frei wählbar, so dass Sie sehr gut Lichteffekte simulieren können und eine gewisse Dreidimensionalität erzielen können. Entweder definieren Sie einen Schatten, der innerhalb eines Objektes erscheint, oder einen Schlagschatten. Mit *Fireworks* können Sie auch sehr schnell interessante Glüheffekte definieren.

1. Markieren Sie das Objekt in Ihrem Dokumentfenster.

2. Wählen Sie im Eigenschafteninspektor [+] *Schatten und Glühen* und bestimmen Sie den gewünschten Effekt: *Glühen, Innerer Schatten, Inneres Glühen* oder *Schlagschatten.*

3. Stellen Sie im Popup-Fenster die Einstellungen des jeweiligen Effektes ein. Diese sind weitgehend ähnlich. Der einzige Unterschied besteht darin, dass Sie beim Glühen einen *Abstand* zwischen Schatten und Objekt festlegen können und dagegen bei den Schatteneffekten *Winkel* (also Schattenrichtung) und *Aussparung* definieren können:

Aktivieren Sie das Kontrollkästchen *Aussparung,* wenn die Füllung und Pinselstrich des Objekts nicht mehr angezeigt werden sollen, sondern lediglich der Schlagschatten die Kontur des Objektes verdeutlichen soll.

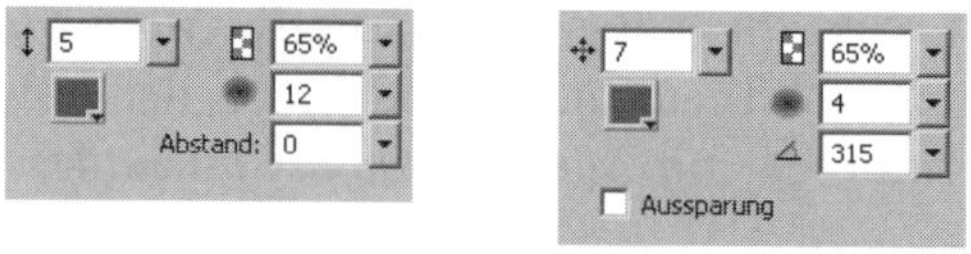

Die Einstellungsfenster für den Glüheffekt (links); daneben die Optionen für den Schatteneffekt.

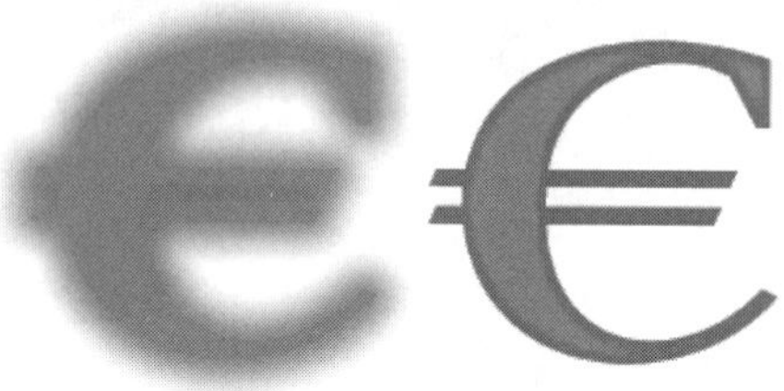

«Glühen» und «Inneres Glühen» (rechts).

«Innerer Schatten» (links), «Schlagschatten» (mitte). Für den Schlagschatten des rechten Zeichens wurde die Option «Aussparung» aktiviert.

In Alphakanal konvertieren

Verwenden Sie den Filter *In Alphakanal konvertieren*, wird das ausgewählte Objekt in eine Transparenz überführt, die auf der Durchsichtigkeit des Bildes basiert.

- Wählen Sie *Filter | Andere | In Alphakanal konvertieren* oder im Eigenschafteninspektor den Effekt unter *Andere | In Alphakanal konvertieren.* Die Konvertierung wird automatisch durchgeführt. Weitere Einstellungen sind nicht möglich.

Weitere Informationen über den Alphakanal erhalten Sie in Kapitel 9 (*Ebenen und Masken*).

MERKET AUF!

Ränder suchen

Mit dem Effekt oder Filter *Ränder suchen* wird Ihr Objekt so bearbeitet, dass der Eindruck entsteht, es würde sich um eine Zeichnung handeln. Dabei werden Linien hervorgehoben und Farbübergänge eliminiert. Während Linien Weiß eingefärbt werden, erscheint die Fläche in Schwarz.

- Wählen Sie *Filter* | *Andere* | *Ränder suchen* oder im Eigenschafteninspektor den Live Effekt unter *Andere* | *Ränder suchen.*

Originalbild (links); rechts wurde der Effekt «Ränder suchen» angewendet.

«Photoshop»-Plug-Ins

In *Fireworks* können Sie jederzeit (weitere) *Photoshop*-Plug-Ins installieren, die dann als Filter in *Fireworks* eingebunden werden. Allerdings können nicht alle Plug-Ins auch als Live-Effekt eingesetzt werden.

NICHT VERGESSEN

Bitte beachten Sie, dass nicht alle Plug-Ins von Fireworks unterstützt werden. So sind Plug-Ins von Photoshop 6 und 7 nicht mit *Fireworks* kompatibel.

So installieren Sie Photoshop-Plug-Ins:

- Öffnen Sie in den *Voreinstellungen* (*Bearbeiten* | *Voreinstellungen*) das Register *Ordner*. Aktivieren Sie das Kontrollkästchen *Photoshop*-Plug-Ins oder wählen Sie den Ordner mit den Plug-Ins über die Schaltfläche *Durchsuchen* aus. Alternativ können Sie diese Quelle auch direkt in das dafür vorgesehene Textfeld eintragen. Beachten Sie, dass diese Änderungen erst nach einem Neustart wirksam werden. Weitere Informationen über die Voreinstellungen erhalten Sie in Kapitel 2.

- Klicken Sie im Eigenschafteninspektor bei den Effekten auf das Plus-Zeichen und wählen Sie im Menü *Optionen | Plug-In suchen.*

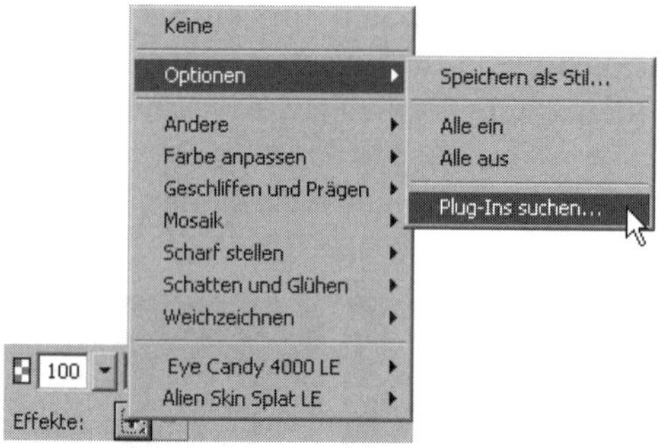

Nun bestimmen Sie den Ordner, in dem die Plug-Ins abgespeichert sind. Auch hier wird diese Einstellung erst nach einem Neustart aktiv. Beachten Sie, dass der ausgewählte Ordner automatisch in die Voreinstellungen übernommen wird, weshalb diese Arbeitsweise mit der vorher genannten identisch ist – und logischerweise auch zum gleichen Ergebnis führt.

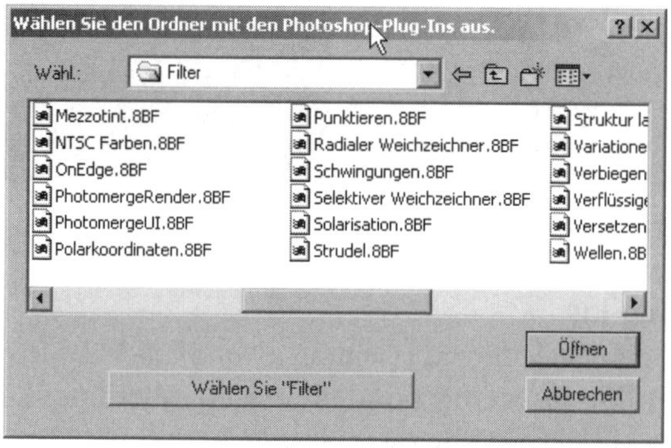

MERKET AUF!

Arbeiten Sie im Team an mehreren Grafiken, kommt es häufig vor, dass Sie Dateien untereinander austauschen müssen. Beachten Sie, dass hier individuell installierte Live-Effekte dann auch bei Ihren Team-Kollegen installiert sein müssen, damit dieser Effekt dargestellt werden kann. Die Alternative wäre die Arbeit mit dem entsprechenden Filter. Da hier die Pixel verändert werden, sieht das Objekt auch auf einem Rechner, auf dem der angewendete Filter fehlt, gleich aus. Die Nachteile der Filter kennen Sie aber...

Effekte auf gruppierte Objekte anwenden

Wenden Sie einen Effekt auf gruppierte Objekte an, wird dieser der gesamten Gruppe zugeschrieben. Das bedeutet, sobald Sie die Gruppierung aufheben, wird dieser Effekt entfernt und der Effekt, den Sie zuvor auf eines dieser Objekte angewendet haben, kann nun wieder bearbeitet werden.

Wählen Sie mit dem Teilauswahlwerkzeug ein Objekt aus einer Gruppierung aus, können Sie auch diesem einen Effekt zuweisen bzw. einen Filter anwenden.

Reihenfolge von angewendeten Effekten

Sind mehrere Effekte in der Liste, können Sie deren Reihenfolge verändern, indem Sie den jeweiligen Effekt markieren und bei gedrückter linker Maustaste an die gewünschte Stelle verschieben. Dadurch wird die *Effekte*-Liste übersichtlicher. Die Reihenfolge der einzelnen Effekte wirkt sich auf den Gesamteffekt aus. Dabei gilt die Daumenregel «von Innen nach Außen»: Effekte, die das Innere eines Objektes beeinflussen (z. B. *Inneres Glühen*) sollten **vor** Effekten angewendet werden, die sich auf das Äußere beziehen (z. B. *Schlagschatten*).

Benutzerdefinierte Stile erstellen

Haben Sie einen oder sogar mehrere Live-Effekte mühevoll definiert und Sie wissen ganz genau, dass Sie diese Stilkombination später noch einmal benötigen werden, dann speichern Sie das Ganze doch als benutzerdefinierten Live-Effekt bzw. als Stil ab. Während Live-Effekte im Eigenschafteninspektor angezeigt werden, gibt es für Stile ein separates Bedienfeld (*Fenster | Stile*). Während benutzerdefinierte Live-Effekte tatsächlich nur Effekte enthalten, können Stile weitere Eigenschaften speichern.

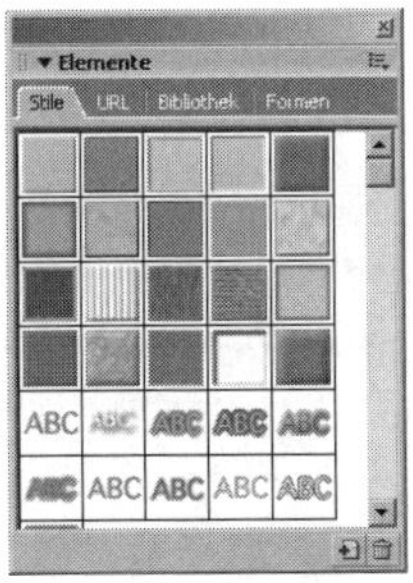

Das Bedienfeld «Stile».

So erstellen Sie einen benutzerdefinierten Stil:

1. Bestimmen Sie die Eigenschaften und Effekte eines Objekts. Achten Sie darauf, dass Sie das richtige Objekt, dessen Attribute Sie als Stil abspeichern möchten, markiert haben.

2. Klicken Sie im Eigenschafteninspektor auf das Zeichen *Effekte hinzufügen oder Voreinstellung auswählen* und wählen Sie im Menü *Optionen | Speichern als Stil.*

Oder klicken Sie im Bedienfeld *Stile* auf den Button . Hier können Sie auch im Optionsmenü den Befehl *Neuer Stil* wählen.

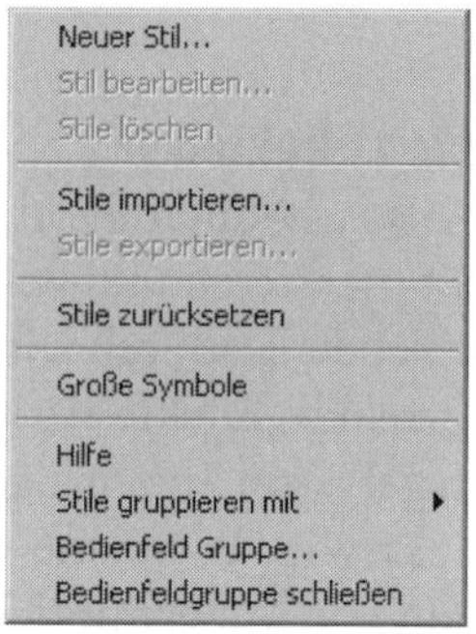

Das Optionsmenü im Bedienfeld «Stile».

3. Geben Sie im Dialogfenster *Neuer Stil* die Eigenschaften an, die Sie in diesem neuen Stil abspeichern möchten. Aktivieren Sie das entsprechende Kontrollkästchen. Eine Vorschau sehen Sie im Dialogfenster links oben.

   Im Dialogfenster sind nicht alle Textattribute aufgeführt. Möchten Sie beispielsweise Anti-Alias- oder Ausrichtungseigenschaften abspeichern, aktivieren Sie das Kontrollkästchen *Text Sonstiges.*

   Achten Sie auf einen prägnanten Namen, damit Sie später noch wissen, wie dieser Stil zusammengesetzt ist bzw. welche Auswirkungen er hat.

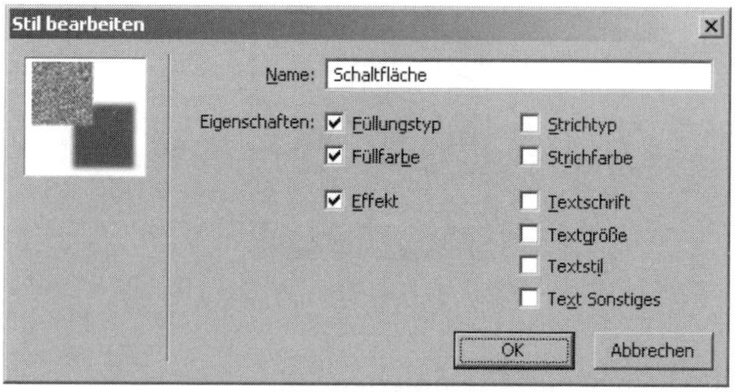

Im Dialogfenster «Stil bearbeiten» bestimmen Sie die Attribute, die in dem Stil abgespeichert werden sollen.

4. Bestätigen Sie Ihre Angaben mit *OK.* Der abgespeicherte Stil erscheint nun im Bedienfeld *Stile.* Haben Sie lediglich die eingestellten Effekte als Stil abgespeichert, erscheint dieser ebenfalls unter den Effekten im Eigenschafteninspektor.

Wie wir einen benutzerdefinierten Live-Effekt anwenden, wissen wir bereits, denn da gibt es keinen Unterschied zu den bereits fertig installierten Effekten. Doch was ist mit den (benutzerdefinierten) Stilen? Ganze einfach: Markieren Sie das Objekt, auf das Sie den Stil anwenden möchten und klicken Sie dann im Bedienfeld *Stile* auf den gewünschten Stil. Dieser wird dann automatisch auf das Objekt angewendet – das war's.

Stile können auf Vektor-, Bitmap- und Textobjekte angewendet werden. Beachten Sie, dass es sich nicht ausschließlich um einen Textstil handeln muss, damit dieser auf einen Text angewendet werden kann. Objekte, auf die ein Stil angewendet worden ist, können weiter bearbeitet werden. Die jeweiligen Attribute werden automatisch aktualisiert. Stilattribute, die auf einen Textblock angewendet worden sind, werden nicht automatisch auf einen neuen Textblock angewendet, obwohl die generellen Texteigenschaften weiterhin eingestellt sind. Ausnahmen bestätigen eben die Regel… Auch können Stile nur eingeschränkt Bitmap-Objekte beeinflussen, da hier nicht alle Attribute angewendet werden können.

POWER USER

Ein neuer Stil kann auch auf einem bereits vorhandenem Stil basieren. Wenden Sie dafür zunächst den «alten» Stil an und erstellen Sie dann wie beschrieben den neuen. Durch diese Arbeitsweise können Sie sehr viel Zeit sparen. Auch wenn Sie einen der «alten» Stile löschen, ändert dies nichts.

Ein heißer Tipp: Wählen Sie im Optionsmenü des Bedienfelds *Stile* den Befehl *Große Symbole*, um diese besser erkennen zu können. Teilweise erleichtert dies enorm die Auswahl des richtigen Stils.

So bearbeiten Sie einen vorhandenen Stil:

1. Überprüfen Sie, dass kein Objekt ausgewählt ist. Gehen Sie auf Nummer Sicher, indem Sie in der Menüleiste *Auswählen | Auswahl aufheben.*

2. Doppelklicken Sie auf den Stileintrag im Bedienfeld *Stile* oder wählen Sie im Optionsmenü den Befehl *Stil bearbeiten.*

3. Aktivieren Sie im Dialogfenster *Stil bearbeiten* die gewünschten Eigenschaften. Dabei hat sich *Fireworks* die kompletten Attribute «gemerkt».

4. Klicken Sie auf OK, wenn Sie mit Ihren Einstellungen fertig sind.

So löschen Sie einen Stil:

1. Wählen Sie den Stil im Bedienfeld *Stile* aus. Halten Sie die Shift-Taste gedrückt, während Sie mit der Maus mehrere Stile auswählen.

2. Klicken Sie auf den Button im Bedienfeld *Stile*. Der Stil ist gelöscht. Alternativ können Sie auch im Optionsmenü den Befehl *Stile löschen* auswählen.

Sie arbeiten mit mehreren Kollegen an einem größeren Projekt? Wäre es da nicht sinnvoll, wenn Sie untereinander benutzerdefinierte Stile austauschen könnten? Und ob! In *Fireworks* können Sie Stile exportieren und natürlich auch importieren.

So exportieren Sie benutzerdefinierte Stile:

1. Markieren Sie im Bedienfeld *Stile* den Stil, den Sie exportieren möchten. Benutzen Sie die Shift-Taste, wenn Sie mehrere nebeneinanderliegende Stile auswählen möchten. Drücken Sie die Strg- (Windows) bzw. Befehlstaste (Macintosh), um nicht nebeneinanderliegende Stile auszuwählen.

2. Gehen Sie im Optionsmenü auf den Befehl *Stile exportieren*.

3. Legen Sie im Dialogfenster *Datei speichern unter* Verzeichnis und Dateinamen des Stils fest und klicken Sie auf *Speichern*. Nun können Ihre Mitarbeiter auf den von Ihnen definierten Stil zugreifen und diesen importieren…

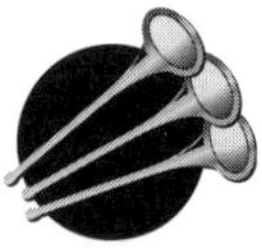

MERKET AUF!

Fireworks-Stile werden im STL-Format gespeichert. Nur Stile, die in diesem Format abgespeichert worden sind, können importiert werden.

So importieren Sie benutzerdefinierte Stile:

1. Wählen Sie im Optionsmenü des Bedienfelds *Stile* den Befehl *Stile importieren*.

2. Wählen Sie im Dialogfenster *Öffnen* das gewünschte Stildokument aus.

3. Klicken Sie auf *Öffnen*. Der Stil wird automatisch im Bedienfeld *Stile* angezeigt. Besteht der importierte benutzerdefinierte Stil nur aus Effekten, wird dieser außerdem im entsprechenden Menü des Eigenschafteninspektors angezeigt.

Das große Projekt ist abgeschlossen und die dafür erstellten Stile werden nicht mehr benötigt? Dann entledigen Sie sich des überflüssigen Ballasts und räumen Sie das Bedienfeld *Stile* auf. Klar, Sie können jederzeit Stile bearbeiten, ergänzen und löschen. Doch manchmal würde man das Ganze auch gerne einfach nur auf die Standardeinstellung zurücksetzen – dann machen Sie es doch:

- Wählen Sie im Optionsmenü des Bedienfelds *Stile* den Befehl *Stile zurücksetzen.* Bestätigen Sie, dass Sie alle Stile auf Standard zurücksetzen möchten. Der ursprüngliche Zustand – inklusive der gelöschten Standardstile – wird dann wiederhergestellt und alle benutzerdefinierten Stile werden aus dem Bedienfeld gelöscht.

RAFFINIERT

Sie möchten die Eigenschaften eines Objektes auf ein anderes übertragen, jedoch keinen Stil erstellen – kein Problem! Kopieren Sie einfach Attribute wie Füllung, Effekt oder Textgröße.

1. Markieren Sie das Objekt, dessen Eigenschaften Sie übernehmen möchten.

2. Wählen Sie in der Menüleiste *Bearbeiten | Kopieren.*

3. Anschließend markieren Sie das Objekt, dem die Attribute zugewiesen werden sollen.

4. In der Menüleiste wählen Sie nun *Bearbeiten | Attribute einfügen.* Das Objekt hat nun die gleichen Eigenschaften wie das andere.

MERKET AUF!

In Kapitel 10 erfahren Sie mehr über die Bedienfeldgruppe *Elemente.*

Übung

SMART DISC

Bestimmt haben Sie auch das ein oder andere dunkle, unscharfe Foto. Da bekanntlich Übung den Meister macht, wollen wir zunächst das auf der CD-Rom abgespeicherte Foto bearbeiten (*mandelbluete.png*). Versuchen Sie, alle genannten Tricks einzusetzen und das beste rauszuholen. Gut, zaubern kann niemand, aber tun Sie Ihr Bestes! Das Ergebnis finden Sie auch auf der CD-Rom (*mandelbluete-fertig.png*).

Zum zweiten Teil der Übung: Erstellen Sie die in der folgenden Abbildung gezeigte Schaltfläche. Schauen Sie sich das Bild genau an und überlegen Sie, welche Live-Effekte (so viel sei an dieser Stelle verraten) angewendet worden sind. Wenden Sie die bisher besprochenen Effekte an.

Bekommen Sie das hin?

Bekommen Sie ein Gespür für die unterschiedlichen Einstellmöglichkeiten. Es ist so viel möglich – probieren Sie selbst etwas aus, bis Sie meinen, dem Original möglichst nahe gekommen zu sein.

Fertig!? – dann schauen Sie sich die Vorlage im Verzeichnis zu diesem Kapitel an (*button.png*). Beachten Sie die eingestellten Effekte der einzelnen Grafikelemente im Eigenschafteninspektor.

Der letzte Teil der Übung kommt wieder auf unser Online-Projekt `www.bacchuswelt.de` zurück. In Kapitel 6 haben wir den Text für die linke Navigationsleiste erstellt. Wenn Sie den aktuellen Stand dieser Datei (*06_text/home.png*) einmal mit dem Original vergleichen, werden Sie schnell feststellen, dass da noch etwas fehlt – nämlich der Schlagschatten. Auf geht's! Orientieren Sie sich online am Original.

In diesem Kapitel haben Sie einerseits Ihre Grundlagen der Bildbearbeitung erweitert und andererseits weitere Profi-Techniken kennen gelernt. Vielleicht haben Sie auch gemerkt, dass der Unterschied zu anderen Grafikprogrammen – allen voran Photoshop – gar nicht so groß ist. Vielleicht haben Sie auch schon Ihre Photoshop-Plug-Ins in *Fireworks* integriert.

Wir haben gesehen, dass Live-Effekte vorzugsweise zu verwenden sind, da diese jederzeit verändert oder gelöscht werden können, was bei Filtern sehr problematisch sein kann. Und bevor Sie die einzelnen Arbeitsschritte zigmal wiederholen und immer wieder die gleichen Attribute einem Objekt zuweisen, sollten Sie hierzu Stile anlegen und einsetzen. Erleichtern Sie sich die Arbeit!

Im nächsten Kapitel kommen wir wieder auf das Bedienfeld *Ebenen* zurück. Dieses haben wir in Kapitel 3 bereits kurz angesprochen, doch gerade was die Übersichtlichkeit angeht, ist hier weit mehr möglich. Auch das Arbeiten mit Masken kann hierin gesteuert werden. Auf zum nächsten Workshop…

9 Ebenen und Masken

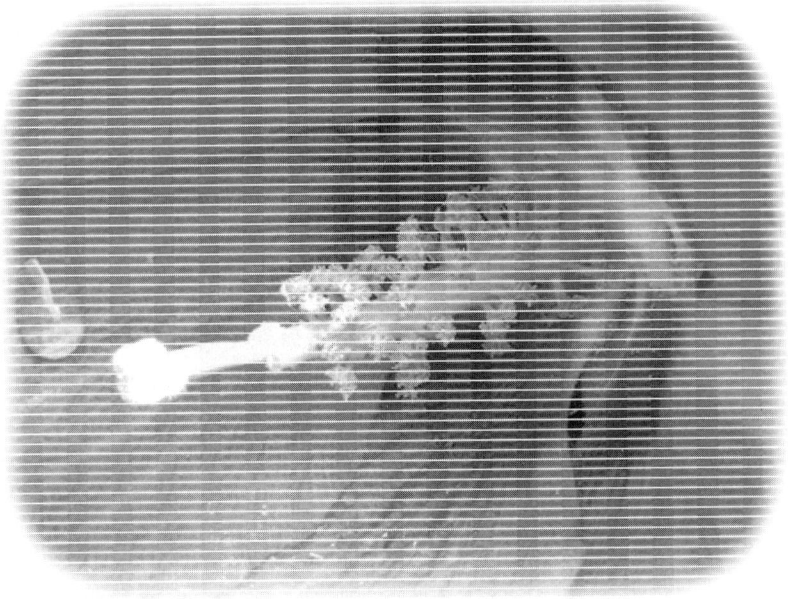

Ebenen und Masken

In Kapitel 3 haben wir bereits kurz über Ebenen gesprochen, doch hier ist weit mehr möglich. Jedes Objekt liegt auf einer Ebene. Mit unterschiedlichen Ebenen unterteilen Sie ein Dokument in mehrere Schichten, auf denen Sie Objekte übersichtlich strukturieren und thematisch zusammenfassen können.

Beispielsweise können alle Schaltflächen auf einer Ebene liegen, während Textelemente auf einer anderen gespeichert werden. Es geht eben nichts über eine gut strukturierte Übersicht, dank derer man sich schnell in der Fülle der Objekte zurechtfindet. Vielleicht kennen Sie Ebenen schon aus *Photoshop*. Wenden wir uns also dem Bedienfeld *Ebenen* zu…

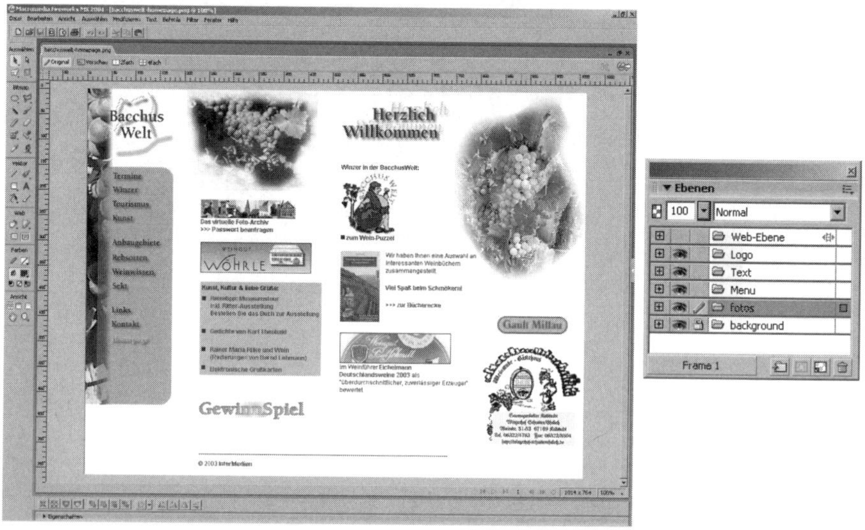

Eine Grafik kann zahlreiche Objekte enthalten, die Sie übersichtlich in Ebenen strukturieren sollten.

Auch das Arbeiten mit Masken kann hierin gesteuert werden. In Kapitel 4 haben wir Auswahlrahmen bereits bei der Bitmap-Bearbeitung kennen gelernt. Diese und auch die anderen Werkzeuge aus der Werkzeugleiste können bei Bitmap- oder Vektormasken eingesetzt werden. So können Sie in *Fireworks* beispielsweise eine Maske erstellen, mit der Teile des eigentlichen Bildes verdeckt werden. Das funktioniert zwar auch mit Vektor- oder Bitmap-Objekten, ist mit diesen aber wesentlich umständlicher und aufwändiger, da das Objekt selbst verändert wird – was bei Masken nicht der Fall ist. Ein riesengroßer Vorteil!

In diesem Kapitel werden Sie die Möglichkeiten der unterschiedlichen Maskentypen kennen lernen. Sie werden sehen, dass diese Ihre tägliche Arbeit wesentlich erleichtern und auch optimieren kann. Profis schwören auf Masken und wollen Sie nicht missen.

Das werden Sie lernen:

- Ebenen anlegen
- Webebene
- Masken im Bedienfeld *Ebenen* anwenden
- Unterschiedliche Anwendungsmöglichkeiten von Bitmap- und Vektormaske

Dateien für diese Lektion:

SMART DISC

- *08_effekte_stile/home.png* bzw. *09_ebene_masken/home.png*
- *09_ebene_masken/kirche.png*
- *09_ebene_masken/als-maske-einfuegen.png*
- *09_ebene_masken/textmaske.png*
- *09_ebene_masken/masken-objekte-verbinden.png* und *09_ebene_masken/masken-objekte-verbinden2.png*
- *09_ebene_masken/maske.png*
- *09_ebene_masken/urlaub-maske-verschieben.png*
- *09_ebene_masken/vektor-effekt.png*

Ebenen – Grundlagen

Das Bedienfeld *Ebenen* (*Fenster | Ebenen*) zeigt Ebenen im aktuellen Frame (vgl. Kapitel 13 *Animation*) des geöffneten Dokuments. Der Name der aktiven Ebene wird hervorgehoben. Klicken Sie auf das Plus-Zeichen vor der Ebenenbezeichnung, wird diese erweitert dargestellt und Sie können erkennen, welche Objekte auf dieser Ebene abgespeichert sind. Anstelle des Plus- erscheint nun ein Minuszeichen, über das Sie die Ebene wieder zuklappen können. Beim Macintosh erscheint statt des Plus- und Minuszeichens ein Dreieck. Halten Sie dabei die Alt-Taste gedrückt, werden alle Ebenen ein- oder ausgeblendet.

Die Leinwand selbst ist keine Ebene und erscheint darum auch nicht in diesem Bedienfeld.

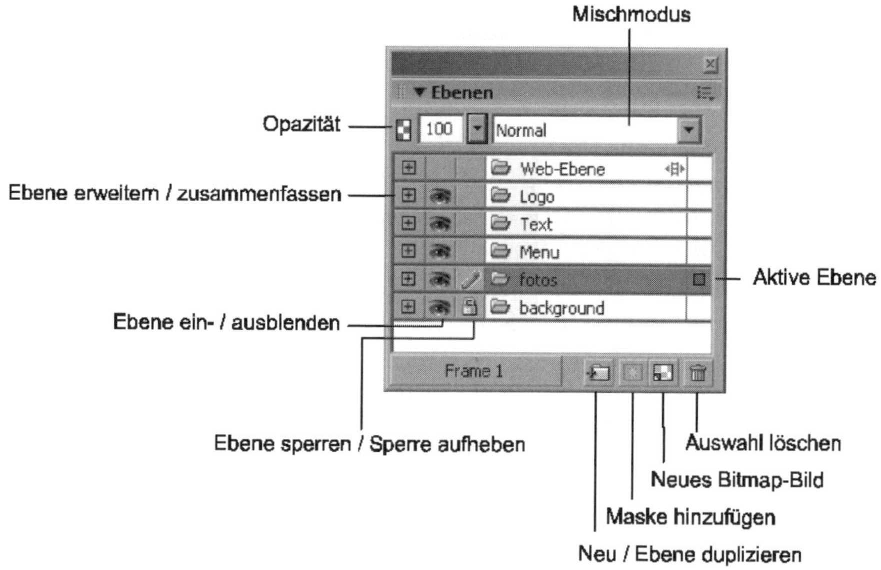

Das Bedienfeld «Ebenen».

Wenn Sie ein neues Dokument erstellen, legt *Fireworks* standardmäßig bereits die *Ebene 1* an. Auf dieser aktiven Ebene werden dann automatisch die Objekte abgelegt, die Sie erstellen. In den letzten Workshops ist dies passiert, ohne dass Sie es vielleicht bewusst registriert haben.

Neue Ebene erstellen und löschen

Es liegt an Ihnen, ob Sie eine Ebene lieber vor dem Zeichnen der einzelnen Objekte erstellen oder diese später hinzufügen und anschließend die Objekte auf die eingefügten Ebenen verteilen. Eine neue leere Ebene wird über der aktuell aktiven eingefügt und wird automatisch zur aktiven Ebene.

Es gibt mehrere Möglichkeiten wie Sie eine neue Ebene hinzufügen können:

- Klicken Sie auf den Button im Bedienfeld *Ebenen.*
- Wählen Sie im Optionsmenü des Bedienfeldes den Befehl *Neue Ebene.*
- Wählen Sie in der Menüleiste *Bearbeiten | Einfügen | Ebene.*

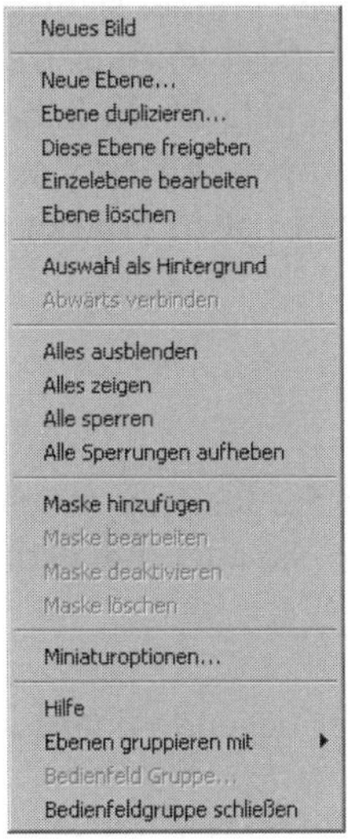

Im Optionsmenü finden Sie (fast) alle notwendigen Befehle für die Arbeit mit Ebenen und Masken.

Der Name der neu eingefügten Ebene wird automatisch erstellt und erhält die nächst höhere Nummer zugewiesen. Möchten Sie diesen ändern, doppelklicken Sie darauf und geben Sie den Ebenennamen in das Textfeld ein. Beachten Sie, dass die *Web-Ebene* nicht umbenannt werden kann. Allerdings können Sie Segmente und Hotspots benennen, die auf dieser Ebene liegen. Auch anderen Objekten weisen Sie auf die gleiche Weise einen Namen zu.

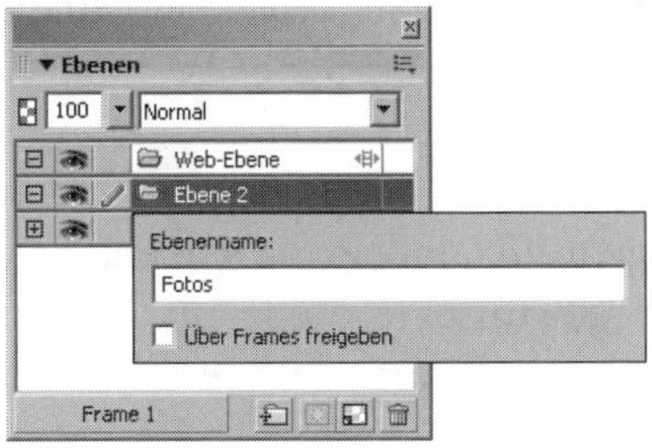

Den Namen einer Ebene können Sie jederzeit verändern.

Haben Sie mehrere Ebenen angelegt, wechseln Sie zwischen diesen, indem Sie auf den Ebenen-Namen (z. B. *Ebene 1*) klicken. Der Ebenenname wird dann blau hinterlegt und dahinter erscheint ebenfalls ein blaues Quadrat. Achten Sie auch auf den Bleistift.

MERKET AUF!

Arbeiten Sie mit mehreren Frames, können Sie eine Ebene freigeben, so dass diese nicht nur im aktuellen Frame, sondern auch in den anderen Frames sichtbar ist. Aktivieren Sie hierzu das Kontrollkästchen *Über Frames freigeben*, nachdem Sie auf den Ebenennamen doppelgeklickt haben oder im Optionsmenü den Befehl *Diese Ebene freigeben* ausgewählt haben. Damit können beispielsweise bestimmte Hintergrundobjekte in allen Frames einer Animation sichtbar sein (vgl. Kapitel 13).

So löschen Sie eine Ebene:

Markieren Sie die Ebene, die Sie löschen möchten und klicken Sie auf den Button . Die Ebene können Sie auch bei gedrückt gehaltener linker Maustaste auf diesen Button ziehen.

Anschließend wird die darunter liegende Ebene aktiv.

FEHLERTEUFEL

Importieren oder öffnen Sie eine *Photoshop*-Datei, die unterschiedliche Ebenen enthält, platziert *Fireworks* jede Ebene als separates Objekt. Gruppierte *Photoshop*-Ebenen werden aufgehoben und als separate Objekte importiert. Durch diese Arbeitsweise können essenzielle Effekte und Layouts verloren gehen. Auch *Photoshop* kommt mit *Fireworks*-Ebenen nicht klar. Hier werden dann alle Objekte als ein Element auf dem Hintergrund geöffnet.

Reihenfolge ändern

Mit der Stapelreihenfolge der Objekte eines Dokuments bestimmen Sie, wie sich Objekte überlagern. Das oberste Objekt im Bedienfeld *Ebenen* (auf der obersten Ebene, unterhalb der Web-Ebene) liegt auch auf der Leinwand über allen anderen Ebenen.

Objekte werden neu angeordnet, indem Sie den entsprechenden Ebeneneintrag markieren und an die gewünschte Stelle im Bedienfeld verschieben. Alle Objekte auf dieser Ebene werden automatisch mit verschoben.

Dabei sind die einzelnen Objekte nicht an eine bestimmte Ebene gebunden, sondern können auch separat auf eine andere verschoben werden. In diesem

Fall markieren Sie lediglich das entsprechende Objekt und verschieben es an die entsprechende Position.

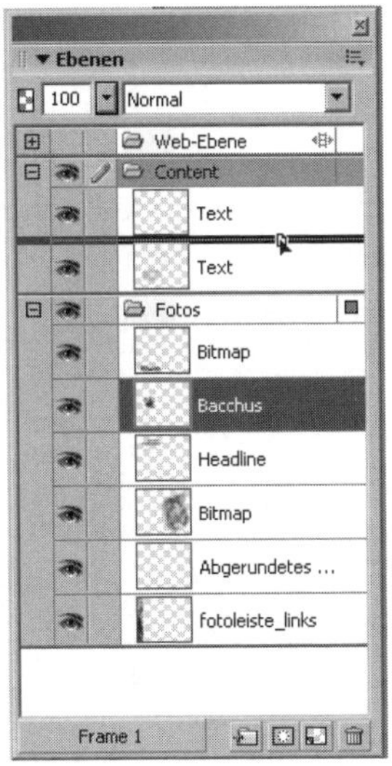

Das Objekt Bacchus wird hier in die Ebene «Content» verschoben.

HEISSER TIPP

Drücken Sie beim «Verschieben» die Alt- (Windows) bzw. Wahltaste (Macintosh), erstellen Sie ein Duplikat der ausgewählten Ebene bzw. des markierten Objekts.

Ebenen und Objekt duplizieren

Häufig kommt es vor, dass Sie eine Ebene und die darauf abgespeicherten Objekte noch einmal als Grundlage einer weiteren Ebene und damit als Ausgangsbasis Ihrer weiteren Arbeit benötigen. *Fireworks* erstellt die gleiche Ebene mit allen darauf abgelegten Objekte noch einmal und legt diese neue Ebene über die alte. Die automatische Durchnummerierung des Ebenennamens ist dabei unabhängig von der Position der eingefügten Ebene.

Die duplizierten Objekte sind unabhängig von denen auf der «alten» Ebene. Sie können deren Opazität, Mischmodus und Eigenschaften verändern, ohne dass die Objekte auf der Ursprungsebene geändert werden.

So duplizieren Sie eine vorhandene Ebene:

1. Wählen Sie die Ebene aus, die Sie doppeln möchten.

2. Wählen Sie im Optionsmenü den Befehl *Ebene duplizieren.*

3. Geben Sie im Dialogfenster *Ebene duplizieren* die Anzahl der zu erstellenden Duplikate an und an welcher Stelle diese innerhalb des Ebenenstapels eingefügt werden sollen.

4. Klicken Sie auf *OK.*

   Da die Web-Ebene immer (!) die oberste Ebene bildet, kann die neu eingefügte Ebene höchstens darunter stehen.

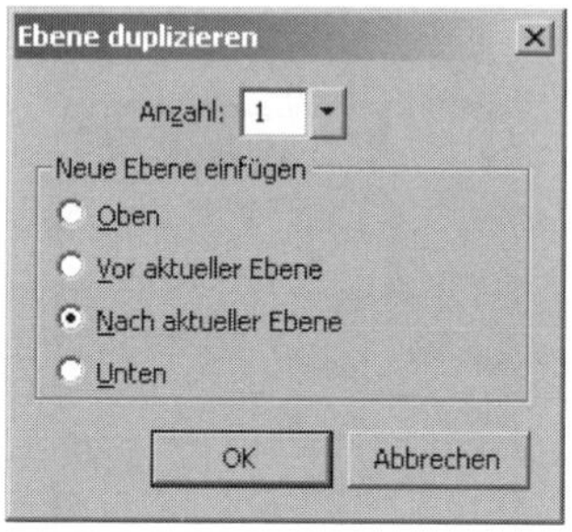

Bestimmen Sie wie oft eine Ebene an welcher Stelle dupliziert werden soll.

RAFFINIERT

Ganz schnell duplizieren Sie eine Ebene, wenn Sie diese im Bedienfeld markieren und auf den Button *Neu / Ebene duplizieren* oder die Kopie während des «Verschiebens» erstellen, indem Sie gleichzeitig die Alt- (Windows) bzw. Wahltaste (Macintosh) drücken.

So duplizieren Sie ein Objekt:

1. Markieren Sie das Objekt im Bedienfeld *Ebenen.*

2. Ziehen Sie den Eintrag bei gedrückter Alt- (Windows) bzw. Wahltaste (Macintosh) an die entsprechende Position – wenn Sie möchten auch auf einer anderen Ebene.

Objekte schützen

Im Bedienfeld *Ebenen* können Sie den Zugriff auf Objekte kontrollieren und diese damit vor ungewollten Änderungen schützen, da diese nicht ausgewählt werden können. Dabei gibt es zwei Möglichkeiten: Entweder sperren Sie die komplette Ebene oder Sie blenden die Ebene bzw. ein oder mehrere Objekte aus. Im folgenden lernen Sie den Unterschied kennen und erfahren, wann sich welche Arbeitsweise anbietet.

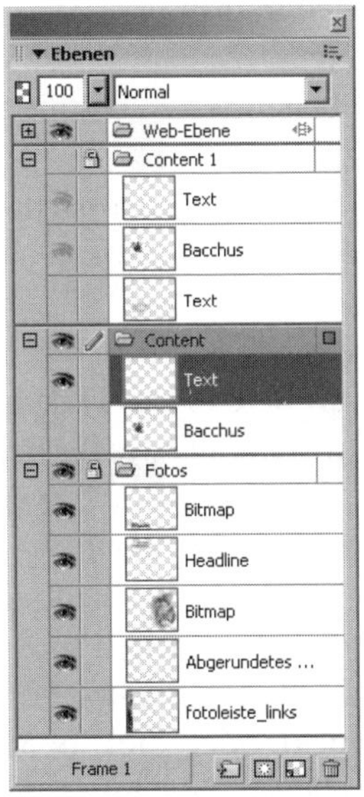

Einzelne Objekte oder komplette Ebenen können geschützt und für die weitere Bearbeitung gesperrt werden.

Ebenen sperren

Wenn Sie eine Ebene sperren, können die darauf liegenden Objekte zwar weiter sichtbar sein, aber nicht ausgewählt werden. Beachten Sie, dass einzelne Objekte nicht gesperrt werden können.

So sperren Sie Ebenen:

- Klicken Sie in das Rechteck direkt neben dem Ebenennamen. Ein Vorhängeschloss wird eingeblendet und verdeutlicht nun, dass die Ebene gesperrt ist.

- Möchten Sie mehrere benachbarte Ebenen sperren, halten Sie die linke Maustaste gedrückt und ziehen Sie dann den Cursor über diese Spalte im Bedienfeld *Ebenen.* Hierzu können Sie auch im Optionsmenü den Befehl *Alle sperren* wählen.

- Wählen Sie im Optionsmenü *Einzelebene bearbeiten* werden alle Objekte außerhalb der aktiven Ebene geschützt. Im Bedienfeld erscheint hierbei kein weiteres Symbol. Lediglich ein Häkchen vor dem Befehl im Optionsmenü deutet auf eine Sperre hin.

So heben Sie die Sperrung wieder auf:

- Klicken Sie auf das entsprechende Schloss im Bedienfeld *Ebenen.*
- Möchten Sie komplett alle Sperrungen ausschalten, wählen Sie im Optionsmenü den Befehl *Alle Sperrungen aufheben.*
- Um die Einstellung *Einzelebene bearbeiten* zu deaktivieren, wählen Sie im Optionsmenü erneut diesen Befehl. Das Häkchen verschwindet und die anderen Ebenen können nun ebenfalls wieder bearbeitet werden.

Objekte und Ebenen ein- und ausblenden

Wenn Sie eine Ebene oder ein Objekt ausblenden, können Sie es nicht bearbeiten. Standardmäßig sind erstellte Ebenen und eingefügte Objekte sichtbar. Im Bedienfeld *Ebenen* wird hierzu das Symbol eingeblendet. Klicken Sie auf das Auge, wenn Sie das Objekt oder die Ebene ausblenden möchten und klicken Sie an die gleiche Stelle im Bedienfeld *Ebenen*, um diese wieder einzublenden. Möchten Sie mehrere Objekte / Ebenen sichtbar oder unsichtbar machen, fahren Sie bei gedrückter linker Maustaste den Cursor über die Augenspalte im Bedienfeld *Ebenen.*

Möchten Sie alle Ebenen einblenden, wählen Sie im Optionsmenü den Befehl *Alles zeigen.* Sollen dagegen alle Ebenen ausgeblendet werden, wählen Sie den Eintrag *Alles ausblenden.*

HEISSER TIPP

Wählen Sie *Befehle* | *Document*, wenn Sie Ebenen ausblenden oder sperren wollen. Dabei bezieht sich dieser Befehl jeweils auf die nicht aktive Ebene. Der Befehl *Verteilung auf Ebenen* verteilt die ausgewählten Objekte auf alle Ebenen. Außerdem können Sie die Reihenfolge der Frames verändern.

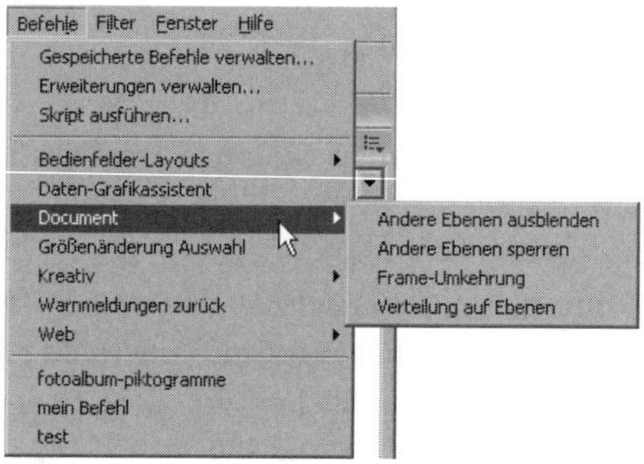

Befehle erleichtern häufig die Arbeit.
Weitere Informationen finden Sie im Kapitel 17.

Objekte verbinden

Je mehr Objekte auf der Leinwand platziert sind, desto unübersichtlicher wird auch deren Auflistung im Bedienfeld *Ebenen*. Eine prima Funktion, um mal so richtig aufzuräumen ist das *Abwärts verbinden* von Objekten. Dabei spielt es keine Rolle, welche Objekttypen das sind: Sie können Bitmaps mit Vektoren oder Textobjekten verbinden. Das einzige, was nicht geht, ist das Verbinden von Segmenten, Hotspots oder Schaltflächen.

Beim *Abwärts verbinden* werden ausgewählte Vektoren, Bitmaps oder Textblöcke in Bitmap-Objekte komprimiert. Allerdings können so verbundene Objekte nicht mehr einzeln bearbeitet werden und folglich gehen auch die Bearbeitungsmöglichkeiten von Vektoren verloren.

HEISSER TIPP

Sollen diese Objekte weiterhin separat auswählbar bleiben, könnten Sie alternativ nur mit einer Gruppierung arbeiten. Möchten Sie zwei oder mehrere Vektor-Objekte miteinander verbinden, wählen Sie in der Menüleiste unter *Modifizieren | Pfade kombinieren* den gewünschten Befehl. Weitere Informationen hierzu finden Sie in Kapitel 5.

Die markierten Objekte werden beim *Abwärts verbinden* stets mit dem nächsten darunter liegenden Bitmap zu einem neuen Bitmap verbunden.

So verbinden Sie zwei oder mehrere Objekte mit einem Bitmap-Objekt:

1. Wählen Sie im Bedienfeld *Ebenen* die Objekte aus, die Sie mit einem Bitmap-Objekt verbinden möchten. Halten Sie dabei die Shift-Taste gedrückt. Dabei können die einzelnen Objekte auch auf unterschiedlichen Ebenen liegen und müssen nicht benachbart sein.

2. Wählen Sie in der Menüleiste unter *Modifizieren* oder im Kontextmenü (rechter Mausklick!) oder im Optionsmenü den Befehl *Abwärts verbinden*. Diese Befehl ist nur aktiv, wenn auch tatsächlich ein Bitmap-Objekt vorhanden ist und Sie mindestens zwei weitere Objekte ausgewählt haben.

   Die markierten Objekte werden miteinander und mit dem in der Stapelreihenfolge darunter liegenden Bitmap-Objekt verbunden. Dabei dürfen Sie das Bitmap-Objekt nicht auswählen. *Fireworks* «weiß» automatisch, mit welchem Bitmap die ausgewählten Objekte verbunden werden sollen.

Klicken Sie im Bedienfeld *Ebenen* auf den Button, legt *Fireworks* ein neues leeres Bitmap-Objekt an. Dieses können Sie nun – wie in Kapitel 4 beschrieben – zeichnen.

Web-Ebene

Die Web-Ebene ist immer im Vordergrund eines jeden *Fireworks*-Dokuments. Sie kann weder dupliziert, noch umbenannt oder gelöscht werden. Die hier abgelegten Objekte, die nicht mit anderen Objekten verbunden werden können, sind über alle Frames freigegeben, also in jedem weiteren Frame vorhanden (vgl. Kapitel 13).

Sie sehen schon: Die Web-Ebene ist eine ganz besondere Ebene. Sie enthält Webobjekte, wie beispielsweise Segmente oder Hotspots, denen *Fireworks* während des Exports interaktive Eigenschaften zuweist. Den hier abgelegten Objekten können Sie neue Namen zuweisen. So werden dann die einzelnen Segmente unter genau diesem Namen exportiert – ganz unabhängig vom Dateinamen der Original-PNG-Datei.

HEISSER TIPP

Weitere Informationen zu den Elementen auf der Web-Ebene erhalten Sie in Kapitel 12-14. Was Sie über das Exportieren wissen sollten, lesen Sie in Kapitel 15.

Übung

Bringen Sie Ordnung in Ihre Datei. Auch wenn es Sie vielleicht langweilen wird und Sie meinen, damit Ihre Zeit zu verschwenden – seien Sie sicher, die hier investierte Zeit holen Sie später wieder ein.

Öffnen Sie die BacchusWelt-Homepage aus dem letzten Workshop (*08_effekte _stile/home.png*) und strukturieren Sie systematisch die einzelnen Objekte auf unterschiedlichen Ebenen.

Unter *09_ebene_masken/home.png* finden Sie das Ergebnis meiner Arbeit.

Masken

Mit Masken können Sie auf sehr raffinierte Art und Weise bestimmte Bildbereiche verbergen und andere sichtbar machen. Dazu muss zwischen verschiedenen Maskierungsverfahren unterschieden werden.

Mit einer Maske legen Sie eine Art Ausstechform fest, die darunter liegende Objekte entsprechend begrenzt. Ein geschlossener (Zuschneide-) Pfad- oder ein Bitmap-Objekt wird mit einem Pfad-, Bitmap- oder Textobjekt gefüllt. Dabei wird lediglich der Inhalt, also die innen eingefügten Komponenten, gezeigt. Was über den Zuschneidepfad hinausragt, wird nicht angezeigt.

Es gibt aber auch Masken, auf denen Sie zeichnen können und die Sie wie ein Bitmap bearbeiten können. Auch dadurch können Sie Objektbereiche sichtbar machen bzw. verbergen, wobei mit Graustufen oder dem Alphakanal gearbeitet wird. Die Opazität der Maske bestimmt also die (Un-)Sichtbarkeit der darunter liegenden Objekte. Position, Größe und Erscheinungsbild der Maske können jederzeit verändert werden, so dass Sie das Erscheinungsbild der darunter liegenden Objekte steuern.

Je nachdem, welches Objekt für eine Maske verwendet wird, ist zwischen einer Vektor- (Text-) und einer Bitmap-Maske zu unterscheiden. Ebenso können Sie mit gruppierten Objekten eine Maske erzeugen.

(Transparente) Bitmap-Masken

Vielleicht kennen Sie Ebenenmasken bereits aus *Photoshop*. Diese sind den Bitmap-Masken in *Fireworks* sehr ähnlich. Auch hier beeinflussen die Pixel der Maske, ob und wie das darunter liegende Objekt sichtbar ist. Ebenen- bzw. Gruppenmasken, die in *Photoshop* erstellt wurden, können Sie problemlos in *Fireworks* als Bitmap-Masken importieren.

Wird ein Bitmap-Objekt als Maske eingesetzt, beeinflussen die Helligkeitswerte der Pixel und deren Transparenz die Sichtbarkeit der anderen Objekte. Standardmäßig werden Bitmap-Masken in Graustufen dargestellt. Möglich ist auch der Alphakanal.

Es gibt zwei Methoden, nach denen Sie eine Bitmap-Maske erstellen können:

Entweder verwenden Sie ein vorhandenes Objekt als Maske für andere Objekte oder Sie erstellen eine leere Maske, die zunächst entweder transparent (weiß) oder undurchsichtig (schwarz) ist. Während eine weiße Maske das gesamte maskierte Objekt zeigt, wird dieses durch eine schwarze Maske verborgen.

Mit den Bitmap-Werkzeugen können Sie auf der Maske zeichnen und damit die Transparenz verändern. Dabei können Sie die Eigenschaften der einzelnen Werkzeuge wie gewohnt im Eigenschafteninspektor einstellen. Hier können Sie auch Attribute und Optionen der Bitmap-Masken definieren

So erstellen Sie eine leere Bitmap-Maske:

1. Markieren Sie das Bitmap-Objekt, das Sie maskieren möchten.

2. Klicken Sie im Bedienfeld *Ebenen* auf den Button oder wählen Sie dort im Optionsmenü den Befehl *Maske hinzufügen*. Oder wählen Sie in der Menüleiste *Modifizieren* | *Maske* | *Alle einblenden*.

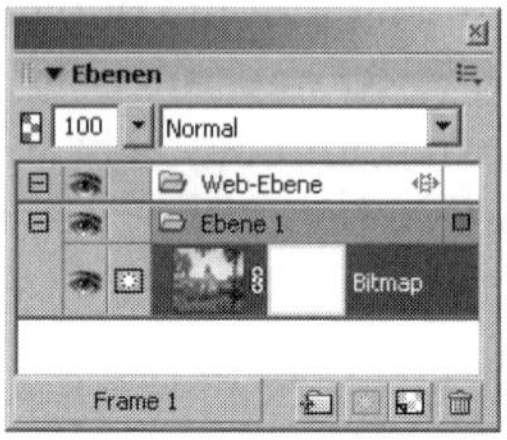

Im Bedienfeld «Ebenen» erscheint das Piktogramm für eine mit dem Objekt verbundene weiße Bitmap-Maske.

3. *Fireworks* hat nun über das Objekt eine leere weiße Bitmap-Maske gelegt. Diese können Sie nun mit den Bitmap-Werkzeugen bearbeiten. Stellen Sie wie gewohnt die Werkzeugoptionen im Eigenschafteninspektor ein (vgl. Kapitel *Eigenschafteninspektor*). In den Bereichen, in denen Sie zeichnen, werden die darunter liegenden Pixel ausgeblendet. Das Piktogramm im Bedienfeld *Ebenen* liefert einen groben Überblick der sichtbaren Pixel.

Mit dem Verlaufswerkzeug lassen sich jetzt prima Abstufungen bzw. Verläufe in den Hintergrund erstellen, ohne dass Pixel verändert oder gar gelöscht werden, wie wir es von der Federmaske her kennen.

Wie Sie ein vorhandenes Bitmap für eine Maske verwenden, erfahren Sie in Kapitel *Maske anhand eines bestehenden Objektes erstellen*. Wie Sie Bitmap-Masken bearbeiten, lesen Sie weiter hinten (im Abschnitt *Masken bearbeiten*).

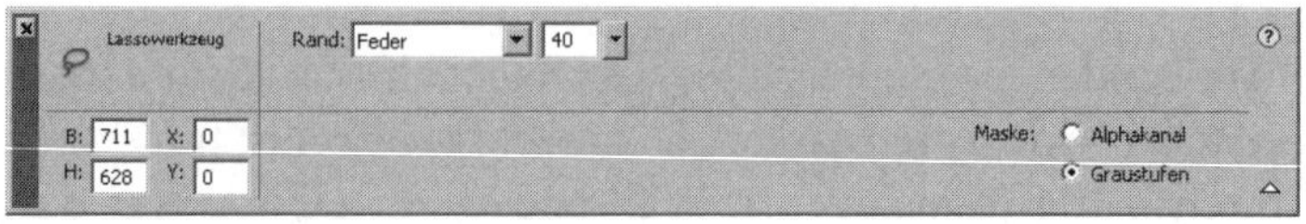

Der Eigenschafteninspektor zeigt Masken- und Werkzeugoptionen.

RAFFINIERT

Es geht auch umgekehrt: Wenn Sie eine schwarze, undurchsichtige Maske über das markierte Bitmap-Objekt legen möchten, wählen Sie die Option *Modifizieren* | *Maske* | *Alles ausblenden*. In diesem Zusammenhang sind noch zwei andere Befehle in der Menüleiste interessant:

- *Auswahl einblenden*: Auf ausgewählte Pixelbereiche wird eine transparente Pixelmaske angewendet. Alle anderen Pixel sind folglich ausgeblendet.

- *Auswahl ausblenden*: Auf ausgewählte Pixelbereiche wird eine undurchsichtige Pixelmaske angewendet. Der nicht maskierte Pixelbereich ist dagegen sichtbar.

Übung

SMART DISC

Öffnen Sie das Foto *kirche.png* im Verzeichnis zu diesem Kapitel auf der CD-Rom. Erstellen Sie eine Bitmap-Maske und bearbeiten Sie diese.

In diesem Beispiel habe ich die Feder mit der zuvor gezeigten Einstellung verwendet und den Rand der leeren Maske ausgeschnitten.

Das Foto wurde mit einer Bitmap-Maske bearbeitet (rechts).

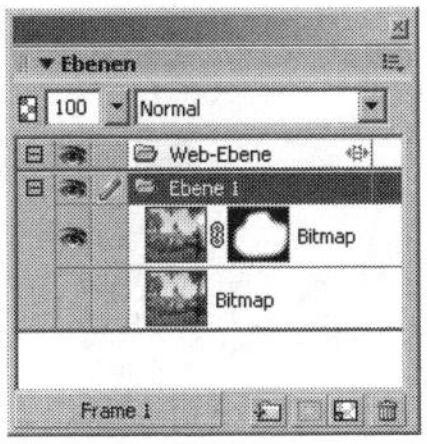

Im Bedienfeld «Ebenen» ist die Bitmap-Maske eingetragen.

In Kapitel 4 haben wir gesehen, dass Pixelbereiche ausgewählt werden können. Zwar kann das zu identischen Ergebnissen führen, doch bei Masken werden Pixelbereiche des darunter liegenden Bildes nicht verändert. Was bearbeitet wird ist die Maske selbst – und hier können Sie die gleichen Werkzeuge wie bei einem Bitmap anwenden.

Vektormaske

Mit dem Pfadumriss eines Vektors können Sie andere Objekte «ausstechen». Von dem anderen Objekt ist dann nur noch das sichtbar, was die Pfadform freigibt. Vielleicht kennen Sie diese Schnittpfade bereits aus Macromedia *FreeHand*.

Die im folgenden beschriebenen Arbeitsweisen gelten zwar sowohl für Bitmap- und für Vektorgrafiken, doch werden letztere weit häufiger eingesetzt, denn mit Vektoren haben Sie weit mehr Möglichkeiten und können flexibler arbeiten.

Maske einfügen

Ein Objekt wird durch ein anderes Objekt oder durch eine Objektgruppe maskiert. Je nachdem, ob Sie ein Bitmap- oder ein Vektorobjekt verwenden, erstellen Sie entweder eine Bitmap- oder eine Vektormaske.

So erstellen Sie eine Maske:

1. Zeichnen Sie mit den Vektorwerkzeugen die Form, nach der das andere Objekt ausgestochen werden soll. Hierfür können Sie auch ein Bitmap-Objekt verwenden

   Sollte das Objekt, das die Maske bilden soll, bereits vorhanden sein, markieren Sie es. Möchten Sie hierfür mehrere Objekte verwenden, halten Sie dabei die Shift-Taste gedrückt.

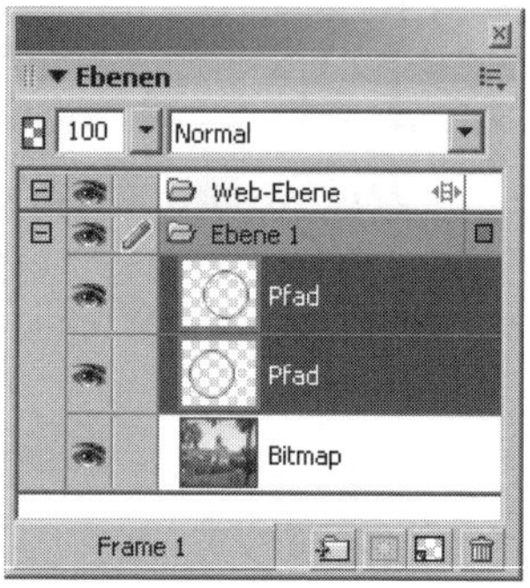

Pfade bilden die Form, nach der dann das andere Objekt (hier: das Bitmap) verborgen wird.

2. Setzen Sie die markierten Objekte an die gewünschte Stelle über dem Objekt (oder der Objektgruppe), das maskiert werden soll. Dabei spielt die

Stapelreihenfolge keine Rolle. Das zu maskierende Objekt kann also vor oder hinter dem Objekt liegen, das als Maske verwendet werden soll.

3. Wählen Sie *Bearbeiten | Ausschneiden.* Das Objekt (hier die beiden Pfade) sind nun in der Zwischenablage.

4. Abschließend markieren Sie das Objekt, das maskiert werden soll. Handelt es sich hierbei um mehrere Objekte, müssen Sie diese zunächst noch gruppieren (*Modifizieren | Gruppieren*).

5. Jetzt fügen wir die Maske ein: Hierfür gibt es in der Menüleiste zwei Befehle. Entweder wählen Sie *Bearbeiten | Als Maske einfügen* oder Sie gehen auf *Modifizieren | Maske | Als Maske einfügen.*

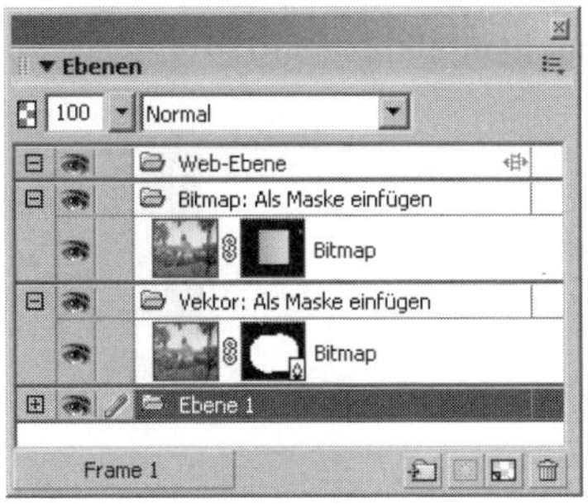

Eine angewendete Maske wird im Bedienfeld «Ebenen» eingetragen. Zum Vergleich habe ich Ihnen auch noch eine Bitmap-Maske eingefügt. Achten Sie auf die unterschiedlichen Piktogramme. (Bei einer Vektormaske erscheint das Piktogramm mit dem Stiftsymbol.) Dahinter steht in beiden Fällen ein «Bitmap», da die Masken jeweils auf das gleiche Foto angewendet wurden.

6. Überprüfen Sie die Einstellungen im Eigenschafteninspektor. Vergleichen Sie die Optionen eines Vektors (folgende Abbildung) mit denen einer Bitmap-Maske, stellen Sie fest, dass Vektormasken weit mehr Einstellmöglichkeiten bieten.

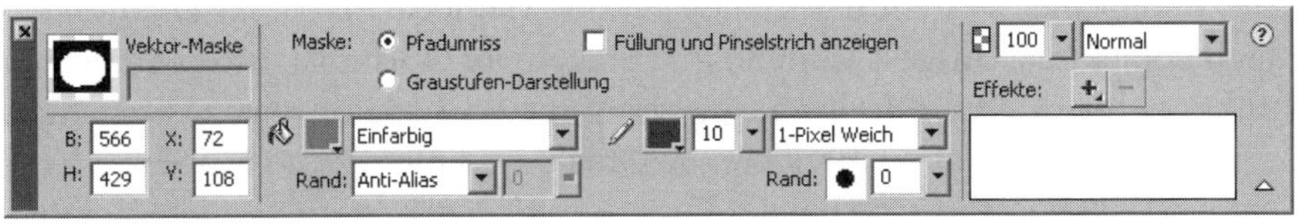

Eine angewendete Maske wird im Bedienfeld «Ebenen» eingetragen.

Vektoren werden bei dieser Arbeitsweise sehr häufig zweckmäßig eingesetzt, da Sie wesentlich flexibler als Bitmap-Objekte sind. Analog hierzu können Sie auch Bitmap-Masken erstellen. Welches Maskenobjekt Sie verwendet haben, erkennen Sie im Bedienfeld *Ebenen*.

Beachten Sie, dass Sie mehrere Objekte zunächst gruppieren müssen, wenn Sie auf diese eine Maske anwenden möchten.

SMART DISC

Auf der CD-ROM habe ich Ihnen weitere Beispiele zusammengestellt. Diese finden Sie alle in der Datei *als-maske-einfuegen.png* im Verzeichnis *09_ebene_masken*.

Ein ganz heißer Tipp: Wählen Sie *Befehle | Kreativ | Ausblendbild*. Hier können Sie zwischen vordefinierten Vektormasken wählen. Auch diese können Sie nachträglich verändern.

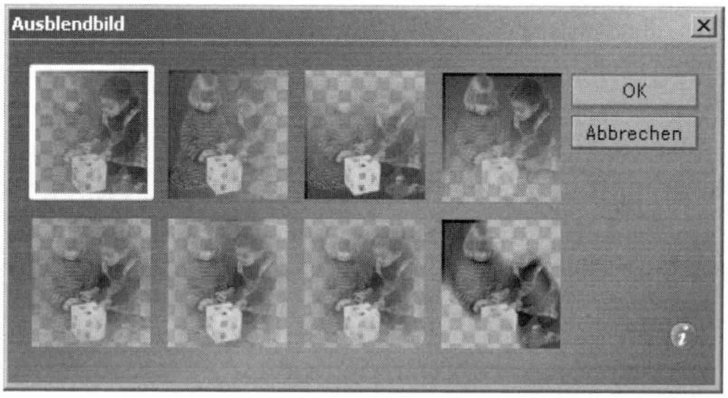

Verwenden Sie den Befehl «Ausblendbild» öffnet sich dieses Dialogfenster, in dem Sie eine vorgefertigte Vektormaske auswählen können.

Maske innen einfügen

Aus *FreeHand* kennen Sie vielleicht schon diese Methode. Mit dem Befehl *Innen einfügen* wird ein (Bitmap- oder Vektor-) Objekt mit anderen Objekten gefüllt.

Dieser Effekt ist mit dem Befehl *Als Maske einfügen* vergleichbar. Der wesentliche Unterschied besteht darin, dass bei der Methode *Als Maske einfügen* das Maskenobjekt das ausgeschnittene und eingefügte Objekt ist, während bei der Funktion *Innen einfügen* das ausgeschnittene und später wieder eingefügte Objekt gleichzeitig das zu maskierende Objekt ist. Füllung und Pinselstrich des Vektor-Maskenobjekts sind bei der Funktion *Als Maske einfügen* nicht sichtbar, bei der Methode *Innen einfügen* dagegen schon.

So erstellen Sie eine Maske mit dem Befehl *Innen einfügen*:

1. Markieren Sie das Objekt (die Objektgruppe), das Sie als Inhalt einfügen möchten.

2. Dieser Inhalt muss sich mit dem Zuschneide-Objekt, das die Form bildet, überschneiden. Unter Umständen müssen Sie die Positionen ändern. Die Stapelreihenfolge ist weitgehend unerheblich, da Sie das Inhaltsobjekt markiert haben.

3. Wählen Sie *Bearbeiten | Ausschneiden* und markieren Sie anschließend das Objekt, in das Sie den Inhalt der Zwischenablage einfügen möchten.

4. Wählen Sie *Bearbeiten | Innen einfügen.* Das Inhalts-Objekt wird nun in das Maskenobjekt eingefügt.

Am Beispiel einer Textmaske werde ich Ihnen diesen Befehl verdeutlichen.

Ergänzung: Textmasken

Textmasken gehören ebenfalls zu den Vektormasken, denn der Pfadumriss eines Textes kann wie ein Vektor maskiert werden. Positionieren Sie das Text- und das andere Objekt an der gewünschten Stelle übereinander. Arbeiten Sie analog zu den letzten beiden Kapiteln. Dabei können Sie entweder den Befehl *Als Maske einfügen* oder *Innen einfügen* verwenden.

Ein Textelement soll maskiert werden.

- Schneiden Sie den Text aus, müssen Sie *Bearbeiten | Als Maske einfügen* auswählen.

- Bringen Sie dagegen die Trauben, also das Bitmap, in die Zwischenablage, wählen Sie den Befehl *Bearbeiten | Innen einfügen.*

Das Ergebnis: Ein maskiertes Textelement. Dieses Beispiel «textmaske.png» finden Sie auf der CD-ROM im Verzeichnis zu diesem Kapitel.

POWER USER

Möchten Sie eine in *Fireworks* erstellte Maske in *Photoshop* exportieren, bleibt der Text des maskierten Objektes weiterhin bearbeitbar, wenn Sie beim Exportieren die Option *Editierbarkeit vor Erscheinungsbild* beibehalten aktivieren (vgl. Kapitel 15).

Als Maske gruppieren

Mehrere bestehende Objekte können zu einer Maske gruppiert werden, wobei das oberste Objekt innerhalb der Stapelreihenfolge festlegt, ob bei der Gruppierung eine Bitmap- oder eine Vektormaske entsteht.

1. Wählen Sie die Objekte aus, die Sie als Maske gruppieren möchten. Diese Objekte müssen sich überschneiden.

2. Wählen Sie *Modifizieren | Maske | Als Maske gruppieren.*

Masken bearbeiten

Sie können die Sichtbarkeit maskierter Objekte jederzeit verändern, indem Sie Form, Farbe und Position einer Maske variieren. Ebenso lassen Sich Masken deaktivieren, löschen oder durch eine andere Maske ersetzen. Auch der Maskentyp kann nachträglich geändert werden.

Ebenso kann das maskierte Objekt modifiziert werden und beispielsweise zu einer neuen Maskengruppe hinzugefügt werden. Die Maske selbst muss dazu nicht verschoben werden.

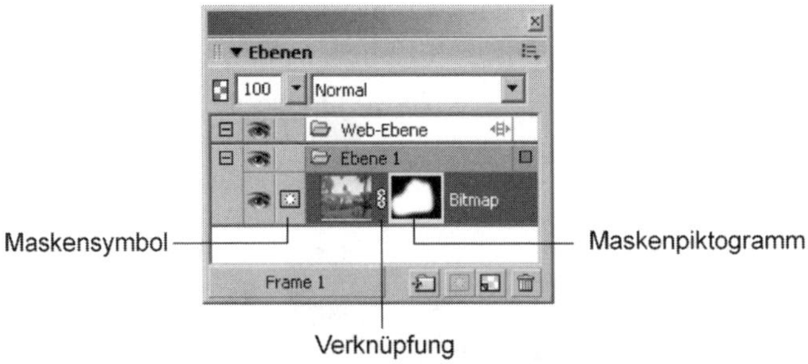

Objekte und deren Masken werden im Bedienfeld «Ebenen» ausgewählt. Achten Sie auf die Piktogramme.

Klicken Sie im Bedienfeld *Ebenen* auf die Piktogramme, um die Maske oder das maskierte Objekt auszuwählen oder benutzen Sie das Teilauswahlwerkzeug .

Haben Sie ein Objekt ausgewählt, erscheint um dessen Piktogramm im Bedienfeld *Ebenen* ein blauer Rahmen. Ist eine Maske ausgewählt, erscheint um das Piktogramm ein gelber Rahmen. Rechts neben dem Auge wird das Maskensymbol eingeblendet. Auch im Dokumentfenster erscheint ein entsprechend eingefärbter Markierungsrahmen um das Objekt.

Die Eigenschaften der Maske können Sie im Eigenschafteninspektor ablesen und bearbeiten. Klicken Sie hier auf den Erweiterungspfeil rechts unten, um Strich und Füllung der Maske zu sehen und diese verändern zu können.

Positionen ändern

Maske und maskiertes Objekt können entweder zusammen oder getrennt voneinander verschoben werden.

So verschieben Sie Maske und / oder maskiertes Objekt:

1. Wählen Sie mit dem Werkzeug das komplette Objekt aus. Sie können auch im Optionsmenü des Bedienfelds Ebenen den Befehl *Maske bearbeiten* auswählen.

2. Ziehen Sie die Maske – inklusive markiertem Objekt – bei gedrückter linker Maustaste an die gewünschte Position.

   Sollten Sie mit dem Zeigerwerkzeug am Bewegungsgriff ziehen, verschieben Sie das maskierte Objekt.

Benutzen Sie dagegen das Teilauswahlwerkzeug, wenn Sie die Maske mit dem Cursor an eine neue Position ziehen wollen.

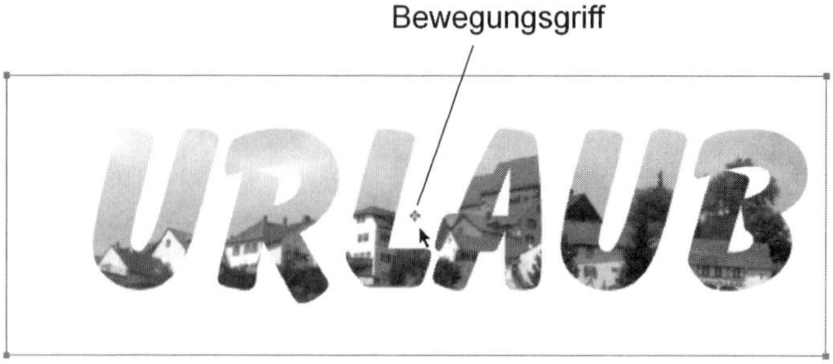

Ziehen Sie mit dem Cursor am Bewegungsgriff, um das maskierte Objekt zu verschieben.

Um nur die Maske verschieben zu können, können Sie auch die Verknüpfung von Maske und maskiertem Objekt aufheben.

So heben Sie die Verknüpfung von Maske und maskiertem Objekt auf:

1. Entfernen Sie die Verknüpfung von Maske und maskiertem Objekt, indem Sie im Bedienfeld *Ebenen* auf das Verknüpfungssymbol zwischen den beiden Piktogrammen klicken.

2. Klicken Sie auf das Piktogramm des Objektes, das Sie verschieben möchten.

3. Verschieben Sie dieses Objekt mit dem Zeigerwerkzeug auf Ihrer Leinwand. Haben Sie mehrere gruppierte Objekte mit der gleichen Maske bearbeitet, werden diese gemeinsam verschoben. Beachten Sie: Heben Sie die Gruppierung auf, entfernen Sie auch die Maskierung.

4. Fügen Sie im Bedienfeld *Ebenen* das Verknüpfungssymbol wieder ein, indem Sie an die entsprechende Stelle zwischen den beiden Piktogrammen klicken.

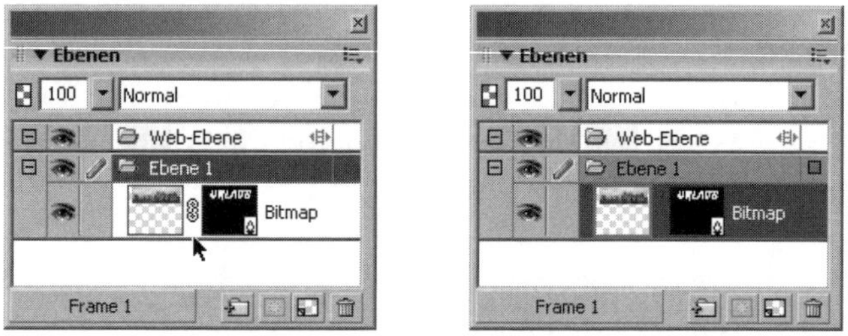

Heben Sie die Verknüpfung von Maske und maskiertem Objekt auf, um diese getrennt voneinander verschieben zu können.

Nicht nur zum Verschieben der einzelnen Objekte, sondern auch wenn Sie deren Eigenschaften verändern möchten, müssen Sie deren Verknüpfung aufheben.

Maskenform und -farbe ändern

Form und Farbe einer Maske beeinflussen das Aussehen des maskierten Objektes. Wie wir bereits gesehen haben, wird die Form einer Bitmap-Maske durch die entsprechenden Werkzeuge in der Werkzeugleiste verändert. So können Sie auf der Maske zeichnen, Auswahlrahmen festlegen und Pixel löschen.

Möchten Sie dagegen die Form einer Vektormaske verändern, verschieben Sie deren Punkte mit dem Teilauswahlwerkzeug .

Verändern Sie die Farbe einer Maske, werden maskierte Objekte sichtbar, wenn Sie helle Farben benutzen. Setzen Sie dagegen dunkle Farben ein, wird das Objekt (teilweise) unsichtbar und der Hintergrund scheint durch. Dabei bestimmt der eingestellte Graustufenwert die Opazität der Maske und das Erscheinungsbild des maskierten Objekts. Durch Mitteltonfarben bekommen maskierte Objekte einen milchglasähnlichen Effekt.

HEISSER TIPP

Auch im Bedienfeld *Ebenen* können Sie unterschiedliche Mischmodi anwenden. Welche Möglichkeiten Sie hier haben, lesen Sie in Kapitel 7. Wie ebenfalls besprochen, können Sie hier auch die Opazität einzelner Objekte, aber auch der kompletten Ebene einstellen – je nachdem, ob ein Objekt oder eine Ebene ausgewählt ist.

Einer Maske können Sie weitere Maskenobjekte hinzufügen.

So fügen Sie weitere Maskenobjekte hinzu:

1. Kopieren Sie das gewünschte Objekt in die Zwischenablage oder schneiden Sie es aus.

2. Markieren Sie das maskierte Objekt, indem Sie im Bedienfeld *Ebenen* auf dessen Piktogramm klicken.

3. Fügen Sie den Inhalt der Zwischenablage als Maske ein (*Bearbeiten | Als Maske einfügen*).

4. *Fireworks* will nun wissen, ob die vorhandene Maske ersetzt werden soll, oder ob Sie ein Objekt hinzufügen möchten. Da letzteres der Fall ist, klicken Sie auf die Schaltfläche *Hinzufügen*.

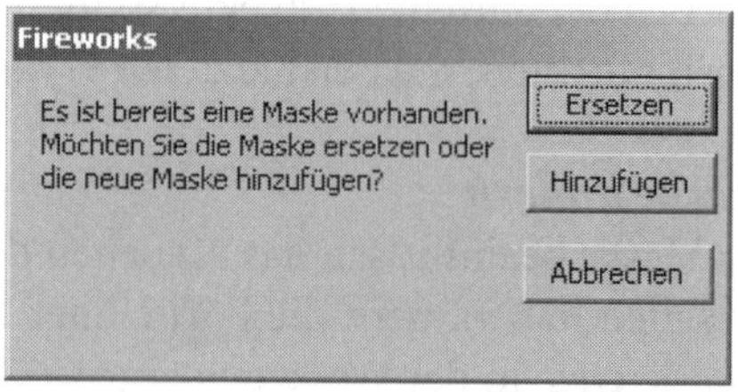

Sie können neue Objekte zu einer bestehenden Maske hinzufügen oder diese ersetzen.

Ebenso können Sie maskierten Objekten weitere Objekte hinzufügen.

So fügen Sie weitere Objekte zu einer maskierten Auswahl hinzu:

1. Entfernen Sie das ausgewählte Objekt, das Sie zur Maske hinzufügen möchten, in die Zwischenablage (*Bearbeiten* | *Ausschneiden* oder *Bearbeiten* | *Kopieren*). Dabei können Sie auch mehrere Objekte auswählen.

2. Wählen Sie das Piktogramm des maskierten Objekts im Bedienfeld *Ebenen* aus.

3. Anschließend gehen Sie in der Menüleiste auf *Bearbeiten* | *Innen einfügen*. Das Objekt aus der Zwischenablage wird zu den bereits maskierten hinzugefügt.

Auch zu den maskierten Objekten können sich weitere hinzugesellen.

So benutzen Sie die Transformationswerkzeuge:

1. Markieren Sie die Maske und das maskierte Objekt auf der Leinwand. Möchten Sie lediglich die Maske transformieren, müssen Sie im Bedienfeld *Ebenen* die Verknüpfung lösen (s. o.).

2. Wählen Sie *Modifizieren | Transformieren* oder benutzen Sie das entsprechende Werkzeug in der Werkzeugleiste. Haben Sie die Verknüpfung nicht entfernt, wirkt sich die Transformation sowohl auf die Maske als auch auf die maskierten Objekte aus.

Eigenschafteninspektor

Auch bei der Arbeit mit Masken und maskierten Objekten bildet der Eigenschafteninspektor den Dreh- und Angelpunkt für die unterschiedlichen Einstellungen. Hier können Sie beispielsweise den Maskentyp oder das Verfahren für die Maskenanwendung ändern. (Hiermit ist nicht gemeint, dass Sie eine Vektormaske in eine Bitmap-Maske ändern können.)

Klicken Sie auf den Erweiterungspfeil rechts unten, damit Sie den Eigenschafteninspektor in seiner vollen Pracht sehen.

HEISSER TIPP

Bitmap-Masken

Wenn Sie mit Bitmap-Masken arbeiten, können Sie entweder den Alphakanal oder Graustufen verwenden. Aktivieren Sie die Option *Alphakanal* gleicht das Ergebnis einer Vektormaske mit eingestelltem *Pfadumriss*. Der Grad der Opazität des Maskenobjekts bestimmt die Sichtbarkeit des maskierten Objekts.

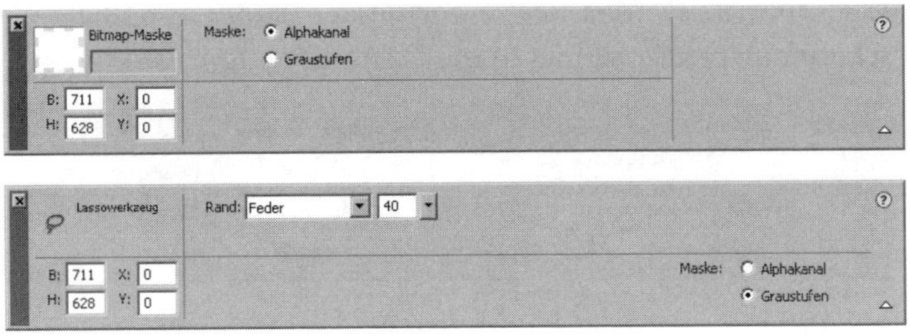

Haben Sie ein Bitmap-Werkzeug ausgewählt, wird dieses ebenfalls im Eigenschafteninspektor angezeigt (unten).

Standardmäßig werden *Graustufen* verwendet, bei der die Helligkeit der Pixel den Grad der Sichtbarkeit des maskierten Objekts bestimmt (vgl. Kapitel

Maskenform und -farbe ändern). Da hier ebenfalls Verläufe und Füllmuster eingesetzt werden können, kann es zu sehr interessanten Effekten kommen.

Diese Option können Sie auch bei Vektormasken einstellen.

Vektormasken

Auch bei Vektormasken können Sie im unteren Teil des Eigenschafteninspektors Pinselstrich und Füllung (z. B. Farbe, Rand, Pinselstrichkategorie und -stärke; vgl. Kapitel 5) bestimmen. Hier lassen sich beispielsweise interessante Verläufe und Füllmuster definieren.

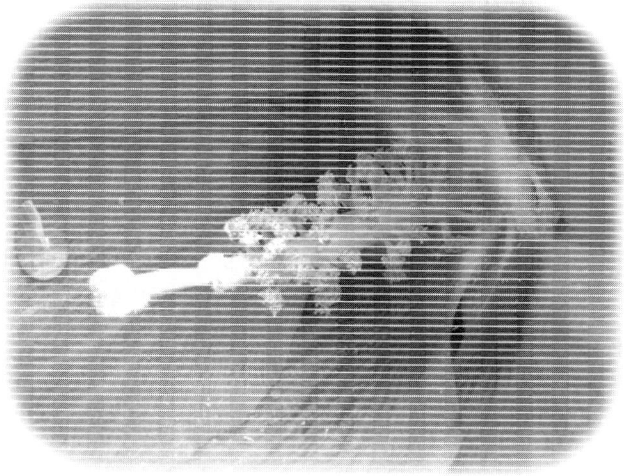

Auf die Vektormaske wurde die Textur «Klaviertasten» angewendet. In diesem Beispiel wurde die Graustufendarstellung verwendet.

Pfad- bzw. Textumriss werden bei Vektormasken standardmäßig angewendet. Im Eigenschafteninspektor ist hierzu die Option *Pfadumriss* aktiviert.

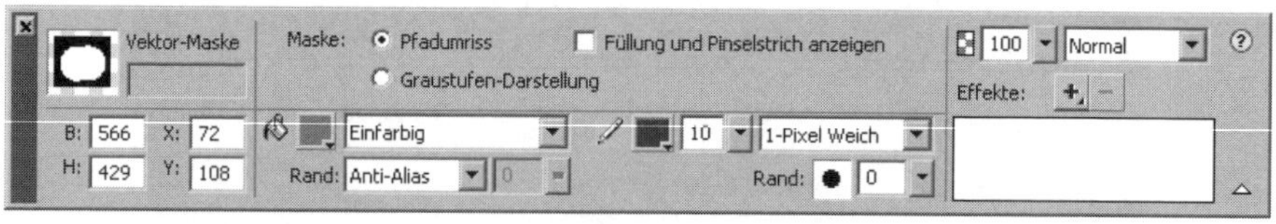

Standardmäßig wird der Pfadumriss bei Vektormasken verwendet.

Aktvieren Sie zusätzlich das Kontrollkästchen *Füllung und Pinselstriche* anzeigen, wenn das Ergebnis dem Verfahren *Innen einfügen* gleichen soll.

Pfadumriss ohne (oben) und mit angezeigtem Pinselstrich (unten).

Vektormasken können in Bitmap-Masken umgewandelt werden. Wählen Sie hierzu das Piktogramm des Maskenobjekts aus und gehen Sie dann in der Menüleiste auf *Modifizieren | Auswahl als Hintergrund.*

Anschließend können Sie die Bitmap-Maske wie gewohnt bearbeiten.

Masken ersetzen, löschen und ausblenden

Entspricht eine vorhandene Maske nicht Ihren Vorstellungen, können Sie diese jederzeit ersetzen, löschen oder nur vorläufig ausblenden, um Sie später – bei Bedarf – wieder einsetzen zu können.

So ersetzen Sie eine Maske:

1. Schneiden Sie das Objekt aus, das Sie für die neue Maske verwenden möchten.

2. Markieren Sie im Bedienfeld *Ebenen* das Piktogramm des maskierten Objekts und wählen Sie dann in der Menüleiste *Bearbeiten | Als Maske einfügen.*

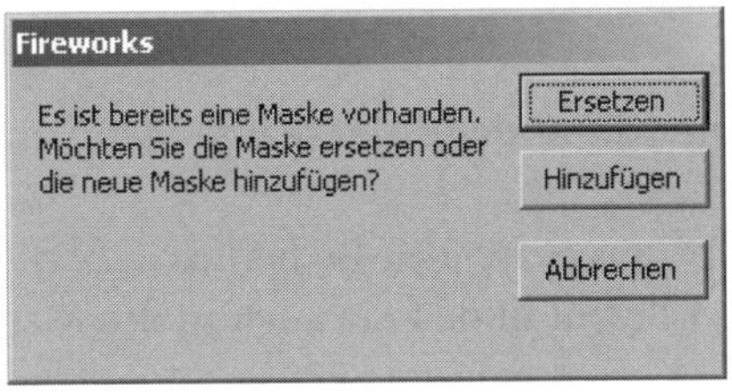

3. Klicken Sie im Dialogfenster auf die Schaltfläche *Ersetzen.* Die alte Maske wird durch das neue Maskenobjekt ersetzt.

So löschen Sie eine vorhandene Maske:

1. Markieren Sie den Eintrag im Bedienfeld *Ebenen.*

2. Wählen Sie im Optionsmenü des Bedienfelds *Ebenen* den Befehl *Maske löschen.*

3. Bestimmen Sie im Dialogfenster, ob die Maske vor dem Entfernen angewendet werden soll.

   - Klicken Sie auf die Schaltfläche *Anwenden,* werden vorgenommene Änderungen auf das Objekt angewendet, was dadurch automatisch in ein Bitmap-Objekt konvertiert wird.

   - Klicken Sie auf *Verwerfen,* wenn Sie die Maske nicht auf das maskierte Objekt anwenden, sondern sofort löschen, ohne das ursprünglich Objekt zu verändern.

   Anschließend wird die Maske entfernt.

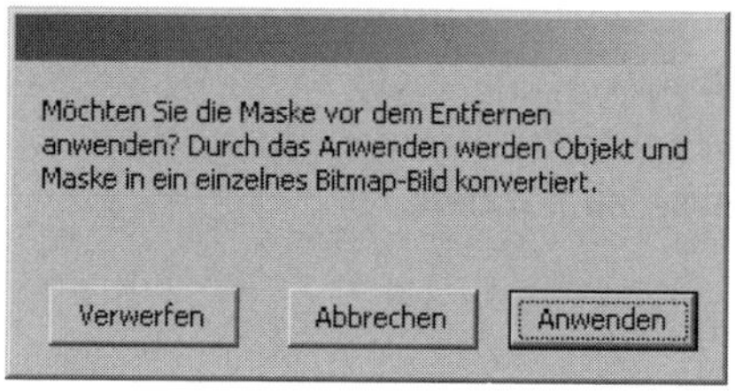

Eine deaktive Maske ist im Bedienfeld «Ebenen» durchgestrichen.

ZEIT GESPART

Wenn es ganz schnell gehen soll, können Sie das Masken-Piktogramm auch direkt im auf den Papierkorb ziehen. Auch hier erscheint dann das zuvor abgebildete Dialogfenster, in dem Sie auf die Schaltfläche *Anwenden* klicken, damit die Maske gelöscht wird.

So deaktivieren Sie eine vorhandene Maske und blenden Sie später wieder ein:

- Wählen Sie im Optionsmenü des Bedienfelds *Ebenen* den Befehl *Maske deaktivieren.* Diesen Befehl finden Sie auch in der Menüleiste unter *Modifizieren | Maske.*

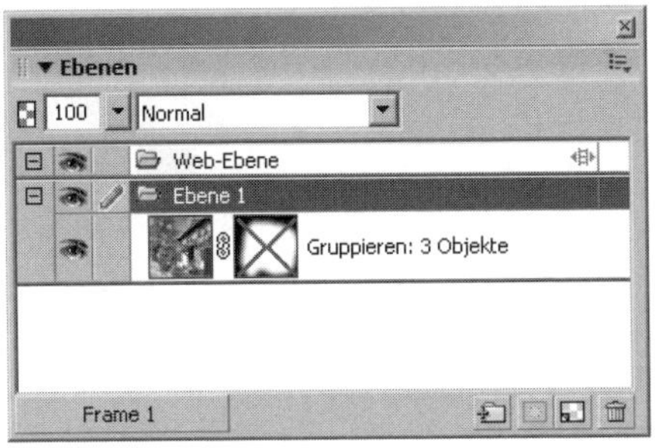

Eine deaktivierte Maske ist im Bedienfeld «Ebenen» durchgestrichen.

- Möchten Sie die Maske wieder aktivieren, klicken Sie auf den Befehl *Maske aktivieren.* Oder klicken Sie auf das Masken-Piktogramm im Bedienfeld *Ebenen.* Auch diesen Befehl finden Sie in der Menüleiste unter *Modifizieren* | *Maske.*

Übung

SMART DISC

Auf der CD-ROM finden Sie alle hier gezeigten Beispiele. Versuchen Sie zunächst diese nachzubauen. Bestimmt haben Sie auch Ihre eigenen Projekte. Viel Spaß bei der Umsetzung!

In diesem Workshop haben Sie die Möglichkeiten von Bitmap- und Vektormasken kennen gelernt. Zwar lassen sich damit ähnliche Effekte erzielen, wie bei der direkten Bearbeitung von Bitmap- und Vektor-Objekten, doch ändert der Einsatz von Masken nichts an dem maskierten Objekt. Darum ist diese Arbeitsweise bei Profis sehr beliebt.

Im nächsten Kapitel werden wir die weiteren Bedienfelder der Bedienfeldgruppe *Elemente* genauer unter die Lupe nehmen. Das Bedienfeld *Stile* haben wir bereits im letzten Kapitel kennen gelernt, doch Bibliotheken und URLs bieten weitere Möglichkeiten und erleichtern ungemein die Arbeit.

10

Bibliotheken und URLs

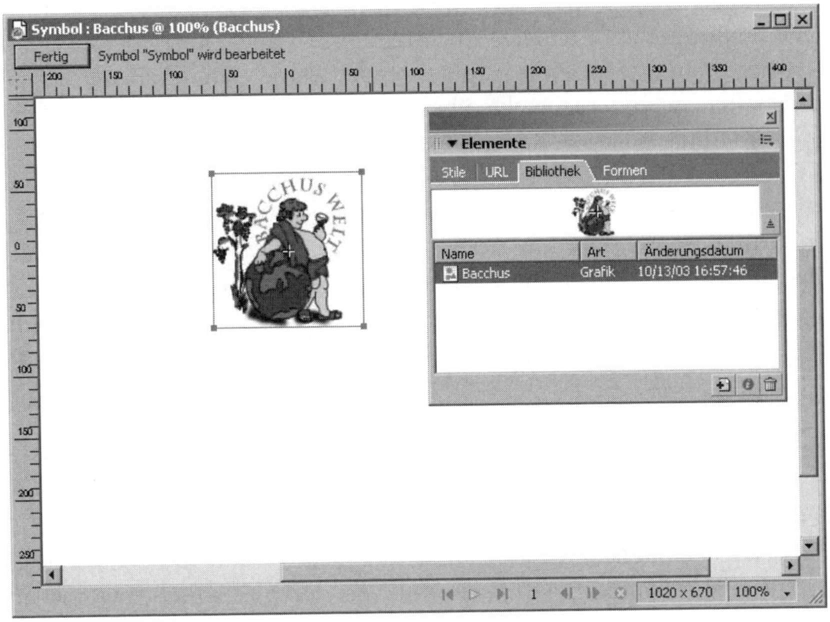

Bibliotheken und URLs

Im vorletzten Workshop haben wir gesehen, dass Stile zahlreiche Vorteile bieten und vor allen Dingen die Arbeit wesentlich erleichtern und beschleunigen: Striche, Füllungen und andere Attribute können als benutzerdefinierte Stile abgespeichert und jederzeit wiederverwendet werden. Dadurch werden diese Eigenschaften auf andere Objekte übertragen. Daneben bietet *Fireworks* bereits einige vordefinierte Stile in diesem Bedienfeld an.

In diesem Kapitel werden wir mit den Bedienfeldern *Bibliothek* und *URL* («Uniform Resource Locator») arbeiten, die ebenfalls standardmäßig in der Bedienfeldgruppe *Elemente* integriert sind. Sie werden die Möglichkeiten dieser Tools kennen – und auch schätzen – lernen. Denn auch hier können beispielsweise Symbole und URLs gespeichert, bearbeitet, importiert oder exportiert und jederzeit wieder verwendet werden.

Wenn Sie mit Bibliotheken arbeiten, können Sie schnell komplexe Webseiten (mit Navigationselementen) erstellen. Dabei müssen Sie zwischen den verschiedenen Symbolen Grafiken, Animationen und Schaltflächen unterscheiden. Die beiden letztgenannten werden wir in den Kapiteln 11 und 13 noch näher kennen lernen. Jeder Symboltyp ist gekennzeichnet durch spezifische Eigenschaften und Einsatzgebiete. Dabei basieren Instanzen auf den hinterlegten Symbolen. Dies bedeutet, dass das Symbol (Original) als Instanz (Kopie) angewendet und damit dargestellt wird. Ändern Sie das Symbol, ändert *Fireworks* automatisch auch die damit verknüpften Instanzen.

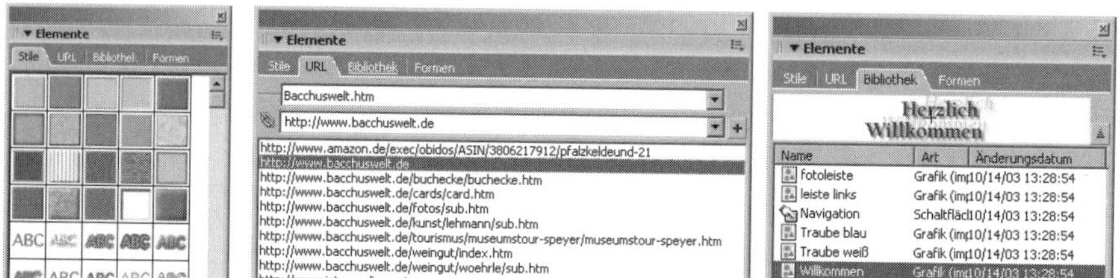

Die Bedienfeldgruppe «Elemente» mit den Bedienfeldern «Stile», «URL», «Bibliothek» und «Formen».

Verwenden Sie etwa eine bestimmte Internetadresse (URL) häufiger, sollten Sie diese im Bedienfeld *URL* hinterlegen, so dass Sie bei Bedarf darauf zurückgreifen können. Um auch hier die Übersicht nicht zu verlieren, können Sie ähnliche URLs in URL-Bibliotheken zusammenfassen.

Das werden Sie lernen:

- Mit Bibliotheken arbeiten
- Objekte verwalten
- Symbole erstellen und bearbeiten
- Instanzen einsetzen
- URL-Bibliotheken erstellen
- Hyperlinks einfügen und verwalten

Dateien für diese Lektion:

SMART DISC

- *10_bibliothek-url/benutzerdefinierte-symbole.png*
- *10_bibliothek-url/urls.htm*
- *10_bibliothek-url/links-bacchuswelt.txt* bzw.
  10_bibliothek-url/links-bacchuswelt.htm
  (fertige, exportierte *Fireworks*-Bibliothek)

Mit Symbolen und Instanzen arbeiten

Wie wir in der Einführung gesehen haben, gibt es – je nach Eigenschaft und Zweck – drei verschiedene Arten von Symbolen, die im Bedienfeld *Bibliothek* (*Fenster | Bibliothek*) abgespeichert werden können. Somit kann jedes Objekt – auch Text und gruppierte Objekte – zu einem Symbol konvertiert werden bzw. Bestandteil dessen sein.

Symbole erstellen und bearbeiten

Aus jedem bereits vorhandenen Objekt können Sie ein Symbol machen. Das bereits eingesetzte Objekt wird dann zu dessen Instanz. Symbole können aber auch von Grund auf neu erstellt werden. Arbeiten Sie hierbei wie in den letzten Workshops beschrieben; benutzen Sie die Werkzeugleiste, erstellen Sie Vektoren, Text oder Bitmap-Objekte in einem eigens dafür vorgesehenen Fenster – dem Symbolfenster. Eine Ausnahme hierbei bilden Schaltflächen. Doch der Reihe nach…

So erstellen Sie ein Symbol aus einem vorhandenen Objekt:

1. Markieren Sie das Objekt in Ihrem Dokumentfenster.

2. Wählen Sie in der Menüleiste *Modifizieren | Symbol | In Symbol konvertieren.*

3. Geben Sie im Dialogfenster *Symboleigenschaften* einen Namen für das Symbol ein und aktivieren Sie den entsprechenden Symboltyp.

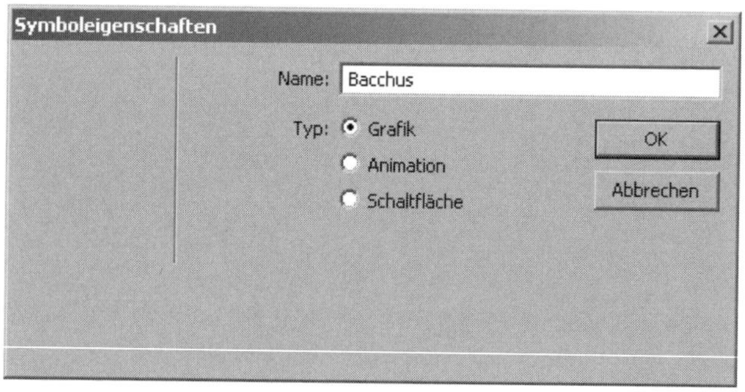

4. Klicken Sie auf die Schaltfläche *OK*. Das neue Symbol wird im Bedienfeld *Bibliothek* angezeigt. Haben Sie den Typ Schaltfläche aktiviert, wird die Instanz mit einem Segment belegt (vgl. Kapitel 11 und 12).

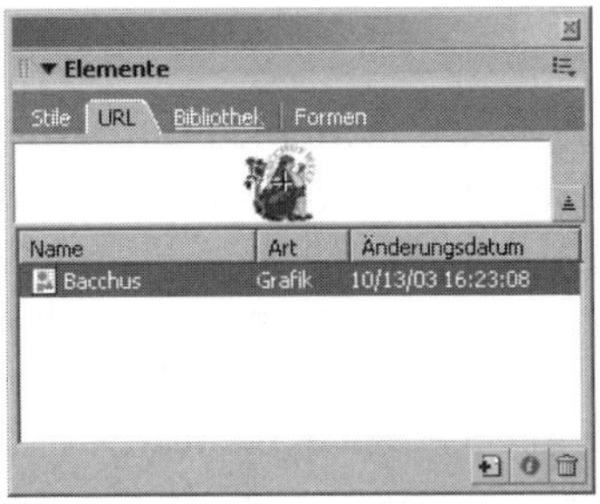

Das neue Symbol wird in das Bedienfeld «Bibliothek» aufgenommen.

Das zuvor ausgewählte Objekt im Dokumentfenster wird zur Instanz des eben erstellen Symbols. Wenn Sie dieses nun erneut auswählen, erscheint in der linken unteren Ecke des blauen Auswahlrahmens ein Pfeil, auf den Sie doppelklicken können, wenn Sie das Symbol bearbeiten möchten.

Im Dokumentfenster wird eine Instanz des erstellten Symbols verwendet.

Der Eigenschafteninspektor zeigt die Optionen des eingesetzten Symbols an.

Wenn Sie ein Objekt erst noch erstellen müssen und wissen, dass dieses als Symbol abgespeichert werden soll, müssen Sie das zuvor beschrieben Prozedere nicht durchführen, sondern können direkt ein völlig neues Symbol erstellen.

So erstellen Sie ein neues Symbol:

1. Gehen Sie in der Menüleiste auf *Bearbeiten | Einfügen | Neues Symbol.* Diesen Befehl finden Sie auch im Kontextmenü. Oder klicken Sie im Bedienfeld *Bibliothek* auf den Button *Neues Symbol* .

2. Das Dialogfenster *Symboleigenschaften* wird geöffnet. Tragen Sie den Symbolnamen in das dafür vorgesehene Textfeld ein und geben Sie den *Typ* an.

3. Klicken Sie auf *OK*.

4. Anschließend erstellen Sie im Symboleditor das gewünschte Objekt. Hierfür stehen Ihnen die bereits bekannten Werkzeuge zur Verfügung.

   Auch für das Erstellen von Schaltflächen stehen Ihnen die gewohnten Werkzeuge zur Verfügung. Jedoch arbeiten Sie hier in einem etwas anders aussehenden Fenster – dem Schaltflächeneditor:

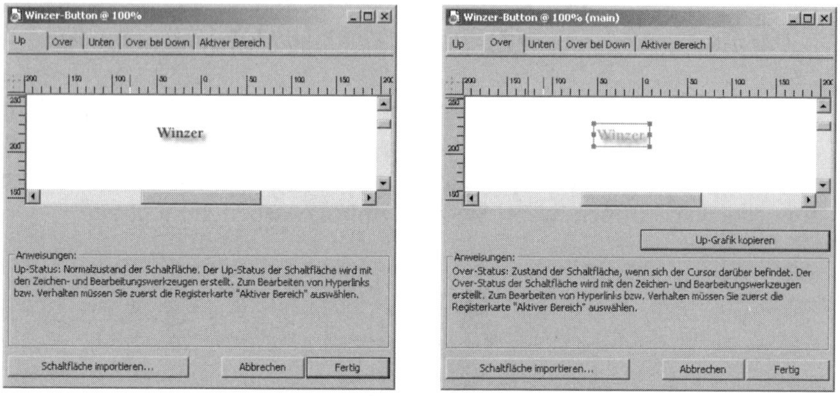

 Definieren Sie im Schaltflächeneditor die einzelnen Zustände einer Schaltfläche.

   In diesem Dialogfenster bestimmen Sie das Aussehen der Schaltfläche beim Rollover (vgl. Kapitel 12).

   An dieser Stelle möchte ich nicht weiter auf Schaltflächen eingehen. Da diese einen wesentlichen Bestandteil auf Ihrer Webseite bilden, werde ich ihnen ein komplettes Kapitel widmen. Haben Sie also bitte noch etwas Geduld.

5. Wenn Sie fertig sind, klicken Sie auf die Schaltfläche *Fertig*, um zum eigentlichen Dokument zurückzukehren.

Gleich zeige ich Ihnen, wie Sie schnell und einfach Symbole einfügen, löschen und bearbeiten können.

Instanz in das Dokument einfügen

Erleichtern Sie sich die Arbeit, indem Sie für das Erstellen von häufig verwendeten Grafikelementen, Schaltflächen und Animationen Symbole einsetzen.

Fügen Sie eine Instanz in ein Dokument ein, indem Sie den gewünschten Eintrag aus dem Bedienfeld *Bibliothek* in Ihren Arbeitsbereich ziehen.

Eine auf der Leinwand platzierte Instanz.

Instanzen und Symbole löschen

Möchten Sie eine Instanz löschen, entfernen Sie diese einfach wie jedes andere Objekt von der Leinwand. Der entsprechende Eintrag wird damit auch im Bedienfeld *Ebenen* gelöscht. Nicht gelöscht wird dagegen das Symbol selbst, das weiterhin im Bedienfeld *Bibliothek* abgespeichert ist.

Möchten Sie das Symbol entfernen, markieren Sie es und drücken Sie dann im Bedienfeld *Bibliothek* auf den Button *Symbol löschen*. Dabei werden automatisch auch die Instanzen dieses Symbols von der Leinwand entfernt.

HEISSER TIPP

Wählen Sie im Kontextmenü des Bedienfeldes *Bibliothek* den Befehl *Nicht verwendete Elemente auswählen.* Das sind all die Symbole, die nicht verwendet werden, die also nicht als Instanz auf der Leinwand sichtbar sind. Diese werden dann markiert und Sie können Sie alle auf einmal löschen. Räumen Sie also mal so richtig auf!

Symbole bearbeiten

Bearbeiten Sie das Symbol, verändern Sie gleichzeitig die damit verknüpften und auf der Leinwand platzierten Instanzen. Ein paar Ausnahmen gibt es – welche, erfahren Sie im nächsten Kapitel *Instanzen bearbeiten.*

So bearbeiten Sie das Symbol:

1. Doppelklicken Sie auf den Eintrag im Bedienfeld *Bibliothek* oder klicken Sie auf den Button .
2. Das Dialogfenster *Symboleigenschaften* wird geöffnet. Klicken Sie hier auf die Schaltfläche *Bearbeiten.*

ZEIT GESPART

Wenn es ganz schnell gehen soll, können Sie auch – wie bereits angedeutet – auf die in der Leinwand eingefügte Instanz dieses Symbols doppelklicken. Oder Sie wählen im Kontextmenü *Symbol bearbeiten.* In der Menüleiste finden Sie diesen Befehl unter *Modifizieren | Symbol.*

3. Bearbeiten Sie das (Grafik-)Objekt wie gewohnt. Dafür stehen Ihnen alle Werkzeuge zur Verfügung. Wie Sie eine Animation erstellen, erfahren Sie in Kapitel 13.

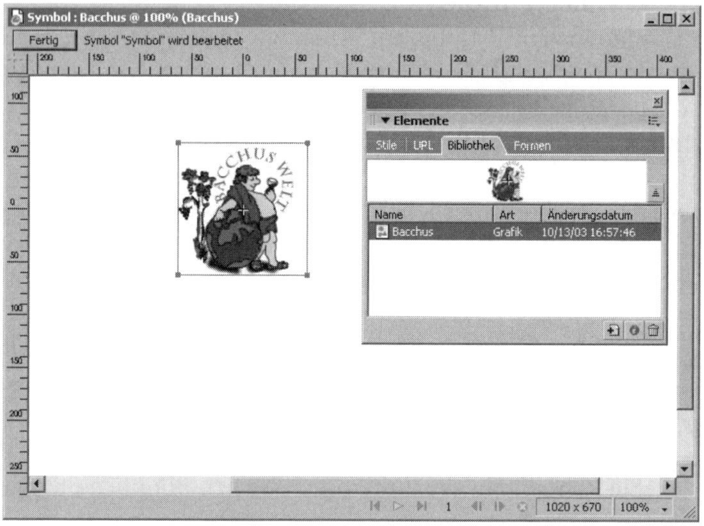

Im Symbolfenster bearbeiten Sie das Symbol, auf dem die eingesetzten Instanzen basieren.

4. Sind Sie fertig, klicken Sie im Symbolfenster für Grafik oder Animation oben links auf die Schaltfläche *Fertig.* Im Schaltflächeneditor finden Sie diese Schaltfläche unten rechts. Das Symbolfenster wird geschlossen und die Änderungen werden automatisch auf die bereits eingesetzten Instanzen angewendet.

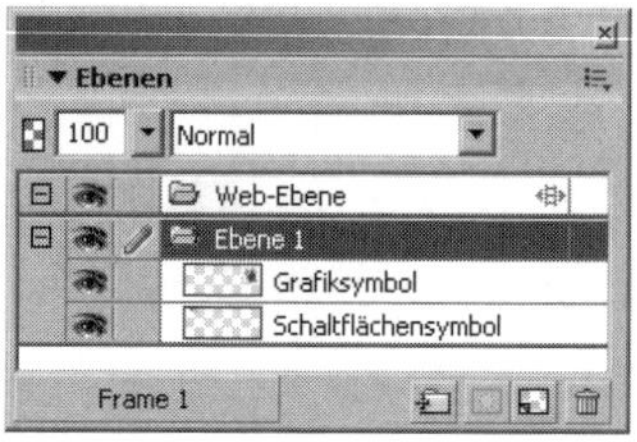

Die im Dokument verwendeten Instanzen eines Symbols werden im Bedienfeld «Ebenen» aufgelistet.

Soll ein bereits vorhandenes Symbol in ähnlicher Form als weiteres Symbol eingesetzt werden, können Sie es einfach duplizieren, bearbeiten und dann als Instanz auf Ihrer Leinwand platzieren.

So duplizieren Sie ein Symbol:

1. Markieren Sie das Symbol im Bedienfeld *Bibliothek*.

2. Wählen Sie im Optionsmenü den Befehl *Duplizieren*. Hinter dem Namen des duplizierten Symbols wird automatisch die nächst höhere Nummer beigefügt.

Möchten Sie ein Symbol umbenennen oder den Symboltyp ändern, öffnen Sie das Dialogfenster *Symboleigenschaften* (Doppelklick auf den Eintrag im Bedienfeld oder Klick auf) und geben Sie die neuen Optionen an.

Instanzen bearbeiten

Verändern Sie ein Symbol wie zuvor beschrieben, wirkt sich diese Modifikation auf alle seine Instanzen aus. Dabei gibt es allerdings ein paar Eigenschaften, die Sie jederzeit einer Instanz zuweisen können, ohne dass Sie an den anderen oder gar am Symbol etwas verändern. Zu diesen Attributen zählen: Transparenz, Mischmodus, Effekte, Breite und Höhe, X- und Y-Koordinaten. Bei Schaltflächeninstanzen gibt es weitere Eigenschaften, die Sie ohne Auswirkung auf das Symbol verändern können. Welche das sind, erfahren Sie in Kapitel 11.

Um weitere Eigenschaften oder gar das Aussehen einer Instanz bearbeiten zu können, müssen Sie ihre Verknüpfung mit dem jeweiligen Symbol entfernen. Das bedeutet aber auch, dass diese Verbindung nicht wiederhergestellt werden kann.

MERKET AUF!

Möchten Sie Schaltflächeninstanzen unterschiedliche Beschriftungen und URLs zuweisen, müssen Sie die Verknüpfung zwischen Symbol und Instanzen nicht entfernen (vgl. Kapitel 11)!

So heben Sie die Verbindung zwischen Instanz und Symbol auf:

1. Markieren Sie die Instanz auf der Leinwand.

2. Wählen Sie *Modifizieren | Symbol | Teilen*. Die markierte Instanz wird nun als Gruppe dargestellt, mit der das Symbol nicht weiter verbunden ist.

Sobald Sie einen Filter auf eine Instanz anwenden, entfernt *Fireworks* automatisch die Verknüpfung zu dem Symbol und wandelt das Objekt in ein Bitmap um.

MERKET AUF!

Bitmap (links) und drei Instanzen des gleichen Symbols.
Unveränderte Instanz, Opazität 50 %, Effekte (von links nach rechts.

Symbole importieren

Die Objekte, die im Bedienfeld *Bibliothek* abgespeichert sind, sind dokumentspezifisch. Durch Importieren können Sie diese auch in anderen Dokumenten verwenden. Dazu müssen diese Symbole aus einem Dokument zunächst exportiert werden (vgl. Kapitel *Symbole exportieren*). *Fireworks* liefert Ihnen ebenfalls eine ganze Reihe von fertigen Symbolen (Animation-, Grafik- und Schaltflächensymbole), die Sie in Ihren Dokumenten verwenden können.

Auch das Ausschneiden bzw. Kopieren und Einfügen des Symbols in ein anderes Dokument ist möglich.

So importieren Sie ein Symbol aus der mitgelieferten *Fireworks*-Symbolbibliothek:

1. Legen Sie ein neues Dokument an oder öffnen Sie eine bereits vorhandene Datei.

2. Wählen Sie in der Menüleiste *Bearbeiten | Bibliotheken* und bestimmen Sie im Untermenü die Bibliothek, die Sie importieren möchten:

   - *Animationen*: Hier sind unterschiedliche Animationssymbole abgespeichert – von der Uhr über den Planeten bis hin zur Spinne.

   - *Listenpunkte*: Diese Bibliothek enthält zahlreiche Punkte, die Sie für Auflistungen verwenden können.

- *Schaltflächen*: Teilweise enthalten die in dieser Bibliothek abgespeicherten Schaltflächen Schriften, die nicht auf Ihrem System installiert sind. Geben Sie in dem zunächst sich öffnenden *Dialogfeld Schriften ersetzen* an, ob diese fehlenden Schriften ersetzt werden sollen, oder ob Sie das Erscheinungsbild beibehalten möchten. Die Schaltflächen aus dieser Bibliothek enthalten zwei, drei oder sogar vier unterschiedliche Zustände (vgl. Kapitel 11).

- *Themen*: Darunter befinden sich Grafik-, Animations- und Schaltflächen-Symbole, deren Farbschema und Design aufeinander abgestimmt sind, wobei immer drei Symbole eine Einheit bilden und daher unter einem ähnlichen Namen (achten Sie auf die Nummer!) in diesem Dialogfenster aufgelistet sind.

- *Andere*: Hierüber können Sie eine zuvor exportierte, benutzerdefinierte Symbol-Bibliothek importieren (vgl. Kapitel *Symbole exportieren*). Diese PNG-Dateien können auf der Festplatte, im Netzwerk auf einer CD-Rom oder einem anderen Datenträger abgespeichert sein. Wählen Sie also die entsprechende Symboldatei aus und klicken Sie dann auf *Öffnen*.

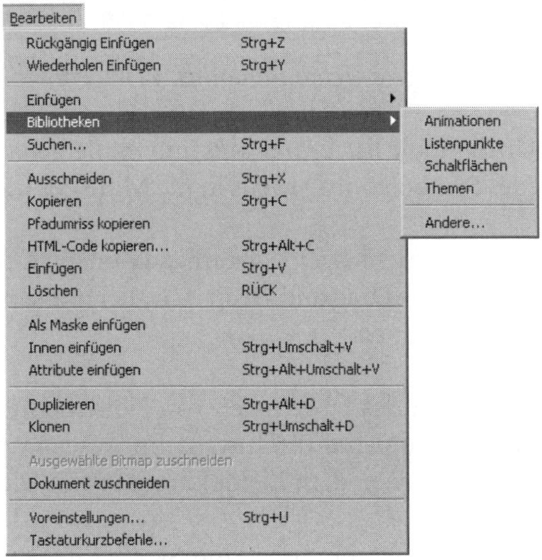

Über die Menüleiste können Sie vorgefertigte Bibliotheken importieren.

HEISSER TIPP

Die Symboldokumente, die Sie über die Menüleiste öffnen können, sind im Programmverzeichnis auf Ihrer Festplatte unter *Configuration/Libraries* abgespeichert. Je nach Betriebssystem kann dieser Ordner etwas anders lauten.

Möchten Sie Ihre eigenen Symbole importieren, können Sie im Optionsmenü des Bedienfelds *Bibliothek* auch den Befehl *Symbole importieren* auswählen.

3. Markieren Sie im Dialogfenster *Symbole importieren*, das Symbol, welches Sie in die Bibliothek des aktuellen Dokuments importieren möchten. Klicken Sie auf die Schaltfläche *Alles auswählen*, wenn Sie die komplette Bibliothek importieren möchten.

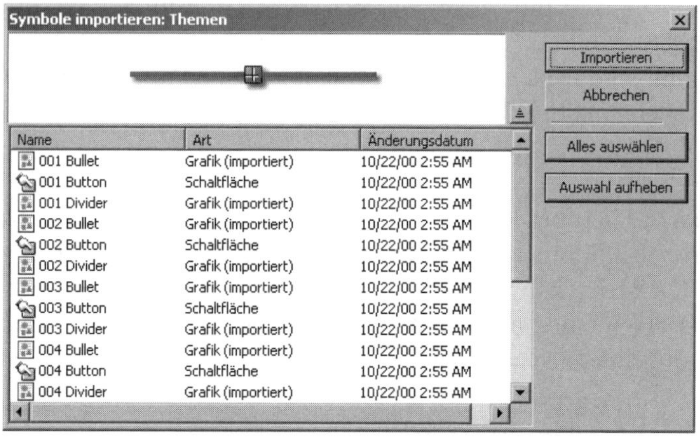

Symbole aus der vorgefertigten Bibliothek «Themen» importieren.

4. Die importierten Symbole listet *Fireworks* nun im Bedienfeld *Bibliothek* auf. Eine Instanz jedes Symbols wird jeweils in die Mitte der Leinwand platziert.

Haben Sie zwei Dokumente gleichzeitig geöffnet, können Sie Symbole aus dem einen in das andere ziehen («Drag and Drop»). Dabei müssen Sie beide Dokumente nebeneinander anordnen.

Eine andere Möglichkeit ist das Übertragen von Dokumenten per «Copy and Paste». Das bedeutet, Sie kopieren die Instanz im Ausgangsdokument in die Zwischenablage und fügen sie in dem Zieldokument dann wieder ein.

Beachten Sie, dass dabei die Verbindung zum Symbol im Ausgangsdokument beibehalten wird und darum das importierte Symbol jederzeit aktualisiert werden kann (vgl. Kapitel *Symbole und Instanzen aktualisieren*). Nur wenn Sie dieses Symbol in diesem Dokument ändern, heben Sie automatisch auch die Verknüpfung auf.

Symbole exportieren

Arbeiten Sie im Team oder möchten Sie in ähnlichen Projekten die gleichen Symbole verwenden, sollten Sie eine Symbolbibliothek anlegen und diese exportieren.

So exportieren Sie eine Symbolbibliothek:

1. Wählen Sie im Bedienfeld *Bibliothek* oben rechts aus dem Optionsmenü den Befehl *Symbole exportieren.*

2. Bestimmen Sie im Dialogfenster *Symbol exportieren* die Symbole, die Sie als PNG-Datei exportiert möchten. Klicken Sie auf die Schaltfläche *Alles auswählen*, wenn Sie alle Symbole exportieren möchten. Ansonsten wählen Sie aus und halten Sie dabei die Shift- (Umschalt-) bzw. Strg-Taste gedrückt.

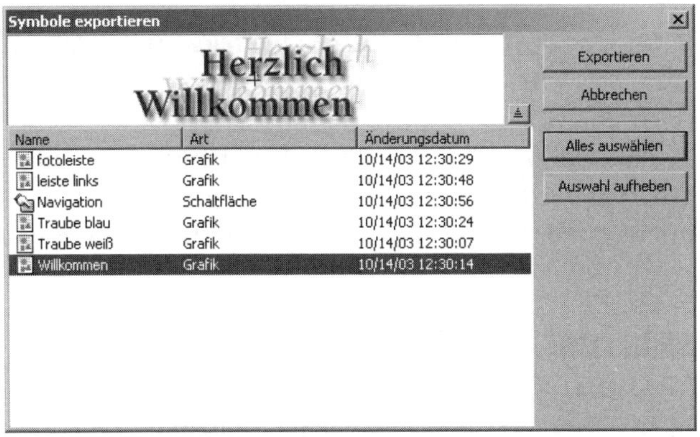

Benutzerdefinierte Symbole können als PNG-Datei exportiert werden.

3. Klicken Sie auf die Schaltfläche *Exportieren* und geben Sie im Dialogfenster *Datei speichern unter* Zielverzeichnis und Dateinamen der exportierten Bibliotheksdatei an.

Die Bibliothek wird dann als PNG-Datei exportiert und kann nun auch in anderen *Fireworks*-Dokumenten nach dem Importieren verwendet werden (vgl. vorheriges Kapitel *Symbole importieren*).

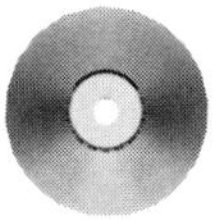

SMART DISC

In der Datei *benutzerdefinierte-symbole.png* habe ich Ihnen einige Symbole aus der BacchusWelt abgespeichert. Diese Datei finden Sie im Verzeichnis zu diesem Workshop.

Symbole und Instanzen aktualisieren

Wie bereits angedeutet besteht weiterhin eine Verknüpfung zwischen den (exportierten) Symbolen des ursprünglichen Dokuments und den Instanzen des Zieldokuments. Ändern Sie nun das ursprüngliche Symbol, können auch die darauf basierenden Instanzen in anderen Dokumenten geändert bzw. aktualisiert werden:

1. Ändern Sie im ursprünglichen Dokument das Symbol wie gewohnt.

2. Speichern Sie das Dokument.

3. Nun markieren Sie die Instanz dieses Symbols in dem anderen (Ziel-) Dokument. Möchten Sie mehrere exportierte Symbole aktualisieren, markieren Sie diese.

4. Gehen Sie im Optionsmenü des Bedienfelds *Bibliothek* auf den Befehl *Aktualisieren.* Das wird automatisch aktualisiert.

Beachten Sie, dass die Verknüpfung zum Ursprünglichen Dokument automatisch aufgehoben wird, sobald Sie das importierte Symbol in dem aktuellen (Ziel-)Dokument ändern. Achtung! *Fireworks* gibt hier keine Warnmeldung aus!

Das Bedienfeld «URL»

URLs werden in *Fireworks* auf Schaltflächen, Hotspots und Segmente angewendet. Obwohl wir diese noch nicht erstellt haben (das kommt in den Kapiteln 11 bis 12), können wir hier schon einmal die wichtigsten bzw. am häufigsten verwendeten Hyperlinks anlegen und eine URL-Bibliothek erstellen. So können Sie beispielsweise eine E-Mail-Adresse oder den Link zur Homepage eintragen, weil Sie diese Verknüpfungen immer wieder in Ihrem Projekt einsetzen möchten. Das ist auch problemlos möglich, denn auf diese URL-Bibliotheken können Sie in allen *Fireworks*-Dokumenten zugreifen.

Eine URL ist eine Verknüpfung zu einer Datei (Webseite, PDF-Dokument, etc.). Wie selbstverständlich klicken wir uns mittlerweile im Web über diese Hyperlinks von einer Seite zur anderen.

Typen von Hyperlinks

Generell unterscheidet man zwei Arten von Hyperlinks: Lokale Hyperlinks und Links auf externe Dokumente. Mit lokalen Hyperlinks verknüpfen Sie Dokumente innerhalb der selben aktuellen Site miteinander. Hierbei geben Sie in der

Regel nicht den kompletten Dateipfad wieder, sondern verweisen über einen relativen Pfad auf die Datei (z. B. `../weinwissen/geschichte.htm`). Verweisen Sie dagegen auf Dateien einer externen Site, müssen Sie absolute Pfade angeben, damit diese gefunden werden können (z. B. `http://www.intermedien.net`). Durch diese absolute Pfadangabe wird ein Dokument auf einem anderen Server aufgerufen. Das allgemeine Adressformat sieht folgendermaßen aus: `Dienst://Server/Verzeichnis/Datei:Port`

Im Prinzip können Sie auch absolute Pfadangaben machen, wenn Sie Dateien Ihrer lokalen Site miteinander verbinden. Üblich ist das jedoch nicht, denn wenn Sie mit Ihrer Site auf einen anderen Server umziehen oder die URL bzw. die Domain ändern, müssten Sie dann alle absolute Pfadangaben überarbeiten. Mit relativen Pfadangaben sind Sie wesentlich flexibler, nicht zuletzt auch deshalb, weil *Dreamweaver* beim Verschieben von Dokumenten relative Hyperlinks automatisch aktualisiert.

POWER USER

Für Handcoder nichts Neues: Wenn sich eine Datei nicht im gleichen Verzeichnis befindet, deutet jeder Schrägstrich (`/`) den Wechsel um eine tiefere Ebene in der Ordnerhierarchie an. Für den Wechsel in eine übergeordnete Ebene benötigen Sie die Zeichenfolge `../`.

Als dritte Variante gibt es noch zum Site-Stammordner relative Pfade. Diesen Pfadtyp können Sie beispielsweise angeben, wenn Ihre Website auf mehreren Servern verteilt ist. Ein solcher Link beginnt mit einem Schrägstrich, der auf den Stammordner verweist. Beispiel: `/weinwissen/geschichte.htm`. Auch wenn Sie häufig Dateien verschieben, ist der Einsatz dieser stammrelativen Links sinnvoll, da Aktualisierungen nicht immer notwendig sind – je nachdem was Sie verschoben haben. Haben Sie eine Datei umbenannt, kommen Sie auch hier nicht um eine Aktualisierung der verknüpften Seiten herum. Stammrelative Hyperlinks werden nicht lokal vom Browser interpretiert, sondern funktionieren nur über den Webserver. Bei der Browser-Vorschau wandelt *Dreamweaver* stammrelative Hyperlinks vorübergehend in dokumentrelative Pfadangaben um. Klicken Sie in dieser Vorschau auf den Link, kommen Sie zwar zur nächsten Seite, doch hier geht's dann wieder nicht weiter.

Weiterhin gibt es E-Mail-Verknüpfungen, die Sie nach folgendem Schema eingeben:

```
mailto:Nutzername@Domainname
```

Beispiel:

`mailto:mail@susanne-rupp.de`

Im SmartBook zu *Dreamweaver MX 2004* ist ein komplettes Kapitel dem Thema Hyperlinks gewidmet.

MERKET AUF!

URL-Bibliothek erstellen

Im Bedienfeld *URL* werden URLs hinzugefügt, bearbeitet und verwaltet. Auf die hier aufgelisteten URLs können Sie in allen aktuell geöffneten Dokumenten zugreifen.

URLs werden in der Standard-Datei *url.htm* abgespeichert. Dieses Dokument finden Sie auf Ihrer Festplatte im Verzeichnis *URL Libraries* Ihres Programmordners. Je nach Betriebssystem kann dieser Pfad etwas anders lauten.

Sie können aber auch Ihre eigene URL-Bibliothek unter einem neuen, von Ihnen definierten Dateinamen abspeichern. Das hat den Vorteil, dass Sie thematisch sortierte Bibliotheken anlegen können, auf die Sie schnell zurückgreifen können.

So erstellen Sie eine neue URL-Bibliothek:

1. Wählen Sie im Optionsmenü des Bedienfelds *URL* den Befehl *Neue URL-Bibliothek.*

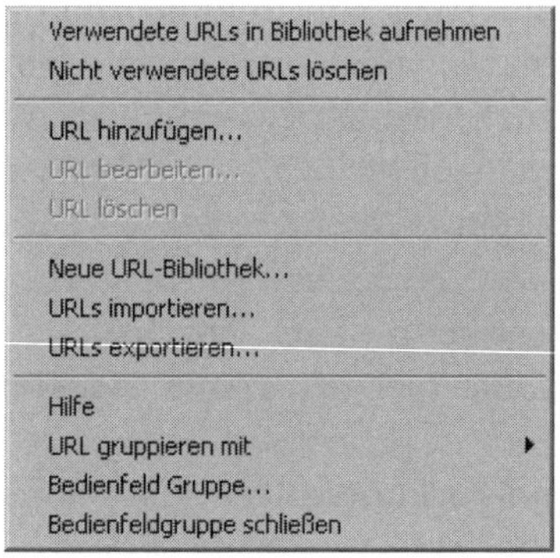

Das Optionsmenü im Bedienfeld «URL».

2. Geben Sie in das Dialogfenster *Neue URL-Bibliothek* den Namen der URL-Bibliothek ein und bestätigen Sie mit *OK.*

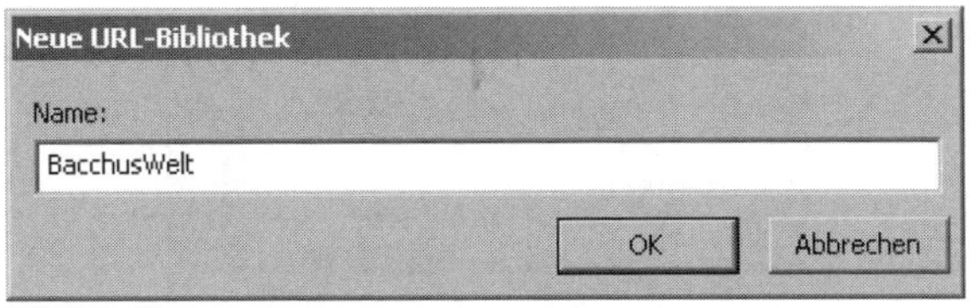

So soll die neue URL-Bibliothek heißen.

Im Bedienfeld «URL» erscheint dieser Name im Pull-Down-Menü.

Das war der erste Streich. Jetzt müssen wir diese Bibliothek mit Inhalten, also mit URLs füllen.

URL erstellen

Entweder haben Sie Ihre benutzerdefinierte Bibliothek im vorherigen Abschnitt angelegt oder Sie fügen nun eine neue URL in die Standardbibliothek *url.htm* ein. Da dies gerade bei mehreren, sehr umfangreichen Projekten sehr schnell unübersichtlich werden kann, sollten Sie thematisch sortierte Bibliotheken anlegen.

So fügen Sie eine neue URL in eine Bibliothek ein:

1. Wählen Sie im Pull-Down-Menü des Bedienfeldes *URL* die Bibliothek aus, in die Sie die neue URL einfügen möchten.

2. Geben Sie in das Feld *Aktueller URL* die URL ein.

3. Klicken Sie auf das Zeichen *Aktuellen URL zu Bibliothek hinzufügen.*

4. Wiederholen Sie die Arbeitsschritte 2 und 3, um weitere URLs einzutragen. Die eingegebenen Hyperlinks werden in dem Feld darunter aufgelistet.

Die URL-Bibliothek enthält schon vier Hyperlinks.

Sie können auch den Button am unteren Rand des Bedienfeldes klicken und eine neue URL im nun offenen Dialogfenster *Neuer URL* eintragen. Dieses öffnet sich ebenfalls, wenn Sie im Optionsmenü des Bedienfeldes *URL* den Befehl *URL hinzufügen* wählen.

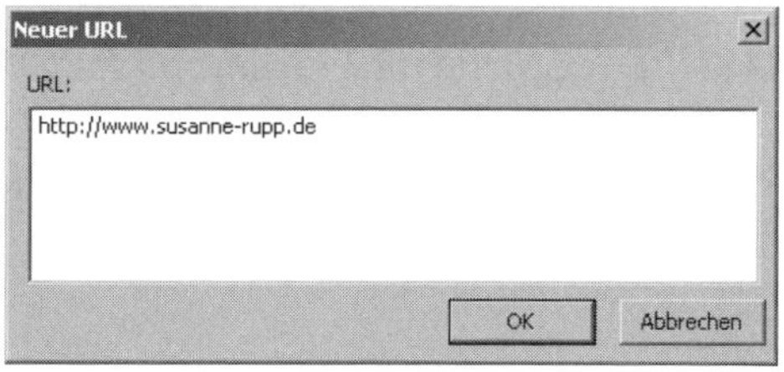

Sollte eine Bibliothek nicht mehr benötigte URLs enthalten, können Sie die markierten URLs jederzeit löschen, indem Sie im Bedienfeld *URL* auf den Button *URL aus Bibliothek löschen* klicken.

ZEIT GESPART

Eine URL hat sich geändert? Klar, können Sie jetzt manuell jedes Dokument öffnen und dieses aktualisieren. Schneller geht's aber mit dem automatischen *Suchen und Ersetzen*. Mehr dazu erfahren Sie in Kapitel 17.

Sie können eine URL in die ausgewählte Bibliothek eintragen und gleichzeitig einem Webobjekt zuweisen.

So fügen Sie eine URL in eine Bibliothek ein und weisen diese gleichzeitig einem Web-Objekt zu:

1. Markieren Sie das Web-Objekt auf Ihrer Leinwand.

2. Geben Sie – wie zuvor beschrieben – die URL in die gewünschte Bibliothek im Bedienfeld *URL* ein. Die URL erscheint nun im dem Vorschaufenster

und wird gleichzeitig dem ausgewählten Objekt zugewiesen und erscheint damit auch in dessen Eigenschaften. Weitere Informationen hierzu finden Sie in Kapitel 11.

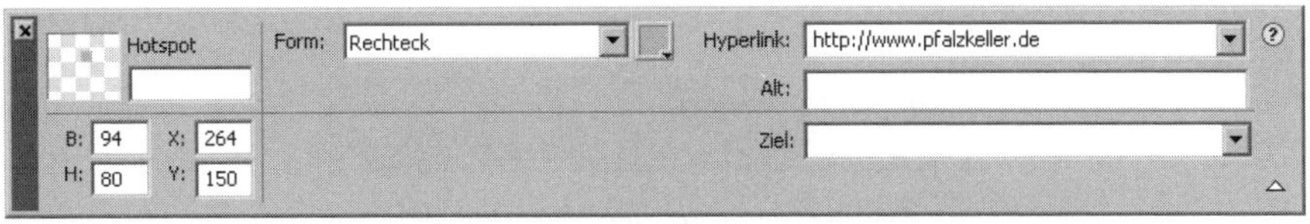

Wurde einem Web-Objekt eine URL zugewiesen, erscheint diese in dessen Eigenschaften.

Nun ist auch der umgekehrte Fall denkbar: Sie haben bereits mehreren Web-Objekte Hyperlinks (über den Eigenschafteninspektor) zugewiesen und kommen erst später auf die Idee, diese in einer Bibliothek abspeichern zu wollen. In *Fireworks* ist das kein Problem.

So fügen Sie eine verwendete URL in eine Bibliothek ein:

1. Wählen Sie im Optionsmenü die gewünschte Bibliothek aus, in welche Sie die URLs abspeichern möchten. Unter Umständen müssen Sie noch eine anlegen.

2. Wählen Sie im Optionsmenü den Befehl *Verwendete URLs in Bibliothek aufnehmen.*

Genauso gut können Sie alle nicht benutzten URLs aus der geöffneten Bibliothek entfernen, indem Sie im Optionsmenü des Bedienfelds URL den Befehl *Nicht verwendete URLs löschen* wählen. *Fireworks* zeigt Ihnen dann tatsächlich nur die Hyperlinks an, die Sie bereits verwendet haben.

Möchten Sie eine vorhandene URL bearbeiten, können Sie alle oder nur bestimmte Instanzen ändern.

So bearbeiten Sie eine URL:

1. Markieren Sie im Bedienfeld *URL* den Eintrag, den Sie verändern möchten.

2. Wählen Sie den Befehl *URL bearbeiten* im Optionsmenü.

3. Nehmen Sie im Dialogfenster *URL bearbeiten* die gewünschten Änderungen vor. Aktivieren Sie das Kontrollkästchen *Alle Instanzen im Dokument ändern,* wenn der Hyperlink in allen Dokumenten aktualisiert werden soll.

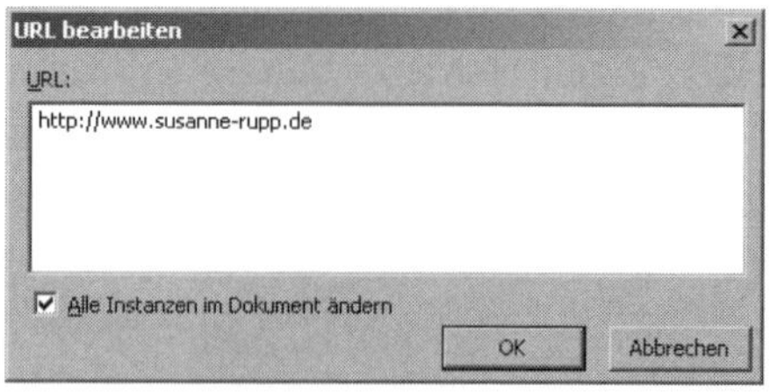

Ändern Sie eine bestehende URL.

4. Bestätigen Sie Ihre Änderungen mit *OK*.

URL-Bibliothek exportieren und importieren

Wie Symbole können auch URL-Bibliotheken als separate Datei abgespeichert werden – allerdings nicht im PNG-, sondern im HTM- oder HTML-Format.

Diese exportierten URLs können Sie Ihren Kollegen zugänglich machen, indem diese Dateien auf deren Rechner dann importiert werden.

So exportieren Sie die URLs einer Bibliothek:

1. Wählen Sie im Optionsmenü den Befehl *URLs exportieren.*

2. Das Dialogfenster *Datei speichern unter* wird geöffnet. Geben Sie hier den Dateinamen an und wählen Sie das gewünschte Verzeichnis aus, in das Sie diese Datei exportieren möchten.

3. Klicken Sie auf die Schaltfläche *OK*, werden die URLs in einer HTML-Datei abgespeichert.

Die exportierte HTML-Datei kann in jedem Webbrowser geöffnet werden. Indem Sie hier auf einen Hyperlink klicken, können Sie sehr gut überprüfen, ob dieser Verweis stimmt.

So importieren Sie die URLs einer Bibliothek:

1. Wählen Sie im Optionsmenü den Befehl *URLs importieren.*
2. Das Dialogfenster *Öffnen* wird geöffnet. Wählen Sie die entsprechende HTML-Datei aus und klicken Sie auf die Schaltfläche *Öffnen.* Die abgespeicherte URL-Bibliothek wird in *Fireworks* importiert.

SMART DISC

Die gezeigten Beispiel-URLs finden Sie auf der CD-ROM unter *urls.htm* im Verzeichnis zu diesem Kapitel.

Übung

SMART DISC

Erstellen Sie Ihre eigenen Bibliotheken. Erweitern Sie die auf der CD-ROM abgespeicherte Symbolbibliothek (*benutzerdefinierte-symbole.png*) und die fügen Sie die hier verwalteten Objekte als Instanzen in Ihre Homepage ein.

Erstellen Sie eine URL-Bibliothek für die Website `BacchusWelt.de`. Auf der CD finden Sie die notwendigen Infos im Dokument *links-bacchuswelt.txt.*

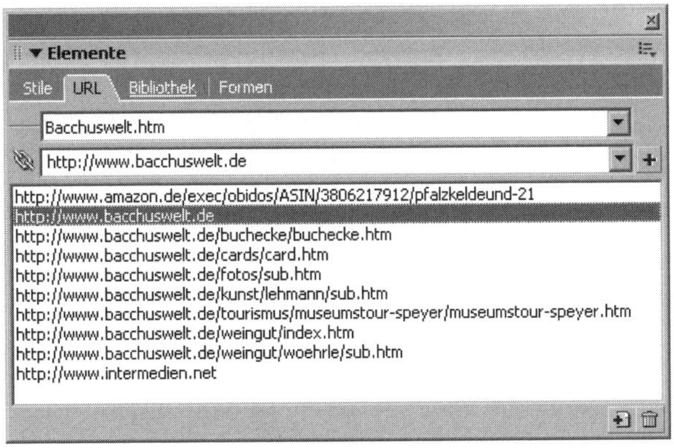

Die URL-Bibliothek für den Content-Frame der Homepage `www.bacchuswelt.de.`

In diesem Kapitel haben wir mit Bibliotheken und URLs gearbeitet. Dabei haben wir gesehen, wie einfach und effizient es ist, mit Symbolen und Instanzen zu arbeiten. Sobald Sie ein Objekt häufig einsetzen, macht die Arbeit mit dem Bedienfeld *Bibliothek* Sinn. Wir haben gesehen, dass zwischen einem Symbol und dessen Instanzen eine Verbindung besteht, so dass Sie nur das Symbol ändern müssen, um das Aussehen aller Instanzen zu modifizieren. Bei Bedarf kann diese Verknüpfung aber auch aufgehoben werden. *Fireworks* ist nun mal flexibel...

Auch häufig benutzte Hyperlinks sollten in der URL-Bibliothek abgespeichert sein.

Verwenden Sie die Bedienfeldgruppe *Elemente*, um bei Bedarf ohne großen Zeitaufwand auf die hier gespeicherten Stile, Symbole und URLs zugreifen zu können. In diesen Bedienfeldern verwalten, bearbeiten und löschen Sie Objekte.

Im nächsten Workshop werden wir weiter mit Hyperlinks arbeiten und Schaltflächen und Navigationsleisten erstellen.

11 Schaltflächen, Navigationsleisten und Popup-Menüs

Schaltflächen, Navigationsleisten und Popup-Menüs

Im diesem Workshop werden wir weiterhin mit Hyperlinks arbeiten und Schaltflächen, Navigationsleisten und Popup-Menüs erstellen. Was ist hier der Unterschied? Ganz einfach:

Während eine Schaltfläche ein einzelner Button ist, der mit einem anderen Dokument verlinkt ist, beinhaltet eine Navigationsleiste eine ganze Reihe solcher Schaltflächen. Dabei können diese Schaltflächen auf die Mausbewegung reagieren, die der Benutzer später auf der Webseite im Browser ausführt. So kann sich beispielsweise die Farbe ändern oder die Schaltfläche erscheint eingedrückt. Bringen Sie mit Live-Effekten dreidimensionale Elemente auf Ihre Webseite.

In einer Navigationsleiste kann der Zustand eines Buttons den Zustand eines anderen beeinflussen. So können Sie festlegen, dass immer nur ein Button eingedrückt erscheint. Klickt der Besucher auf einen anderen, verändert dieser sein Aussehen und der vorher eingedrückte, erscheint wieder normal.

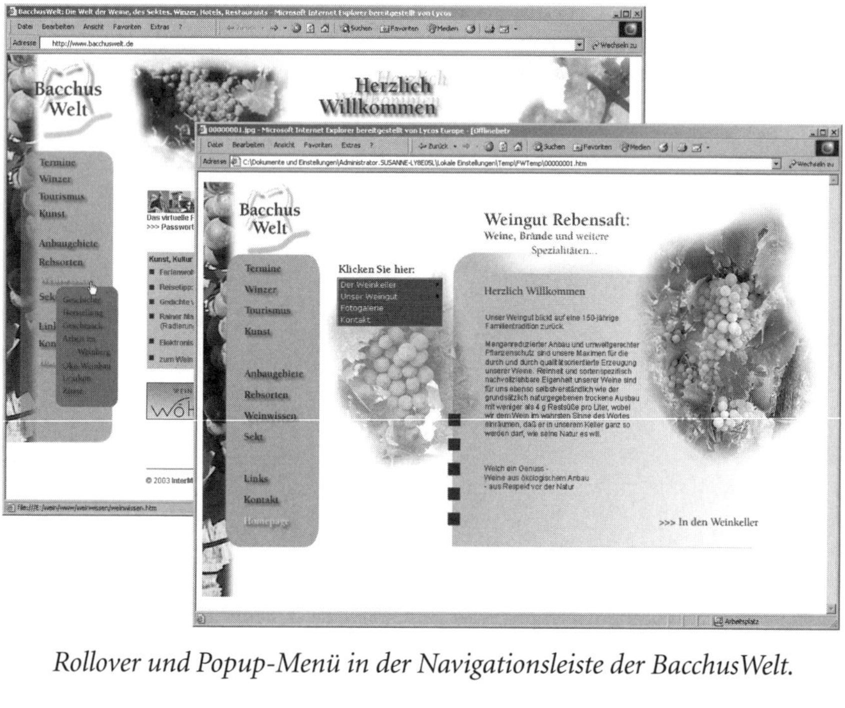

Rollover und Popup-Menü in der Navigationsleiste der BacchusWelt.

Die ganze Funktionalität wird durch JavaScript und HTML gesteuert. Aber keine Angst, Sie müssen diese Sprachen nicht beherrschen, um interaktive Schaltflächen entwickeln zu können – das macht *Fireworks* für Sie.

Im letzten Kapitel haben wir bereits den Schaltflächeneditor kennen gelernt. Mit diesem können Sie bequem und schnell eigene benutzerdefinierte Schaltflächen erstellen. Haben Sie das Schaltflächensymbol erst einmal angelegt, können Sie auch hier beliebig viele Instanzen einsetzen und zu einer kompletten Navigationsleiste verbinden.

Genauso einfach erstellen Sie vertikale und horizontal Popup-Menüs im Popup-Menü-Editor. Hierbei können Sie detailliert alle Eigenschaften festlegen.

Egal, ob Sie interaktive Schaltflächen oder Popup-Menüs erstellen, sicher ist, dass Ihre Webseite dadurch interessanter wird. Beim Exportieren dieser Objekte erzeugt *Fireworks* automatisch den notwendigen Quelltext (JavaScript). Dieser Code kann dann in *Dreamweaver* (oder einem anderen Web-Editor) weiterverarbeitet oder in eine andere Webseite eingefügt werden.

Das werden Sie lernen:

- Schaltfläche erstellen
- Navigationsleiste erstellen
- Popup-Menü definieren

Dateien für diese Lektion:

SMART DISC

- *11_schaltflaeche/homepage-buttons.png*
- *11_schaltflaeche/instanzen-homepage-namen.png*
- *09_ebene_masken/home.png*
- *11_schaltflaeche/hyperlinks.txt*
- *11_schaltflaeche/menu.png* (fertiges Dokument)
- *11_schaltflaeche/popupmenue.png*
- *11_schaltflaeche/weingut-rebensaft.png*

Schaltfläche und Navigationsleiste erstellen

Jedes Objekt – ganz gleich ob es sich um einen Text oder eine Grafik handelt – kann als Schaltfläche verwendet werden. Sie können entweder eine neue Schaltfläche erstellen oder ein bereits bestehendes Objekt in eine Schaltfläche konvertieren. Sollten Sie bereits eine Schaltfläche in einem anderen Dokument erstellt haben, können Sie diese Datei importieren und die Schaltflächeneigenschaften übernehmen.

Am schnellsten erstellen Sie die unterschiedlichen Zustände einer Schaltfläche mit dem Schaltflächeneditor. Doch welche Zustände gibt es? In der Einführung habe ich schon von unterschiedlichen Farben und «eingedrückten» Buttons gesprochen. Das wollen wir zunächst genauer betrachten.

Mögliche Schaltflächenzustände

Ein einfaches interaktives Rollover besteht aus zwei Grafiken (oder Textobjekten, die ebenfalls als Grafik exportiert werden): Die zweite Grafik wird angezeigt, wenn der User den Cursor über den Button bewegt. Dabei ähnelt das Aussehen der zweiten Grafik dem der ersten, so dass der Besucher den Eindruck bekommt, das Aussehen der zuerst angezeigten Grafik hätte sich geändert. Insgesamt sind bis zu vier weitere unterschiedliche Zustände möglich, die zusätzliche visuelle Hilfestellung für Ihren Website-Besucher leisten sollen. Jeder Zustand ist eine Reaktion auf ein bestimmtes Mausereignis.

- *Up*: Normalzustand; Wird angezeigt, wenn kein Mausereignis vorliegt.
- *Over*: Wird angezeigt, wenn der Cursor über die Up-Schaltfläche wandert. Der User wird darauf aufmerksam gemacht, dass er hier eine Aktion durch einen Mausklick auslösen kann. Normalerweise verändert sich dabei der Mauszeiger.
- *Down*: Dieser Status erscheint, wenn der User auf die Schaltfläche geklickt hat. Dargestellt wird hier häufig eine «eingedrückte» Schaltfläche, welche die aktuell geladene Webseite repräsentiert.
- *Over bei Down*: Dieser Zustand erscheint, wenn der User mit der Maus über eine bereits gedrückte Schaltfläche fährt.

Sie können also bis zu vier verschiedene Grafiken hinterlegen.

Up, Over, Down, Over bei Down (von links nach rechts).

Mit dem Schaltflächeneditor erstellen Sie Schritt für Schritt alle Zustände eines interaktiven Buttons, wobei der notwendige JavaScript-Code für die Umsetzung dieser Rollover-Funktionalitäten automatisch erstellt wird. Auch die Hyperlink-Informationen können Sie in *Fireworks* festlegen. Dazu erfahren Sie in Kapitel *Hyperlinks einfügen* mehr.

Der Schaltflächeneditor

In diesem Kapitel erfahren Sie, wie Sie schnell und einfach eine interaktive benutzerdefinierte Schaltfläche erstellen. Im Schaltflächeneditor legen Sie das Erscheinungsbild der einzelnen Zustände fest und definieren automatisch die zugrundeliegende Funktionalität.

So erstellen Sie eine neue Schaltfläche:

1. Wählen Sie in der Menüleiste *Bearbeiten | Einfügen | Neue Schaltfläche.*

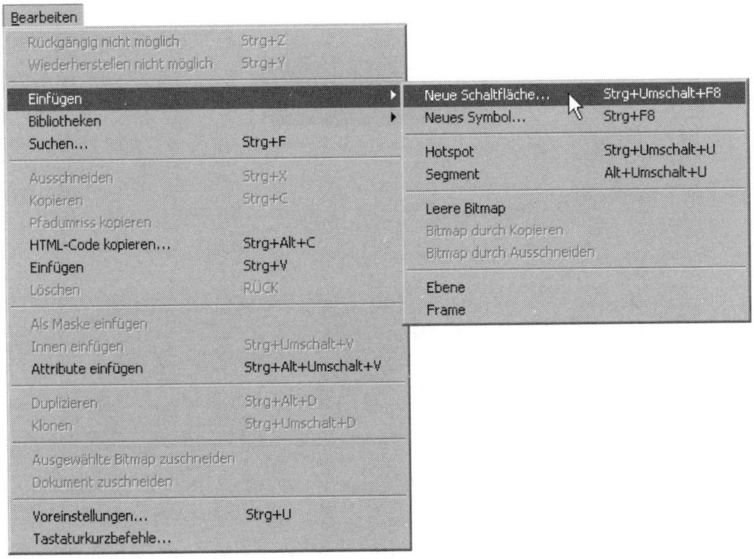

2. Zeichnen oder importieren Sie im Schaltflächeneditor den Button im Ausgangs-Zustand (*Up*). Das entsprechende Register ist bereits automatisch im Editor geöffnet.

   - Benutzen Sie die Zeichenwerkzeuge und erstellen Sie den Text. Dabei können Sie die einzelnen Elemente sehr gut über das Bedienfeld *Ausrichtung* platzieren. Im Schaltflächeneditor können Sie ebenfalls Hilfslinien und Raster einblenden (vgl. Kapitel 2).

- Ziehen Sie die Grafik aus einem parallel geöffneten Dokument in den Schaltflächeneditor («Drag and Drop») oder benutzen Sie die Zwischenablage («Copy and Paste»).

- Haben Sie Ihre Schaltfläche bereits erstellt und als separate Datei abgespeichert, können Sie diese in den Schaltflächeneditor importieren. Klicken Sie auf den Button *Schaltfläche importieren* und wählen Sie im Dialogfenster die gewünschte Grafik aus der *Fireworks*-Symbolbibliothek aus. Weitere Informationen hierzu erhalten Sie in Kapitel 10 (*Symbole importieren*). Haben Sie diese Option gewählt, werden automatisch auch die (vorhandenen) verschiedenen Zustände angelegt.

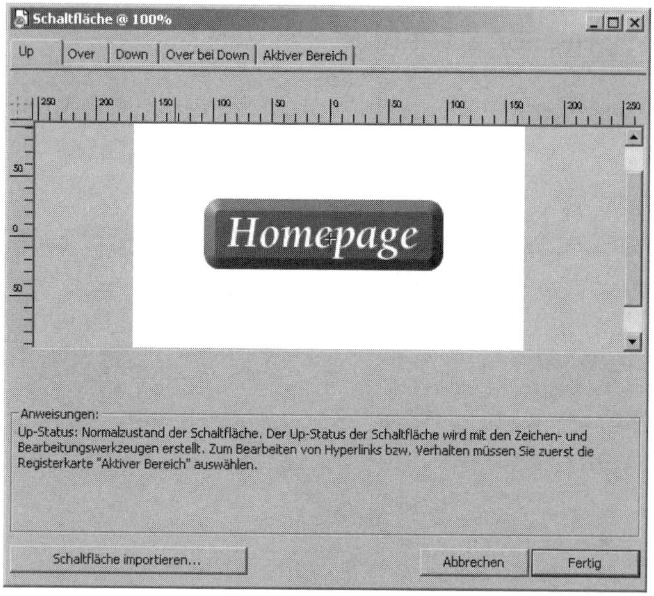

Der Normalzustand einer Schaltfläche wird im «Up-Fenster» erstellt.

3. Wechseln Sie in das *Over*-Register und zeichnen Sie dort den Button für den *Over*-Zustand. Klicken Sie auf die Schaltfläche *Up-Grafik kopieren*, um den eben erstellten Up-Button zu kopieren. Modifizieren Sie dessen Aussehen, indem Sie beispielsweise die Textfarbe ändern oder einen Effekt (z. B. *Innen geschliffen* oder *Außen geschliffen*; vgl. Kapitel 8) zuweisen. Sie können auch einen komplett neuen Button erstellen. Arbeiten Sie wie beim Up-Register zuvor beschrieben.

4. Um weitere Zustände festzulegen und die Grafik dafür zu erstellen, arbeiten Sie wie in den beiden vorherigen Punkten 2 und 3 beschrieben. Wechseln Sie hierfür in die Register der einzelnen Zustände: *Down* und *Over bei Down*.

Das Kontrollkästchen *Down-Status für Navigationsleiste einschließen* bzw. *OverDown-Status für Navigationsleiste einschließen* ist standardmäßig in den Registern *Down* bzw. *Over bei Down* aktiviert. Mit diesen Optionen legen Sie den Schaltflächenzustand für Navigationsleisten fest (vgl. auch Kapitel *Navigationsleiste erstellen*).

Möchten Sie einen Zustand nicht einsetzen, lassen Sie das Register einfach leer.

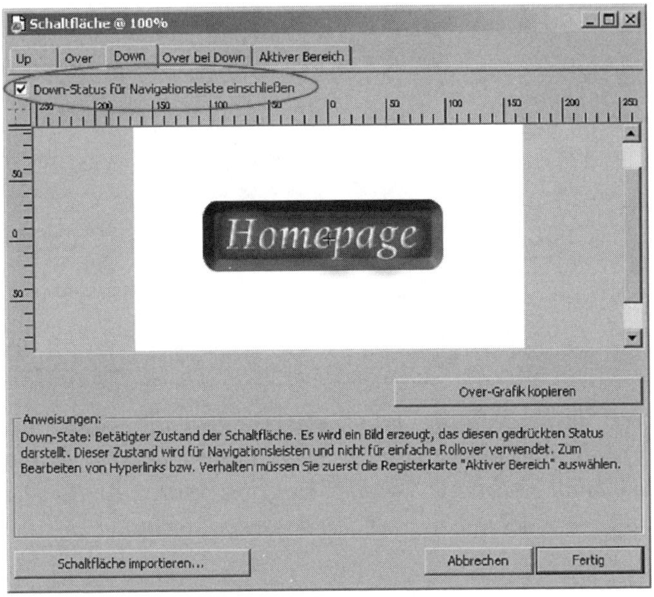

Die automatisch aktivierte Option benötigen Sie, wenn Sie eine Navigationsleiste erstellen möchten.

5. Im Register *Aktiver Bereich* sehen Sie das Segmentobjekt, das automatisch für den eben definierten Button erstellt wurde und mit diesem verbunden ist. *Fireworks* hat den für den Rollover notwendigen Code automatisch in dieses Segment abgespeichert. Außerdem sind die roten Segment-Hilfslinien sichtbar (vgl. Kapitel 12). Jede Schaltfläche kann nur ein Segment haben. Dieses ist nur im Bedienfeld *Ebenen* sichtbar, wenn der Schaltflächeneditor geöffnet ist. Im «normalen» Arbeitsfenster sehen Sie dieses Webobjekt nicht in diesem Bedienfeld. Auch können Sie Schaltflächensegmente hier nicht bearbeiten.

Im Eigenschafteninspektor können Sie die URL (vgl. auch Kapitel 10) und weitere Hyperlinkeigenschaften festlegen. Auch kann hier nachträglich die Beschriftung des Buttons geändert werden. Wie das geht und was Sie dabei beachten sollten, erfahren Sie im Abschnitt *Schaltflächen-Eigenschaften bearbeiten.*

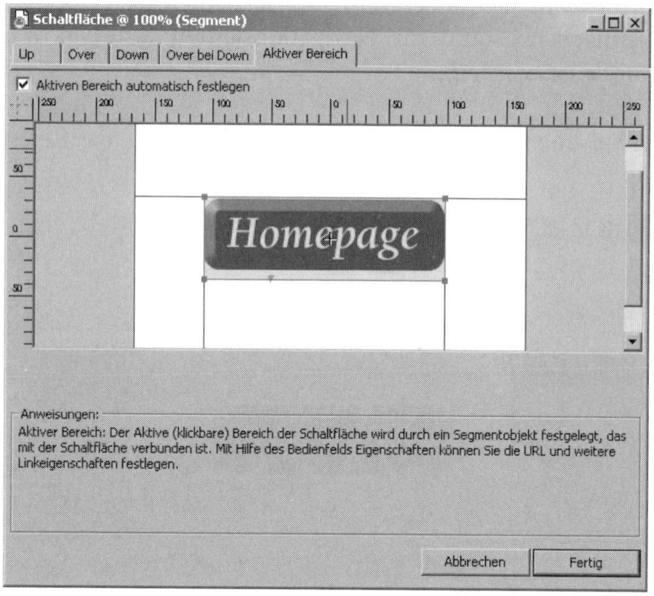

Markieren Sie das Segment und schieben Sie es an die gewünschte Stelle, falls nur ein bestimmter Bereich der Schaltfläche anklickbar sein soll. Nur hier können dann bestimmte Aktionen ausgelöst werden. An der Darstellung des Rollovers ändert das jedoch nichts.

SMART DISC

Das hier gezeigte Beispiel finden Sie auf der CD-ROM im Verzeichnis zu diesem Workshop (*11_schaltflaeche/homepage-buttons.png*).

6. Klicken Sie auf *Fertig*, um den Editor zu verlassen und zum Dokumentfenster zurückzukehren, in dessen Mitte die Schaltfläche eingefügt wird. Platzieren Sie den Button nun an die gewünschte Stelle. Die Schaltfläche wird in das Bedienfenster *Bibliothek* eingetragen. Hier sollten Sie der eben erstellten Schaltfläche einen eindeutigen Namen zuweisen (vgl. Kapitel 10).

MERKET AUF!

Falls Sie mit *Dreamweaver* arbeiten, können Sie Hyperlinks und Rollover-Zustände auch dort definieren. Weitere Informationen hierzu finden Sie im SmartBook zu *Dreamweaver MX 2004.*

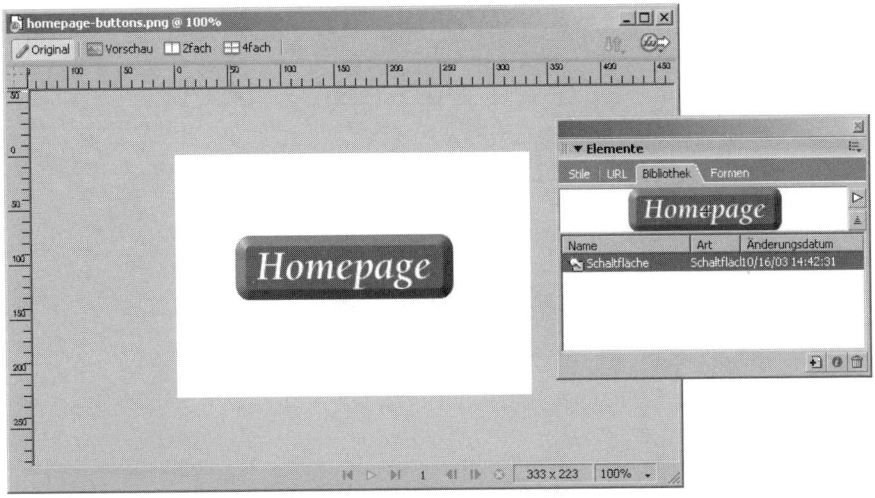

Der erstellte Button wird in die Leinwand eingefügt und in die Bibliothek eingetragen.

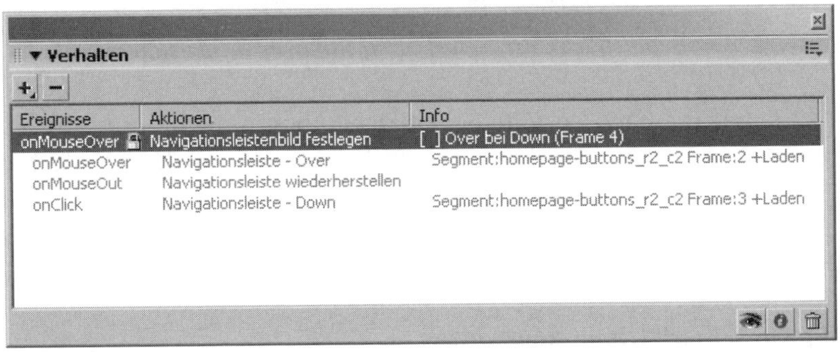

Im Bedienfeld «Verhalten» wird die Codestruktur hinterlegt und beschrieben (vgl. Kapitel «Das Bedienfeld Verhalten»). Der Schaltflächencode ist geschützt und kann nur über den Schaltflächeneditor bearbeitet werden.

339

ERSTE HILFE

Sollten die Segment-Hilfslinien nicht sichtbar sein, klicken Sie in der Werkzeugleiste unter *Web* auf den Button *Segmente und Hotspots anzeigen*. Sind Segmente und -Hilfslinien sichtbar, können Sie in der Regel weitere Schaltflächen besser platzieren. Links daneben finden Sie den *Segmente und Hotspots ausblenden*. Wenn Sie die *Web-Ebene* im Bedienfenster *Ebenen* ein- und ausblenden, erzielen Sie das gleiche Ergebnis.

Klicken Sie im Dokumentfenster oben auf den Button *Vorschau*, wenn Sie den Rollover-Effekt testen möchten.

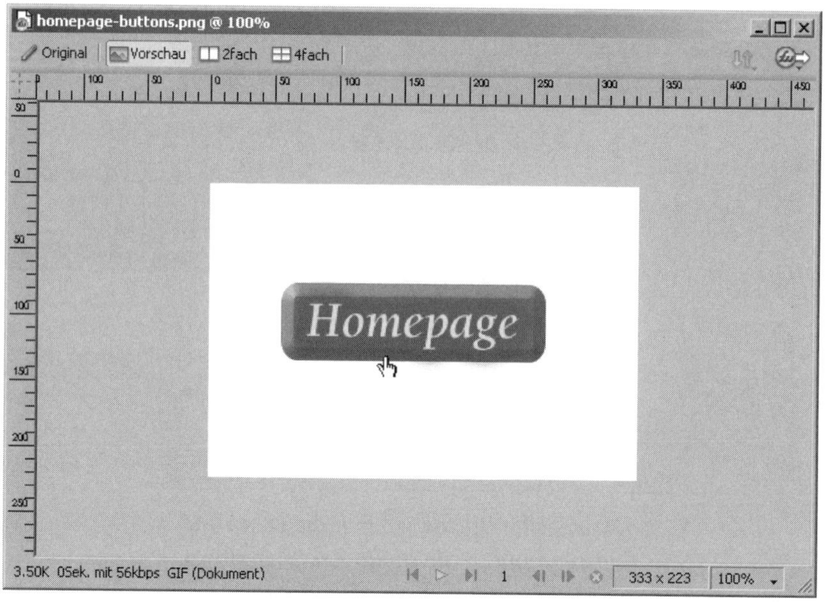

Die Schaltfläche verändert beim Rollover ihr Aussehen.

Sobald Sie auf die eben erstellte Schaltfläche klicken, bleibt diese im *Down*-Zustand. Hätten wir nun mehrere Schaltflächen, also eine komplette Navigationsleiste erstellt, würde sich dieser Zustand der ersten Schaltfläche wieder ändern, sobald Sie mit der Maus über einen anderen Button fahren oder sogar auf ihn klicken.

Grafiken in Schaltflächen umwandeln

In Kapitel 8 bzw. 9 haben wir bereits den Text für die Navigationsleiste erstellt. Es wäre ja nun sehr umständlich und zeitaufwendig, wenn wir diese hier nicht als Schaltfläche verwenden könnten, weil wir ja in diesen Workshops den Schaltflächeneditor noch nicht gekannt haben. Aber keine Panik – wir bekommen das auch anders hin! Wir wandeln diesen Textblock inklusive dem dahinterliegenden Rechteck in Schaltflächen um.

1. Am besten erstellen Sie für die Buttons eine neue Ebene (*navigation-neu*), auf der dann die Schaltflächen abgelegt werden.

2. Wählen Sie *Modifizieren | Symbol | In Symbol konvertieren.*

3. Aktivieren Sie im Dialogfenster Symboleigenschaften die Option *Schaltfläche.* Auch sollten Sie einen eindeutigen Namen in das Textfeld darüber eintragen.

4. Um nun das Rollover zu erstellen, arbeiten Sie wie in den ersten Kapiteln dieses Workshops beschrieben.

RAFFINIERT

Wenn Sie andere Grafikdateien importieren, können auch Elemente daraus jederzeit in Navigationseinheiten umgewandelt werden.

Navigationsleiste erstellen

Häufig werden auf einer Webseite mehrere Schaltflächen benötigt, die alle gleich aussehen. Hierbei soll sich nur die Beschriftung ändern. Im vorherigen Kapitel haben wir den Basis-Button erstellt und damit das grundlegende Aussehen jeder Schaltfläche festgelegt.

In diesem Abschnitt zeige ich Ihnen, wie Sie weitere Schaltflächen mit dem gleichen Aussehen durch Kopieren hinzufügen können. Wie gesehen, wurde die Schaltfläche als Symbol in die *Bibliothek* eingefügt. In Kapitel 10 haben wir gelernt, dass Kopien dieser Symbole als Instanzen bezeichnet werden.

So fügen Sie weitere Buttons hinzu:

1. Öffnen Sie das Bedienfenster *Bibliothek*.

2. Ziehen Sie den Schaltflächennamen aus dieser Liste auf Ihre Seite oder wählen Sie *Bearbeiten | Klonen*.

   Dadurch platzieren Sie eine Instanz dieser Schaltfläche auf der Leinwand, wobei der Klon genau an der gleichen Stelle platziert wird wie die Instanz. Gerade wenn Sie linear angeordnete Navigationsleisten erstellen möchten, kann das ein großer Vorteil sein, da Sie nur eine Koordinate ändern müssen.

   Wiederholen Sie diesen Schritt, bis Sie die gewünschte Anzahl an Schaltflächen auf Ihrer Leinwand haben.

POWER USER

Über das Bedienfenster *Ausrichtung* können Sie die Schaltflächen gleichmäßig verteilen oder beispielsweise am oberen Rand ausrichten (vgl. Kapitel 3 *Objekte ausrichten*). Wenn Sie möchten, können Sie zum Ausrichten in der Menüleiste unter *Ansicht* auch die Optionen *Hilfslinien | An Hilfslinien ausrichten* oder *Raster | Am Raster ausrichten* aktivieren.

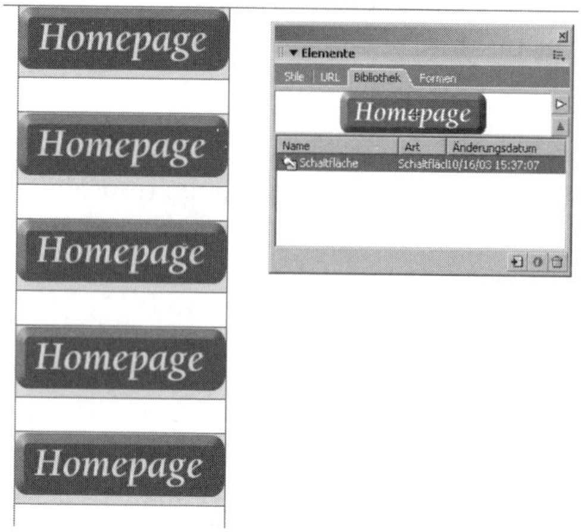

Noch haben alle Schaltflächen den gleichen Text.

3. Jetzt müssen Sie die Beschriftung der einzelnen Schaltflächen ändern: Markieren Sie die entsprechende Schaltfläche und geben Sie im Eigenschafteninspektor in das Feld *Text* eine neue Beschriftung ein.

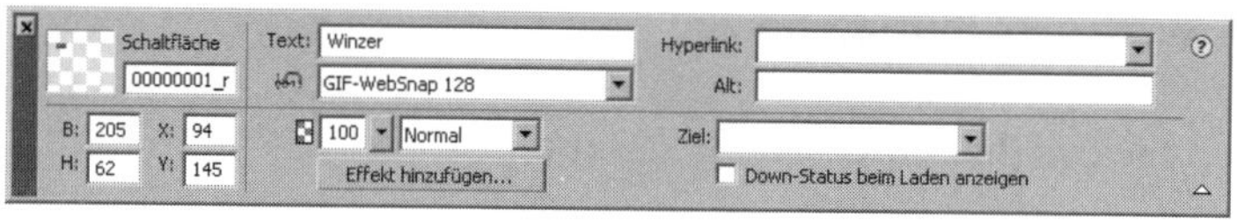

Definieren Sie eine separate Beschriftung für jede Schaltflächen-Instanz.

Wiederholen Sie diesen Schritt für die anderen Schaltflächen. Überprüfen Sie den Rollover-Effekt im Vorschaufenster.

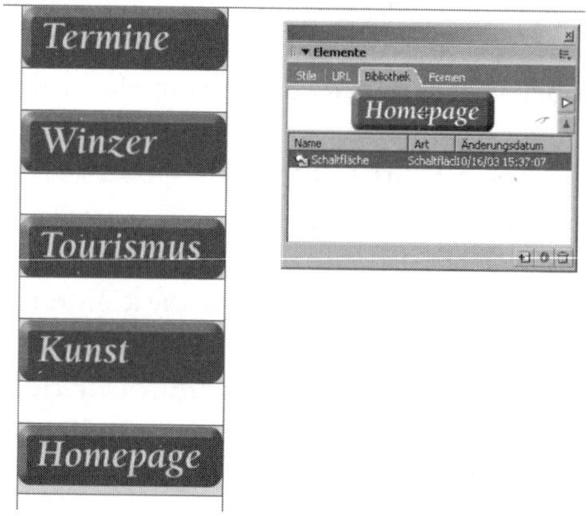

Jede Schaltfläche in der Navigationsleiste hat nun eine andere Beschriftung, obwohl alle Instanzen des gleichen Symbols sind.

ZEIT GESPART

Gefällt Ihnen irgendwann die Schaltfläche nicht mehr – beispielsweise hätten Sie gerne eine andere Hintergrundfarbe, dann müssen Sie diese nicht in allen Schaltflächen in Ihrem Arbeitsbereich neu einstellen, sondern Sie verändern einfach nur das Symbol (vgl. Kapitel 10).

Schaltflächen-Eigenschaften bearbeiten

Bei Schaltflächen müssen Sie zwischen den Eigenschaften unterscheiden, die nur im Symbol verändert werden können und solchen, die auch bei den Instanzen modifiziert werden können.

Neben den Schaltflächenzuständen können Sie folgende Symbol-Eigenschaften im Schaltflächeneditor verändern, was sich dann auch auf die damit verbundenen Instanzen auswirken wird:

- Größe und Position des aktiven Bereichs;
- Grafisches Erscheinungsbild (Strich-, Fülleigenschaften, Pfadformen, Bitmaps, etc.);
- Opazität, Mischmodus, Live-Effekte;
- Einstellungen für Optimierung und Export (vgl. Kapitel 14 und 15).
- Hyperlink und Ziel-Frame: Macht jedoch wenig Sinn, da Sie in der Regel jeder Instanz eine separate URL zuweisen möchten. Dennoch mein Tipp:

ZEIT GESPART

Weisen Sie dem Symbol einen absoluten Hyperlink zu (z. B. `http://www.bacchuswelt.de`). Markieren Sie hierzu das Segment im Register *Aktiver Bereich* des Schaltflächeneditors und tragen Sie im Eigenschafteninspektor den *Hyperlink* in das dafür vorgesehene Feld ein.

Ergänzen Sie diesen dann bei den einzelnen Instanzen durch den letzten Teil der URL (z. B. `http://www.bacchuswelt.de/weingut/index.htm`) und weisen Sie damit jeder Instanz ihre eigene URL zu. Weitere Informationen zum Thema URL finden Sie in Kapitel 10 (insbesondere Abschnitt *Typen von Hyperlinks*).

In den folgenden Abschnitten zeige ich Ihnen, wie Sie die wichtigsten Eigenschaften für jede Instanz separat bearbeiten und was Sie dabei berücksichtigen sollten.

So bearbeiten Sie die Eigenschaften einer Schaltfläche:

1. Markieren Sie auf der Leinwand die Schaltflächeninstanz, die Sie bearbeiten möchten.

2. Im Eigenschafteninspektor können Sie nun die gewünschten Eigenschaften definieren. Verändern Sie diese Eigenschaften, wirkt sich das nicht auf das dazugehörige Symbol aus. Auch werden die anderen Instanzen des gleichen Schaltflächensymbols nicht beeinflusst.

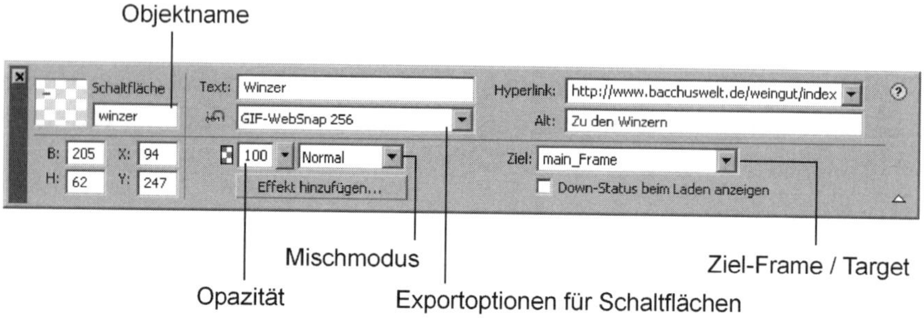

Im Eigenschafteninspektor ändern Sie die Attribute einer Schaltflächeninstanz.

- *Objektname bearbeiten*: Verändern Sie den standardmäßig vergebenen, (nach Zeilen und Spalten) durchnummerierten und wenig aussagekräftigen Namen durch einen eindeutigen. Diese Segment-Beschriftung wird dann im Bedienfeld *Ebenen* angezeigt. Dieser Name wird mit exportiert und sorgt dafür, dass der Rollover richtig funktioniert (vgl. Kapitel 15).

- *Text*: Die Schaltfläche haben wir bereits in Kapitel *Navigationsleiste erstellen* neu beschriftet. Während Sie dem Symbol einen «Blindtext» zuweisen können, wie es *Fireworks* beispielsweise in der Symbolbibliothek macht, können Sie jeder Instanz eine eigene Beschriftung zuweisen.

- *Exportoptionen für Schaltflächen*: Bestimmen Sie Dateiformat und die Qualität des exportierten Bildes (vgl. Kapitel 15).

- *Hyperlink*: Geben Sie die URL der Schaltflächenverknüpfung hier ein. Im Pull-Down-Menü sind unterhalb des Trennstriches alle in der Bibliothek abgelegten URLs aufgelistet.

Im aktuellen Dokument verwendete Hyperlinks und URLs aus der Bibliothek können im Pull-Down-Menü ausgewählt werden.

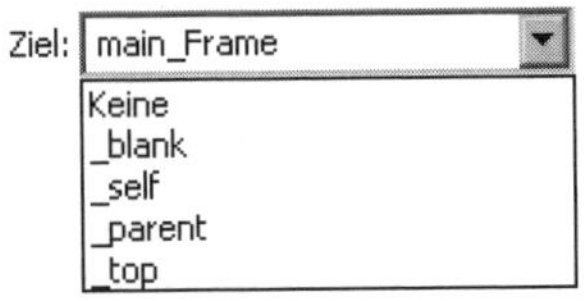

- *Ziel*: Geben Sie den Namen des Ziel-Frames (`target`) an, indem Sie entweder einen reservierten Namen aus dem Pull-Down-Menü auswählen oder den benutzerdefinierten Fensternamen eingeben (z. B. `main_Frame`). Falls Sie kein Ziel angeben, wird das verknüpfte Dokument im gleichen Frame geladen, in dem sich auch die Verknüpfung befindet.

  Folgende reservierte Ziel-Namen sind möglich:

  - *_blank*: Das verknüpfte Dokument wird in einem neuen, unbenannten Browserfenster geladen.

  - *_self*: Verweisziel wird in dem gleichen Frame geladen, in dem sich auch die Verknüpfung befindet. Dieses Ziel muss nicht extra angegeben werden, da dies die Standardeinstellung in den Browsern ist.

  - *_parent*: Verweisdokument wird in dem übergeordnetem Fenster geladen. Falls Sie nicht mit verschachtelten Frames arbeiten, wird das Ziel im gesamten Browserfenster geladen (vgl. *_top*).

  - *_top*: Das verknüpfte Dokument wird im gesamten Anzeigefenster geöffnet, wobei keine Frames mehr angezeigt werden.

POWER USER

Ändern Sie nachträglich *Hyperlink* und *Ziel* des Symbols, hat dies keine Auswirkungen auf die Schaltflächeninstanz, wenn Sie dieser bereits eindeutige Eigenschaften zugewiesen haben. Lediglich die noch nicht definierten Eigenschaften werden der Instanz zugewiesen.

Detaillierte Informationen über die Arbeit mit Frames und Framesets erhalten Sie im SmartBook zu *Dreamweaver MX 2004.*

- *Alt*: Tippen Sie in das Eingabenfeld alternativen Schaltflächentext ein. Kann der Browser Ihres späteren Besuchers keine Bilder darstellen, weil diese Option beispielsweise ausgeschaltet wurde, so sieht er zumindest diesen Alternativtext und weiß, wohin ihn dieser Link führen wird, wenn er darauf klickt. Auch für das barrierefreie Programmieren von Webseiten ist der Alternativtext unersetzlich, denn nur wenn dieser vorhanden ist, können beispielsweise Bildschirmlesegeräte von sehbehinderten Personen die Information auf der Seite richtig interpretieren. Der Sehbehinderte bekommt dann diesen Text von dem Gerät vorgelesen. Weitere Informationen zu diesem wichtigen Thema finden Sie ebenfalls im SmartBook zu *Dreamweaver MX 2004.* Der Alt-Text erscheint außerdem, während die Grafik aus dem Internet heruntergeladen wird, wodurch der Benutzer schon einmal eine informative Ankündigung des gleich angezeigten Inhalts bekommt. Hinweis: Den Alt-Text können Sie auch für das Symbol definieren. Dieser wird dann zum Alternativtext der entsprechenden Instanzen, sofern Sie diesen keinen separaten Text zugewiesen haben.

POWER USER

Haben Sie zahlreiche Objekte erstellt, kann es mühsam sein, zu überprüfen, für welche nun ein Alternativtext definiert worden ist, und wo dieser noch erstellt werden muss. Wählen Sie hierzu in der Menüleiste *Befehle | Web | Auswahl leere ALT-Tags.*

Möchten Sie diesen Segmenten den gleichen Alt-Text zuweisen, wählen Sie *Befehle | Web | ALT-Tags setzen.*

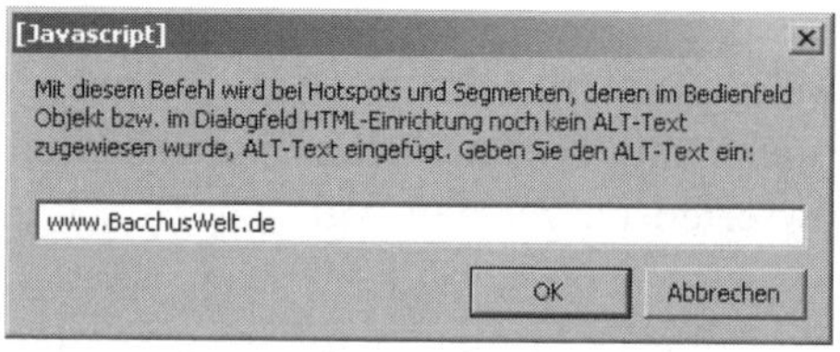

Der eingegebene Alternativtext wird auf alle noch leeren Alt-Tags angewendet.

- *Auswahlbreite* und *Auswahlhöhe.*

- *X-* und *Y-Position der Auswahl.*

- Opazität, Mischmodus, Live-Effekte.

- Weitere Verhalten, die im Bedienfeld *Verhalten* definiert werden;

- *Down-Status beim Laden anzeigen*: Aktivieren Sie diese Option, wenn die Down-Schaltfläche gleich nach dem Laden der Seite zu sehen sein soll, also dann, wenn normalerweise die Up-Schaltfläche gezeigt werden würde. Gibt der User die URL in den Browser an, wird die Homepage geladen. Soll nun der Homepage-Button nicht im Up-Zustand, sondern eingedrückt, also im Down-Zustand erscheinen, sollten Sie dieses Kontrollkästchen aktivieren.

Übung

Erstellen Sie die Navigationsleiste für die BacchusWelt:

SMART DISC

Öffnen Sie die Homepage, die wir in Kapitel 9 erstellt haben (*09_ebene_masken/home.png*). Erstellen Sie die Schaltflächen bzw. verlinken Sie den Text in der Navigationsleiste. Die hierzu benötigten Hyperlinks finden Sie auf der CD-ROM in der Datei *hyperlinks.txt* (im Verzeichnis *11_schaltflaeche*).

Klicken Sie auf den *Vorschau*-Button oder drücken Sie F12, wenn Sie eine Vorschau im Webbrowser sehen möchten.

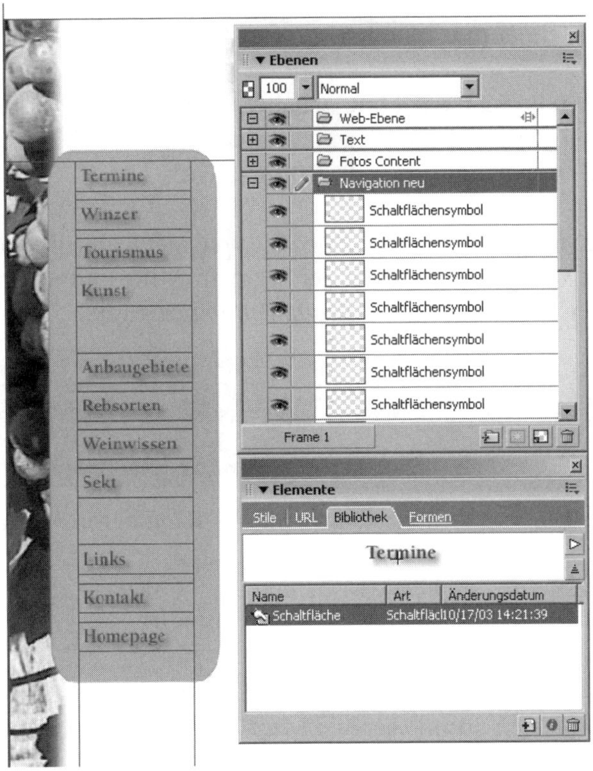

Die mit Schaltflächensymbolen erstellte Navigationsleiste.

Popup-Menü

Eine interessante und logische Navigation ist die beste Voraussetzung für den Erfolg Ihrer Website. Nur wenn der User weiß, wo er ist und wo er zum gewünschten Thema kommt, dann besucht er Ihre Seite auch wieder. Surfen soll auch Spaß machen!

Popup-Menüs sind eine interessante Alternative für die Navigationsleiste. Ähnlich wie beim Rollover wird die Unternavigation nur angezeigt, wenn der User später im Webbrowser mit der Maus über ein bestimmtes Webobjekt (z. B. Segment, Hotspot; vgl. Kapitel 12) fährt. Damit lassen sich thematisch verwandte Kategorien in Gruppen zusammenfassen. Jedes Element aus diesem Popup-Menü wird automatisch in HTML in eine Tabellenzelle gesetzt. Eigenschaften und Position der einzelnen Menüpunkte können Sie selbst festlegen. Auch hier wird dem Element ein Up- und ein Over-Zustand zugewiesen.

Der Popup-Menü-Editor führt Sie durch die notwendigen Arbeitsschritte. Welche Optionen Sie hier einstellen können, erfahren Sie in diesem Workshop.

So erstellen Sie ein Popup-Menü:

1. Wählen Sie ein Segment (eine Schaltflächeninstanz) oder einen Hotspot (vgl. Kapitel 12) aus. Damit legen Sie gleichzeitig den Bereich fest, der das Popup-Menü später auslösen bzw. öffnen wird.

2. Wählen Sie *Modifizieren | Popupmenü | Popupmenü hinzufügen* oder klicken Sie auf das Verhaltenssymbol in der Segment-Mitte und wählen Sie in dem nun offenen Menü den Befehl *Popupmenü hinzufügen*.

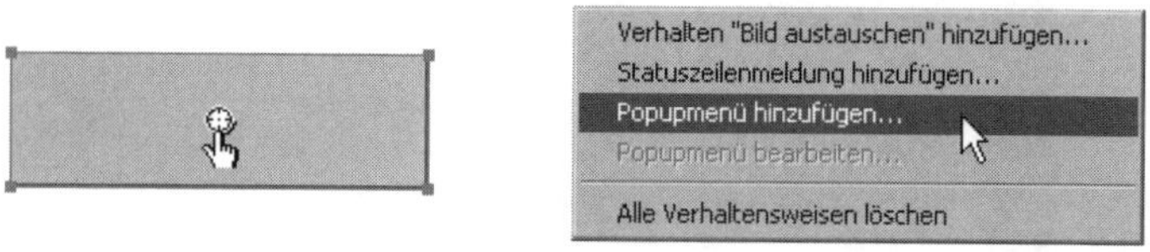

Über das Verhaltenssymbol können Sie das «Popupmenü» hinzufügen.

3. Definieren Sie das *Popupmenü* in den Registerkarten des Popup-Menü-Editors.

   Das Register *Inhalt* des Popup-Menü-Editors ist zunächst eingeblendet. Hier legen Sie den grundlegenden Menüaufbau fest, wobei standardmäßig ein neuer Menüeintrag bereits angelegt ist.

- Geben Sie *Text*, *Hyperlink* und *Ziel* in die entsprechenden Felder ein. Während Sie den Text manuell eingeben müssen, können Sie *Hyperlink* und *Ziel* auch in einem Pull-Down-Menü auswählen. Haben Sie für andere Webobjekte bereits URLs definiert, sind diese hier hinterlegt.

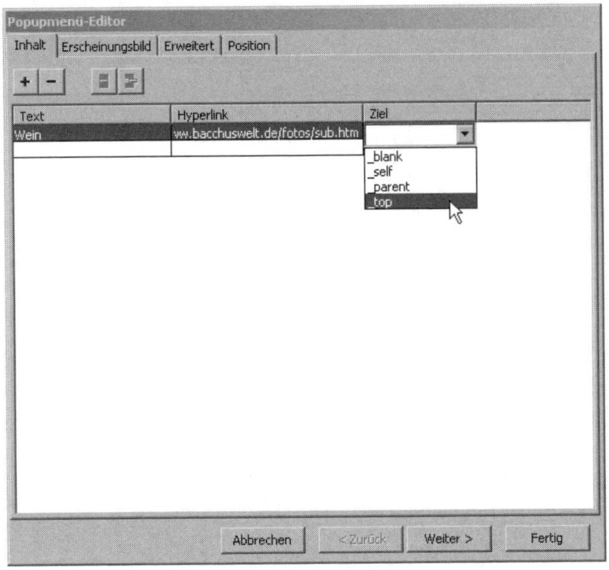

Sie können benutzerdefinierte Ziele eingeben oder aus den vordefinierten Standard-Zielen wählen.

- Klicken Sie auf den Button *Menü hinzufügen* [+], um weitere Menüeinträge hinzuzufügen oder geben Sie die Informationen in die nächste automatisch angelegte Zeile ein. Mit jedem Menüeintrag, werden weitere Zellen in den HTML-Quelltext eingefügt.

  Markieren Sie einen Eintrag in der Liste, um eine Zeile direkt darunter einzufügen und damit die Reihenfolge der Liste zu verändern. Diese Abfolge können Sie ebenfalls nachträglich festlegen, indem Sie die Zeile markieren und mit gedrückter linker Maustaste an die gewünschte Stelle verschieben.

  Möchten Sie einen Menüeintrag löschen, klicken Sie auf die Schaltfläche [–].

- Möchten Sie einen Menüeintrag einrücken, müssen Sie diesen zunächst markieren. Anschließend klicken Sie auf den Button *Menü einrücken*. Achten Sie auf die richtige Reihenfolge, denn das Untermenü muss immer direkt unter dem jeweiligen Hauptmenüeintrag im Register *Inhalt* stehen.

Einem Untermenü können Sie weitere Unter-Ebenen zuordnen, indem Sie mehrmals auf den Button *Menü einrücken* klicken.

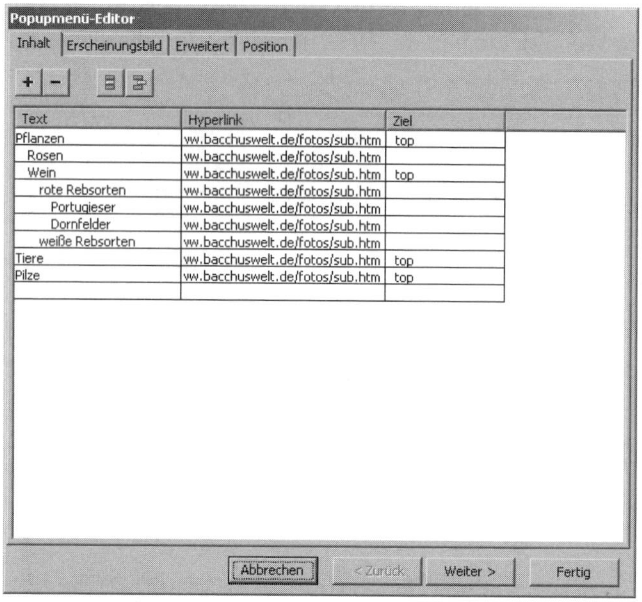

Der Kategorie «Pflanzen» ist die Unterkategorie «Wein» zugeordnet, in der es weitere Untermenüs gibt.

Im Browser sieht das dann so aus:

Nur wenn der Mauszeiger über die Hauptkategorie fährt, wird das Untermenü sichtbar.

- Möchten Sie einen eingerückten Menüeintrag wieder nach außen rücken, markieren Sie diesen und klicken Sie dann auf den Button *Menü nach außen rücken* .

RAFFINIERT

Mit der *Tabulatortaste* springen Sie von einer Zelle in die nächste. Möchten Sie die Zeile wechseln, können Sie die Tasten *Pfeil nach oben* und *Pfeil nach unten* benutzen.

- Wiederholen Sie die beschriebenen Arbeitsschritte, bis Sie alle Menüelemente erstellt haben.

- Klicken Sie auf die Schaltfläche *Weiter*, um zum Register *Erscheinungsbild* zu wechseln oder beenden Sie die Menüdefinition, indem Sie auf die Schaltfläche *Fertig* drücken. Es müssen nicht alle Register und Optionen verwendet werden. Das Popup-Menü wird dann in Ihren Arbeitsbereich eingefügt. Sie können das Popup-Menü auch nachträglich noch bearbeiten. Später (vgl. Kapitel *Popup-Menü bearbeiten*) zeige ich Ihnen, wie das geht. Wir machen zuerst einmal weiter…

4. Im Register *Erscheinungsbild* legen Sie das Aussehen des Popup-Menüs fest. Dazu gehören grundlegende Attribute wie Schriftart und -stil. Bestimmen Sie vertikale und horizontale Ausrichtung und Anordnung der einzelnen Elemente. Außerdem können Sie hier ein unterschiedliches Erscheinungsbild für den *Up*- und den *Over-Status* bestimmen.

   - Standardmäßig ist die Option *HTML* aktiviert. Das bedeutet, das Erscheinungsbild des Popup-Menüs wird ausschließlich über HTML aufgebaut. Aktivieren Sie die Option *Grafik*, können Sie einen Grafikstil für den Zellenhintergrund wählen. Dabei können Sie Ihre eigenen Stile definieren (s. u.). Beachten Sie jedoch, dass dies gleichzeitig mit einer höheren Ladezeit Ihrer Webseite verbunden sein wird, da diese Option größere Dateien produziert.

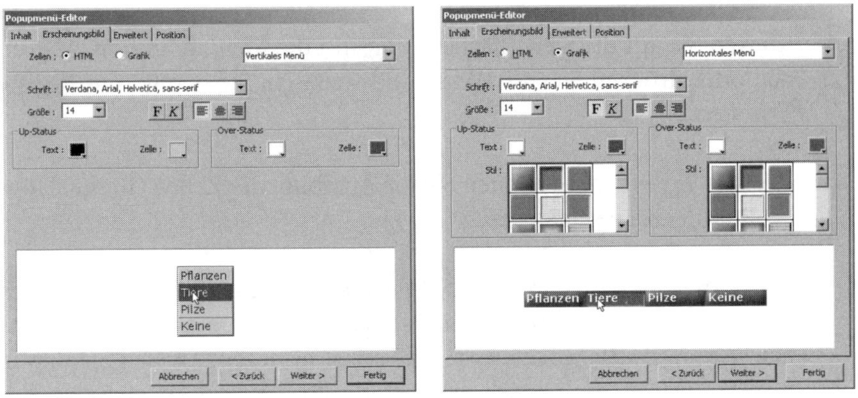

Bestimmen Sie das Erscheinungsbild der Zellen mit HTML oder mit Grafikstilen. Bestimmen Sie die Ausrichtung und das weitere Erscheinungsbild.

- Öffnen Sie das Pull-Down-Menü in der rechten oberen Ecke, um die Ausrichtung des Popup-Menüs zu bestimmen. Zur Auswahl stehen

Vertikales Menü und *Horizontales Menü*. Die geänderte Einstellung macht sich gleich im Vorschaufeld bemerkbar (vgl. vorherige Abbildung).

- Formatieren Sie den Text: Bestimmen Sie die Schrift aus den vordefinierten Schriftgruppen oder schreiben Sie den Namen einer benutzerdefinierten Schrift in das Feld. Dabei sollten Sie beachten, dass diese Schrift auf den Systemen Ihrer Benutzer installiert sein sollte, damit die Seite richtig angezeigt wird.

  Bestimmen Sie die Zeichengröße. Beachten Sie, dass standardmäßig Textlänge und Zeichenhöhe die *Zellenbreite* und *Zellenhöhe* bestimmen. Möchten Sie dies selbst festlegen, müssen Sie dies im Register *Erweitert* als Pixelwert hinterlegen.

  Als Textstil können Sie **Fett** oder *Kursiv* einstellen. Richten Sie Ihren Text aus.

- Bestimmen Sie die Textfarbe jeweils für den Up- und den Over-Status. Bestimmen Sie hier auch die Farbe für den Zellenhintergrund. Dabei sollten Sie auf Kontraste achten, damit der Text gut lesbar wird. Haben Sie die Option Grafik als Zellentyp aktiviert, können Sie einen Grafikstil für den Zellenhintergrund wählen. Dazu können Sie einen benutzerdefinierten Zellenstil in das Register aufnehmen (vgl. Kapitel *Benutzerdefinierter Zellenstil*).

- Klicken Sie auf die Schaltfläche *Fertig*, um die Menüdefinition zu beenden oder drücken Sie auf *Weiter* und wechseln Sie damit zum Register *Erweitert*...

5. Im Register *Erweitert* bestimmen Sie die Attribute der Zellen (Breite, Höhe, Farbe, Rahmenbreite, Texteinzug).

   - Bestimmen Sie *Zellenbreite* und *Zellenhöhe*. Standardmäßig werden diese an die Textlänge und Zeichenhöhe angepasst (*Automatisch*; vgl. Register *Erscheinungsbild*). Möchten Sie dies selbst festlegen, müssen Sie dies im Register *Erweitert* als Pixelwert hinterlegen. Ändern Sie also das Pull-Down-Menü auf die Option *Pixel* und geben Sie den gewünschten Wert in das nun aktive Textfeld davor ein.

   - *Zellauffüllung* beschreibt den Abstand zwischen Text des Popup-Menüs und Zellenrand.

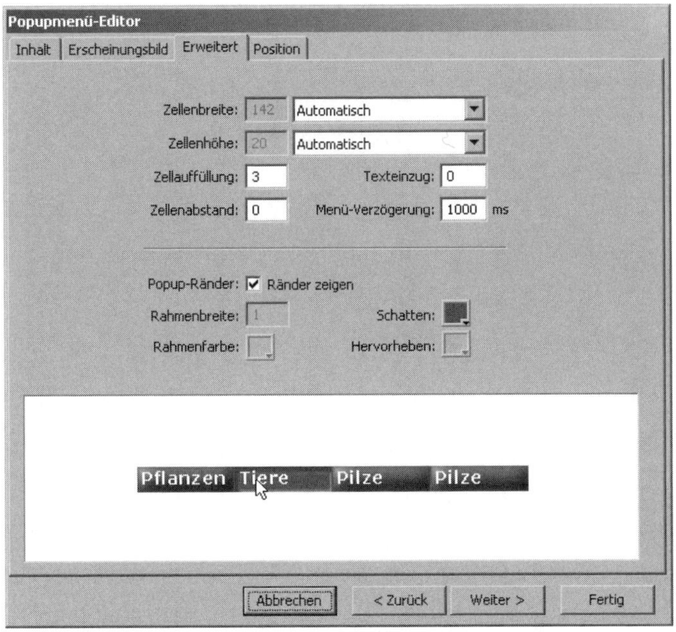

Bestimmen Sie weitere Zelleneigenschaften des Popup-Menüs im Register «Erweitert».

- Geben Sie einen Abstand zwischen den einzelnen Zellen an. Sollen diese direkt nebeneinander stehen, beträgt der Wert im Textfeld *Zellenabstand* 0.

- *Texteinzug* definiert, wie weit der Text eingerückt werden soll.

- Mit der *Menü-Verzögerung* geben Sie die Zeit an, nach der das Menü aufklappen soll. Das führt häufig zu sehr interessanten Effekten.

- Aktivieren Sie das Kontrollkästchen *Ränder zeigen*, wenn die Ränder des Popup-Menüs eingeblendet werden sollen. Nur dann können Sie auch die weiteren Optionen für den Rahmen festlegen: *Rahmenbreite*, *Rahmenfarbe*, *Schatten* und *Hervorheben*. Geben Sie die unterschiedlichen Farbwerte an und überprüfen Sie deren Einstellung im Vorschaufenster darunter. Beachten Sie, dass einige dieser Optionen weiter inaktiv sind, wenn Sie im Register Erscheinungsbild den Zellentyp *Grafik* gewählt haben.

- Klicken Sie auf die Schaltfläche *Fertig*, um die Menüdefinition zu beenden oder drücken Sie auf *Weiter* und wechseln Sie damit zum Register *Position*…

6. Im Register *Position* setzen Sie das Menü in Relation zum auslösenden Seitenelement.

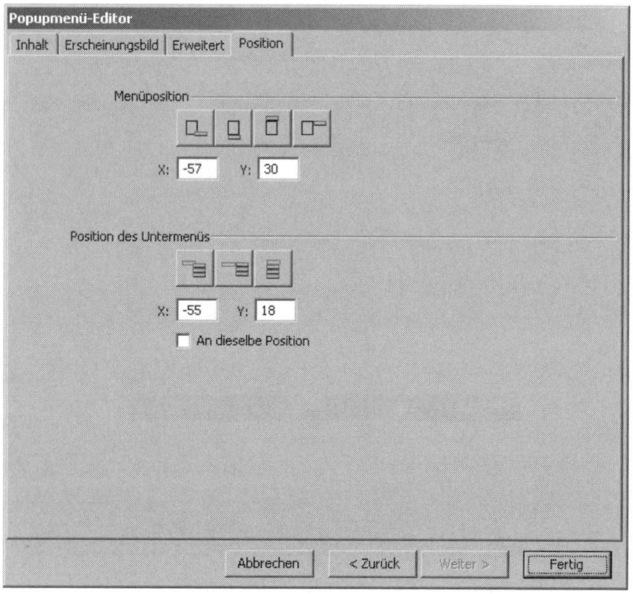

Bestimmen Sie Anordnung von Menüs und Untermenüs im Register «Position».

- Unter Menüposition platzieren Sie das Popup-Menü an das auslösende Segment bzw. den Hotspot. Dabei können Sie zwischen vier vorgegebenen Positionen wählen, indem Sie auf den jeweiligen Button mit dem Positionssymbol klicken. Das blaue Kästchen hier symbolisiert die Position des Popup-Menüs. Zur Auswahl stehen: Rechts unter dem Segment, unten, oben und rechts über dem Segment.

- Geben Sie die Menüposition als X- und Y-Koordinaten in die Textfelder ein. Dabei ist bei einer Position von X = 0 und Y = 0 die obere linke Ecke des Popup-Menüs an der oberen linken Ecke des auslösenden Webobjekts ausgerichtet.

- Bestimmen Sie die *Position des Untermenüs*, indem Sie auf einen der drei Symbol-Buttons klicken. Damit bestimmen Sie, ob das Untermenü rechts unter oder rechts über dem Menü liegen soll. Außerdem kann das Untermenü direkt unter dem Hauptmenü positioniert sein. Die X- und Y-Koordinaten werden automatisch angepasst.

- Die X- und Y-Koordinaten können Sie auch selbst bestimmen, indem Sie die entsprechenden Werte in die dafür vorgesehenen Felder eintragen.

Dabei ist bei einer Position von X = 0 und Y = 0 die obere linke Ecke des Popup-Untermenüs an der oberen linken Ecke des auslösenden Menüs bzw. Menüelements ausgerichtet.

- Aktivieren Sie die Option *An dieselbe Position*, wenn alle Untermenüs in Relation zum auslösenden übergeordneten Element stehen sollen. Ist das Kontrollkästchen nicht aktiviert, werden alle Untermenüs im Verhältnis zum gesamten Popup-Menü angeordnet.

- Die Position des (übergeordneten) Popup-Menüs können Sie auch bei geschlossenem Popup-Menü-Editor verändern. Markieren Sie den Umriss des Menüs und schieben Sie ihn an die gewünschte Stelle. Die Web-Ebene muss dabei eingeblendet sein.

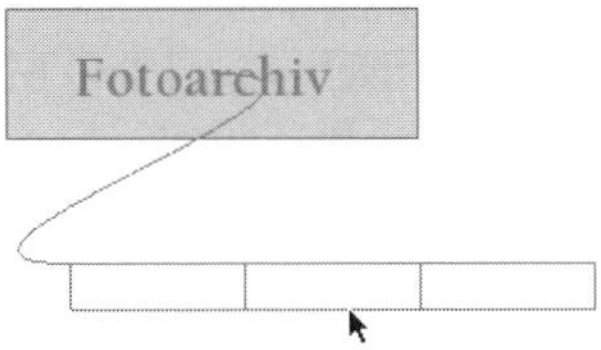

Das Popupmenü können Sie im Entwurfsfenster an die gewünschte Position verschieben.

7. Bestätigen Sie mit *OK*. Das Popup-Menü wird mit einer blauen Verhaltenslinie angezeigt. Das Ergebnis kann im Entwurfsfenster von *Fireworks* nicht dargestellt werden. Dazu müssen Sie den Browser öffnen und sich die fertige Webseite ansehen – oder Sie drücken *F12*.

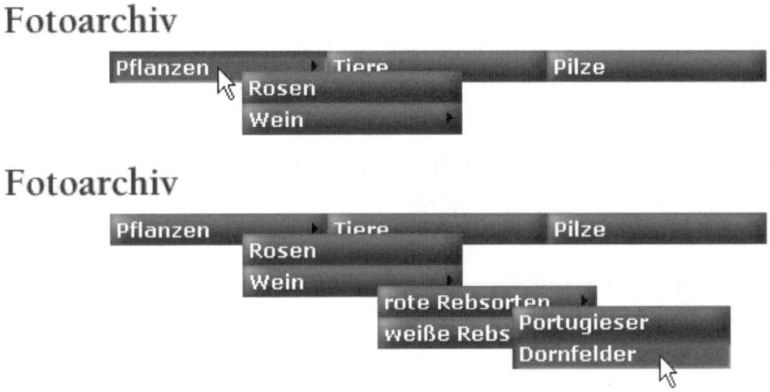

Das Popup-Menü in Aktion.

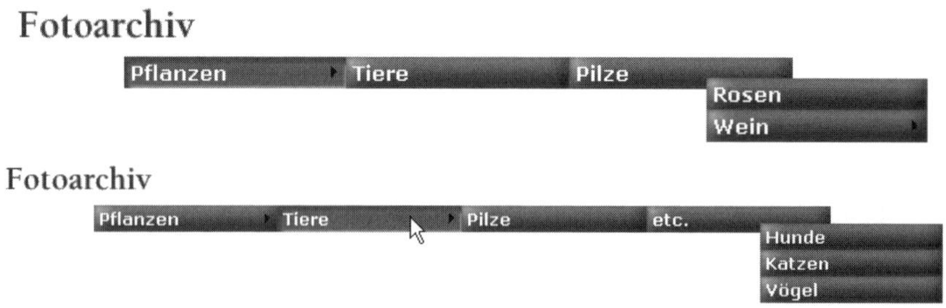

Ist im Register Position das Kontrollkästchen «An dieselbe Position» aktiviert, werden alle Untermenüs an der gleichen Stelle geöffnet.

Fireworks generiert sowohl den entsprechenden HTML-Quelltext als auch die notwendige JavaScript-Datei (*mm_menu.js*). Diese werden beim Exportieren in das gleiche Verzeichnis abgespeichert. Haben Sie Untermenüs erstellt, entwickelt *Fireworks* ebenfalls automatisch das Pfeil-Bild. Diese Datei speichert *Fireworks* als *arrow.gif* ab. Weitere Informationen zum Export lesen Sie in Kapitel 15.

SMART DISC

Das gezeigte Beispiel finden Sie auf der CD-ROM im Verzeichnis zu diesem Kapitel (*11_schaltflaeche/popupmenue.png*).

Popup-Menü bearbeiten

Das Popup-Menü können Sie jederzeit bearbeiten und löschen:

- Wählen Sie *Modifizieren | Popupmenü | Popupmenü bearbeiten* oder klicken Sie auf das Verhaltenssymbol in der Segment-Mitte und wählen Sie in dem geöffneten Menü den Befehl *Popupmenü bearbeiten.*

- Möchten Sie das Popup-Menü löschen, wählen Sie den Befehl *Modifizieren | Popupmenü | Popupmenü löschen.*

Benutzerdefinierter Zellenstil

In Kapitel 8 haben wir bereits benutzerdefinierte Stile erstellt, im Bedienfeld *Stile* abgespeichert und anschließend exportiert. Parallel dazu arbeiten wir, wenn ein benutzerdefinierter Zellenstil erstellt werden soll.

So erstellen Sie einen benutzerdefinierten Zellenstil:

1. Speichern Sie die Attribute eines Objektes (Strich, Füllung, Textur, Live-Effekte) als neuen Stil im Bedienfeld *Stile* ab: Markieren Sie das Objekt und

wählen Sie im Optionsmenü des Bedienfeldes den Befehl *Neuer Stil.* Geben Sie im Dialogfenster die Attribute an, die in diesem Stil abgespeichert werden sollen.

2. Anschließend markieren Sie diesen neuen Stil im Bedienfeld *Stile* und wählen im Optionsmenü den Befehl *Stile exportieren.*

3. Den benutzerdefinierten Stil speichern Sie nun im Verzeichnis *Nav Menu* in Ihrem Programmordner. Der genaue Speicherort dieses Verzeichnisses hängt vom jeweiligen Betriebssystem ab.

4. Wenn Sie nun wieder das Register *Erscheinungsbild* des Popup-Menü-Editors öffnen und dort die Option *Zellen: Grafik* aktivieren, sehen Sie im Feld *Stil* Ihre benutzerdefinierte Einstellung.

Übung

Erstellen Sie ein Popup-Menü für das Weingut «Rebensaft». Verwenden Sie folgende Menüeinträge:

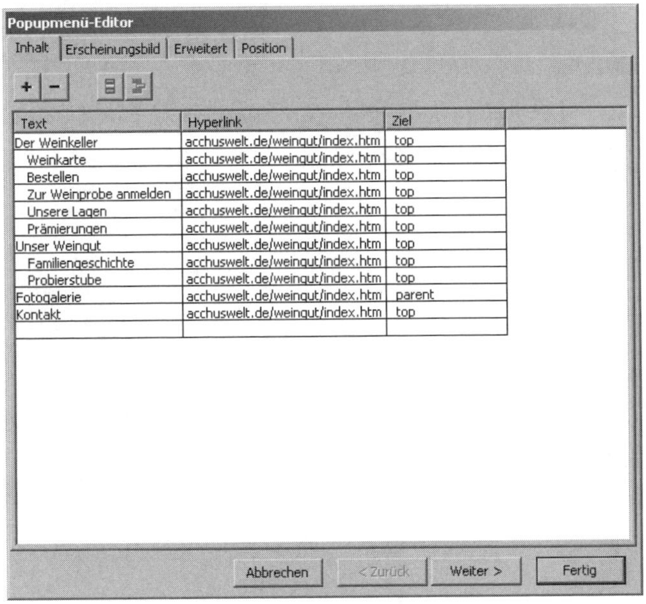

Inhalt des Popup-Menüs.

Auf der CD-ROM finden Sie das Ergebnis im Verzeichnis zu diesem Kapitel (*11_schaltflaeche/weingut-rebensaft.png*).

SMART DISC

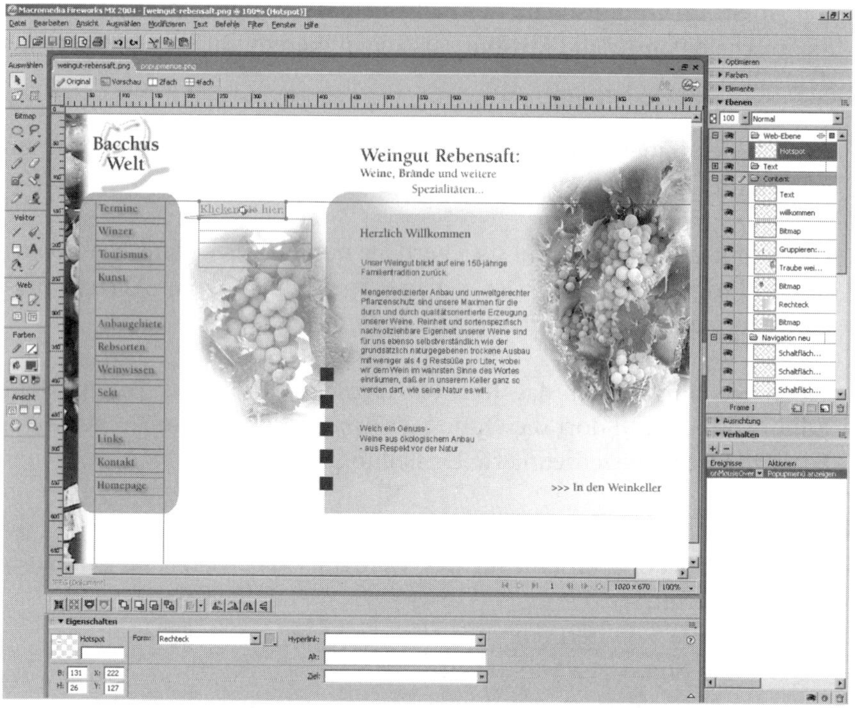

Die fertige Seite finden Sie auf der CD-ROM.

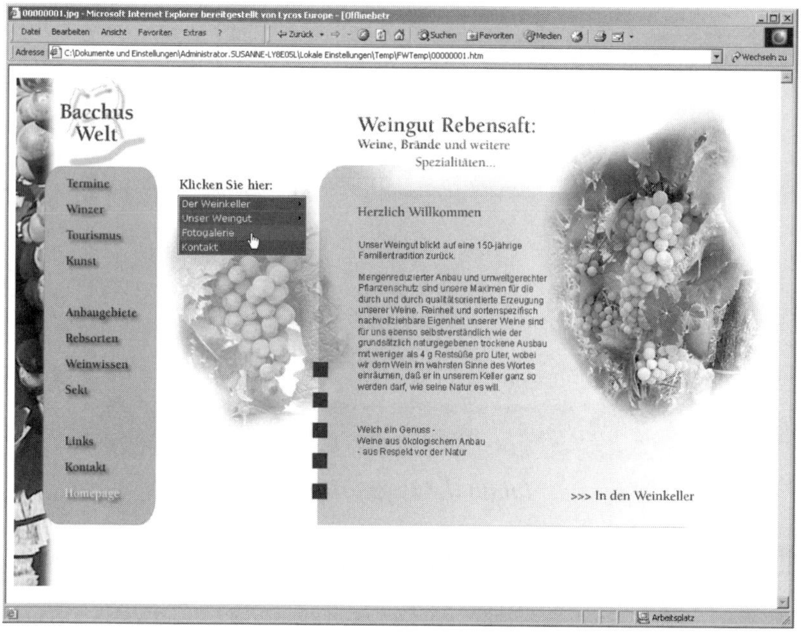

Das Ergebnis sieht im Browserfenster so aus.

In diesem Kapitel haben wir interaktive Navigationselemente auf unsere Webseite gebracht. Wir haben eine Navigationsleiste mit Hilfe von Symbolen und Instanzen erstellt. Außerdem haben wir den Popupmenü-Editor kennen gelernt und damit weitere Navigationslayouts realisiert, ohne dass wir mit HTML oder JavaScript arbeiten mussten. *Fireworks* generiert diesen Code im Hintergrund für uns mit.

MERKET AUF!

Weitere Informationen zu Interaktion und Verhalten finden Sie im SmartBook zu *Dreamweaver MX 2004*. Hier zeige ich Ihnen, wie Sie in *Dreamweaver* professionelle Verhaltensweisen definieren können, die über Rollover- und Popup-Funktion hinausgehen. In *Dreamweaver* können Sie wesentlich mehr Aktionen als in *Fireworks* definieren.

Im nächsten Workshop werden wir mit Hotspots und Imagemaps bzw. Segmenten arbeiten. Hier erfahren Sie, wie Ihre Webseite noch interaktiver wird. Seien Sie gespannt…

12 Segmente, Hotspots und Verhalten

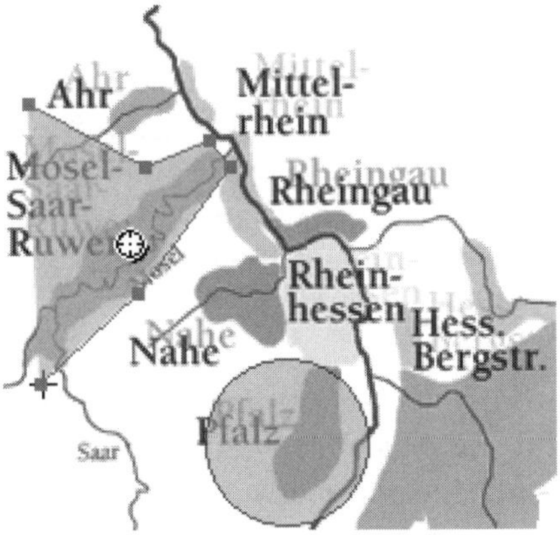

Segmente, Hotspots und Verhalten

Wenn Sie in *Fireworks* interaktive Objekte erstellen möchten, müssen Sie mit Segmenten oder Hotspots arbeiten. Diese Webobjekte sind keine Bilder, sondern HTML- und JavaScript-Code, in denen die Position des darunter liegenden Objekts und damit verbundene interaktive Funktionalitäten abgespeichert sind. Sobald der User beispielsweise mit dem Cursor über ein Segment fährt (= Ereignis), wird eine Reaktion im Browser ausgelöst (= Aktion). Wie wir in Kapitel 11 gesehen haben, können auch Schaltflächen Rollover enthalten. Ebenso wird die Funktionalität von Popup-Menüs durch JavaScript definiert.

Webobjekte werden auf der *Web-Ebene* des Bedienfelds *Ebenen* abgelegt und können dort ein- und ausgeblendet werden. Wie andere Elemente auch, können Sie Segmente und Hotspots hier auswählen, umbenennen und löschen. Im Bedienfeld *Verhalten* können Sie weitere komplexe Interaktionen definieren und bearbeiten.

Segmente unterteilen das Dokument in unterschiedliche Bereiche, die als separate Bild- und Textdateien exportiert und über eine HTML-Tabelle wieder zusammengesetzt werden können (vgl. Kapitel 15). Mit diesem Code kann der Webbrowser die Webseite so darstellen, wie Sie diese definiert haben. HTML-Segmente beinhalten HTML-Text, der auch über jeden HTML-Editor (z. B. *Dreamweaver*) einfach und schnell zu aktualisieren ist. Teile einer Webseite sind also leichter zu aktualisieren, da Sie nicht die komplette Seite ändern müssen, sondern nur den jeweiligen Bereich. Auch die damit verbundenen Verhaltensweisen können problemlos in *Dreamweaver* bearbeitet werden.

Ein weiterer wichtiger Vorteil der Segmentierung ist die Optimierung. Da Sie jedem Segment das optimale Dateiformat – inklusive der am besten geeigneten Komprimierung – zuweisen können, reduzieren Sie die Ladezeit auf ein Minimum und sorgen gleichzeitig für einen geringen Qualitätsverlust.

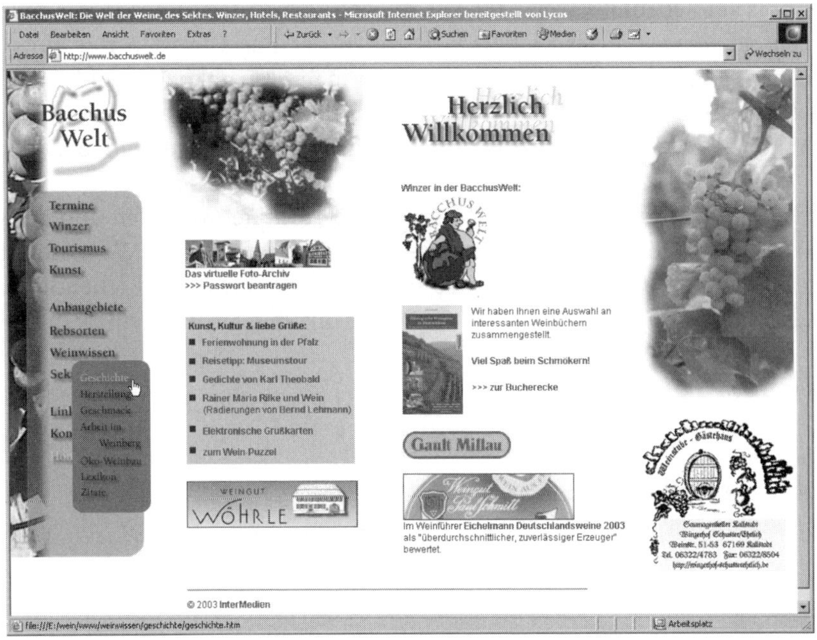

Die Unternavigation wurde unter www.bacchuswelt.de mit Segmenten erstellt.

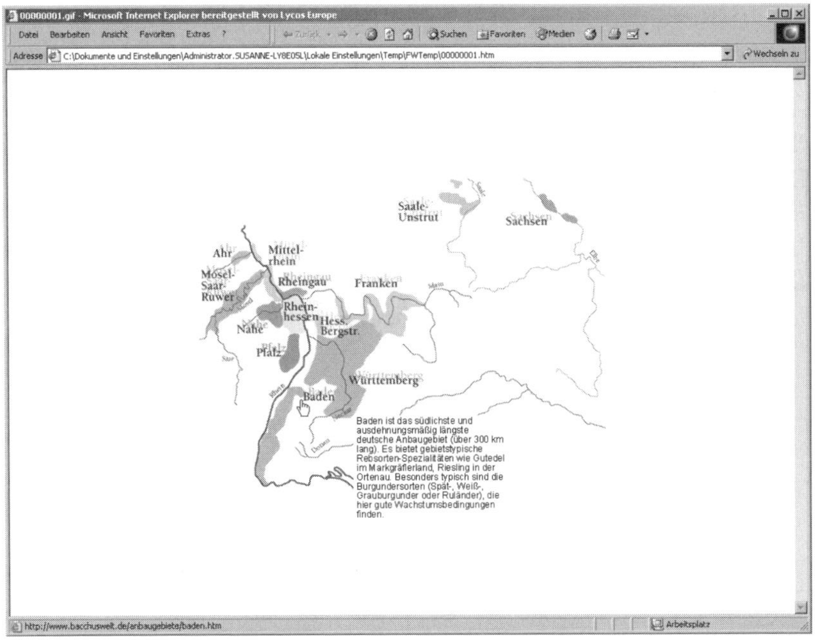

Ein Imagemap teilt eine Grafik in unterschiedliche Bereiche, denen verschiedene URLs und auch unterschiedliche Verhalten zugewiesen werden können

Hotspots sind ebenfalls Web-Objekte, die wie Segmente auf der *Web-Ebene* im Bedienfeld *Ebenen* abgespeichert werden. In der Regel werden mit Hotspots Imagemaps definiert. Das sind Grafiken mit mehreren anklickbaren Bereichen, die Hyperlinks zu anderen Webseiten enthalten. Auch hier können Sie interaktive Elemente, also Ereignisse und Verhaltensweisen, einbinden.

In diesem Kapitel werden wir die Arbeit mit Segmenten vertiefen und die verschiedenen Möglichkeiten kennen lernen. Gerade wenn eine Webseite interaktive Elemente enthält wirkt diese häufig interessanter und lebendiger. In diesem Kapitel zeige ich Ihnen, welche Möglichkeiten Sie in *Fireworks* haben.

Das werden Sie lernen:

- Segmente erstellen
- Hotspots definieren und verlinken
- Interaktivität unterschiedlichen Webobjekten zuweisen

Dateien für diese Lektion:

SMART DISC

- *11_schaltflaeche/menu.png*
- *12_segmente-hotspots/submenu.png*
- *12_segmente-hotspots/menu.png*
- *12_segmente-hotspots/menu.txt*
- *12_segmente-hotspots/karte.png*
- *12_segmente-hotspots/anbaugebiete.png*
- *12_segmente-hotspots/anbaugebiete-rollover.png*
- *12_segmente-hotspots/anbaugebiete-beschreibung.pdf*

Segmente erstellen

Wie in der Einführung bereits erwähnt, teilen Segmente die Leinwand in unterschiedliche Bereiche auf, die dann als separate Dateien exportiert werden können.

Es gibt unterschiedliche Möglichkeiten, nach denen Sie ein Segment erstellen können. Zum einen können Sie es mit dem Segmentierwerkzeug zeichnen oder auf Basis eines markierten Objektes einfügen. Entscheiden Sie von Fall zu Fall, welche Methode die geeignetste ist.

So weisen Sie Objekten Segmente zu:

1. Markieren Sie ein oder mehrere Objekte, denen Sie ein Segment zuweisen möchten.

2. Wählen Sie *Bearbeiten | Einfügen | Segment.*

3. Sollten Sie mehrere Objekte markiert haben, erscheint folgendes Dialogfenster:

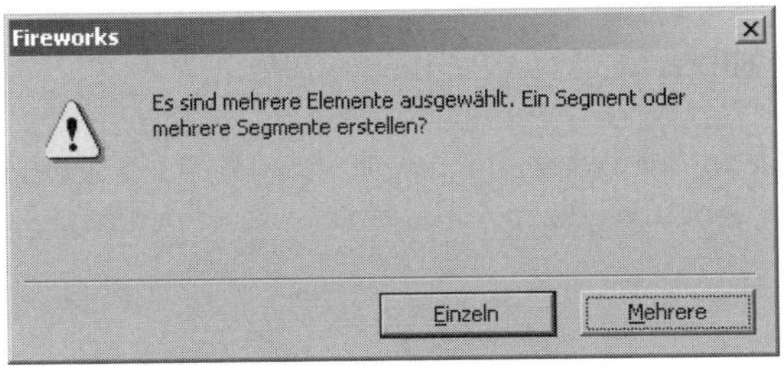

- *Einzeln*: Ein Segmentobjekt wird angelegt, das alle ausgewählten Objekte abdeckt.

- *Mehrere*: Klicken Sie auf diese Schaltfläche, wenn *Fireworks* für jedes markierte Objekt ein separates Segment erstellen soll. Falls sich die Objekte überlappen, überschneiden sich auch die Segmente an dieser Stelle. Handelt es sich dabei um interaktive Segmente, hat das oberste Segment den Vorrang. Möchten Sie deren Reihenfolge ändern, klicken Sie mit der rechten Maustaste auf das Objekt und wählen Sie im nun offenen Kontextmenü den Befehl *Anordnen*.

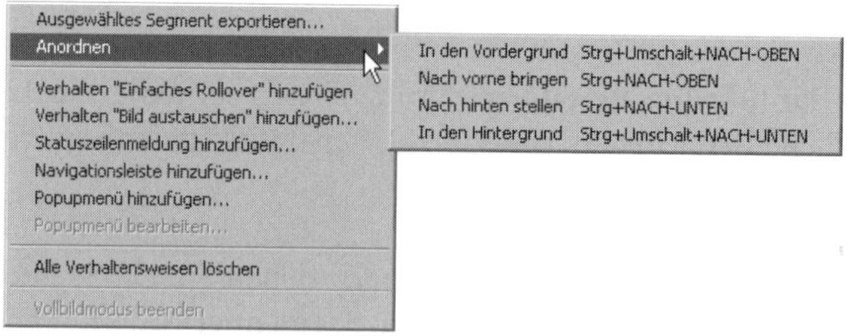

Sie können Segmente neu anordnen und damit entscheiden, welches Verhalten bei überlappenden Segmenten zum Einsatz kommt.

Überlappende Segmente sollten Sie vermeiden. Bearbeiten Sie Ihre Webobjekte dementsprechend (vgl. Kapitel *Segmente bearbeiten*).

Das rechteckige Segment basiert auf dem ausgewählten Objekt. Auch wenn Sie beispielsweise einer Ellipse ein Segment zuweisen möchten, ist diese Segmentform immer ein Rechteck.

Segment-Hilfslinien ergeben sich aus dem Umfang und der Position der erstellten Segmente.

So zeichnen Sie ein rechteckiges Segmentobjekt:

1. Aktivieren Sie in der Werkzeugleiste (unter *Web*) ein Segmentierwerkzeug. Dabei stehen Ihnen Werkzeuge für zwei unterschiedliche Formen zur Auswahl:

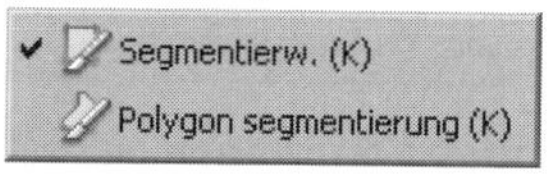

Das «Segmentierwerkzeug» und die «Polygonsegmentierung».

2. Zeichnen Sie mit gedrückter linker Maustaste die rechteckige Form mit dem *Segmentierwerkzeug* .

HEISSER TIPP

Halten Sie während des Zeichnens die Leertaste gedrückt, können Sie das begonnene Segment verschieben.

Möchten Sie ein Segment über einem unregelmäßig geformten Objekt erstellen, ohne zu viel Bildinformation vom Hintergrund mit aufzunehmen, müssen Sie ein Polygonsegment definieren. Auch Überlappungen von Segmenten, die

Sie einzelnen Objekten zugewiesen haben, können Sie so verhindern. Dennoch sollten Sie beim Segmentieren eines Objektes mit weichen Rändern darauf achten, dass sich dieses komplett im definierten Segment befindet, da dies sonst zu unerwünschten harten Rändern führen würde.

Gerade bei Rollover-Effekten ist die Arbeit mit Polygonsegmenten die optimale Lösung.

So erstellen Sie unregelmäßige Vieleck-Segmente:

1. Zeichnen Sie mit der *Polygonsegmentierung* einen benutzerdefinierten unregelmäßigen Polygonzug, der sich exakt der Form des «darunter liegenden», zu segmentierenden Objektes anpasst. Ähnlich wie bei Vektorobjekten legen Sie hierbei einzelne Polygonpunkte per Mausklick fest.

2. Schließen Sie den Polygonzug, indem Sie auf den zuletzt gesetzten Punkt doppelklicken oder wählen Sie ein anderes Werkzeug in der Werkzeugleiste aus.

NICHT VERGESSEN

Beachten Sie, dass Bilddateien, die auf solchen Polygonsegmenten basieren trotzdem immer eine rechteckige Form bilden. Der Hintergrund wird entsprechend den Einstellungen entweder weiß oder transparent definiert.

Polygonsegmente sollten Sie sparsam einsetzen, da diese einen umfangreicheren Code produzieren und damit die Ladezeit einer Webseite im Browser enorm erhöhen können.

(Rechteckige) HTML-Segmente

HTML-Segmente sind Teil einer segmentierten Leinwand, von der keine Pixeldaten exportiert werden. Für diesen Bereich soll im Browser HTML-Text angezeigt werden. Exportiert wird also auch HTML-Text.

So definieren Sie ein HTML-Segment:

1. Erstellen Sie ein Segmentobjekt wie zuvor beschrieben.

2. Stellen Sie im Eigenschafteninspektor den *Typ* auf *HTML* um.

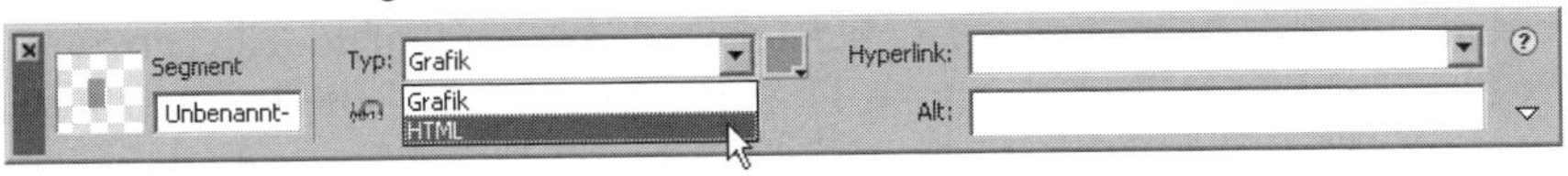

Ändern Sie die «Typ-Option» auf «HTML».

3. Klicken Sie auf die Schaltfläche *Bearbeiten.*

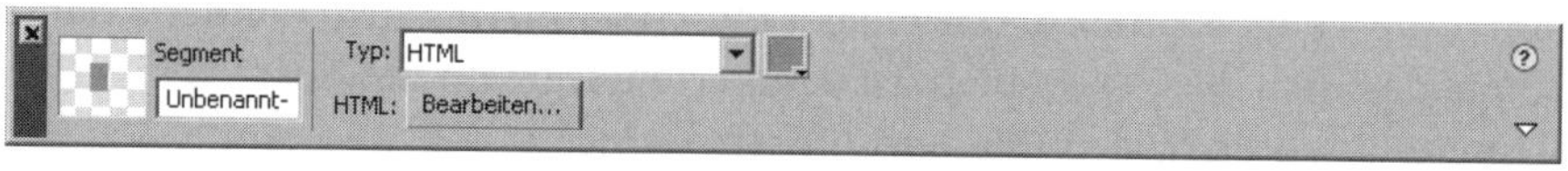

4. Geben Sie in das Dialogfenster *HTML-Segment bearbeiten* den gewünschten Text ein. Sie kennen sich mit HTML-Tags aus? Wunderbar! Dann formatieren Sie den Text entsprechend. Natürlich können Sie dies auch noch nachträglich in Ihrem HTML-Editor (z. B. *Dreamweaver*) erledigen.

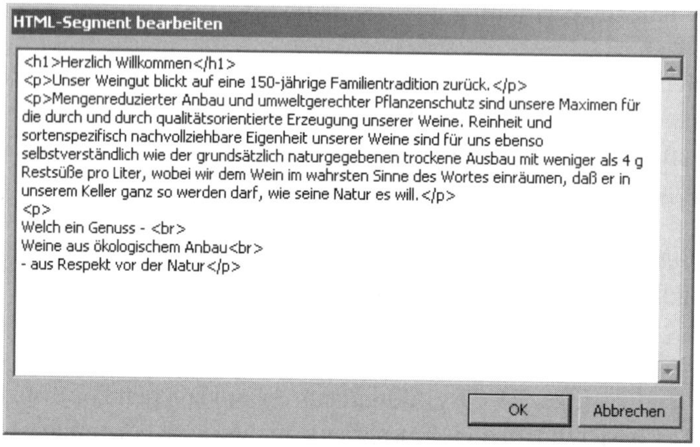

Im Dialogfenster «HTML-Segment bearbeiten» geben Sie den HTML-Text ein. Wenn Sie möchten, können Sie hier auch die Formatierung mit HTML-Tags durchführen.

5. Bestätigen Sie mit *OK.* Der eingegebene (und formatierte) Text wird auf der *Fireworks*-Leinwand angezeigt.

NICHT VERGESSEN

Schriftgröße und Schriftart sind stark von jeweiligen Browser und vom eingesetzten Betriebssystem abhängig. Darum werden HTML-Segmente häufig unterschiedlich dargestellt, weshalb Sie auch auf Zeilenumbrüche und Trennstriche verzichten sollten.

In der *Fireworks-Vorschau* Vorschau werden Text-Segmente nicht dargestellt

Segmente anzeigen

Im Bedienfeld *Ebenen* können Sie die Sichtbarkeit von Web-Objekten (Segmente, Hotspots, s. u.) steuern. Die Web-Ebene kann nicht verschoben werden, sondern steht immer an oberster Stelle im Bedienfeld. Klicken Sie auf das Plus-Zeichen (Windows) bzw. Dreieck (Macintosh) vor der *Web-Ebene.* Nun sehen Sie welche Webobjekte auf der Leinwand platziert sind.

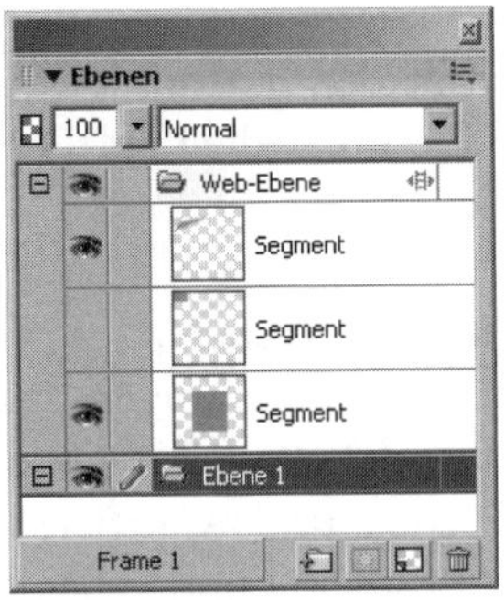

Das mittlere Segment ist ausgeblendet.

Webobjekte unterscheiden sich nicht wesentlich von anderen Objekten:

- Markieren Sie einen Eintrag im Bedienfeld *Ebenen*, wird das Webobjekt auch in der Leinwand ausgewählt und die Eigenschaften werden im Eigenschafteninspektor sichtbar.
- Doppelklicken Sie auf ein Web-Objekt im Bedienfeld *Ebenen*, können Sie diesem Element einen neuen Namen zuweisen.
- Ist im Bedienfeld *Ebenen* ein Objekt ausgeblendet, erscheint es auch nicht mehr auf der Leinwand. Wie Sie Objekte ein- und ausblenden, haben wir bereits in Kapitel 9 besprochen (*Objekte und Ebenen ein- und ausblenden*). Auch hier können Sie die gesamte Web-Ebene und damit alle Webobjekte ausblenden.

Wie Sie Segmente bearbeiten, erfahren Sie weiter hinten.

MERKET AUF!

Segmente können außerdem über die Werkzeugleiste (unter *Web*) ein- und ausgeblendet werden:

Segmente und Hotspots ausblenden
Fireworks blendet damit die komplette *Web-Ebene* aus. Möchten Sie einzelne Segmente wieder einblenden, müssen Sie den Button aktivieren bzw. im Bedienfeld *Ebenen* die Web-Ebene selbst wieder sichtbar machen.

Segmente und Hotspots zeigen
Wenn Sie auf einen dieser beiden Buttons klicken, erzielen Sie also das gleiche Ergebnis, wie wenn Sie im Bedienfeld *Ebenen* auf das Auge (vor der *Web-Ebene*) geklickt hätten.

Segment-Hilfslinien ein- und ausblenden

Segment-Hilfslinien zeigen die Begrenzungen angeordneter Segmente. Segment-Hilfslinien legen fest, in welche einzelnen Bilddateien das Objekt bzw. die Objekte auf Ihrer Leinwand zerlegt und exportiert werden. Sie ergeben sich aus der Größe und Position der Segmente und geben an, wie der Rest des Dokuments, für den keine Segmente definiert sind, exportiert werden soll.

Auch Segment-Hilfslinien können unabhängig von den Segmenten ein- und ausgeblendet werden.

So blenden Sie die Segment-Hilfslinien aus:

- Wählen Sie *Ansicht | Segment-Hilfslinien.* Ist vor diesem Eintrag ein Häkchen zu sehen, sind diese Hilfslinien sichtbar. Fehlt dieses, sind Segment-Hilfslinien verborgen. Außerdem können Sie Segmenthilfslinien über das Dialogfenster *Hilfslinien* ein- und ausblenden (vgl. Abschnitt *Farbe der Segment-Hilfslinien*).

Segment-Farbe

Standardmäßig werden Segmente als grüner Kasten dargestellt. Im Eigenschafteninspektor können Sie diese Farbe ändern – und zwar für jedes Segment separat. Gerade wenn Sie zahlreiche Segmente erstellt haben, kann dies sehr sinnvoll sein, um einen besseren Überblick zu bekommen.

Wählen Sie im Farbfeld eine neue Farbe aus.

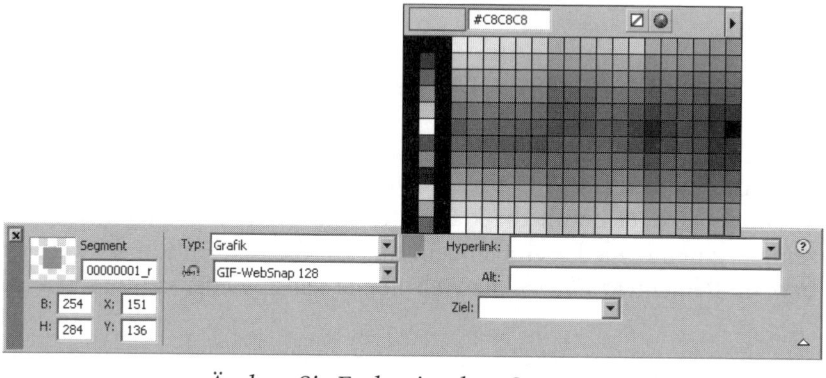

Ändern Sie Farbe einzelner Segmente.

Farbe der Segment-Hilfslinien

Verwenden Sie in Ihrem Dokument einen ähnlichen oder gar den gleichen Rot-Ton, in dem standardmäßig die Segment-Hilfslinien angezeigt werden, wird es schwierig. Um Hilfslinien besser hervorzuheben, sollten Sie dann deren Farbe ändern.

1. Wählen Sie *Ansicht | Hilfslinien | Hilfslinien bearbeiten.*
2. Bestimmen Sie im Dialogfenster *Hilfslinien* die neue Segmentfarbe im entsprechenden Farbwähler.

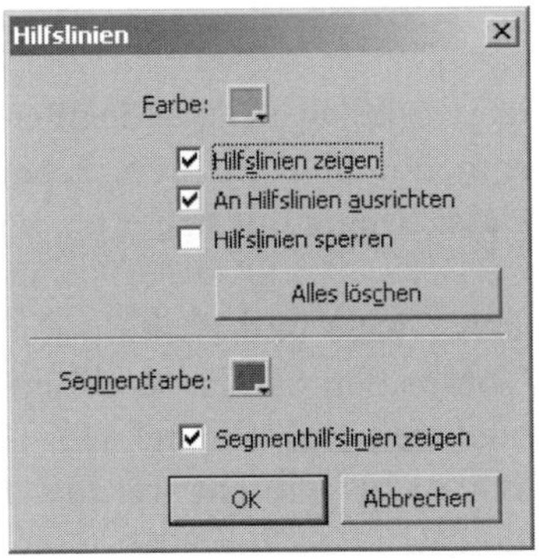

Bestimmen Sie die Hilfslinienfarbe.

Hier können Sie auch festlegen, ob Segment-Hilfslinien sichtbar sein sollen. Aktivieren Sie dafür das Kontrollkästchen *Segmenthilfslinien zeigen.*

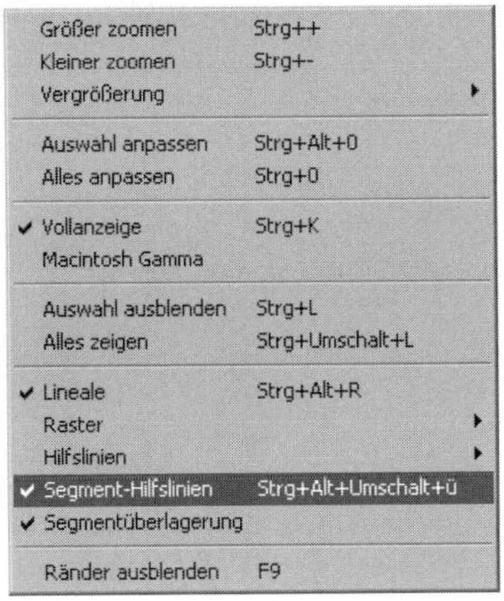

Segmenthilfslinien ein- und ausblenden.

Segmente bearbeiten

Es gibt mehrere Möglichkeiten, wie Sie Segmente bearbeiten können: Entweder verändern Sie die Segment-Hilfslinien oder Sie benutzen die Tools aus der Werkzeugleiste. Auch der Eigenschafteninspektor und das Bedienfeld *Info* sind dabei eine nützliche Hilfe.

Segment-Hilfslinien

Segment-Hilfslinien ergeben sich aus der Größe und Position der Segmente. Sie geben an, wie der Rest des Dokuments, für den kein Segment definiert ist, exportiert werden soll.

Ziehen Sie mit einem Zeigerwerkzeug an einer Segment-Hilfslinie, skalieren Sie die damit definierten Segmente. Sind mehrere Segmente an einer Hilfslinie angeordnet, werden diese gleichzeitig mit skaliert.

Damit können Sie ebenfalls Größe und Position der erstellten Schaltflächen (Instanzen) verändern. Überprüfen Sie das doch einmal im Register *Aktiver Bereich* des Schaltflächeneditors (vgl. Kapitel 11). Der aktive Bereich einer Schaltfläche kann dadurch nicht gelöscht werden. Hierzu müssen Sie den Schaltflächeneditor verwenden.

Das erinnert Sie bestimmt an die Arbeit mit Tabellen in einem Textverarbeitungsprogramm wie beispielsweise *Word*. Auch hier können Sie die Spaltenbreite und Zeilenhöhe jederzeit verändern. Da wir später ebenfalls eine HTML-Datei exportieren werden, die Tabellen definiert, ist dieser Vergleich durchaus legitim.

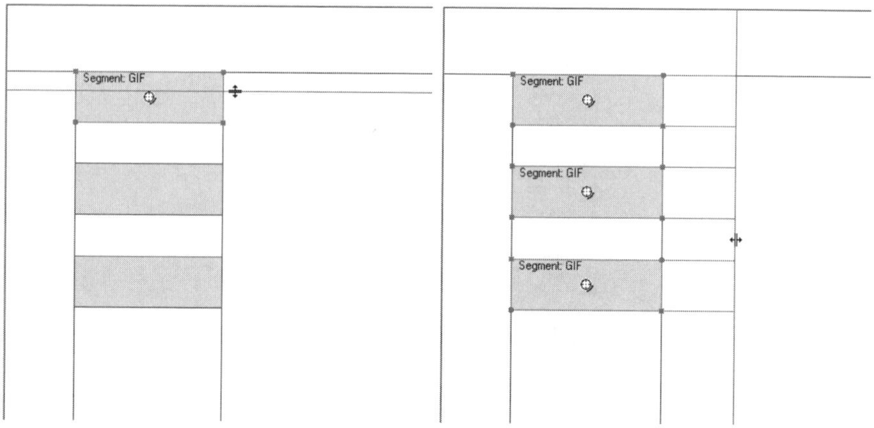

Verschieben Sie eine Hilfslinie, verändern Sie die Größe der daran anliegenden Segmentobjekte.

HEISSER TIPP

Halten Sie beim Verschieben die *Shift*-Taste gedrückt, werden alle überquerten Segment-Hilfslinien an die Stelle mitverschoben, an der Sie die «angepackte» Hilfslinie platziert haben.

Liegen unterschiedliche Hilfslinien auf der gleichen Koordinate, werden diese automatisch mitgezogen.

Möchten Sie eine Segment-Hilfslinie entfernen, ziehen Sie diese mit einem Zeigerwerkzeug aus der Leinwand heraus.

Werkzeugleiste

Mit den Tools in der Werkzeugleiste können Sie Form, Position und Größe von Segmenten verändern. Skalieren und transformieren Sie Segmente, wie Sie es bereits mit den Vektor- und Bitmap-Objekten machen (vgl. Kapitel 3).

So können Sie beispielsweise mit dem Zeigerwerkzeug oder dem Teilauswahlwerkzeug das Segment an den Eckpunkten in die entsprechende Form ziehen. Zwar können Sie ein Segment neigen und verzerren, doch das Ergebnis ist stets ein Rechteck. Das Werkzeug hat also die gleichen Auswirkungen wie das Skalierungswerkzeug.

Beim Skalieren und Transformieren werden die darunter liegenden Vektor- und Bitmap-Objekte nicht bearbeitet.

Eigenschafteninspektor und Bedienfelder

Geben Sie in den Eigenschafteninspektor die gewünschten Werte für die Segmentgröße ein. Daneben können Sie auch die Koordinaten eintragen und die exakte Position eines Segments bestimmen. Diese Angaben sind auch im Bedienfeld *Info* möglich.

Außerdem können Sie im Eigenschafteninspektor *Hyperlink*, *Ziel* und *Alt*-Text einem Segment zuweisen (vgl. Kapitel 11). Durch diese Zuweisung werden Segmente interaktiv und für den Export vorbereitet und optimiert. Stellen Sie das Dateiformat entsprechend des darunter liegenden Objektes ein. Beispielsweise eignet sich das JPG-Format besonders bei Fotos, während GIFs besonders zweckmäßig bei Buttons eingesetzt werden (vgl. Kapitel 14).

Achten Sie auf einen eindeutigen Segmentnamen. Tragen Sie diesen in das Textfeld links oben im Eigenschafteninspektor ein (*Objektnamen bearbeiten*) oder doppelklicken Sie auf den Namen im Bedienfeld *Ebenen* (*Web-Ebene*!). Dabei überschreiben Sie den standardmäßig vergebenen Namen, der wenig aussagekräftig ist. Die hier eingehaltene Konvention können Sie im Dialogfenster *HTML-Einstellungen* (*Datei | HTML-Einstellungen*; Register *Dokumentspezifisch*) neu definieren. Beim Exportieren greift *Fireworks* auf diesen Namen zurück (vgl. Kapitel 15).

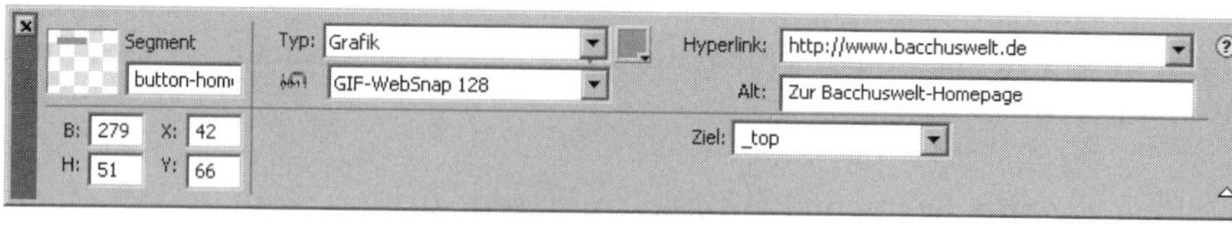

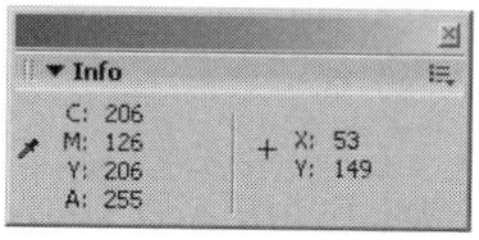

Position, Größe und URL und Alternativtext können im Eigenschafteninspektor und im Bedienfeld «Info» eingestellt werden.

FEHLERTEUFEL

Beim Exportieren vergibt *Fireworks* automatisch die Dateierweiterung entsprechend den Exporteinstellungen. Geben Sie darum keine Dateiendung hinter dem Segmentnamen an.

Interaktives Verhalten von Webobjekten

Um einzelnen Objekten interaktive Verhaltensweisen zuschreiben zu können, müssen Sie Webobjekte (Segmente, Hotspots, s. u.) erstellen. Dabei gibt es zwei Möglichkeiten, nach denen Sie interaktives Verhalten definieren können:

1. Ziehen Sie das Verhaltenssymbol eines Segments auf das Zielsegment («Drag and Drop»).

   Damit können schnell einfache Rollover erstellen.

2. Möchten Sie komplexe Interaktionen definieren, benutzen Sie das Bedienfeld *Verhalten*. Dabei können Sie einem Segment mehrere unterschiedliche Verhalten zuweisen und interessante Ergebnisse erzielen. Hier sind bereits zahlreiche Verhaltensweisen vordefiniert, die Sie weiter bearbeiten können. In *Fireworks* benötigen Sie also keine JavaScript-Kenntnisse.

Erstellen Sie in *Fireworks* ein Verhalten, können Sie dies im Bedienfeld *Verhalten* von *Dreamweaver* weiter bearbeiten. Beide Macromedia-Programme sind miteinander kompatibel.

Rollover erstellen

Rollover sind eine einfache Form interaktiven Verhaltens. Dabei fährt der User mit dem Cursor über ein entsprechendes Webobjekt (Segment, Hotspot oder Schaltfläche), das den Bildaustausch an der gleichen oder an einer anderen Stelle (disjunkte Rollover) im Dokument auslöst. Dabei ist das auslösende Bild in *Frame 1* und das zweite bzw. darunter liegende Ziel-Bild in *Frame 2* abgelegt. Frames sind im Bedienfeld *Ebenen* angelegt. Es handelt sich hier nicht um solche Frames, die Sie aus HTML kennen, sondern um den Speicherort der verschienenen Rollover-Zustände. Bei den Schaltflächen haben wir ein Rollover bereits erstellt. *Fireworks* hat die einzelnen Zustände automatisch in Frames abgespeichert. Auf Frames kommen wir in Kapitel 13 *Animation* wieder zurück.

Einfaches Rollover

Im Folgenden werden wir zunächst einen einfachen Bildaustausch im gleichen Webobjekt definieren. Der Rollover findet also an der gleichen Stelle im Dokument statt. Anschließend zeige ich Ihnen, wie Sie einen disjunkten Rollover erstellen, bei dem ein Bild ausgetauscht wird, wenn der Cursor über einem ganz anderen Webobjekt steht.

So erstellen Sie ein Rollover:

1. Wählen Sie das Segment aus, das den Rollover auslösen soll. In der Segmentmitte wird das Verhaltenssymbol angezeigt.

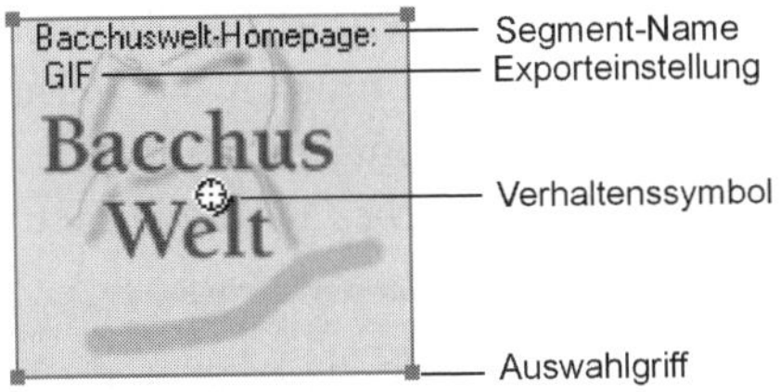

Das Objekt unter dem Segment sollte auf keiner freigegebenen Ebene liegen.

MERKET AUF!

2. Erstellen Sie im Bedienfeld *Frame* einen neuen Frame. Klicken Sie hierzu auf den Button *Neu / Frame duplizieren* .

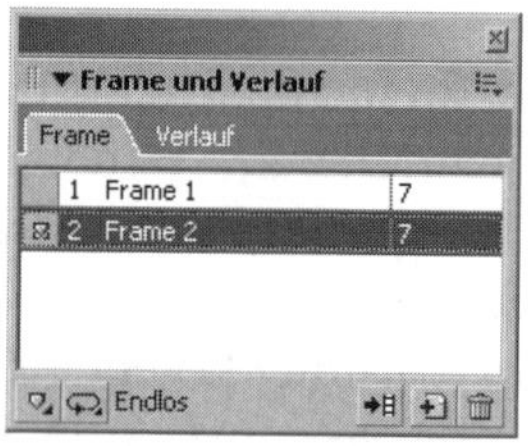

In einem anderen Frame muss das Bild liegen, das beim Rollover erscheinen soll.

3. In diesem Frame 2 erstellen oder importieren Sie das zweite Bild. Objekte, die auf Ebenen in Frame 1 abgespeichert sind, sind in Frame 2 nicht enthalten. Sichtbar sind lediglich der Ebenenname und die Webobjekte.

4. Kehren Sie in Frame 1 mit dem Ausgangsbild zurück.

POWER USER

Frame 1 und 2 sind hier exemplarisch zu verstehen. Bei umfangreichen Rollover-Effekten bzw. Webseiten mit vielen Objekten und mehreren Frames, können die Elemente für den Rollover auch in anderen Frames abgespeichert werden. Arbeiten Sie mit mehreren Frames, können Sie das Segment auch in den anderen Frames auswählen. Achten Sie hier auf die korrekte Angabe.

5. Ziehen Sie das Verhaltenssymbol auf das Zielsegment. Soll der Bildaustausch an der gleichen Stelle erfolgen, ist das Zielsegment mit dem auslösenden Segment identisch und Sie müssen das Verhaltenssymbol auf das gleiche Segment ziehen. Im Segment erscheint eine blaue Verhaltenslinie und das Dialogfenster *Bild austauschen* wird geöffnet.

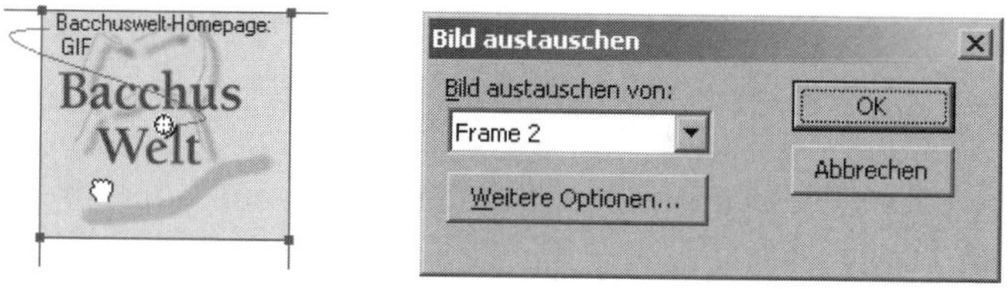

Das Ziel kann identisch mit dem Segment sein, bei dem der Rollover ausgelöst wird.

6. Bestimmen Sie im Dialogfenster *Bild austauschen* den Frame, in dem das Rollover-Bild abgespeichert ist. Klicken Sie hierzu auf das Pull-Down-Menü *Bild austauschen von.* Bestätigen Sie mit *OK*, ist wird das einfache Rollover an der festgelegten Stelle im Dokument erstellt.

Im Bedienfeld *Verhalten* ist der entsprechende Befehl hinterlegt.

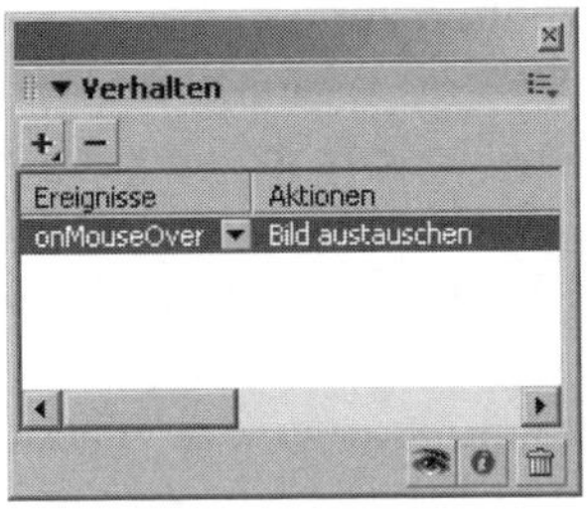

Das definierte Verhalten ist im Bedienfeld «Verhalten» aufgelistet.

Testen Sie den Rollover-Effekt in der *Fireworks*- oder in der Browser-*Vorschau* (*F12*).

Sie können einem Segment mehrere Verhalten zuweisen. So können Sie beispielsweise definieren, dass ein einfaches und ein disjunktes Rollover von dem gleichen Segment ausgelöst werden. Wiederholen Sie hierzu die zuvor beschriebenen Schritte 1 bis 5 beliebig oft.

So entfernen Sie ein Drag-and-Drop-Rollover:

1. Haben Sie ein Rollover nach der zuvor beschriebenen Methode erstellt, können Sie dieses einfach löschen, indem Sie auf die Verhaltenslinie klicken.

2. Bestätigen Sie mit *OK*, um das interaktive Verhalten zu entfernen.

Der durch «Drag and Drop» erstellte Rollover-Effekt kann auch genauso einfach wieder entfernt werden.

Das Bedienfeld «Verhalten»

Rollover sind zwar eine häufig eingesetzte Form interaktiven Verhaltens, aber bei weitem nicht die einzige. Im Bedienfeld *Verhalten* (*Fenster | Verhalten*) können Sie weitere Verhalten definieren, bereits vorhandene Verhalten verwalten, bearbeiten und löschen.

So weisen Sie ein neues Verhalten zu:

1. Markieren Sie das Webobjekt, dem Sie ein Verhalten zuweisen möchten.

2. Klicken Sie im Bedienfeld *Verhalten* auf den Plus-Button .

3. Über das sich öffnende Menü können Sie folgende Verhalten definieren:

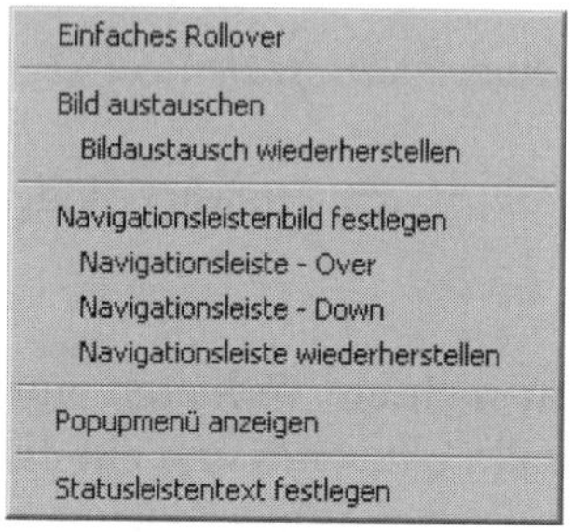

Verhalten kann auch im gleichnamigen Bedienfeld definiert werden.

- *Einfaches Rollover*: Das Rollover findet in einem ausgewählten Segment statt, wobei Frame 1 den Up-Status des Bildes enthält und Frame 2 den Over-Status. Das Over-Bild ersetzt das Up-Bild an der gleichen Stelle (vgl. Kapitel *Einfaches Rollover*). Der einfache Rollover setzt sich aus den Verhalten *Bild austauschen* und *Bildaustausch wiederherstellen* zusammen.

FEHLERTEUFEL

Der Down-Status kann mit dieser Einstellung nicht realisiert werden. Hierzu müssen Sie das Verhalten *Navigationsleistenbild* einstellen.

- *Bild austauschen*: Ein unter einem bestimmten Segment angegebenes Bild wird ausgetauscht. Dieses Verhalten wird häufig mit dem Verhalten *Bildaustausch wiederherstellen* kombiniert, welches das Up-Erscheinungsbild aus Frame 1 wiederherstellt.

- *Navigationsleistenbild festlegen*: Dieses Verhalten müssen Sie allen Segmenten zuweisen, die Bestandteil einer Navigationsleiste sind. Wenn Sie eine Schaltfläche mit dem Schaltflächeneditor erstellen, legt *Fireworks* automatisch diese Verhaltensweise an, die sich aus den Optionen *Navigationsleiste – Over*, *Navigationsleiste – Down* und *Navigationsleiste wiederherstellen* zusammensetzt. Beachten Sie, dass der Status *Navigationsleiste – Over* optional auch den Over-bei-Down-Status bestimmt. Im sich öffnenden Dialogfenster können Sie das entsprechende Kontrollkästchen aktivieren. Hier können Sie auch festlegen welches Austauschbild verwendet werden soll.

POWER USER

Solche miteinander gekoppelten Verhaltensweisen werden automatisch gruppiert. Das Bedienfeld *Ebenen* zeigt hier jedoch nichts an. Möchten Sie die Gruppierung lösen, wählen Sie im Optionsmenü des Bedienfelds *Verhalten* den Befehl *Gruppierung aufheben*. Die einzelnen Ereignisse und Aktionen werden anschließend in diesem Bedienfeld aufgelistet und können auch unabhängig voneinander bearbeitet werden (vgl. Kapitel *Verhalten bearbeiten*).

- *Popupmenü anzeigen*: Dieser Menüeintrag öffnet den *Popupmenü-Editor* (vgl. Kapitel 11).

- *Statusleistentext festlegen*: Zeigt eine Meldung in der Statusleiste unten im Browserfenster an.

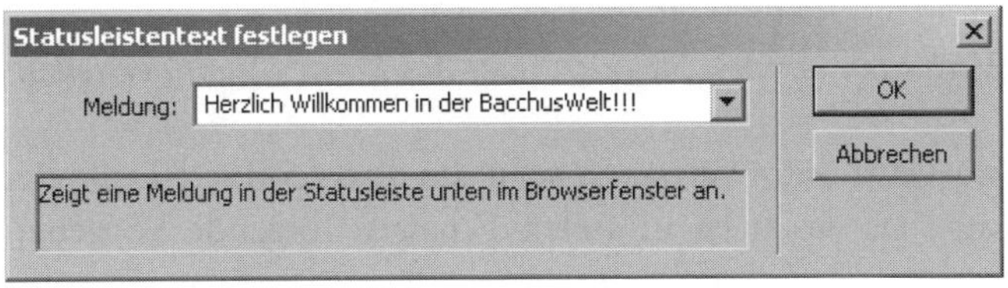

Geben Sie den Text für die Statusleiste in dieses Dialogfenster ein.

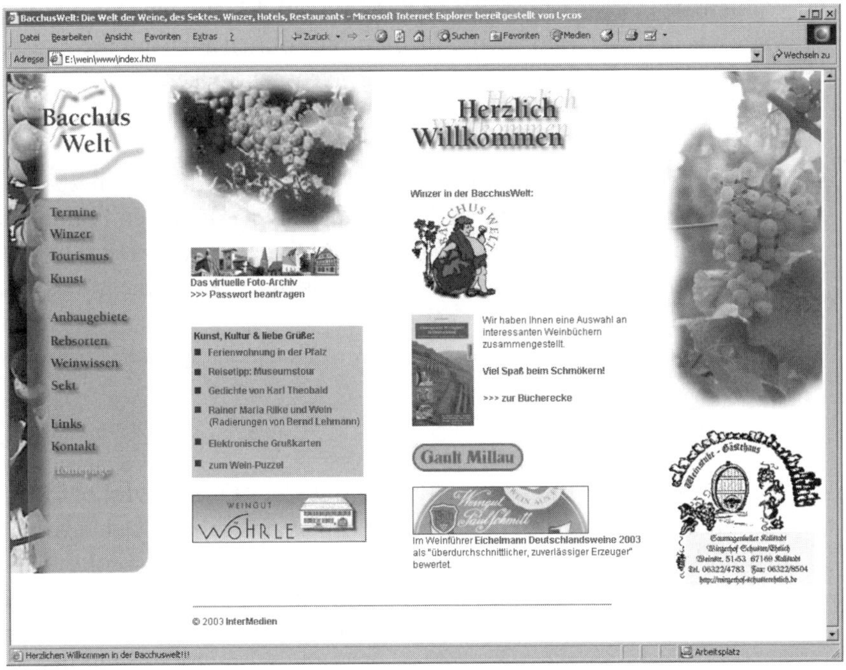

Der Text erscheint in der unteren Leiste des Browserfensters.

Im Kontextmenü (rechter Mausklick!) eines Segments bzw. Webobjekts finden Sie ebenfalls die entsprechenden Befehle, mit denen Sie Verhalten erstellen können. Klicken Sie einfach mit der rechten Maustaste auf das Webobjekt und wählen Sie den Befehl aus.

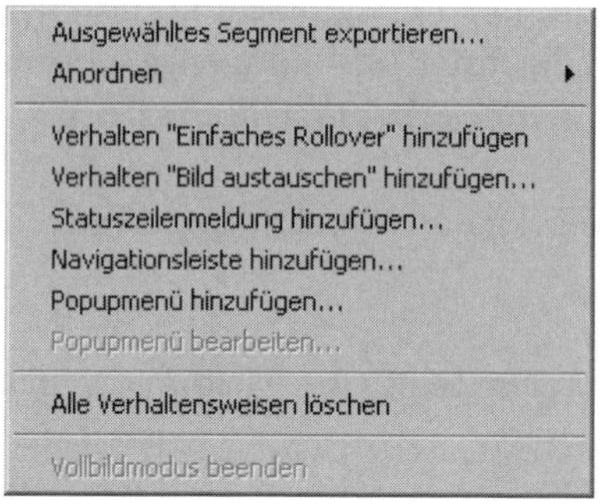

Verhalten können Sie auch über das Kontextmenü erstellen.

4. Je nach ausgewähltem Verhalten sieht das nun geöffnete Dialogfenster etwas anders aus. Dennoch ist in vielen Fenstern folgende Vorgehensweise gemeinsam:

   - Wählen Sie in der Liste das Webobjekt aus, an dessen Stelle Sie beispielsweise das Rollover-Bild laden möchten. Sie können auch auf die schematische Seitendarstellung daneben oder darunter klicken. Achten Sie auf die blaue Markierung des ausgewählten Webobjekts.

   - Anschließend bestimmen Sie das Bild, das anstelle des ersten zu sehen sein soll. Entweder bestimmen Sie im Pull-Down-Menü den Frame oder Sie wählen eine externe Grafikdatei aus. Aktivieren Sie hierzu den Optionsschalter und geben Sie dann Verzeichnis und Dateiname in das Textfeld dahinter ein.

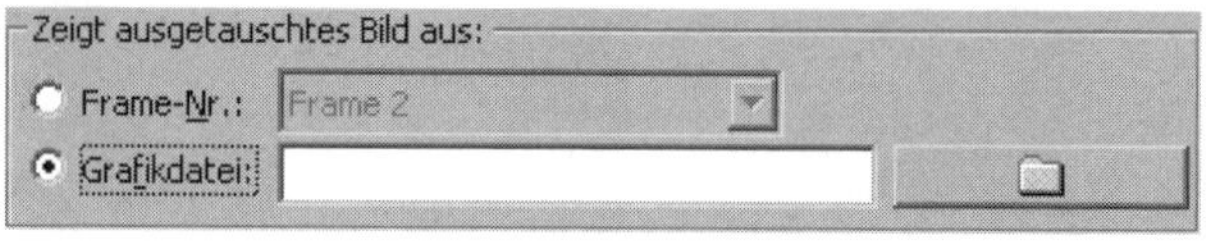

   Sie können auch auf die Schaltfläche mit dem Ordnersymbol klicken und die Grafikdatei im Dialogfenster *Öffnen* auswählen. Dabei kann es sich um eine GIF-, JPG oder PNG-Datei handeln. Auch animierte GIFs sind möglich. Der Rollover findet im gleichen oder in einem anderen Webobjekt (disjunktes Rollover) statt. Beachten Sie, dass der Effekt nur «richtig» wirkt, wenn diese Rollover-Grafik die gleiche Größe hat wie das Segment. Ansonsten kommt es zu unschönen Verzerrungen.

HEISSER TIPP

Erstellen Sie eine Webseite für das Internet, müssen Sie unbedingt darauf achten, dass diese Datei auch online zugänglich ist. Am besten erstellen Sie einen Projektordner, in dem alle benötigten Dateien abgespeichert werden. *Fireworks* erstellt dokumentbezogene Pfade. Das bedeutet, wenn Sie eine Datei an einen anderen Speicherort verschieben, kann diese unter Umständen später im Webbrowser nicht mehr gefunden werden. Schauen Sie sich die fertige Website auf jeden Fall auch unter Live-Bedingungen an!

- Aktivieren Sie das Kontrollkästchen *Bilder vorausladen.* Bei animierten GIFs sollte diese Option deaktiviert sein, da das Vorausladen die Anzeige der Animation unterbrechen kann.

- In einigen Dialogfenstern können Sie noch angeben, ob das ursprüngliche Up-Bild wieder zu sehen sein soll, nachdem der User den Mauszeiger woanders platziert hat (*Bild bei onMouseOut wiederherstellen*). Möchten Sie die «eingedrückte» Over-Schaltlfläche ebenfalls hervorheben, wenn der Cursor darüber fährt, müssen Sie das Kontrollkästchen *OverDown-Status einschließen* aktivieren und die Grafik wie gewohnt bestimmen.

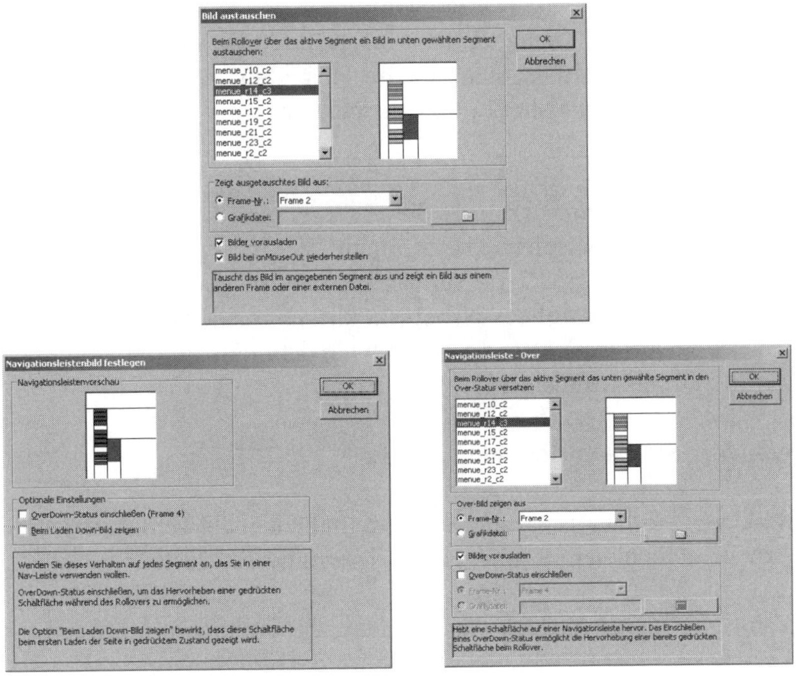

Im Dialogfenster legen Sie fest, was in welchem Webobjekt passieren soll, wenn der User mit der Seite interagiert. Die Abbildungen verdeutlichen die allgemeine Vorgehensweise.

Ausnahmen hierbei bilden die Verhalten *Einfaches Rollover, Bildaustausch wiederherstellen, Navigationsleiste wiederherstellen* und das Dialogfenster *Statusleistentext festlegen.* Bei diesen Verhaltensweisen sind entweder keine weiteren Optionen definierbar oder das Verhalten bezieht sich auf keinen Bildaustausch, sondern eben auf den Statusleistentext.

5. Klicken Sie auf *OK*, um zum Dokumentfenster zurückzukehren.

Verhalten bearbeiten

Haben Sie ein Verhalten definiert, können Sie es jederzeit im Bedienfeld *Verhalten* ändern. Einerseits können Sie hier Segmente neu auswählen, denen Sie die auszuführende Aktion neu zuweisen möchten, andererseits können Sie Ereignisse neu definieren oder Verhalten komplett löschen und damit auslösende Segmente «neutralisieren».

So weisen Sie einem anderen Segment die ausgelöste Aktion zu:

1. Doppelklicken Sie auf den Eintrag im Bedienfeld *Verhalten* oder wählen Sie dort im Optionsmenü den Befehl *Bearbeiten.*

2. Das entsprechende Dialogfenster wird geöffnet. Dies haben wir bereits im vorherigen Abschnitt kennen gelernt. Hier können Sie nun die entsprechende Aktion neu festlegen und beispielsweise ein anderes Rollover-Bild definieren.

Im Bedienfeld *Verhalten* können Sie ein Ereignis definieren, welches das Verhalten auslöst. Beispielsweise können Sie in diesem Bedienfeld ein `onMouseOver` in ein `onClick` verwandeln, was nichts anderes bedeutet, als dass der Besucher jetzt auf das Webobjekt klicken muss, damit ein bestimmtes Verhalten ausgelöst wird. Davor war durch das definierte `onMouseOver` bereits ein Darüberfahren ausreichend.

So verändern Sie das auslösende Ereignis:

1. Markieren Sie das auslösende Segment. Im Bedienfeld *Verhalten* werden alle Verhalten, die diesem Segment zugewiesen sind aufgelistet.

2. Wählen Sie aus dieser Liste das Verhalten, das Sie ändern möchten.

3. Klicken Sie auf den Button zwischen Ereignis und Aktion.

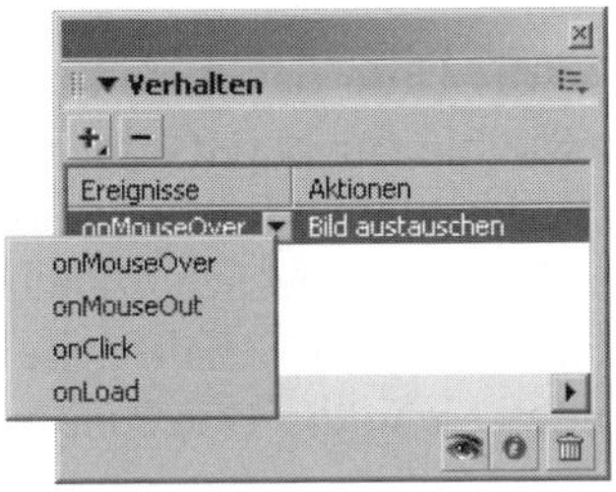

4. Wählen Sie aus dem Menü das gewünschte Ereignis aus:

   - *onMouseOver*: Das Verhalten wird ausgelöst, wenn der Cursor über das Auslösesegment bewegt wird.
   - *onMouseOut*: Stellt den ursprünglichen Zustand wieder her, wenn der Cursor das Auslösesegment verlässt.
   - *onClick*: Das Verhalten wird ausgelöst, wenn der User auf das Segment klickt.
   - *onLoad*: Das Verhalten wird ausgelöst, wenn die Seite geladen wird.

5. Wiederholen Sie diese Schritte, um im gleichen oder anderen Segmenten weitere Ereignisse zu ändern.

MERKET AUF!

Die Mausereignisse einfacher Rollover und Navigationsleistenbilder können nicht geändert werden. Schaltflächen ändern Sie stets im Schaltflächeneditor.

So entfernen Sie ein Verhalten:

1. Markieren Sie das Segment, dessen Verhalten Sie entfernen möchten.
2. Wählen Sie den entsprechenden Eintrag in der Liste des Bedienfelds *Verhalten* aus.
3. Klicken Sie auf den Button  im Bedienfeld *Verhalten* oder wählen Sie im Optionsmenü *Löschen*. Der jeweilige Eintrag wird gelöscht. Wählen Sie den Befehl *Alles löschen*, wenn Sie alle auslösenden Ereignisse für dieses Segment entfernen möchten. Auch im Kontextmenü finden Sie einen entsprechenden Befehl, mit dem Sie *alle Verhaltensweisen löschen* können.

Übung

SMART DISC

Definieren Sie die Unternavigation für die Menüleiste. In Kapitel 11 haben wir hierfür bereits die Schaltflächen angelegt. Nun geht es darum, dass die Unternavigation sichtbar wird, wenn der User den Cursor über die Schaltfläche bewegt. Definieren Sie diese exemplarisch für die Schaltfläche *Weinwissen*. Die Grafiken für die Unternavigation finden Sie in der Datei *submenu.png* im Verzeichnis zu diesem Kapitel.

Das Ergebnis finden Sie ebenfalls im Verzeichnis *12_segmente-hotspots* in der Datei *menu.png*. Hier wird deutlich, dass Schaltflächen nicht unbedingt im Schaltflächeneditor erstellt werden müssen. Auch einfache Rollover sind hier realisierbar.

Wenn Sie möchten, können Sie auch die komplette Unternavigation zu den anderen Schaltflächen erstellen. Das Dokument *menu.txt* enthält alle hierfür notwendigen Informationen.

Das Ergebnis finden Sie auch online unter `www.bacchuswelt.de`.

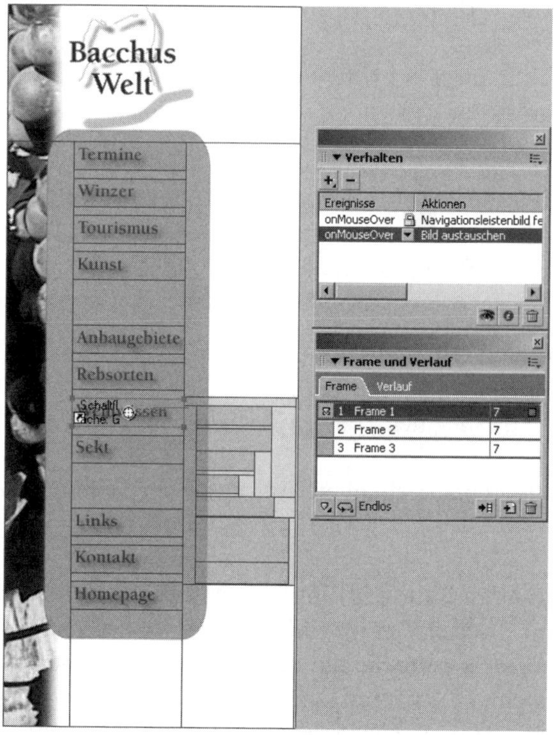

In «Frame 1» ist noch keine Unternavigation sichtbar.

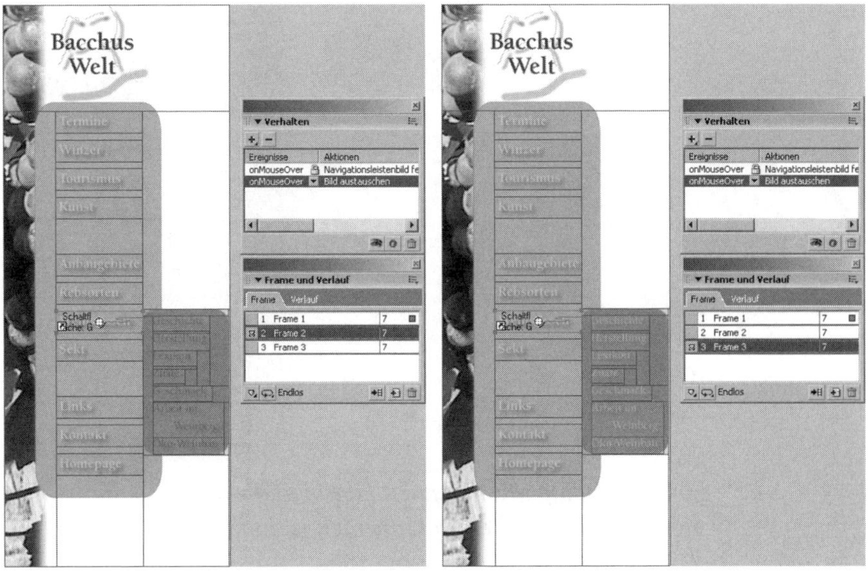

Die Unternavigation ist in «Frame 2» (dunkler Buttontext) und «Frame 3» (gelber Buttontext) abgelegt. Dort ist auch der Rollover-Effekt definiert.

Hotspots und Imagemaps

Ein Hotspot ist mit einem Hyperlink verbunden. Liegt dieser «heiße Punkt» auf einer größeren Grafik, spricht man von einer Imagemap. Diese Imagemap kann auch mehrere Hotspots enthalten, die bestimmte Bereiche mit einer jeweils anderen Webseite verknüpfen.

BEDENKEN SIE!

Vorteil der Imagemaps ist, dass die zugrundeliegende Grafik als eine einzige Grafikdatei mit der gleichen Optimierungseinstellung exportiert wird. Auch sind Imagemaps häufig nicht so ressourcenintensiv wie Segmente, bei denen eine aufwendigere Verarbeitung notwendig ist. Bei Imagemaps müssen dagegen keine Einzelbilder zusammengesetzt werden.

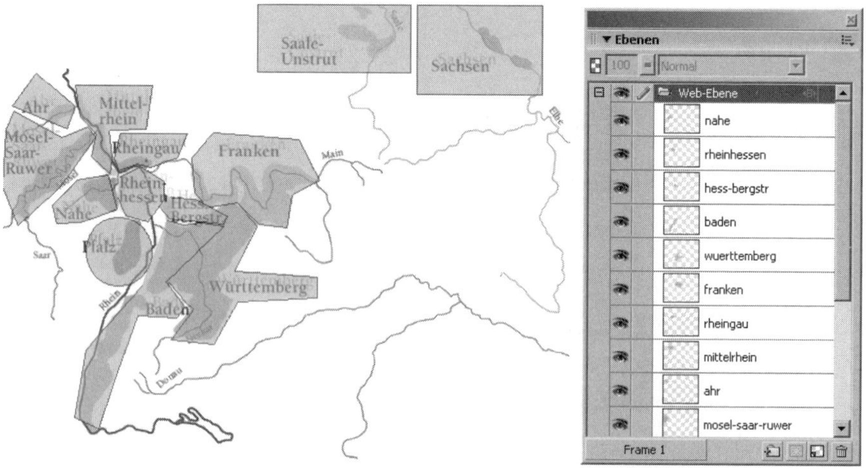

Eine Imagemap mit mehreren Hotspots, die jeweils mit unterschiedlichen Dokumenten verlinkt sind.

Da Hotspots ebenfalls auf der *Web-Ebene* abgespeichert werden und damit zu den Webobjekten zählen, können Sie auch hier interaktive Verhaltensweisen definieren. Wie das geht, habe ich Ihnen bereits im Kapitel *Interaktives Verhalten von Webobjekten* gezeigt.

NICHT VERGESSEN

Auch Imagemaps können segmentiert werden.

Hotspot erstellen

Haben Sie eine Grafik (Bitmap oder Vektorpfade) auf Ihrer Leinwand platziert, können Sie darauf Hotspots definieren und dementsprechend bestimmten Grafikbereichen eine URL zuweisen. Auf Verhalten werde ich gleich noch einmal kurz eingehen.

So erstellen Sie einen Hotspot aus einem Vektorobjekt bzw. Pfad:

1. Markieren Sie den entsprechenden Vektorpfad.

2. Wählen Sie *Bearbeiten* | *Einfügen* | *Hotspot.*

   Fireworks erstellt nun automatisch einen Hotspot, der genau über dem ausgewählten Vektorpfad liegt und dessen Form übernimmt.

Falls Sie zuvor mehrere Objekte markiert haben sollten, öffnet sich das folgende Fenster:

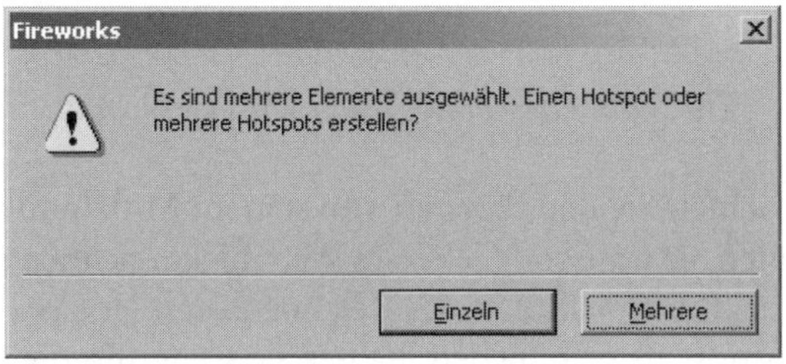

Legen Sie fest, ob «Fireworks» einen großen Hotspot über alle ausgewählten Objekte erstellen soll, oder ob für jedes Element ein separater Hotspot definiert werden soll.

Klicken Sie auf *Einzeln* oder *Mehrere.*

Natürlich können Sie auch bei einem Bitmap so verfahren. Da der Hotspot jedoch das komplette Bild überdecken würde, ist dieser hier überflüssig. In diesem Fall genügt ein einfacher Bild-Hyperlink.

Hotspots können Sie auch unabhängig von Objektformen erstellen. Insbesondere bei Bitmap-Objekten können Sie damit Hotspot-Bereiche exakt platzieren.

So zeichnen Sie einen regelmäßigen Hotspot:

1. Wählen Sie in der Werkzeugleiste das *Hotspot-Rechteck-* oder das *Hotspot-Kreis-Werkzeug* .

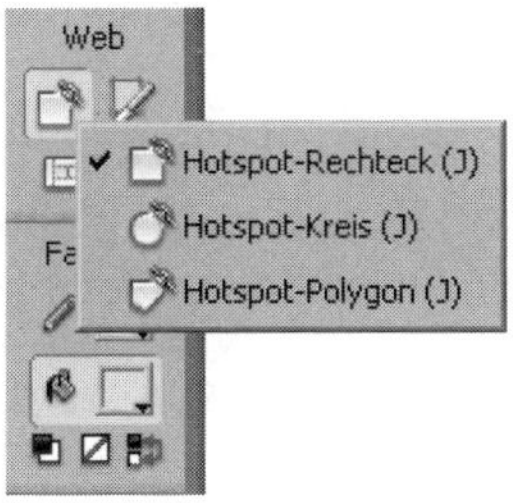

Werkzeuge für das «Zeichnen» von Hotspots.

2. Ziehen Sie nun den Cursor, der sich in ein Kreuz verwandelt hat, über die entsprechende Stelle Ihres Bildes.

Ein symmetrischer Hotspot wird gezeichnet.

RAFFINIERT

Möchten Sie den Hotspot von seinem Mittelpunkt aus zeichnen, halten Sie während Sie dieses Webobjekt zeichnen die *Alt*-Taste gedrückt. Um während des Zeichnens den Hotspot an eine andere Position zu verschieben, halten Sie weiterhin die linke Maustaste gedrückt, und drücken Sie die Leertaste. Der Zeichenmodus wird unterbrochen und Sie können den Hotspot verschieben. Lassen Sie anschließend die Leertaste wieder los und zeichnen Sie bei weiterhin gedrückter Maustaste den Hotspot fertig.

Möchten Sie Hotspots für eine komplexe Grafik erstellen, sollen diese in der Regel auch eine unregelmäßige Form haben. Dabei können Sie beliebig viele Eckpunkte für einen Hotspot definieren.

So erstellen Sie einen unregelmäßigen Hotspot:

1. Aktivieren Sie das *Hotspot-Polygon-Werkzeug* .

2. Setzen Sie auf das Bild nun jeden einzelnen Hotspot-Punkt an die gewünschte Stelle. Sie erinnern sich an das Stiftwerkzeug? Das *Hotspot-Polygon-Werkzeug* funktioniert genauso. Dabei beschreibt ein Hotspot immer eine Fläche und muss daher immer geschlossen werden. Sobald Sie ein anderes Werkzeug auswählen, wird der Hotspot geschlossen.

   Falls Sie mit dem *Hotspot-Polygon-Werkzeug* einen weiteren Hotspot erstellen möchten, klicken Sie auf den als erstes gesetztes Punkt des eben gezeichneten Hotspots, um diesen zu schließen. Jetzt können Sie neu beginnen.

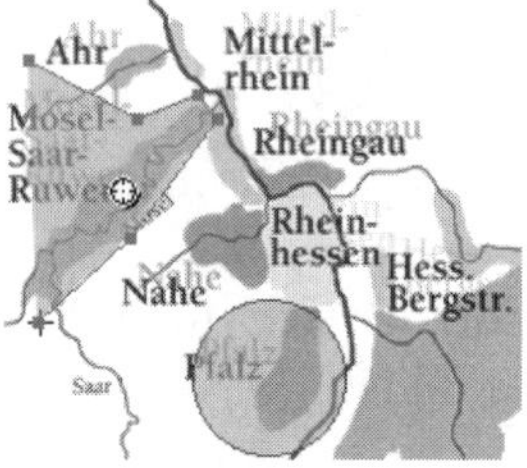

Links über der Bitmap-Karte wird gerade ein Hotspot-Polygon gezeichnet. Rechts unten ist ein bereits fertiger Hotspot-Kreis zu sehen.

Hotspots bearbeiten

Hotspots können Sie wie andere Webobjekte bearbeiten. Benutzen Sie Zeiger- und Teilauswahlwerkzeug, um Größe und Position zu ändern. Außerdem können Sie im Eigenschafteninspektor oder Bedienfeld *Info* die Koordinaten für die neue Position eingeben. Auch wenn Sie einen Hotspot numerisch transformieren möchten, können Sie die gewünschten Werte in die entsprechenden Felder dieser Fenster eingeben. Für das Transformieren stehen Ihnen ebenfalls die bereits bekannten Transformationswerkzeuge zur Verfügung.

Weitere Informationen finden Sie in den oberen Abschnitten *Werkzeugleiste* und *Eigenschafteninspektor und Bedienfelder.*

Weisen Sie einem ausgewählten Hotspot *Hyperlink*, *Alt*-Text und ein *Ziel*-Fenster im Eigenschafteninspektor zu. Außerdem sollten Sie dem Hotspot einen Namen zuweisen, der dann auch im Bedienfeld *Ebenen* erscheint. Damit haben Sie Ihren Hotspot auch für den Export bestens vorbereitet. Was Sie dabei beachten sollten, erfahren Sie in Kapitel 15.

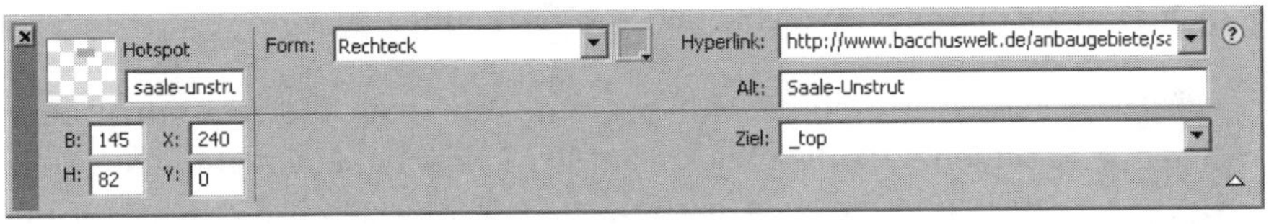

Bestimmen Sie die Eigenschaften eines Hotspots.

Der Hotspot-Name erscheint im Bedienfeld «Ebenen».

Die Form eines Hotspots können Sie nachträglich im Eigenschafteninspektor ändern:

1. Markieren Sie den Hotspot, den Sie ändern möchten.

2. Wählen Sie im Pull-Down-Menü des Eigenschafteninspektor die gewünschte *Form* aus:

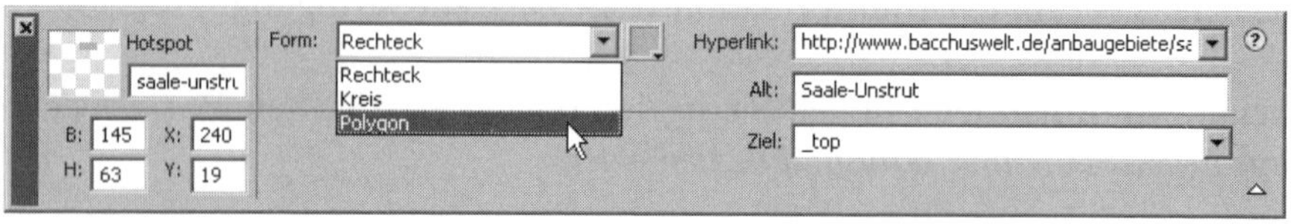

Bestimmen Sie die Hotspot-Form: Rechteck, Kreis oder Polygon.

Der Hotspot wird automatisch in die ausgewählte Form konvertiert. Bei der Änderung eines Kreises bzw. eines Rechteckes in ein Polygon, bleiben Kreis- bzw. Rechteckform erhalten. Allerdings stehen Ihnen nun die entsprechenden Transformationsmöglichkeiten zur Verfügung.

RAFFINIERT Färben Sie einen Hotspot ein, wenn Sie diesen kaum sehen können, weil die Objekte auf der Leinwand einen ähnlichen oder sogar den gleichen Farbton haben. Markieren Sie den Hotspot und bestimmen Sie im Farbwähler eine neue Farbe.

Verhalten für Hotspots definieren

Sie können jedem Hotspot – unabhängig von dessen Form – einen Rollover-Effekt zuweisen. Allerdings können Sie nur disjunkte Rollover definieren. Das bedeutet, dass ein Rollover niemals im Imagemap selbst stattfinden kann. Vielmehr muss der Zielbereich immer durch ein Segment definiert sein.

Den Rollover können Sie per «Drag and Drop», über das Bedienfeld *Verhalten* oder das Kontextmenü erstellen. Es handelt sich um genau das gleiche Prinzip. Der verhaltensauslösende Hotspot kann auch auf dem Segment platziert sein, in dem das ausgelöste Ereignis dann stattfinden soll.

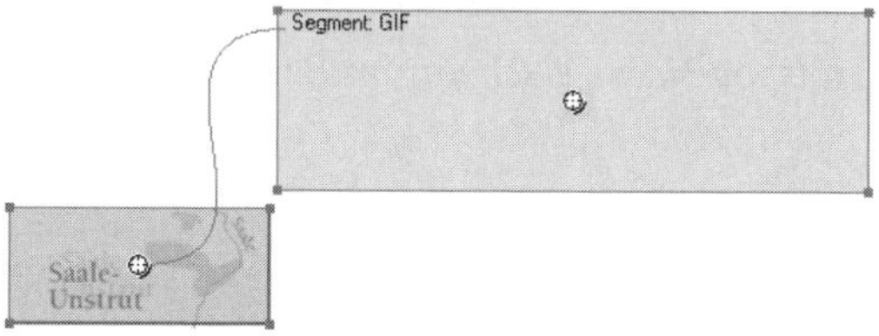

Zwischen Hotspot und Segment ist ein Rollover-Verhalten definiert – sehr schön zu erkennen an der Verhaltenslinie.

Übung

SMART DISC

Öffnen Sie die Karte und fügen Sie wie beschrieben die Hotspots ein. Die Karte finden Sie auf der CD-ROM im Verzeichnis zu diesem Kapitel (*12_segmente-hotspots/karte.png*).

Die für die Anbaugebiete notwendigen Hyperlinks habe ich Ihnen im Dokument *menu.txt* abgespeichert.

Möchten Sie Ihr Ergebnis mit meinem vergleichen, öffnen Sie die Grafik *anbaugebiete.png*.

Im zweiten Teil der Übung versuchen Sie bitte, auf Hotspots das anzuwenden, was wir im Kapitel *Interaktives Verhalten von Webobjekten* gelernt haben. Schön wäre es doch, wenn der User mit der Maus über ein Anbaugebiet fahren würde und daneben würde ein HTML-Segment eine Kurzinformation zu dieser Region liefern. Den hierfür notwendigen Text für einige Anbaugebiete habe ich Ihnen in der Datei *anbaugebiete-beschreibung.pdf* abgespeichert. Einfach den Text markieren und dann mit «Copy and Paste» einfügen. Die restlichen Informationen finden Sie online unter `www.bacchuswelt.de`.

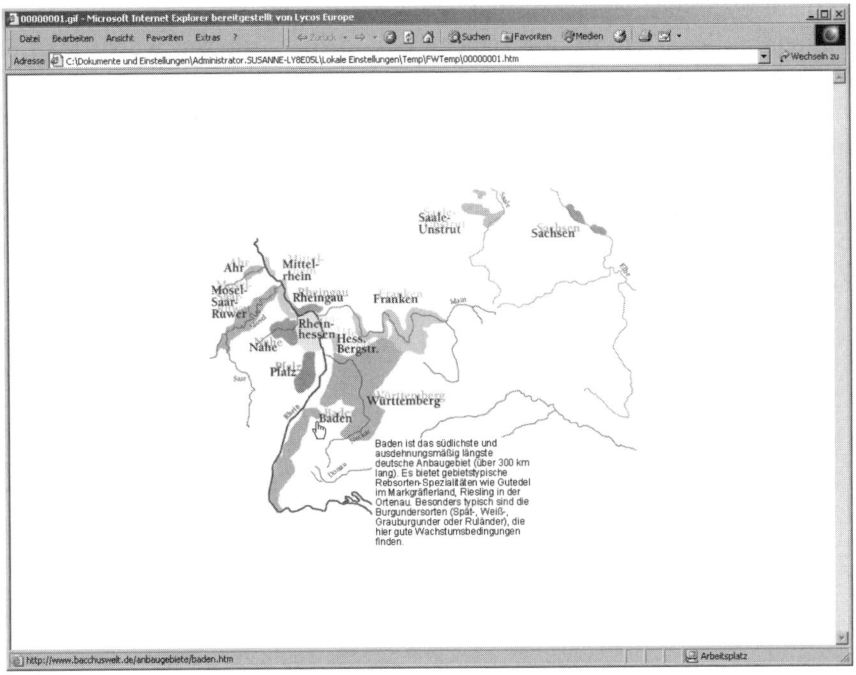

Sobald der User mit der Maus über einen Hotspot fährt, wird ein Text-Segment eingeblendet.

Möchten Sie sich das Ergebnis ansehen, öffnen Sie die Datei *anbaugebiete-rollover.png* im Verzeichnis zu diesem Workshop (*12_segmente-hotspots/*). In diesem Beispiel habe ich mit zwei Frames gearbeitet. Selbstverständlich können Sie auch weitere Frames benutzen. Dies müssen Sie anwenden, wenn der Text immer an der gleichen Stelle erscheinen soll (Abbildung hierzu siehe bitte vorherige Seite, unten).

In diesem Kapitel haben wir Segmente und Hotspots kennen gelernt. Während Segmente eine Leinwand in unterschiedliche Bereiche aufteilen und diese als separate Dateien exportieren können, teilen Hotspots größere Grafiken in Bereiche ein, denen verschiedene Hyperlinks zugewiesen werden können. Dabei können Sie natürlich auch Hotspots segmentieren.

Auch für Hotspots können Sie das Ereignis eines disjunkten Verhaltens definieren. Allerdings kann immer nur in einem Zielsegment die Aktion ausgeführt werden.

Auch haben wir die erste Bekanntschaft mit Frames gemacht. Möchten Sie beispielsweise einen einfachen Bild-Rollover erstellen, muss dieses zweite Bild in einem anderen Frame abgespeichert werden. Ansonsten würde man die Grafik nämlich schon sehen, noch bevor das Ereignis eingetreten ist. (Dieses Rollover-Bild kann alternativ auch in einer separaten Grafikdatei abgespeichert sein.)

Im nächsten Kapitel werden wir wieder mit Frames arbeiten. Und dieses Mal wenden wir uns einem ganz heißen Thema zu: Animationen. Bringen wir also Bewegung auf unsere Seite…

13 Animation

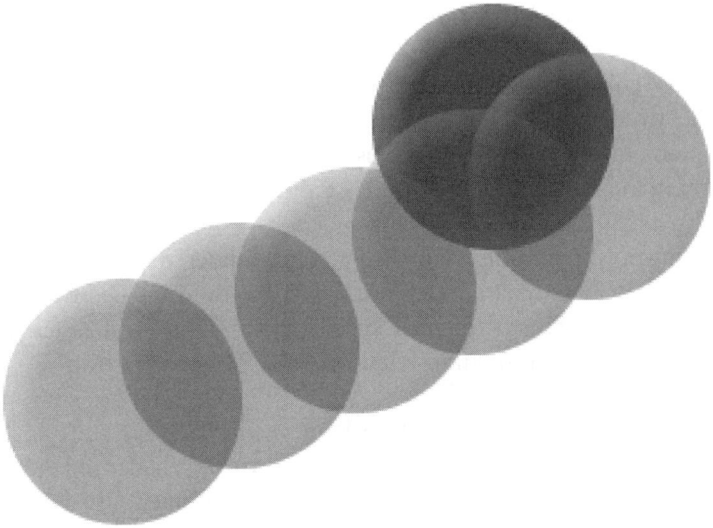

Animation

Platzieren Sie auf Ihrer Webseite eine (oder mehrere) Animationen wirkt diese gleich viel aufregender und interessanter. In diesem Kapitel zeige ich Ihnen, wie Sie Bewegung auf Ihre Seite bringen.

Es gibt unterschiedliche Methoden, nach denen Animationen erstellt werden können. Entweder definieren Sie entsprechende Symbole oder Sie arbeiten direkt in den einzelnen Frames. In diesem Kapitel lernen Sie die unterschiedlichen Arbeitsweisen und deren Vorteile kennen.

Eine Animation ist eine Abfolge mehrerer Einzelbilder, die hintereinander ablaufen und deren Eigenschaften sich mit der Zeit verändern. Diese unterschiedlichen Schritte und Einstellungen werden in einzelnen Frames festgehalten. Wenn Sie jetzt an ein Daumenkino denken, sind Sie genau richtig!

Eine im Browser gestartete Animation läuft vom ersten bis zum letzten Bild durch und beginnt, falls eine Schleife definiert wurde, wieder am Anfang. Ein Anhalten der Animation ist im üblicherweise verwendeten GIF-Format nicht möglich. Sie können allerdings die Webseite aktualisieren und damit die Grafik neu laden. Dann startet die Animation wieder mit Frame 1 und läuft wieder bis zum letzten Bild durch. Möchten Sie Ihrem Besucher dagegen das Steuern der einzelnen Sequenzen ermöglichen, müssen Sie auf *Flash* zurückgreifen. Weitere Informationen über die unterschiedlichen Dateiformate bekommen Sie in Kapitel 14.

In diesem Kapitel erfahren Sie alles, was Sie wissen müssen, um anspruchsvolle Animationen erstellen zu können. Ich werde Ihnen die hierfür notwendigen Methoden und Werkzeuge vorstellen.

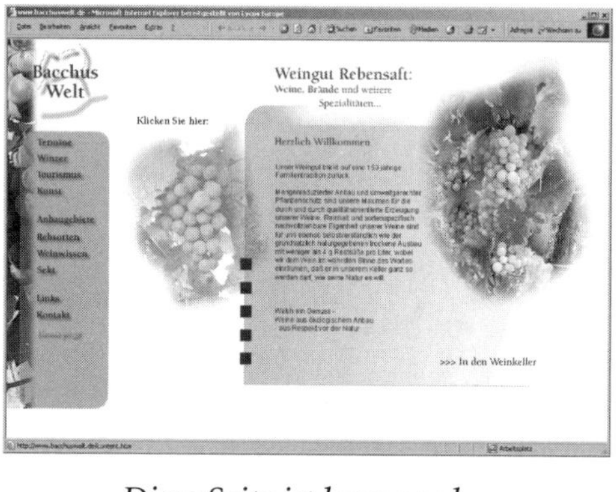

Diese Seite ist bewegend…

In diesem Workshop sorgen wir für Bewegung… So werden Sie am Ende dieses Kapitels beispielsweise in der Lage sein, Werbebanner, Logos und sonstige Elemente zu animieren. Der Kreativität sind hier kaum Grenzen gesetzt.

Wenn Sie bei den Zwiebelschichten an die einzelnen Schalen einer Zwiebel und an tränende Augen denken, dann muss ich Sie enttäuschen. In *Fireworks* ist damit ein ganz anderer Effekt gemeint.

Auch das Tweening hat nur noch wenig mit einem Zeichentrickfilm zu tun. Ursprünglich meint man damit die Arbeitsweise, dass ein Chef-Zeichner die wichtigsten Schlüsselbilder zeichnet und seine Assistenten sich dann um die Bilder dazwischen kümmern. Dabei stellen die Schlüsselbilder eine Art Vorlage für die Bilder dazwischen dar.

Wir werden mit Frames und Symbolen arbeiten und wichtige Tipps und Tricks kennen lernen.

Na, sind Sie neugierig geworden? Dann lassen Sie uns mit der Animation starten!

Das werden Sie lernen:

- Grundlagen der Animation
- Mit Animationssymbolen und Frames arbeiten
- Tween-Instanzen definieren
- Zwiebelschichten-Effekt
- Integration vorhandener Animationen
- Unterschiedliche Animationstypen erstellen (Bewegungs-, Verlauf-Animation)

Dateien für diese Lektion:

SMART DISC

- *13_animation/punkt-original.png*
- *13_animation/dot.png*
- *13_animation/punkt.png*
- *13_animation/kunst.png*
- *13_animation/s-animation1.png*
- *13_animation/s-animation2.png*
- *13_animation/verlauf1.png*
- *13_animation/verlauf2.png*

Allgemeiner Arbeitsablauf

Es gibt zwei Methoden, nach denen Sie eine Animation erstellen können. Entweder arbeiten Sie mit Symbolen oder definieren direkt die einzelnen Frames im gleichnamigen Bedienfeld.

Der allgemeine Arbeitsablauf in *Fireworks* sieht folgendermaßen aus:

1. Symbol erstellen oder Objekte direkt in den erstellten Frames ablegen.

2. Objekt animieren bzw. Einstellungen für das Animationssymbol im Eigenschafteninspektor oder im Dialogfenster *Animieren* bestimmen.

3. Ablaufgeschwindigkeit im Bedienfenster *Frame* angeben.

4. Animation als animierte GIF-Datei optimieren (weitere Informationen hierzu finden Sie in Kapitel 14).

5. Als animiertes GIF oder SWF-Datei exportieren oder als PNG speichern und in *Macromedia Flash* weiter bearbeiten (weitere Informationen hierzu finden Sie in Kapitel 15).

Dabei können Sie mehrere (voneinander unabhängige) Animationen erstellen und gleichzeitig auf Ihrer Leinwand platzieren und ablaufen lassen.

Die einzelnen Arbeitsschritte werden wir in den folgenden Abschnitten und in den nächsten Kapiteln näher kennen lernen.

Animationssymbol erstellen

Vielleicht erinnern Sie sich noch an die unterschiedlichen Arten von Symboltypen, die wir kurz in Kapitel 11 angesprochen haben. Auch Animationen können durch Symbole erstellt werden. Dabei wird die Bewegung eines Symbols durch mehrere Frames definiert, welche die für die Bewegung notwendigen Objekte enthalten. Die Anzahl der Frames ist nicht vorgegeben, sondern wird von Ihnen definiert.

Auf einer Webseite können Animationen aus mehreren Symbolen gleichzeitig und unabhängig voneinander ablaufen. Sind alle Aktionen der einzelnen Symbole beendet, ist die Animation abgeschlossen.

Animationssymbole enthalten Objekte, die Sie selbst erstellen oder importieren. Dabei sind Animationsdateien, die auf Symbolen basieren in der Regel kleiner. Die weiteren Vorteile werden Sie im Laufe dieses Workshops kennen lernen.

Symbol erstellen

Wie wir in Kapitel 10 bereits gesehen haben, kann jedes vorhandene Objekt in ein Symbol konvertiert werden. Das bereits eingesetzte Objekt wird dann zu dessen Instanz (s. u.).

Symbole können aber auch von Grund auf neu erstellt werden. Hierzu stehen uns die Tools in der Werkzeugleiste zur Verfügung. Auch Animationen können auf Vektor- (Text-) oder Bitmap-Objekten basieren.

So erstellen Sie ein Animationssymbol:

1. Wählen Sie in der Menüleiste *Bearbeiten | Einfügen | Neues Symbol.*

2. Geben Sie anschließend im Dialogfenster einen Namen für das Symbol an und aktivieren Sie die Option *Animation.*

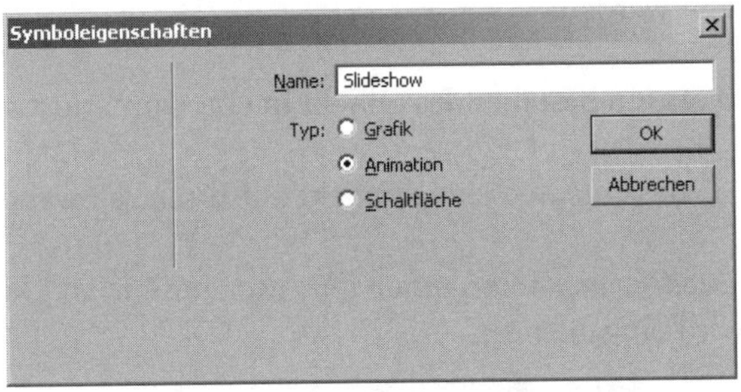

Definieren Sie in diesem Dialogfenster das Animationssymbol.

3. Bestätigen Sie mit *OK.* Der Symboleditor wird geöffnet.

4. Zeichnen Sie das neue Objekt mit den bekannten Vektor- und Bitmap-Werkzeugen. Möchten Sie eine Grafikdatei importieren, wählen Sie in der Menüleiste *Datei | Importieren* oder klicken Sie auf den Button und geben Sie im Dialogfenster die entsprechende Datei an.

5. Wenn Sie fertig sind, klicken Sie auf die Schaltfläche *Fertig* und schließen Sie dadurch den Symboleditor.

Das eben erstellte Animationssymbol erscheint im Bedienfeld *Bibliothek* und wird automatisch in der Leinwandmitte platziert. Sie haben also die Grundform des später animierten Objekts. Die Bewegung definieren Sie in den einzelnen Frames, die noch erstellt werden müssen.

Sollten Sie für das Symbol keine weiteren Frames erstellt haben, können Sie dies das auch noch im Eigenschafteninspektor nachholen (vgl. *Animationseigenschaften festlegen* und *Symbol bearbeiten*).

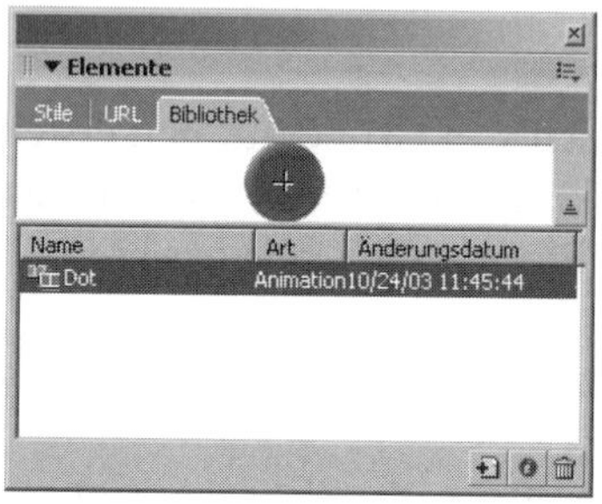

Die Bibliothek verwaltet ebenfalls alle Animationssymbole.

Wie angedeutet, können auch bereits bestehende Objekte in Animationssymbole umgewandelt werden.

So konvertieren Sie ein bestehendes Objekt in ein Animationssymbol:

1. Markieren Sie das entsprechende Objekt auf Ihrer Leinwand.

2. Wählen Sie *Modifizieren | Animation | Auswahl animieren*. Das Dialogfenster *Animieren* wird eingeblendet.

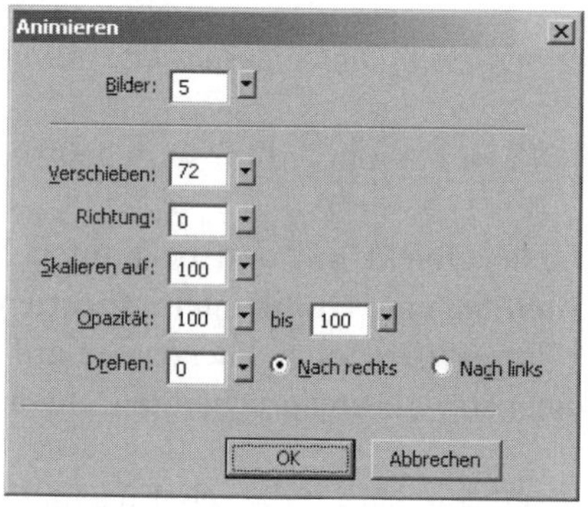

Im Dialogfenster «Animieren» können Sie die Eigenschaften der Bewegung definieren.

Fireworks legt hier standardmäßig fünf Frames an, wobei ein Frame genau 0,07 Sekunden angezeigt wird. Sie können nun die Anzahl der Frames ändern und die Eigenschaften (Verzögerungszeit, etc.) des eben erstellten Symbols definieren. Legen Sie die Art der Aktion fest. Bestimmen Sie beispielsweise, ob sich dieses drehen oder ob ein Zoom-Effekt entstehen soll. Welche konkreten Einstellmöglichkeiten Sie hier haben, erfahren Sie im Abschnitt *Animationseigenschaften festlegen.*

3. Bestätigen Sie mit *OK*. Das Animationssymbol wird in die Bibliothek aufgenommen und eine Instanz wird auf der Leinwand platziert.

HEISSER TIPP

Aktivieren Sie öfters einmal die Vorschau, um zu überprüfen, ob die Animation flüssig abläuft und zu sehen, ob Sie mit dem erzielten Ergebnis zufrieden sind.

Animationseigenschaften festlegen

Bewegung entsteht durch veränderte Symboleigenschaften, die Sie im Eigenschafteninspektor oder im Dialogfenster *Animieren* jederzeit bestimmen können. Im Grunde genommen ändern Sie gar nichts an dem Symbol selbst, das lediglich das Aussehen des Basiselements definiert, sondern dessen Instanzen.

Wesentliches Element ist hierbei die Anzahl der eingesetzten Frames. Damit legen Sie die Einzelbilder fest, die im Animationsablauf nacheinander angezeigt werden sollen und damit auch die Dauer der Animation bestimmen. Sollten für ein Symbol weitere Frames notwendig sein, teilt *Fireworks* Ihnen das mit und fügt dann automatisch die entsprechende Anzahl – nach Ihrer Bestätigung – in das Dokument ein. Sie können aber auch direkt die Anzahl der eingesetzten Frames festlegen.

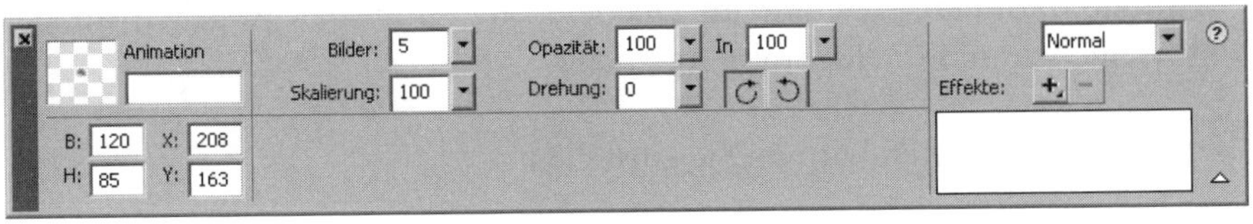

Definieren Sie Eigenschaften eines Animationssymbols im Eigenschafteninspektor…

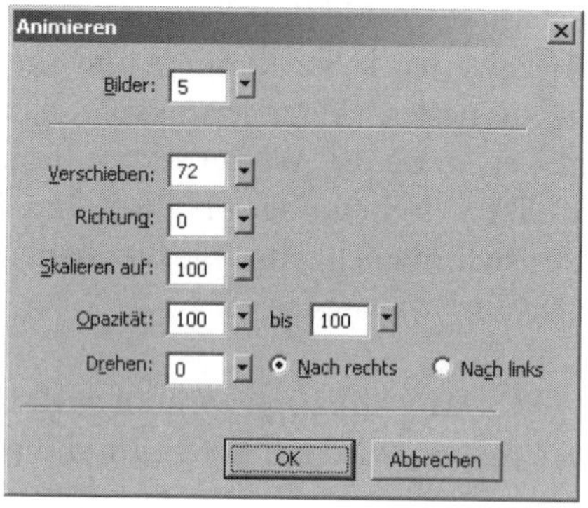

...oder im Dialogfenster «Animieren».

So erstellen Sie die Bewegung:

1. Wählen Sie die Instanz des Symbols auf der Leinwand aus, das Sie bearbeiten möchten. Der Eigenschafteninspektor zeigt dann die entsprechenden Eigenschaften an.

   Oder markieren Sie die Instanz oder das Symbol selbst (im Bedienfeld *Bibliothek*) und wählen Sie *Modifizieren | Animation | Einstellungen*. Diesen Befehl finden Sie auch im Kontextmenü zur ausgewählten Instanz. Das Dialogfenster *Animieren* wird geöffnet.

2. Im Eigenschafteninspektor und im Dialogfenster *Animieren* können Sie weitgehend die gleichen Attribute der Animation festlegen. Allerdings gibt es folgende Ausnahmen:

   Während Sie nur im Eigenschafteninspektor den Animationsnamen bestimmen können, sind nur im Dialogfenster *Animieren* Angaben für das Verschieben und die Richtung möglich.

Folgende Eigenschaften können Sie einstellen:

- *Objektnamen*: Tragen Sie in das Textfeld einen aussagekräftigen Namen für die Instanz des Animationssymbols ein.
- *Bilder*: Geben Sie in das Feld direkt die gewünschte Frame-Anzahl ein oder benutzen Sie hierfür den Schieberegler. Im Dialogfenster *Animieren* ist hier standardmäßig der Wert 5 eingetragen. Rein theoretisch können Sie hier jede beliebige Zahl eingeben. Beachten Sie jedoch die damit verbundene größere Dateimenge bzw. Ladezeit. Vielleicht kann aus diesem Grund mit

dem Schieberegler maximal der Wert 60 angegeben werden. *Fireworks* legt automatisch eine Kopie der ausgewählten Instanz in die neu hinzugekommen Frames.

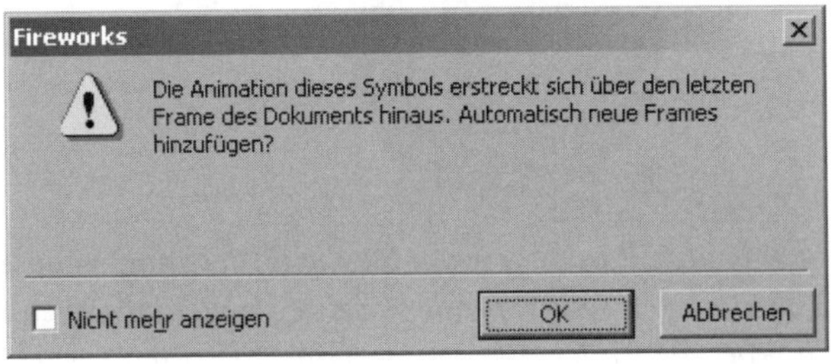

Erhöhen Sie die Anzahl der Frames, kann «Fireworks» diese automatisch anlegen.

VORSICHT FALLE

Achtung: Möchten Sie die Anzahl der Frames reduzieren, können Sie zwar die Anzahl im Eigenschafteninspektor oder im Dialogfenster *Animieren* ändern, doch gelöscht werden nur die Instanzen auf der Leinwand, nicht aber die im Bedienfeld *Frame* (*Fenster | Frame*) angelegten Frames. Wie Sie diese auch entfernen, erfahren Sie im Abschnitt *Animation entfernen.*

- *Verschieben*: Geben Sie die Anzahl an Pixel ein, die das Objekt bei der (linearen) Bewegung zurücklegen soll. Über den Schieberegler können Sie maximal 250 Pixel angeben. *Fireworks* setzt hier bereits standardmäßig den Wert 72 ein. Diese Angabe ist nur im Dialogfenster *Animieren* möglich.

BEDENKEN SIE!

Anders als in *Macromedia Flash* oder *Director* arbeitet *Fireworks* hier nicht mit Schlüsselbildern!

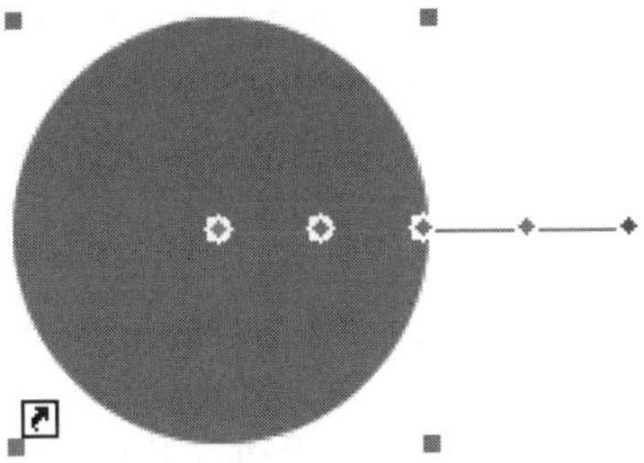

Animationsziehpunkte und Animationspfad werden angezeigt. Klicken Sie hier auf den grün markierten Anfangs- oder den roten Endpunkt, um vom Start- in den Endframe zu wechseln. Die blauen Punkte dazwischen stellen die einzelnen Frames dar.

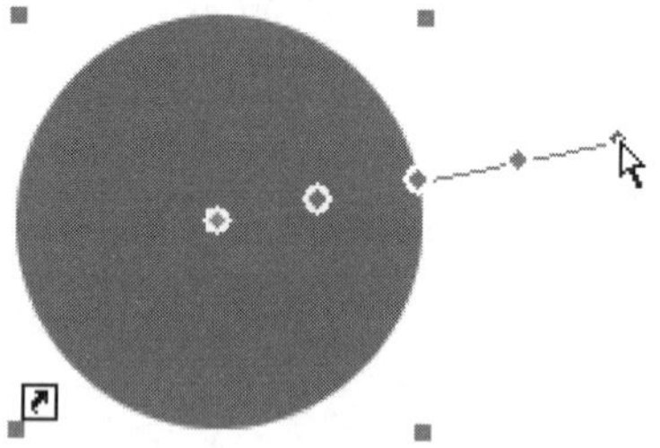

Ziehen Sie an den beiden Punkten, wenn Sie die Entfernung verändern möchten, die das Objekt zurücklegen soll. Verändern Sie gegebenenfalls auch die Richtung. Möchten Sie hierbei die Änderungen in 45-Grad-Schritten vornehmen, halten Sie während des Ziehens die Shift-Taste gedrückt.

- *Richtung*: Geben Sie die Richtung in Grad an, in die das Objekt sich bewegen soll. Benutzen Sie die Gradscheibe oder tragen Sie den gewünschten Wert zwischen 0 und 360 selbst in das Feld ein. Diese Angabe ist nur im Dialogfenster *Animieren* möglich oder Sie nehmen die gewünschten Änderungen direkt in der Instanz auf der Leinwand vor.

- *Skalieren auf* bzw. *Skalierung*: Hiermit können Sie interessante Zoom- und Schrumpf-Effekte erzielen. Geben Sie die prozentuale Größe an, die das Objekt am Ende der Animation haben soll. Dabei bezieht sich dieser auf die im Startframe festgelegte Objektgröße. Geben Sie einen Wert kleiner 100 ein, wenn das Objekt schrumpfen soll und einen Wert größer 100, wenn Sie einen Zoom-Effekt bekommen möchten. Soll sich nichts ändern, lassen Sie den Standardwert 100 hier stehen. Das Ergebnis des Skalierens sieht besonders gut bei Vektorobjekten aus.

- *Opazität (bis)*: Geben Sie einen Anfangswert in das erste und einen Endwert in das zweite Feld ein. Der Grad der Durchsichtigkeit des Objektes kann zwischen 0 und 100 liegen. Dabei bestimmt der Wert 0 die vollkommene Transparenz bzw. Unsichtbarkeit und der Wert 100 gibt dagegen die vollständige Sichtbarkeit und Farbsättigung an. Hiermit können Sie interessante Ein- und Ausblend-Effekte definieren.

- *Drehen*: Tragen Sie den Grad der Rotation in das Feld ein oder bestimmen Sie diesen mit dem Schieberegler. Standardmäßig ist dahinter die Option *Nach rechts* aktiviert. Klicken Sie auf den Button oder aktivieren Sie die Option *Nach links*, wenn Sie die Drehrichtung verändern möchten.

HEISSER TIPP

Klicken Sie im Dialogfenster *Animieren* auf die Schaltfläche *Bearbeiten*, können Sie das Symbol selbst im Symboleditor verändern. Hier können Sie jederzeit dessen Aussehen modifizieren, wobei dann alle animierten Instanzen automatisch aktualisiert werden.

3. Bestätigen Sie Ihre Angaben mit der Enter-Taste bzw. drücken Sie im Dialogfenster *Animieren* auf die Schaltfläche *OK*.

Das Symbol selbst und die hier eingesetzten Objekte können Sie im Symboleditor bearbeiten. Dabei verändert *Fireworks* automatisch die Instanzen, die auf diesem Symbol basieren. Weitere Informationen zu diesen Thema finden Sie in Kapitel 10.

Übung

SMART DISC

Zeichnen Sie einen schönen roten Punkt. Kennen Sie Bond, James Bond? Genau 007! Dann kennen Sie bestimmt auch das Intro mit dem Pistolenlauf und der Kugel.

So ähnlich werden wir jetzt diesen schönen roten Punkt animieren: Konvertieren Sie das Vektorobjekt in ein Animationssymbol und nehmen Sie im Eigenschafteninspektor oder im Dialogfenster *Animieren* die gewünschten Einstellungen vor.

Lassen Sie ihn von links nach rechts wandern, wobei er etwas kleiner wird. Verändern Sie auch dessen Transparenz. Probieren Sie die unterschiedlichen Einstellungen aus. Machen Sie sich auch mit dem Bewegungspfad im Dokumentfenster vertraut.

Das hier gezeigte Beispiels finden Sie auf der CD-ROM unter *13_animation/dot.png*.

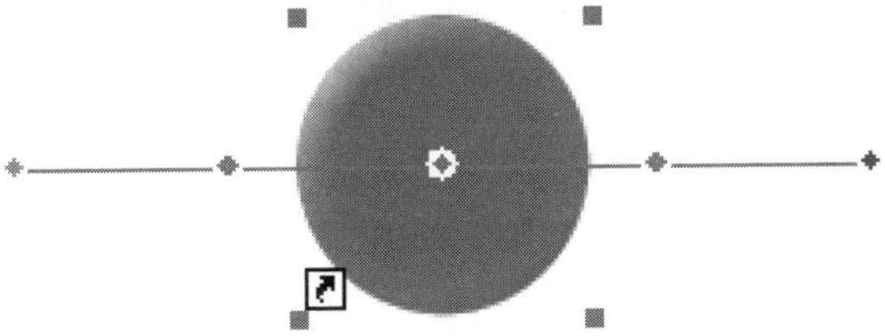

So ähnlich sollte Ihr animierter Punkt dann auf der Leinwand aussehen.

Animation entfernen

Zuvor habe ich bereits angedeutet, dass Sie im Eigenschafteninspektor und im Dialogfenster *Animieren* die Anzahl der eingesetzten Instanzen eines Animationssymbols ändern können.

Falls Sie im Bedienfeld *Bibliothek* das **Symbol löschen**, werden auch all seine Instanzen in den einzelnen Frames bzw. auf der Leinwand gelöscht. Markieren Sie hierzu das entsprechende Symbol und drücken Sie dann auf den Button im gleichen Bedienfeld oder wählen Sie in dessen Optionsmenü den Befehl *Löschen.*

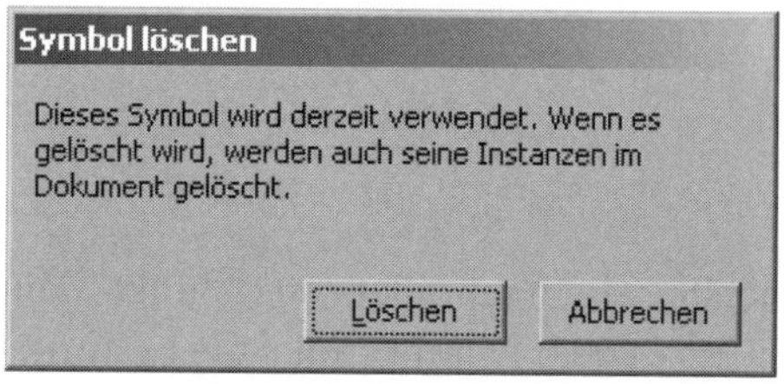

Klicken Sie auf Löschen, wenn Sie das Symbol und seine Instanzen entfernen möchten.

Hierbei gibt es noch eine andere Möglichkeit, bei der das zugrundeliegende Symbol erhalten bleibt und nur die animierte Instanz eliminiert wird.

So heben Sie die Bewegung eines Symbols auf:

1. Markieren Sie im Dokument die animierte Instanz, die Sie entfernen möchten.

2. Wählen Sie in der Menüleiste *Modifizieren | Animation | Animation entfernen.* Die ausgewählte, animierte Instanz wird entfernt. Das Animationssymbol wird in ein Grafiksymbol umgewandelt. Sollten Sie diesen Schritt später wieder rückgängig machen und das Grafiksymbol wieder den Animationsaspekt zuweisen, werden die alten Einstellungen wieder aktiv.

Heben Sie lediglich die Bewegung auf, werden jedoch keine Frames gelöscht. Diese bleiben weiterhin im Bedienfeld *Frame* aufgelistet – allerdings dann ohne animierte Instanz.

So löschen Sie Frames:

1. Öffnen Sie das Bedienfeld *Frame* und markieren Sie die Frames, die Sie entfernen möchten.

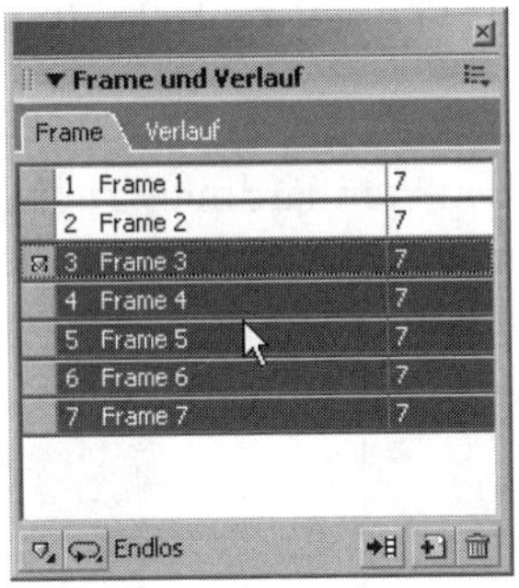

Markieren Sie mit gedrückter Shift- bzw. Strg- (Windows) bzw. Befehlstaste (Macintosh) die Frames, die Sie entfernen möchten.

2. Klicken Sie im Bedienfeld auf den Button oder wählen Sie im Optionsmenü den Befehl *Bild löschen.*

In den folgenden Kapiteln werden wir uns den Frames etwas genauer zuwenden und schauen, welche Möglichkeiten es hier gibt.

Mit Frames arbeiten

Um Grafiken zu animieren, müssen Sie nicht unbedingt mit Symbolen und Instanzen arbeiten. Wie bereits angedeutet, wird der Bewegungsablauf in Frames abgespeichert. Diese werden im Bedienfeld *Frames* erstellt und verwaltet. Beispielsweise können Sie den Namen von Frames ändern, deren Reihenfolge überarbeiten oder die Verzögerungszeit neu einstellen. Auch können Objekte von einem Frame in den anderen kopiert oder verschoben werden.

Über das Bedienfeld *Frame* können Sie eine Animation präzise bearbeiten und so das gewünschte Aussehen festlegen.

Die Frame-Verzögerung

Die einzelnen Frames werden wie bei einem Daumenkino der Reihe nach abgespielt. Dabei legt die eingestellte Frame-Verzögerung fest, wie lange jeder Frame zu sehen sein wird.

So bestimmen Sie die Frame-Verzögerung:

1. Markieren Sie im Bedienfeld *Frame* den Frame, für den Sie die Verzögerungszeit einstellen möchten. Falls Sie mehrere Frames einstellen möchten, halten Sie dabei die Shift- bzw. Strg- (Windows) / Befehlstaste (Macintosh) gedrückt.

2. Doppelklicken Sie auf den standardmäßig eingetragenen Zeitwert im Bedienfeld *Frame* oder öffnen Sie im gleichen Bedienfeld das Optionsmenü und wählen Sie dort den Befehl *Eigenschaften.*

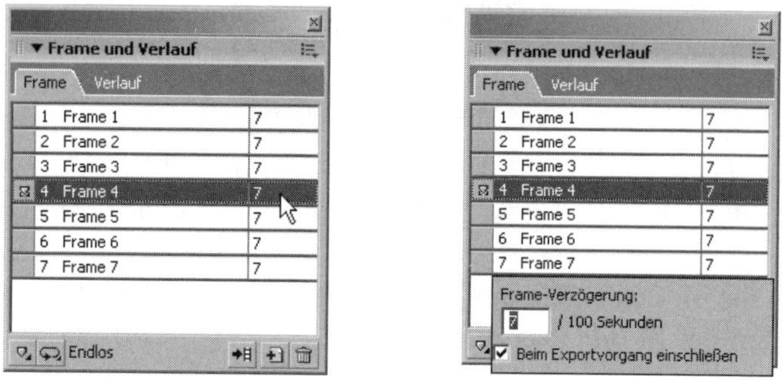

Doppelklicken Sie auf die hinterlegte Verzögerungszeit (links) und bestimmen Sie wie lange der Frame sichtbar sein soll (rechts), bevor der nächste erscheint.

3. Geben Sie den neuen Verzögerungswert in das entsprechende Feld ein. Die Frame-Verzögerung wird in hunderstel Sekunden angegeben. Tragen Sie beispielsweise also den Wert 100 ein, wenn der Frame genau eine Sekunde sichtbar sein soll.

4. Klicken Sie außerhalb dieses Eingabefensters oder bestätigen Sie mit der Enter-Taste, damit der neue Zeitwert übernommen wird und das Fenster wieder geschlossen wird.

Frames hinzufügen und kopieren

Wenn Sie sich die Vorschau der Animation in *Fireworks* selbst (vgl. Kapitel *Vorschau*) oder im Browser ansehen, kann es sein, dass die Bewegung etwas holprig daher kommt. Gut, jetzt könnten Sie die Verzögerungszeit noch einstellen, aber das hilft nicht immer und es hilft schon gar nichts, wenn irgendwelche Zwischenbilder fehlen. Um diese fehlenden Animationssequenzen hinzufügen zu können, benötigen wir ebenfalls zusätzliche, neue Frames.

So fügen Sie weitere Frames hinzu:

1. Klicken Sie im Bedienfeld *Frame* auf den Button *Neu / Frame duplizieren* . Ein neuer Frame wird an das Ende der Liste hinzugefügt. Wiederholen Sie diesen Arbeitsschritt, um weitere Frames einzufügen.

2. Erstellen Sie für jeden Frame die benötigten Objekte.

Möchten Sie einen neuen Frame an eine bestimmte Stelle innerhalb der Frame-Liste einfügen, können Sie den eben erstellen Frame natürlich dorthin verschieben, doch möchten Sie mehrere Frames auf einmal einfügen, ist folgende Vorgehensweise sinnvoller:

1. Markieren Sie den Frame, über oder unter dem Sie weitere Frames einfügen möchten. Die neuen Frames übernehmen dessen Eigenschaften.

2. Wählen Sie im Optionsmenü des Bedienfelds *Frame* den Befehl *Frames hinzufügen.*

3. Geben Sie im Dialogfenster *Frames hinzufügen* in das Feld *Anzahl* ein, wie viele Frames erstellt werden sollen. Es können maximal 100 Frames auf einmal hinzugefügt werden. In der Praxis werden Sie jedoch kaum so viele Frames benötigen.

4. Anschließend bestimmen Sie, an welche Stelle die neuen Frames positioniert werden sollen. Aktivieren Sie die entsprechende Option.

5. Bestätigen Sie mit *OK*, werden die neuen Frames in das Bedienfeld *Frame* eingefügt. Diese Frames haben dann die Eigenschaften des im 1. Schritt markierten Frames.

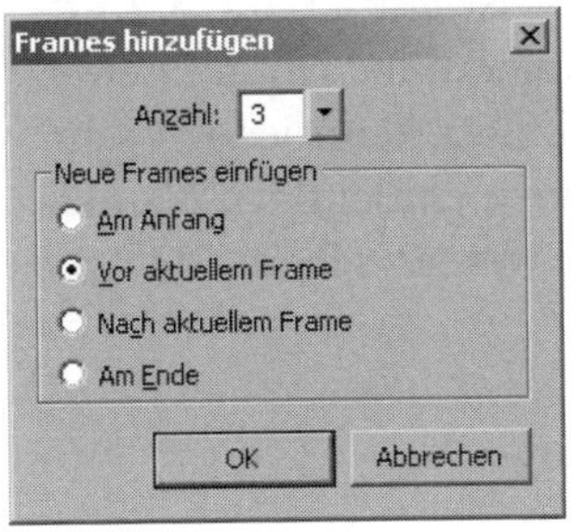

Geben Sie an, wo Sie wie viele neue Frames einfügen möchten.

Eine andere Möglichkeit, die Anzahl der Frames zu erhöhen, ist das Duplizieren. Hierbei werden auch die Objekte bzw. Animationseigenschaften, die auf diesem Frame gespeichert sind, gedoppelt, so dass Sie sehr einfach im neuen Frame Änderungen vornehmen können.

So duplizieren Sie einen Frame:

1. Markieren Sie den Frame, den Sie kopieren möchten.

2. Wählen Sie im Optionsmenü *Frame duplizieren.* Das Dialogfenster *Frame duplizieren* gleicht dem Fenster *Frames hinzufügen.* Die Eingaben sind ebenfalls identisch (s. o.).

   Oder ziehen Sie die markierten Frames auf das Symbol . Mit der zuletzt genannten Variante können Sie auch mehrere ausgewählte Frames auf einmal duplizieren. Wenn Sie auf diese Weise einen einzelnen Frame duplizieren, wird dieser direkt hinter dem Originalframe eingereiht. Duplizieren Sie mehrere Frames, werden alle neu eingefügten Frames im Bedienfeld *Frame* an das Ende der Liste gestellt.

Frames verschieben und benennen

Standardmäßig speichert *Fireworks* alle angelegten Frames einer Animation als *Frame 1, Frame 2,* etc. im Bedienfeld *Frame* ab und nummeriert neue Frames entsprechend weiter.

So verändern Sie die Reihenfolge der Frames:

- Ziehen Sie den Frame einfach bei gedrückter linker Maustaste an die neue Stelle im Bedienfeld *Frame.*

Verschieben Sie nun beispielsweise Frame 5 an die zweite Stelle, wird dieser Frame automatisch in *Frame 2* umbenannt. *Fireworks* möchte dadurch die neue Reihenfolge widerspiegeln. Dies kann jedoch sehr verwirrend werden. Besser geben Sie Ihren Frames einen eindeutigen Namen, so dass Sie immer wissen, was sich wo «abspielt». Sie werden sehen: Die Arbeit wird dadurch wesentlich übersichtlicher.

So benennen Sie einen Frame:

1. Doppelklicken Sie hierzu auf den entsprechenden Frame im Bedienfeld *Frame.*

2. Geben Sie den neuen Frame-Namen in das nun geöffneten Textfeld ein und drücken Sie dann die Enter-Taste.

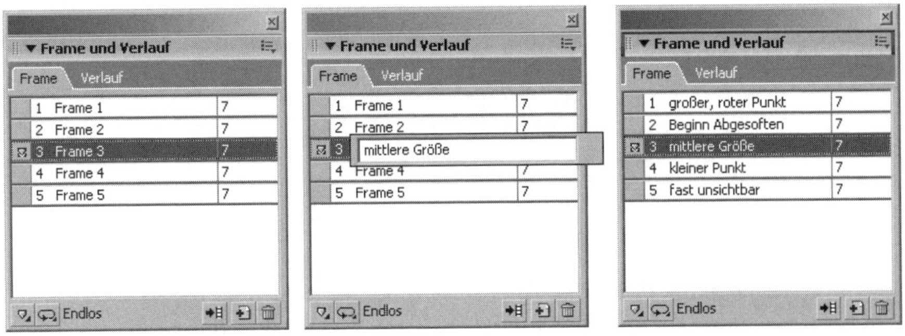

Ein eindeutiger Frame-Name erleichtert häufig die Arbeit.

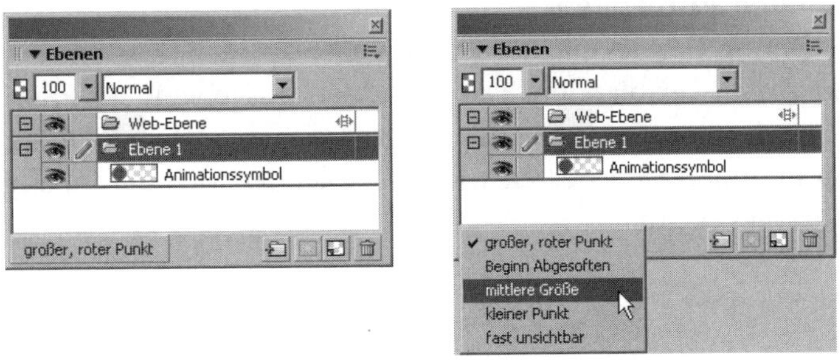

Der Frame-Name wird auch im Bedienfeld «Ebenen» angezeigt. Klicken Sie auf den Button, um in einen anderen Frame zu wechseln.

RAFFINIERT

Möchten Sie nun einzelne Objekte, die auf einem Frame abgelegt sind, in einen anderen Frame verschieben, geht das im Bedienfeld *Frame* ganz schnell:

1. Markieren Sie das Objekt, das Sie verschieben möchten, im Dokumentfenster.

2. Im Bedienfeld *Frame* wird nun neben der Verzögerungszeit das blaue Auswahlsymbol angezeigt. Verschieben Sie dieses an die gewünschte Stelle bzw. den entsprechenden Frame-Eintrag im Bedienfeld. Das Objekt wird dadurch verschoben.

Ziehen Sie das blaue Auswahlsymbol auf den gewünschten Frame. Das Objekt wird in diesen Frame verschoben.

Frames ein- und ausblenden

Sollen bestimmte Frames nicht wiedergegeben werden, können Sie diese im Bedienfeld *Frame* ausblenden. Dabei werden ausgeblendete Frames weder exportiert noch in der Vorschau angezeigt (vgl. Kapitel *Vorschau*). Ausgeblendete Frames können Sie jederzeit wieder einblenden. Standardmäßig sind alle erstellten Frames sichtbar.

So blenden Sie einen Frame aus:

1. Doppelklicken Sie auf die eingetragene Verzögerungszeit eines Frames oder wählen Sie im Optionsmenü des Bedienfelds *Frame* den Befehl *Eigenschaften.*

2. Deaktivieren Sie im angezeigten Fenster die Option *Beim Exportvorgang einschließen.*

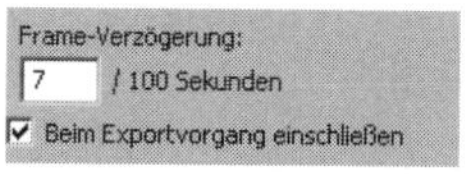

Deaktivieren Sie diese Option, wird der Frame ausgeblendet.

3. Bestätigen Sie mit der Enter-Taste oder klicken Sie auf eine Stelle außerhalb dieses Fensters.

   Im Bedienfeld *Frame* wird nun statt der Frame-Verzögerungszeit hinter dem Frame-Namen ein rotes X angezeigt.

Der mittlere Frame ist ausgeblendet.

Aktivieren Sie entsprechend dem zuvor beschriebenen Arbeitsablauf das Kontrollkästchen *Beim Exportvorgang einschließen* erneut, wird der Frame wieder eingeblendet.

Benötigen Sie einen Frame nicht mehr, sollten Sie ihn löschen, um die Größe der Originaldatei möglichst gering halten.

HEISSER TIPP

Ebene in allen Frames einblenden

Haben Sie Objekte auf einer separaten Ebene gelegt, können Sie bestimmen, dass diese in allen Frames sichtbar sein sollen. Das ist besonders sinnvoll, wenn beispielsweise Hintergrundobjekte statisch in der gesamten Animation erscheinen sollen. Würden Sie diese Objekte in jedem Frame separat ablegen, würde das die Dateigröße und damit später auch die Ladezeit enorm in die Höhe treiben. Die Lösung ist ganz einfach: Sie geben die entsprechende Ebene einfach für alle Frames frei.

So geben Sie eine Ebene für alle Frames frei:

1. Wählen Sie im Bedienfeld *Ebenen* die Ebene aus, die in allen Frames sichtbar sein soll.

2. Anschließend wählen Sie im Optionsmenü den Befehl *Diese Ebene freigeben* aus.

   Oder doppelklicken Sie auf diese Ebene und aktivieren Sie im nun offenen Fenster das Kontrollkästchen *Über Frames freigeben.*

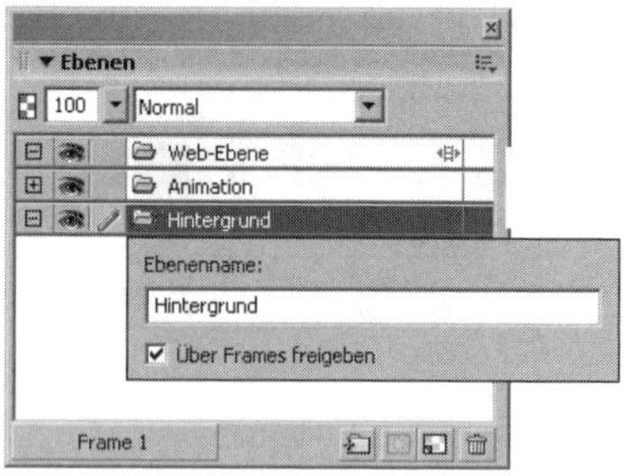

Eine Ebene kann in allen Frames sichtbar sein.

Beachten Sie, dass Objekte, die zwar außerhalb des aktiven Frame, jedoch ebenfalls auf dieser Ebene abgespeichert sind, durch die Freigabe gelöscht werden. Sie geben immer nur die gerade sichtbaren Objekte, der aktiven Ebene frei.

Hinter dem Ebenen-Namen erscheint das Symbol ◂⊞▸ als Zeichen dafür, dass diese Ebene jetzt freigegeben ist. Alle Objekte auf der freigegebenen Ebene sind nun in allen Frames sichtbar.

Um die Freigabe wieder aufzuheben, deaktivieren Sie einfach das Kontrollkästchen *Über Frames freigeben* oder deaktivieren Sie die Option im Optionsmenü.

BEISPIEL

In dem gezeigten Beispiel ist die Überschrift «Kunst & Kultur» auf einer freigegebenen Ebene abgespeichert und damit in allen Frames sichtbar. Die Animation zeigt in einer Art Diashow die einzelnen Kunstwerke.

Während die Bilder sich ändern, ist der Schriftzug «Kunst & Kultur» auf einer freigegebenen Ebene abgespeichert.

Vorschau

In *Fireworks* selbst ist eine Vorschau integriert, mit der Sie den Verlauf der Animation überprüfen können. Diese Vorschau findet im Arbeitsbereich statt.

MERKET AUF!

Wenn Sie die Vorschau im Arbeitsbereich *Original* abspielen lassen, sehen Sie auch das Original, nämlich die Quellgrafik in der besten Auflösung. Beachten Sie, dass beim Exportieren (vgl. Kapitel 15) die Grafikdaten in der Regel komprimiert werden, was mit einem Qualitätsverlust verbunden ist. Daher sollten Sie in den *Vorschau*-Modus wechseln, in dem die für den Export optimierte Animation angezeigt wird. Hier sehen Sie deutlich, wie die Bewegung im Webbrowser ablaufen wird.

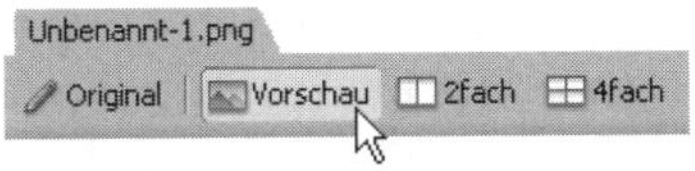

Die Ansicht «Original» zeigt die bearbeitbare Animation. In der Exportvorschau wird die Ansicht im Browser simuliert.

So aktivieren Sie die Vorschau in *Fireworks*:

1. Am besten aktivieren Sie das Vorschaufenster (siehe vorherige Abbildung).

2. Um die Animation zu steuern, klicken Sie auf die Steuerelemente am unteren Rand des Dokumentfensters. Hiermit können Sie die Animation starten, vor- und zurückspulen und anhalten.

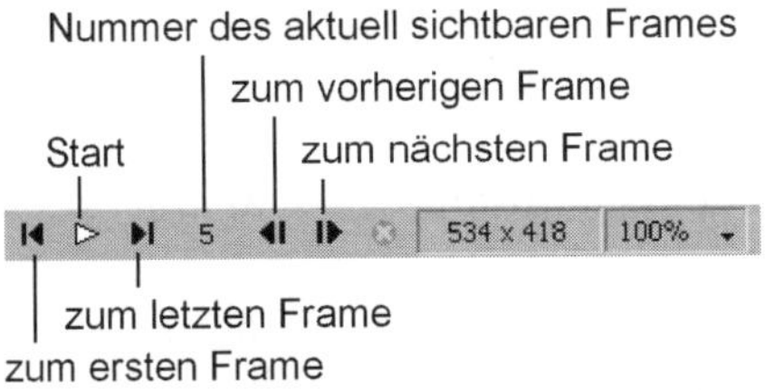

Mit diesen Buttons steuern Sie den Ablauf der Animationsvorschau in «Fireworks».

Läuft die Animation, verwandelt sich die Start- in die Stopp-Taste ■. Klicken Sie hierauf, um die Animation wieder anzuhalten.

Überprüfen Sie den Bewegungsablauf und nehmen Sie eventuelle Korrekturen vor.

Wenn Sie möchten, können Sie sich natürlich auch die Animation im Webbrowser anzeigen lassen. Drücken Sie hierzu *F12* oder wählen Sie *Datei | Vorschau im Browser.*

Ist hier noch kein Primärbrowser eingerichtet – das ist der Browser, der geöffnet wird, wenn Sie *F12* drücken, arbeiten Sie wie folgt:

1. Wählen Sie *Datei |Vorschau im Browser | Primärbrowser einstellen.*

2. Bestimmen Sie die Anwendung (**.exe*) im Dialogfenster *Browser suchen.*

Den Sekundärbrowser stellen Sie analog dazu ein. Falls Sie beispielsweise den *Internet Explorer* von Microsoft als Primärbrowser definiert haben, können Sie den *Netscape Navigator* als Sekundärbrowser einsetzen und so die erstellten Grafiken in beiden Browsern überprüfen.

MERKET AUF!

Im Bedienfeld *Optimieren* müssen Sie die Einstellungen für die Animation vornehmen, damit die Animation tatsächlich im Browser ablaufen kann. Weitere Informationen zu diesem Thema finden Sie in Kapitel 14.

Sind Frames vom Export ausgeschlossen, werden Sie auch nicht in der Vorschau von *Fireworks* angezeigt.

GIF-Animationsschleife

Im Bedienfeld *Frame* können Sie festlegen, wie oft im Browser Ihre Animation durchlaufen soll, bevor das letzte Bild statisch auf der Seite stehen bleibt.

1. Klicken Sie hierzu auf den Button *GIF-Animationsschleife* .

2. Bestimmen Sie im Pull-Down-Menü wie oft die Animation nach dem einmaligen Durchlauf wiederholt werden soll.

   Haben Sie beispielsweise den Wert 2 angegeben, werden alle Frames insgesamt dreimal abgespielt. Ist die Option *Endlos* aktiviert, läuft die Animation so lange wie die Webseite geöffnet ist. In der *Fireworks* Exporteinstellung (s. Kapitel 15) sehen Sie die Auswirkung dieser Einstellung auf die Animation. In der *Fireworks*-Vorschau selbst läuft die Animation stets unendlich weiter.

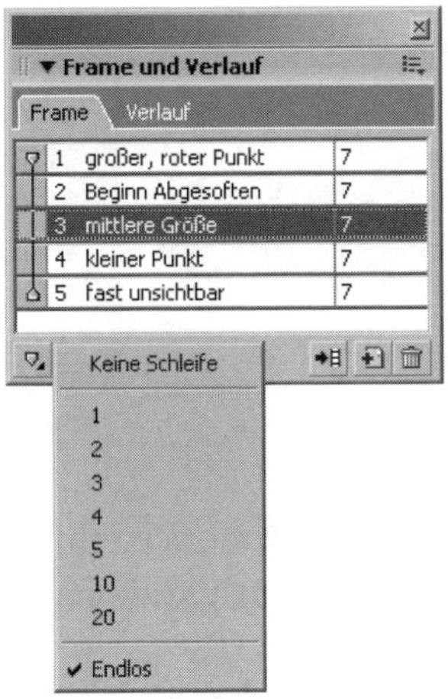

Bestimmen Sie, wie oft die Animation abgespielt werden soll.

Der Zwiebelschichteneffekt

Bei dieser Einstellung handelt es sich um ein Animationsverfahren, bei dem Inhalte bzw. Frames, die vor und nach aktuellem Frame abgespeichert sind, sichtbar sind. Da diese wie bei einem Stapel sehr dünnen und beinahe durchsichtigen Papiers übereinander liegen, können Sie gut erkennen, was sich in der nächsten Animationssequenz abspielen wird. Diese Objekte werden matt dargestellt, so dass Sie dennoch gut erkennen können, in welchem Frame Sie gerade sind.

Dadurch sind Korrekturen leichter möglich, da Sie nicht ständig vor- oder rückwärts steuern müssen. Beispielsweise können Sie die Position von Elementen in den weiteren Frames präziser bestimmen, was eine «flüssigere» Animation zur Folge hat.

So arbeiten Sie mit dem Zwiebelschichteneffekt:

1. Klicken Sie im Bedienfenster Frame auf den Button .
2. *Fireworks* zeigt standardmäßig immer nur den gerade aktuellen Frame im Dokumentfenster an. Daher ist im Menü die Option *Kein Zwiebelschichten-Effekt* aktiviert.

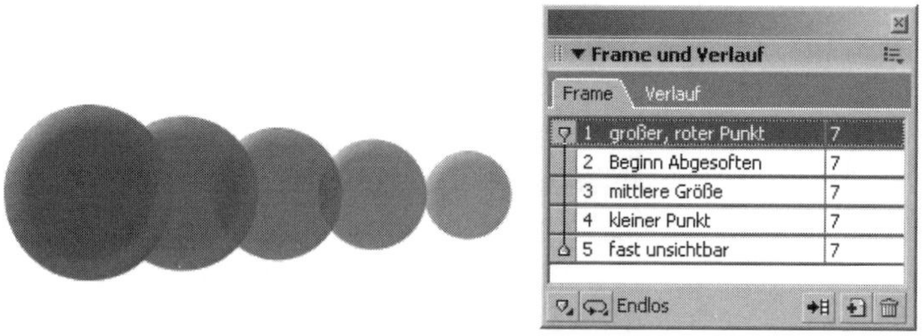

Legen Sie fest, welche Frames als «Zwiebelschichten» angezeigt werden sollen.

Zur Auswahl stehen folgende Optionen, mit denen Sie die Anzeige des Zwiebelschichten-Effekts bestimmen können:

- *Nächsten Frame zeigen*: Außer dem Inhalt des aktuellen Frames wird der des nächsten Frames matt dargestellt.
- *Vorher und Nachher*: Die benachbarten Frames vor und nach dem aktuellen Frame werden angezeigt.
- *Alle Frames zeigen*: Alle Frames werden sichtbar.

- *Benutzerdefiniert*: Aktivieren Sie diese Option, wird folgendes Dialogfenster geöffnet:

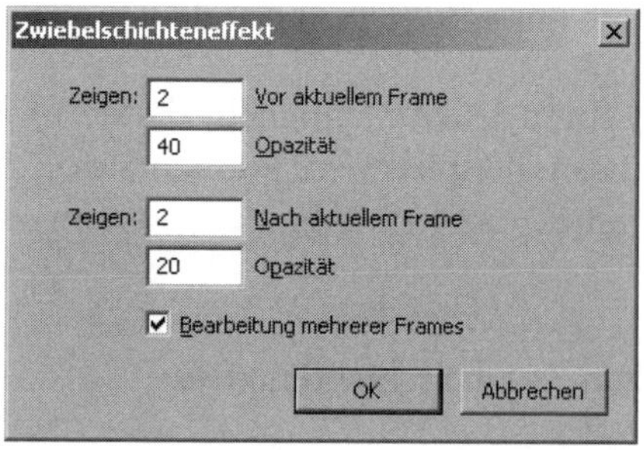

Das Dialogfenster für den benutzerdefinierten Zwiebelschichten-Effekt.

- Geben Sie hier an, wie viele Frames vor und nach dem aktuellen Frame mit jeweils welcher Opazität angezeigt werden sollen.
- Aktivieren Sie das Kontrollkästchen *Bearbeitung mehrerer Frames*, damit die sichtbaren Objekte ausgewählt und bearbeitet werden können – unabhängig davon, auf welchem Frame diese platziert sind. Falls Sie diese Option deaktivieren, können nur sichtbare Objekte des aktuellen Frames ausgewählt werden.

- Haben Sie den benutzerdefinierten Zwiebelschichten-Effekt festgelegt, bestätigen Sie mit *OK*, um zum Bedienfeld zurückzukehren.

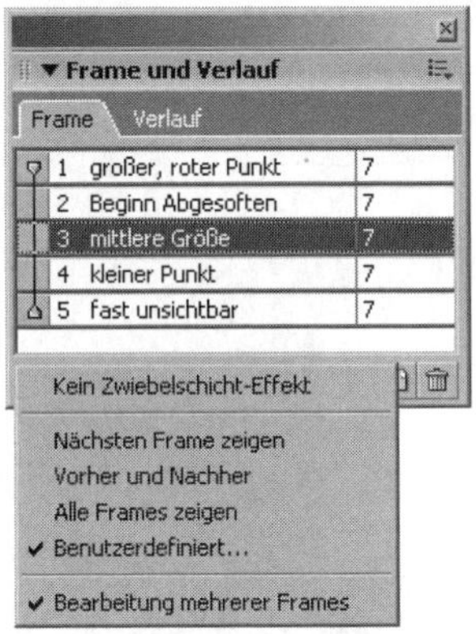

Vor dem eingestellten Zwiebelschichten-Effekt erscheint ein Häkchen. In diesem Beispiel ist die benutzerdefinierte Einstellung identisch mit der Option «Alle Frames zeigen».

3. Möchten Sie nun ein Objekt in einem anderen Frame bearbeiten, wählen Sie es am besten mit dem Werkzeug *Hintere auswählen* aus. Sollte eine Bearbeitung nicht möglich sein, überprüfen Sie, ob die Option *Bearbeitung mehrerer Frames* aktiviert ist. Dies ist standardmäßig der Fall.

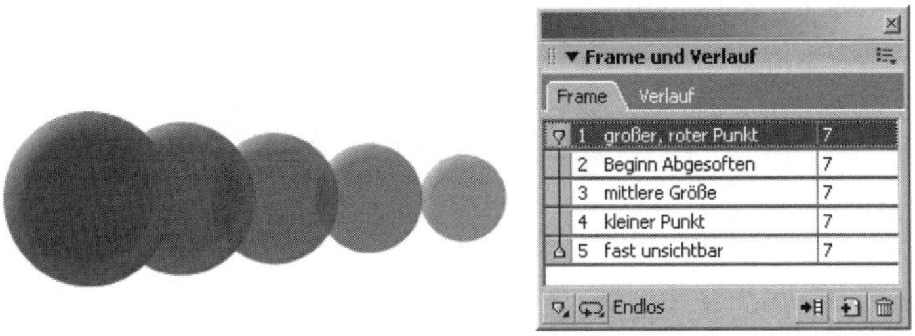

In diesem Beispiel sind im Dokumentfenster alle Frames sichtbar.

POWER USER

Mit dem Befehl *Drehen und Ausblenden* (*Befehle | Kreativ | Drehen und Ausblenden*), können Sie einen erstklassigen Bewegungsablauf des markierten Objektes definieren. Nehmen Sie im Dialogfenster die gewünschten Einstellungen vor und verteilen Sie die einzelnen Instanzen auf unterschiedliche Frames. Dazu gleich mehr...

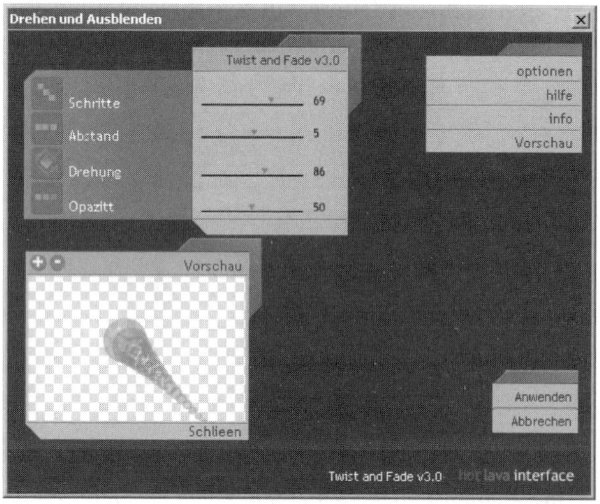

Wenn Sie ein ausgewähltes Objekt drehen und ausblenden, können Sie erstklassige Animationen erstellen.

Tweening von Instanzen

Beim Tweening definieren Sie Schlüsselbilder, also Bilder, die sich wesentlich voneinander unterscheiden. Diese Schlüsselbilder sind nichts anderes als Instanzen des gleichen Symbols, die Sie auf der Leinwand platzieren. *Fireworks* errechnet beim Tweening nun die notwendigen Zwischenbilder bzw. Frames.

Mit dieser Methode können Sie anspruchsvolle Animationen erstellen.

So erstellen Sie ein Tweening:

1. Markieren Sie im Dokumentfenster mindestens zwei Instanzen des gleichen Bibliothekssymbols, die als Schlüsselbilder Bestandteile der Animation sein sollen.

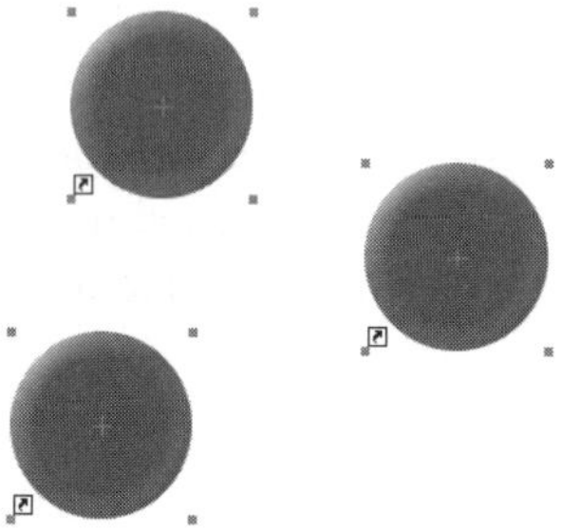

Markierung der «Tween-Instanzen».

2. Wählen Sie in der Menüleiste *Modifizieren | Symbol | Tween-Instanzen.*

3. Geben Sie im Dialogfenster an, wie viele Zwischenbilder *Fireworks* erstellen soll.

   Sollen die einzelnen Bilder auf Frames verteilt werden, aktivieren Sie das Kontrollkästchen *Auf Frames verteilen.* Sie können die einzelnen Tween-Instanzen auch nachträglich auf mehrere Frames verteilen. Wie das geht, erfahren Sie gleich.

4. Bestätigen Sie mit *OK.*

Da drei Schlüsselbilder ausgewählt wurden und das Tweening in drei Schritten erfolgen soll, werden neun Tween-Instanzen erstellt.

So verteilen Sie nachträglich Tween-Instanzen auf mehrere Frames:

1. Markieren Sie die Tween-Instanzen im Dokumentfenster.

2. Klicken Sie im Bedienfeld Frame auf den Button *Auf Frames verteilen* .

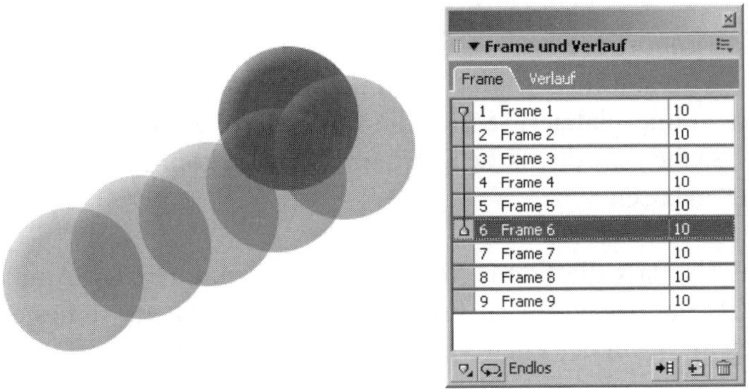

Alle Bilder wurden auf mehrere Frames verteilt, was durch den eingestellten Zwiebelschichten-Effekt sehr gut zu erkennen ist.

Da Sie mit Animationssymbolen weit mehr Möglichkeiten haben, ist diese Methode in der Regel dem Tweening vorzuziehen.

Übung

SMART DISC

Öffnen Sie die Datei *punkt-original.png* mit dem schönen roten Punkt im aktuellen Tutorials-Verzeichnis. Kopieren Sie den Punkt und konvertieren Sie ihn in ein Animations-Symbol. Setzen Sie Instanzen als Schlüsselbilder auf die Leinwand und erstellen Sie die Tween-Animation.

Das zuvor gezeigte Beispiel finden Sie auch auf der CD-ROM im Verzeichnis zu diesem Kapitel (*punkt.png*).

Im *Profi-Workshop 1* werden wir eine komplexe nicht-lineare Animation im Tween-Verfahren erstellen.

Bestehende Animationen verwenden

Sie müssen das Rad nicht neu erfinden, wenn Sie mit *Fireworks* arbeiten. Falls Sie bereits eine Animation (in einer anderen Anwendung) erstellt haben, können Sie dieses animierte GIF in *Fireworks* öffnen oder in eine *Fireworks*-Animation importieren.

Eine Animation aus anderen Anwendungen in «Fireworks» öffnen

Jeder Frame der geöffneten GIF-Datei wird im Bedienfeld *Frames* weiterhin als solcher aufgelistet. Auch bleibt die eingestellte Frame-Verzögerungszeit erhalten.

- Wählen Sie *Datei* | *Öffnen* und bestimmen Sie die GIF-Datei.

Animation importieren

Die Datei wird automatisch in ein Animationssymbol konvertiert und auf dem aktuellen Frame platziert. Sollte die importierte Animation aus mehreren Frames bestehen als die aktuelle *Fireworks*-Datei, können Sie weitere Frames neu erstellen lassen.

Beachten Sie, dass die Frame-Verzögerung der importierten Animation verloren geht. Stattdessen übernehmen die neu eingefügten Frames die Zeitverzögerung, die Sie in der *Fireworks*-Animation definiert haben.

1. Wählen Sie *Datei* | *Importieren* oder klicken Sie auf den Button in der Standard-Symbolleiste.

2. Bestimmen Sie im Dialogfenster *Importieren* die gewünschte Datei.

3. Falls die vorhandenen Frames für die zu importierende Animation nicht ausreichen, erscheint folgendes Dialogfenster:

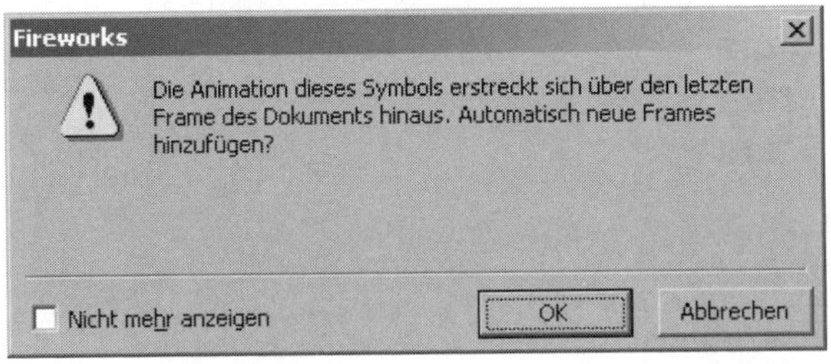

Klicken Sie auf die Schaltfläche *OK*, wenn *Fireworks* automatisch neue Frames hinzufügen soll. Klicken Sie auf *Abbrechen*, werden zwar auch alle Frames importiert, jedoch können nur die angezeigt werden, für die auch ein Frame vorhanden ist. Fügen Sie später weitere Frames hinzu, werden auch die restlichen Bilder angezeigt.

Wie Sie Animationen optimieren, exportieren und abspeichern, erfahren Sie in den Kapiteln 14 und 15.

MERKET AUF!

Bestehende Grafiken als Animation öffnen

Falls Sie mehrere Bilder für eine Animation verwenden möchten, die Sie als separate Dateien abgespeichert haben, können Sie diese direkt in einer neuen Animationsdatei öffnen.

1. Gehen Sie in der Menüleiste auf *Datei | Öffnen.*

2. Wählen Sie die Dateien aus, die Sie als Bildsequenzen innerhalb der Animation verwenden möchten.

3. Aktivieren Sie das Kontrollkästchen *Als Animation öffnen.*

   Fireworks legt automatisch jedes ausgewählte Bild in einem neuen Frame ab. Dabei hängt also die Anzahl der automatisch angelegten Frames von der Anzahl der ausgewählten Bilddateien ab.

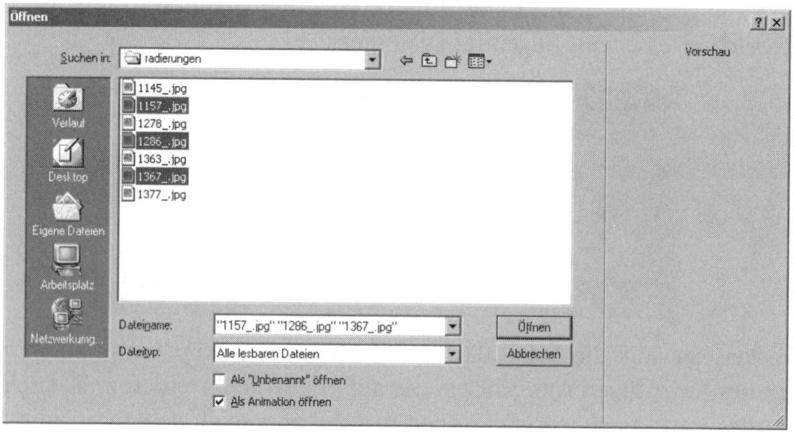

Wählen Sie die Grafikdateien aus und aktivieren Sie das Kontrollkästchen «Als Animation öffnen».

Profi-Workshop 1: Nicht-lineare Animation

Objekte auf einer geraden Linie laufen lassen, ist kein Problem. Doch irgendwie fehlt hier die Spannung. Also probieren wir einmal etwas Ausgefallenes aus. In diesem Workshop animieren wir ein Objekt entlang eines Textpfades. Anstelle von Vektoren können Sie auch ein Bitmap verwenden. Es handelt sich hierbei um einen Hintergrund, auf den eine Bewegung gelegt wird. Hiermit können Sie tolle Effekte zaubern.

Und so geht's:

1. Erstellen Sie ein neues Dokument (*Datei* | *Neu*).

2. Legen Sie einen Pfad an. In meinem Beispiel habe ich mit dem Textwerkzeug den Buchstaben **S** geschrieben. Bitte achten Sie auf eine passable Größe. Der Buchstabe bzw. der Pfad sollte nicht zu klein sein.

3. Erzeugen Sie im Bedienfeld *Ebenen* eine neue Ebene.

4. Zeichnen Sie hier das Objekt, das Sie animieren möchten. Natürlich können Sie auch bereits vorhandene Objekte importieren. In meinem Beispiel habe

ich eine Kugel erstellt. Meine Datei (*s-animation1.png*) finden Sie im Verzeichnis *13_animation* auf der CD-ROM.

HEISSER TIPP

Vergrößern Sie die Ansicht der Leinwand. Damit ist ein genaueres Arbeiten möglich.

5. Markieren Sie das Objekt (hier: die Kugel) und konvertieren Sie dieses in ein Symbol. Sie erinnern sich? Drücken Sie die Taste *F8* oder wählen Sie *Modifizieren | Symbol | In Symbol konvertieren.* Geben Sie dem Symbol einen Namen (hier: *Kugel*). Beim *Typ* muss *Grafik* aktiviert sein.

   Sie können auch im Dialogfenster *Symboleigenschaften* die Option *Animation* auswählen und anschließend im Dialogfenster *Animieren* auf *Abbrechen* klicken.

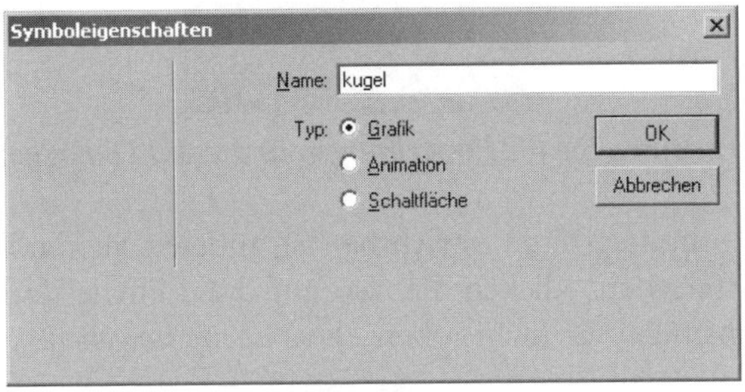

Die Kugel wird in ein Symbol konvertiert.

7. Nun duplizieren wir das markierte Grafiksymbol. Hierfür wählen Sie in der Menüleiste *Bearbeiten | Duplizieren* oder drücken die Tastenkombination *Strg + Alt + D.* Die Anzahl der Duplikate hängt von dem Weg ab, den das Symbol später zurücklegen soll. Das bedeutet, je mehr Ecken und Kurven es gibt, um so mehr Symbole werden für einen fließenden Bewegungsablauf benötigt.

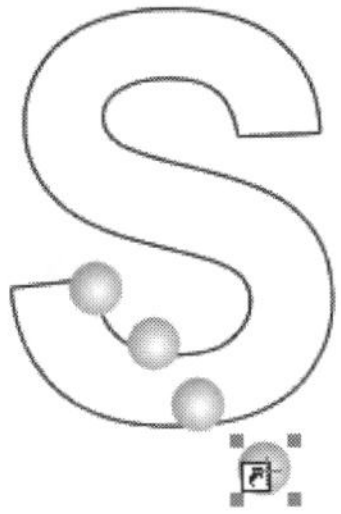

Das Symbol «Kugel» wird mehrmals dupliziert (Strg + Alt + D).

8. Jetzt müssen wir die einzelnen Symbole anordnen. Die Symbole zwischen dem ersten und dem letzten Symbol bestimmen den Weg der Animation. Aus der Anordnung der Symbole ergibt sich die richtige Reihenfolge.

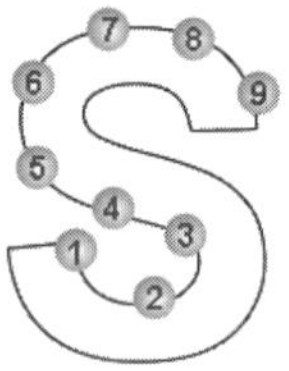

Je mehr Kugeln Sie einsetzen, desto fließender wird die anschließende Animation. Allerdings wird die Datei gleichzeitig auch größer. Die Nummern verdeutlichen die Anordnung.

9. Markieren Sie alle Symbole (*Strg + A*) und wählen Sie *Modifizieren | Symbol | Tween-Instanzen* (*Strg + Alt + Shift + T*).

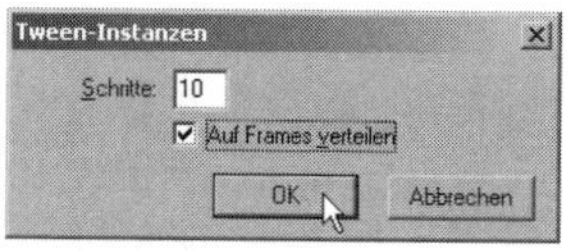

Übernehmen Sie die Einstellungen in diesem Dialogfenster.

10. Damit das **S** in allen Frames sichtbar ist, müssen Sie die Ebene mit dem Text noch freigeben. Klicken Sie also auf diese Ebene und wählen Sie in dem Optionsmenü rechts oben *Diese Ebene freigeben.*

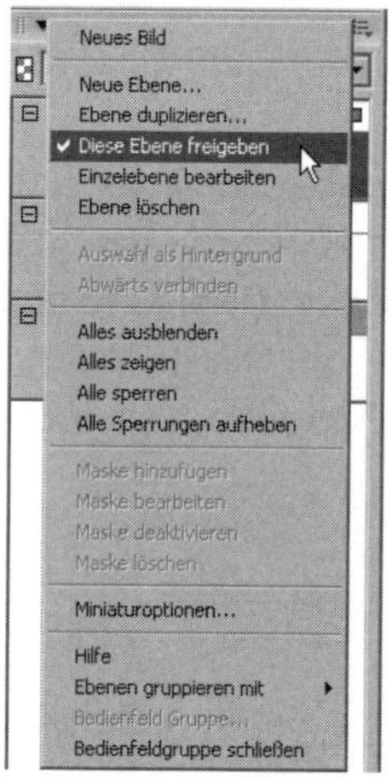

Wählen Sie im Optionsmenü des Bedienfeldes «Ebenen» den Eintrag «Diese Ebene freigeben».

11. Jetzt müssen wir unsere Animation nur noch Exportieren. Fertig!

HEISSER TIPP

Damit die Animation in ihrer tatsächlichen Größe exportiert wird, markieren Sie *Frame 1* und zeichnen ein Segment in der passenden Größe über den Pfad, den Buchstaben S. Anschließend definieren Sie das Segment im Bedienfeld *Optimieren* als Animation. Beachten Sie, dass beim Exportieren dann auch *nur ausgewählten Segmente* exportiert werden. Ansonsten exportieren Sie sehr viele Einzelbilder.

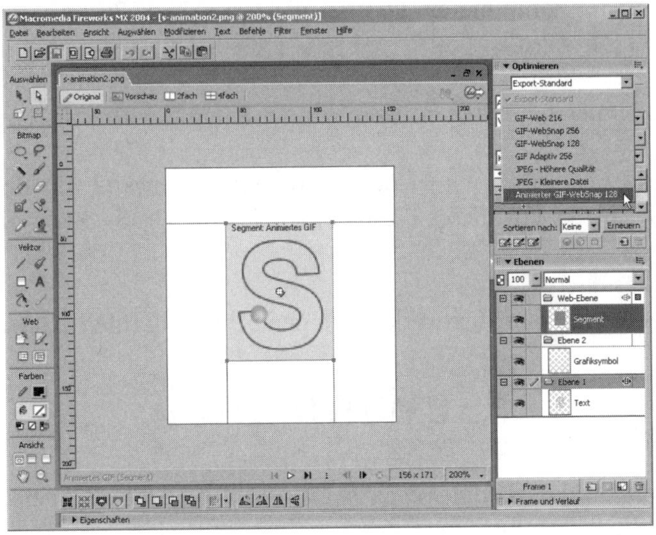

Optimieren Sie die Exporteinstellungen des animierten GIFs.

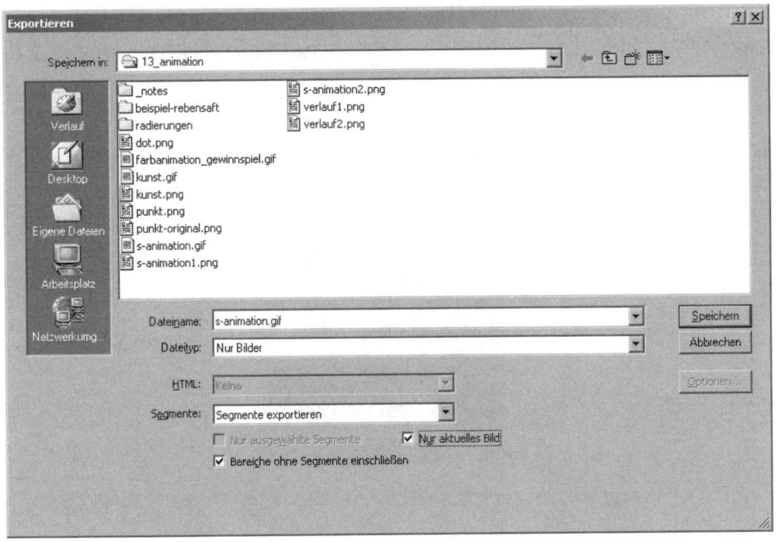

Sie können das Bild zurechtschneiden, indem Sie «nur ausgewählte Segmente» exportieren.

Profi-Workshop 2: Verlauf-Animation erstellen

Anfänger und Fortgeschrittene können mit Textanimationen klasse Effekte erzielen. Während wir im vorherigen Workshop ein Bitmap animiert haben (funktioniert natürlich auch mit Vektorobjekten), wollen wir nun einen Text animieren. Unsere Animation besteht aus einem Farbverlauf. Wenn Sie möchten, können Sie weitere Animationen, wie beispielsweise eine Bewegung oder ein Zoom, damit kombinieren. Das Beispiel zeigt einen Button, der zu einem Gewinnspiel führen soll.

Bevor wir animieren können, müssen wir ein wenig Vorarbeit leisten:

1. Als Erstes benötigen wir wieder einmal eine Leinwand mit der entsprechenden Größe. Für dieses Beispiel habe ich die Größe 300 x 52 Pixel gewählt.

2. Erstellen Sie mit dem Textwerkzeug einen Schriftzug (hier: «Gewinnspiel»).

3. Aktivieren Sie das *Verlaufswerkzeug*  und wählen Sie im Eigenschafteninspektor die Fülloption *Linear* aus.

4. Bestimmen Sie anschließend die Farben für den Verlauf. Klicken Sie hierzu entweder auf den Farbwähler im Eigenschafteninspektor oder auf den in der Werkzeugleiste.

5. Klicken Sie in den Bereich zwischen den beiden Farbreglern. In der folgenden Grafik habe ich diese Stelle mit einem roten Kreis markiert.

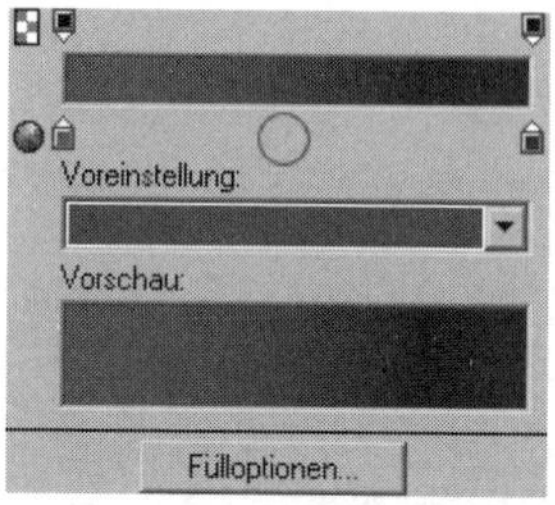

Der rote Kreis zeigt an, an welcher Stelle Sie die weiße Farbe einfügen sollten.

6. Das Farbwahl-Feld ist nun platziert. Klicken Sie auf diesen Regler und wählen Sie in dem erscheinenden Farbkasten die Farbe Weiß (`#FFFFFF`)

aus. Das kommt besonders gut, wenn Sie einen dunklen Hintergrund haben. Sollten Sie, wie ich auch, einen weißen Hintergrund gewählt haben, probieren Sie es am besten mit einem Beige- oder Grauton. Ich habe die Farbe `#CCCCCC` gewählt.

HEISSER TIPP

Der weiße, beige oder graue Farbton in der Mitte sollte auf jeden Fall bei der Verlaufanimation verwendet werden, denn nur so entwickelt sich der gewünschte Glanz-Effekt.

Für die beiden äußeren Farben habe ich Rot (`#AA0000`) und Blau (`#000033`) bestimmt und die Regler etwas näher zur Mitte gezogen

Der Farbverlauf steht; nun folgt die eigentliche Animation:

7. Öffnen Sie das Bedienfeld *Frame.*

8. Erstellen Sie zehn neue Frames, indem Sie im Pull-Down-Menü des *Frame*-Bedienfelds *Frame duplizieren* auswählen. Ich habe sechs weitere Frames nach dem aktuellen Frame eingefügt.

BEDENKEN SIE!

Die Geschwindigkeit ist standardmäßig auf 7 eingestellt. Möchten Sie diese ändern, sollten Sie das vor dem Duplizieren machen!

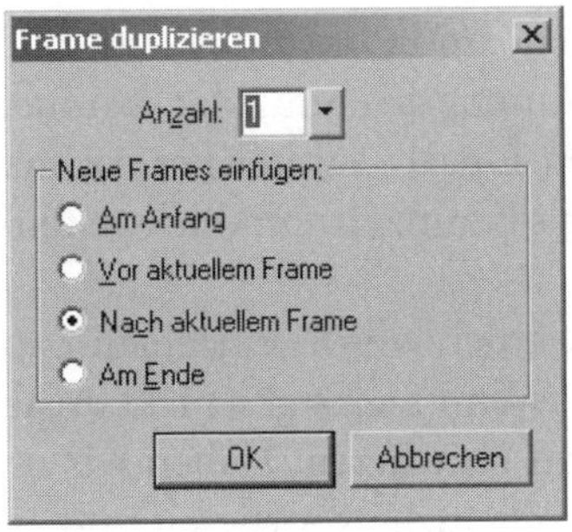

Geben Sie im Dialogfenster «Frame duplizieren» die Anzahl der neuen Frames an und an welcher Stelle diese eingefügt werden sollen.

9. So, jetzt erstellen wir den Effekt, indem wir den hellen mittleren Farbbereich nach rechts und links verschieben. Ausgehend von Frame 4 sollte dieser Bereich in Frame 1, 2 und 3 jeweils einen Schritt nach links und in Frame 5, 6 und 7 jeweils etwas weiter nach rechts verschoben werden. Hier-

zu wählen wir den Text im Arbeitsbereich aus und packen mit der Maus an den sichtbaren Verlaufspunkten an. Natürlich können wir auch den Farbeimer verwenden, doch die Abstände der einzelnen Farben zueinander würden sich dann auch verändern. Probieren Sie doch einfach die unterschiedlichen Einstellmöglichkeiten mal aus.

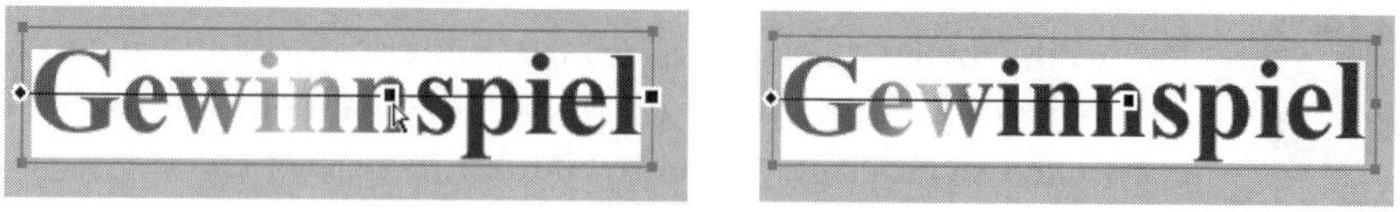

In jedem Frame wird der gesamte Farbverlauf etwas nach links oder nach rechts verschoben. Dazu packen Sie am Start- oder Endpunkt des Verlaufs an. Hiermit verändern Sie den Raum, der ursprünglich einer Farbe zugewiesen war.

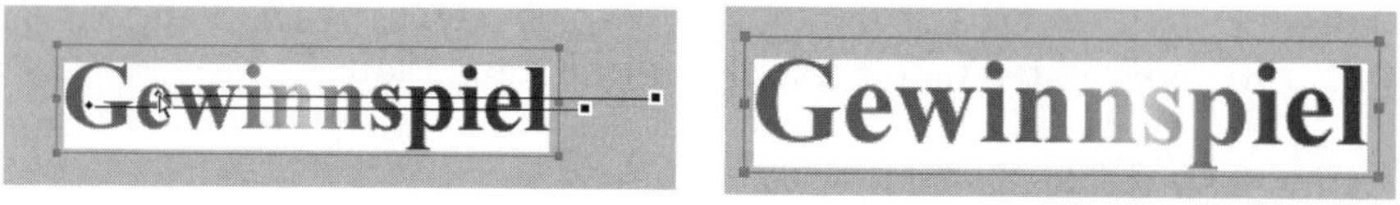

Sollen die Proportionen der einzelnen Farbflächen zueinander erhalten bleiben, verschieben Sie den gesamten Farbverlauf. Beachten Sie, dass Sie hier auch die Richtung des Farbverlaufs verändern können.

Dieses Kapitel hat Sie in die Geheimnisse der Animation eingeweiht. Sie haben zahlreiche Möglichkeiten kennen gelernt. Ob diese bei Ihrem Besucher tatsächlich für einen Aha-Effekt sorgen, oder ob dieser genervt auf eine andere Seite klickt, liegt bei Ihnen. Sie sollten stets bedenken, dass Animationen die Ladezeit einer Webseite enorm in die Höhe treiben können. Machbar ist sehr viel, doch bedenken Sie immer den Sinn, der dahinter steht und überlegen Sie, ob Ihre Seiten durch den Einsatz zahlreicher Animationen den gewünschten Zweck noch erfüllt und als benutzerfreundlich gelten kann.

Im nächsten Workshop werden wir die einzelnen Exporteinstellungen genauer unter die Lupe nehmen. Wenn Sie es geschickt anstellen, können Sie hier die spätere Dateigröße enorm reduzieren. Haben wir unsere Grafiken optimiert, möchten wir diese natürlich auch exportieren und abspeichern. Welche Kniffe es hier in *Fireworks* gibt, zeige ich Ihnen gleich…

14

Grafiken optimieren

Grafiken optimieren

Beim Optimieren der einzelnen Grafiken müssen Sie eine regelrechte Gratwanderung bewältigen, denn einerseits soll die Dateigröße möglichst gering sein, andererseits möchten Sie natürlich auch eine gute Bildqualität erreichen. Bei der Optimierung bestimmen Sie die entscheidenden Größen wie Komprimierung, Farbe und Qualität. Hierbei ist die Wahl des geeigneten Dateiformats von entscheidender Bedeutung. Abhängig von der Art der Grafik kann die Auswahl des geeigneten Formats – und der damit verbundenen definierten Optionen – die Dateigröße stark verringern.

Durch die Bildoptimierung kann eine 672 KB große Datei auf 30 KB verkleinert werden.

In *Fireworks* können Sie die Auswirkungen der unterschiedlichen Optimierungseinstellungen auf Ihre Bilder direkt sehen. Sie müssen nicht in den Webbrowser wechseln, um beurteilen zu können, ob Sie mit dem Export-Ergebnis zufrieden sein werden. Dabei können Sie auch verschiedene Einstellungen nebeneinander betrachten, was die Entscheidung häufig sehr erleichtert.

Haben wir unsere Grafiken optimiert, müssen diese exportiert und abgespeichert werden. Darum ist der Workshop in Kapitel 15 als direkte Ergänzung zu diesem hier zu sehen.

Das werden Sie lernen:

- Dateiformat wählen
- Optimierung von Grafiken
- Unterschiedliche Vorschau-Ansichten
- Arbeiten im Bedienfeld *Optimieren*
- Farbpaletten bearbeiten

Datei für diese Lektion:

SMART DISC

- *14_optimieren/weingut-rebensaft.png*

Grafik- und Dateiformate

Jedes Dateiformat verwendet einen spezifischen Algorithmus zum Komprimieren der Grafikinformationen. Weiterhin kann die Dateigröße durch Reduktion der Farbtiefe verringert werden. Bei 8-Bit-Dateiformaten können Sie auch die verwendeten Farben anpassen und nicht benötigte Farben aus der Farbpalette entfernen. So lässt sich ebenfalls die Dateigröße reduzieren.

Je nach ausgewähltem Grafikformat stehen Ihnen folglich unterschiedliche Optionen zur Verfügung, die wir in diesem Workshop näher kennen lernen wollen. Doch bevor wir darauf näher eingehen, sollten Sie zunächst einmal die unterschiedlichen Dateitypen, die Sie in *Fireworks* erstellen können, kennen lernen.

Je nachdem, welchen Dateityp Sie ausgewählt haben, kann das Erscheinungsbild einer Grafik anders ausfallen. Dabei bestimmt das Design der Grafik wesentlich den optimal verwendeten Dateityp. Während beispielsweise das JPG-Format sehr gerne für Fotos eingesetzt wird, eignet sich das GIF-Format besonders für Schaltflächen mit Text auf einer homogenen Farbfläche.

Da Webbrowser nicht alle Dateitypen unterstützen, spielt der Verwendungszweck ebenfalls eine wichtige Rolle bei der Wahl des geeigneten Dateiformats. Für das Web sind im Prinzip nur drei davon wirklich interessant: JPEG-, GIF- und das PNG-Format. Dabei werden JPEG- und GIF-Dateien von den meisten Browsern dargestellt, dagegen unterstützen nicht alle das PNG-Format.

Andere Dateitypen – wie beispielsweise das TIF-Format – sind ideal für Druckmedien (z. B. Anzeigen) oder Multimediaanwendungen geeignet.

ZEIT GESPART

Oft liegt das Original einer Grafik bereits in irgendeinem Dateiformat vor. Speichern Sie dieses Original an einem sicheren Ort ab. Nichts ist ärgerlicher, als wenn Sie später dieses Original noch einmal benötigen und es nirgends zu finden ist. So können Sie auch nachträglich schnell einige kleine Änderungen vornehmen, ohne die Grafik noch einmal neu erstellen zu müssen.

Bei der Erstellung von Grafiken und dem anschließenden Abspeichern sollten Sie diese Formate nicht beliebig einsetzen, sondern einige Regeln beachten:

GIF-Format (Graphic Interchange Format)

Mit dem GIF-Format können Sie bis zu 256 Farben (8-Bit) abspeichern. Daher sollten Sie sich gut überlegen, welche Art von Bild Sie in diesem Format abspeichern. Ein Foto beispielsweise kann aus mehreren Tausend Einzelfarben bestehen. Auch Farbverläufe benötigen in der Regel mehr Farben, damit diese fließend wirken und tatsächlich als Verläufe erkennbar sind. Hierfür sollten Sie auf das JPEG-Format zurückgreifen (vgl. Kapitel *JPEG- oder JPG-Format*).

Das GIF-Format eignet sich besonders gut für Bilder, die große Bereiche mit ähnlichen Farben zeigen. Hierzu zählen z. B. Navigationsleisten, Buttons, Symbole, Logos und Cartoons. In der Regel werden hierfür wenige, klar voneinander abgegrenzte Farben und Farbtöne verwendet.

Bei einem GIF können Sie eine oder mehrere Farben unsichtbar machen – und damit eine Transparenz definieren. Das bedeutet, falls Ihre Grafik beispielsweise einen transparenten Hintergrund haben soll, müssen Sie das GIF-Format wählen. Da Bilder immer rechteckig sind, können Sie dadurch den Eindruck erwecken, dass das Motiv auf diesem Hintergrund schwebt. Damit lassen sich tolle Effekte entwickeln...

Animierte GIFs

Animierte GIFs bilden eine Variante des Graphics Interchange Format von CompuServe. Wie bei einem Daumenkino enthalten diese GIF-Dateien mehrere Frames bzw. Einzelbilder, die schnell hintereinander angezeigt werden. Diese erweiterte GIF-Spezifikation gibt es seit 1987. Eine Ergänzung im Jahre 1989 ermöglichte weitere Kontrollmöglichkeiten, beispielsweise eine optimale Verzögerung zwischen den einzelnen Bildern.

Auch animierte GIFs sind auf 256 Farben beschränkt. Ein animierter Sonnenuntergang lässt sich nun mal nicht mit so wenigen Farben darstellen. Daher eignen sich solche einfachen Animationen hauptsächlich für Schaltflächen (vgl. Kapitel 11), Grafiken mit einheitlichen Farbflächen, Linien oder Banner. Sie sollten sie nicht für Fotos verwenden.

Mit animierten GIFs können Sie einfache Webanimationen erstellen, die kein Plug-In benötigen. In der Regel gibt es keine Kompatibilitätsprobleme mit unterschiedlichen Browsern und ein Herumbasteln am Server ist nicht notwendig.

Ein Anhalten der Animation ist jedoch nicht möglich. Sie können allerdings die Webseite aktualisieren und damit die Grafik neu laden. Dann startet die Animation wieder mit Frame 1 und läuft wieder bis zum letzten Bild durch.

Wenn Sie möchten, können Sie auch einzelne Frames oder Ebenen aus einer Animation exportieren (vgl. Kapitel 15 *Abspeichern und Exportieren*).

Weitere Informationen zum Thema *Animationen* finden Sie in Kapitel 13.

MERKET AUF!

Soll Ihre Animation viele Farben verwenden und der User den Ablauf steuern können, müssen Sie auf andere Animationsverfahren zurückgreifen. Kontrollierte Wiedergabemöglichkeiten, wie z. B. das Anhalten der Animation, das Starten mit einem mittleren Frame oder das Regeln der Geschwindigkeit, ist mit einem animierten GIF nicht möglich. Hierzu sollten Sie Programme wie Macromedia *Flash*, *Director* oder *Apple QuickTime* einsetzen. Dort können Sie auch Sound hinzumischen.

In *Fireworks* können Sie hierfür auch das SWF-Dateiformat exportieren.

Flash (SWF-Format)

Für das SWF-Format bietet *Fireworks* keine Exportvorschau (vgl. Kapitel 15). Haben Sie die Datei exportiert, können Sie diese in Macromedia *Flash* importieren und dort weiter bearbeiten. Sie können in *Flash* auch mit der Original-PNG-Quelldateiaus *Fireworks* arbeiten. Dabei können Ebenen und Frames erhalten bleiben. Profis arbeiten daher nicht mit dem SWF-Export, da ihnen hier wesentlich weniger Kontroll- und Bearbeitungsmöglichkeiten zur Verfügung stehen.

JPEG- oder JPG-Format (Joint Photographic Experts Group)

JPGs bzw. JPEGs unterstützen zwar keine Transparenz, können dafür aber wesentlich mehr Farben speichern als das GIF. Da dieses Grafikformat bis zu 16-Millionen Farben (24-Bit) enthalten kann, eignet es sich besonders gut für Fotos und Bilder mit kontinuierlichen Farbtönen (Farbverläufe / Übergänge, Schatten, etc.). Dabei können Sie unterschiedliche Qualitätsstufen einstellen: Je höher die Bildqualität ist, desto größer wird die Datei und damit erhöht sich auch die Ladezeit bzw. die Übertragung der Grafik. Achten Sie deshalb beim Komprimieren auf einen guten Ausgleich zwischen Qualität und Dateigröße. Schließlich wartet im Web niemand gerne auf eine eingebaute Grafik in einer erstklassigen Qualität, die der Bildschirm nicht wiedergeben kann und die daher hier gar nicht notwendig ist. Gute Qualitäten müssen nicht im MB-Bereich liegen!

HEISSER TIPP

Ausnahmen bestätigen manchmal die Regel. Wenn Sie sich nicht sicher sind, ob ein GIF oder ein JPG das richtige Format ist, speichern Sie die Grafik in beiden Formaten ab und vergleichen Sie. Eigentlich hätte ich die in der folgenden Abbildung gezeigte Navigationsleiste im JPG-Format abspeichern können, da hier ein Schlagschatten hinter der Schrift liegt. Entschieden habe ich mich jedoch für das GIF-Format, da das Ergebnis hier wesentlich besser aussieht und gleichzeitig noch mit einer etwas geringeren Dateigröße verbunden ist. Zwar sind es nur wenige Byte, doch Kleinvieh macht ja bekanntlich auch Mist.

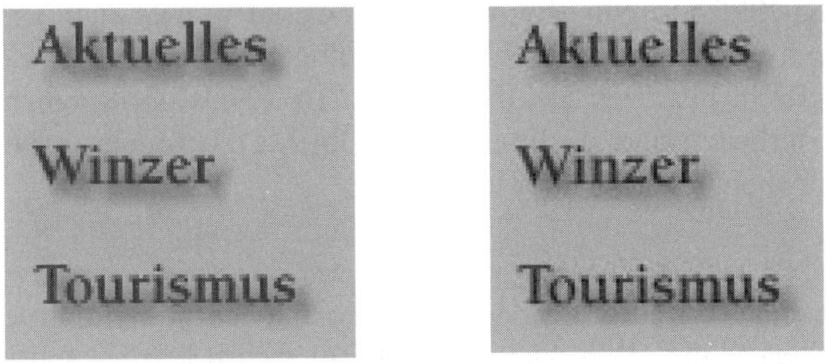

Die Navigationsleiste links ist im GIF-Format abgespeichert; rechts als JPG. Obwohl hinter der Schrift ein Schatten liegt, liefert das GIF eine bessere Qualität, verbunden mit einer etwas kleineren Dateigröße (GIF: 3,15 KB, JPG: 3,54 KB).

Speichern Sie ein JPG wieder im JPG-Format, geht wieder ein Teil der Farb-Information verloren – auch wenn Sie die Qualität auf 100 % einstellen. Darum sollten Sie hierfür die Originaldatei verwenden, die hoffentlich in einem anderen Grafikformat vorliegt – in *Fireworks* ist das das PNG-Format:

PNG (Portable Network Group)

PNGs bestechen durch ihre Flexibilität, denn Sie können nahezu jedes Bild optimal als PNG abspeichern. Ein weiterer Vorteil ist die in der Regel geringe Dateigröße. Einen Haken hat die Sache allerdings: Das PNG-Format wird nicht von allen Browsern unterstützt. So interpretieren der *Microsoft Internet Explorer* ab Version 4.0 und der *Netscape Navigator* ab der Version 4.04 dieses Format. Bei älteren und anderen Browsern sollten Sie auf jeden Fall erst einmal testen, ob die Grafik angezeigt wird.

PNGs bilden einen patentfreien Ersatz für GIF-Dateien. Sie unterstützen Bilder mit indizierten Farben, Graustufen, Echtfarben und den Alphakanal zur Transparenzdarstellung. Das PNG-Format unterstützt bis zu 32-Bit-Farben.

PNGs sind das programmeigene Dateiformat von *Fireworks*, das anwendungsspezifische Informationen speichern kann. Haben Sie hier eine Grafik erstellt und **speichern** Sie diese als PNG ab, können Sie nachträglich in *Fireworks* (!) alle Ebenen, Vektoren, Farben, Effekte, etc. bearbeiten, denn alle Elemente Ihres Originals bleiben erhalten (vgl. Kapitel 15).

FEHLERTEUFEL

Da nahezu alle visuellen Browser die Formate GIF und JPG unterstützen, sollten Sie diese einsetzen und nur bei Intranetprojekten, in denen Browser und Zielgruppe fest definiert sind, unter Umständen auf das PNG-Format zurückgreifen. Soll ein Intranet-Auftritt mit PNG-Bildern in einen Internet-Auftritt portiert werden, sollten Sie die PNG-Bilder in ein JPG- oder GIF-Format umwandeln. In *Fireworks* müssen Sie also das Original-PNG als webfähige GIFs oder JPGs **exportieren** (vgl. Kapitel 15). Beachten Sie, dass exportierte PNGs nachträglich nur sehr schwer zu bearbeiten sind, da die einzelnen Objekte nicht mehr separat und auf mehreren Ebenen exportiert werden.

WBMP

Die Palette des «Wireless Bitmap»-Grafikformat enthält nur zwei Farben, nämlich Schwarz und Weiß. Diese 1-Bit-Format wird häufig für WAP-Seiten («Wireless Application Protocol» – Übertragungsprotokoll bei Mobiltelefonen) verwendet.

TIFF / TIF

Das «Tagged Image File Format» wird häufig bei der Arbeit mit Druckmedien verwendet. In diesem Format werden Bitmap-Grafiken abgespeichert, die dann in zahlreiche Multimedia-Anwendungen importiert werden können.

BMP

Auf Windows-Systemen wird dieses Format, das ebenfalls für Rastergrafiken verwendet wird, gerne eingesetzt. Wen wundert's? Schließlich ist das BMP-Grafikformat von Microsoft Windows und kann mittlerweile von zahlreichen Programmen importiert werden.

PICT

Dieses von Apple entwickelte Grafikdateiformat wird häufig auf Macintosh-Systemen verwendet. Nahezu alle Macintosh-Anwendungen können dieses Format importieren.

MERKET AUF!

Werden zwischen PC und Mac Grafikdokumente ausgetauscht, sind die Formate BMP bzw. PICT eine gute Wahl. Aber auch die zuvor erwähnten Grafikdateien stellen mittlerweile keine Probleme mehr dar.

Die Wahl des geeigneten Dateiformats ist Grundvoraussetzung bei der Optimierung der zu exportierenden Grafik. Für jedes Format gibt es charakteristische Optimierungsoptionen.

Das Bedienfeld «Optimieren»

Die wichtigsten Einstellungen für den Optimierungsprozess finden Sie im Bedienfeld *Optimieren.* So können Sie hier beispielsweise den Grad der Komprimierung einstellen oder die Farbpalette bei 8-Bit-Dateiformaten bearbeiten.

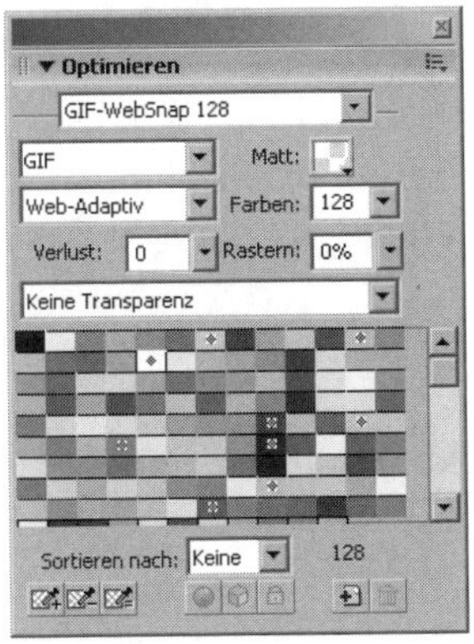

Das Bedienfeld «Optimieren».

In Kapitel 12 haben wir außerdem gesehen, dass im Eigenschafteninspektor die Exporteinstellungen für Segmente definiert werden. Sie müssen ein Dokument niemals einheitlich optimieren, sondern können unterschiedliche Optimierungseinstellungen bestimmten ausgewählten Bereichen zuweisen.

Auch der Arbeitsbereich bietet Vorschau-Fenster an. Die einfache Vorschau haben wir bereits kennen gelernt. Dieses Fenster wird sichtbar, wenn Sie auf den Button Vorschau oberhalb des Dokumentfensters klicken. Rechts daneben finden Sie ebenfalls Schaltflächen für die einfache und die doppelte Vorschau (vgl. Kapitel *Die Vorschau* und Kapitel 15 *Die Exportvorschau*).

ERSTE HILFE

Falls *Fireworks* die einzelnen Einstellungen selbst vornehmen soll, benutzen Sie den Export-Assistenten (vgl. Kapitel 15). Gerade für Anfänger ist dieser eine wertvolle Hilfe, da er durch die einzelnen Optimierungs- und Exportprozesse führt und die Einstellungen entsprechend Ihrer allgemeinen Angaben eigenständig durchführt. Profis nehmen die Optimierungen lieber im Arbeitsbereich direkt vor, da hier detailliertere Angaben möglich sind und das Ergebnis besser und gezielter gesteuert werden kann.

Allgemeine vordefinierte Optimierungseinstellungen

Im Bedienfeld *Optimieren* und im Eigenschafteninspektor können Sie der aktuell angezeigten Grafik bzw. deren Segmente vordefinierte Einstellungen zuweisen. Dabei handelt es sich um spezifische Einstellungen des Dateiformats, die mit bestimmten Optionen verbunden sind. Diese können Sie übernehmen oder verändern – wie das geht, erfahren Sie in den nächsten Abschnitten.

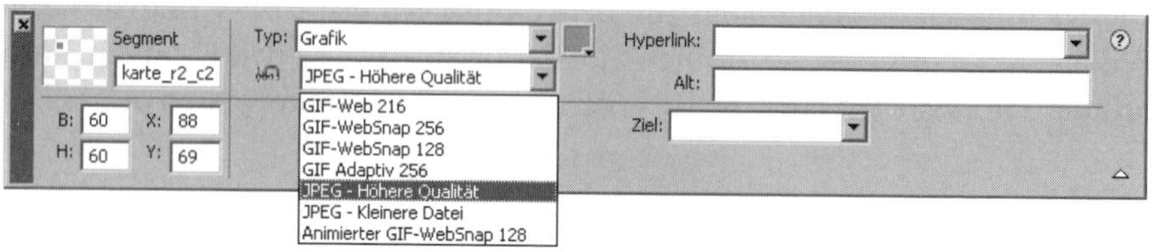

Jedes Segment kann in einem anderen Dateiformat mit vordefinierten Einstellungen exportiert werden.

So bestimmen Sie eine Optimierung:

1. Öffnen Sie das Bedienfeld *Optimieren*, indem Sie in der Menüleiste *Fenster | Optimieren* auswählen.

2. Falls Sie nicht die komplette aktuelle Grafikdatei optimieren möchten, wählen Sie das entsprechende Segment aus. Möchten Sie mehreren Segmenten die gleichen Optimierungseinstellungen zuweisen, markieren Sie diese mit der linken Maustaste im Dokumentfenster und halten Sie dabei die Shift-Taste gedrückt. Segmenten können Sie auch im Eigenschafteninspektor eine vordefinierte Exporteinstellung zuweisen.

3. Wählen Sie im Pull-Down-Menü eine vordefinierte Einstellung aus. Diese richtet sich zunächst nach dem ausgewählten Dateiformat:

- *GIF-Web 216*: Es werden ausschließlich die 216 websicheren Farben eingesetzt.

- *GIF-WebSnap 256*: Nicht websichere Farben werden in ähnliche websichere Farben konvertiert. Die Farbpalette besteht aus maximal 256 Farben.

- *GIF-WebSnap 128*: Nicht websichere Farben werden in ähnliche websichere Farben konvertiert. Die Farbpalette besteht aus maximal 128 Farben.

- *GIF Adaptiv 256*: Die tatsächlich verwendeten Farben werden exportiert, wobei die Farbpalette maximal 256 Farben enthalten kann.

- *JPEG – Höhere Qualität*: Qualität = 80; Glätten = 0; Verbunden mit der höheren Qualität ist eine größere Grafikdatei.

- *JPEG – Kleinere Qualität*: Qualität = 60; Glätten = 2; Verbunden mit der verminderten Qualität ist eine kleinere Grafikdatei. Dabei können Sie hier davon ausgehen, dass diese Einstellung etwa halb so große Dateien produziert wie die Einstellung *JPEG – Höhere Qualität*.

- *Animierter GIF-WebSnap 128*: Dieses Dateiformat für Animationen konvertiert Farben in websichere Farben, wobei die Farbpalette maximal 128 Farben enthalten kann.

MERKET AUF!

Informationen zu den 216 websicheren Farben erhalten Sie in Kapitel *Farbpaletten optimieren* dieses Workshops und in Kapitel 7 *Websichere Farben*.

4. Definieren Sie formatspezifische Optionen (z. B. Farben, Rastern, Transparenz, Qualität, Glätten).

POWER USER

Sollte Ihre favorisierte Optimierungseinstellung nicht im Bedienfeld *Optimieren* bzw. im Eigenschafteninspektor hinterlegt sein, können Sie Ihre eigenen Einstellungen definierten und abspeichern. Diese werden dann in den beiden Fenstern ebenfalls hinterlegt.

Die Vorschau

Möchten Sie die Auswirkungen der eingestellten Optimierung gleich im Arbeitsbereich überprüfen und dann entscheiden, welche Einstellungen am besten für den Export geeignet sind, klicken Sie auf den entsprechenden Ansichtsbutton in der linken oberen Ecke des Dokumentfensters.

Die Auswirkungen der Optimierungseinstellungen sehen Sie in den Vorschaufenstern für den Export.

Vorschau-Ansichten öffnen und einsetzen

Standardmäßig zeigt *Fireworks* die Original-Ansicht. In diesem Modus bearbeiten Sie die Grafik. Am unteren Rand des Fensters sehen Sie das eingestellte Dateiformat. Falls Sie bereits einmal in ein anderes Ansichtsfenster gewechselt haben, können Sie hier ebenfalls die geschätzte Dateigröße und die damit verbundene Ladezeit ablesen. Dabei berücksichtigt die mögliche Downloadzeit, die sich auf ein 56-KB-Modem stützt, alle Segmente und Frames des Dokuments.

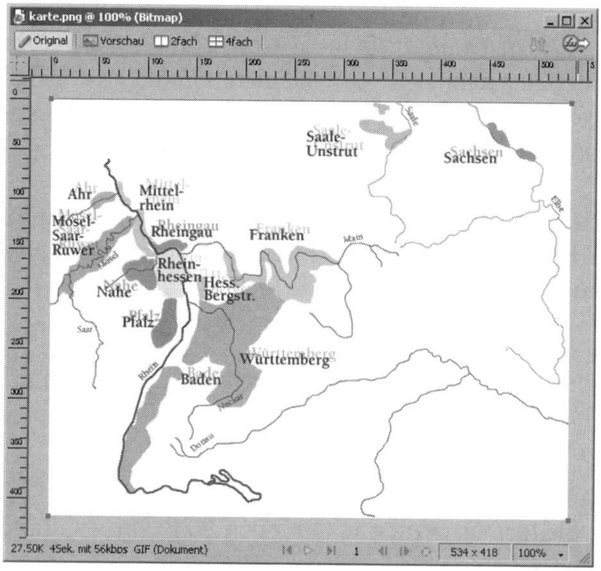

Der «normale» Arbeitsbereich – das Ansichtsfenster «Original».

Die einfache Ansicht «Exportvorschau» zeigt, wie die Grafik später – also nach dem Export – mit den eingestellten Optimierungsoptionen im Browserfenster erscheinen würde.

Die zweifache Vorschau zeigt ein geteiltes Fenster, in dem jeweils eine Ansicht der potenziellen Exportgrafik mit den eingestellten Optimierungen zu sehen ist.

Die vierfache Vorschau zeigt vier Fenster, in denen Sie bis zu vier unterschiedliche Optimierungen einstellen können.

So definieren Sie unterschiedliche Optimierungen in den einzelnen Vorschaufenstern:

1. Wählen Sie die gewünschte Anzahl der Export-Ansichten aus.
2. Aktivieren Sie ein Fenster, indem Sie auf dieses klicken. Die so ausgewählte Ansicht ist schwarz umrahmt.

ERSTE HILFE

Falls Sie in der Vorschau Segmente und Segmenthilfslinien sehen sollten, können Sie diese auch ausblenden, indem Sie in der Werkzeugleiste auf den Button klicken.

3. Definieren Sie im Bedienfeld *Optimieren* die neuen Einstellungen. Bestätigen Sie mit der Enter-Taste oder klicken Sie an eine andere Stelle des Programms. Diese Einstellungen werden dann automatisch im unteren Teil der Ansicht gezeigt, wobei Dateigröße und Ladezeit neu berechnet werden.

   Wiederholen Sie diese Arbeitsschritte in den anderen Vorschaufenstern, um weitere Optimierungseinstellungen zu vergleichen.

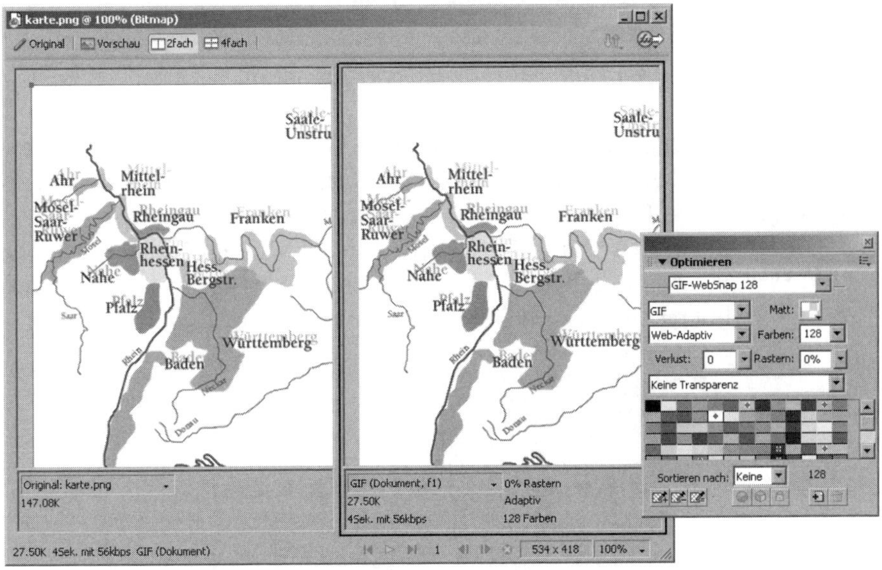

Die Optimierungseinstellungen des rechten aktivierten Vorschaufensters werden auch im Bedienfeld «Optimieren» angezeigt.

Bei der mehrfachen Vorschau zeigt *Fireworks* standardmäßig im ersten Vorschaufenster das Original an. Auch im vorherigen Beispiel ist links noch das

Originalbild zu sehen. Auch hier können Sie die Auswirkungen einer optimierten Einstellung betrachten.

- Klicken Sie auf den Pfeil unter dem Vorschaubereich und wählen Sie in dem nun offenen Pull-Down-Menü die Option *Exportvorschau.*

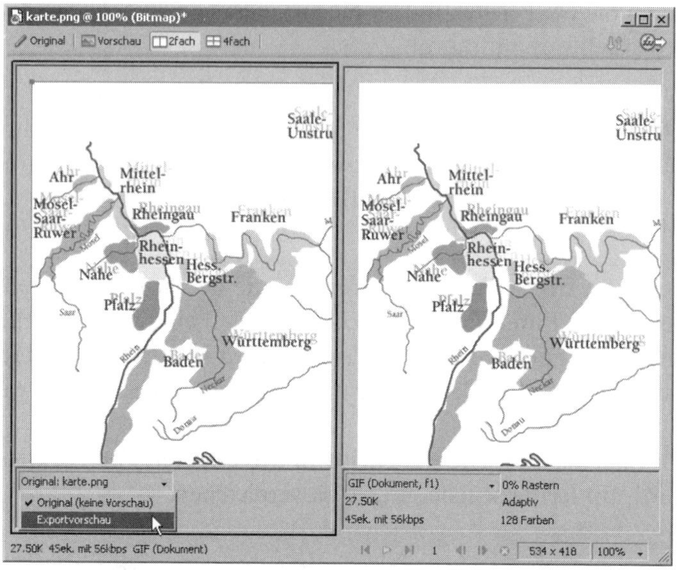

Jedes Vorschaufenster kann das Original oder die optimierte Ansicht zeigen.

POWER USER

Möchten Sie schnell die aktuelle Grafik im Browser betrachten, drücken Sie F12 und der unter *Datei | Vorschau im Browser* definierte Primärbrowser wird geöffnet und zeigt die temporär exportierten Dateien (Grafik- und HTML-Dokumente an). Die Browservorschau können Sie auch über das Schnellexport-Symbol rechts oben im Dokumentfenster öffnen.

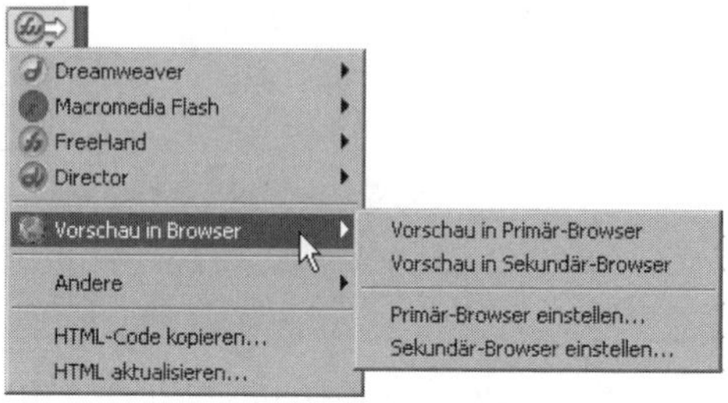

Ein schneller Export in eine andere Anwendung…

Weitere Informationen über das Exportieren von Dateien in andere Anwendungen erhalten Sie im Kapitel 15 (*Zwischenablage und Schnellexport*).

Segmente optimieren

Im vorherigen Abschnitt haben wir das gesamte Bild optimiert. Falls Sie nun Segmente definiert haben, können Sie jeden Bereich separat optimieren und so die geeignetste Einstellung auswählen.

Dank der Segmentüberlagerung lassen sich diese Segmente sehr gut vom übrigen Dokument unterscheiden, denn hier wird der Bereich außerhalb des Segments matt dargestellt, während das Segment optimiert erscheint.

So aktivieren und deaktivieren Sie die Segmentüberlagerung:

- Wählen Sie in der Menüleiste *Ansicht | Segmentüberlagerung*. Ist hinter diesem Eintrag ein Häkchen zu sehen, ist diese Vorschauansicht aktiviert.
- Achten Sie darauf, dass der Button  gedrückt ist. Nur wenn Segmente angezeigt werden, erscheint auch die Segmentüberlagerung.

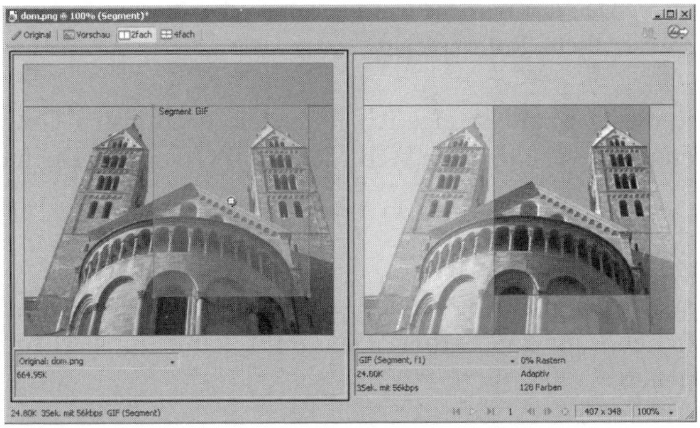

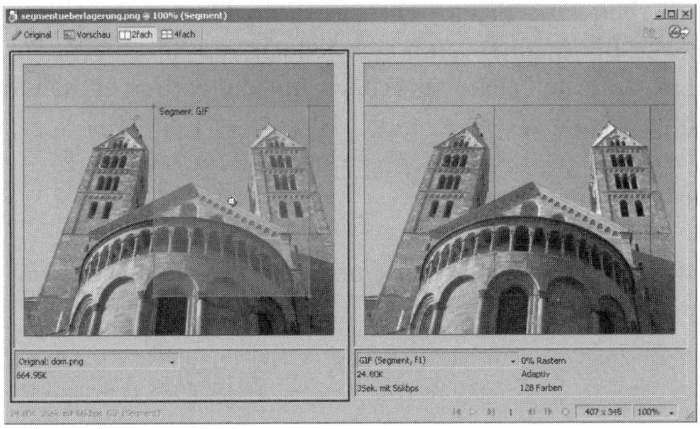

Die Abbildung oben wurde mit aktivierter Segmentüberlagerung erstellt, bei der unteren ist diese Ansicht deaktiviert.

ERSTE HILFE

Achtung! In der Exportvorschau können Sie keine einzelnen Segmente exportieren, sondern immer nur die ganze Grafik. Um die optimierten Segmente abzuspeichern, wählen Sie in der Menüleiste *Datei | Exportieren*. Weitere Informationen hierzu finden Sie in Kapitel *Segmente exportieren*.

Optimieren hat auch sehr viel mit Ausprobieren zu tun. Experimentieren Sie! Probieren Sie die unterschiedlichen Optimierungsoptionen aus und entscheiden Sie, bei welcher Einstellung Qualität und Dateigröße in einem guten Verhältnis stehen. In diesem Workshop lernen Sie hierzu die wichtigsten Regeln und Einstellungsmöglichkeiten kennen.

Benutzerdefinierte Optimierungseinstellungen

In den folgenden Abschnitten werde ich Ihnen die Optimierungseinstellungen im Bedienfeld *Optimieren* näher vorstellen. Dabei werde ich auf die wichtigsten 8-Bit-Dateiformate wie GIF, PNG, TIFF, BMP und PICT eingehen, die am besten optimiert werden können. Sie werden sehen, dass Farben bzw. Farbpaletten hierbei eine wesentliche Rolle spielen.

Gegen Ende dieses Kapitels zeige ich Ihnen die wichtigsten Optimierungseinstellungen für das ebenfalls im Web wichtige JPG-Format. Doch der Reihen nach…

Der Palettenindex

Charakteristisch für alle 8-Bit-Bilder, wie beispielsweise GIFs, ist die Farbpalette, bestehend aus 256 Farben. Die Grafik kann nur Farben aus dieser Palette darstellen.

Je weniger Farben eine Palette enthält, desto kleiner wird die exportierte Dateigröße, die Bildqualität kann sich jedoch verschlechtern. So sollten Sie darauf achten, dass die Palette tatsächlich nur die Farben enthält, die für Ihre Grafik benötigt werden.

So optimieren Sie die Farbpalette:

1. Bestimmen Sie im Bedienfenster *Optimieren* die gewünschte Farbpalette im Pull-Down-Menü *Palettenindex*.

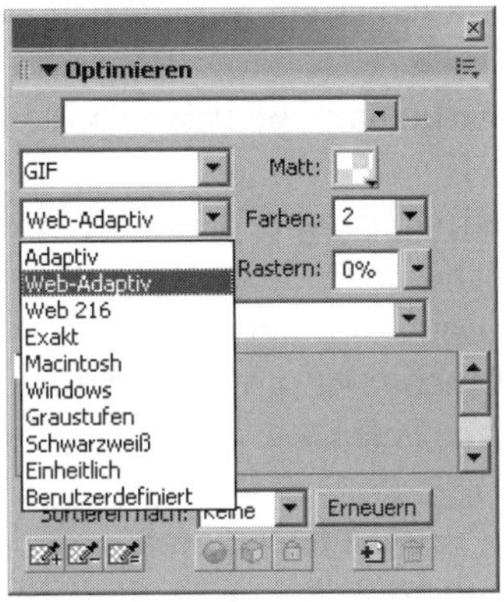

Richten Sie im Bedienfeld «Optimieren» eine Farbpalette ein.

Hier können Sie zwischen folgenden Farbpaletten wählen:

- *Adaptiv*: Diese angepasste Farbpalette enthält nur die Farben, die tatsächlich in der Grafik verwendet werden. Mit dieser Einstellung erzielen Sie in der Regel die beste Qualität.

- *Web-Adaptiv*: Ist ein Farbton einer websicheren Farbe sehr ähnlich, wird dieser in diese konvertiert.

- *Web 216*: Palette mit 216 websicheren Farben, die sowohl auf dem Macintosh als auch auf dem Windows-System relativ einheitlich dargestellt werden können. Mit einer 8-Bit-Farbtiefe sind in den verschiedenen Browsern und auf unterschiedlichen Monitoren kaum Unterschiede erkennbar. Auf einem Monitor, der 256 Farben darstellen kann, werden diese websicheren Farben nicht gerastert.

- *Exakt*: Die Farbpalette enthält nur die Farben, die tatsächlich in der Grafik verwendet werden. Dabei ist diese Palette auf 256 Farben beschränkt; sind mehr vorhanden, wechselt *Fireworks* zur adaptiven Einstellung.

- *Macintosh*: Die Palette enthält die 256 Farben, die für das Mac-System definiert sind.

- *Windows*: Die Palette enthält die 256 Farben, die für das Windows-System definiert sind.

- *Graustufen*: Diese Farbpalette enthält bis zu 256 unterschiedliche Grautöne.

- *Schwarzweiß*: Die Grafik besteht nur aus den Farben Weiß und Schwarz.

- *Einheitlich*: Diese mathematische Palette basiert auf RGB-Pixelwerten.

- *Benutzerdefiniert*: Hiermit importieren Sie eine als separate ACT- oder GIF-Datei abgespeicherte Farbpalette. Bestimmen Sie im Dialogfenster die entsprechende Datei und klicken Sie dann auf *Öffnen*. Das Dialogfenster können Sie auch über das Optionsmenü öffnen. Wählen Sie hier den Befehl *Palette laden*.

2. Entfernen Sie alle nicht verwendeten Farben aus der gewählten Palette (nur bei 8-Bit-Grafiken möglich). Wählen Sie hierzu im Optionsmenü des Bedienfelds *Optimieren* den Befehl *Nicht verwendete Farben entfernen*.

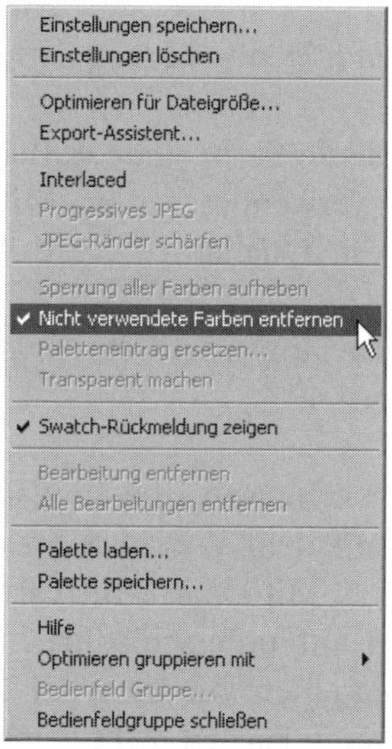

Farbpaletten können über das Optionsmenü des Bedienfeldes «Optimieren» geladen werden. Nicht benötigte Farben sollten Sie entfernen, um die Dateigröße gering zu halten.

Farbtiefe festlegen

Wie oben angedeutet, bestimmt die Farbtiefe, wie viele unterschiedliche Farbtöne in einer 8-Bit-Grafikdatei abgespeichert sind:

- 2 Farben (Schwarz, Weiß)
- 16 Farben
- 256 Farben
- 16,7 Millionen Farben

Während das GIF-Format maximal 256 Farben unterstützt, kann das JPG-Format bis zu 23,7 Millionen Farben abspeichern. So viel zur Theorie – nun zur Praxis. 23,7 Millionen klingt sehr gut, doch tatsächlich können nicht alle Anwender so viele Farben sehen. Was diese sehen, hängt von der jeweiligen Hardware (Monitor, Grafikkarte) ab. Hier können oft nur bis zu 64.000 Farben angezeigt werden – ein sehr kleiner Bruchteil!

Das bedeutet, dass unsere Webgrafiken einem Mindeststandard genügen müssen und nicht überdimensioniert sein dürfen, denn das ginge wieder zu Lasten einer hohen Ladezeit. Eine wahre Gratwanderung!

So bestimmen Sie die Anzahl der verwendeten Farben:

- Öffnen Sie im Bedienfeld *Optimieren* das Pull-Down-Menü *Farben* und bestimmen Sie die maximale Anzahl von Farben.

  Sie können auch direkt in das Feld einen Wert eingeben. Dieser muss zwischen 2 und 256 liegen. Möchten Sie eine größere Farbpalette benutzen, müssen Sie ein anderes Exportdateiformat wählen (24- oder 32-Bit).

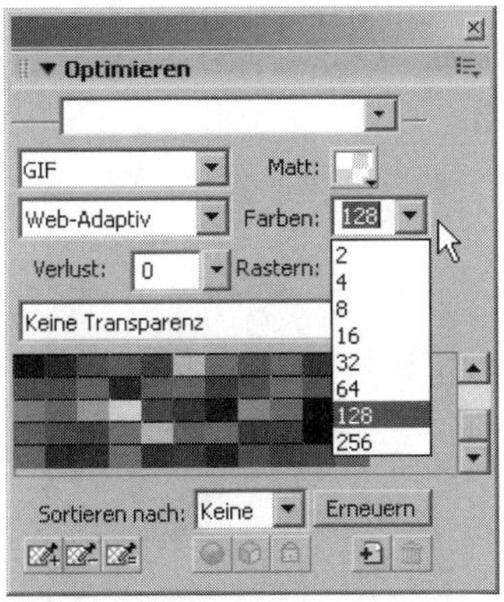

Wählen Sie im Bedienfeld «Optimieren» die Anzahl der benötigten Farben.

Pixel, die in der verworfenen Farbe eingefärbt waren, erhalten automatisch den ähnlichsten vorhandenen Farbwert zugewiesen.

RAFFINIERT

Im Bedienfeld *Optimieren* geben Sie einen Maximalwert für die Farbtiefe ein. Der tatsächliche Wert kann darunter liegen und wird im unteren rechten Teil des Bedienfeldes angegeben:

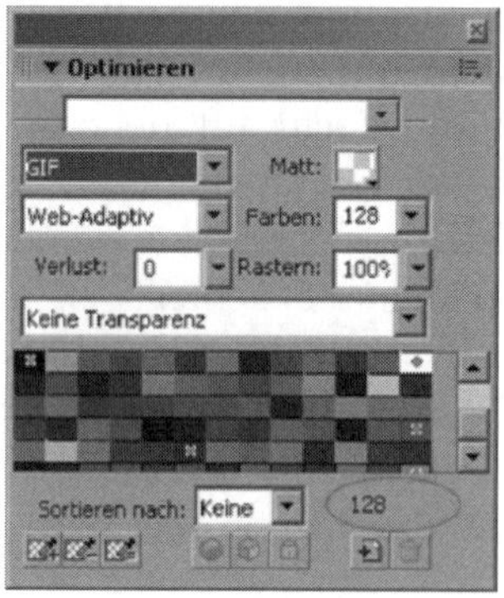

Die Grafik setzt sich aus 128 Farben zusammen.

Sollte hier die Schaltfläche *Erneuern* eingeblendet werden, muss *Fireworks* die Farbanzahl neu berechnen. Klicken Sie hierauf, wird kurz danach die tatsächliche Anzahl angezeigt.

Möchten Sie eine größere Kontrolle über den Farbaustausch haben, können Sie über das Bedienfeld *Suchen und ersetzen* (*Fenster | Suchen*) das aktuelle Dokument, eine bestimmte Auswahl daraus, einen bestimmten Frame oder ausgewählte Dateien nach einem konkreten Farbwert durchsuchen und diesen durch eine andere Farbe ersetzen.

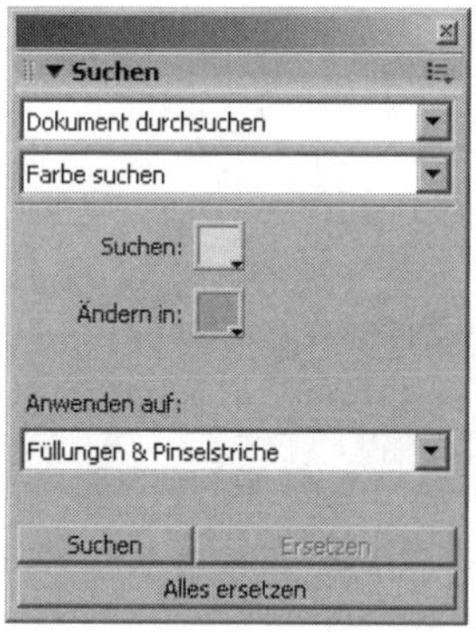

Bestimmen Sie den Farbwert, den Sie durch einen anderen ersetzen möchten.

Möchten Sie dagegen sämtliche nicht websichere Farben durch eine der 216 websicheren Farben ersetzen, wählen Sie im zweiten Pull-Down-Menü die Option *Nicht-Web216 suchen.*

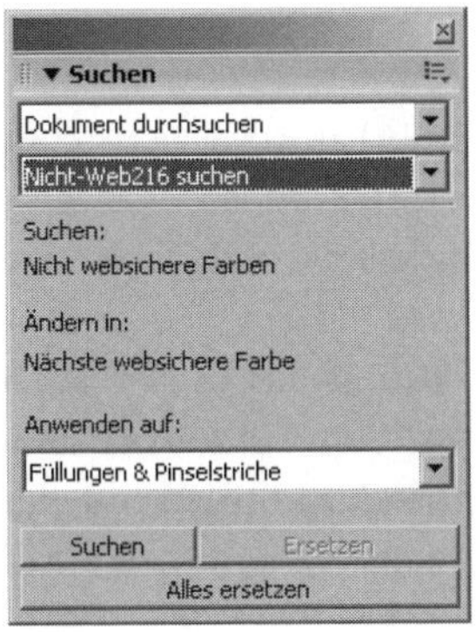

Im Dokument können nicht-websichere Farben gesucht und ersetzt werden.

Die Farbpalette

Im Bedienfeld *Optimieren* zeigt Ihnen *Fireworks* die eingesetzten Farben der aktuellen 8-Bit-Grafik an. Wenn Sie Ihre Grafik bearbeiten, kann es vorkommen, dass die gezeigten Farben nicht mehr aktuell sind. In diesem Fall wird die bereits im vorherigen Abschnitt erwähnte Schaltfläche *Erneuern* eingeblendet, da die Farbübersicht neu aufgebaut werden muss. Ein Klick und Sie ist wieder auf dem aktuellen Stand! An Stelle der Schaltfläche *Erneuern* sehen Sie dann die Anzahl verwendeten Farben.

Dennoch sind Ihnen vielleicht die kleinen Symbole in einigen Farbfeldern aufgefallen. Diese haben folgende Bedeutung:

 Die Farbe wurde im Bedienfeld *Optimieren* geändert. Das geöffnete Quell-Dokument hat sich hierbei nicht geändert. Es wird sich jedoch das Ziel-Dokument ändern, das Sie exportieren werden.

 Die Farbe ist gesperrt und kann nicht geändert werden.

 Diese Farbe ist transparent.

 Die Farbe ist websicher.

Beachten Sie bitte, dass die Farben dieser Farbfelder rein zufällig gewählt sind und mit dem Symbol an sich nichts zu tun haben. Den einzelnen Farbfeldern können Sie mehrere Attribute gleichzeitig zuweisen. Die zuvor vorgestellten Symbole addieren sich dabei.

Ein paar Beispiele:

 Diese Farbe wurde geändert und ist websicher.

 Diese Farbe wurde geändert, ist websicher und ist gesperrt.

Klicken Sie auf eine Farbe innerhalb dieser Farbtabelle können Sie ihr die entsprechenden Attribute zuweisen. Halten Sie dabei die Strg- (Windows) bzw. Befehlstaste (Macintosh) gedrückt, können Sie gleich mehrere Farbfelder auswählen. Liegen diese nebeneinander, benutzen Sie die Shift- bzw. Umschalttaste.

HEISSER TIPP Haben Sie ein Vorschaufenster aktiviert, klicken Sie auf ein Farbfeld im Bedienfeld *Optimieren.* Halt, lassen Sie die Maustaste kurze Zeit gedrückt. Sehen Sie, was passiert? Richtig! Im Vorschaufenster wird die eben ausgewählte Farbe kurz hervorgehoben.

Klicken Sie etwas länger auf ein Farbfeld, wird der Farbwert im Vorschaufenster hervorgehoben.

Die Farbfelder können Sie nach *Leuchtkraft* und *Häufigkeit* sortieren. Öffnen Sie hierzu im Bedienfeld *Optimieren* das Pull-Down-Menü *Sortieren nach. Fireworks* baut anschließend die Farbfelder neu auf.

Die Farbfelder können nach den Kriterien im Pull-Down-Menü sortiert werden.

So bearbeiten Sie eine ausgewählte Farbe:

- Markieren Sie im Bedienfeld *Optimieren* die Farbe, die Sie ändern möchten, und klicken Sie dann auf den Button *Farbe bearbeiten* oder doppelklicken Sie auf das Farbfeld.

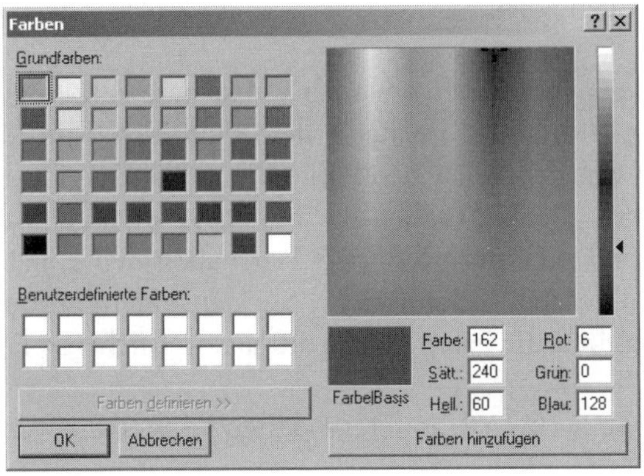

Definieren Sie im Dialogfenster «Farben» den neuen Farbwert.

- Klicken Sie mit der rechten Maustaste auf ein Farbfeld, öffnet sich ein Kontextmenü. Mit den darin enthaltenen Befehlen können Sie Farben ebenfalls bearbeiten. Außerdem können Sie Farben hinzufügen, löschen oder ersetzen. Weitere Einstellmöglichkeiten stehen Ihnen hier zur Verfügung. Darauf komme ich in den nächsten Absätzen noch zu sprechen.

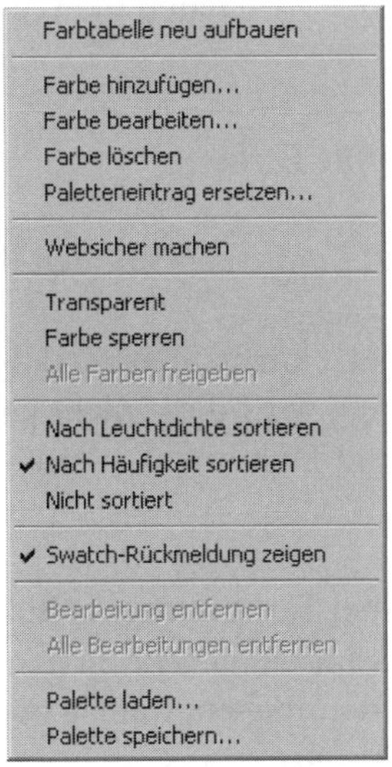

Im Kontextmenü des Bedienfelds finden Sie die Befehle zur Bearbeitung der aktuellen Farbpalette.

Alle entsprechenden Farbwerte werden im Vorschaufenster und damit in der exportierten Grafik durch den bearbeiteten Farbwert ersetzt. Beachten Sie, dass die Farbe im Originalbild jedoch erhalten bleibt. Noch ein prima Beispiel dafür, dass Sie Ihre Originaldateien im PNG-Format vor der Bearbeitung nochmals (schreibgeschützt) separat abspeichern sollten. Man weiß ja nie, wozu man diese noch benötigen wird.

Einige Abschnitte vorher haben wir über websichere Farben gesprochen. Auch diese Farbpalette können Sie im Bedienfeld *Optimieren* einstellen bzw. bestehende Farben in websichere Farben konvertieren. Dabei gibt es mehrere Möglichkeiten: Eine Möglichkeit haben wir bereits kennen gelernt (Kapitel *Farbpaletten optimieren*). Erinnern Sie sich? Wir haben den Palettenindex auf die Option *Web 216* gesetzt. Oder wählen Sie den Palettenindex *Web-Adaptiv*. Beachten Sie, dass hier die Palette nicht nur aus websicheren Farben besteht.

Aber auch einzelne Farbwerte anderer Paletten können Sie websicher machen.

So verwenden Sie websichere Farben:

- Markieren Sie den Farbwert, den Sie konvertieren möchten und klicken Sie im Bedienfeld *Optimieren* auf den Button *Farbe websicher* .

Die konvertierte, websichere Farbe sieht nun auf dem Macintosh und unter Windows nahezu identisch aus. Achtung! In der Original-Grafik hat dies keine Auswirkungen. Lediglich in der Vorschau und in der exportierten Datei werden websichere Farben benutzt.

So sperren Sie eine ausgewählte Farbe:

- Klicken Sie im Bedienfeld *Optimieren* auf den Button *Farbe sperren* .

Die gesperrte Farbe kann jetzt nicht mehr verändert werden. Wenn Sie die Anzahl der Farben reduzieren, wird diese nicht gelöscht. Auch wenn Sie eine andere Palette für das gleiche Dokument auswählen, werden die gesperrten Farben übernommen.

Möchten Sie die Sperrung einer Farbe wieder aufheben, wählen Sie diese erneut aus und klicken Sie abermals auf das gleiche Symbol mit dem Schloss. Möchten Sie die Sperrung aller Farben aufheben, wählen Sie diesen Befehl im Optionsmenü des Bedienfelds *Optimieren* aus.

Reicht die geladene Palette nicht aus, können Sie jederzeit weitere Farben definieren und als neues Farbfeld hinzufügen.

So fügen Sie eine neue Farbe hinzu:

- Klicken Sie im Bedienfeld *Optimieren* auf den Button *Farbe hinzufuegen* .

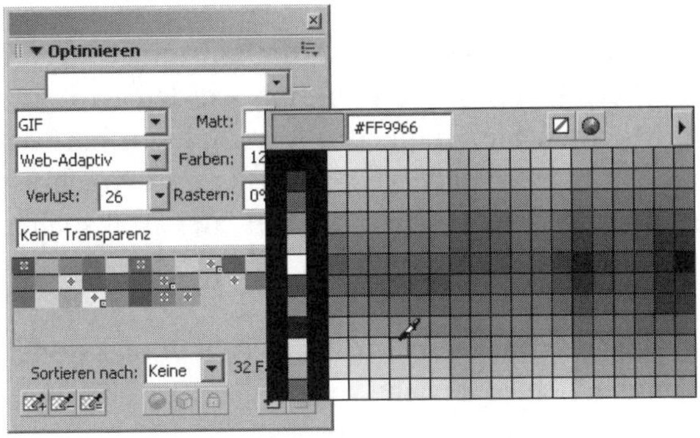

Bestimmen Sie über den Farbkasten die neue Farbe. Klicken Sie auf den Button mit der Farbkugel, um weitere Farben zu mischen.

Weitere Informationen zum Thema Farbe und Farbfelder finden Sie in Kapitel 7.

MERKET AUF!

So, die benutzerdefinierte Farbpalette ist nun optimiert und Sie möchten Sie gerne als externe Datei speichern, um Sie beispielsweise in anderen *Fireworks*-Dokumenten, in *FreeHand*, *Flash* oder *Photoshop* zu verwenden. Vielleicht erinnern Sie sich noch an den benutzerdefinierten Palettenindex, über den Sie ACT- oder GIF-Dateien als Farbpalette laden können (vgl. Kapitel *Der Palettenindex*). Wir erstellen jetzt diese importierte Palettendatei.

So speichern Sie die benutzerdefinierte Farbpalette ab:

1. Wählen Sie im Optionsmenü des Bedienfelds *Optimieren* den Befehl *Palette speichern.*
2. Geben Sie im Dialogfenster *Datei speichern* unter Dateiname und das Verzeichnis an, in dem die Farbtabelle im ACT-Format abgespeichert werden soll.
3. Drücken Sie auf die Schaltfläche *Speichern.*

Die abgespeicherte ACT-Datei kann nun im Bedienfeld *Optimieren* in anderen *Fireworks*-Dokumenten und auf anderen Rechnern wieder geladen werden. Auch im Bedienfeld *Farbfelder* (*Fenster | Farbfelder*) können Sie diese Datei öffnen. Wählen Sie hier im Optionsmenü den Befehl *Farbfelder hinzufügen* (vgl. Kapitel 7).

Rastern

Für alle 8-Bit-Grafikformate können Sie die Option Rastern im Bedienfeld *Optimieren* einstellen. Durch diese Funktion werden Farben der gewählten Palette imitiert. Möchten Sie Grafiken mit komplexen Farbverläufen exportieren, erzielen Sie mit einem eingestellten Raster gute Ergebnisse. Auch wenn Sie Fotografien beispielsweise als 8-Bit-Grafidateien abspeichern möchten, sollten Sie die Rasterfunktion ausprobieren.

- Tragen Sie den prozentualen Wert in das Feld *Rastern* oder benutzen Sie zum Einstellen den Schieberegler.

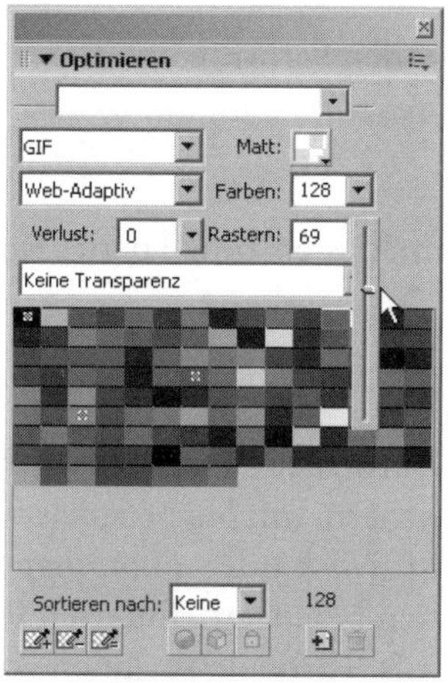

Der Raster-Wert kann zwischen 0 (kein Raster) und 100 % liegen.

Achtung: Durch das Rastern kann die Dateigröße sprunghaft ansteigen. Überprüfen Sie unbedingt die entsprechenden Angaben im Vorschaufenster!

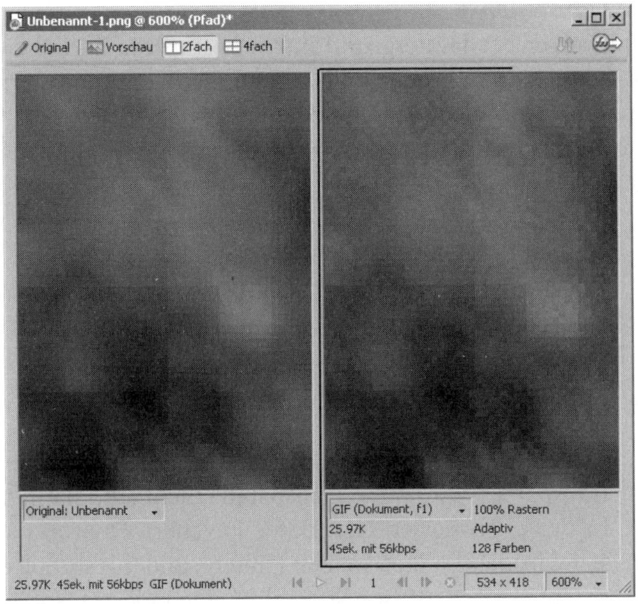

Links: Das Originalbild; Rechts: das gerasterte Bild (100 %).

Komprimierung

Optimieren Sie eine GIF-Datei können Sie diese weiter komprimieren und damit die Dateigröße verringern. Allerdings ist diese Komprimierung – wie soll es anders sein – mit einem hohen Qualitätsverlust verbunden, was folgende Abbildung gut verdeutlicht:

Links: Das Originalbild; Mitte: Verlustwert 50; Rechts: Verlustwert 100.

- Geben Sie in das Feld *Verlust* des Bedienfelds *Optimieren* einen Wert zwischen 0 (keine Komprimierung / kein Verlust) und 100 (maximale Komprimierung) ein. Ein Wert zwischen 5 und 15 führt in der Regel zu den besten Ergebnissen.

Transparenz einstellen

Soll im Webbrowser der Hintergrund durch bestimmte Bereiche eines 8-Bit-Bildes (GIF, animiertes GIF oder PNG 8) durchscheinen, müssen Sie hierfür eine Transparenz einstellen. Im Vorschaufenster von *Fireworks* wird dieser transparente Bildbereich der noch zu exportierenden Grafikdatei grauweiß-kariert angezeigt.

Sie müssen zwischen Index- und Alphatransparenz unterscheiden.

Die **Indextransparenz** wird am häufigsten für den Export von GIFs verwendet. Bestimmte Pixelfarbwerte werden transparent exportiert und damit deaktiviert, während andere weiterhin sichtbar und damit aktiv bleiben.

ERSTE HILFE

Haben Sie keine Leinwandfarbe angegeben, erscheint diese also transparent, wird diese Transparenz nicht automatisch exportiert. In der exportierten GIF-Datei speichert *Fireworks* automatisch standardmäßig einen weißen Hintergrund mit ab. Soll dieser transparent werden, müssen Sie explizit eine Indextransparenz angeben.

Die **Alphatransparenz** wird nur vom PNG-, nicht aber vom GIF-Format unterstützt. Besonders für halbmatte Pixel und Transparenzverläufe ist dieser Transparenztyp geeignet. Soll die exportierte Datei später in *Macromedia Flash* oder *Director* weiter bearbeitet werden, bietet sich ebenfalls die Alphatransparenz an.

So definieren Sie eine transparente Farbe:

1. Aktivieren Sie ein Vorschaufenster, das die Export-Grafik zeigt.

2. Wählen Sie im Pull-Down-Menü in der Mitte des Bedienfelds *Optimieren* den gewünschten Transparenztyp aus.

Definieren Sie eine Index- oder eine Alphatransparenz.

In der Vorschau wird nun die Leinwandfarbe automatisch transparent. Auch hier verändert sich an der Originalgrafik nichts, denn auch diese Optimierungs-Einstellungen wirken sich nur auf die exportierte Grafikdatei aus.

Original, Index- und Alphatransparenz (von links nach rechts). Die Karos symbolisieren den transparenten Bereich.

- Haben Sie die *Indextransparenz* gewählt, können Sie eine andere transparente Farbe festlegen, indem Sie auf den Button *Farbe für Tranzparenz wählen* im Bedienfelds *Optimieren* klicken. Bewegen Sie den Cursor über die Grafik, verwandelt sich dieser in eine Pipette. Klicken Sie auf den gewünschten Farbwert im Dokument- bzw. Vorschaufenster oder in der Farbpalette des Bedienfelds *Optimieren.* Dieser Farbwert wird anschließend in der Vorschau nicht mehr angezeigt, ist also transparent.

BEISPIEL

Möchten Sie beispielsweise den Hintergrund transparent definieren, klicken Sie auf die entsprechende Hintergrundfarbe im Original oder im Vorschaufenster. Kennen Sie den Farbwert, können Sie auch im Bedienfeld *Optimieren* direkt auf das entsprechende Farbfeld klicken.

Aber Vorsicht bei Verläufen und Anti-Alias-Rändern! Haben Sie beispielsweise einen Schatten definiert (vgl. vorherige Abbildung), wird dieser durch Farbpixel aufgebaut, die zwischen der eigentlichen Schattenfarbe und der Hintergrundfarbe liegen. Jetzt könnten Sie natürlich auch diese «Zwischenpixel» wie im folgenden beschrieben transparent definieren, aber es geht auch einfacher. Wenn Sie nämlich wissen, auf welcher Hintergrundfarbe später die exportierte Grafik platziert sein soll, wählen Sie diese im Farbwähler *Matt* des Bedienfelds *Optimieren* aus.

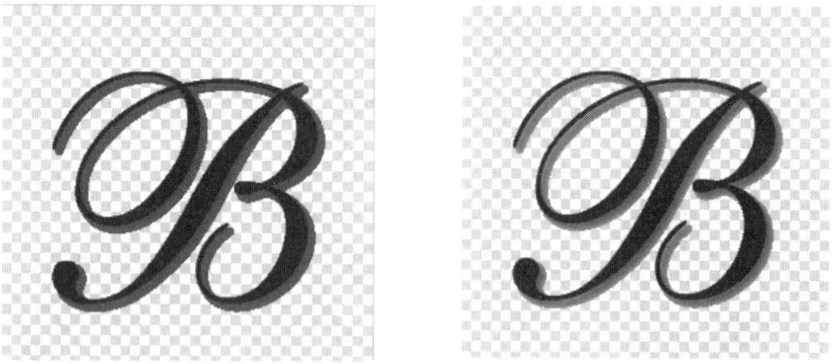

Die eingestellte Hintergrundfarbe ist schnell geändert.

- Aktivieren Sie den Button *Farbe in Transparenz hinzufügen*, um weitere Farben ebenfalls für den Export auszublenden.

Häufig werden Sie mit Grafiken arbeiten, die für eine andere Hintergrundfarbe optimiert sind und beispielsweise als GIF exportiert wurden. Ist der neue Hintergrund jetzt eine ganz andere Farbe, sind die Anti-Alias-Pixel um das Objekt häufig sichtbar. In der Fachsprache bezeichnet man diesen Lichthof, der besonders auf einem dunklen Hintergrund auffällt als Halo. Diese müssen Sie dann manuell entfernen, indem Sie für die Leinwand- oder die *Matt*-Farbe im *Bedienfeld* Optimieren bzw. im Eigenschafteninspektor die Hintergrundfarbe der Zielwebseite einstellen und mit dem Button *Farbe in Transparenz hinzufügen* auf die «störenden» Pixel klicken und diese damit unsichtbar machen.

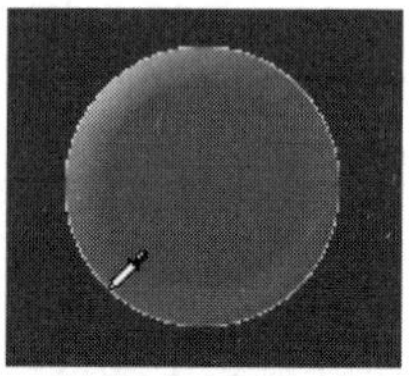

Halo-Effekte ergeben sich aus Anti-Alias-Rändern.

- Benutzen Sie den Button *Farbe aus Transparenz entfernen*, wenn eine transparente Farbe wieder sichtbar werden soll. Klicken Sie auf den entsprechenden Bereich im Vorschaufenster, wird diese Farbe wieder sichtbar. Sie sehen also, dass eine transparente Farbe nicht gelöscht, sondern wirklich nur «zeitweise» unsichtbar geworden ist. Auch in der Farbpalette des Bedienfelds *Optimieren* erscheint wieder das entsprechende Farbfeld.

3. Die Grafik ist nun für den Export optimiert. Wie Sie diese exportieren bzw. abspeichern, erfahren Sie im nächsten Workshop *Abspeichern und Exportieren.*

MERKET AUF!

Weitere Informationen zum Thema Opazität erhalten Sie in Kapitel 7.

Interlacing und progressive JPEGs

GIF und PNG-Grafiken können Sie im Bedienfeld *Optimieren* unter dem Optionsmenü *Interlaced* abspeichern. Später wird eine solche Grafik im Webbrowser schichtweise aufgebaut (sonst zeilenweise). Dadurch wird die grobe Grundstruktur der Grafik sehr schnell sichtbar und beim weiteren Ladevorgang immer deutlicher, bis letztlich die feine Auflösung der fertig geladenen Grafik angezeigt wird.

So definieren Sie den Interlaced-Effekt:

- Wählen Sie im Optionsmenü des Bedienfelds *Optimieren* die Option *Interlaced.* Ist diese aktiv, erscheint davor das übliche Häkchen.

Auch progressive JPEG-Dateien zeigen mit fortgeschrittenem Download-Status eine immer bessere Bildqualität. Der Effekt ist also mit dem Interlacing vergleichbar.

So definieren Sie progressive JPEG-Dateien:

- Wählen Sie im Optionsmenü des Bedienfelds *Optimieren* die Option *Progressives JPEG.* Ist diese aktiv, erscheint davor das übliche Häkchen.

FEHLERTEUFEL

Einige ältere Bitmap-Bearbeitungsprogramme können progressive JPEGs nicht öffnen.

JPEGs optimieren

In den letzten Kapiteln haben wir 8-Bit-Grafiken optimiert, doch auch JPG-Dateien, die in der Regel für Fotos eingesetzt werden und wesentlich mehr Farben als ein GIF speichern können, werden im Bedienfeld *Optimieren* komprimiert. Auch durch das Glätten ist die Dateigröße reduzierbar. Allerdings sind auch diese Einstellungen mit einer geringeren Bildqualität verbunden.

Da JPEGs eine Farbtiefe von 24 Bit haben, können Sie keine Farbpalette optimieren.

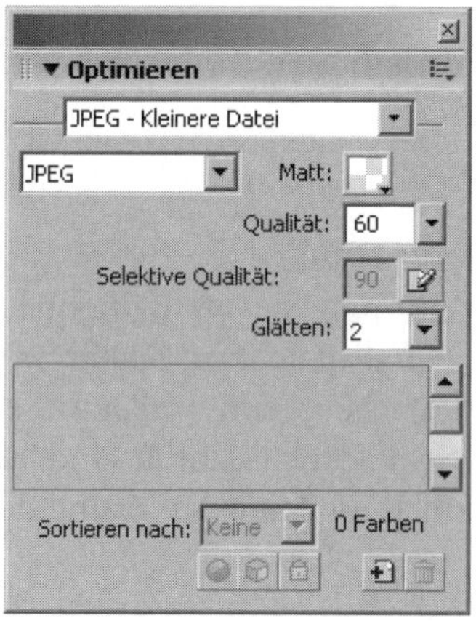

Optimierungseinstellungen für eine JPG-Grafik.

Die wichtigste Einstellung bei der JPG-Optimierung ist die Qualität. Je besser die Qualität, desto größer ist die Datei. Mindern Sie dagegen die Qualität, wird auch die Datei kleiner. Durch die Komprimierung gehen Bilddaten verloren. Je nachdem, wie stark Sie diesen Qualitätsverlust einstellen, muss dies jedoch nicht unbedingt sichtbar sein.

So bestimmen Sie den Grad der Komprimierung:

1. Öffnen Sie das Bedienfeld *Optimieren* (*Fenster | Optimieren*).

2. Geben Sie im Feld *Qualität* den gewünschten Wert an oder stellen Sie diese mit dem Schieberegler ein.

   Je höher der Wert, desto weniger wird die Datei komprimiert und desto besser ist die Qualität des Ergebnisses. Allerdings entsteht damit auch eine größere Datei.

Qualitätsverlust von links nach rechts: 60, 40 und 1.

Verschiedene Bereiche können dank der selektiven JPEG-Komprimierung eine unterschiedliche Qualität aufweisen. Das hat den Vorteil, dass Sie mit diesem

Verfahren einen geringen Informationsverlust haben, die exportierte Datei jedoch möglichst klein gehalten werden kann, da Sie die unwichtigen Bereiche stärker komprimieren können.

So komprimieren Sie selektive Bereiche eines JPGs:

1. Wählen Sie im Original den Bereich aus, den Sie komprimieren möchten. Benutzen Sie hierfür die *Auswahlrahmen*, das *Lassowerkzeug* oder das *Polygon-Lasso* aus der Werkzeugleiste.

2. Anschließend wählen Sie in der Menüleiste *Modifizieren | Selektives JPEG | Auswahl als JPEG-Maske speichern.*

Innerhalb der erstellten Maske (links) wird die Überlagerungsfarbe angezeigt.

3. Stellen Sie im Bedienfeld *Optimieren* das Exportdateiformat auf JPEG.

4. Klicken Sie auf den Button *Optionen für selektive Qualität bearbeiten* .

5. Das Dialogfenster *Selektive JPEG -Einstellungen* wird geöffnet:

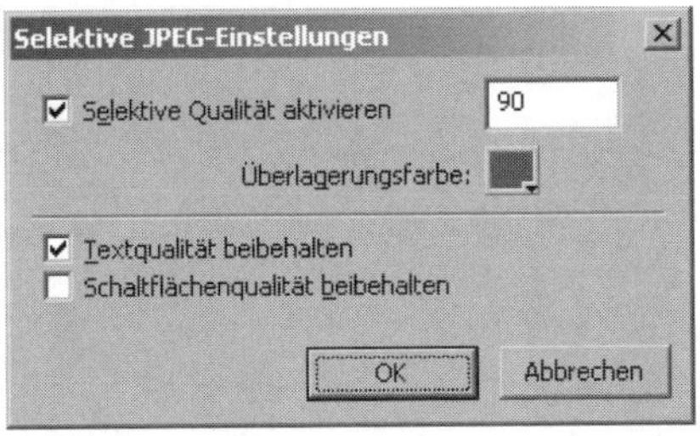

- Aktivieren Sie das Kontrollkästchen *Selektive Qualität aktivieren.* Je niedriger der Wert, den Sie in das Feld dahinter angeben, desto stärker wird der ausgewählte JPEG-Bereich im Vergleich zum restlichen Dokument komprimiert.

ERSTE HILFE

Benutzt das darunter liegende Bild ähnliche Farbwerte, ist die Überlagerungsfarbe nur schwer im Dokument erkennbar. Sie können diese Überlagerungsfarbe im Dialogfenster *Selektive JPEG-Einstellungen* ändern. Benutzen Sie hierzu wie gewohnt den Farbwähler.

- Aktivieren Sie das Kontrollkästchen *Textqualität beibehalten*, wenn Text unabhängig von der angegebenen selektiven Qualität immer in einer höheren Qualität exportiert werden soll.

- Aktivieren Sie das Kontrollkästchen *Schaltflächenqualität beibehalten*, wenn Buttons unabhängig von der angegebenen selektiven Qualität immer in einer höheren Qualität exportiert werden sollen.

5. Bestätigen Sie Ihre *Selektiven JPEG-Einstellungen* mit *OK*.

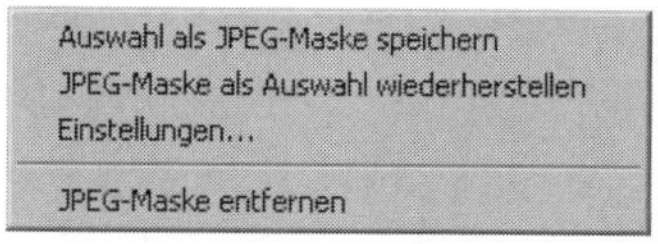

Wählen Sie «Modifizieren | Selektives JPEG | Einstellungen», um anschließend erneut das Dialogfenster «Selektive JPEG-Einstellungen» zu öffnen.

Die Größe des ausgewählten Bereiches können Sie jederzeit ändern. Wählen Sie davor in der Menüleiste *Modifizieren | Selektives JPEG | JPEG-Maske als Auswahl wiederherstellen.* Haben Sie die Maske geändert, arbeiten Sie wie zuvor beschrieben.

Möchten Sie die Auswahl wieder aufheben, wählen Sie *Modifizieren | Selektives JPEG | JPEG-Maske entfernen.*

Links sehen Sie das Original mit dem festgelegten selektiven Bereich; rechts das selektive JPEG-Ergebnis.

Auch über das Glätten können Sie die Dateigröße von JPEG-Dateien verringern. Hierbei werden die in diesem Format nur schwer darstellbaren Ränder weichgezeichnet.

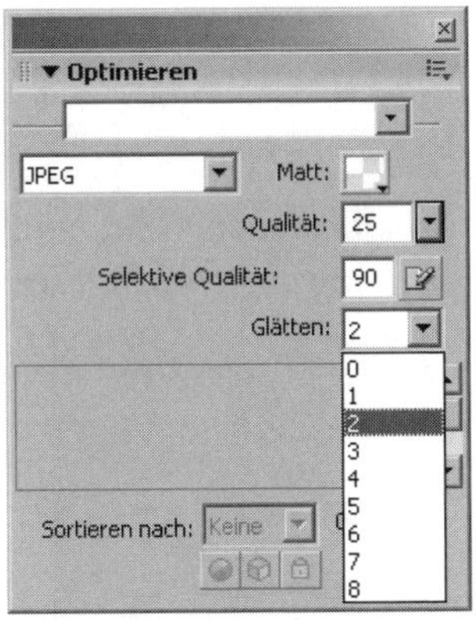

Das Glätten stellen Sie im Bedienfeld «Optimieren» ein.

Je höher der eingestellte Wert, desto stärker ist die Weichzeichnung.

Haben Sie die gespeicherte Einstellung JPEG – Kleinere Datei ausgewählt, ist für die Qualität der Wert 60 eingetragen und das Glätten auf 2 gestellt. Bis zu einem Glätten-Wert 3 erhalten Sie in der Regel noch eine passable Exportqualität bei gleichzeitig reduzierter Dateigröße.

POWER USER

Zeigt Ihre JPEG-Grafik Text oder kleine Details, sollten Sie im Optionsmenü des Bedienfelds *Optimieren* die Einstellung *JPEG-Ränder schärfen* aktivieren. Dadurch bleiben scharfe Ränder zwischen zwei Farben erhalten. Einen Nachteil hat diese Option jedoch: Die exportierte Datei wird größer.

Benutzerdefinierte Optimierungseinstellungen speichern

Haben Sie eine bestimmte Optimierung eingestellt, können Sie diese abspeichern und später wieder verwenden. Auch für eine Stapelverarbeitung lässt sich diese dann einsetzen (vgl. Kapitel 17). Hierbei werden sowohl die Einstellungen im Bedienfeld *Optimieren* als auch die im Bedienfeld *Frames* eingestellte Frame-Verzögerungszeit (bei Animationen!) gespeichert.

So speichern Sie die eingestellte Optimierung ab:

1. Wählen Sie im Bedienfeld *Optimieren* aus dem Optionsmenü den Befehl *Einstellungen speichern.*

2. Geben Sie im Dialogfenster einen Namen ein, unter dem *Fireworks* Ihre Einstellungen speichern soll und bestätigen Sie mit *OK*.

Geben Sie einen Namen ein, unter dem die Voreinstellung abgespeichert werden soll.

Dieser Name erscheint im Bedienfeld «Optimieren» im Pull-Down-Menü «Gespeicherte Einstellungen».

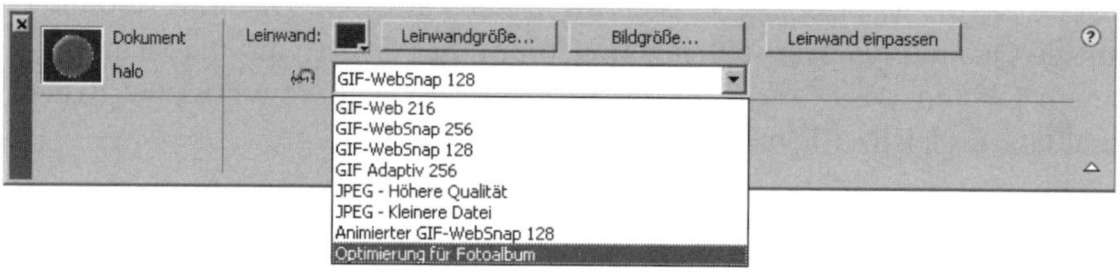

Auch über den Eigenschafteninspektor ist Ihre benutzerdefinierte Optimierung einstellbar.

RAFFINIERT

Im Dialogfenster *Exportvorschau* können Sie ebenfalls eine benutzerdefinierte Voreinstellung abspeichern, indem Sie auf das Zeichen + rechts oben klicken. Es wird das gleiche Dialogfenster geöffnet. Der Name erscheint dann im Pull-Down-Menü *Gespeicherte Einstellungen*, links daneben.

Auf die abgespeicherten Optimierungseinstellungen können Sie nun in allen Dokumenten zugreifen. Möchten Sie diese Einstellung auf einem anderen Computer verwenden, kopieren Sie das Verzeichnis *Export Settings* in den gleichen Ordner auf diesem Rechner. Der genaue Pfad dieses Verzeichnisses hängt vom eingesetzten Betriebssystem ab.

So löschen Sie eine Voreinstellung:

1. Markieren Sie im Bedienfeld *Optimieren* die Optimierungseinstellung, die Sie aus dem Pull-Down-Menü *Gespeicherte Einstellungen* entfernen möchten.

2. Wählen Sie im Optionsmenü den Befehl *Einstellungen löschen.*

3. Bestätigen Sie im nun offenen Dialogfenster den Löschen-Befehl.

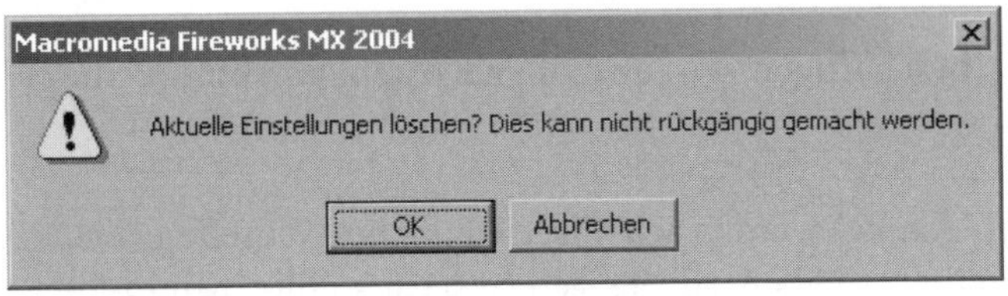

Sind Sie sicher?

Die vordefinierten Optimierungseinstellungen können nicht entfernt werden, obwohl *Fireworks* keine Fehlermeldung bringt und alles scheinbar nach Plan abläuft.

MERKET AUF!

Nun haben wir die Optimierungseinstellungen unserer Grafik fertig festgelegt und sind bereit für den Export.

Übung

Wenn Sie in *Fireworks* eine Grafik erstellen, möchten Sie diese häufig im Web einsetzen. Jetzt kennen Sie die Möglichkeiten der Optimierung. Also, holen Sie heraus, was nur heraus zu holen ist:

Öffnen Sie *weingut-rebensaft.png* im Tutorial-Verzeichnis auf der CD-ROM (*14_optimieren*).

In dieser Datei habe ich Ihnen vom einfachen Textobjekt, über Schaltflächen und Animationen bis hin zu Pull-Down-Menüs alle möglichen Website-Objekte abgespeichert.

Haben Sie die einzelnen Segmente optimiert, speichern Sie die *Fireworks*-PNG-Datei wieder ab (*Datei | Speichern unter*). Wir werden Sie im nächsten Kapitel noch einmal brauchen.

In diesem Workshop haben Sie Ihre *Fireworks*-Grafiken für den Export optimiert. Wir haben die Vor- und auch die Nachteile der einzelnen Dateiformate kennen gelernt und wissen nun, für welchen Zweck wir welches Format am besten wählen.

Wir haben gesehen, dass für jedes Dateiformat weitere Optimierungseinstellungen möglich sind. Oberstes Ziel ist stets, die exportierte Datei möglichst klein zu halten, jedoch bei guter Bildqualität.

Und damit beschäftigen wir uns im nächsten Workshop: *Abspeichern und exportieren.*

Im nächsten Kapitel werden wir die eigentliche Webseite erstellen. Alles, was wir bisher gemacht haben, spielte sich (fast) ausschließlich in *Fireworks* ab. Im nächsten Workshop verlassen unsere Bilder dieses Programm und werden webtauglich. Wir werden Bilder und HTML-Dokumente exportieren und abspeichern.

Let's go online…

15

Abspeichern und exportieren

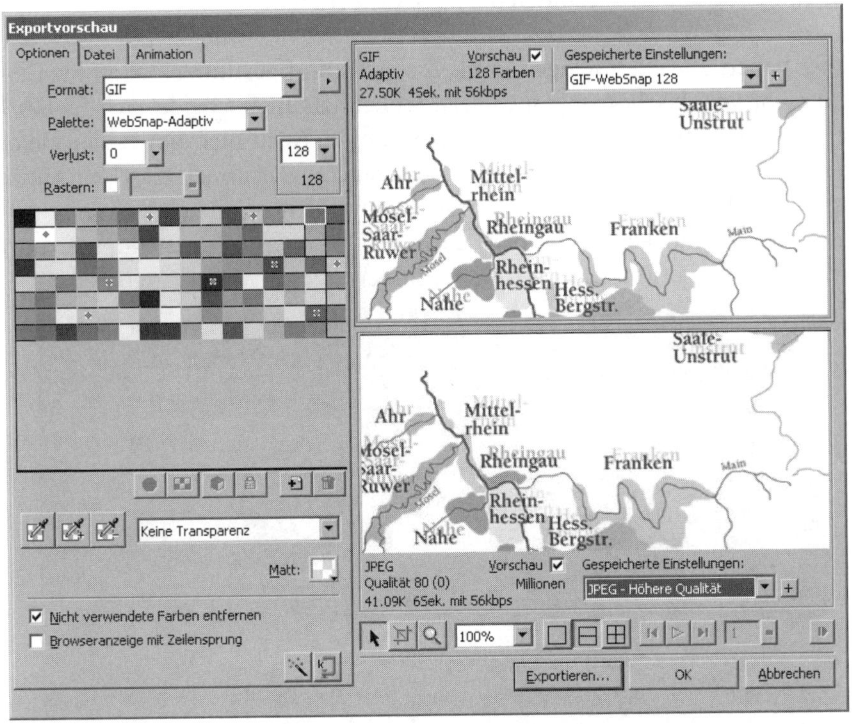

Abspeichern und exportieren

Dieser Workshop ist als Ergänzung zu Kapitel 14 zu betrachten, denn nur wenn eine Grafik optimiert ist, sollten Sie diese exportieren.

Bisher haben wir jede Menge Grafiken erstellt und bestimmt haben Sie diese auch automatisch schon abgespeichert. Schließlich unterscheidet sich *Fireworks* hier nicht wesentlich von anderen Programmen. Auch hier gibt es den Befehl *Speichern unter* – vielleicht fragen Sie sich darum, warum ich (fast) ein ganzes Kapitel den Exportieren von Bildern widmen möchte. Ganz einfach: *Fireworks* bietet viele Möglichkeiten, wie beispielsweise Optimierungseinstellung, Export-Vorschau, automatische Dateigrößenoptimierung, …

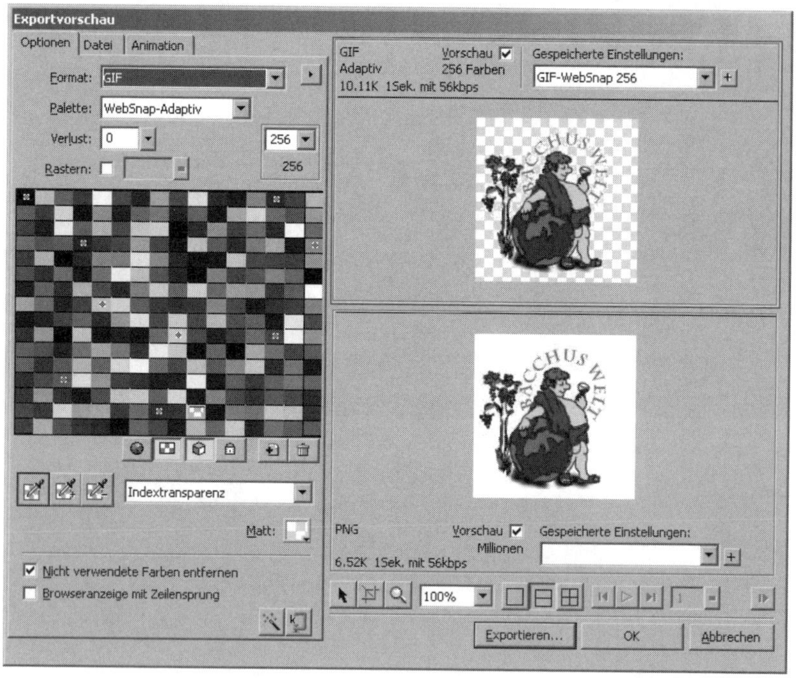

Ein wichtiges Tool beim Exportieren ist die «Exportvorschau».

Wenn Sie mit dem Optimieren von Webgrafiken noch nicht vertraut sind, ist der Export-Assistent eine wertvolle Hilfe. Profis benutzen jedoch lieber das Bedienfeld *Optimieren* und das Dialogfenster *Exportieren*, da hier weit mehr möglich ist und Sie hier das Ergebnis besser kontrollieren können. So können Sie in der Vorschau des Dokumentfensters die eingestellten Optimierungsoptionen überprüfen und im nächsten Schritt den Export starten.

Auch die Schnellexport-Schaltfläche ist sehr beliebt, da hier schnell mal die eben erstellte *Fireworks*-Grafik in einer anderen Anwendung verwendet werden kann.

Je nach Einstellung kann eine Grafik unterschiedlich exportiert werden. Neben Einzelnbildern und animierten GIFs kann das gesamte Dokument auch als HTML-Datei exportiert werden. Auch können Sie einzelne Segmente oder ausgewählte Bereiche des aktuellen Dokuments exportieren.

In diesem Kapitel erfahren Sie alles zu diesem Thema!

In diesem Workshop werden wir die einzelnen Exporteinstellungen kennen lernen. Wenn Sie es geschickt anstellen, können Sie auch hier die spätere Dateigröße enorm reduzieren und damit das oberste Ziel erreichen: Erstellung ansprechender Bilder, die möglichst schnell heruntergeladen sind. Der Website-Besucher möchte nicht ewig warten, bis er etwas sieht. Dauert der Download zu lange, ist der User sehr schnell auf einer anderen Seite, denn die ist nur einen Mausklick entfernt.

Das werden Sie lernen:

- Originale abspeichern – das *Fireworks*-PNG-Format
- Exporteinstellungen festlegen
- Dokumente als E-Mail-Anlage versenden
- Segmente und Bereiche exportieren
- Exporteinstellungen für Animationen
- HTML, CSS und XHTML exportieren

Dateien für diese Lektion:

SMART DISC

- *12_segmente-hotspots/karte.png*
- *14_optimieren/weingut-rebensaft.png*
- *15_abspeichern-exportieren/index.htm*

Original-Quelldatei abspeichern

Wie im Kapitel über die unterschiedlichen Dateiformate bereits erläutert, wird die Quelldatei eines Originalbildes im PNG-Format abgespeichert, damit auch noch nachträglich alle Ebenen, Frames und Objekte bearbeitet werden können.

1. Wählen Sie *Datei | Speichern unter* oder klicken Sie auf den Button *Speichern* in der Standardsymbolleiste.

2. Geben Sie in dem Dialogfenster Dateiname und Verzeichnis an, in das Sie die Quelldatei abspeichern möchten.

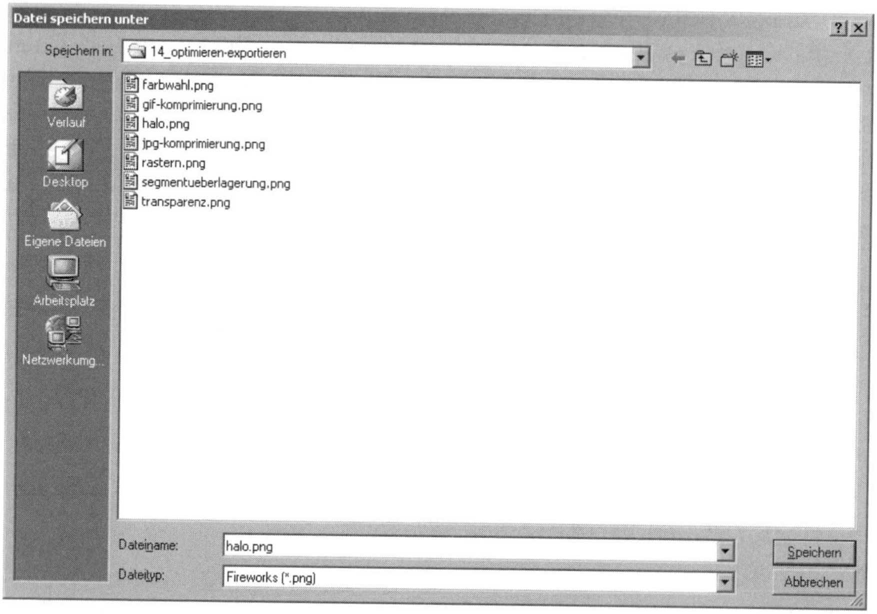

Das Dialogfenster «Datei speichern unter».

Die abgespeicherte Quelldatei ist in der Regel nicht für das Web geeignet, sondern Ihr Originaldokument, in dem die einzelnen Elemente und Einstellungen jederzeit wieder bearbeitet werden können. Bei exportierten Dateien ist dies nicht möglich! Dafür wird die Größe der Exportdatei wesentlich kleiner und damit auch deren Ladezeit.

FEHLERTEUFEL

Achtung! Sie können Dateien auch im PNG-Format exportieren. Allerdings sind danach die einzelnen Grafikelemente nicht mehr auswählbar und können damit auch nicht mehr bearbeitet werden. Ähnlich wie bei einem GIF oder JPG gibt es nur noch ein Objekt auf einer Ebene.

Der Export-Assistent

Gerade für Anfänger ist der Export-Assistent eine wertvolle Hilfe, da dieser Schritt für Schritt durch die einzelnen Optimierungseinstellungen führt, ohne dass detailliertes Fachwissen notwendig ist.

Auch wenn Sie nicht mit dem Assistenten arbeiten möchten, eignet sich dessen Erläuterung, um die wichtigsten Arbeitsschritte zu verdeutlichen:

Der Export-Assistent hilft bei der Wahl des geeigneten Dateiformats und bei der Optimierung von Dateigröße und Bildqualität. Zusätzlich können Sie eine feste Größe der Ziel-Exportdatei festlegen.

So arbeiten Sie mit dem Export-Assistent:

1. Wählen Sie *Datei | Export-Assistent.*

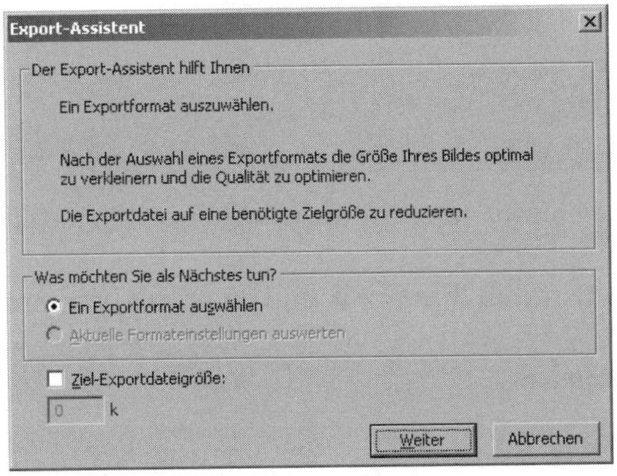

Das Dialogfenster «Export-Assistent» wird geöffnet.

2. Geben Sie im Export-Assistent an, ob Sie das Exportformat wählen möchten oder ob die Ziel-Exportdatei eine bestimmte maximale Größe haben soll. Bei der letzteren Option geben Sie die Größe in das Textfeld ein. Dabei versucht der Assistent durch folgende Methoden diese optimale Dateigröße zu erreichen:

   - Aktivieren bzw. deaktivieren von Optimierungseinstellungen;
   - Anpassen der JPEG-Qualität;
   - Änderung der JPEG-Glättung;
   - Ändern von Farbanzahl und Rastereinstellungen in 8-Bit-Bildern.

   Klicken Sie anschließend auf die Schaltfläche *Weiter.*

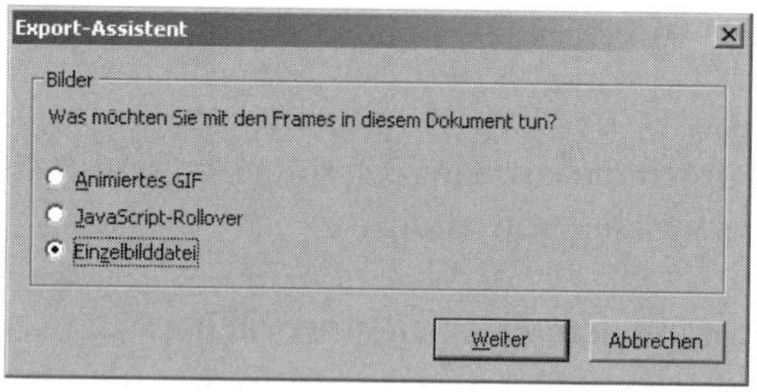

Haben Sie Frames erstellt, bestimmen Sie, wie diese exportiert werden sollen.

3. Bestimmen Sie, wohin die Grafik übertragen werden soll. In der Regel wird es wohl das *Web* oder *Dreamweaver* sein. Bestätigen Sie ebenfalls mit *Weiter.*

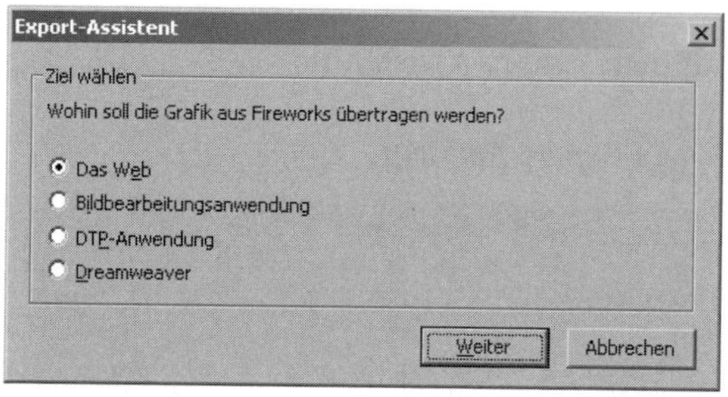

Geben Sie an, wozu Sie die Grafik einsetzen möchten.

4. *Fireworks* analysiert nun Ihre Grafik und empfiehlt bestimmte Grafikformate

Klicken Sie auf *Beenden.*

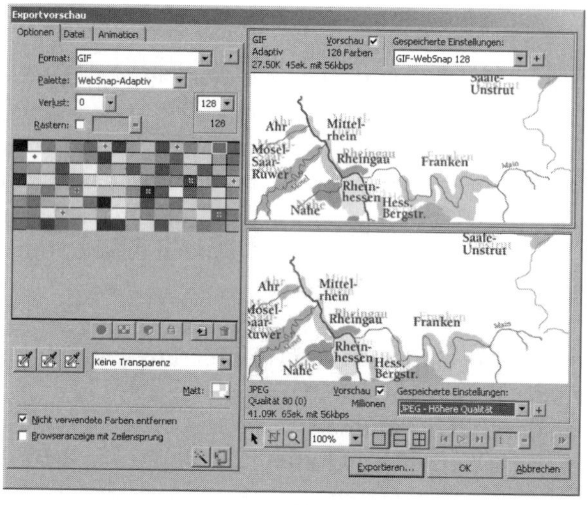

Die Exportvorschau wird geöffnet und zeigt die empfohlenen Grafikformate.

Die Exportvorschau

In der Exportvorschau können Sie alle möglichen Optimierungs- und Exportoptionen der aktuellen Bilddatei einstellen. Die Vorschau zeigt Ihnen die Grafik so, wie sie unter diesen Einstellungen exportiert werden würde. Außerdem erkennen Sie die geschätzte Dateigröße und die damit verbundene Ladezeit. Dank des teilbaren Vorschaufensters kann *Fireworks* die Grafik in unterschiedlichen Einstellungen gleichzeitig anzeigen und Sie können diese direkt vergleichen und entscheiden, welches Grafikformat bzw. welche Einstellung Ihren Erwartungen entspricht. Wie im Export-Assistenten können Sie auch in der Exportvorschau die maximale, exportierte Dateigröße festlegen.

So arbeiten Sie in der Exportvorschau:

1. Wählen Sie *Datei | Exportvorschau.* Das zuvor abgebildete Dialogfenster *Exportvorschau* wird geöffnet.

2. Nehmen Sie die gewünschten Exporteinstellungen vor. Welche es hier bei den einzelnen Dateiformaten gibt, haben Sie im vorherigen Workshop (Kapitel 14) erfahren. Wenden wir uns zunächst den allgemeinen Darstellungsmöglichkeiten zu.

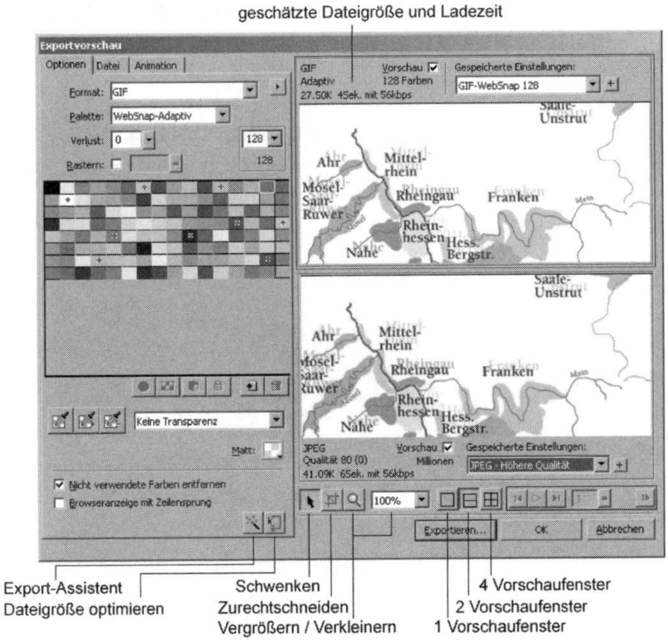

Wichtige grundlegende Einstellungen, unabhängig vom ausgewählten Dateiformat.

Die Darstellung der jeweiligen Vorschau können Sie folgendermaßen ändern.

- Möchten Sie die Vorschau vergrößern, klicken Sie auf den Button *Größer / kleiner zoomen*. Der Cursor wandelt sich in eine Lupe um. Geht man mit dem Lupencursor auf ein Vorschaubild und klickt dieses an, werden die Vorschaubilder vergrößert. Soll die Ansicht kleiner werden, halten Sie dabei die Alt-(Windows) bzw. Wahltaste (Macintosh) gedrückt. Alternativ können Sie auch die prozentuale Vergrößerung bzw. Verkleinerung stufenweise im entsprechenden Feld auswählen.

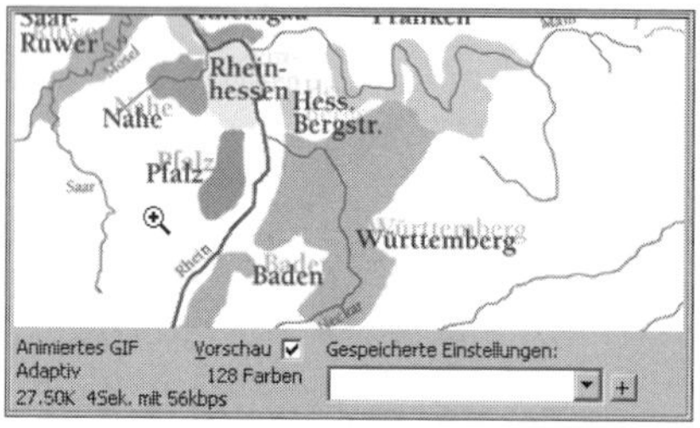

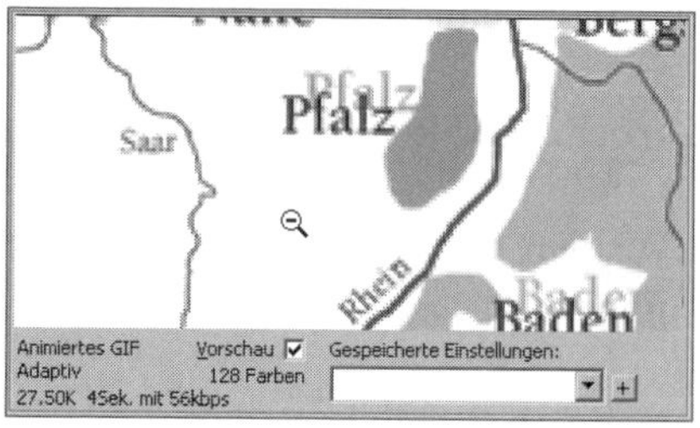

Verkleinern (links) oder vergrößern (rechts).

- Mit dem *Zeiger* schwenken Sie den Vorschaubereich. Aktivieren Sie diesen Button und ziehen Sie bei gedrückter linker Maustaste den Vorschaubereich an die gewünschte Stelle.

RAFFINIERT

Auch mit aktiviertem Button können Sie schnell die Ansicht schwenken, indem Sie dabei einfach die Leertaste drücken und gleichzeitig den Zeiger über die Vorschau ziehen.

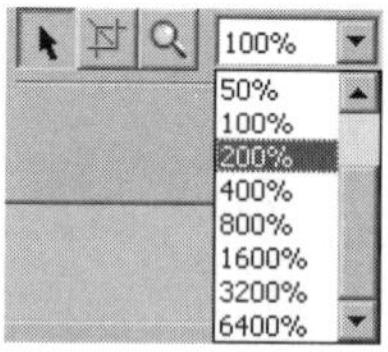

Den Grad der Vergrößerung können Sie auch in diesem Pull-Down-Menü einstellen.

- Falls Sie unterschiedliche Einstellungen in mehreren Vorschaufenstern sehen möchten, klicken Sie auf die Buttons am unteren Rand des Dialogfensters. Dabei symbolisiert das Rechteck auf jedem Button die Anzahl der dadurch angezeigten Vorschaufenster.

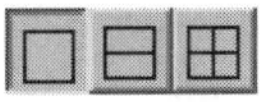

Bestimmen Sie die Anzahl der Vorschaufenster.

MERKET AUF!

Wenn Sie die Vorschau in einem Fenster vergrößern bzw. verkleinern oder die Ansicht schwenken, wirkt sich dies stets auch auf die restlichen Vorschaufenster aus – sofern weitere Ansichten geöffnet sind.

- Bestimmen Sie die maximale, exportierte Dateigröße, indem Sie auf den Button klicken und die gewünschte Zielgröße in das folgende Dialogfenster eintragen:

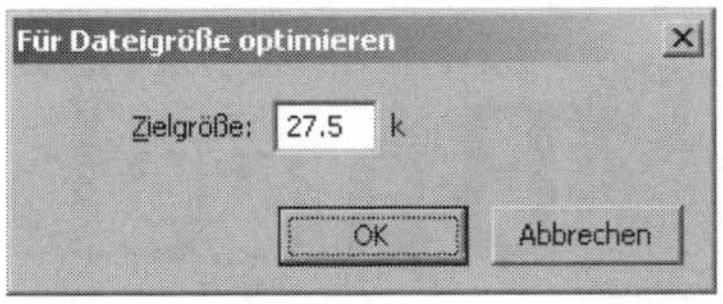

Geben Sie die maximale Dateigröße in KB ein. Verwenden Sie den Punkt, können Sie auch Byte-Einheiten angeben.

MERKET AUF!

Auch im Bedienfeld *Optimieren* können Sie die gewünschte Dateigröße bestimmen. Öffnen Sie hier das Optionsmenü und wählen Sie den Befehl *Optimieren für Dateigröße.* Es öffnet sich das zuvor abgebildete Dialogfenster. Geben Sie hier den Wert ein und klicken Sie auf *OK*, ändert *Fireworks* automatisch die im Bedienfeld angezeigte Farbwerte.

Möchten Sie animierte GIFs oder Rollover exportieren, errechnet sich die Dateigröße aus allen vorhandenen Frames. Weitere Informationen zum Optimierungsvorgang finden Sie im vorherigen Kapitel *Der Export-Assistent.*

- Möchten Sie vom Bedienfeld *Exportvorschau* in den *Export-Assistent* wechseln, um weitere Hilfe zu erhalten, klicken Sie auf den Button (vgl. Kapitel *Der Export-Assistent*).

- Falls Sie nur einen Teil des Bildes exportieren wollen, können Sie diesen in der Exportvorschau definieren. Klicken Sie auf den Button und ziehen Sie den gewünschten Export-Bereich über die Grafik im Vorschaufenster.

3. Falls Sie die Bildgröße und Exportbereich der Grafik verändern möchten, wechseln Sie in das Register *Datei.*

    - Geben Sie unter *Skalieren*, die neue prozentuale Größe an oder bestimmen Sie die Breite (*B*) und die Höhe (*H*) der exportierten Grafik in Pixel.

      Ist das Kontrollkästchen *Beschränken* aktiviert, werden beide Werte proportional zueinander verändert. Hinter den Pixelwerten für die Größe erscheint dann dass Symbol . Deaktivieren Sie diese Option, wenn Sie die Breite unabhängig von der Höhe ändern möchten.

Die Vorschau oben zeigt die Originalgröße,
die Grafik darunter ist um 50 % skaliert.

    - Aktivieren Sie das Kontrollkästchen *Exportbereich* und geben Sie darunter *X*- und *Y*-Koordinaten bzw. Breite (*B*) und Höhe (*H*) des Bereichs an, den Sie exportieren möchten. Das Werkzeug am unteren Rand dieses Dialogfensters hat genau die gleichen Funktionen.

Das Register *Animation* werden wir in Kapitel *Animation exportieren* kennen lernen.

MERKET AUF!

4. Wenn Sie mit Ihren Einstellungen fertig sind, klicken Sie auf die Schaltfläche *Exportieren.* Anschließend bestimmen Sie im Dialogfenster *Exportieren* Dateinamen und Verzeichnis, in das die exportierte Grafikdatei abgespeichert werden soll. Welche weiteren Optionen Sie hier einstellen können, zeige ich Ihnen in den folgenden Kapiteln. Klicken Sie auf die Schaltfläche *Speichern.*

FEHLERTEUFEL

Achtung: Wenn Sie auf *OK* klicken, wird keine Datei abgespeichert. *Fireworks* «merkt» sich dann lediglich die eingestellten Export- bzw. Optimierungseinstellungen für das aktuelle Dokument.

Einzelbilder exportieren

Eine Grafik können Sie schnell mit den optimierten Einstellungen exportieren. Ausgeblendete Ebenen und Objekte werden dabei jedoch nicht exportiert. Das gilt nicht für die *Web-Ebene.* Die hier abgelegten Objekte werden unabhängig davon, ob sie ein- oder ausgeblendet sind, exportiert. Möchten Sie nur bestimmte Bereiche des aktuellen Dokuments exportieren, müssen auswählen oder mit Segmenten arbeiten (vgl. Kapitel *Segmente exportieren*).

So exportieren Sie eine einzelne Grafik:

1. Wählen Sie *Datei | Exportieren* oder klicken Sie in der Standardsymbolleiste (*Fenster | Werkzeugleisten | Standard)* auf den Button *Exportieren* .

2. Geben Sie im Dialogfenster *Exportieren* Dateiname und Verzeichnis an, in dem Sie die Bilddatei abspeichern möchten. Eine Dateiendung müssen Sie nicht angeben. *Fireworks* macht das entsprechend Ihrer Optimierungseinstellung.

BEDENKEN SIE!

Arbeiten Sie an einem Webauftritt, sollten alle erstellten Dokumente, also auch Grafiken und Animationen in einem Projekt-Verzeichnis abgespeichert werden. Das vereinfacht die spätere Veröffentlichung, denn Sie können sicher gehen, dass Sie alle erforderlichen Dokumente online gestellt haben und damit keiner der site-internen Hyperlinks ins Leere läuft. Bewährt haben sich auch separate Bilder-Ordner. Weitere Informationen zum Thema Website-Konzeption und Dateimanagement finden Sie im SmartBook zu *Dreamweaver MX 2004.*

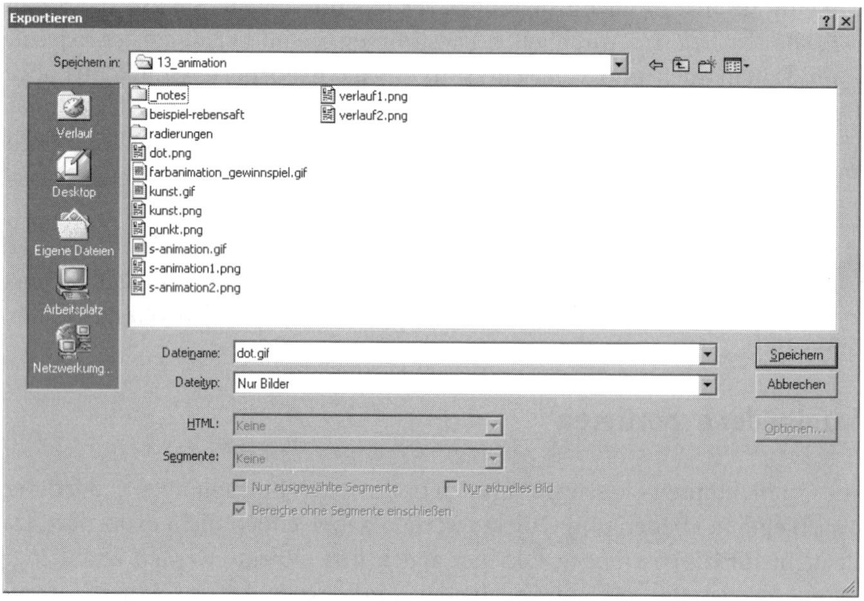

Geben Sie Dateiname und Dateityp an.

3. Stellen Sie das Pull-Down-Menü *Dateityp* auf *Nur Bilder.*

4. Klicken Sie auf die Schaltfläche *Speichern.* Die Grafikdatei wird nun exportiert.

E-Mail-Anlagen

Sie haben in *Fireworks* die Möglichkeit, Ihre aktuell geöffneten Grafiken direkt als Anhang einer E-Mail zu verschicken.

1. Wählen Sie *Datei | Als E-Mail senden.*

2. Im Menü haben Sie nun die Wahl zwischen folgenden Dateiformaten:

   - *PNG-Datei für Fireworks*: Die Original-PNG-Grafikdatei wird als Attachment eingefügt.

   - *Komprimierte JPG-Datei*: Hierbei wird die Optimierungseinstellung *JPEG – Höhere Qualität* verwendet.

   - *Exporteinstellungen verwenden*: Die angehängte Grafik entspricht den im Bedienfeld *Optimieren* eingestellten Einstellungen.

3. In Ihrem Standard-E-Mail-Programm wird nun eine neue E-Mail-Nachricht mit der Datei als Anlage angelegt. Nun schreiben Sie wie gewohnt Ihren Text, den Betreff und vergessen Sie auch nicht, die E-Mail-Adresse einzugeben. Anschließend klicken Sie nur noch auf Senden – und ab geht die Post...

Segmente exportieren

Haben Sie im Arbeitsbereich die einzelnen Bereiche optimiert, können Sie diese exportieren. Hierbei kommen Sie in der *Exportvorschau* (*Datei | Exportvorschau*) zunächst nicht sehr weit, denn *Fireworks* zeigt hier lediglich das gesamte Bild an, berücksichtigt jedoch noch keine Segmente. Im Dialogfenster *Exportieren* können Sie diese Standardeinstellung ändern, indem Sie die entsprechende Option (*Segmente exportieren*) wählen. Dazu gleich mehr.

General haben Sie beim Exportieren von Segmenten zwei Möglichkeiten:

- Falls Sie nur ein bestimmtes Segment exportieren möchten, klicken Sie im Dokumentfenster mit der rechten Maustaste (Windows) bzw. mit gedrückter Strg-Taste (Macintosh) darauf und wählen Sie in dem nun offenen Kontextmenü den Befehl *Ausgewähltes Segment exportieren.* Möchten Sie mehrere ausgewählte Segmente exportieren, markieren Sie diese, indem Sie während des Anklickens die Shift- bzw. Umschalttaste gedrückt halten.

- Wählen Sie in der Menüleiste *Datei | Exportieren. Fireworks* exportiert dann alle Segmente des aktuellen Dokuments. Hierbei können Sie bestimmen, dass zusammen mit den entsprechenden Grafiken auch die HTML-Datei exportiert wird. Diese HTML-Datei können Sie im Browser öffnen oder in einer anderen Anwendung (z. B. *Dreamweaver*) weiter bearbeiten.

In beiden Fällen wird das Dialogfenster *Exportieren* mit weiteren Einstellungsmöglichkeiten geöffnet. Hier können Sie auch nachträglich noch bestimmen, ob tatsächlich nur das ausgewählte Segment exportiert wird, oder ob auch andere Bereiche beim Exportieren berücksichtigt werden sollen.

So exportieren Sie ein segmentiertes Dokument:

1. Bestimmen Sie im Dialogfenster *Exportieren* (*Datei | Exportieren* oder rechte Maus- bzw. Strg-Taste) das Verzeichnis, in das Sie Bilder und HTML-Datei abspeichern möchten.

2. Geben Sie einen Dateinamen an. Möchten Sie mehrere Segmente exportieren, wird dieser Name als Stammname für alle exportierten Dateien verwendet. Eine Ausnahme hierbei bilden die Segmente, denen Sie im Eigenschafteninspektor bzw. auf der Web-Ebene einen Namen zugewiesen haben.

3. Wählen Sie im Pull-Down-Menü *Dateityp* die Option *HTML und Bilder.*

4. Anschließend geben Sie im Menü *HTML* die Option *HTML-Datei exportieren* an. Wenn Sie möchten, können Sie diesen Quelltext auch in die Zwischenablage kopieren und in einer anderen Anwendung (z. B. *Dreamweaver*; vgl. Kapitel 16) einfügen und weiter bearbeiten.

MERKET AUF!

Klicken Sie auf den Button *Optionen*, um die HTML-Einstellungen zu definieren. Was Sie dabei berücksichtigen sollten, erfahren Sie im Kapitel *Webseite (HTML) exportieren.*

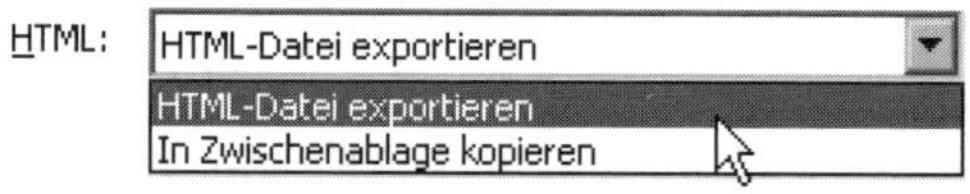

In der Regel wollen Sie eine «HTML-Datei exportieren».

5. Im Pull-Down-Menü *Segmente* werden Sie in der Regel die Option *Segmente exportieren* nutzen. Haben Sie keine Segmente erstellt, können Sie mit der Option *Segmente an Hilfslinien erstellen* Ihre Grafik beim Export an vorhandenen Hilfslinien segmentieren. Rasterlinen sind keine Hilfslinien!

6. Sollen *nur ausgewählte Segmente* exportiert werden, aktivieren Sie dieses Kontrollkästchen. Wie der Name schon sagt, müssen Sie ein Segment ausgewählt haben, bevor Sie das Dialogfenster *Exportieren* öffnen. Vergewissern Sie sich, dass das Kontrollkästchen *Bereiche ohne Segmente einschließen* nicht aktiviert ist. Ansonsten werden auch nicht segmentierte Bereiche exportiert. Die verwendeten Dateinamen ergeben sich aus den benutzerdefinierten HTML-Einstellungen (vgl. Kapitel *HTML-Einrichtung*).

ZEIT GESPART

Haben Sie an der Quelldatei eines bereits exportierten Dokumentes weitere Änderungen vorgenommen, müssen Sie dieses nicht nochmals komplett exportieren, sondern Sie können gezielt die Segmente neu abspeichern, die von der Aktualisierung betroffen sind. Dabei müssen diese neuen Bereiche jedoch die gleiche Größe haben wie die alten. Das ist sehr wichtig, da es ansonsten zu unerwünschten Verzerrungen in der Darstellung kommen würde.

7. Falls *Fireworks* auch Bereiche ohne Segmente einschließen soll, können Sie das ebenfalls im Dialogfenster *Exportieren* angeben.

8. Soll *Fireworks* die exportierten *Bilder in einen Unterordner ablegen*, aktivieren Sie das unterste Kontrollkästchen. Standardmäßig wird hierfür das Verzeichnis *bilder/* angelegt. Klicken Sie auf die Schaltfläche *Durchsuchen*, um im Dialogfenster Ordner auswählen ein bereits vorhandenes Verzeichnis auszuwählen. Bestätigen Sie mit *Öffnen*.

   Beachten Sie, dass die HTML-Datei in dem Verzeichnis abgespeichert wird, das Sie unter *Speichern in* festgelegt haben. Für die Bilder können Sie also einen ganz anderen Speicherort festlegen.

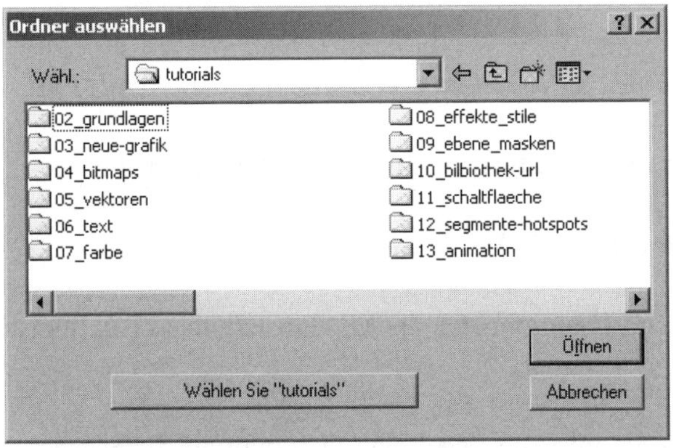

Bestimmen Sie, wohin «Fireworks» die Bilder, die in der HTML-Datei eingebunden sind, abspeichern soll. «Fireworks» definiert automatisch die notwendigen Verknüpfungen.

9. Haben Sie alle Angaben gemacht, klicken Sie auf die Schaltfläche *Speichern*. Jedes Segment wird entsprechend seiner festgelegten Optimierungseinstellung exportiert.

Automatische Segment-Benennung

Über Segment-Hilfslinien können Sie ein Dokument in mehrere Bereiche teilen, die dann als Segmente, also einzelne Bestandteile Ihrer Webseite, exportiert werden. Der Name eines ausgewählten Objektes erscheint in der Titelleiste des Dokuments. Wenn Sie Segmente und Schaltflächen exportieren möchten, wird dieser Name bei Exportieren zum Dateinamen. Haben Sie jedoch keinen Namen im Bedienfeld *Ebenen* (*Web-Ebene*) angegeben, muss *Fireworks* diesen automatisch vergeben. Sie können selbst die zu berücksichtigende Konvention bestimmen. Dabei kann der automatisch vergebene Dateiname bis zu sechs Elemente enthalten:

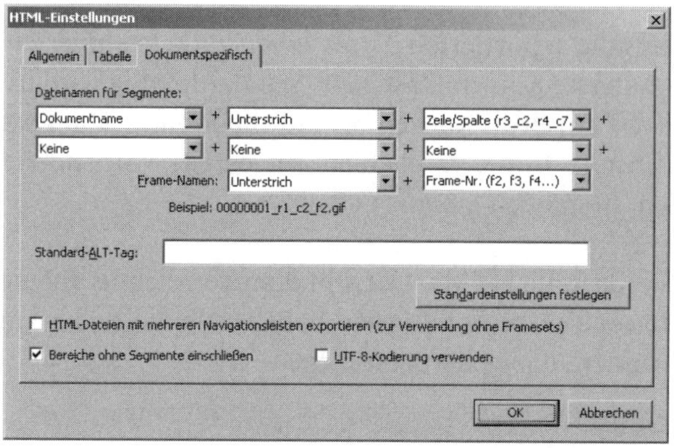

Bestimmen Sie die Eigenschaften der exportierten HTML-Datei.

Konventionen für die automatische Segment-Benennung:

1. Wählen Sie *Datei | HTML-Einstellungen.*
2. Öffnen Sie im Dialogfenster *HTML-Einstellungen* das Register *Dokumentspezifisch.*
3. Bestimmen Sie nun die Regel, wie Dateinamen für Segmente automatisch definiert werden sollen:

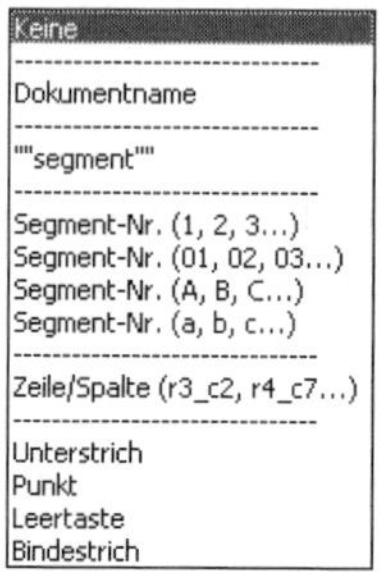

- *Keine*: Dem Segment wird kein Name zugewiesen. Achtung! Benutzen Sie diese Option **nicht** für die ersten drei Menüoptionen! Dann würden sich nämlich die Segmentdateien gegenseitig überschreiben.

- *Dokumentname*: Das Segment bekommt den Namen des Dokuments zugewiesen.

- *""segment""*: Dadurch fügen Sie den Begriff «*segment*» in die Konvention ein.

- *Segment-Nr. (1,2,3…), Segment-Nr. (01, 02, 03…), Segment-Nr. (A, B, C…), Segment-Nr. (a, b, c…):* Die Segmente werden fortlaufend nummeriert.

- *Zeile/Spalte (r3_c2, r4_c7…)*: Die Nummerierung von Zeile und Spalte ergibt sich aus der Tabelle, die der Webbrowser benötigt, um die segmentierte Seite aufzubauen. «r» ist bei dieser Namensgebung die Abkürzung für Zeile (engl. row) und «c» ist die Abkürzung für Spalte (engl. column) und «f» die Abkürzung für Frame.

- Mit den Zeichen *Unterstrich*, *Punkt*, *Leertaste* und Bindestrich trennen Sie einzelne Elemente voneinander.

  Wie ein so exportiertes Segment dann heißen kann, sehen Sie im darunter stehenden Beispiel im Dialogfenster *HTML-Einstellungen*.

4. Beinhaltet ein Segment mehrere Frames, hängt *Fireworks* standardmäßig hinter dem zuvor definierten Segmentnamen einen *Unterstrich* und dann die *Frame-Nummer (f2, f3, f4…)*.

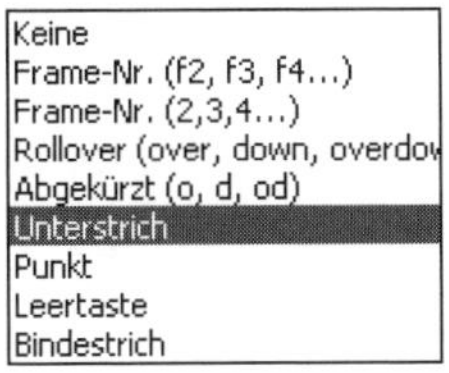

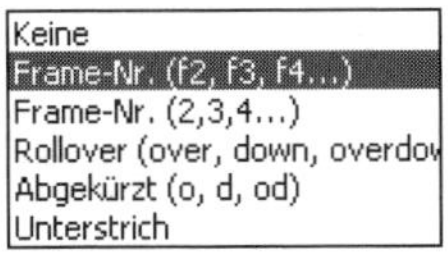

Der Frame-Name wird standardmäßig folgendermaßen zusammengesetzt: Segmentname_fn.

Wie Sie HTML-Dokumente erstellen und welche Optionen Sie hier weiter einstellen können, erfahren Sie im Kapitel *Webseite (HTML) exportieren.*

MERKET AUF!

Besteht Ihr PNG-Dokument aus unterschiedlichen Animationen, können auf diesen ebenfalls Segmente platziert werden, die als unabhängige Animationen exportiert werden können.

Animation exportieren

Eine Animation kann entweder als animiertes GIF oder als Flash-SWF-Datei exportiert werden (vgl. Kapitel 14 *Grafik und Dateiformate*). Außerdem können Sie einzelne Frames als separate statische Bilder abspeichern. Hierzu stehen Ihnen die bereits vorgestellten Dateiformate (JPG, GIF, PNG, TIF, etc.) zur Verfügung. Exportieren Sie einzelne segmentierte Animationen, können Sie für jede einzelne spezifische Einstellungen vornehmen (Frame-Verzögerungszeit, Schleifen, Farbpalette, etc.; vgl. Kapitel 13).

Animiertes GIF exportieren

Das animierte GIF kann ebenfalls bis zu 256 Farben speichern. Das Besondere an diesem Dateiformat ist einerseits, dass damit ein Bewegungsablauf über mehrere Frames abgespeichert wird und andererseits, dass die bereits vom GIF-Format bekannte Transparenz eingestellt werden kann.

Es gibt zwei unterschiedliche Arten, wie Sie ein animiertes GIF erstellen können: Entweder geben Sie die gewünschten Angaben im Dialogfenster *Exportieren (Datei | Exportieren)* an oder Sie definieren weitere Einstellungen in der *Exportvorschau (Datei | Exportvorschau)*.

So exportieren Sie ein Animiertes GIF:

1. Heben Sie die Auswahl aller Segmente und Objekte auf (*Bearbeiten | Auswahl aufheben*).

2. Im Bedienfeld *Optimieren* muss das Dateiformat *Animiertes GIF* angegeben sein.

RAFFINIERT

Dabei können Sie für jedes Segment eine andere optimierte Einstellung wählen.

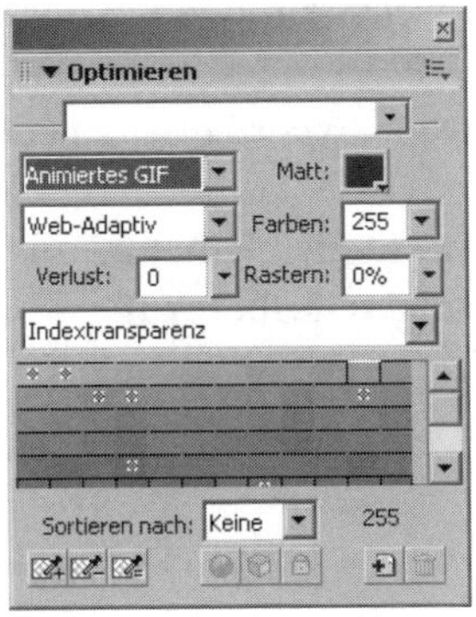

Bestimmen Sie die optimierten Einstellungen für die GIF-Animation.

3. Öffnen Sie das Dialogfenster *Exportieren* (*Datei* | *Exportieren* oder).
4. Geben Sie Dateinamen und Verzeichnis an und wählen Sie den Dateityp *Nur Bilder* oder *HTML und Bilder*. Weitere Informationen hierzu finden Sie im Abschnitt *Segmente exportieren.*

Die Alternative beim Exportieren ist das Dialogfenster *Exportvorschau*, in dem Sie weitere Einstellungen vornehmen können. Wenn Sie sich die linke Hälfte dieses Fensters betrachten, werden Sie viele Optionen entdecken, die Sie bereits aus dem Bedienfeld *Optimieren* kennen.

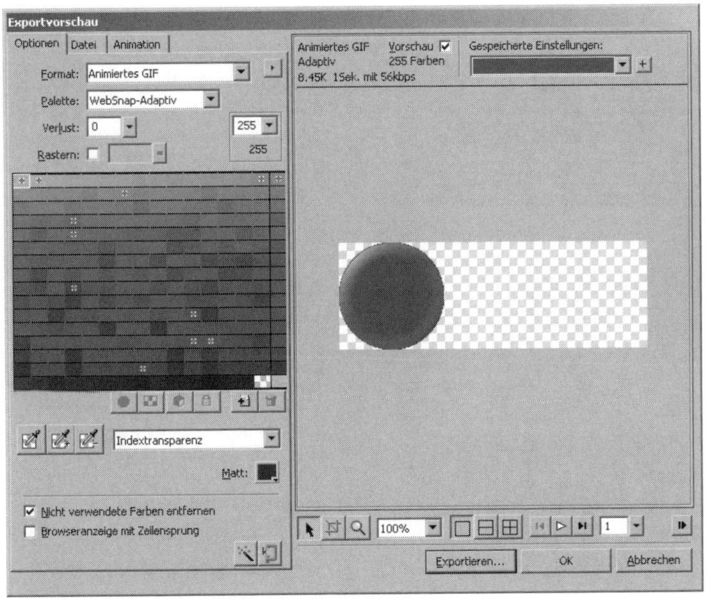

In der «Exportvorschau» können Sie den Ablauf der Animation steuern.

So ändern Sie die Animationseinstellungen in der Exportvorschau:

1. Öffnen Sie das Dialogfenster *Exportvorschau* (*Datei | Exportvorschau*).

2. Rechts unten finden Sie die Steuerelemente, mit denen Sie den Animationsablauf und die Verzögerungszeit überprüfen können (vgl. Kapitel 13).

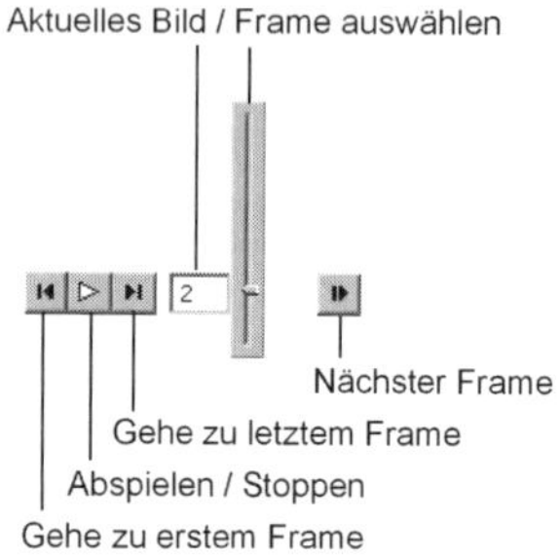

In der «Exportvorschau» gibt es die gleichen Steuerelemente wie im Arbeitsbereich.

3. Wechseln Sie in der *Exportvorschau* in das Register *Animation*. Markieren Sie den Frame in der Liste, den Sie bearbeiten möchten. Gleichzeitig wird im rechten Teil des Fensters die entsprechende Vorschau angezeigt. Wenn Sie möchten, können Sie auch über die Steuerelemente den gewünschten Frame auswählen.

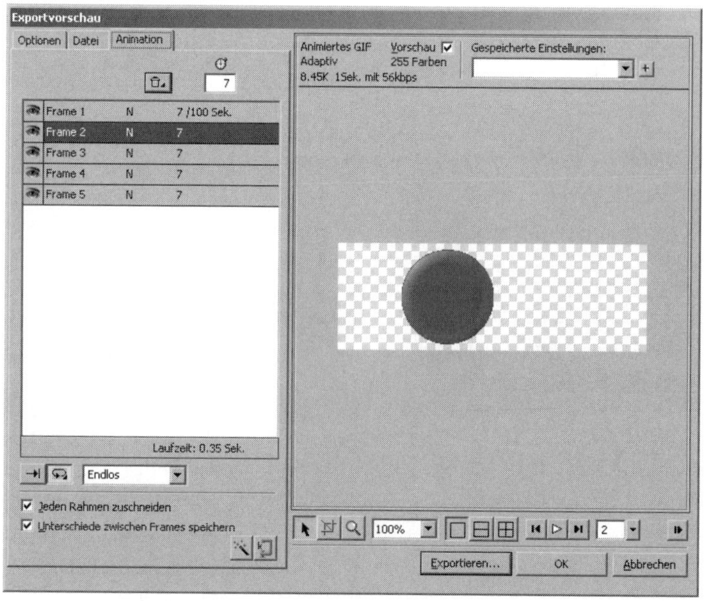

Animationseinstellungen können in der «Exportvorschau» geändert werden.

- Wie im Bedienfeld *Ebenen* können Sie über das Auge-Symbol die Sichtbarkeit der einzelnen Frames steuern.
- Geben Sie eine Löschmethode an, indem Sie auf den Button klicken. Für die definierte Methode setzt *Fireworks* ein Zeichenkürzel hinter den Frame-Namen in der darunter stehenden Liste. Standardmäßig ist hier ein N – für die Option *Nicht angegeben* – eingetragen.
- Bestimmen Sie die Frame-Verzögerung, indem Sie die neue Zeit in hundertstel Sekunden in das Feld unter der Stoppuhr eingeben.
- Aktivieren Sie den Button *Einmal abspielen* , wenn die Animation nur einmal durchlaufen soll.
- Klicken Sie auf den Button *Schleife* , damit die Animation nach einmaligem Abspielen wiederholt wird. Geben Sie im Pull-Down-Menü dahinter die Anzahl der Wiederholungen an.
- Aktivieren Sie das Kontrollkästchen *Jeden Rahmen zuschneiden*, so dass nur der sich ändernde Bildbereich ausgegeben wird, da jeder Frame in einen rechteckigen Bereich zugeschnitten ist. Durch diese Einstellung wird die exportierte Datei in der Regel etwas kleiner.
- Auch mit der Option *Unterschiede zwischen Frames speichern* sparen Sie Ladezeit, denn es werden nur die Pixel ausgegeben, die sich von Frame zu Frame ändern.

Überprüfen Sie Ihre Einstellung mit den Steuerelementen rechts unten im Dialogfenster *Exportvorschau*.

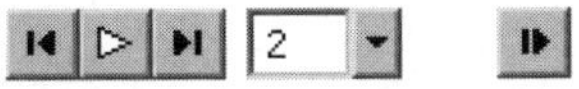

Wechseln Sie zu den einzelnen Frames und überprüfen Sie den Ablauf der Animation.

4. Sind Sie fertig, klicken Sie auf die Schaltfläche *Exportieren*, um die Animation als animiertes GIF abzuspeichern. Falls Sie weitere Änderungen vornehmen möchten, aber mit diesen optimierten Einstellungen zufrieden sind, können Sie diese abspeichern, indem Sie den Button *Speichern* drücken.

Flash-SWF-Datei exportieren

In Flash können Sie PNG- oder SWF-Dateien importieren und weiter bearbeiten. Auch die Grafikformate GIF und JPG können importiert werden.

In diesem Abschnitt zeige ich Ihnen, was Sie beim SWF-Export beachten sollten, denn hier können Sie weitere Optionen angeben.

So exportieren Sie eine SWF-Datei:

1. Öffnen Sie das Dialogfenster Exportieren (*Datei | Exportieren* oder klicken Sie auf).

2. Wählen Sie den *Dateityp Macromedia Flash SWF.*

3. Klicken Sie auf die Schaltfläche *Optionen.*

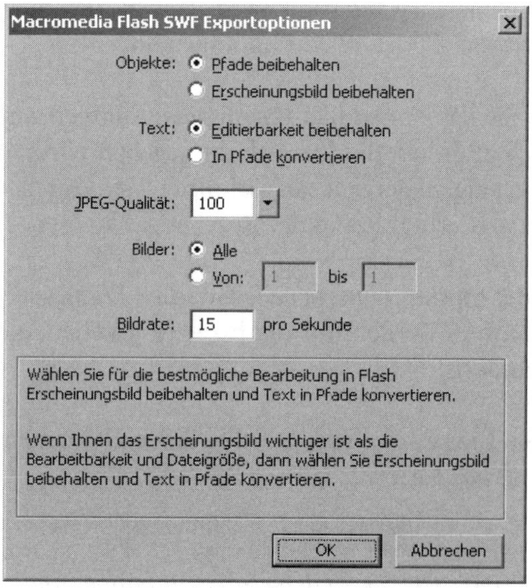

Optionen für den SWF-Export.

4. Im Dialogfenster *Macromedia Flash SWF Exportoptionen* nehmen Sie die gewünschten Einstellungen vor:

   - Mit aktivierter Option *Pfade beibehalten,* bleiben diese zwar weiterhin bearbeitbar, allerdings gehen sämtliche Formatierungen und Effekte verloren.

- Aktivieren Sie die Option *Erscheinungsbild beibehalten*, wenn keine Formatierungen während des Exports verloren gehen sollen (z. B. Live-Effekte, Füllung, Pinselstrich, Anti-Alias, Mischmodus, Opazität, Ebenen, Masken, Segmente, Imagemaps, Verhalten). Allerdings werden Vektoren in Bitmaps konvertiert.

- Aktivieren Sie die Text-Option *Editierbarkeit beibehalten*, gehen ebenfalls Formatierungen und Effekte verloren.

- Mit der zweiten Text-Option *In Pfade konvertieren* bleiben alle benutzerdefinierten Einstellungen zu Abstand und Unterschneidung erhalten. Allerdings geht die Bearbeitbarkeit des Textes dabei verloren.

- Bestimmen Sie die *JPEG-Qualität* bzw. die Komprimierungsrate.

- Geben Sie an, ob alle Bilder oder nur bestimmte Frames exportiert werden sollen.

- Bestimmen Sie die Bildrate pro Sekunde.

5. Klicken Sie auf *OK*.

6. Klicken Sie im Dialogfenster *Exportieren* auf die Schaltfläche *Speichern*. Die SWF-Datei wird exportiert.

Frames und Ebenen exportieren

Wenden wir uns jetzt noch der dritten Variante zu, wie Sie bewegte Bilder exportieren können. Halt! Bei dieser Alternative wird nicht die Bewegung selbst exportiert, sondern die einzelnen Objekte, die in den einzelnen Frames und auf den unterschiedlichen Ebenen abgespeichert sind. Das Ergebnis ist also ein statisches Bild bzw. eine separate Bilddatei, die Sie in anderen Programmen weiter verwenden und bearbeiten können – zum Beispiel in *Flash*.

So exportieren Sie einzelne Bilder aus einer Animation:

1. Gehen Sie in der Menüleiste auf *Datei | Exportieren*. Arbeiten Sie wie zuvor mehrfach beschrieben.

2. Im Pull-Down-Menü *Dateityp* können Sie jetzt zwischen folgenden Einstellungen wählen:

- *Ebenen in Dateien*: Jede Ebene wird in eine separate Datei exportiert. Es werden alle Ebenen des aktuellen Frames exportiert. Als Ergebnis bekommen Sie also mehrere Dateien.

- *Frames in Dateien*: Jeder Frame wird in eine separate Datei exportieren. Als Ergebnis bekommen Sie also auch bei dieser Einstellung mehrere Dateien.

- Aktivieren Sie das Kontrollkästchen *Bilder zuschneiden*, um die Leinwandgröße der exportierten Datei exakt an die (auf jedem Frame) platzierten Objekte anzupassen. Soll dagegen die Leinwandgröße der aktuellen Quelldatei auch in den Exportdateien übernommen werden, müssen Sie dieses Kontrollkästchen deaktivieren.

3. Drücken Sie auf die Schaltfläche Speichern, um einzelne Grafiken zu exportieren.

   Der jeweilige Dateiname ergibt sich aus dem Namen der Ebene oder des Frames (vgl. Bedienfeld *Ebenen* bzw. *Frame*). Beim Exportieren werden die Einstellungen aus dem Bedienfeld *Optimieren* übernommen.

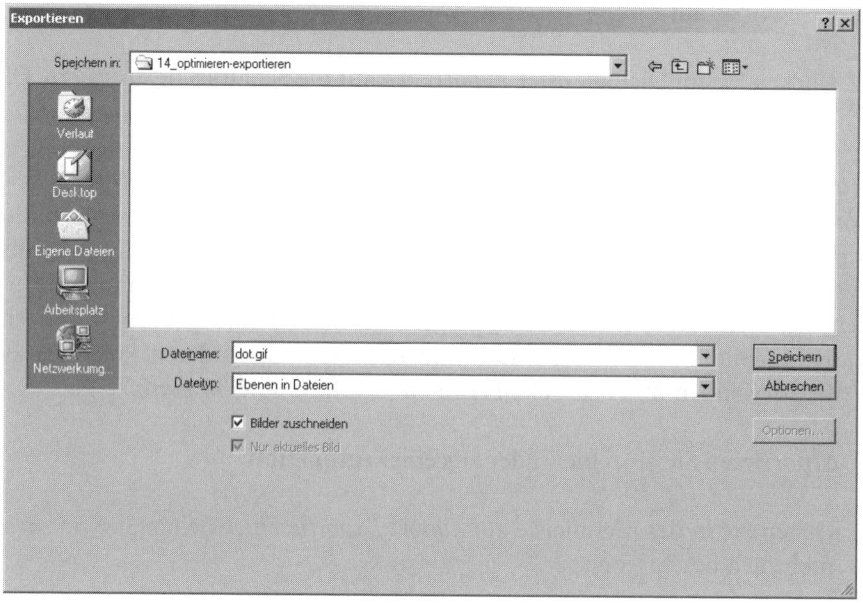

Jede Ebene kann als separate Datei exportiert werden.

Bereiche exportieren

Ein Werkzeug in der Werkzeugleiste haben wir bisher noch nicht besprochen: Das *Exportbereichwerkzeug* . Dieses finden Sie in der Werkzeugleiste unter *Auswählen.* Standardmäßig ist hier zunächst das *Zuschneidewerkzeug* eingestellt.

Mit dem *Exportbereichwerkzeug* können Sie einen bestimmten Bereich Ihres Dokuments exportieren, ohne dafür ein Segment definieren zu müssen.

1. Aktivieren Sie das *Exportbereichwerkzeug* .

2. Spannen Sie den Auswahlrahmen um den Bereich, den Sie exportieren möchten.

Bestimmen Sie den Bereich, der exportiert werden soll.

HEISSER TIPP

Möchten Sie während des Ziehens den Auswahlrahmen an eine andere Position verschieben, geht das ganz einfach, indem Sie die linke Maustaste weiterhin gedrückt halten und gleichzeitig auf die Leertaste drücken. Lassen Sie die Leertaste los, können Sie den Rahmen weiter aufspannen.

3. Lassen Sie die linke Maustaste los, wird der Rahmen über den Exportbereich gesetzt.

   Dieser kann nun an eine andere Stelle verschoben werden, wobei sich der Cursor in ein Fadenkreuz verwandelt. Packen Sie den Rahmen an den Angriffspunkten, können Sie dessen Größe ändern. Halten Sie dabei die Shift-Taste gedrückt, verändern sich die einzelnen Seiten des Rahmens proportional zueinander. Halten Sie dabei die Alt-Taste (Windows) bzw. Wahltaste (Macintosh) gedrückt, wenn der Rahmen sich von der Mitte aus ändern soll. Beide Tasten bzw. Funktionen können Sie auch kombiniert einsetzen.

4. Doppelklicken Sie in den eben definierten Export-Bereich.

5. In der Exportvorschau können Sie nun die bereits bekannten Angaben vornehmen.

ERSTE HILFE

Sie haben es sich anders überlegt und möchten den Auswahlrahmen für den Exportbereich wieder entfernen? Kein Problem: Drücken Sie die Esc-Taste, aktivieren Sie ein anderes Werkzeug oder doppelklicken Sie auf einen Bereich außerhalb des erstellten Rahmens.

Webseite (HTML) exportieren

In den vorherigen Kapiteln haben wir bereits gesehen, dass *Fireworks* außer den Grafikdateien auch ein HTML-Dokument exportieren kann (*Dateityp: HTML und Bilder*), das Sie dann ganz normal im Webbrowser öffnen können. HTML ist die Grundstruktur Ihrer Webseite und legt beispielsweise fest, an welcher Stelle bestimmte Elemente angeordnet werden sollen oder wie der Text formatiert sein soll. Hyperlinks, die ein Web-Dokument mit einem anderen verbinden, werden ebenfalls in HTML definiert.

Auch Editoren haben mit diesem in *Fireworks* generierten Code keine Probleme. Sie können in *Fireworks* den HTML-Code auch in die Zwischenablage kopieren und in einem Editor in ein neues oder in ein bereits vorhandenes Dokument einfügen. Weiterhin können Sie auch Cascading Style Sheets (CSS) exportieren. Außerdem unterstützt *Fireworks* XHTML und die UTF-8-Kodierung.

Sollten Sie in Ihrem Dokument Verhalten definiert haben, wird dieses als JavaScript-Code exportiert. Haben Sie ein Popup-Menü definiert, erzeugt *Fireworks* die Datei *mm_menu.js*, in der die notwendigen Skripte für die Funktionalität enthalten sind.

Sie benötigen überhaupt keine HTML-Kenntnisse, um funktionsfähigen Code zu produzieren – das macht alles *Fireworks* für Sie!

Den Quelltext können Sie auf unterschiedliche Art und Weise exportieren. Einerseits können Sie eine HTML-Datei und die benötigten Bilder exportieren. Dieses Verfahren haben wir bereits beim Exportieren von Segmenten kennen gelernt. Andererseits können Sie auch mit der Zwischenablage arbeiten.

HTML-Datei exportieren

Den Code einer Seite können Sie als HTML-Datei in *Fireworks* abspeichern. In diesem Dokument werden alle einzelnen, ebenfalls exportierte Bilder, wieder in Relation zueinander gesetzt. Das Layout der kompletten Seite wird im Browser wieder aufgebaut.

So exportieren Sie HTML-Dateien:

1. Bestimmen Sie im Dialogfenster *Exportieren* (*Datei* | *Exportieren* oder rechte Maus- bzw. Strg-Taste) das Verzeichnis, in das Sie Bilder und HTML-Datei abspeichern möchten und geben Sie einen Dateinamen an.

2. Wählen Sie im Pull-Down-Menü *Dateityp* die Option *HTML und Bilder.*

3. Anschließend geben Sie im Menü *HTML* die Option *HTML-Datei exportieren* an. Wenn Sie möchten, können Sie diesen Quelltext auch in die Zwischenablage kopieren und in einer anderen Anwendung (z. B. *Dreamweaver*) einfügen und weiter bearbeiten.

4. Klicken Sie auf den Button *Optionen*, wenn Sie die HTML-Einstellungen neu definieren möchten. Arbeiten Sie wie im vorherigen Abschnitt beschrieben.

5. Klicken Sie auf *Speichern.*

HTML-Einrichtung

Im Dialogfenster *HTML-Einstellungen* bestimmen Sie allgemeine und dokumentspezifische Einstellungen für den HTML-Export.

1. Wählen Sie in der Menüleiste *Datei* | *HTML-Einstellungen* oder klicken Sie im Dialogfenster *Exportieren* auf die Schaltfläche *Optionen.*

2. Das Dialogfenster *HTML-Einrichtung* besteht aus drei Registern:

   - Das Register *Allgemein*:

   Geben Sie im Pull-Down-Menü *HTML-Stil* den Editor an, mit dem Sie den Quelltext nach dem Export bearbeiten möchten. Fehlt dieser hier, wählen Sie die Einstellung *Generic HTML*, was von den meisten HTML-Editoren unterstützt wird. Diese Einrichtung ist wichtig, damit später in der anderen Anwendung importierte interaktive Effekte richtig funktionieren. Soll das

Dokument dem XHTML-Standard genügen, wählen Sie diese Option. Weitere Informationen über XHTML finden Sie in Kapitel *XHTML exportieren.*

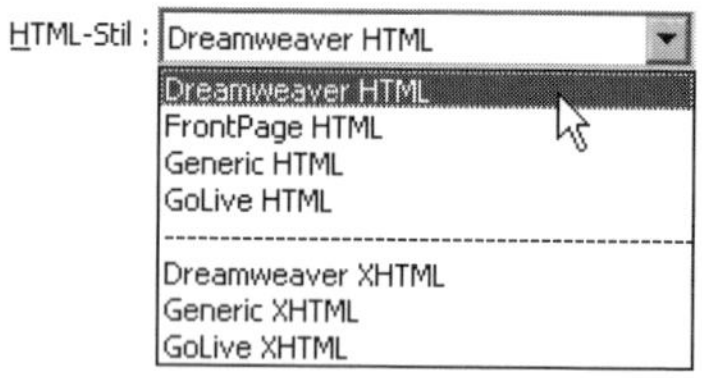

Bestimmen Sie einen Ziel-Editor oder wählen Sie «Generic HTML».

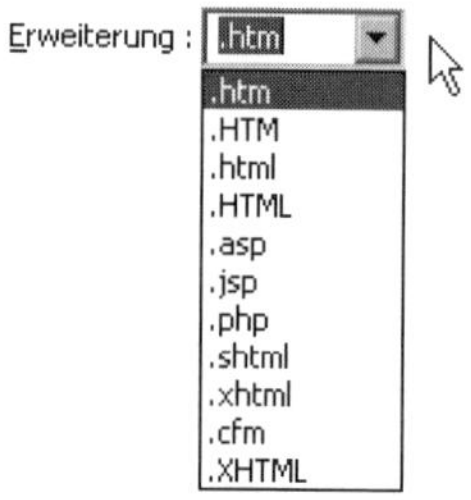

Geben Sie die gewünschte «Erweiterung» an. Achten Sie bei den üblichen Erweiterungen «.htm», «.html» und «.xhtml» auf Groß- und Kleinschreibung!

FEHLERTEUFEL

Am besten verwenden Sie immer Kleinbuchstaben für den Dateinamen und für die Dateiendung, da einige Editoren hier nicht unterscheiden können. Auch Server können nicht immer zwischen Groß- und Kleinbuchstaben unterscheiden, weshalb es später zu Problemen kommen kann. So kann es beispielsweise passieren, dass Hyperlinks ins Leere laufen.

Darum sollten Sie auch das Kontrollkästchen *Dateiname in Kleinbuchstaben* aktivieren. Falls Sie eine Datei-Erweiterung in Großbuchstaben gewählt haben, wird diese beibehalten.

Aktivieren Sie das Kontrollkästchen *HTML-Kommentare einschließen. Fireworks* dokumentiert dann ausführlich einzelne Code-Bereiche mit Kommentaren. Ein Kommentar ist folgendermaßen aufgebaut:

```
<!—Das ist ein Kommentar -->
```

Wenn Sie mit dem Macintosh arbeiten, bestimmen Sie im Pull-Down-Menü *File Creator* das gewünschte Programm. Doppelklicken Sie später auf die exportierte HTML-Datei wird diese in der festgelegten Anwendung geöffnet.

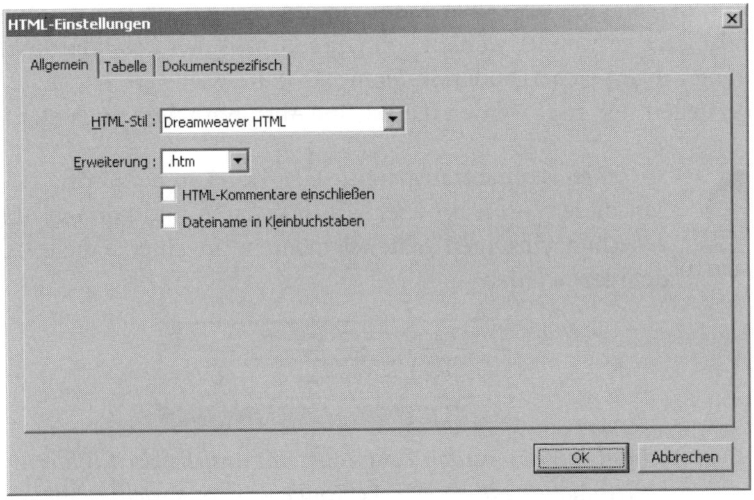

Bestimmen Sie allgemeine HTML-Einstellungen – wie HTML-Stil oder die gewünschte Dateierweiterung.

- Das Register *Tabelle*:

Mit der Segmentierung des Dokuments definieren Sie gleichzeitig eine HTML-Tabelle, die das Layout der Webseite strukturiert bzw. deren einzelne Bestandteile in Relation zueinander setzt. Dabei wird jedes Segment in einer Tabellenzelle platziert. Im Dialogfenster *HTML-Einstellungen* bestimmen Sie nun, wie *Fireworks* diese Tabelle definieren soll.

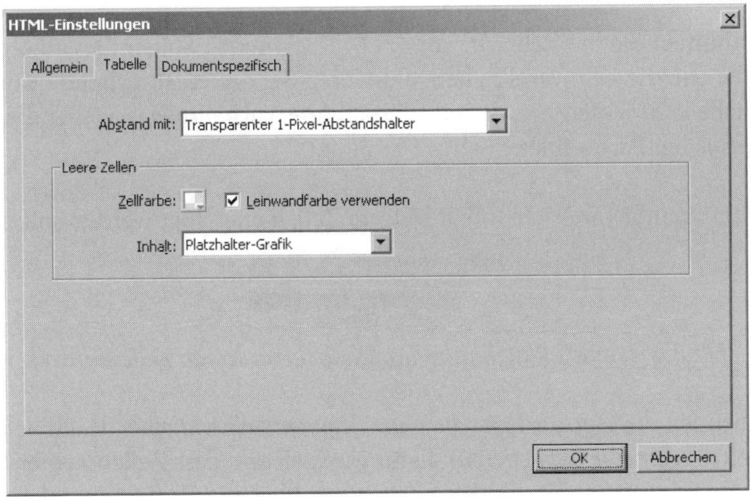

Tabelle einrichten.

Bestimmen Sie im Pull-Down-Menü *Abstand mit*, ob ein transparenter Abstandshalter verwendet werden soll (diese Grafik wird standardmäßig als *spacer.gif* abgespeichert) oder ob *Fireworks* stattdessen verschachtelte Tabellen erstellen soll. Hier werden dann keine Abstandshalter eingesetzt.

NICHT VERGESSEN

spacer.gif ist eine transparente GIF-Datei, in der Größe 1x1 Pixel. Mit diesem – im Browser – unsichtbaren Bild können Abstände zwischen einzelnen Seitenelementen (in einer Tabelle) präzise definiert werden

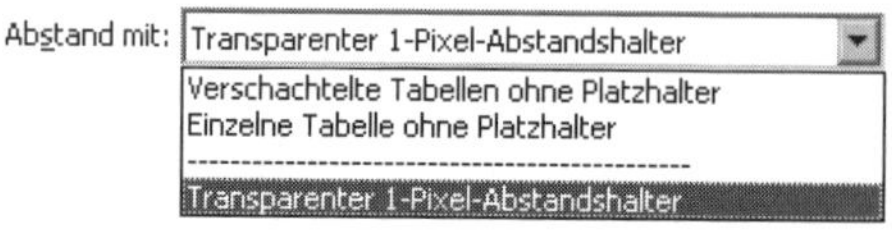

Mit Abstandshaltern werden Zellgrößen mit unsichtbaren Bildern definiert. Befindet sich in einer Tabelle eine weitere, spricht man von einer Verschachtelung.

Verschachtelte Tabellen brauchen oft länger bis sie im Browser angezeigt werden. Dafür sind diese Webseiten in der Regel leichter im HTML-Editor zu bearbeiten.

Bei der Einstellung *Einzelne Tabelle ohne Platzhalter* kann es passieren, dass diese im Browser nicht richtig dargestellt wird.

MERKET AUF!

Bestimmen Sie die Zellfarbe für HTML-Segmente. Sollen diese die gleiche Farbe wie die Leinwand haben, aktivieren Sie das entsprechende Kontrollkästchen. Möchten Sie diesen eine andere Farbe zuweisen, benutzen Sie hierfür den Farbwähler.

Bestimmen Sie, welcher Inhalt in leere Zellen eingefügt werden soll:

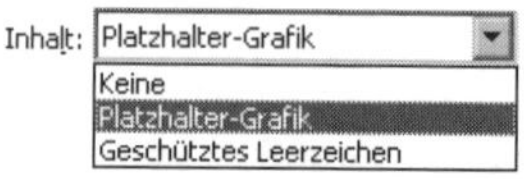

Häufig ist eine «Platzhalter-Grafik» in einer leeren Zelle sinnvoll.

Haben Sie die Option *Bereiche ohne Segmente einschließen* deaktiviert (vgl. Kapitel *Segmente exportieren*), kann es passieren, dass Zellen keinen Inhalt haben. Bestimmen Sie, ob diese Zellen leer bleiben (*Keine*), eine *Platzhalter-Grafik* (*spacer.gif*; s.o.) oder ein geschütztes unsichtbares Leerzeichen (` `) erhalten sollen.

Im Register *Dokumentspezifisch* können Sie ebenfalls den Export von Tabellen einrichten.

- Das Register *Dokumentspezifisch*:

Im Kapitel *Automatische Segment-Benennung* haben wir bereits die Konventionen für die Vergabe von Dateinamen kennen gelernt.

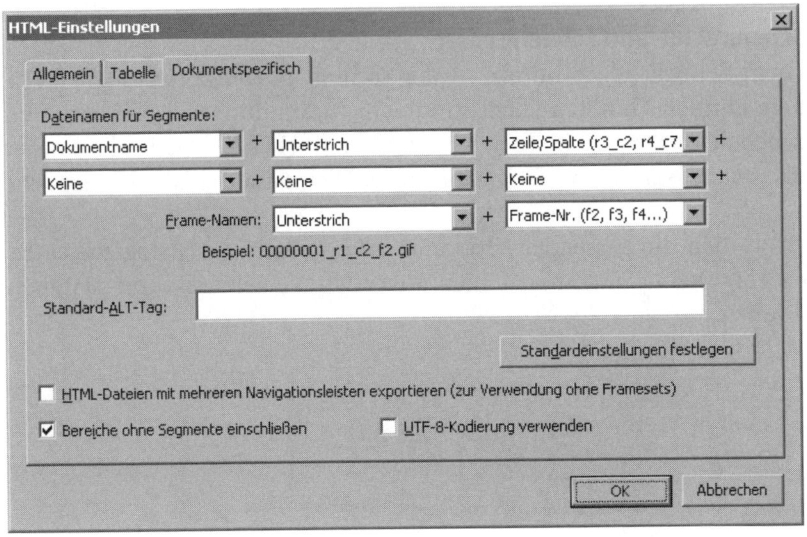

Geben Sie ein *Standard-ALT-Tag* ein. Dieser Text wird sichtbar, wenn der Browser das Bild, das er hier eigentlich anzeigen soll, nicht anzeigen kann, weil der User beispielsweise die Anzeige von Bildern deaktiviert hat.

Aktivieren Sie das Kontrollkästchen *HTML-Dateien mit mehreren Navigationsleisten exportieren*, wenn diese ohne Framesets – also ausschließlich basierend auf einem tabellarischen Layout – eingesetzt werden sollen.

Bestimmen Sie, ob im Dialogfenster Exportieren standardmäßig die Einstellung *Bereiche ohne Segmente einschließen* aktiviert sein soll.

Sollen die in *Fireworks* exportierten Dokumente die *UTF-8-Kodierung verwenden*, aktivieren Sie das entsprechende Kontrollkästchen.

Die hier eingestellten Änderungen wirken sich zunächst nur auf das aktuell geöffnete Dokument aus. Sollen diese Einstellungen auch für andere Dokumente gelten, aktivieren Sie den Button *Standardeinstellungen festlegen* und bestätigen Sie im folgenden Dialogfenster mit *OK*.

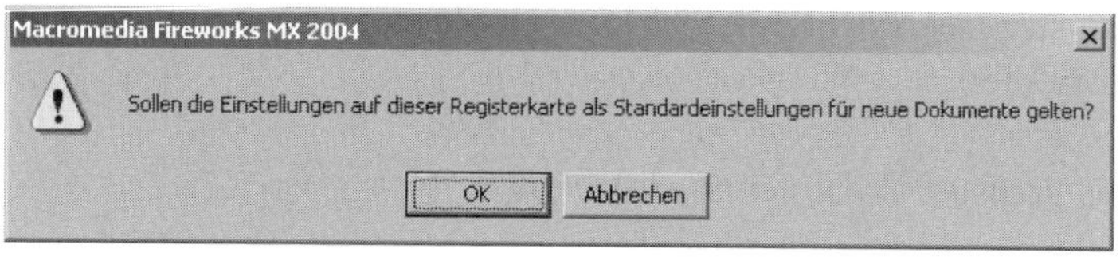

Diese Einstellungen können für das aktuelle Dokument oder für alle neu erstellte Dokumente gelten.

Zwischenablage und Schnellexport

Mit dem Schnellexport-Button in der rechten oberen Ecke des Dokumentfensters können Grafiken leicht in andere Anwendungen exportiert werden. Über den Schnellexport können Sie Grafik- und HTML-Dateien beispielsweise für die weitere Bearbeitung in *Dreamweaver, Director* oder *Photoshop* exportieren.

Dabei werden die passenden Optionen automatisch im Dialogfenster *Exportieren* eingestellt. Sie müssen hier nur noch Verzeichnis und Dateinamen bestimmen.

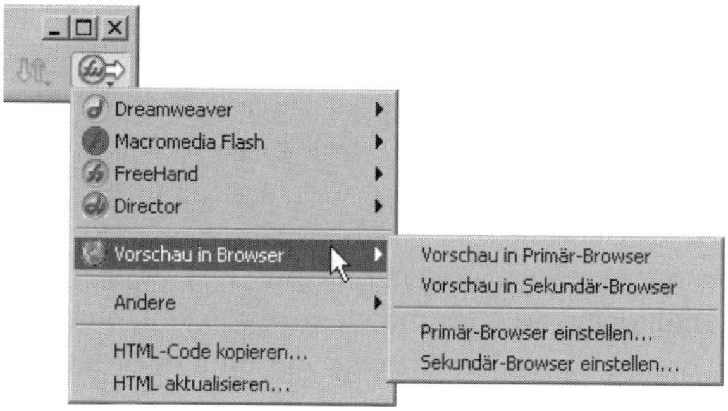

Auch die Vorschau im Browser können Sie über den Schnellexport aufrufen.

RAFFINIERT

Das Schnellexport-Menü können Sie anpassen. Dazu müssen Sie eine JSF-Datei erstellen und diese im Programm-Verzeichnis *Quick Export Menu* abspeichern. Anschließend fügen Sie in der Datei *Quick Export Menu.xml* die entsprechende Referenz ein.

Mit «Copy and Paste» können Sie den in *Fireworks* generierten Code schnell in die Zwischenablage kopieren und anschließend in einer anderen Anwendung einfügen. Hierbei gibt es zwei unterschiedliche Verfahren:

- Wählen Sie im Schnellexport-Menü *HTML-Code kopieren.* Diesen Befehl finden Sie auch in der Menüleiste unter *Bearbeiten.*

- Wählen Sie im Dialogfenster *Exportieren* die Option *In Zwischenablage kopieren*. Während der Code in die Zwischenablage eingefügt wird, exportiert *Fireworks* die Bilddateien wie gewohnt.

Kopieren Sie im Dialogfenster «Exportieren» den Code in die Zwischenablage.

Auch bei dieser Arbeitsweise müssen Sie die HTML-Einstellung einrichten (vgl. Kapitel *HTML-Einrichtung*). Aktivieren Sie hier die Option *HTML-Kommentare einschließen.*

Wenn Sie nicht mit *Dreamweaver*, sondern mit irgendeinem anderen Editor arbeiten, müssen Sie folgende Einschränkungen kennen:

Bilder müssen im gleichen Verzeichnis abgespeichert werden, in dem später auch der Quelltext stehen wird. Ansonsten stimmen die Bildverweise nicht. Alle Pfadangaben in einem Popupmenü beziehen sich auf Ihre Festplatte. Der JavaScript-Code funktioniert unter Umständen nicht richtig.

Hier kann es dann sinnvoll sein, den Code wie zuvor beschrieben zu exportieren.

So kopieren Sie den HTML-Code in die Zwischenablage und exportieren gleichzeitig die Grafikdateien:

1. Klicken Sie auf den Button *Schnellexport* in der rechten oberen Ecke des Dokumentfensters.

2. Wählen Sie hier den Befehl *HTML-Code kopieren.*

Über den «Schnellexport» können Sie den Quelltext des aktuellen Dokuments kopieren.

3. Über den aufgerufenen Assistenten kopieren Sie einerseits den Code in die Zwischenablage und exportieren andererseits die notwendigen Bilder. Folgen Sie den Anweisungen und klicken Sie jedes Mal auf den Button *Weiter*. Sind alle Einstellungen gemacht, werden die Bilder exportiert und der HTML-Code in die Zwischenablage kopiert.

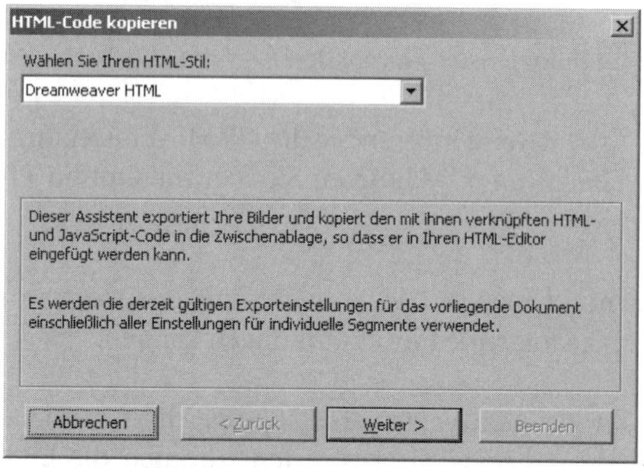

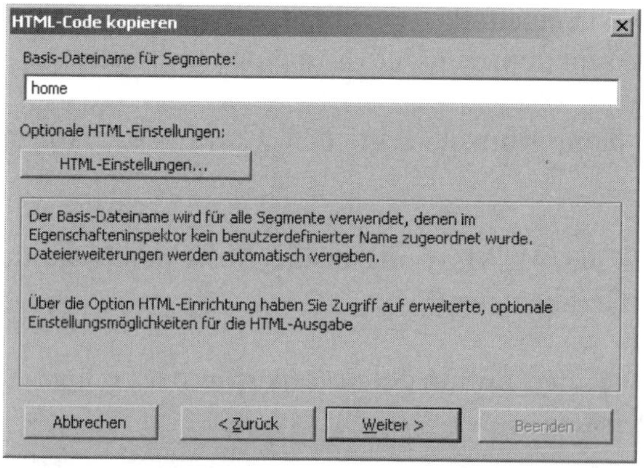

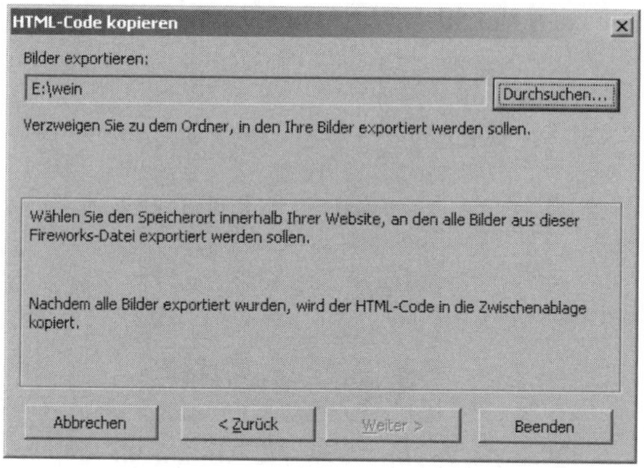

Der Assistent führt Sie durch die einzelnen Arbeitsschritte.

HEISSER TIPP

Arbeiten Sie mit *Dreamweaver*, können Sie im Schnellexport-Menü auch den Befehl *Dreamweaver | HTML in Zwischenablage kopieren.*

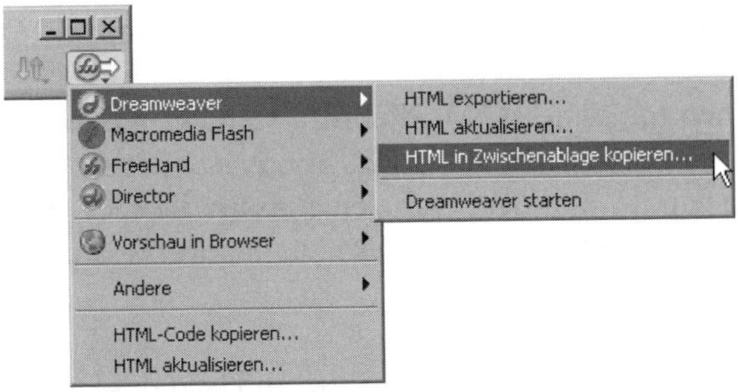

Über den «Dreamweaver»-Schnellexport...

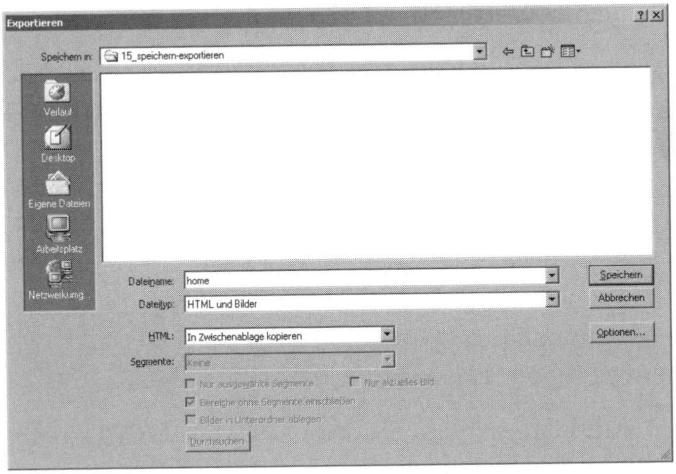

...werden die entsprechenden Einstellungen automatisch im Dialogfenster «Exportieren» eingetragen.

Wichtig ist dabei, dass bei den *Optionen* (klicken Sie auf die gleichnamige Schaltfläche im Dialogfenster *Exportieren* oder wählen Sie *Datei | HTML-Einstellungen*) unter *HTML-Stil Dreamweaver* eingestellt ist (vgl. Kapitel *HTML-Einrichtung*).

So fügen Sie den Code in ein bestehendes HTML-Dokument ein:

1. Öffnen Sie das Dokument, in das Sie den Code einfügen möchten, in Ihrem Editor. Wichtig ist, dass dieses im gleichen Verzeichnis liegt, in das auch die Bilder exportiert wurden.

RAFFINIERT

Wenn Sie mit *Dreamweaver* arbeiten können die Bilder auch in einem anderen Verzeichnis abgespeichert sein als die HTML-Datei. Wichtig ist hier jedoch, dass alle Dateien in der gleichen Site liegen. Hier passt *Dreamweaver* dann automatisch die Pfadangaben an. Weitere Informationen hierzu finden Sie im SmartBook zu *Dreamweaver MX 2004* und in Kapitel 16.

2. Jetzt kommen Sie ohne HTML-Kenntnisse nicht aus: Setzen Sie den kopierten Code genau zwischen die Tags `<body> </body>`. Möchten Sie den Code in ein neues Dokument einfügen, müssen die Tags `<html> </html>` manuell eingeben. Diese sind in dem aus *Fireworks* kopierten Code nicht enthalten.

   Auch die Tags `<title> </title>`, die im Head des Dokuments platziert sind, fehlen hier. Für weitergehende Informationen zu HTML-Tags sei hier ebenfalls auf das SmartBook zu *Dreamweaver MX 2004* verwiesen.

BEISPIEL

Der in *Fireworks* kopierte Quelltext kann beispielsweise folgendermaßen aussehen:


```
<!--Fireworks MX 2004 Dreamweaver MX 2004 target.
Created Thu Oct 30 13:47:52 GMT+0100 2003-->
<img name="welcome.gif" src="file:///E|/wein/wel-
come.gif" width="333" height="333" border="0"
alt="Herzlich Willkommen in der BacchusWelt">
```

In Ihrem HTML-Editor können Sie den Quelltext – HTML, JavaScript, CSS, etc. – jederzeit beliebig verändern.

HTML aktualisieren

Haben Sie eine HTML-Datei aus *Fireworks* exportiert, kann es vorkommen, dass diese nachträglich aktualisiert werden muss. Natürlich können Sie dies über Ihren HTML-Editor erledigen, doch auch in *Fireworks* sind Code-Aktualisierungen möglich. Dabei müssen Sie nicht das komplette Dokument – inklusive aller Bilder – erneut exportieren, sondern einfach nur den zu aktualisierenden Teil.

So ändern Sie eine exportierte HTML-Datei:

1. Wählen Sie *Datei | HTML aktualisieren.* Oder klicken Sie im Schnellexport auf den Befehl *Update HTML.*

2. Bestimmen Sie im Dialogfenster *HTML-Datei suchen* das Dokument, das Sie aktualisieren möchten und klicken Sie auf die Schaltfläche *Öffnen.*

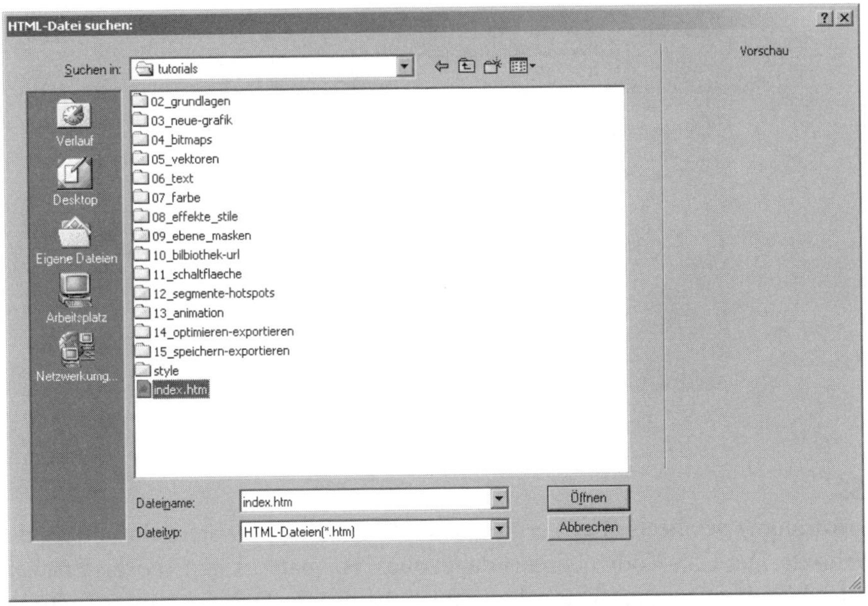

Wählen Sie die HTML-Datei aus, die aktualisiert werden muss.

3. Wird kein in *Fireworks* generierter HTML-Code gefunden, klicken Sie auf *OK*, wenn der aktuelle Code an das Ende des ausgewählten Dokuments angefügt werden soll.

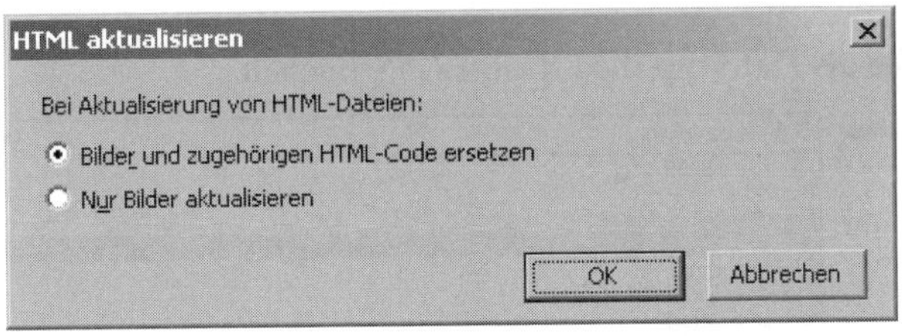

Wurde der Code dagegen erkannt, bestimmen Sie, ob die geänderten Bilder ersetzt werden sollen (*Nur Bilder aktualisieren*) oder ob auch der komplette Code neu geschrieben werden muss (*Bilder und zugehörigen HTML-Code ersetzen*). Verwenden Sie die Option *Nur Bilder aktualisieren*, wenn Sie bereits außerhalb *Fireworks* Änderungen am exportierten HTML-Dokument vorgenommen haben. Diese bleiben dann erhalten. Aktivieren Sie dagegen die Option *Bilder und zugehörigen HTML-Code ersetzen*, wenn Sie in *Fireworks* grundlegende Änderungen am Seitenlayout vorgenommen haben.

3. Bestimmen Sie anschließend das Verzeichnis, in dem die zu aktualisierenden Bilder abgespeichert sind und klicken Sie im Dialogfenster dann auf die Schaltfläche *Öffnen*.

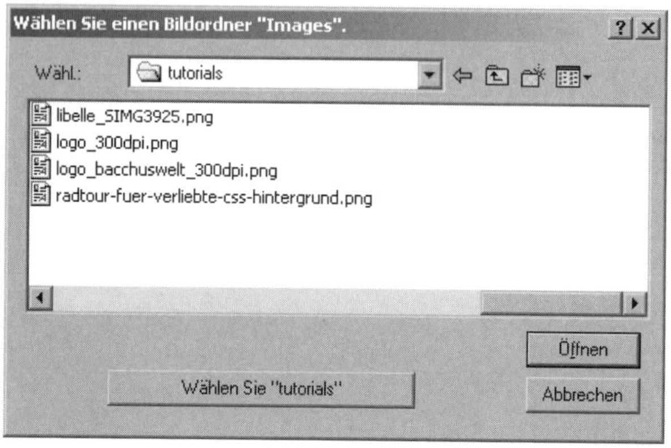

Diese Bilder müssen aktualisiert werden.

CSS

Cascading Style Sheets (CSS) ermöglichen Ihnen eine präzisiere Gestaltung der Webseite. Der CSS-Code definiert dabei quasi Formatvorlagen, die das Erscheinungsbild bestimmter Seitenelemente bestimmen. Dabei können mehrere Webseiten gleichzeitig auf ein und dieselben CSS-Regeln zugreifen.

So exportieren Sie CSS-Ebenen:

1. Öffnen Sie das Dialogfenster *Exportieren* (*Datei | Exportieren*).

2. Wählen Sie als Dateityp die Option *CSS-Ebenen*.

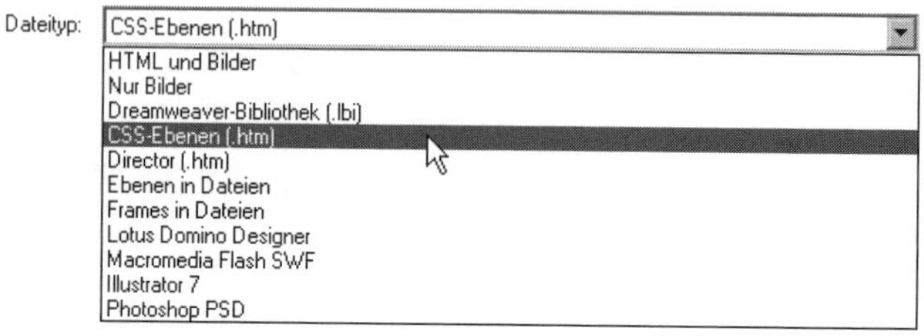

3. Bestimmen Sie im Pull-Down-Menü *Quelle* eine der folgenden Optionen:

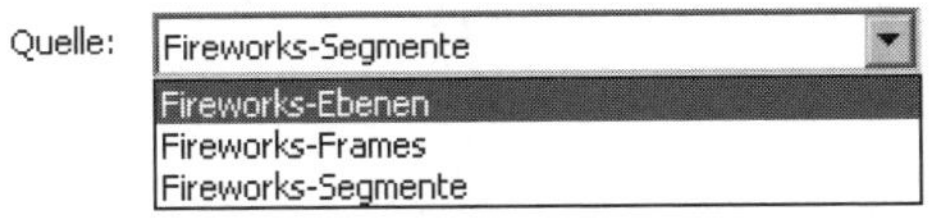

   - *Fireworks-Ebenen*: Ebenen werden als CSS-Ebenen exportiert.
   - *Fireworks-Frames*: Frames werden als CSS-Ebenen exportiert.
   - *Fireworks-Segmente*: Segmente werden als CSS-Ebenen exportiert.

4. Aktivieren Sie das Kontrollkästchen *Bilder zuschneiden*, wenn die Leinwandgröße der exportierten Datei an die vorhanden Objekte angepasst werden soll.

5. Wenn Sie möchten, geben Sie einen Unterordner an, in dem die Bilder abgelegt werden sollen.

6. Drücken Sie auf die Schaltfläche *Speichern*.

HEISSER TIPP

Weitere Informationen über die Arbeit mit CSS-Dateien finden Sie im gleichnamigen Kapitel im SmartBook zu *Dreamweaver MX 2004*.

XHTML exportieren

Zahlreiche Profis gehen davon aus, dass in naher Zukunft HTML als Webstandard von XHTML abgelöst werden wird. Dabei folgt XHTML den Standards von HTML, berücksichtigt aber gleichzeitig die strikte XML-Syntax.

Die Vorteile der XHTML-Codierung sprechen praktisch für sich, denn XHTML ist abwärtskompatibel und kann auch von Geräten gelesen werden, die XML («Extensible Markup Language») interpretieren können (z. B. Handy, PDA).

So exportieren Sie XHTML in Fireworks:

1. Wählen Sie in der *HTML-Einstellung* (*Datei* | *HTML-Einstellung*) den gewünschten *HTML-Stil* (z. B. *Dreamweaver XHTML*).

2. Geben Sie die Erweiterung *.xhtml* an.

3. Exportieren Sie die Datei wie gewohnt (vgl. Kapitel *HTML-Datei exportieren*). Die exportierte Datei verwendet die UTF-8-Kodierung.

XHTML-Dateien können Sie auch in *Fireworks* importieren.

MERKET AUF!

Übung

Bevor Sie eine Datei exportieren, sollten Sie diese zunächst optimieren und damit die Dateigröße möglichst gering halten. Verärgern Sie Ihre Website-Besucher nicht durch zu hohe Ladezeiten.

Also, das Exportieren haben wir am Ende des Kapitels 14 vorbereitet. Öffnen Sie die dort abgespeicherte PNG-Datei (*14_optimieren/weingut-rebensaft.png*) und exportieren Sie die einzelnen Bilder inklusive der HTML-Datei. Das Ergebnis finden Sie unter *15_abspeichern-exportieren/index.htm.*

In diesem Workshop haben Sie Ihre *Fireworks*-Grafiken für den Export optimiert. Wenn Sie es richtig gemacht haben, haben Sie eine gute Qualität der Einzelbilder erreicht und werden trotzdem eine gute Ladezeit der Webseite erzielen. Die Themen aus Kapitel 14 und 15 gehören unweigerlich zusammen.

In diesem Kapitel habe ich immer wieder externe Editoren erwähnt, in denen Sie den Quelltext weiterbearbeiten können. Im nächsten Workshop werde ich exemplarisch die anwendungsübergreifende Arbeit mit *Dreamweaver* vorstellen. Die Integration anderer Macromedia-Anwendungen ist weitgehend ähnlich. Sie werden sehen: *Dreamweaver* ergänzt *Fireworks* einfach optimal. Während Sie Grafiken, Animationen, HTML und Verhaltensweisen in *Fireworks* schon einmal entwerfen können, stehen Ihnen in *Dreamweaver* anschließend weitere Möglichkeiten zur Verfügung, mit denen Sie prima den Feinschliff im Code hinbekommen. Schnell wechseln Sie von einer Anwendung in die andere, in der Grafik, Tabelle oder andere Seitenelemente schon auf Ihre Bearbeitung warten…

Dabei unterstützt *Dreamweaver* weit mehr als «nur» HTML, CSS und JavaScript. Wenn Sie mehr darüber wissen wollen, schauen Sie in das SmartBook zu *Dreamweaver MX 2004.* Im nächsten Kapitel kann ich an dieser Stelle leider nur einen kurzen Abriss bieten.

16

Dreamweaver MX 2004

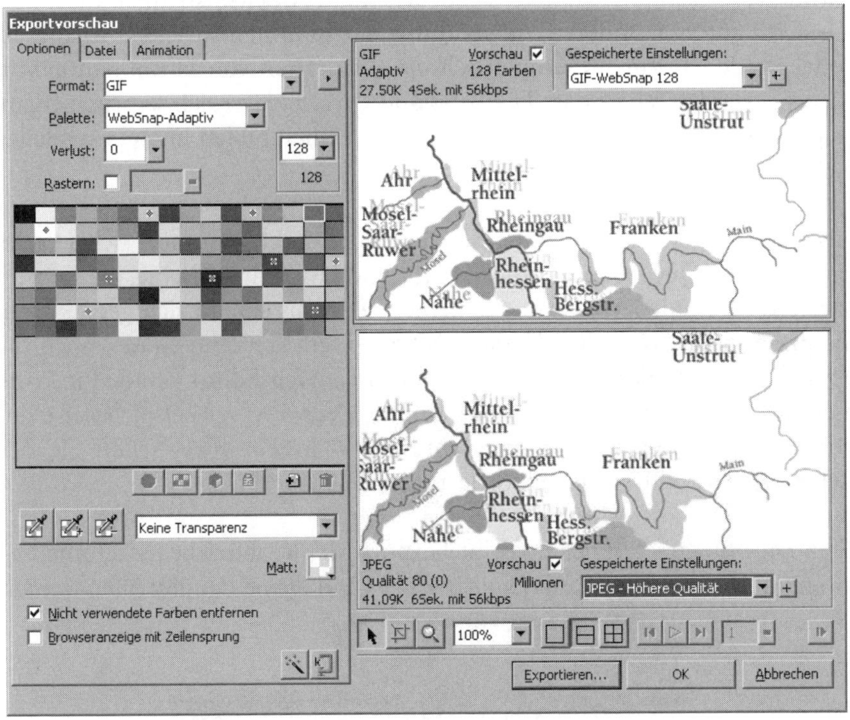

Dreamweaver MX 2004

Bestimmt möchten Sie *Fireworks* bei Ihrer Arbeit nicht missen. Für Web- oder Multimedia-Designer ist *Fireworks* ein wichtiges Arbeitsinstrument, das aber auch sehr gut mit anderen Anwendungen zusammen arbeitet. In diesem Kapitel werde ich Ihnen exemplarisch die Integration von *Dreamweaver* vorstellen. Sie werden sehen, dass *Fireworks* und *Dreamweaver* sich so prima ergänzen, dass diese beiden Programme quasi eine Einheit bilden und ein schnelles, rationelles Arbeiten ermöglichen.

Während *Fireworks* für die grafische Oberfläche sorgt, kümmert sich *Dreamweaver* um den Quellcode, um die HTML- und JavaScript-Befehle, die einzelne aus *Fireworks* exportierte Layoutelemente wieder als eine in sich geschlossene Seite präsentieren. Natürlich ist das – bis zu einem gewissen Grad – auch mit *Fireworks* möglich, doch *Dreamweaver* bietet als Web-Editor gerade für Profis wesentlich mehr Vorteile. So können Sie mit *Dreamweaver* beispielsweise den Code direkt verändern und neu schreiben – in *Fireworks* sehen Sie den Quelltext gar nicht. Der hier exportierte Code bleibt erhalten.

Neben *Dreamweaver* können im Schnellexport-Menü zahlreiche (Macromedia-) Anwendungen – wie *Flash*, *FreeHand*, *Director* und *Homesite* aufgerufen werden.

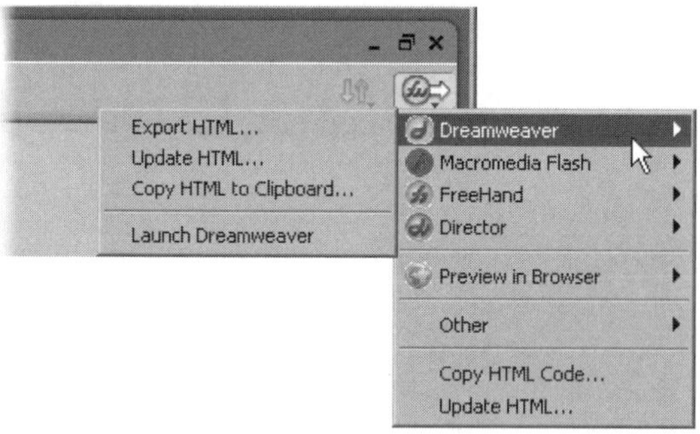

Über den Schnellexport können Anwendungen auch gestartet werden.

Das «Roundtrip HTML»-Modell sorgt für die enge Integration von *Fireworks* und *Dreamweaver*. Ändern Sie Daten in einer Anwendung, werden diese problemlos in der anderen übernommen. Auch Macromedia *Flash* kann die Original-*Fireworks*-Dateien (PNG) problemlos importieren, es bleiben sogar die erstellten Ebenen erhalten.

Auch Software anderer Hersteller, wie beispielsweise *Frontpage* von Microsoft oder Adobe *Photoshop*, können die aus *Fireworks* exportierten Grafiken und

Tabellen öffnen und bearbeiten. So bleiben auch in Photoshop die einzelnen Objekte vollständig editierbar.

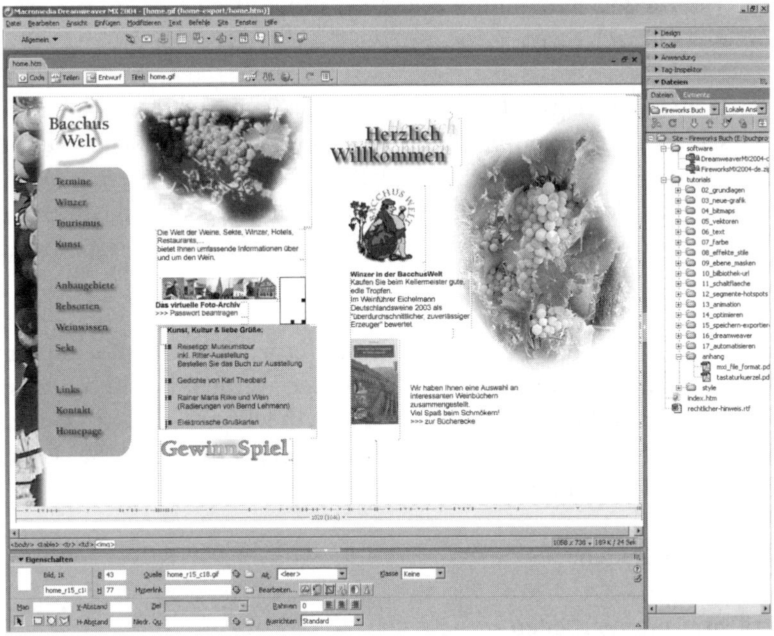

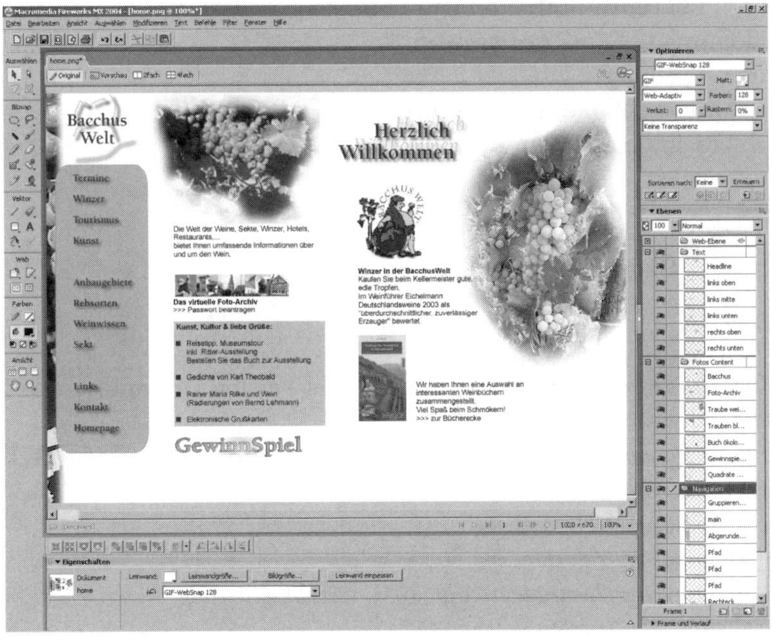

Die Ähnlichkeit ist unübersehbar.

In diesem Workshop lernen Sie, wie Sie schnell und direkt Grafiken, Text und Quellcode in einer anderen Anwendung öffnen. Da es fast genauso viele Programme wie Möglichkeiten gibt, zeigte ich Ihnen das ganze exemplarisch an Macromedia *Dreamweaver.*

Während *Dreamweaver* für das Entwickeln der Site und der einzelnen Webseiten eingesetzt wird, ist *Fireworks* das (Spezialisten-) Tool für die Erstellung und Bearbeitung der hier eingesetzten grafischen Elemente. In diesem Workshop werden Sie einen kurzen Überblick über die Zusammenarbeit dieser beiden Programme bekommen. Sie werden sehen, diese beiden Anwendungen ergänzen sich prima.

Und damit die Praxis nicht zu kurz kommt, werden wir ein Fotoalbum erstellen, das wir in der BacchusWelt veröffentlichen werden. Bestimmt haben Sie auch Ihre eigenen Bilder – vielleicht welche vom letzten Urlaub!? Dann erstellen Sie doch Ihr ganz persönliches Webfotoalbum und zeigen Sie Freunden, Bekannten und Verwandten wo Sie waren…

Das werden Sie lernen:

- Mit Platzhaltern arbeiten
- Bild- und HTML-Bearbeitung in *Dreamweaver* starten
- Bildoptimierung in *Dreamweaver*
- Dateiverwaltung
- *Dreamweaver*-Bibliotheken exportieren
- Webfotoalbum erstellen

Dateien für diese Lektion

SMART DISC

- *software/DreamweaverMX2004-de.zip* (Trial-Version *Dreamweaver MX 2004* für Windows)
- *software/DreamweaverMX2004-de.sit* (Trial-Version *Dreamweaver MX 2004* für Macintosh)
- *16_dreamweaver/kloster1.jpg*
- *16_dreamweaver/kloster2.jpg*
- *16_dreamweaver/weinblaetter.jpg* bzw. *weinblaetter.png*
- *16_dreamweaver/urlaub_originale*
- *16_dreamweaver/urlaub_webfotoalbum*

«Fireworks»-Grafiken in «Dreamweaver» verwenden

Haben Sie in *Fireworks* Grafiken als GIF oder JPG exportiert, können Sie diese direkt in *Dreamweaver* verwenden. Dabei gibt es mehrere Möglichkeiten. Zunächst öffnen wir *Dreamweaver MX 2004.*

SMART DISC

Auf der CD-ROM zum Buch finden Sie die Demoversion von *Dreamweaver MX 2004.* Ich gehe im Folgenden davon aus, dass Sie eine lauffähige MX 2004-Version installiert haben.

Bilder in «Dreamweaver» einfügen

Stellen Sie sich mal eine Webseite ohne Fotos vor – «wie langweilig», werden Sie sagen. Recht haben Sie: Das Internet ist nun mal ein visuelles Medium und Bilder stellen ein wesentliches Gestaltungselement dar.

In *Dreamweaver* können Sie Bilder sowohl in der Entwurfs- als auch in der Codeansicht einfügen. Dabei führen mehrere Wege zum Ziel.

So fügen Sie ein Bild in Ihre Webseite ein:

Gebräuchlichste Variante 1:

1. Platzieren Sie den Cursor an der Stelle, wo Sie das Bild einfügen möchten.

2. Klicken Sie in der Einfügen-Leiste (Register *Allgemein*) auf die Schaltfläche *Bild* . Den Befehl finden Sie natürlich auch in der Menüleiste (*Einfügen | Bild*).

3. Wählen Sie im Dialogfenster *Bildquelle auswählen* das Bild aus, welches Sie in Ihre Webseite einfügen möchten.

4. Sollte diese Bilddatei nicht in Ihrem aktuellen Stammverzeichnis sein, will *Dreamweaver* wissen, ob Sie es dort hineinkopieren möchten. Da es sinnvoll ist, alle Dateien eines Projektes in einem Verzeichnis abzulegen, sollten Sie dies tun.

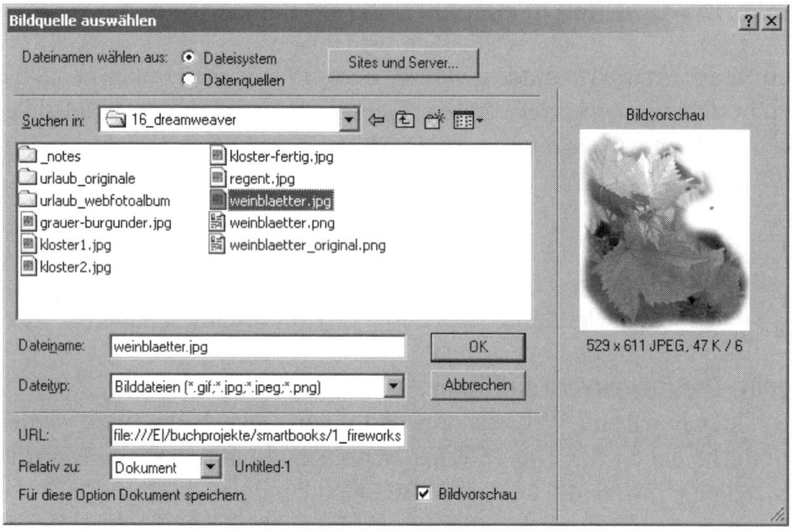

Rechts sehen Sie eine kleine Vorschau des Bildes.

Weitere Varianten und deren spezielle Vorteile sind im SmartBook zu *Dreamweaver MX 2004* erläutert.

Bild-Platzhalter

Nun kann es ja mal sein, dass Sie ein Bild, das erst noch erstellt werden muss, an einer bestimmten Stelle Ihres *Dreamweaver*-Dokumentes einfügen möchten. Ärgerlich, wenn es deshalb nicht weitergehen kann. Ein Platzhalter muss also her. Mit einem *Bild-Platzhalter* können Sie Größe und Position einzelner Webobjekte schon einmal grob in *Dreamweaver* bestimmen und unterschiedliche Layoutvarianten durchspielen, ohne *Fireworks* benutzen zu müssen.

1. Den Platzhalter können Sie auf unterschiedliche Art einfügen:

- Klicken Sie auf den Button *Bild-Platzhalter* in der Einfügenleiste (Register *Allgemein*).
- Oder «ziehen» Sie das Symbol *Bild-Platzhalter* mit gedrückter linker Maustaste an die Stelle Ihres Dokuments, wo Sie den Platzhalter einfügen möchten.

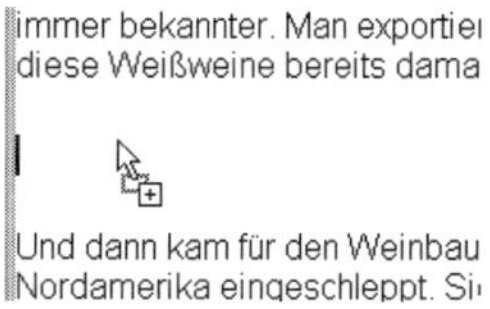

Der Cursor verändert beim Ziehen sein Aussehen.

- Oder wählen Sie in der Menüleiste *Einfügen | Grafikobjekte | Bild-Platzhalter.*

2. Bestimmen Sie das Aussehen des Platzhalters.

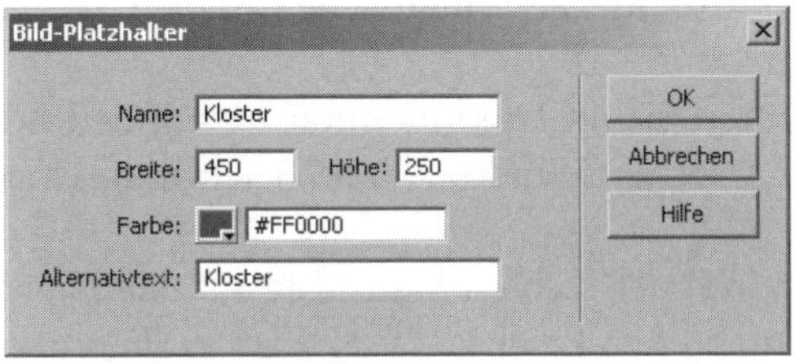

Bestimmen Sie Größe, Beschriftung und Farbe des «Bild-Platzhalters».

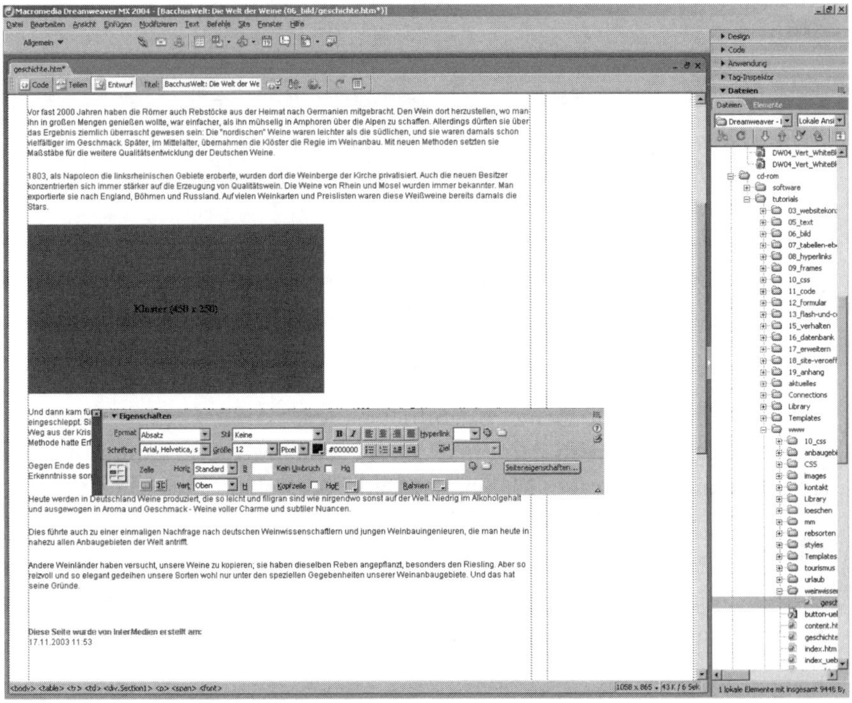

So kann ein eingefügter Platzhalter aussehen. Er wird wie ein ganz normales Bild über den Eigenschafteninspektor bearbeitet.

Browser zeigen Beschriftung und Größe des Platzhalters nicht an.

BEDENKEN SIE!

So erstellen Sie aus einem *Dreamweaver*-Bild-Platzhalter eine *Fireworks*-Grafik:

1. Markieren Sie in *Dreamweaver* den Bild-Platzhalter und klicken Sie im Eigenschafteninspektor auf die Schaltfläche *Erstellen* 

.

   Oder doppelklicken Sie im Dokumentfenster auf den Bild-Platzhalter und halten Sie dabei die Strg- (Windows) bzw. Befehlstaste (Macintosh) gedrückt.

   Oder klicken Sie mit der rechten Maustaste auf den Platzhalter und wählen Sie im Kontextmenü den Befehl *Bild erstellen in Fireworks.*

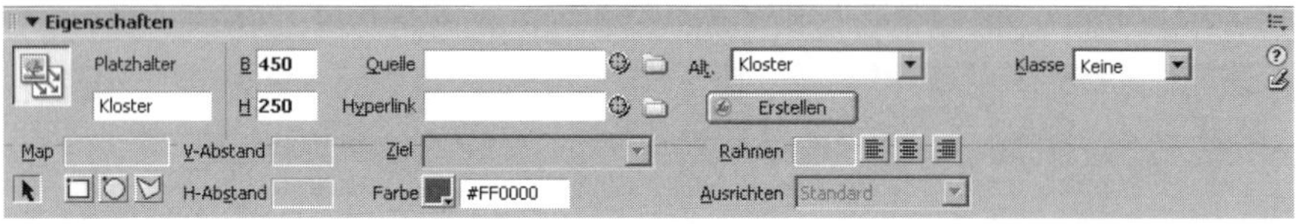

Im «Dreamweaver»-Eigenschafteninspektor können Sie auch auf den Button «Erstellen» klicken, um die Grafik in «Fireworks» zu zeichnen.

NICHT VERGESSEN

Das *Dreamweaver*-Dokument muss abgespeichert sein, wenn Sie eine neue Grafik für einen Bild-Platzhalter erstellen möchten.

2. Falls Sie *Fireworks* noch nicht geöffnet haben, startet *Dreamweaver* diese Anwendung. Dabei wird dann in *Fireworks* eine leere Leinwand mit den in *Dreamweaver* festgelegten Maßen des Bild-Platzhalters angezeigt.

RAFFINIERT

Haben Sie in *Dreamweaver* einen Namen für den Bild-Platzhalter eingegeben, wird dieser automatisch als eingestellter Standardname in *Fireworks* übernommen.

Zeichnen Sie in *Fireworks* nun wie gewohnt Ihre Grafik. Dabei können Sie mit Bitmaps, Vektoren und Textobjekten arbeiten. Außerdem stehen Ihnen alle Werkzeuge und Funktionen zur Verfügung.

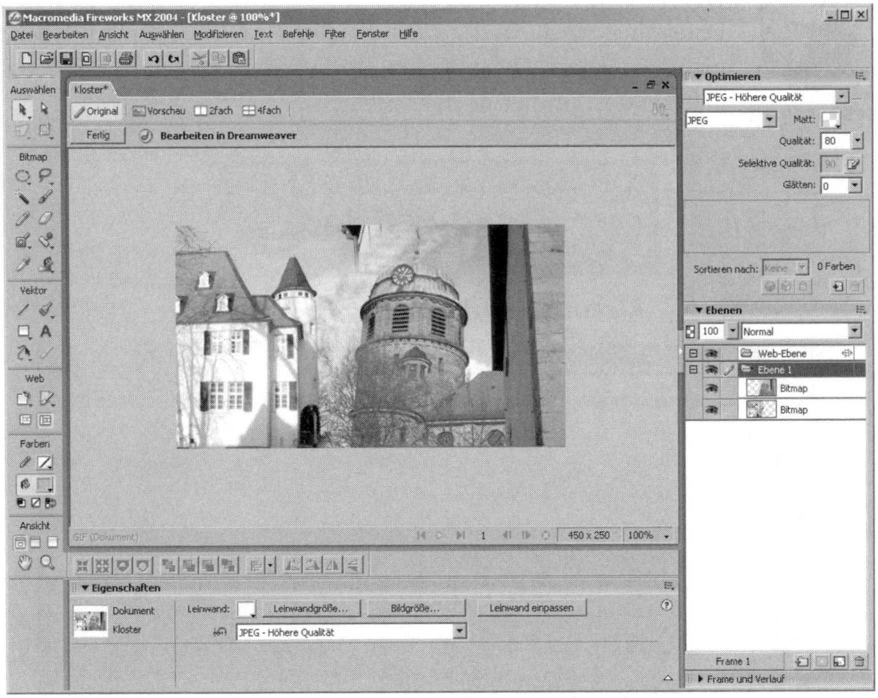

Das Bild für den Platzhalter wird erstellt.

VORSICHT FALLE

Das *Speichern* und *Exportieren* funktioniert jetzt allerdings anders als gewohnt:

3. Optimieren Sie die erstellte Grafik im Bedienfeld *Optimieren* (*Fenster | Optimieren*; vgl. Kapitel 14).

4. Klicken Sie auf die Schaltfläche *Fertig*, links oben über dem Dokumentfenster.

5. Bestimmen Sie im Dialogfenster *Speichern unter* Verzeichnis und Dateiname, unter dem die erstellte Grafik im *Fireworks*-PNG-Format abgespeichert werden soll.

   Anschließend wird das Dialogfenster *Exportieren* geöffnet, in dem Sie angeben, wo *Fireworks* die Export-Grafik unter welchem Namen abspeichern soll. Hierbei sollte es sich um das in *Dreamweaver* definierte Stammverzeichnis handeln. Klicken Sie auf *Speichern*.

BEDENKEN SIE!

Drücken Sie im Export-Fenster auf *Abbrechen*, ist zwar die PNG-Datei abgespeichert, doch die erstellte Grafik wird anschließend nicht exportiert. *Dreamweaver* wird wieder aktiv, doch das Platzhalterbild ist immer noch sichtbar.

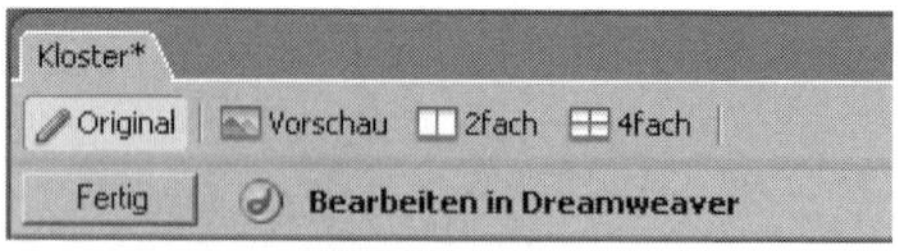

Klicken Sie auf den Button «Fertig»,…

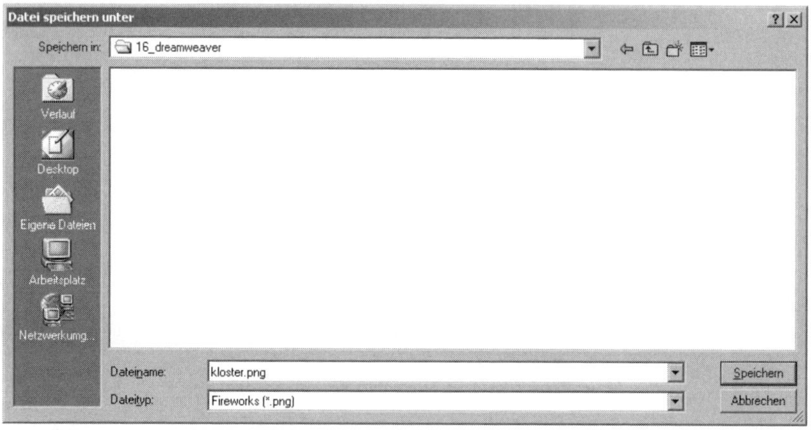

…kehren Sie nach dem Abspeichern…

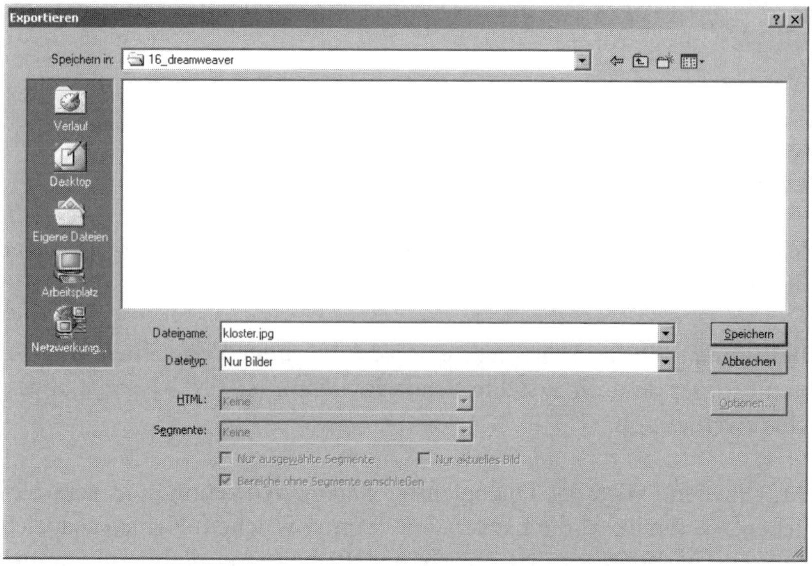

…und Exportieren…

...automatisch zu «Dreamweaver» zurück.

In *Dreamweaver* wird nun der ausgewählte Platzhalter durch die eben erstellte Grafik bzw. *Fireworks*-Tabelle ersetzt (vgl. Kapitel 15 *Segmente exportieren*).

«Fireworks»-HTML

In Kapitel 15 (*Webseite (HTML) exportieren*) haben Sie gesehen, wie Sie in *Fireworks* das aktuelle Dokument im HTML-Format exportieren können. Neben den notwendigen Bilddateien speichert *Fireworks* automatisch die HTML-Datei ab, die das definierte Layout wiederspiegelt. Diese Dateien sollten in Ihrer aktuellen *Dreamweaver*-Site abgespeichert sein.

HEISSER TIPP

Vergewissern Sie sich, dass Sie im Dialogfenster *HTML-Einstellungen (Datei | HTML-Einstellungen)* Dreamweaver als *HTML-Typ* bestimmt haben (vgl. Kapitel 15).

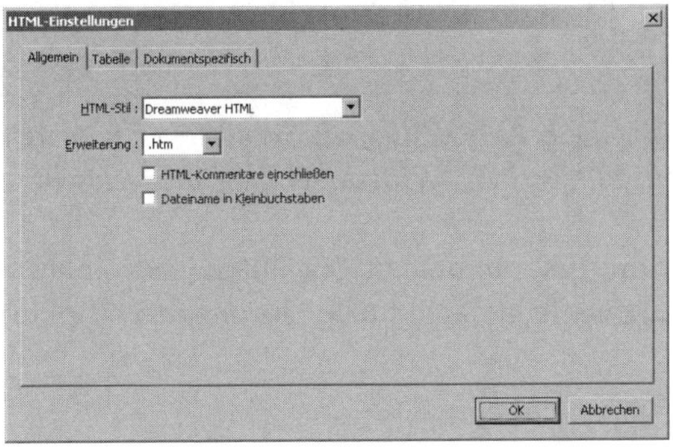

Im Pull-Down-Menü «HTML-Stil» sollten Sie die Option «Dreamweaver HTML» eingestellt haben.

Es gibt unterschiedliche Möglichkeiten, wie Sie in *Fireworks* erstellten Code in *Dreamweaver* einfügen können: Einerseits können Sie diesen als eigenständige neue Webseite öffnen, andererseits können Sie den Code in ein bereits vorhandenes HTML-Dokument einfügen. Die erste Variante sollte Ihnen bekannt sein, auf die letzte Möglichkeit werde ich hier weiter eingehen.

Dabei gibt es zwei unterschiedliche Methoden. Entweder importieren Sie den abgespeicherten *Fireworks*-Code oder Sie arbeiten über die Zwischenablage.

So fügen Sie Fireworks-HTML in ein bestehendes Dreamweaver-Dokument ein:

1. Öffnen Sie in *Dreamweaver* die HTML-Seite, in der Sie den gespeicherten *Fireworks*-Code einfügen möchten.

2. Setzen Sie den Cursor an die Stelle, wo Sie den Code einfügen wollen.

3. Wählen Sie *Einfügen | Grafikobjekte | Fireworks-HTML einfügen* oder klicken Sie im Bedienfeld *Einfügen* auf den Button *Fireworks-HTML einfügen*.

4. Geben Sie im Dialogfenster *Fireworks HTML-Datei einfügen* die in *Fireworks* exportierte HTML-Datei an. Soll diese nach dem Einfügen gelöscht werden, aktivieren Sie das Kontrollkästchen darunter. Falls Sie lokal auf Ihrer Festplatte arbeiten, wandert die Datei in den Papierkorb. Achtung: Arbeiten Sie auf einem Netzlaufwerk, wird die Datei endgültig gelöscht. Das Original-PNG wird dabei nicht geändert.

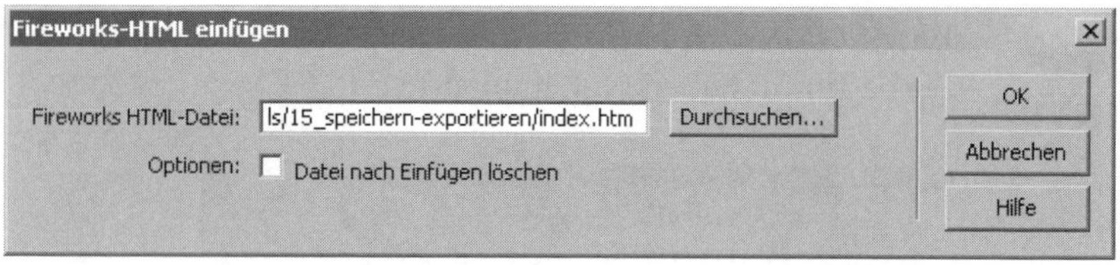

Bestimmen Sie die HTML-Datei, die Sie einfügen möchten. Aktivieren Sie das Kontrollkästchen, wenn dabei die Datei gelöscht werden soll.

5. Bestätigen Sie mit *OK*, um den ausgewählten Code, inklusive der darin eingebundenen Elemente in das aktuelle *Dreamweaver*-Dokument einzufügen.

MERKET AUF!

Arbeiten Sie mit unterschiedlichen *Fireworks*- und *Dreamweaver*-Versionen kann es zu Problemen kommen, beispielsweise dass *Dreamweaver* den in *Fireworks* erstellten HTML-Code nicht erkennen kann.

Weiterhin können Sie in *Dreamweaver* auch die exportierte *Fireworks*-HTML-Datei öffnen, den Bereich, den Sie in das andere Dokument einfügen möchten, in die Zwischenablagen kopieren (*Bearbeiten | Kopieren*) und anschließend in dem Ziel-Dokument an der gewünschten Stelle wieder einfügen (*Bearbeiten | Einfügen*).

Oder Sie können den Code in *Fireworks* in die Zwischenablage kopieren und anschließend in das geöffnete *Dreamweaver*-Dokument einfügen. Wenden wir uns also der zweiten Methode zu...

Wie Sie den Code in die Zwischenablage kopieren, haben wir bereits in Kapitel 15 (*Zwischenablage und Schnellexport*) besprochen. Dazu verwenden Sie entweder das Schnellexport-Menü (bzw. in der Menüleiste *Bearbeiten | HTML-Code kopieren*) oder Sie geben im Dialogfenster *Exportieren* die Option *In Zwischenablage kopieren* an. Anders als mit anderen Editoren sind Sie in *Dreamweaver* bei der Wahl des Speicherortes wesentlich flexibler, da *Dreamweaver* automatisch die verknüpften Dateien in das aktuelle Stammverzeichnis kopieren kann.

Wie Sie den in *Fireworks* kopierten Code in ein *Dreamweaver*-Dokument einfügen, habe ich Ihnen ebenfalls in Kapitel 15 (*Zwischenablage und Schnellexport*) gezeigt.

RAFFINIERT

Haben Sie aus *Fireworks* ein HTML-Dokument exportiert, können Sie dieses hier jederzeit aktualisieren (*Datei | HTML aktualisieren*; vgl. Kapitel 15 *HTML aktualisieren*). *Dreamweaver* übernimmt automatisch die Änderungen an diesem Dokument – auch wenn dieses gerade geöffnet ist. In diesem Fall erscheint dann die entsprechende Meldung und Sie können wählen, ob *Dreamweaver* die *Fireworks*-Aktualisierung übernehmen soll. Verneinen Sie dies, können Sie mit dem aktuell geöffneten Code weiterarbeiten, sollten aber unter Umständen diesen in einer anderen Datei abspeichern.

Die «Dreamweaver»-Bibliothek

In *Dreamweaver* können Sie eine Bibliothek definieren, die die wichtigsten, auf unterschiedlichen Seiten verwendeten Elemente enthält. Auf diese Bibliothekselemente können Sie in unterschiedlichen Sites zugreifen – ganz gleich, in welcher diese nun abgespeichert sind. Hier ziehen Sie das gewünschte Element einfach aus der Bibliothek in die Webseite.

Typische Beispiele für solche Elemente sind das Logo oder die Impressumleiste. Der große Vorteil ist also, dass Sie diese Elemente nicht jedes Mal neu erstellen müssen. Ebenso werden alle Änderungen am Bibliothekselement automatisch in den einzelnen Instanzen, die Sie in den unterschiedlichen HTML-Dokumenten eingefügt haben, aktualisiert.

Auch in *Fireworks* können Sie HTML als *Dreamweaver*-Bibliothek exportieren.

So exportieren Sie in Fireworks eine Dreamweaver-Bibliothek:

1. Öffnen Sie das Dialogfenster Exportieren (*Datei | Exportieren*).

2. Wählen Sie hier den Dateityp *Dreamweaver-Bibliothek (.lib)* und bestimmen Sie den Dateinamen.

   Die Bibliotheksdateien werden im *Library*-Ordner im Site-Stamm gespeichert. Jede Site, also jedes Projekt, das Sie in *Dreamweaver* definiert haben, verfügt über einen solchen Ordner. Suchen Sie das entsprechende Verzeichnis in der Site, für die die exportierte Bibliothek gedacht ist.

   Sollte der Ordner nicht vorhanden sein, müssen Sie diesen in Ihrer Site anlegen, damit Sie die damit verbundenen Funktionalitäten nutzen können. Achten Sie hierbei auf Groß- und Kleinschreibung!

3. Klicken Sie auf *Speichern*.

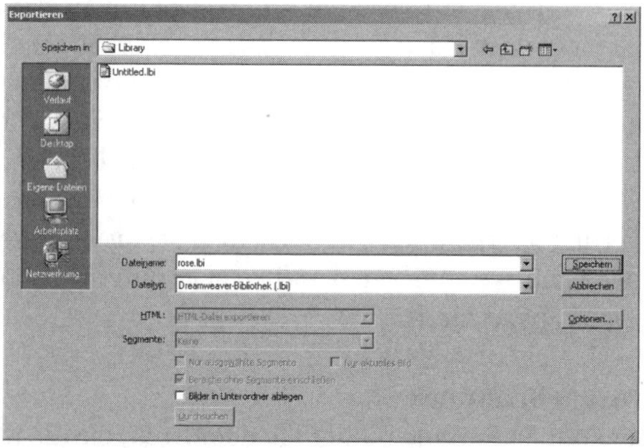

«Dreamweaver»-Bibliotheken werden als LIB-Datei in das Verzeichnis «Library» eines Stammorders bzw. einer definierten Site exportiert.

«Fireworks» in «Dreamweaver» benutzen

Dank der Roundtrip-HTML-Funktion werden Änderungen, die wir in einer Anwendung vornehmen, automatisch von der anderen übernommen. So können wir in *Dreamweaver* Bilder und Tabellen auswählen und diese dann in *Fireworks* bearbeiten. Dabei genügt ein Klick in *Dreamweaver*, um *Fireworks* zu starten und das mit der ausgewählten Datei verbundene PNG-Quelldokument zu öffnen. Anschließend bearbeiten Sie das Bild wie gewohnt und kehren zu *Dreamweaver* zurück, wobei alle Änderungen übernommen werden.

Optionen zum Starten und Bearbeiten einstellen

Damit diese Arbeitsschritte entsprechend Ihren Vorstellungen ablaufen, müssen Sie *Fireworks* zunächst als primären Bildeditor in *Dreamweaver* angeben:

In *Dreamweaver* können Sie bestimmen, welche Anwendung standardmäßig gestartet werden soll, wenn Sie einen bestimmten Dateityp (z. B. GIF, JPG, SWF) bearbeiten möchten. Schneller kann's kaum gehen! Rationalisieren Sie Ihre Designarbeit.

So definieren Sie Fireworks als primären Editor zum Bearbeiten der Bilder:

1. Öffnen Sie in *Dreamweaver* das Dialogfenster *Voreinstellungen* (*Bearbeiten | Voreinstellungen*; bzw. auf dem Macintosh: *Fireworks | Voreinstellungen*) und gehen Sie auf die Kategorie *Dateitypen / Editoren.*

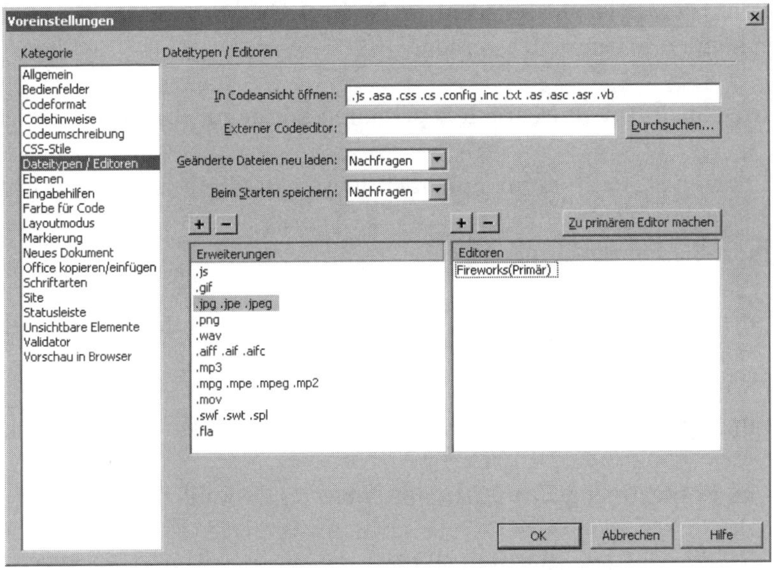

Definieren Sie «Fireworks» als primären Bild-Editor in «Dreamweaver».

2. Wählen Sie die Erweiterungen `.gif`, `.jpg`, `.png` und legen Sie jeweils *Fireworks* als primären Editor fest, mit dem Sie diese Dateiformate öffnen und bearbeiten möchten:

   - Klicken Sie auf [+], um *Fireworks* hinzuzufügen. Legen Sie diesen Bildeditor im Dialogfenster *Externen Editor auswählen* fest. Hierbei muss es sich logischerweise um eine Anwendung (*Fireworks.exe*) handeln.

NICHT VERGESSEN

Nicht alle Grafiken müssen von ein und demselben Editor bearbeitet werden. Sie können beispielsweise *Photoshop* für die JPG-Bearbeitung verwenden und *Fireworks* für PNGs einsetzen. In diesem Fall müssen Sie zusätzliche Dateierweiterungen einfügen ([+]) bzw. vorhandene Gruppen entfernen ([–]). Vergessen Sie den Punkt vor der Dateierweiterung nicht! Die einzelnen Erweiterungen werden durch Leerzeichen voneinander getrennt.

«Fireworks» in «Dreamweaver» starten

Haben Sie eine Webseite in *Dreamweaver* geöffnet, können Sie jedes hier gezeigte Bild in *Fireworks* bearbeiten und optimieren – vorausgesetzt natürlich Sie haben *Fireworks* zuvor als primären Editor definiert.

Bearbeiten

Haben Sie in *Dreamweaver* Grafiken bereits platziert oder handelt es sich gar um exportierte Segmentdateien, können Sie diese und die mit den Segmenten definierte HTML-Tabelle jederzeit in *Fireworks* bearbeiten. Auch Verhaltensweisen können so bearbeitet werden.

So starten Sie in *Dreamweaver* den primären Editor zur Bildbearbeitung:

1. Markieren Sie das Bild im Dokumentfenster, das Sie bearbeiten möchten.

2. Öffnen Sie *Fireworks*, indem Sie

   - die Taste (Strg) bzw. die Befehlstaste (Macintosh) drücken und gleichzeitig auf die Grafik doppelklicken.

   - im Eigenschafteninspektor auf die Schaltfläche *Bearbeiten* klicken.

   - im Kontextmenü *Bearbeiten mit Fireworks* auswählen.

3. *Fireworks* wird gestartet und die in *Dreamweaver* hinterlegte PNG-Datei geöffnet (Diese Info ist als *Design Notes* abgespeichert) – das ist zumindest

die Standardeinstellung. Sollte *Fireworks* diese nicht finden, können Sie diese in einem Dialogfenster angeben.

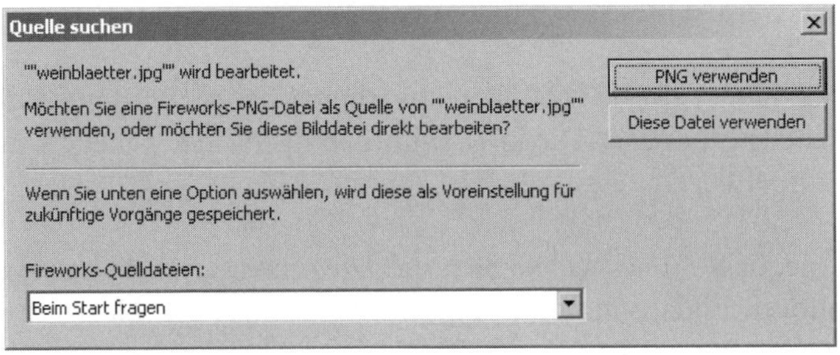

Bestimmen Sie, ob «Fireworks» die PNG-Quelldatei verwenden soll.

Möchten Sie diese Standardeinstellung ändern, öffnen Sie in *Fireworks* das Dialogfenster *Voreinstellungen* (*Bearbeiten | Voreinstellungen*). Hier können Sie im Register *Starten und Bearbeiten* die gewünschten Optionen (vgl. Kapitel 2) auswählen.

4. Bearbeiten Sie anschließend die Grafik in *Fireworks*. Hierbei können Sie natürlich auch ein Segment bearbeiten.

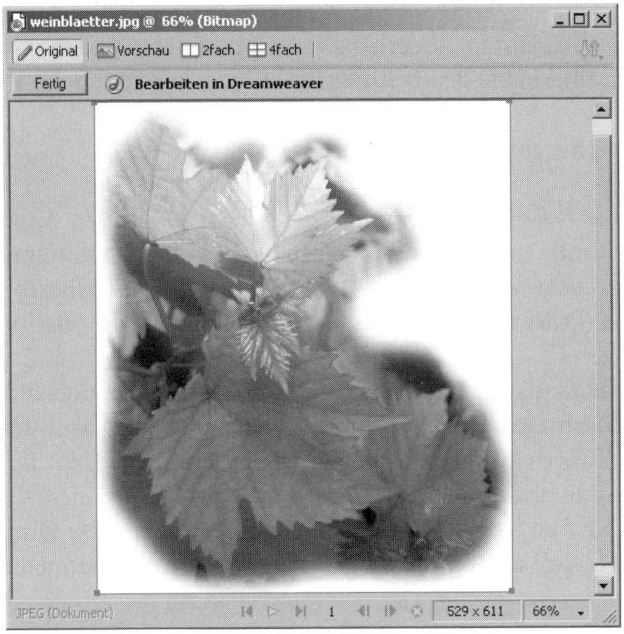

In «Fireworks» können Sie jetzt die Grafik bearbeiten.

5. Klicken Sie auf *Fertig*. Alle durchgeführten Änderungen werden in der exportierten Datei gespeichert. Wenn Sie mit der Original-PNG-Datei arbeiten, werden diese auch hier gespeichert.

Falls Sie Segmente, also HTML-Code bearbeitet haben, wird auch die hierbei erstellte Tabelle exportiert. Die in *Dreamweaver* geöffnete Tabelle wird folglich ebenfalls aktualisiert.

Beachten Sie, dass *Fireworks* lediglich die *Dreamweaver*-Verhaltensweisen einfaches Rollover, Bildaustausch, Bildaustausch rückgängig, Navigationsleistenbild festlegen, Popupmenü und Statusleistentext festlegen unterstützt. In *Dreamweaver* können Sie weit mehr JavaScript-Befehle definieren als in *Fireworks*. Öffnen Sie in *Fireworks* eine Datei mit *Dreamweaver*-Verhalten, könnte im Eigenschafteninspektor die Verknüpfung `javascript:;` erscheinen. Diesen Eintrag können Sie problemlos löschen und – falls gewünscht – einen Hyperlink hier eintragen. Auch wenn Sie anschließend zu *Dreamweaver* zurückkehren, sehen Sie dort im Bedienfeld *Verhalten* noch die gleichen Verhaltensweisen aufgelistet.

Optimieren

In *Fireworks* können Sie auch sehr schnell Exporteinstellungen an bereits in *Dreamweaver* platzierten Bildern (und Animationen) ändern. Beachten Sie, dass Ihnen hierbei keine Bearbeitungsfunktionen zur Verfügung stehen.

So optimieren Sie eine Grafik in *Fireworks*:

1. Wählen Sie *Befehle | Bild in Fireworks optimieren*. Diesen Befehl finden Sie auch im Kontextmenü. Am schnellsten geht's aber wohl, wenn Sie auf den Button *In Fireworks optimieren* im Eigenschafteninspektor klicken. Ist die HTML-Datei noch nicht gespeichert, sollten Sie das jetzt tun.

2. *Fireworks* wird gestartet und will sofort wissen, ob eine Originaldatei vorhanden ist. Macromedia *Dreamweaver* öffnet unabhängig von den *Fireworks*-Voreinstellungen immer die PNG-Datei. Ist der Pfad zu dieser Datei in *Dreamweaver* falsch hinterlegt, werden Sie aufgefordert, diese Quelldatei anzugeben. Klicken Sie auf *Diese Datei verwenden*, wenn diese Quelle nicht vorhanden ist (s. o.) und Sie die ausgewählte Datei selbst optimieren möchten.

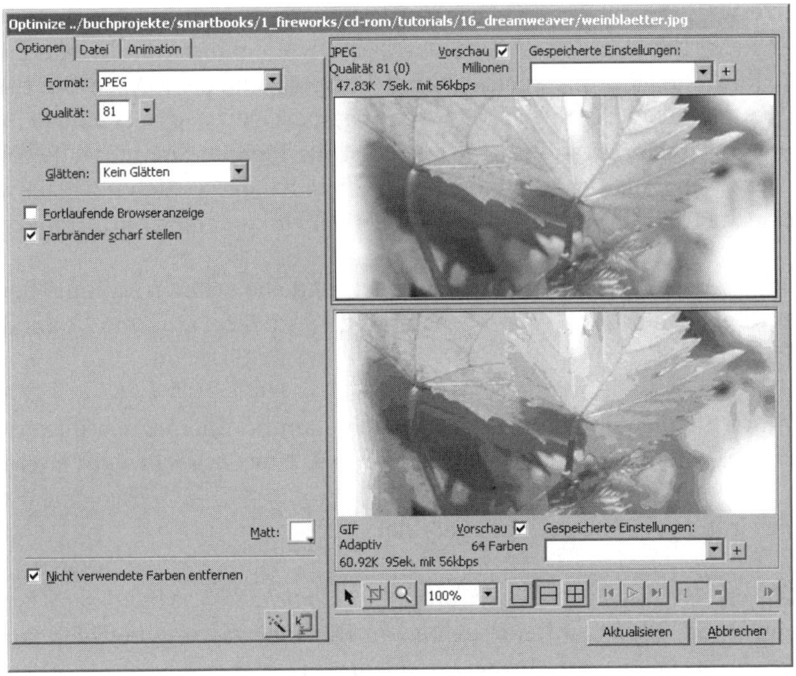

Bildoptimierung: Probieren Sie unterschiedliche Einstellungen aus. Hier sehen Sie sehr deutlich, den Unterschied zwischen GIF und JPG.

3. Legen Sie die Einstellungen für die Bildoptimierung fest. Weitere Einstellmöglichkeiten, wie beispielsweise die Bildgröße, finden Sie in den Registern *Datei* und *Animation.*

4. Klicken Sie auf die Schaltfläche *Aktualisieren. Fireworks* wird geschlossen und Sie kehren automatisch zu *Dreamweaver* zurück. Nun müssen Sie die Grafik im Entwurfsfenster noch manuell aktualisieren.

POWER USER

Haben Sie das Dateiformat mehrerer Grafiken geändert, können Sie auch die Hyperlink-Prüfer starten und nach verwaisten Dateien suchen lassen. Wählen Sie *Fenster | Ergebnisse | Hyperlink-Prüfer.* Die Dokumente mit den verschwundenen Dateien werden dann aufgelistet und können manuell angeklickt und geöffnet werden. Der Cursor markiert dann auch automatisch die entsprechende Stelle.

Dateiverwaltung

In der Regel haben Sie in *Dreamweaver* eine Site definiert, in der alle Dokumente Ihres Projektes abgespeichert sind. Entsprechend der lokalen Site, die auf Ihrer Festplatte oder in Ihrem Netzwerk abgespeichert ist, gibt es eine Remote-Site, die allgemein zugänglich ist. Daher ist die Remote-Site in der Regel auf dem Server abgespeichert. Bei der Remote-Site handelt es sich normalerweise um eine Spiegelung der lokalen Site – mit allen Dokumenten und Grafiken.

Wichtig ist darum eine effiziente und übersichtliche Dateiverwaltung, bei der nichts schief gehen kann – und genau das bietet *Dreamweaver* in Verbindung mit *Fireworks*!

1. Öffnen Sie die Grafik aus Ihrem lokalen Stammordner oder wählen Sie in *Dreamweaver* den Befehl *Öffnen in Fireworks* bzw. *Bearbeiten mit Fireworks.*

   Die Grafik wird wie gewohnt geöffnet.

2. Klicken Sie auf die *Dateiverwaltungsschaltfläche* . Mit diesem Button können Sie schnell auf eine Reihe von Dateiübertragungsbefehlen zugreifen, die Sie bereits aus *Dreamweaver* kennen:

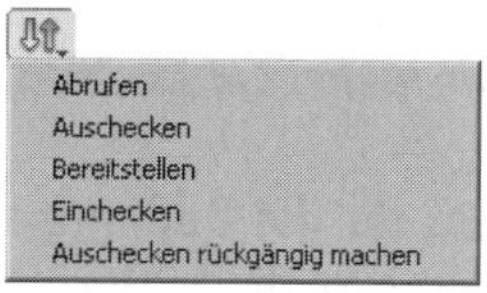

So einfach kann die Dateiübertragung sein.

- *Abrufen*: Hiermit kopieren Sie die Remote-Datei in Ihre lokale Site und überschreiben dabei gleichzeitig die lokal vorhandene Version.
- *Auschecken*: Beim *Auschecken* wird eine Kopie der Remote-Datei in die lokale Site eingebunden. Beachten Sie, dass ein bestehendes Dokument dabei überschrieben wird. Der Befehl *Auschecken* ist nur aktiviert, wenn Sie in *Dreamweaver* die Option *Ein- und Auschecken von Dateien aktivieren* eingestellt haben.
- *Bereitstellen*: Hierbei wird die Remote-Datei durch das lokale Dokument überschrieben.
- *Einchecken*: Die lokale Datei überschreibt die Remote-Version. Dabei ist der Befehl *Einchecken* nur aktiviert, wenn Sie in *Dreamweaver* die Option *Ein- und Auschecken von Dateien aktivieren* eingestellt haben.

- *Auschecken rückgängig machen*: Checkt die Datei wieder ein, wobei die Remote-Kopie die lokale Datei überschreibt. Auch dieser Befehl kann nur verwendet werden, wenn Sie in *Dreamweaver* die Option *Ein- und Auschecken von Dateien aktivieren* eingestellt haben.

Das Ganze funktioniert nur, wenn Ihr Dokument in einem Siteordner von *Dreamweaver MX 2004* bzw. *Studio MX 2004* abgespeichert ist und Sie Zugriff auf die Remote-Site haben. Der Zugriff auf den entfernten Ordner muss dabei entweder lokal bzw. über das Netzwerk oder per FTP erfolgen.

Dreamweaver muss bei dieser Prozedur nicht geöffnet sein.

HEISSER TIPP

Weitere Informationen zu diesem Thema erhalten Sie im Smart-Book zu *Dreamweaver MX 2004*.

Übung

Erstellen Sie in *Dreamweaver* eine leere HTML-Seite mit einem Platzhalterbild. Rufen Sie aus *Dreamweaver Fireworks* auf und erstellen Sie ein Bild, das die Fotos *kloster1.jpg* und *kloster2.jpg* integriert. Die Grafiken sollten ineinander verlaufen. Benutzen Sie hierzu das Auswahlwerkzeug *Feder*.

Anschließend kehren Sie zu *Dreamweaver* zurück und fügen dort die Grafik *weinblaetter.jpg* ein. Die Original-PNG-Datei finden Sie ebenfalls auf der CD-ROM im Verzeichnis *16_dreamweaver*. Bearbeiten und optimieren Sie die Grafik. Achten Sie auf eine möglichst geringe Dateigröße, bei gleichzeitig guter Bildqualität.

Praxistipp: Webfotoalbum erstellen

Der letzte Urlaub ist vorbei, die Bilder sind da und nun möchten Sie diese natürlich auch Ihren Freunden und Bekannten zeigen. Ein Fotoalbum muss her. Warum nicht einmal ein digitales? Stellen Sie Ihre Bilder doch auf einer Webseite zusammen. Hierbei handelt es sich um keine Datenbanklösung. Dazu kommen wir später. Im Moment wollen wir noch nicht mit Kanonen auf Spatzen schießen.

Das fertige Webfotoalbum.

Eine statische Seite mit vielen Bildern muss gar nicht aufwendig sein. Es kann auch schneller gehen, vorausgesetzt Sie haben die richtigen Programme: *Dreamweaver* haben Sie! Und *Fireworks* benötigen Sie, um ein Webfotoalbum erstellen zu können…

So erstellen Sie ein digitales Fotoalbum:

1. Kopieren Sie alle Fotos in einen Ordner. Dieser Ordner muss nicht unbedingt innerhalb Ihrer Site sein. Alle Dateien müssen eine gültige Erweiterungen tragen: `gif`, `jpg`, `jpeg`, `png`, `psd`, `tif` oder `tiff`. Kann eine Dateierweiterungen nicht erkannt werden, können die Bilder nicht in das Fotoalbum integriert werden. Überprüfen Sie noch einmal, ob die Originalbilder so OK sind, oder ob Sie diese noch bearbeiten möchten. Überlegen Sie auch, ob Ihre Besucher sich den Kopf bei Ihren Hochkant-Bildern verrenken sollen, oder ob Sie diese lieber drehen möchten.

2. Wählen Sie *Befehle | Webfotoalbum erstellen* (in *Dreamweaver*).

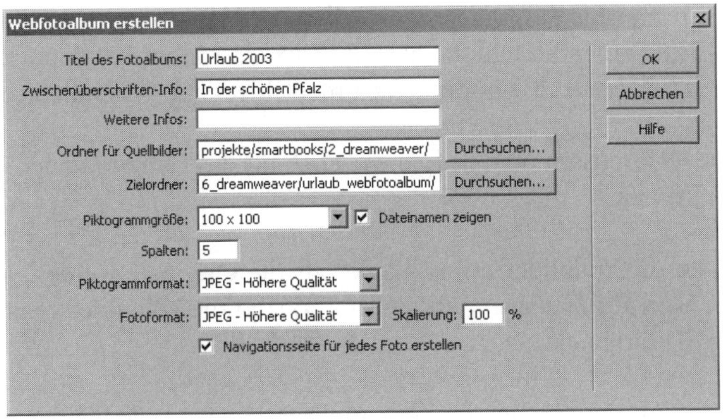

Hier bestimmen Sie das Aussehen Ihrer fertigen Webseite.

3. Machen Sie folgende Angaben im Dialogfenster Webfotoalbum erstellen:

- Der *Titel* wird in einem grauen Rechteck über den Piktogrammen gezeigt.

- Wenn Sie möchten können Sie zusätzliche Textzeilen als *Zwischenüberschriften-Info* und *Weitere Infos* einfügen. Dieser werden direkt unter dem Titel angezeigt.

- *Ordner für Quellbilder*: Wählen Sie den Ordner aus, in dem die Originalbilder abgespeichert sind. Keine Angst: Es passiert nichts. Sie werden nicht überschrieben.

- Bestimmen Sie den *Zielordner*, in den die Dokumente des Webalbums abgespeichert werden sollen. Am besten Sie legen dafür ein neues Verzeichnis an. Denn enthält ein Verzeichnis bereits Dateien mit dem gleichen Namen, werden diese gnadenlos überschrieben.

- Legen Sie die Optionen der Piktogramm-Anzeige fest:

  Bestimmen Sie die *Piktogrammgröße*. Sollte ein Original-Bild größer sein, wird es so skaliert, dass es in ein Quadrat mit diesen Abmessungen passt.

  Soll der *Dateiname* gezeigt werden, aktivieren Sie dieses Kontrollkästchen.

  Geben Sie die Anzahl der Spalten an, in die die Piktogramme verteilt werden sollen.

- Bestimmen Sie das *Piktogrammformat*: *GIF WebSnap 128* ist ein GIF, das aus 128 Farben besteht; beim GIF *WebSnap 256* sind es doppelt so viele. Auch bei den JPEGs können Sie unterschiedliche Qualitäten einstellen.

- Und jetzt müssen wird das gleiche noch für das *Fotoformat* der Vollbilder bestimmen.

- Sollen die Vollbilder etwas kleiner als die Originale werden, geben Sie den Wert für *Skalierung* an. Bei 100 % sind die Vollbilder genauso groß wie die Originale.

- Ist die Option *Navigationsseite für jedes Foto erstellen* aktiviert, erstellt *Dreamweaver* für jedes Vollbild einen eigene Webseite mit Text-Links für *Zurück*, *Anfang* und *Weiter*. Ist diese Option inaktiv, werden die Piktogramme direkt mit den Vollbildern verknüpft.

4. Sind Sie fertig, klicken Sie auf OK. Dieser Befehl ruft *Fireworks* auf und basiert auf JavaScript. Die HTML- und Bilddateien werden nun für das Fotoalbum erstellt.

- In *Fireworks* werden nun automatisch die Piktogramme und Vollbilder erstellt. Bei zahlreichen hochauflösenden Bildern kann das einige Minuten dauern. Ist der Prozess abgeschlossen, erscheint das Dialogfenster *Album erstellt*. Klicken Sie auf *OK*.

- Anschließend wird *Dreamweaver* wieder aktiv und erstellt automatisch die Seite mit den Piktogrammen.

Fireworks erstellt nun aus jedem Bild im Ordner zwei separate Bilder: ein Piktogramm und ein Vollbild. Alle erstellten Dokumente sind nun in dem angegebenen Zielordner. *Fireworks* und *Dreamweaver* haben hierin drei Unterverzeichnisse und ein Webdokument angelegt:

- Bilder: die großen Bilder, die nach dem Anklicken der Piktogramme gezeigt werden;

- Piktogramm: die kleinen Bilder;

- Seiten: die HTML-Seiten mit den großen Fotos;

- `index.htm`: Webseite als Einstieg in das Webfotoalbum; *Dreamweaver* stellt nun auf einer neuen Webseite alle Piktogramme zusammen.

Sie können nun alle erstellten Dokumente weiter bearbeiten;

ERSTE HILFE

Haben Sie während des Prozesses auf Abbrechen geklickt, erstellt *Fireworks* trotzdem die Piktogramme und Vollbilder. Lediglich die HTML-Seite wird nicht angelegt.

Sie können Bilder dynamisch in Ihre Seite integrieren. Angenommen Sie möchten das Layout Ihres Albums so beibehalten, aber regelmäßig die Fotos ändern – mit einer Datenbank, in der gleichzeitig Ihre Bilder archiviert werden, ist das kein Problem. Wie das geht, erfahren Sie im SmartBook zu *Dreamweaver MX 2004.*

OSTEREI

Auch in *Dreamweaver* gibt es Ostereier. Diese *Eastereggs* sind kleine Programme, die vom Entwickler als nette Zugabe beigelegt werden. Das Autorennen in *Excel* hat schon Kultstatus erreicht und *Mastermind* kennen Sie doch bestimmt auch – wenn auch etwas anders. Wagen Sie doch einmal ein Spielchen in *Dreamweaver.*

So öffnen Sie ***Mastermind*****:**

1. Öffnen Sie das Dialogfenster *Webfotoalbum erstellen.*

2. Tragen Sie als Titel des Fotoalbums «play a game» ein und klicken Sie auf OK.

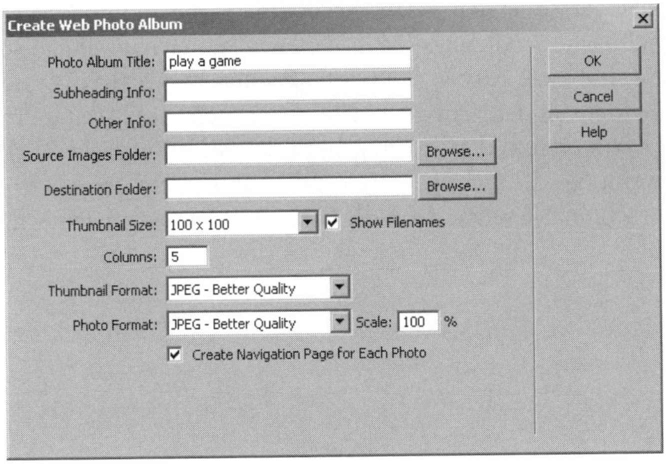

Gleich geht's los…

3. *Mastermind* wird geöffnet.

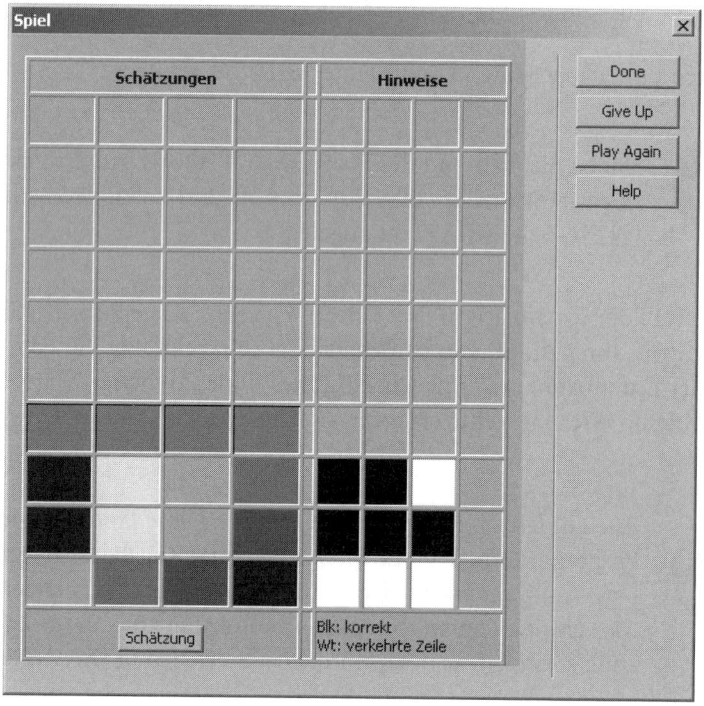

Viel Spaß!

Die Spielregeln sind sehr einfach: Sie müssen vier Farben in der richtigen Reihenfolge erraten. Klicken Sie unter *Schätzungen* auf die Rechtecke in der ersten unteren Reihe. Bei jedem Klick erscheint eine andere Farbe. Geben Sie für die alle Felder der ersten Reihe jeweils eine Farbe an und klicken Sie dann auf die Schaltfläche *Schätzung*. Rechts daneben (unter *Hinweise*) erscheint nun der Hinweis, wie viele Farben Sie richtig erraten haben (weiß) und wie viele Farben außerdem an der richtigen Stelle stehen (schwarz). Weitere Informationen zu *Mastermind* und den Spielregeln finden Sie unter *Help*. Klicken Sie auf *Give Up*, wenn Sie die richtige Farbkombination nicht erraten können und aufgeben möchten. Sie sehen dann die Lösung. Oder das ganze noch mal!? *Play again…*

Übung: Eigenes Fotoalbum erstellen

Jetzt sind Sie mal wieder dran. Erstellen Sie Ihr eigenes Fotoalbum. Falls Sie das hier gezeigte Beispiel mit meinen Dateien nachbauen möchten, finden Sie die Original-Bilder (live, in Farbe und nicht bearbeitet!) auf der beiliegenden CD-ROM in Verzeichnis *16_dreamweaver/urlaub_originale.*

SMART DISC

Mein Fotoalbum finden Sie auf der CD-ROM im Verzeichnis *16_dreamweaver/urlaub_webfotoalbum.* Öffnen Sie die *index.htm.*

In diesem Kapitel haben wir gesehen, wie eng *Fireworks* mit *Dreamweaver* zusammenarbeiten kann. Ein Klick und Sie sind in der anderen Anwendung. Leichter und schneller kann es nun wirklich nicht gehen. Selbstverständlich funktionieren andere bekannte Macromedia-Anwendungen, wie beispielsweise *Flash* und *FreeHand* nach dem gleichen System. Auch hier wurde die Roundtrip-Funktionalität integriert. Sollten Sie mit anderen Programmen arbeiten wollen, können Sie diese natürlich auch als Primär-Editoren in *Dreamweaver* hinterlegen.

SMART DISC

Eine Demoversion von *Dreamweaver MX 2004* finden Sie auf der CD-ROM. Wenn Sie mit dem Programm arbeiten, sollten Sie auch in das SmartBook zu *Dreamweaver MX 2004* schauen. Hier finden Sie weitere Tipps und Tricks, auf die ich in diesem Kapitel leider nicht eingehen konnte.

Im nächsten Workshop wenden wir uns wieder ganz *Fireworks* zu. Sie werden lernen, wie Sie hier häufig wiederkehrende Arbeitsschritte automatisieren können. Also, lassen Sie uns noch effizienter arbeiten.

17 Fireworks automatisieren

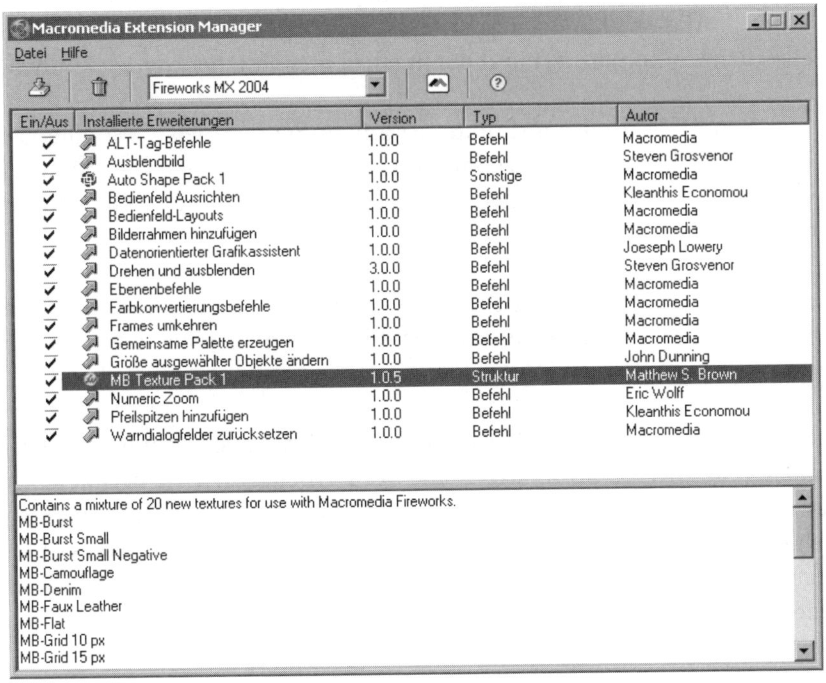

«Fireworks» automatisieren

Während uns im letzten Workshop der flüssigen Arbeitsablauf zwischen *Fireworks* und *Dreamweaver* bzw. anderen Anwendungen beeindruckt hat, werde ich Ihnen in diesem Kapitel zeigen, dass auch in *Fireworks* selbst bestimmte Arbeitsschritte automatisiert und damit effizienter gestaltet werden können.

Mit der Batch-Verarbeitungsfunktion können Sie beispielsweise eine ganze Reihe von Grafiken in eine bestimmte Größe transformieren. Auch können diese Piktogramme (oder andere Bilddateien) optimiert und in bestimmte Formate konvertiert werden.

Eine wichtige Möglichkeit der Automatisierung ist die Funktion *Suchen und ersetzen*, mit der Sie nach bestimmten Elementen in einer oder mehrerer Dateien suchen und deren Eigenschaften neu bestimmen können.

Auch mit dem Bedienfeld *Verlauf* können Sie Befehle oder Skripts (JavaScript) erstellen und so eine komplexe Reihe von Arbeitsschritten definieren, die *Fireworks* dann selbstständig für Sie ausführt. Mit speziellen JavaScript-Befehlen können Sie nahezu jede Einstellung und jeden *Fireworks*-Befehl steuern. Auch mit Flash-SWF können Sie neue Befehle definieren. Alle Befehle werden in der Menüleiste angezeigt (unter *Befehle*).

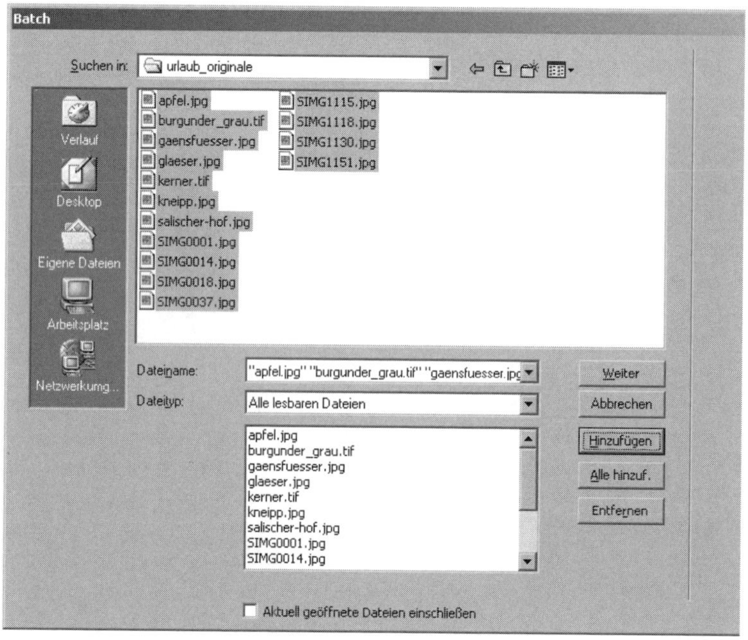

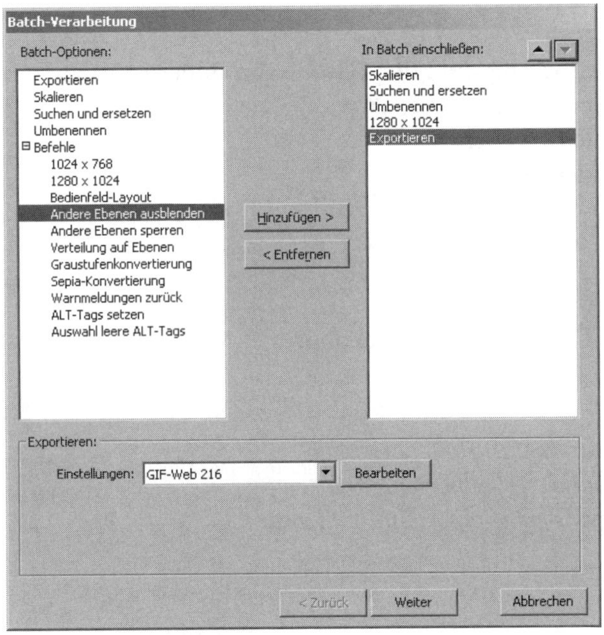

Legen Sie die Arbeitsschritte fest, die auf mehrere Grafikdateien automatisch angewendet werden sollen.

Vielleicht kennen Sie bereits den *Extension Manager* von anderen Macromedia-Anwendungen. Damit können Sie den Funktionsumfang von *Fireworks* individuell erweitern. Über den Manager verwalten Sie Ihre importieren Erweiterungen. Wie Sie diese installieren und löschen, erfahren Sie hier ebenfalls.

Erweiterungen müssen nicht unbedingt in der Menüleiste erscheinen. Dabei kann es sich bespielsweise auch um Texturen oder Bedienfelder handeln.

Lassen Sie sich nicht aufhalten. Wenden Sie sich der wirklich wichtigen, interessanten Arbeit zu und lassen Sie *Fireworks* wiederholt anfallende Aufgaben automatisch erledigen. In diesem Kapitel zeige ich Ihnen, wie Sie *Fireworks* mitteilen, was es wie machen soll.

Das werden Sie lernen:

- Batch-Verarbeitungsfunktion (Größe von Bildern ändern)
- Elemente suchen und ersetzen
- Mit Befehlen arbeiten
- Skripte erstellen
- Den *Extension Manager* benutzen

Dateien für diese Lektion:

SMART DISC

- *17_automatisieren/urlaub_originale*
- *17_automatisieren/rebsorten/rebsorten.png*
- *17_automatisieren/rebsorten/inhalt.xml*

Suchen und ersetzen

Die Funktion *Suchen und ersetzen* kennen Sie bestimmt schon aus anderen Anwendungen. In *Fireworks* können Sie gefundene Textstellen, Schriften, URLs oder Farben durch andere ersetzen. Dabei ist die Suche nicht nur auf das aktuelle Dokument beschränkt, sondern kann in bestimmten Frames, einer festgelegten Auswahl, oder in einer festgelegten, nicht geöffneten Datei stattfinden. Voraussetzung hierbei ist jedoch, dass es sich um Original-PNG-Dateien oder Dokumente mit Vektorobjekten (z. B. aus *FreeHand, Illustrator, CorelDraw*) handelt.

So starten Sie die Suche:

1. Möchten Sie ein bestimmtes Dokument durchsuchen, öffnen Sie dieses.

2. Öffnen Sie das Bedienfeld *Suchen und ersetzen* (*Fenster | Suchen* oder *Bearbeiten | Suchen*).

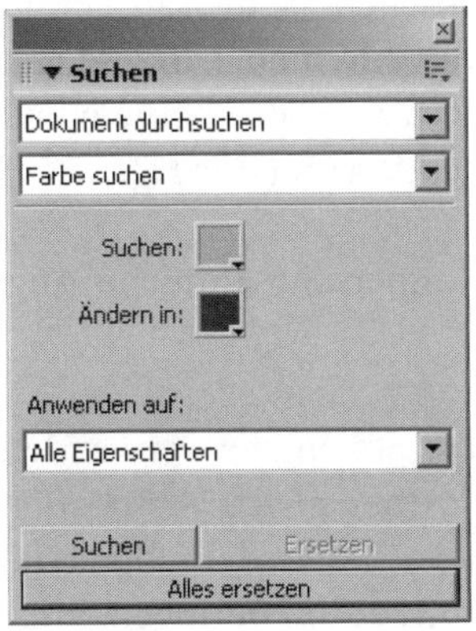

Das Bedienfeld «Suchen und ersetzen».

3. Bestimmen Sie im oberen Pull-Down-Menü die Quelle, die Sie durchsuchen möchten.

   - *Auswahl durchsuchen*: Nur aktuell ausgewählte Objekte werden durchsucht und ersetzt.

   - *Frame durchsuchen*: Nur Objekte im aktuellen Frame werden durchsucht.

   - *Dokument durchsuchen*: Nur das aktuell geöffnete Dokument wird durchsucht.

- *Dateien durchsuchen*: Bestimmen Sie die Dateien, in denen die Suche ablaufen soll. *Fireworks* öffnet hier ein Dialogfenster, in dem Sie mit der Shift- oder Strg-Taste die entsprechenden Dokumente markieren können. Sind Sie fertig, klicken Sie auf den gleichnamigen Button.

4. Legen Sie im Pull-Down-Menü darunter das Attribut fest, nach dem *Fireworks* suchen soll.

- *Text suchen*: Engen Sie die Suche weiter ein, indem Sie nach dem ganzen Wort suchen, auf Groß- / Kleinschreibung achten oder mit regulären Ausdrücken, also mit festgelegten Bedingungen, nach Wörtern oder Zahlen suchen.

- *Schrift suchen*: Machen Sie die entsprechenden Angaben zu Schrift, Schriftstil und Punktgröße. Hierbei können Sie eine Mindest- (*Min*) und eine Höchstpunktgröße (*Max*) angeben.

- *Farbe suchen*: Durchsuchen Sie die (ausgewählten) Instanzen nach einer bestimmten Farbe, die durch eine andere ersetzt werden soll. Geben Sie diese in den Farbfeldern an. Dabei können Füllungen (keine Füllmuster!), Pinselstriche und Effektfarben (*Alle Eigenschaften*) ersetzt werden.

- *URL suchen*: Hier können Sie ähnliche Angaben machen wie bei der Textsuche.

- *Nicht-Web216 suchen*: Sollen die verwendeten Farben auf Macintosh und Windows-Plattformen gleich aussehen, müssen Sie diese websicher machen (vgl. Kapitel 7). Diese Farbpalette besteht aus 216 Farben. Geben Sie an, ob Sie diese auf Füllungen, Pinselstriche und / oder Effektfarben anwenden möchten. Dabei werden Pixel innerhalb von Bitmap-Objekten nicht ersetzt.

5. Je nachdem welche Attribute Sie ausgewählt haben, können Sie in den Menüs darunter unterschiedliche Einstellungen vornehmen.

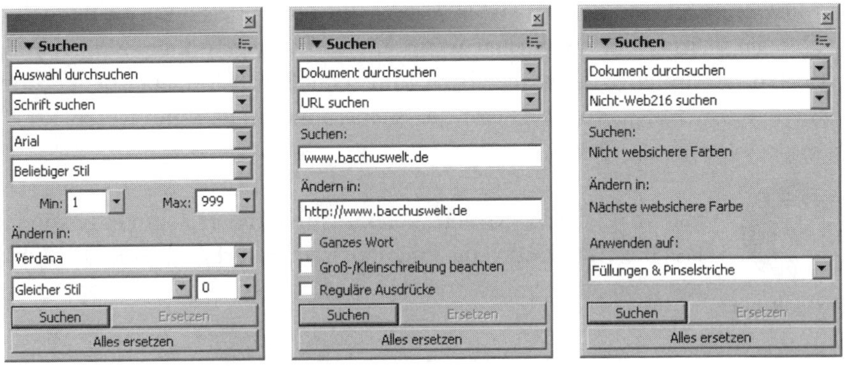

Bestimmen Sie, nach welchen Attributen «Fireworks» suchen soll.

6. Bestimmen Sie nun die Operation:

   - *Suchen*: Findet die nächste Instanz mit den festgelegten Attributen, und wählt diese aus.
   - *Ersetzen*: Das Element wird durch die Angaben, die Sie im Feld *Ändern in* hinterlegt haben, ersetzt.
   - *Alles ersetzen*: Alle gefundenen Instanzen innerhalb des festgelegten Suchbereichs werden ersetzt.

MERKET AUF!

Ersetzen Sie Objekte in mehreren Dateien, werden diese Dokumente automatisch gespeichert. Die Änderungen können nicht mehr rückgängig gemacht werden.

Die Funktion *Suchen und ersetzen* ist sehr gut für die Stapelverarbeitung geeignet. Wie das geht und was Sie dabei berücksichtigen müssen, erfahren Sie in Kapitel *Batchverarbeitung*.

Ersetzungsoptionen

Mit den Ersetzungsoptionen bestimmen Sie, ob *Fireworks* eine Sicherheitskopie der automatisch geänderten Datei erstellen soll. Hier legen Sie auch fest, ob geänderte Dateien gespeichert und geschlossen werden sollen.

So bestimmen Sie die Ersetzungsoptionen:

1. Öffnen Sie im Bedienfeld *Suchen* das Optionsmenü und wählen Sie den Befehl *Ersetzungsoptionen*.

2. Aktivieren Sie im Dialogfenster *Ersetzungsoptionen* das Kontrollkästchen *Dateien speichern und schließen*, wenn *Fireworks* die gefundenen und veränderten Dokumente dann speichern und schließen soll. Dabei bleiben nur die Dokumente geöffnet, die vor der Suche ohnehin geöffnet waren.

ERSTE HILFE

Haben Sie das Kontrollkästchen nicht aktiviert, kann es passieren, dass der Arbeitsspeicher nicht ausreicht und *Fireworks* die Funktion abbrechen muss.

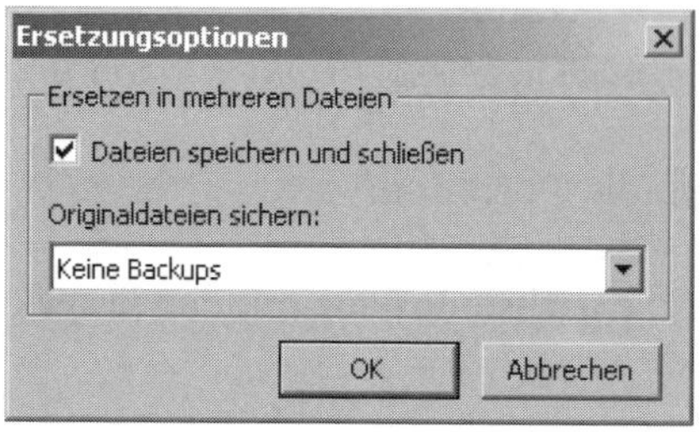

Bestimmen Sie die Ersetzungsoptionen.

3. Bestimmen Sie im Pull-Down-Menü *Originaldateien sichern* eine der folgenden Optionen:

   - *Keine Backups*: *Fireworks* legt keine Sicherungskopie der Originaldatei an, sondern überschreibt diese gleich.

   - *Vorhandene Backups überschreiben*: Hat *Fireworks* eine Datei gefunden, wird eine Sicherungskopie erstellt, bevor das Suchelement ersetzt wird. Beachten Sie, dass beim nächsten Start dieser Funktion die zuvor angelegte Backup-Datei durch die neue Sicherung ersetzt wird. *Fireworks* speichert diese Backups in dem Unterverzeichnis *Original Files.*

   - *Inkrementelle Backups*: Statt die angelegten Sicherungsdateien bei jedem neuen Suchen- / Ersetzen-Vorgang zu ersetzen, werden die Originaldateien ebenfalls in das Verzeichnis *Original Files* kopiert, wobei an den Dateinamen jeweils die nächst höhere Nummer angehängt wird (*Dateiname-1.png, Dateiname-2.png*, etc.).

4. Bestätigen Sie mit *OK*.

Ich empfehle meinen Schulungsteilnehmern immer, ein Backup anzulegen. Sicher ist sicher! Schützen Sie sich vor bösen Überraschungen!

Batch-Verarbeitung

Mit der Stapel-Verarbeitung können Sie zahlreiche Grafikdateien konvertieren und Ihnen dabei folgende neue Optionen bzw. Einstellungen zuweisen: Dateiformat, Optimierungseinstellungen, Skalierung / Bildgröße, Dateien umbenennen. Außerdem können Sie mit diesem Verfahren nach Elementen (Text, Schriften Farben, URLs, Nicht-Web216) suchen und diese ersetzen. Weiterhin können Sie bestimmte Befehle auf ausgewählte Dateien anwenden.

So starten Sie eine Batch-Verarbeitung:

1. Öffnen Sie das Dialogfenster *Batch* (*Datei | Batch-Verarbeitung*).

2. Wählen Sie hier eine Datei aus und klicken Sie auf die Schaltfläche *Hinzufügen* oder *Alle hinzuf.* Diese Dokumente müssen nicht im gleichen Verzeichnis abgespeichert sein. Die ausgewählten Dateien erscheinen dann im unteren Feld.

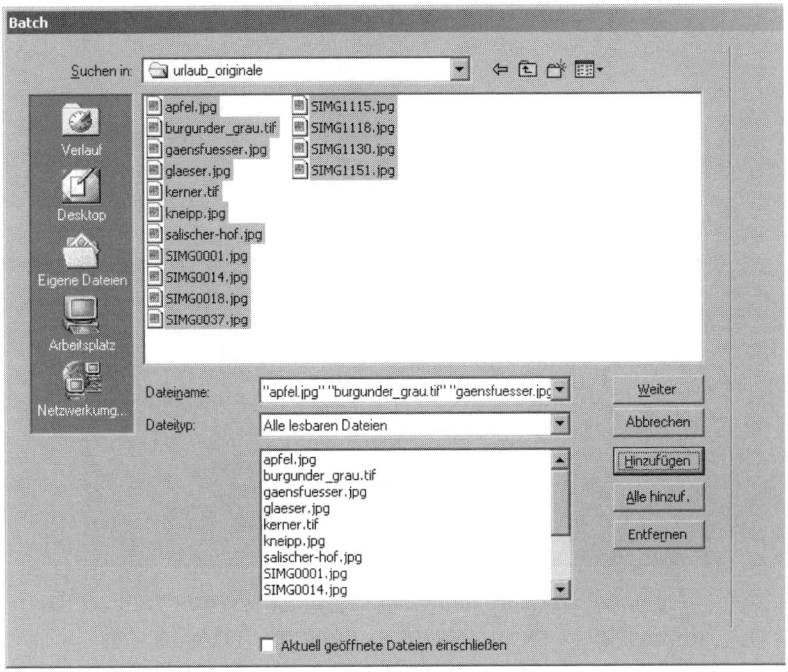

Bestimmen Sie die Dateien für die Stapel-Verarbeitung.

HEISSER TIPP

Möchten Sie bestimmte Dateitypen für die Stapel-Verarbeitung benutzen, bestimmen Sie diese im Pull-Down-Menü *Dateityp*, ansonsten ist hier standardmäßig *Alle lesbaren Dateien* eingestellt.

Eine Datei können Sie aus der Liste entfernen, indem Sie diese markieren und anschließend auf die Schaltfläche *Entfernen* klicken.

3. Aktivieren Sie das Kontrollkästchen *Aktuell geöffnete Dateien einschließen*, wenn auch die geöffneten Dokumente in die Verarbeitung eingeschlossen werden sollen.

4. Haben Sie alle Dateien ausgewählt, klicken Sie auf *Weiter*. Das Dialogfenster *Batch-Verarbeitung* wird geöffnet.

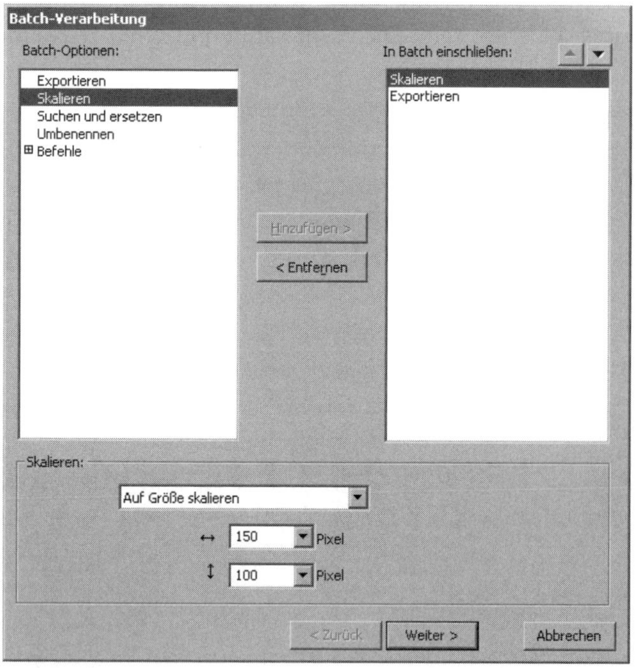

Definieren Sie im Dialogfenster «Batch-Verarbeitung» die Aufgaben, die «Fireworks» automatisch erledigen soll.

5. Wählen Sie die Aufgabe, die *Fireworks* erledigen soll, aus der Liste der *Batch-Optionen*.

6. Drücken Sie auf die Schaltfläche *Hinzufügen*. Der Befehl erscheint nun in der Liste *In Batch einschließen*.

7. Aufgaben werden stets in der Reihenfolge abgearbeitet, die in der Liste *In Batch einschließen* angegeben ist (Ausnahme: Exportiert wird immer zum Schluss!). Ändern Sie gegebenenfalls diese Reihenfolge, indem Sie diese auswählen und auf die entsprechenden Pfeiltasten klicken. Dadurch stellen Sie die Aufgabe entweder einen Schritt weiter nach hinten ▼ oder nach vorne ▲.

8. Anschließend definieren Sie für eine in der Liste *In Batch einschließen* ausgewählte Aufgabe konkrete Optionen im unteren Teil des Dialogfensters. Je nach ausgewählter Aufgabe stehen Ihnen dabei unterschiedliche Einstellungen zur Verfügung.

- *Exportieren*: Geben Sie die Optimierungseinstellungen an. Diese haben Sie bereits in Kapitel 14 kennen gelernt.

  Klicken Sie auf die Schaltfläche *Bearbeiten*, um weitere Einstellungen im Dialogfenster *Exportvorschau* einzustellen. Dieses wird auch geöffnet, wenn Sie die Option *Benutzerdefiniert* im Pull-Down-Menü einstellen.

  Wählen Sie die Option *Einstellungen aus jeder Datei verwenden*, wenn Sie die ursprünglich definierten Exportoptionen beibehalten möchten. Es werden also die definierten Paletten- und Optimierungseinstellungen verwendet.

- *Skalieren*: Lassen *Fireworks* automatisch die Bildgröße der exportierten Dateien ändern.

  Mit der Option *Auf Größe skalieren* passen Sie die Bilder an festgelegte Breite und Höhe an. Sollen diese proportional zueinander geändert werden, stellen Sie die Option *Auf Bereich skalieren* ein. Geben Sie anschließend einen Wert für die maximale Breite und die maximale Höhe ein. Möchten Sie die Bildgröße prozentual verändern lassen, wählen Sie die Option *Auf Prozentsatz skalieren*.

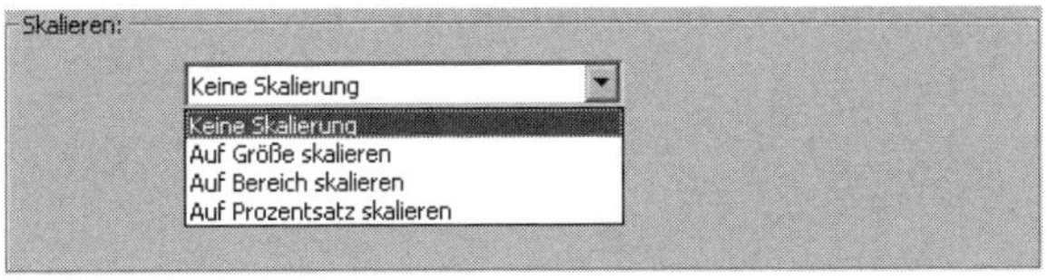

- *Suchen und ersetzen*: Hier können Sie die gleichen Optionen einstellen, die wir bereits im Kapitel *Suchen und ersetzen* besprochen haben. Bei der Batch-Bearbeitung gelten die gleichen Voraussetzungen. So können Sie auch hier diese Funktion auf Text, Schrift, Farbe und URL innerhalb der einzelnen Seitenobjekte nur anwenden, wenn es sich dabei um Vektor- bzw. Textobjekte handelt. Voraussetzung sind also bestimmte Dateiformate, wie *Fireworks-PNG*, *FreeHand*, *Illustrator* oder *CorelDraw*.

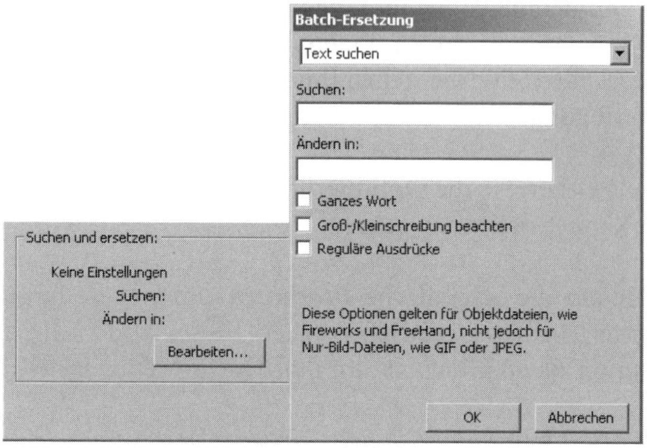

- *Umbenennen*: Möchten Sie den Dateinamen ergänzen, wählen Sie entweder die Option *Präfix hinzufügen* um eine Dateierweiterung vor den Dateinamen zu stellen oder die Einstellung *Suffix hinzufügen* um eine Dateierweiterung anzuhängen.

  Beispiel:

  Angenommen Sie geben in das Textfeld «verarbeitet_» ein und aktivieren die Option *Präfix hinzufügen*, wird eine Datei mit dem ursprünglichen Dateinamen *wein.png* als *verarbeitet_wein.png* abgespeichert.

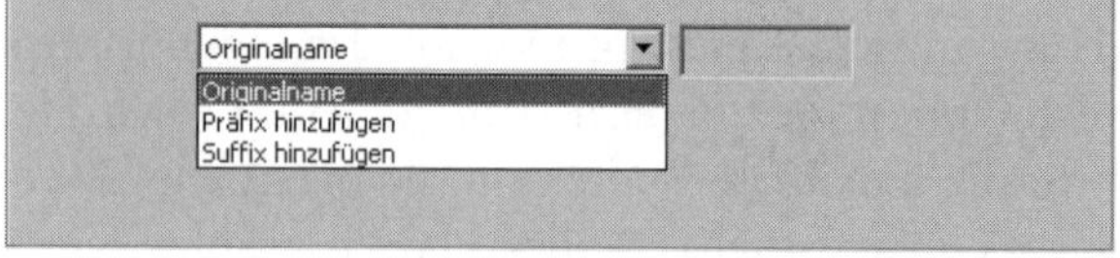

Haben Sie «Präfix hinzufügen» ausgewählt, geben Sie im Feld dahinter Ihre Erweiterung ein.

- *Befehle*: Öffnen Sie die aufgelisteten *Befehle* in den *Batch-Optionen*, indem Sie vor dem Eintrag auf das Pluszeichen (+) (Windows) bzw. das Dreieck (Macintosh) klicken. Alle verfügbaren Befehle werden nun eingeblendet. Weitere Einstellungen sind hier nicht möglich.

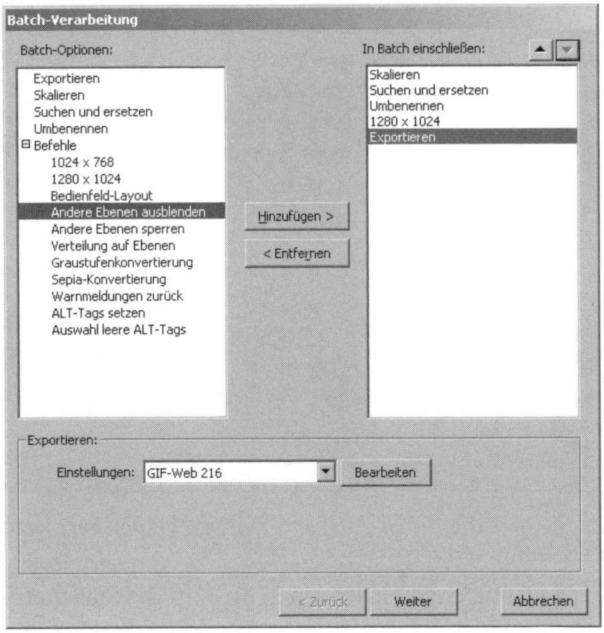

Wählen Sie die gewünschten Befehle aus. Drücken Sie auf die Schaltfläche *Hinzufügen*, um diesen dann in die Liste der abzuarbeitenden Aufgaben (*In Batch einschließen*) einzureihen.

Klicken Sie auf den Button *Weiter* und legen Sie die Speicher-Optionen wie beschrieben fest.

MERKET AUF!

Einige Befehle können nur ausgeführt werden, wenn Sie ein dafür passendes Objekt ausgewählt haben.

Bei den Batch-Optionen unter den Befehlen handelt es sich um *Fireworks-/* JavaScript-Befehle, die wir im Kapitel *Skripts erstellen* noch näher kennen lernen werden.

9. Haben Sie die Batch-Aufgaben definiert, klicken Sie auf die Schaltfläche *Weiter*.

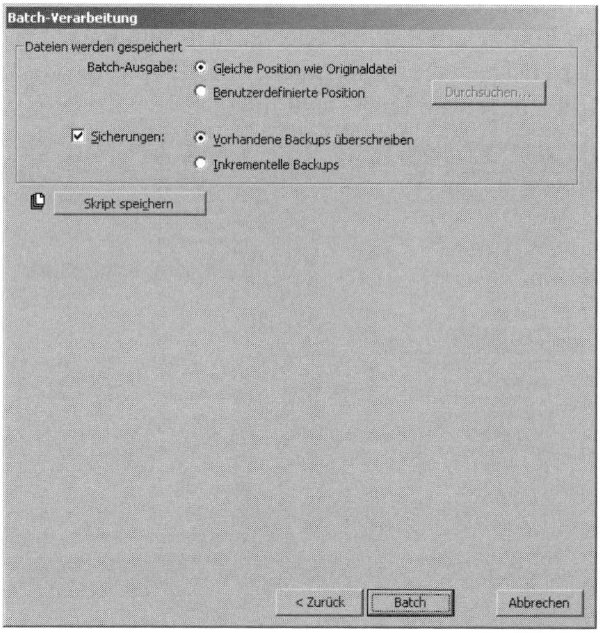

Bestimmen Sie, wie die Batch-Ausgabe-Dateien gespeichert werden sollen.

10. Im folgenden Dialogfenster bestimmen Sie nun die Speicher-Optionen der verarbeiteten Dateien:

    - *Gleiche Position wie Originaldatei*: Haben Sie den Namen oder den Dateityp der Batch-Ausgabe-Dateien nicht geändert, werden dabei die Quelldateien überschrieben.

    - *Benutzerdefinierte Position*: Klicken Sie auf den Button *Durchsuchen* dahinter und wählen Sie den gewünschten Speicherort.

    Hier können Sie auch zurück zu den eingestellten Batch-Aufgaben. Klicken Sie einfach auf die Schaltfläche *Zurück*.

11. Aktivieren Sie darunter das Kontrollkästchen *Sicherungen* und stellen Sie die gewünschte Option ein (vgl. Kapitel *Ersetzungsoptionen*):

    - *Vorhandene Backups überschreiben*: Achtung, hier werden die Sicherungskopien überschrieben!

    - *Inkrementelle Backups*: Die Backup-Dateinamen erhalten eine fortlaufende Nummer.

Sie sollten auf jeden Fall das Original sichern! Wie Sie das machen, bleibt Ihnen überlassen. Beispielsweise können Sie alle Original-Dateien in einen separaten Ordner außerhalb Ihrer Site (vgl. Kapitel 16) kopieren.

12. Klicken Sie auf die Schaltfläche *Skript speichern*, wenn Sie diese Batch-Einstellungen später noch einmal verwenden möchten (vgl. Kapitel *Skripts erstellen*).

Klicken Sie auf die Schaltfläche *Batch* und starten Sie die Stapel-Verarbeitung.

Übung

SMART DISC

Bestimmt erinnern Sie sich jetzt an das Web-Fotoalbum, das wir im letzten Workshop erstellt haben. Bingo! Genau das war auch eine Batch-Verarbeitung.

Im Workshop-Verzeichnis auf der CD-ROM habe ich Ihnen die Original-Urlaubsfotos abgespeichert. Erstellen Sie nun über eine Batch-Verarbeitung die entsprechenden Piktogramme.

Sie müssen also deren Größe (maximal 100 Pixel hoch) und Exportoptionen einstellen.

Skripts erstellen

Im Dialogenfenster *Batch-Verarbeitung* haben wir *Fireworks*- bzw. JavaScript-Befehle definiert, die *Fireworks* erkennen und ausführen kann. Dabei haben wir die Dateien ausgewählt, auf die diese Befehle angewendet werden sollen. Haben Sie nun eine spezifische Batch-Verarbeitung definiert, können Sie diese als Skript speichern und später – bei Bedarf – erneut anwenden.

So erstellen Sie ein Skript:

1. Klicken Sie auf die Schaltfläche *Skript speichern* im Dialogfenster *Batch-Verarbeitung*. (Dies erscheint, wenn nach Auswahl von *Datei* | *Batch-Verarbeitung* im Dialogfenster *Batch* die Dateinamen ausgewählt worden sind, mit *Weiter* bestätigt wird und anschließend im sich nun öffnenden Dialogfenster *Batch-Verarbeitung* die *Batch-Optionen* ausgewählt worden sind und auf die Schaltfläche *Weiter* geklickt wurde.)

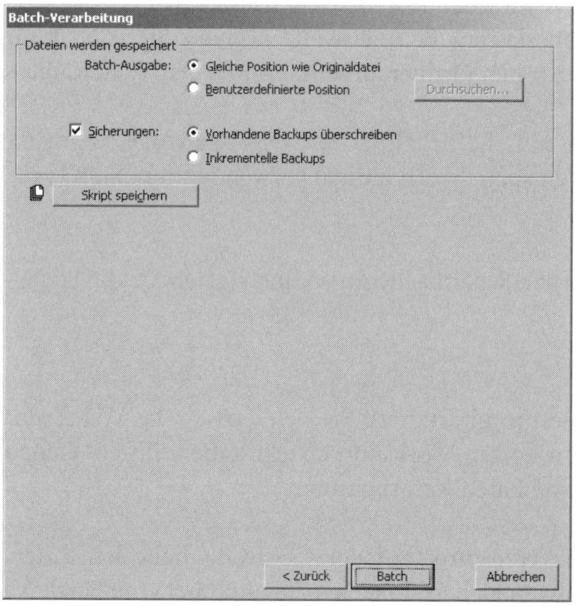

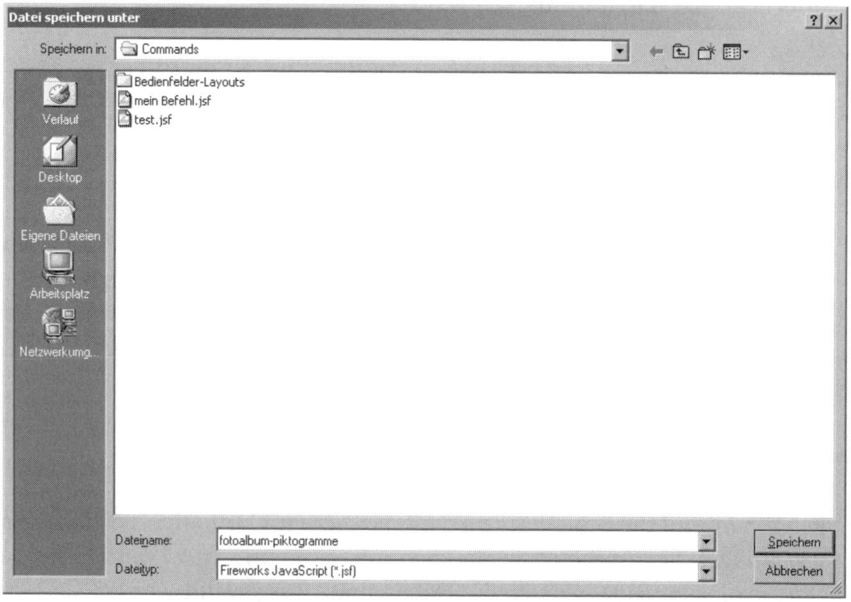

Bestimmen Sie den Dateinamen der Skriptdatei.

2. Geben Sie im Dialogfenster *Datei speichern unter* den Dateinamen der Skriptdatei an. Das Standard-Verzeichnis *Commands* sollten Sie beibehalten, da die hier abgespeicherten Skripts automatisch in der Menüleiste unter *Befehle* eingefügt werden. Skripts werden im JSF-Format gespeichert.

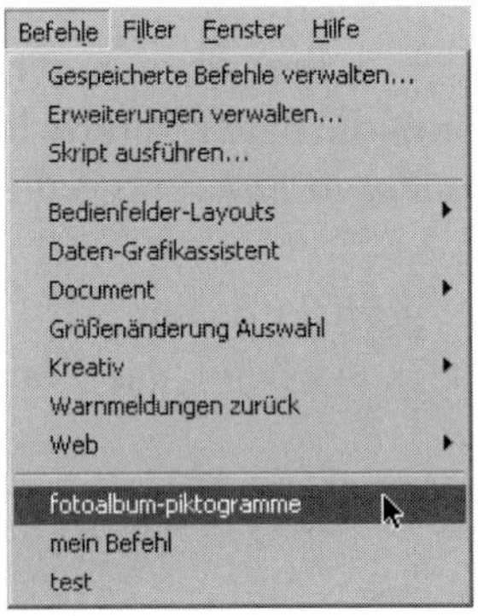

Erstellen Sie eigene Befehle...

3. Klicken Sie auf *Speichern.*

Gut, das Skript ist abgespeichert. Doch wie rufen Sie es später wieder auf?

So führen Sie ein Skript aus:

1. Wählen Sie in der Menüleiste *Befehle | Skript ausführen.*

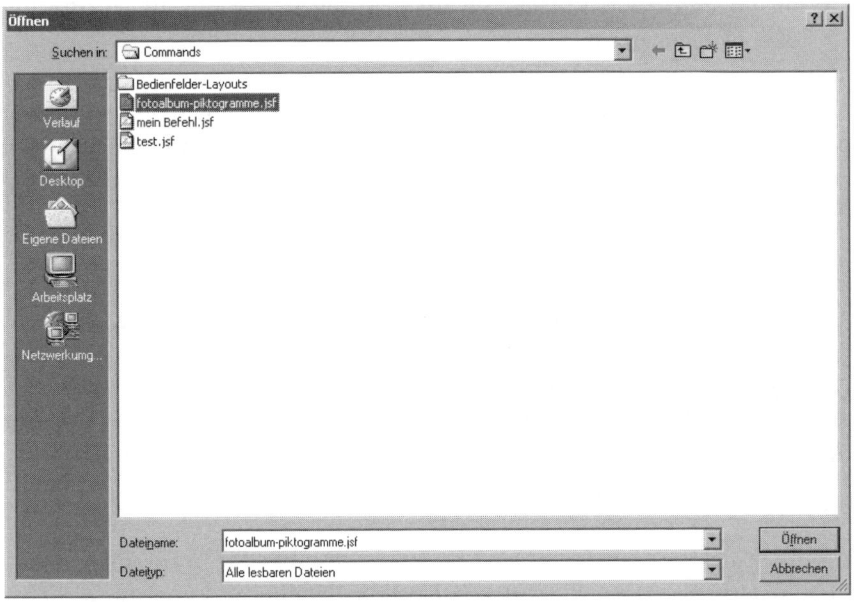

...für die Menüleiste.

2. Im Dialogfenster *Öffnen* wählen Sie die JSF-Datei, die das entsprechende Skript enthält.

RAFFINIERT

Sie können auch außerhalb von *Fireworks* auf diese JSF-Datei klicken und damit die Batch-Verarbeitung starten. Dazu muss bereits ein Dokument in *Fireworks* geöffnet sein.

3. Nachdem Sie auf *Öffnen* geklickt haben, wird das Skript entweder automatisch ausgeführt oder es erscheint das Dialogfenster *Zu verarbeitende Dateien*.

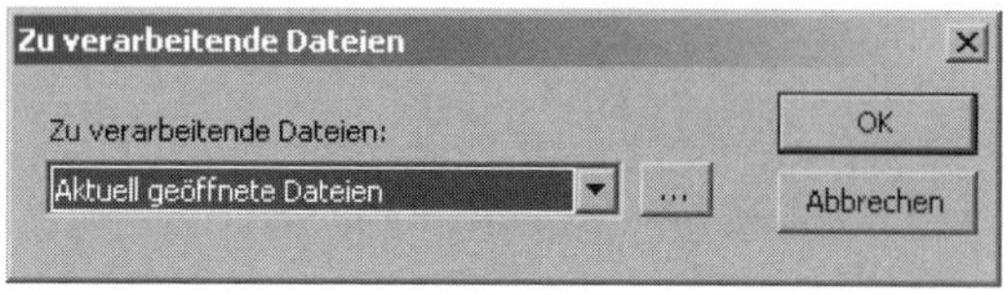

Bestimmen Sie, welche Dateien verarbeitet werden sollen.

Bestimmen Sie nun die Dateien der Batch-Verarbeitung:

- *Aktuell geöffnete Dateien*: Es werden nur die geöffneten Dokumente in die Verarbeitung eingeschlossen.
- *Benutzerdefiniert*: Klicken Sie auf den Button [...], um die entsprechenden Dateien auszuwählen.

Jetzt haben wir eine Variante der Skripterstellung kennen gelernt; es gibt auch noch eine andere – und die kennen Sie bereits. Sie können nämlich im Bedienfeld *Verlauf* ebenfalls Skripte erstellen. Diese Befehle werden ebenfalls als JSF-Datei im Verzeichnis *Commands* abgespeichert.

Wie das geht und wie Sie auf diese dann zugreifen, haben wir bereits in Kapitel 3 kennen gelernt (*Mit neuen Befehlen Fireworks automatisieren*).

RAFFINIERT

Die Anzahl der *Rückgängig-Schritte* – und damit die Anzahl der Arbeitsschritte, die maximal als Befehle abgespeichert werden – können Sie selbst in den *Voreinstellungen* bestimmen (vgl. Kapitel 2 *Das Register Allgemein*).

Sie kennen sich mit JavaScript aus? Bestens! Schreiben Sie in Ihrem Texteditor (oder in *Dreamweaver*) die entsprechenden Befehle und speichern Sie anschließend das Skript in den Verzeichnissen *Commands* bzw. *Command Panels* innerhalb Ihres Programmordners ab. Gerade wenn Sie komplexe Aufgaben automatisieren wollen, kann das eine sinnvolle Methode sein. Dabei können Sie fast jeden *Fireworks*-Befehl und jede Einstellung steuern. Auch hier können Sie wieder die enge Schnittstelle zu *Dreamweaver* nutzen, um beispielsweise in *Dreamweaver Fireworks* zu steuern.

Sie können sogar benutzerdefinierte Flash-Befehle bereitstellen. Voraussetzung hierfür ist allerdings, dass diese SWF-Filme JavaScript-Code oder ActionScript enthalten. Wenn Sie möchten können Sie sogar auf diese Weise zusätzliche Bedienfelder erstellen. So ist standardmäßig bereits ein SWF-Film hier integriert – nämlich das Bedienfeld *Ausrichten*. SWF-Dateien werden im Programmverzeichnis *Commands* abgespeichert. Werden diese für Bedienfelder benötigt, speichern Sie diese im Verzeichnis *Command Panels*

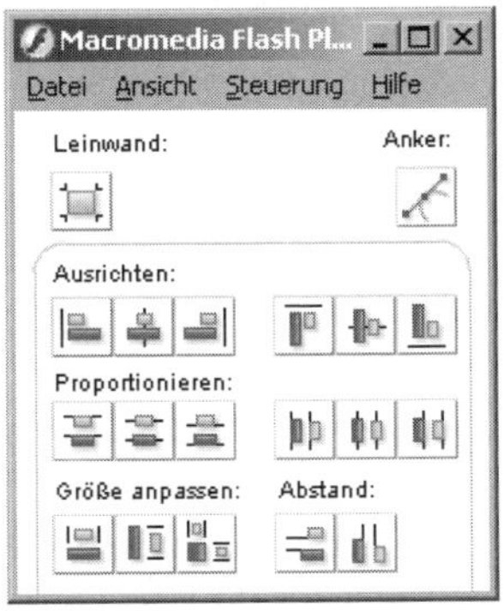

Wer hätte das gedacht – das Bedienfeld «Ausrichten» ist ein Flash-SWF-Film.

Der Extension Manager

Wie wir bereits gesehen haben gibt es zahlreiche Möglichkeiten, *Fireworks* zu erweitern und damit dessen Funktionsumfang zu erhöhen. Mittlerweile können Sie auch zahlreiche Erweiterungen aus dem Internet herunterladen oder Sie schreiben Sie selbst. Der Manager ist ein wertvolles Tool, mit dem Sie Erweiterungen installieren, verwalten und folglich auch löschen können. Auch können Sie selbst entwickelte Erweiterungen an Macromedia Exchange (`www.macromedia.com/de/exchange/`) schicken und sich auf diesem Weg mit anderen Profinutzern austauschen.

Auf der Macromedia-Website finden Sie Erweiterungen wie Sand am Meer. Im Wesentlichen sind folgende Erweiterungstypen voneinander zu unterscheiden: Befehlsskripte, Bibliotheken, Filter, Muster, Texturen.

NICHT VERGESSEN

Erweiterungen werden im *Fireworks*-Programmordner *Configuration / Commands* abgespeichert.

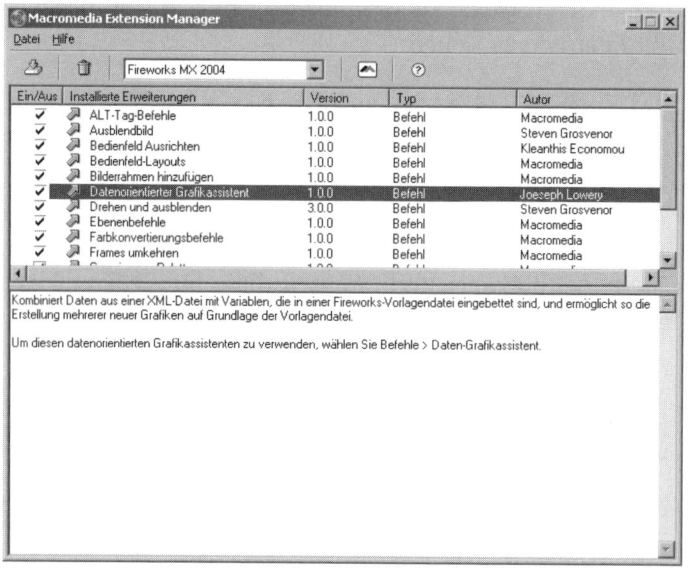

Der «Extension Manager» verwaltet alle Erweiterungen.

554 Von der Macromedia-Site können Sie – nach einer schnellen Anmeldung – beliebig viele Erweiterungen herunterladen. Diese sind teilweise kostenlos, teilweise müssen Sie einen kleinen Obolus bezahlen. So viel zum Download…

Jetzt kommt der *Extension Manager* ins Spiel: Mit diesem Programm, das normalerweise gleichzeitig mit *Fireworks* eingerichtet wird, installieren, deinstallieren und verwalten Sie Erweiterungen für *Fireworks*, aber auch für weitere Macromedia-Produkte wie *Flash* oder *Dreamweaver* (vgl. auch mein SmartBook zu *Dreamweaver MX 2004*).

ERSTE HILFE

Sollte der *Extension Manager* bei ihnen nicht installiert sein, können Sie sich die neueste Version unter `www.macromedia.com/de/exchange/em_download/` herunterladen.

In diesem Kapitel lernen, Sie, wie Sie solche Erweiterungen herunterladen, installieren und für Ihre Arbeit nutzen. Sie werden diese Erweiterungen zu schätzen wissen.

Als Profi möchten Sie bestimmt auch anderen zeigen, was Sie können. Auch daran hat Macromedia gedacht: Sie können Ihre eigenen Extensions veröffentlichen und so ein Feedback von Ihren Kollegen bekommen. Lassen Sie sich motivieren…

Neue Erweiterung herunterladen

Nach der Installation von *Fireworks* finden Sie im Menü Befehle bereits eine Sammlung von Standarderweiterungen vor. Doch das ist noch lange nicht alles: Auf der Macromedia Exchange-Website können Sie weitere Erweiterungen herunterladen (`www.macromedia.com/cfusion/exchange/index.cfm`).

So laden Sie Erweiterungen herunter:

1. Überprüfen Sie, ob die Verbindung zum Web steht.

2. Wählen Sie in der Menüleiste *Befehle | Erweiterungen verwalten.* Der *Extension Manager* wird geöffnet (vgl. Kapitel *Erweiterung installieren*), klicken Sie auf den Button oder wählen Sie *Datei | Zu Macromedia Exchange wechseln.*

3. Der primäre Browser öffnet die Exchange-Website von Macromedia (`www.macromedia.com/de/exchange`). Hier können Sie Erweiterungen auch für andere Macromedia-Anwendungen herunterladen. Klicken Sie auf den Hyperlink *Fireworks.* Jetzt können Sie nach interessanten Paketen suchen. Entweder klicken Sie sich durch die einzelnen Kategorien oder Sie starten die Exchange-Suche, indem Sie auf Search Exchanges › klicken (Abbildungen hierzu siehe bitte nächste Seite).

ERSTE HILFE

Bei *Netscape* gibt es Probleme. Am besten Sie benutzen den *Internet Explorer.*

Jede Erweiterung ist auf einer Seite detailliert beschrieben. Achten Sie besonders auf die Hinweise zum Betriebssystem und zu der benötigten Systemvoraussetzung.

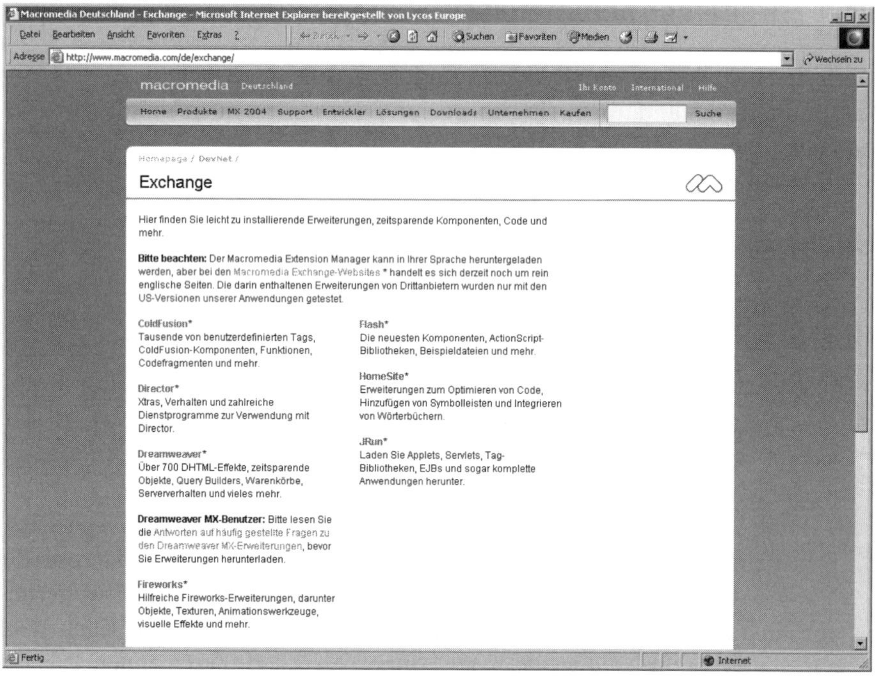

Nach Erweiterungen auf der Macromedia-Website stöbern…

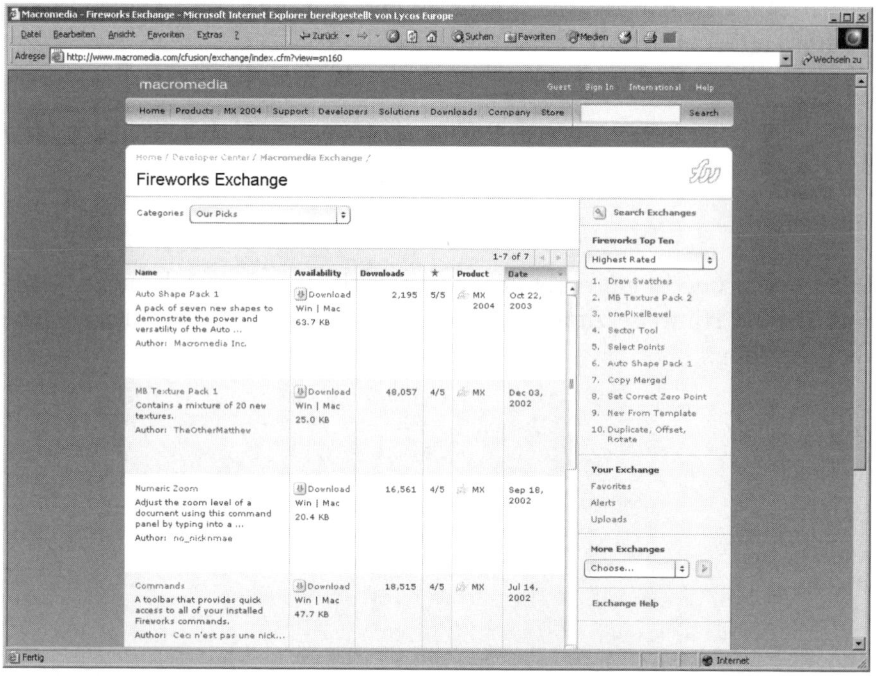

…und finden – ein wahres Paradies.

4. Haben Sie eine interessante Erweiterung gefunden, klicken Sie auf den Download-Button Download in der Webseite.

5. Für das Herunterladen müssen Sie sich anmelden. Falls Sie noch kein Kennwort haben, geben Sie Ihre Daten in das entsprechende Formular ein. Die Zugangsdaten werden Ihnen kurz darauf per E-Mail zugeschickt.

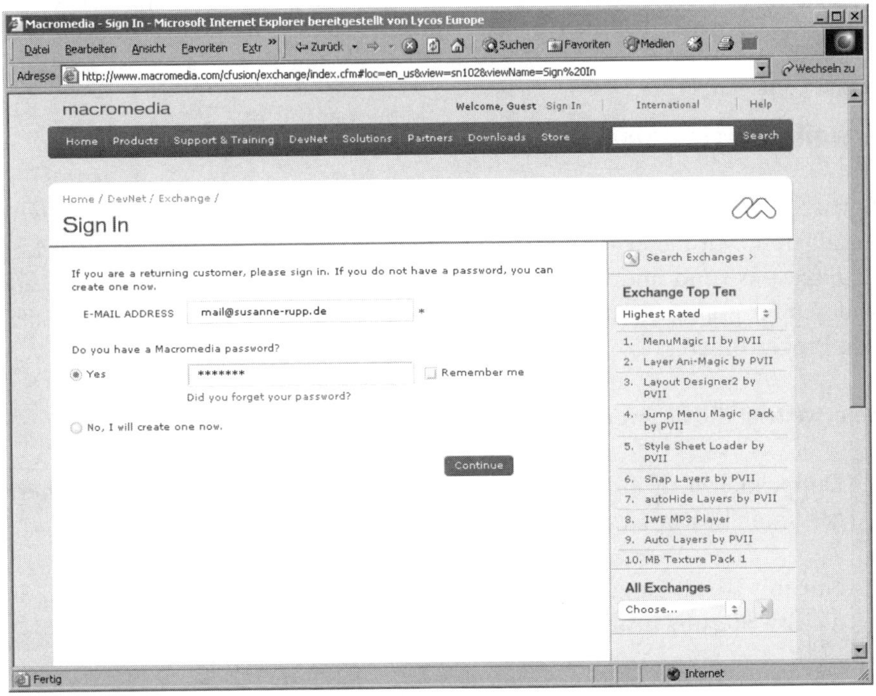

«Sign In»: Die Anmeldung zum Herunterladen von Erweiterungen.

6. Nach erfolgreicher Anmeldung, startet gleich der Download.

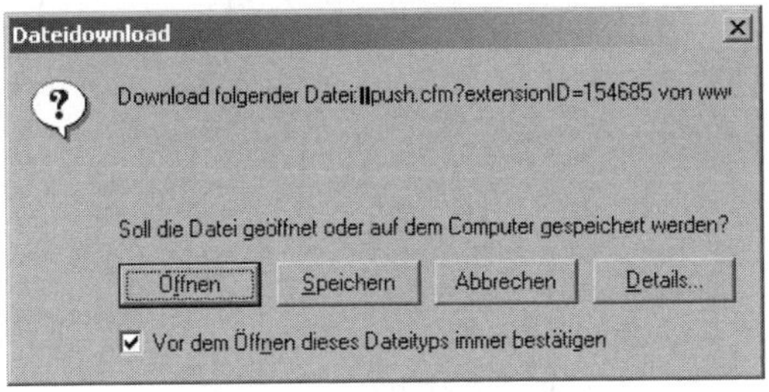

Öffnen oder speichern – das ist hier die Frage.

7. Haben Sie eine Erweiterung gefunden, laden Sie diese herunter. Je nach Browser können Sie diese direkt von der Site aus öffnen und installieren

(der *Extension Manager* führt die Installation dann automatisch durch; vgl. nächstes Kapitel) oder zunächst auf Ihre Festplatte speichern.

7. Installieren Sie die Erweiterung wie im nächsten Kapitel beschrieben.

MERKET AUF! Erweiterungspakete werden im *mxp*-Format abgespeichert. *Fireworks* hat hierfür das Verzeichnis *Downloaded Extensions* angelegt.

Erweiterung installieren

Bevor Sie Erweiterungen benutzen können, müssen Sie den *Extension Manager* installieren. Mit dieser Anwendung können Sie Erweiterungen verwalten und in *Fireworks* (und anderen Macromedia-Programmen) installieren. Wie alle anderen Programme, finden Sie den *Extension Manager* in der Startleiste unter den Programmen.

So erweitern Sie *Fireworks*:

1. Doppelkicken Sie auf die eben heruntergeladene Erweiterung (vgl. vorheriges Kapitel). Der *Extension Manager* wird automatisch gestartet.

2. Nur mit Bestätigung des *Haftungsausschluss für Erweiterungen* können Sie die Erweiterung installieren!

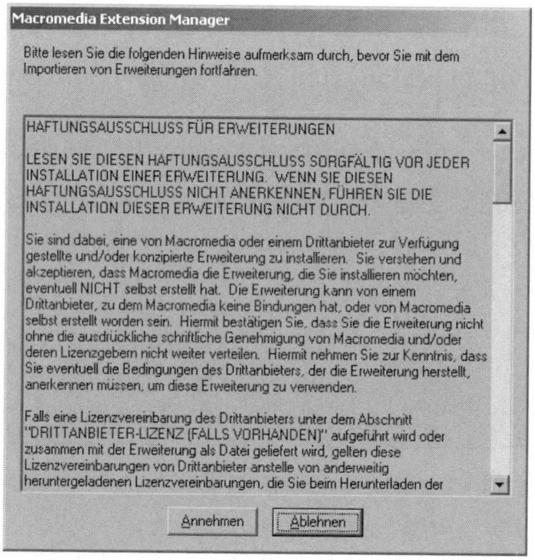

Keine Haftung für heruntergeladene Erweiterungen!

Anschließend installiert *Fireworks* automatisch die Erweiterung.

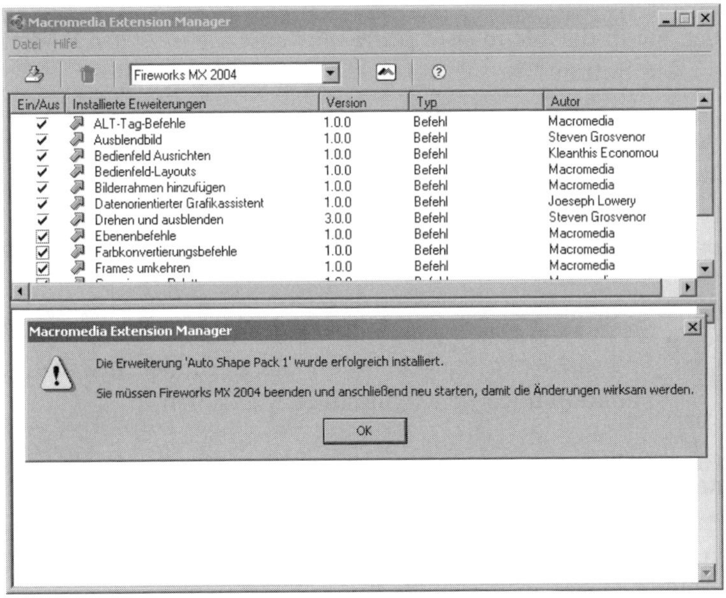

Prima! Es hat alles geklappt.

3. Starten Sie *Fireworks* neu, damit die Änderungen wirksam werden (weitere Informationen in Kapitel *Erweiterungen verwalten*).

   Im *Extension Manager* werden alle Erweiterungen aufgelistet. Hier erscheint jetzt auch die eben installierte.

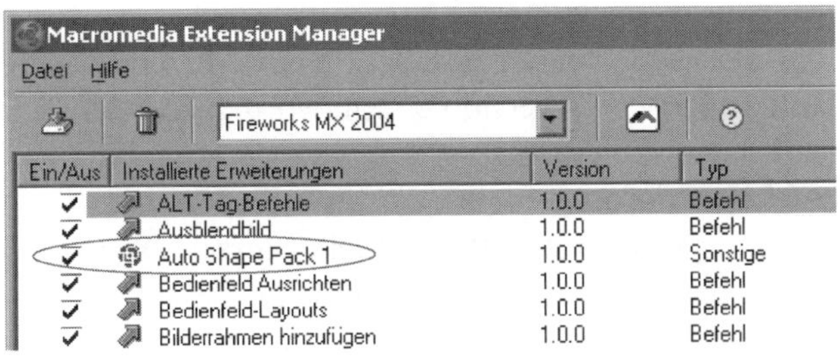

Je nach installiertem Erweiterungstyp werden Extensions durch ein anderes Symbol gekennzeichnet.

ERSTE HILFE

Arbeiten Sie in einem Mehrbenutzersystem können Sie nur als Administrator (Windows) bzw. root (Mac OS X) Erweiterungen installieren.

Sollte der Extension Manager bereits geöffnet sein…

1. Wählen Sie in der Menüleiste *Datei | Erweiterung installieren* oder klicken Sie auf den Button .

2. Wählen Sie im Dialogfenster die Erweiterung aus, die Sie installieren möchten.

3. Folgen Sie den Schritten 2 und 3 aus der vorhergehenden Anleitung.

HEISSER TIPP

Sie müssen den *Extension Manager* nicht jedes Mal schließen und *Fireworks* neu starten, wenn Sie nach der Installation einer Funktion noch weitere installieren möchten.

Fehlermeldung

Kann der *Extension Manager* mit einer heruntergeladenen Erweiterung nichts anfangen, wird er diese auch nicht installieren. In diesem Fall wird folgende Fehlermeldung angezeigt:

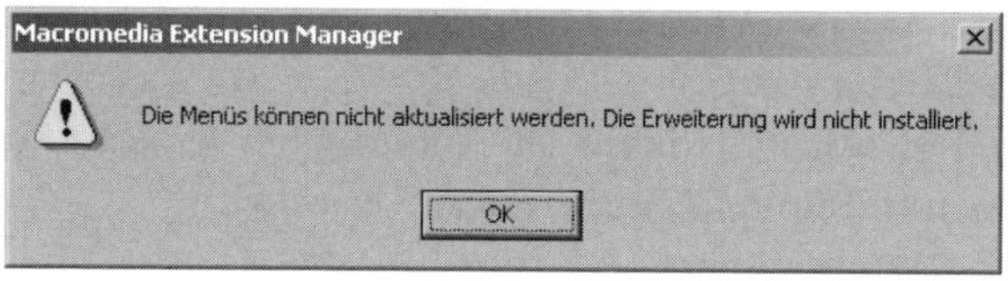

Kann der «Extension Manager» eine Erweiterung nicht installieren, erscheint eine Fehlermeldung.

Das passiert beispielsweise bei der Installation einer Extension, die ausschließlich für eine andere *Fireworks*-Version erstellt worden ist.

Erweiterungen importieren

Der *Extension Manager* verwaltet Ihre Erweiterungen. Dazu gehört natürlich auch, dass er beliebig erweitert werden kann. In diesem Abschnitt zeige ich Ihnen, wie Sie Erweiterungen, die in einem anderen Verzeichnis abgespeichert sind und die Sie eventuell schon in Vorgängerversionen von *Fireworks* verwendet haben, importieren können.

1. Wählen Sie im *Extension Manager* in der Menüleiste *Datei | Erweiterungen importieren.*

2. Im Dialogfenster *Produkt wählen* geben Sie im Pull-Down-Menü die *Fireworks*-Version an, in der Sie die Extension bereits verwendet haben.

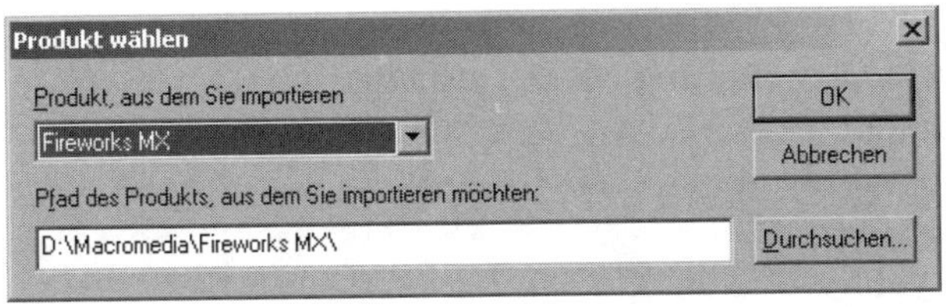

Versuchen Sie mit dem «Extension Manager» erprobte Erweiterungen aus früheren Versionen zu installieren.

3. Überprüfen Sie den angegebenen Pfad. Sollte dieser nicht stimmen, geben Sie ihn manuell ein oder wählen Sie die Erweiterungsdatei über den *Durchsuchen*-Button aus. Schließen Sie dann das Dialogfenster, indem Sie auf *OK* klicken.

4. Bestimmen Sie in dem Dialogfenster die Erweiterungen, die Sie importieren möchten. Achten Sie darauf, dass das jeweilige Kontrollkästchen aktiviert ist.

   - Möchten Sie weitere Extensions installieren, die Sie in einem anderen Verzeichnis abgespeichert haben, klicken Sie auf die Schaltfläche *Produkt.*

   - Jetzt können Sie im Dialogfenster *Produkt wählen* erneut die Quelle bestimmen.

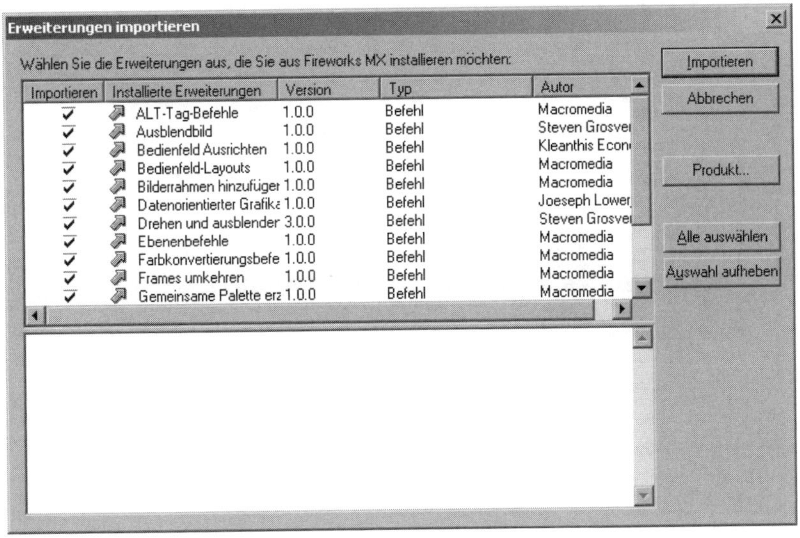

Bestimmen Sie, welche Erweiterungen «Fireworks» importieren soll.

5. Klicken Sie auf die Schaltfläche *Importieren.*

Für jede importiere Erweiterung müssen Sie den Haftungsausschluss bestätigen. Sollte eine Erweiterung bereits installiert sein, erhalten Sie die entsprechende Meldung:

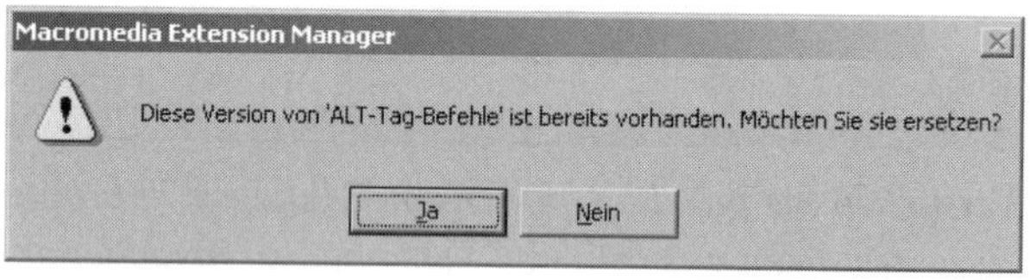

Jede Erweiterung wird nur einmal installiert.

Nun müssen Sie *Fireworks* nur noch neu starten und Sie können die Erweiterungen nutzen. Wie Sie mit Erweiterungen arbeiten, erfahren Sie im nächsten Kapitel.

Erweiterungen verwalten

Der *Extension Manager* listet alle installierten Erweiterungen auf. Haben Sie eine Erweiterung markiert, erscheint im darunter stehenden Bereich eine Erklärung, aus der Sie wichtige Informationen erhalten. So erfahren Sie, was die Erweiterung kann und wie man Sie einsetzen sollte. Und nicht zuletzt müssen Sie ja auch noch wissen, wo Sie die installierte Funktion in *Fireworks* finden.

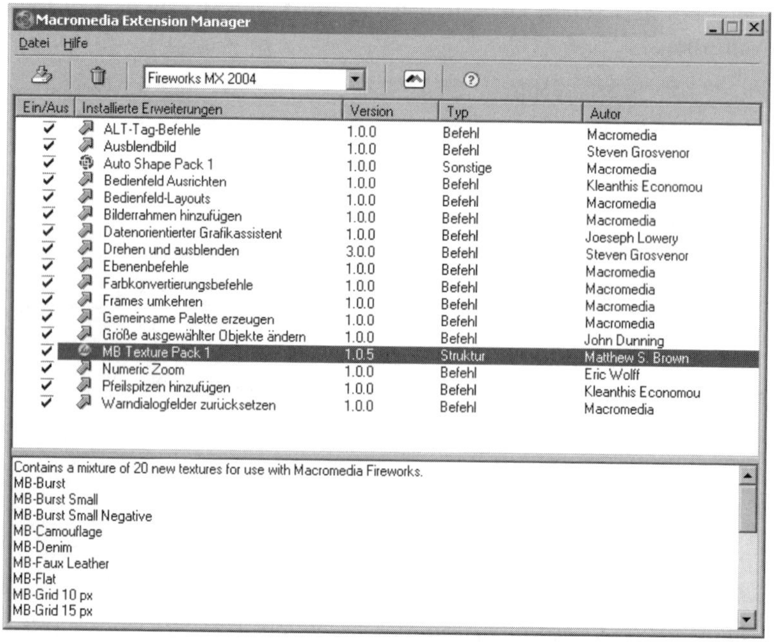

Der «Extension Manager» verwaltet alle heruntergeladenen und installierten Erweiterungen.

An dem Kontrollkästchen links in der Liste sehen Sie, ob die Erweiterung gerade in *Fireworks* aktiv bzw. verfügbar ist. Hier muss dann ein Häkchen sichtbar sein.

Möchten Sie die Funktion deaktivieren, entfernen Sie das Häkchen aus dem Kontrollkästchen. Es erscheint dann anschließend folgende Information:

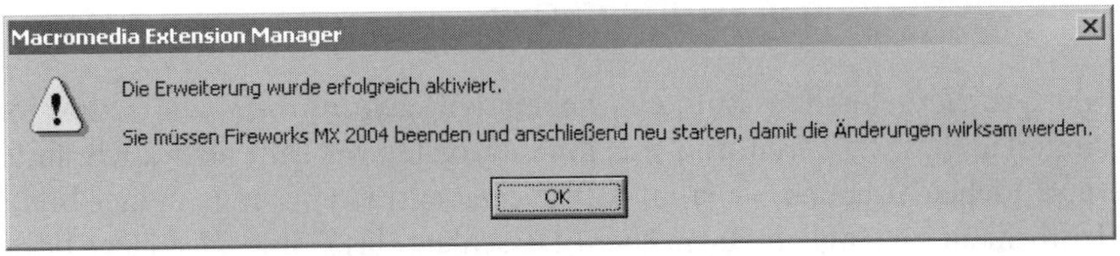

Erweiterungen können aktiviert und wieder deaktiviert werden.

Eine deaktivierte Erweiterung können Sie zwar nicht einsetzen, jedoch bleiben diese Funktionen weiterhin installiert und können jederzeit wieder über den *Extension Manager* aktiviert werden. Dann stehen Ihnen die Funktionen wieder zur Verfügung.

Möchten Sie eine Erweiterung deinstallieren, also aus der Liste im *Extension Manager* entfernen, markieren Sie Eintrag und klicken Sie dann auf den Button . Der *Extension Manager* entfernt einerseits den Eintrag vollständig aus der Liste und andererseits den Befehl aus *Fireworks* selbst. Die Funktion steht Ihnen dann nicht mehr zur Verfügung. Dazu müssten Sie diese erst wieder installieren.

Neben der Version sehen Sie noch den Erweiterungstyp (in unserem Beispiel *Befehle*, *Struktur* und *Sonstiges*) und den Autor. Wie Sie selbst Autor werden, erfahren Sie weiter hinten.

Mit Erweiterungen arbeiten

Eigentlich könnte ich mir dieses Kapitel sparen. Da es praktisch unendlich viele Erweiterungen gibt – und täglich kommen neue hinzu – ist es unmöglich, alle Funktionen hier zu erläutern. Das würde auch keinen Sinn machen. Wichtig ist nur, dass Sie wissen: Erweiterungen werden an unterschiedliche Stellen in

Fireworks integriert. Extensions können Sie beispielsweise in der Menüleiste, als Bedienfeld oder Design-Option wiederfinden.

Möchten Sie nun eine Erweiterung anwenden, sollten Sie sich erst einmal im *Extension Manager* informieren, wie diese eingesetzt werden muss.

Eigene Erweiterungen veröffentlichen

In den vorhergehenden Kapiteln haben wir gelernt, wie wir Extensions herunterladen, installieren und mit ihnen arbeiten. Es geht aber auch anders herum! Vielleicht haben Sie ja Lust, Ihre eigenen Erweiterungen einer breiten Öffentlichkeit zugänglich zu machen. Da schlägt das Entwickler-Herz höher! Eine wahre Freude, wenn man die eigenen Extensions auf den Download-Seiten von Macromedia sieht…

Auf der Macromedia-Exchange-Seite finden Sie ebenfalls weitere Informationen. An dieser Stelle kann ich leider nicht weiter auf die Dokumentation der Softwareschnittstelle eingehen. Sorry, das würde den Rahmen dieses Buches bei Weitem sprengen. Darum beschränke ich mich hier auf den groben Arbeitsablauf:

1. Erstellen Sie Ihre Extensions entsprechend den API- und DOM-Richtlinien.

2. Erstellen Sie für Ihre Erweiterung eine Erweiterungsinstallationsdatei mit der Dateiendung *.mxi*: Weitere Informationen finden Sie unter `http://download.macromedia.com/pub/exchange/mxi_file_format.pdf`.

3. Nun müssen Sie Ihre Erweiterung mit dem *Extension Manager* komprimieren. Am einfachsten ist das, wenn alle Erweiterungsdokumente in einem separaten Verzeichnis abgespeichert sind. Wählen Sie im *Extension Manager* in der Menüleiste *Datei | Erweiterung erstellen.*

Achten Sie darauf, dass Macintosh und Windows mit der mxp-Datei arbeiten können. Sie sollten keine Leerzeichen und Sonderzeichen im Dateinamen verwenden.

MERKET AUF!

4. Geben Sie Verzeichnis und Dateiname der MXI-Datei für Ihre Installationsdatei an und klicken Sie auf *Öffnen.*

5. Nun bestimmen Sie den Speicherort Ihrer komprimierten Erweiterungs-Datei und klicken Sie dann auf *Speichern.*

Der *Extension Manager* erstellt automatisch eine komprimierte Erweiterungs-Datei (MXP), in der alle verwendeten Extension-Dateien (inkl. der Installationsdatei) enthalten sind.

6. Testen Sie unbedingt die Funktionsfähigkeit der Erweiterung, indem Sie diese lokal installieren. Erst dann sollte Sie die komprimierte Datei bei Macromedia zur Veröffentlichung einreichen.

So versenden Sie Ihre Erweiterung:

1. Öffnen Sie im *Extension Manager* den Befehl *Datei | Erweiterung senden.* Die Macromedia-Exchange Webseite wird geöffnet.

2. Folgen Sie den Anweisungen auf der Webseite.

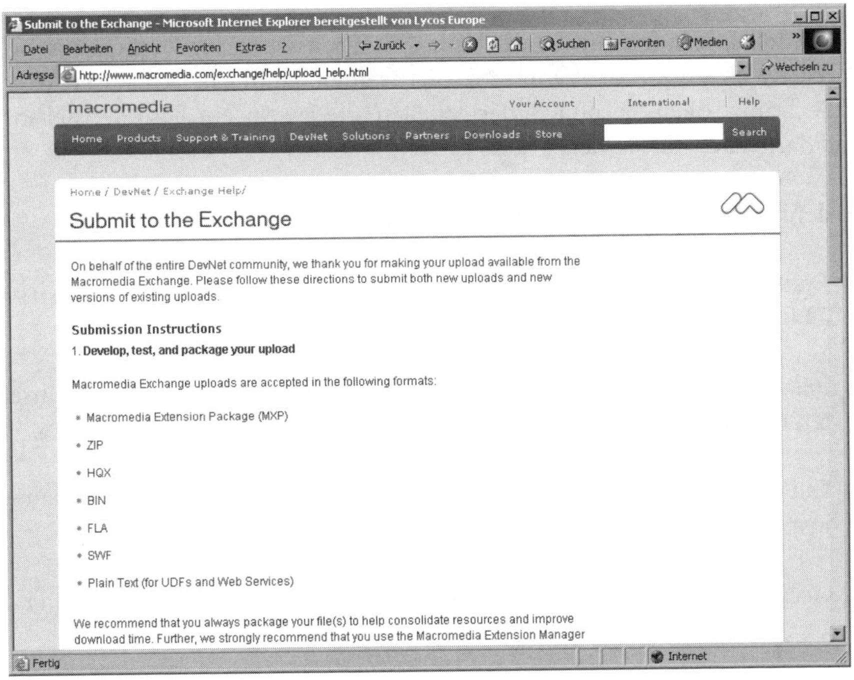

Ihre eigenen Erweiterungen können Sie bei Macromedia veröffentlichen.

Praxis-Workshop: Der datenorientierte Grafikassistent

Angenommen Sie haben eine Grafik, über der – je nach Thema – ein anderer Text stehen soll. Das kann ganz schön aufwendig werden, wenn Sie die Grafik dann 300 Mal erstellen müssen. Kann – muss aber nicht! *Fireworks* kann diese Aufgabe nämlich über eine XML-Datei effizient bewältigen.

Genau für diese Aufgabenstellung beinhaltet *Fireworks* eine Erweiterung. Dieser von Joseph Lowery entwickelte Befehl kombiniert Daten aus einer XML-Datei mit Variablen, die in einer *Fireworks*-PNG-Datei eingebettet sind. Diese Variablen sind Text, Bildern, Hotspots oder Segmenten zugewiesen. So können neue Grafiken auf Grundlage dieser Layoutdatei und der bereitgestellten Text-Informationen automatisch und massenhaft entwickelt werden.

Mit dem datenorientierten Grafikassistenten können wir den Aufwand enorm reduzieren. Hierzu müssen Sie die PNG-Vorlage erstellen, in der die extern abgespeicherten Grafiken später eingebunden werden sollen. Sogar hier angewendete Effekte werden von den massenhaft erstellten Grafiken übernommen. Wie Sie dies anstellen und auch die benötigte XML-Datei mit dem Text erstellen, der dann auf jeder Grafik erscheinen soll, erfahren Sie in den nächsten Abschnitten.

Dabei soll folgende Aufgabenstellung die Arbeitsweise verdeutlichen: In der BacchusWelt (`www.bacchuswelt.de`) werden zahlreiche Rebsorten vorgestellt. Dafür sollen Sie nun Bilder erstellen, die jeweils ein Foto der Rebsorte und darüber deren Namen zeigen.

So definieren Sie die benötigten Elemente:

1. Erstellen Sie eine neue PNG-Vorlage (*Datei | Neu*) in der Größe 244 x 247 Pixel.

2. Platzieren Sie auf die Leinwand irgendein Platzhalter-Foto in der gewünschten Größe. Dieses soll später durch andere Bilder ausgetauscht werden.

3. Falls Sie möchten, können Sie diesem (Bitmap-) Objekt im Eigenschafteninspektor *Effekte* zuweisen.

4. Geben Sie im Bedienfeld *Ebenen* einen Objektnamen für das Bild an (z. B. `{foto}`).

5. Erstellen Sie ein Textfeld mit dem Namen der Textvariablen in geschweiften Klammern, in unserem Beispiel `{text}`, mit den gewünschten Formatierungen über dem Foto. Der Text muss also über den Bildern liegen. Beachten Sie, dass die einzelnen Inhaltstexte in der Regel umfangreicher sind als der Variablenname und sehen Sie genügend Platz vor!

Definieren Sie Bild und Text als Platzhalter für die spätere automatische Bilderstellung.

HEISSER TIPP

Berücksichtigen Sie bei der Formatierung das längste Wort. Zählen Sie dessen Anzahl der Zeichen. Anders kann es passieren, dass ein Name später nicht genau auf die Grafik passt. Nehmen Sie die passenden Formatierungen im Eigenschafteninspektor vor.

6. Erstellen Sie einen Hotspot über dem Bild, wenn Sie einen Hyperlink einfügen möchten.

Auch Web-Objekte können verwendet werden.

7. Tragen Sie für den Hotspot im Eigenschafteninspektor in das Feld *Hyperlink* den Namen der Variablen in geschweiften Klammern ein, in diesem Beispiel `{url}`.

8. Speichern Sie die Vorlage ab. In diesem Beispiel heißt die Datei *rebsorten.png*.

SMART DISC

Die PNG-Vorlage finden Sie als *rebsorten.png* im Verzeichnis zu diesem Kapitel (*17_automatisieren/rebsorten*) auf der CD-ROM.

Nun benötigen wir als nächstes eine XML-Datei. Sie kennen sich nicht mit XML aus? Was ist das überhaupt? Alles kein Problem…

XML («Extensible Markup Language») ist eine Markup-Sprache für strukturierte Dokumente, in der individuelle Tags definiert werden können. Wie HTML basiert auch XML auf SGML und ist sehr einfach zu verstehen. Warum wir hier mit XML arbeiten, wird im folgenden deutlich werden.

So erstellen Sie die XML-Vorlage:

1. Öffnen Sie einen Texteditor (z. B. *Dreamweaver* oder *WordPad*).

2. Definieren Sie innerhalb der Tags die Inhalte der zuvor definierten Platzhalter-Objekte (URL, Rebsorten-Text und Rebsorten-Foto). Im folgenden Beispiel habe ich Ihnen exemplarisch drei Blöcke (`<inhalt>...</inhalt>`) definiert. Jeder Block definiert den Inhalt genau einer später zu exportierenden Grafik. Alle Blöcke müssen innerhalb des Tags `<datensatz>...</datensatz>` stehen.

MERKET AUF!

Achten Sie auf eine eindeutige Namensgebung und auf die richtige Schreibweise! Nur so vermeiden Sie fehlerhafte Ergebnisse. Die vorgestellte XML-Datei habe ich Ihnen auf der CD-ROM abgespeichert (*17_automatisieren/rebsorten/inhalt.xml*).

```
<?xml version="1.0" encoding="iso-8859-1"?>

<datensatz>

<inhalt>
<text>Dornfelder</text>
<foto>dornfelder.jpg</foto>
<url>http://www.bacchuswelt.de/rebsorten/rote/dornfelder.htm</url>
</inhalt>

<inhalt>
<text>Portugieser</text>
<foto>portugieser.jpg</foto>
<url>http://www.bacchuswelt.de/rebsorten/rote/portugieser.htm</url>
</inhalt>


<inhalt>
<text>Merlot</text>
<foto>merlot.jpg</foto>
<url>http://www.bacchuswelt.de/rebsorten/rote/merlot.htm</url>
</inhalt>

</datensatz>
```

Die XML-Datei ist entsprechend den W3C-Konventionen in Abschnitte gegliedert.

Für die Erstellung der einzelnen Grafiken benutzen wir nun den Grafikassistenten von *Fireworks*.

So arbeiten Sie mit dem *Daten-Grafikassistenten*:

1. Öffnen Sie die erstellte PNG-Datei (*rebsorten.png*), in der Sie die Variablen definiert haben.

2. Rufen Sie den Grafikassistenten unter *Befehle | Daten-Grafikassistent* auf.

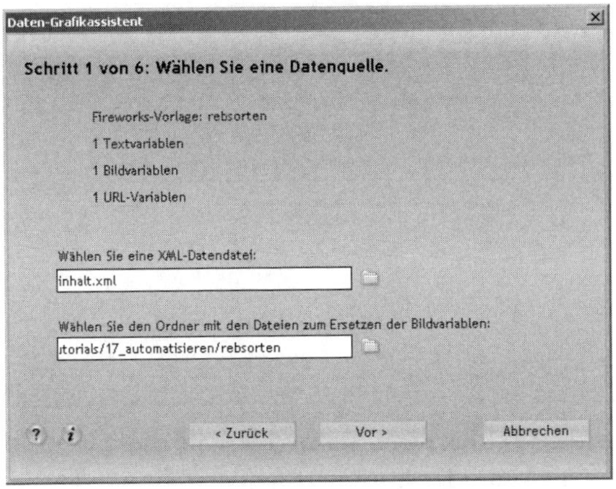

Wählen Sie eine Datenquelle im «Daten-Grafikassistent».

3. Geben Sie den Pfad zur XML-Datei an und bestimmen Sie den Ordner mit den Dateien, die das Platzhalter-Bild ersetzen sollen.

4. Klicken Sie auf die Schaltfläche *Vor.*

5. Im folgenden Fenster zeigt Ihnen *Fireworks* eine Vorschau der verfügbaren Daten an, die aus der XML-Datei ausgelesen werden.

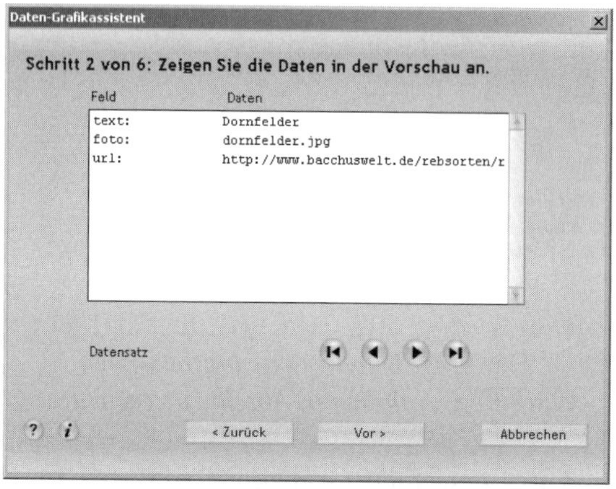

Mit den vier runden Steuer-Buttons können Sie den Datensatz durchsuchen und überprüfen, ob alles richtig ist.

Klicken Sie anschließend wieder auf *Vor.*

6. Nun bestimmen Sie die Datensätze, die verarbeitet werden sollen:

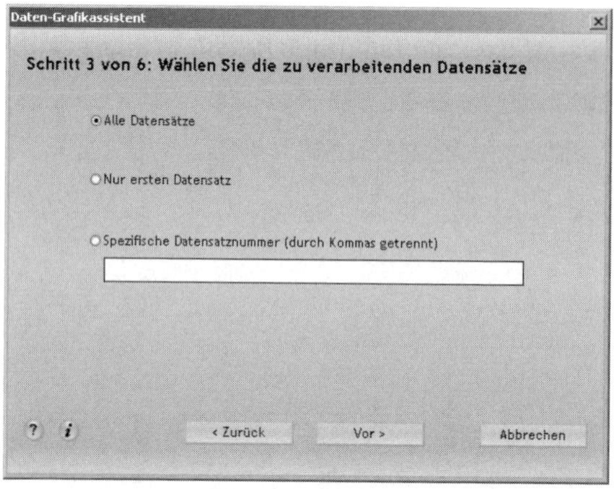

- *Alle Datensätze*: In der Regel verwenden Sie diese Option, wenn die Grafiken das erste Mal oder komplett neu erstellt werden sollen.

- *Nur ersten Datensatz*: Überprüfen Sie, ob der Datensatz, den Sie erstellen möchten, in der XML-Datei auch tatsächlich an erster Stelle steht. Mit dieser Option können Sie die Vorlage zunächst einmal testen und schauen, ob alles richtig funktioniert, bevor Sie alle Grafiken erstellen lassen.
- *Spezifische Datennummer (durch Komma getrennt)*: Setzen Sie die Datensätze an den Anfang der XML-Datei, die Sie für die Grafikerstellung verwenden möchten. Anschließend zählen Sie durch, um wie viele Datensätze es sich handelt. Geben Sie diese Werte in das Textfeld darunter ein. Trennen Sie die einzelnen Datensatznummern durch Kommata (kein Leerzeichen!).

  Klicken Sie auf die Schaltfläche *Vor*.

7. Weisen Sie den Feldern Variablen zu. Dies ist notwendig, wenn eine fehlerhafte XML-Datei vorliegt und *Fireworks* die Zuordnung nicht automatisch definieren konnte.

   In diesem Fenster sehen Sie, welche Tags im XML-Dokument definiert sind, für die es in der *Fireworks*-Vorlage keine Variablen gibt. Markieren Sie eine noch nicht zugewiesene Variable und ein entsprechendes Feld und klicken Sie anschließend auf das Plus-Zeichen, um diese Zuordnung zu definieren. Markieren Sie im Feld *Zugeordnete Variablen* einen Eintrag und klicken Sie dann auch das Minus-Zeichen, wenn Sie eine Zuordnung entfernen möchten.

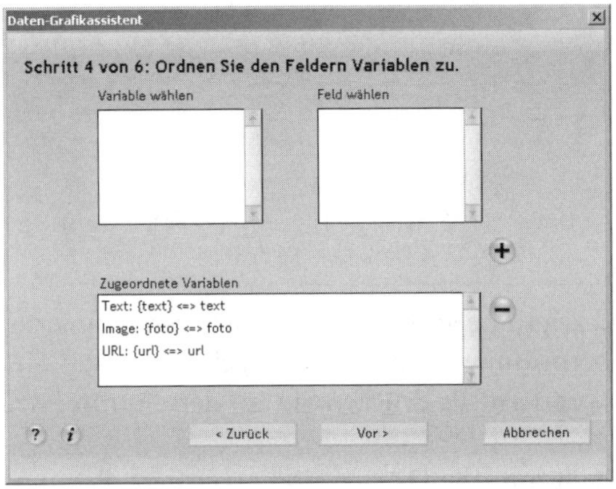

   Klicken Sie auf die Schaltfläche *Vor*.

8. Jetzt legen Sie die Exporteinstellungen fest.

Bestimmen Sie die Regel, nach der die Dateinamen automatisch erzeugt werden sollen. Dabei können Sie ein *Datenfeld verwenden*, das Sie aus dem Pull-Down-Menü dahinter auswählen.

Wenn Sie die Option *Fortlaufende Namen verwenden*, setzen Sie den *Startwert* und die Dateinamen werden laufend durchnummeriert. Geben Sie den Basisdateinamen in das entsprechende Textfeld ein.

Aktivieren Sie das Kontrollkästchen *Bilder exportieren* und bestimmen Sie das passende Dateiformat (vgl. Kapitel 14). Klicken Sie auf das Ordnersymbol und bestimmen Sie den Speicherort der exportierten Dateien.

Aktivieren Sie das Kontrollkästchen PNG-Quelldateien speichern, wenn Fireworks zu jeder exportierten Datei auch eine Quelldatei im PNG-Format abspeichern soll. Die hier bearbeitbaren Elemente können Sie später weiter bearbeiten und ihnen separat – also unabhängig vom Daten-Grafikassistent – weitere Formatierungen und Eigenschaften (z. B: URLs) zuweisen.

Klicken Sie auf *Vor*.

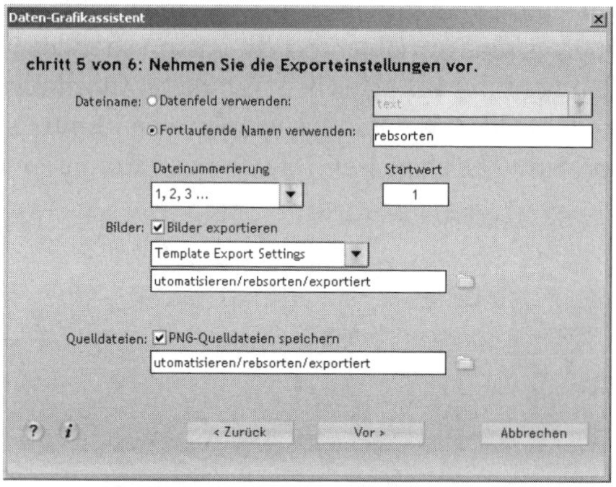

9. Anschließend zeigt *Fireworks* eine Liste der eben definierten Einstellungen. Sollte die Überprüfung einen Fehler ergeben, klicken Sie auf die Schaltfläche *Zurück*, andernfalls drücken Sie auf den Button *Fertig*.

   Fireworks erstellt nun alle Dateien und exportiert diese unter dem angegebenen Dateinamen in den gewünschten Ordner.

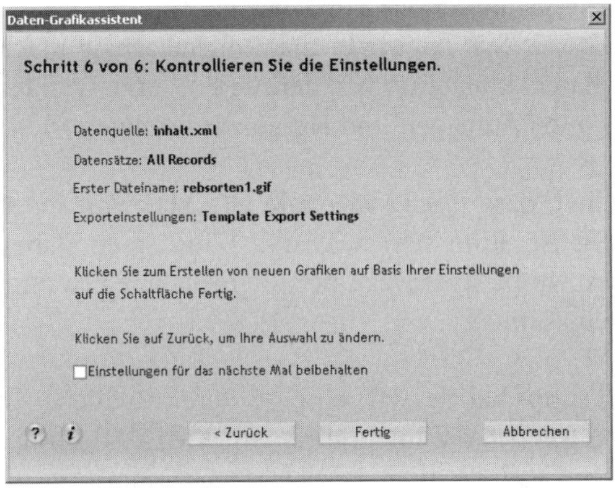

Zum Schluss kontrollieren Sie die Einstellungen.

Mit dem Daten-Grafikassistenten haben Sie nun die Bilder erstellt. Noch fehlt die dazugehörende HTML-Datei mit dem jeweils definierten Hyperlink. Damit wir auch hier unnötige Arbeit vermeiden, haben wir ebenfalls eine PNG-Quelldatei exportiert, die schon den erforderlichen Hotspot beinhaltet. Die Vorarbeit ist also getan. Wir müssen nun diesen Hyperlink manuell in jeder exportierten PNG-Datei definieren und anschließend die komplette Datei erneut exportieren. Dabei stellen Sie als Dateityp *HTML und Bilder* ein und unter *HTML* gehen Sie auf die Option *HTML-Datei exportieren.* Anschließend benötigen wir noch die Option *Segmente exportieren.*

Gut, etwas umständlich, doch leider ist in *Fireworks* zur Zeit keine Alternative bekannt.

Übung

SMART DISC

Öffnen Sie die Datei *rebsorten.png* auf der CD-Rom im Verzeichnis zu diesem Kapitel (*17_automatisieren*). Erstellen Sie die zuvor beschriebene «Massengrafik».

In diesem Workshop haben wir zunächst häufig anfallende Arbeitsschritte automatisiert. Lassen Sie *Fireworks* die Routinearbeit machen, indem Sie entsprechende Batch-Einstellungen definieren, und wenden Sie sich den wirklich interessanten Aufgaben und Herausforderungen zu.

Wir haben gesehen, dass *Fireworks* – wie alle Macromedia-Anwendungen – erweiterungsfähig ist. Eine sehr wichtige Rolle spielt dabei der *Extension Manager*, mit dem wir beispielsweise heruntergeladene Erweiterungen installieren und verwalten können.

Im Praxis-Workshop haben wir eine weitere nützliche Eigenschaft von *Fireworks* kennen gelernt: die Integration von XML-Dateien für den schnellen Export zahlreicher Grafiken mit dem gleichen Grundlayout.

Herzlichen Glückwunsch!!! In den letzten 17 Workshops haben Sie jede Menge über *Fireworks* gelernt. Mit diesem Profi-Know-how können Sie interessante, herausragende Webseiten, Grafiken und Animationen erstellen

Es war ein langer, harter Weg bis dahin und bestimmt haben Sie gedacht: «Es gibt so viele Möglichkeiten. Schade, dass ich nur einen Bruchteil davon realisieren kann.» Mir als Autorin geht es ähnlich: Gerne hätte ich Themen noch etwas tiefer behandelt; gerne wäre ich auf weitere Details noch eingegangen...Tja, Wunschträume. *Fireworks* ist einfach ein zu mächtiges Tool.

In diesem Buch haben Sie zahlreiche Anregungen für Ihre eigenen Projekte bekommen. Sie haben die Geheimnisse von *Fireworks* kennen gelernt und gesehen, wie einfach alles im Prinzip ist – man muss nur wissen wie. Teilen Sie mir mit, was Ihnen besonders gut gefallen hat, und was man hätte noch besser machen können.

Auch freue ich mich auf Ihre Meinung und Anregungen. Also, schreiben Sie mir eine E-Mail an: `mail@susanne-rupp.de`

Ich freue mich auf Ihre Nachricht.

Anhang

Anhang

Tastaturkurzbefehle

Die Tastaturkurzbefehle können Sie selbst bearbeiten. Wählen Sie *Bearbeiten | Tastaturkurzbefehle*. Die hier gezeigte Liste finden Sie im Verzeichnis zu diesem Kapitel auf der CD-ROM.

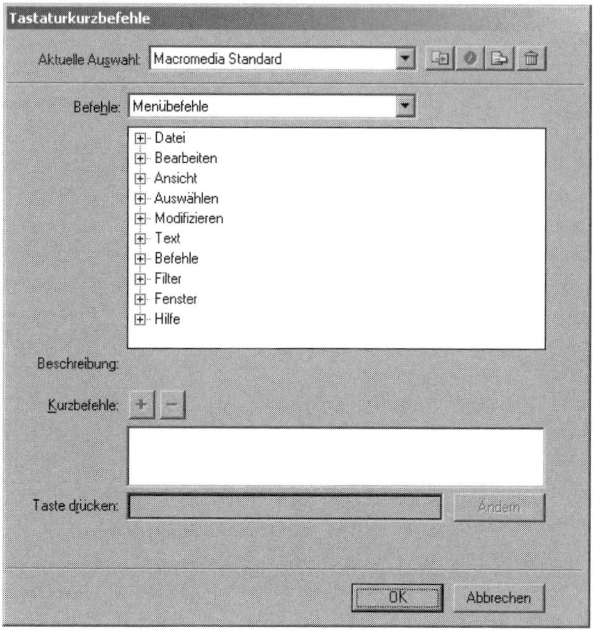

Sie können Tastaturkurzbefehle beliebig verändern.

Die folgenden Listen zeigen die wichtigsten Tastaturkurzbefehle:

Befehle in der Menüleiste

Datei	*(ALT+D)*
Neu	Strg+N
Öffnen	Strg+O
Schließen	Strg+W
Speichern	Strg+S
Speichern unter	Strg+Umschalt+S
Importieren	Strg+R
Exportieren	Strg+Umschalt+R
Exportvorschau	Strg+Umschalt+X

Vorschau im Browser	F12
Vorschau im Sekundärbrowser	Umschalt+F12
Drucken	Strg+P
Beenden	Strg+Q
Bearbeiten	*(ALT+B)*
Rückgängig	Strg+Z
Wiederholen	Strg+Y
Einfügen	
Neue Schaltfläche	Strg+Umschalt+F8
Neues Symbol	Strg+F8
Hotspot	Strg+Umschalt+U
Ausschneiden	Strg+X
Kopieren	Strg+C
HTML-Code kopieren	Strg+Alt+C
Einfügen	Strg+V
Löschen	RÜCK
Innen einfügen	Strg+Umschalt+V
Attribute einfügen	Strg+Alt+Umschalt+V
Duplizieren	Strg+Alt+D
Klonen	Strg+Umschalt+D
Ansicht	*(ALT+A)*
Größer zoomen	Strg++
Kleiner zoomen	Strg+-
Vergrößerung	
Vergrößerung 50%	Strg+5
Vergrößerung 100%	Strg+1
Vergrößerung 200%	Strg+2
Vergrößerung 300%	Strg+3
Vergrößerung 400%	Strg+4
Vergrößerung 800%	Strg+8
Vergrößerung 1600%	Strg+6
Alles anpassen	Strg+Alt+0
Auswahl anpassen	Strg+0
Vollanzeige	(Strg+K)
Auswahl ausblenden	Strg+L
Alles zeigen	Strg+Umschalt+M
Lineale	Strg+Alt+R
Raster	
Raster zeigen	Strg+Alt+G
Am Raster ausrichten	Strg+Umschalt+G

Hilfslinien	
Hilfslinien zeigen	Strg+Ü
Hilfslinien sperren	Strg+Alt+Ü
An Hilfslinien ausrichten	Strg+Umschalt+Ü
Segment-Hilfslinien	Strg+Alt+Umschalt+Ü
Ränder ausblenden	F9
Auswählen	*(ALT+S)*
Alles auswählen	Strg+A
Auswahl aufheben	Strg+D
Übergeordnetes auswählen	Strg+Nach-Rechts-Taste
Teilauswahl treffen	Strg+Nach-Links-Taste
Auswahl umkehren	Strg+Umschalt+I
Modifizieren	*(ALT+M)*
Leinwand	
Leinwand zuschneiden	Strg+Alt+T
Leinwand anpassen	Strg+Alt+F
Animation	
Auswahl animieren	Strg+Umschalt+F8
Symbol	
In Symbol konvertieren...	F8
Tween-Instanzen...	Strg+Alt+Umschalt+T
Auswahl als Hintergrund	Strg+Alt+Umschalt+Z
Abwärts verbinden	Strg+E
Transformieren	
Frei transformieren	Strg+T
Numerisch transformieren...	Strg+Umschalt+T
90°-Rechtsdrehung	Strg+9
90°-Linksdrehung	Strg+7
Anordnen	
In den Vordergrund	Strg+Umschalt+Nach-Oben-Taste
Nach vorne bringen	Strg+Nach-Oben-Taste
Nach hinten stellen	Strg+Nach-Unten-Taste
In den Hintergrund	Strg+Umschalt+Nach-Unten-Taste
Ausrichten	
Links	Strg+Alt+1
Vertikal zentrieren	Strg+Alt+2
Rechts	Strg+Alt+3
Oben	Strg+Alt+4
Horizontal zentrieren	Strg+Alt+5
Unten	Strg+Alt+6

Breiten verteilen	Strg+Alt+7
Höhen verteilen	Strg+Alt+9
Pfade kombinieren	
Verbinden	Strg+J
Teilen	Strg+Umschalt+J
Gruppieren	Strg+G
Gruppierung aufheben	Strg+Umschalt+G
Text	*(ALT+T)*
Größe	
Kleiner	Strg+Umschalt+,
Größer	Strg+Umschalt+.
Stil	
Fett	Strg+B
Kursiv	Strg+I
Ausrichten	
Links	Strg+Alt+Umschalt+L
Horizontal zentrieren	Strg+Alt+Umschalt+C
Rechts	Strg+Alt+Umschalt+R
Blocksatz	Strg+Alt+Umschalt+J
Gestreckt	Strg+Alt+Umschalt+S
An Pfad anfügen	Strg+Umschalt+Y
In Pfade konvertieren	Strg+Umschalt+P
Rechtschreibprüfung	Umschalt+F7
Filter	*(Alt+I)*
Filter wiederholen	Strg+Alt+Umschalt+X
Fenster	*(Alt+F)*
Bedienfelder ausblenden	F4
Werkzeuge	Strg+F2
Eigenschaften	Strg+F3
Optimieren	F6
Ebenen	F2
Frame	Umschalt+F2
Verlauf	Umschalt+F10
Stile	Umschalt+F11
URL	Alt+Umschalt+F10
Farbmischer	Umschalt+F9
Farbfelder	Strg+F9
Info	Alt+Umschalt+F12
Verhalten	Umschalt+F3

Suchen	Strg+F
Hilfe	*(Alt+H)*
Fireworks-Hilfe	F1

Werkzeuge in der Werkzeugleiste

In der Werkzeigleiste können Sie Werkzeuge bzw. Werkzeuggruppen auswählen, wenn Sie die zugeordnete Taste kennen. Durch mehrfaches Drücken einer der Werkzeuggruppe zugeordneten Taste verändern Sie das ausgewählte Werkzeug.

Zeigerwerkzeug	V, 0
Werkzeug «Hintere auswählen»	V, 0
Teilauswahlwerkzeug	A, 1
Auswahlrahmen	M
Ovaler Auswahlrahmen	M
Lassowerkzeug	L
Polygon-Lasso	L
Zuschneidewerkzeug	C
Exportbereichwerkzeug	C
Zauberstab	W
Linienwerkzeug	N
Füller	P
Rechteckwerkzeug	U
Ellipsenwerkzeug	U
Polygonwerkzeug	U
Textwerkzeug	T
Bleistift	B
Vektorpfad	P
Pfad nachzeichnen	P
Pinselwerkzeug	B
Skalierungswerkzeug	Q
Neigungswerkzeug	Q
Verzerren-Werkzeug	Q
Freiform	O
Bereich umformen	O
Pipette	I
Farbeimer	G
Verlaufswerkzeug	G
Radiergummi	E
Weichzeichner	R
Schärfen	R

Dodge-Werkzeug	R
Burn-Werkzeug	R
Verwischen	R
Stempelwerkzeug	S
Farbe ersetzen	S
Rote Augen entfernen	S
Messerwerkzeug	Y
Hotspot-Rechteck	J
Hotspot-Kreis	J
Hotspot-Polygon	J
Segmentierwerkzeug	K
Handwerkzeug	H
Zoom-Werkzeug	Z
Segmente ein / Ausblenden	2
Standardfarben für Pinselstrich und Füllung setzen	D
Pinselstrich-/Füllfarben austauschen	X
Bildschirm-Modus umschalten	F

Verschiedenes

Animation abspielen	Strg+Alt+P
Auswahl der Füllpixel	Alt+Rück, Alt+Entf
Bitmap bearbeiten	Strg+E
Bitmap-Modus beenden	Strg+Umschalt+E
In großen Schritten nach links verschieben	Umschalt+ Nach-Links-Taste
In großen Schritten nach oben verschieben	Umschalt+ Nach-Oben-Taste
In großen Schritten nach rechts verschieben	Umschalt+ Nach-Rechts-Taste
In großen Schritten nach unten verschieben	Umschalt+ Nach-Unten-Taste
Innen einfügen	Strg+Umschalt+V
Klonen und in großen Schritten nach links verschieben	Alt+Umschalt+ Nach-Links-Taste, Strg+Alt+Umschalt+ Nach-Links-Taste
Klonen und in großen Schritten nach oben verschieben	Alt+Umschalt+ Nach-Oben-Taste, Strg+Alt+Umschalt+ Nach-Oben-Taste

Klonen und in großen Schritten nach rechts verschieben	Alt+Umschalt+ Nach-Rechts-Taste, Strg+Alt+Umschalt+ Nach-Rechts-Taste
Klonen und in großen Schritten nach unten verschieben	Alt+Umschalt+ Nach-Unten-Taste, Strg+Alt+Umschalt+ Nach-Unten-Taste
Klonen und schrittweise nach links verschieben	Alt+Nach-Links-Taste, Strg+Alt+ Nach-Links-Taste
Klonen und schrittweise nach oben verschieben	Alt+Nach-Oben-Taste, Strg+Alt+ Nach-Oben-Taste
Klonen und schrittweise nach rechts verschieben	Alt+Nach-Rechts-Taste, Strg+Alt+ Nach-Rechts-Taste
Klonen und schrittweise nach unten verschieben	Alt+Nach-Unten-Taste, Strg+Alt+ Nach-Unten-Taste
Nächster Frame	Bild-Nach-Unten, Strg+Bild-Nach-Oben
Schrittweise nach links verschieben	Nach-Links-Taste
Schrittweise nach oben verschieben	Nach-Oben-Taste
Schrittweise nach rechts verschieben	Nach-Rechts-Taste
Schrittweise nach unten verschieben	Nach-Unten-Taste
Vorheriger Frame	Bild-Nach-Oben, Strg+Bild-Nach-Oben

Wichtige Webadressen

`www.bacchuswelt.de`
BacchusWelt – Wein, Sekt, Kunst, Kultur, Reisetipps / Tourismus

`www.intermedien.net`
Homepage von InterMedien, Agentur für Internet & Kommunikation

`www.susanne-rupp.de`
Homepage der Autorin

`www.macromedia.com/de`
Macromedia – deutsche Homepage

«Fireworks»-Erweiterungen

`www.macromedia.com/exchange/fireworks`
Fireworks-Downloads

`www.macromedia.com/cfusion/exchange/index.cfm`
Macromedia Exchange

`www.macromedia.com/go/fireworks_shapes`
Automatische Formen von der Exchange-Site herunterladen

`www.macromedia.com/de/exchange/em_download`
Macromedia Extension Manager herunterladen

`http://download.macromedia.com/pub/exchange/mxi_file_format.pdf`
mxi-Dateien erstellen

`www.mxextensions.com`

Online-Zeitschriften

`www.zdnet.de`	ZDNet
`www.internet-pro.de`	Internet Professionell
`www.internetworld.de`	Internetworld
`www.interest.de`	Interest Verlag (z. B. Web Professional)
`www.pc-magazin.de`	PC Magazin

Domain & Registrierung

www.afilias.com	Afilias: Info-Domain
www.denic.de	Denic eG: Deutsche Domains
www.icann.org	Icann: IP-Addressen
www.internic.com	Internet Corporation for Assigned Names and Numbers (InterNIC): Internationale Domains

Website-Promotion – die wichtigsten deutschen Suchmaschinen

www.yahoo.de
www.altavista.de
www.lycos.de
www.web.de
www.fireball.de
www.google.de
www.dino-online.de
www.abacho.de
www.nathan.de
www.sharelook.de
www.onlinepilot.de
www.lotse.de
www.speedfind.de
www.webscout2000.de
www.online-favoriten.de
www.witch.de

HTML, Webtechnologien

http://selfaktuell.teamone.de/index.htm	Self-HTML (Stefan Münz)
www.w3.org	World Wide Web Consortium (W3C); Beschreibungen sämtlicher Web-Technologie, Richtlinien, Software und Tools
www.xml.com	XML (O'Reilly & Associates, Inc.)

Glossar

ActionScript	Weist große Ähnlichkeit mit der Programmiersprache JavaScript auf. Allerdings unterstützt ActionScript keine browserspezifische Objekte und auch nicht alle integrierten JavaScript-Objekte. Mit ActionScript können Sie Flash-Filme steuern.
Alphakanal	Die Transparenz des Objektes basiert auf der Transparenz des Bildes.
Anti-Aliasing	Übergang zwischen Objekt- und Hintergrundfarbe. Damit erscheint ein Objekt glatter.
ASCII	«American Standard Code for Information Interchange»; Standardisierter 7-Bit-Zeichensatz mit insgesamt 128 Zeichen zur Codierung alphabetischer, numerischer und Steuerzeichen. ASCII-Texte können in jedem Betriebssystem gelesen und geschrieben werden.
Attachment	«Anlage» einer E-Mail. Der E-Mail-Nachricht wird also eine separate Datei beigefügt.
Backup	Sicherung der Originaldateien durch Kopieren (in ein anderes Verzeichnis oder unter einem anderen Dateinamen).
Bit	«binary digit»; eine digitale Informationseinheit.
Browser	Anwendung, mit der Sie Webseiten laden, öffnen und abspeichern können (z. B. Microsoft Internet Explorer, Netscape Navigator, Opera).
Bug	Software-Fehler
Cascading Style Sheets	s. CSS

CMY	Farbmodell mit den drei Grundfarben Cyan, Magenta und Gelb (Yellow); Subtraktives Farbmodell für den Printbereich (vgl. Kapitel 7)
Copy and Paste	«Kopieren und Einfügen»; Objekt mit der Tastenkombination *Strg + C* in die Zwischenablage kopieren und in der gleichen oder in einer anderen Anwendung mit der Tastenkombination *Strg + V* einfügen.
Corporate Design (CD)	Bestimmt das einheitliche Erscheinungsbild eines Unternehmens. Logo, Farbe, Schrift, etc. müssen zum Unternehmen passen und den CD-Richtlinien entsprechen. CD ist Teil der Corporate Identity.
Corporate Identity (CI)	Bezeichnet das Gesamterscheinungsbild eines Unternehmens nach außen (Optik / Design, Verhalten, Ausdrucksweise)
CSS (Cascading Style Sheets)	«Staffelbare Formatvorlagen»; HTML-Erweiterung, die eine präzisere Gestaltung der Webseite ermöglicht.
Cursor	Mauszeiger
disjunkte Rollover	Der Bildaustausch findet an einer anderen Stelle im Dokument statt, also in einigem Abstand zu dem Mauszeiger, der den Rollover auslöst.
Download	Herunterladen einer Datei aus dem Internet (z. B. PDF-Datei)
DPI (Dots per Inch)	«Punkte pro Zoll»; Beschreibt die Auflösung eines digitalen Bildes oder eines Ausgabegerätes mit der Anzahl separater Punkte, die in einer zusammenhängenden Reihe auf einem Zoll (2,54 Zentimeter) untergebracht wird.
Drag and Drop	Ein Objekt auswählen und mit gedrückter Maustaste an eine andere Stelle auf dem Bildschirm

(im gleichen oder in einem anderen Dokument) ziehen und es dort zum Einfügen wieder loslassen.

Extension — Engl.; Erweiterung

Frame — Einzelbild in einer GIF-Animation;
Oder: Unterteilung des Browserfensters in mehrere Bereiche (Frames), die durch das Frameset definiert werden.

Frameset — Das Frameset-Dokument definiert Größe und Anordnung der einzelnen Frame-Dokumente und ist diesen übergeordnet.

FTP — «File Transfer Protocol»; Internet-Protokoll, mit dem Dateien vom lokalen Rechner auf den Server übertragen werden.

GIF — Grafikformat von CompuServe, mit dem sich bis zu 256 Farben darstellen lassen. Animierte GIFs sind eine Variante.

Halo — «Lichthof»; Um ein Objekt sind andersfarbige Zwischenpixel sichtbar, die dadurch entstehen, dass die Grafik auf einem anderen Hintergrund exportiert worden ist. Umgibt das Objekt nun ein Anti-Alias, ist dessen Rand also weichgezeichnet, sind diese auf dem neuen Hintergrund sichtbar. Halos wirken unsauber und störend, weshalb diese manuell entfernt bzw. transparent definiert werden sollten (*Bedienfeld* Optimieren).

<head> </head> — HTML-Tag; «Kopf» einer HTML-Datei, in dem Informationen über das Webdokument festgehalten sind (z. B. Seitentitel und Suchmaschinangaben).

Headline — Engl.; Überschrift

Hexadezimalcode — Farbcodes, mit denen Sie 16,7 Millio[illegible]ben [illegible]echs- definieren können. Jede Farbdefiniti[illegible]aufge- stellig und ist nach dem Muster #X[illegible] baut. Für jeden Farbwert (Rot, Grün, Blau) stehen zwei Ziffern zur Verfügung. Eine hexadezimale Ziffer kann also 16 Zustände haben. Für jeden Farbwert (Rot, Grün, Blau) stehen 2 Ziffern zur Verfügung. Das macht 16 x 16 (= 256) mögliche Zustände pro Farbwert.

Diese Verschlüsselung basiert auf 16 hexadezimale Ziffern:

0 (entspricht dezimal 0)
1 (entspricht dezimal 1)
2 (entspricht dezimal 2)
3 (entspricht dezimal 3)
4 (entspricht dezimal 4)
5 (entspricht dezimal 5)
6 (entspricht dezimal 6)
7 (entspricht dezimal 7)
8 (entspricht dezimal 8)
9 (entspricht dezimal 9)
A (entspricht dezimal 10)
B (entspricht dezimal 11)
C (entspricht dezimal 12)
D (entspricht dezimal 13)
E (entspricht dezimal 14)
F (entspricht dezimal 15)

Da wir aus unserem Dezimal-System nur die 10 Ziffern 0-9 kennen, behilft man sich noch mit den Buchstaben „A-F".

Homepage
Startseite einer Webpräsentation

HSB
Farbmodell, das bis zu 23,6 Millionen Farben definieren kann; Setzt sich aus den Werten H («Hue» / Farbton) S («Saturation» / Sättigung) und B («Brightness» / Helligkeit) zusammen.

L
«Hypertext Markup Language». Im World Wide Web verwendete Dokumentbeschreibungssprache, die Hyperlinks unterstützt. Teil von SGML.

Hyperlink	Link; Verweis von einer Webseite zu einem anderen Dokument bzw. zu einer bestimmten Stelle innerhalb des gleichen Dokuments oder zu einer E-Mail-Adresse.
Intro	Engl. «Introduction»; Einführung, Anfang einer Animation.
JavaScript	Programmiersprache, die eine Aktion einem bestimmten Ereignis zuweist. So löst das Verhalten des Besuchers auf der Webseite eine Aktion aus. Z. B. ändert sich das Aussehen einer Schaltfläche, wenn der Cursor darüber fährt. Die einzelnen Browser benötigen häufig unterschiedliche Code-Dialekte, damit das Skript ausgeführt werden kann.
KB	Kilobyte (= 1.024 Byte; 1 Byte = 8 Bit)
Logo	Zeichen eines Unternehmens oder eines Produkts, Signet; Häufig eine Kombination von Text und Symbol (Wort-Bild-Marke).
Opazität	Undurchsichtigkeit eines Objektes; Der Grad der Transparenz beträgt 100 %.
Plug-In	Anwendung zur Erweiterung eines Programms
Remote-Site	«Entfernte Dateien», die auf dem Server abgespeichert sind und auf die damit online zugegriffen werden kann.
RGB	Rot (**R**), Grün (**G**) und Blau (**B**); Farbmodell für Röhrenmonitore und Webanwendungen
Rollover	Interaktives Verhalten (häufig von Schaltflächen); Das Aussehen eines Bildes ändert sich, wenn der User mit der Maus darüber fährt. Der JavaScript-Befehl tauscht die Grafik durch eine andere aus.

Screenshot	Engl.; Bildschirmschuss; Abbildung des Bildschirmes bzw. eines Teils davon, z. B: einer Programmansicht.
SGML	«Standard Generalized Markup Language»; Sprache zum Definieren von Tag-Gruppen und deren Beziehung untereinander.
Skalieren	Vergrößern oder Verkleinern einer Grafik
Tag	(sprich: Tägg); Steuerkommandos in HTML; Öffnende und schließende HTML-Befehle umschließen die zu formatierende Dokumentstelle. Beispiel: <b>Dieser Text wird fett dargestellt.</b>
Task	Engl.; Aufgabe; Arbeitsschritte bzw. Funktionen, die ein Programm ausführt
Tool	Engl.; Werkzeug
Tweening	Fachbegriff aus der Zeichentricktechnik; Ein Hauptzeicher erstellt die wichtigen Schlüsselbilder und seine Gehilfen zeichnen die Bilder dazwischen.
URL	Universal Resource Locator; eine eindeutige Adresse im Web; allgemeine Schreibweise: `Dienst://Server/Verzeichnis/Datei:Port`
Usability	Engl.; Benutzerfreundlichkeit (z. B. einer Webseite). Dazu sind unterschiedliche Faktoren wichtig, wie übersichtliches Design, logische Navigationsstruktur, kurze Ladezeit,…
User	Engl.; Anwender, Nutzer; Besucher einer Webseite

UTF-8-Kodierung	«Universal Character Set Transformation Format-8»; Exporteinstellung bzw. Textkodierungsmethode, die Webbrowsern die Anzeige unterschiedlicher Zeichensätze auf derselben HTML-Seite ermöglicht.
Wacom-Tablett / -stift	Von der 1983 in Japan gegründete Firma Wacom Co. Ltd. entwickeltes Grafiktablett mit elektrostatischer Oberfläche, auf das Sie mit einem druckempfindlichen Wacom-Stift zeichnen können.
WAP	«Wireless Application Protocol»; Übertragungsprotokoll bei Mobiltelefonen
WBMP	«Wireless Bitmap»; Monochrome 1-Bit-Datei, die auf WAP-Seiten verwendet wird.
Webserver	Software, die die vom Browser angeforderten Seiten zur Verfügung stellt und zuschickt (z. B. Internet Information Server, Apache HTTP Server, Microsoft Personal Web Server).
XHTML	«Extensible Hypertext Markup Language»; XHTML folgt den Standards von HTML, berücksichtigt aber gleichzeitig die strikte XML-Syntax. XHTML ist abwärtskompatibel und kann auch von Geräten gelesen werden, die XML («Extensible Markup Language») interpretieren können.
XML	«Extensible Markup Language»; Erweiterbare Auszeichnungs-Sprache für strukturierte Dokumente, in der individuelle Tags definiert werden können; basiert auf SGML. Mit entsprechenden Im- und Exportfiltern können XML-Daten verlustfrei in Datenbanken im- und exportiert werden.

Inhalt der CD-ROM

Dateien zu den Kapitel-Workshops;

Trial-Versionen *Fireworks MX 2004* und *Dreamweaver MX 2004.*

Literaturtipp

Susanne Rupp: Das SmartBook zu Macromedia Dreamweaver MX 2004, ISBN 3-908492-88-2

Zu guter Letzt…

Zu guter Letzt…

…wäre dieses Buch ohne die tatkräftige Unterstützung zahlreicher Personen nie zustande gekommen.

Bei Euch möchte ich mich an dieser Stelle ganz herzlich bedanken:

- Meinem Lektor, Frank Heppes für die hilfreichen Anregungen;
- Stefan Hoffmann für seine wertvolle Hilfe;
- Dem Rest des InterMedien-Teams;
- Dem Smartbooks-Verlag für die sehr gute Zusammenarbeit;
- Dem Macromedia-Team für die große Unterstützung;
- Meiner Familie.
- Und Katharina.

Und all jene, die ich hier vergessen habe ;-)

Danke für Eure Tipps, Euer Engagement und Eure Unterstützung!!!

Index

A

B

C

D

E

F

G

H

I

J

K

L

M

N

O

P

Q

R

S

T

U

V

W

X

Z